Das Schicksal der Dinge

Beiträge zur Designgeschichte

Beiträge aus form+zweck
zusammengestellt und redigiert
von Dagmar Lüder

Das Schicksal der Dinge

Beiträge zur Designgeschichte

VEB Verlag der Kunst

Herausgegeben vom
Amt für industrielle Formgestaltung

ISBN 3-364-00141-3

Inhalt

Vorwort

Die in diesem Band vereinigten Aufsätze sind zehn Jahrgängen der Zeitschrift form+zweck entnommen. Ihre Inhalte bezeichnen punktuell das weitläufige Feld einer geschichtlichen Erkundungsarbeit, die ihre Prämissen und Fragen maßgeblich aus dem Erkenntnisbedürfnis einer aufsteigenden bzw. sich etablierenden beruflichen Disziplin bezieht.

form+zweck führt die Unterzeile *Fachzeitschrift für industrielle Formgestaltung*, ihre Adressaten sind der Spezifik *industrieller Formgestaltung* verpflichtete Fachleute, Aufsätze, wie diese hier, wurden im internen Sprachgebrauch der Redaktion unter den Arbeitsbegriff *Designgeschichte* subsumiert – ein Vereinbarungswort, das einzugrenzen und näher zu bestimmen man sich hütete.

form+zweck

1956 erscheint zum ersten Mal, herausgegeben vom *Institut für angewandte Kunst* in Berlin, ein Jahrbuch mit dem Titel FORM UND ZWECK. Der Einband aus Plastefolie und die Art der Heftung verraten, daß man den Abnehmerkreis zahlenmäßig nicht eben hoch veranschlagt. Das Buch ist bis 1964 seinem Begriff gemäß jährlich erhältlich. Dann wird es in zwei Ausgaben pro Jahr aufgeteilt, der Jahrbuch-Status wird einstweilen beibehalten. 1969 wird form+zweck zum ersten Mal mit dem Lizenzvermerk des Presseamtes ausgedruckt: Aus dem Jahrbuch ist eine *Zeitschrift* geworden. Sie erscheint zunächst zweimal, ab 1972 viermal und ab 1974 sechsmal im Jahr. Auch die Herausgeberinstitution wandelt sich. Aus dem Institut für angewandte Kunst geht 1964 das *Institut für Formgestaltung* hervor und aus diesem 1969 das *Zentralinstitut für Gestaltung;* 1972 wird das *Amt für industrielle Formgestaltung* gegründet.

Mit der etappenweisen Konstituierung der Zeitschrift ist die Herausbildung ihres inhaltlichen Profils verbunden. Dieses entfaltet sich in dem Maße, wie sich *industrielle Formgestaltung* – erst in den siebziger Jahren wird der Begriff *Design* eingebürgert – als eigenständige Fachdisziplin entwickelt und der *Formgestalter* oder *Designer* als Fachmann mit spezifischer Fachausbildung eine geläufige Erscheinung wird.

Als Zeitschrift einer bestimmten Berufsgruppe hat form+zweck von Anfang an zu leisten, was jedem Fachorgan obliegt: fachliches Wissen, Arbeitsresultate, Erfahrungen und Erkenntnisse zu publizieren und damit verfügbar zu machen. Als Zeitschrift einer Berufsgruppe, die sich eben erst anschickt, ihr theoretisches, methodisches und terminologisches Rüstzeug zu entwickeln und einen Konsens auszubilden, in dessen Zentrum die Frage nach der historischen Mission ihrer Disziplin steht, ist ihr einiges mehr aufgetragen. Zusammen mit ihren Adressaten bewegt sie sich suchend und tastend auf unerforschtem Terrain mit unklaren Grenzbereichen – industrielle Formgestaltung ist in eine bis heute kaum definitiv geordnete Beziehungsvielfalt verstrickt, als Indiz dafür können die Konjugationen, mit denen Betrachtungen zu grundsätzlichen Fragen gern überschrieben werden, gelten: Formgestaltung und Ästhetik, Formgestaltung und Ökonomie, Formgestaltung und Architektur, Formgestaltung und Technologie ...

Die Suche nach den theoretischen Wurzeln führt das Nachdenken über Design in die Gebiete so etablierter Disziplinen, wie Philosophie, Phsychologie, Politische Ökonomie, Ästhetik, Kunstgeschichte, Soziologie, Ethnographie, Informationstheorie, Konstruktionswissenschaft und andere, sie führt von dort auch wieder zurück – in Form von Erkenntnissen, Axiomen, Hypothesen, Standpunkten und Imperativen des Designs. Diesen Erkenntnisprozeß formieren zu helfen ist der selbstgestellte Auftrag der Zeitschrift form +zweck. Er wiegt schwer, zumal „ähnliche Bemühungen zwischen Buchdekkeln" nicht zur Verfügung stehen.[1] Das heißt, der Zeitschrift fällt die Aufgabe zu, mit der Summe ihrer Hefte eine Art Kompendium für Formgestaltung zu schaffen. Themen und Beiträge werden konzipiert im Bewußtsein, den Vorgang kollektiven Nachdenkens hervorzuzwingen.

Erkenntnis formiert sich nach eigenen Gesetzen, sie bedarf der Öffentlichkeit, des Diskurses, des Widerspruchs, der Polemik, der These und der Antithese, sie muß in allen ihren besonderen, unfertigen und vorläufigen Gestalten angenommen werden, will man zu gültigen Resultaten kommen. Zeitschriftenarbeit hat dem durch publizistische Toleranz Rechnung zu tragen. Vom einzelnen Heft, vom einzelnen Beitrag, von der einzelnen Aussage dürfen „weder Unanfechtbarkeit noch Vollständigkeit" erwartet werden[2], und man muß dem Grundsatz vertrauen, „daß eine gedankliche Spekulation, die sich vielleicht als unhaltbar erweist, anregender sein kann als das Verharren auf gesicherten Standpunkten."[3]

Toleranz hat aber nur Wert, wenn sie nicht einem Mangel an Position entspringt. Die Beschäftigung mit den ideellen Fundamenten industrieller Formgestaltung führt zu grundsätzlichen Problemen unserer Zeit. Man streitet um die Formenvielfalt von Industrieprodukten und sieht sich unversehens auf die Frage nach dem Wohin der Menschheit geworfen. Man fragt nach den Kriterien guter Gestaltung und ist mit einem Grundverhältnis der Politischen Ökonomie, das seine eigene unbarmherzige Logik besitzt, konfrontiert: mit dem Verhältnis von Gebrauchswert und Tauschwert der Ware. Dieses Verhältnis scheint in jedem heute produzierten Gegenstand auf, tritt uns vergegenständlicht als Verhältnis von Form und Funktion entgegen.[4] Um die Art der Abhängigkeit der Form von der Funktion und der Funktion von der Form ist im Verlaufe der Designgeschichte erbittert gestritten worden und wird noch immer erbittert gestritten. Hier Position zu beziehen sah sich die Zeitschrift verpflichtet. Sie nahm Partei für jene Gestaltungsgesinnung, die mit dem Terminus „Funktionalismus" umrissen ist. Ihr Anliegen sei es, so heißt es einmal bündig, „funktionale Gestaltung als Zielpunkt der kommunistischen Gesellschaftsformation ideell und praktisch zu befördern ..."[5]

Genesis des historischen Denkens

Im Selbstverständigungsprozeß der Gestalter bildete immer schon der Bezug auf die Ursprünge, auf die geschichtlichen Ausgangspunkte ihrer Disziplin ein maßgebliches Mittel der Orientierung. Der Designer hat ein festes Bild von seinem Eintritt in die Weltgeschichte: Seine Urahnen sind die vorindustriellen Meister des Handwerks und Kunsthandwerks, seine geistigen Väter die Architekten, Ingenieure und die Männer der Kunstgewerbebewegung des 19. Jahrhunderts. Mit der Industrialisierung beginnt die Geschichte sei-

[1] Heinz Hirdina: Kein Schlußwort, form+zweck 5/1976, S. 4

[2] Ästhetik und Formgestaltung, form +zweck 2/1980, S. 4

[3] Einordnung in ein Thema, form +zweck 2/1984, S. 21

[4] zur Problematik von Tauschwert und Gebrauchswert, Form und Funktion siehe das Nachwort von Hein Köster: Bemerkungen zur Designhistoriographie, in dieser Ausgabe, S. 384

[5] Hein Köster: Weder unanfechtbar noch vollständig, form+zweck 4/1982, S. 11

nes Berufs, gedeutet als die Geschichte einer Berufung, er begreift seine Species als Avantgarde, die im Rahmen gesellschaftlicher Arbeitsteilung beauftragt ist, den industriell produzierten Dingen eine angemessene Gestalt zu verleihen – immer gegen den Widerstand der Zeit und stets im Kampf mit gesellschaftlichen Bedingungen, die den gestalterischen Imperativen nachhinken, immer also seiner Zeit voraus, immer also im Aufbruch.

Als das erste Jahrbuch von FORM UND ZWECK erscheint, deckt sich der Aufbruchsgestus der Formgestaltung mit dem der ganzen Gesellschaft. Geschichte ist im wesentlichen das, was hinter einem liegt, Zukunft hat definitiv begonnen. „Neugestaltung" ist in dieser Zeit eine großes Wort. Die Beiträge in FORM UND ZWECK bezeugen das. Aktuelle Gestaltungsfragen werden in der Regel mit Blick auf die Vergangenheit abgehandelt: Man kennzeichnet das Erbe, das anzutreten man gewillt ist, oder die Last, die es abzuschütteln gilt, man zeigt auf, wo man steht, und man verweist auf die Erfolge, die schon erzielt worden sind.

Hindernisse, die der gestalterischen Wirksamkeit und einer gesellschaftlichen Produktkultur, wie sie als seinsollende vorgestellt wird, entgegenstehen, werden verbucht als Widerstände des Gestrigen. Der häufige Gebrauch des Wörtchens „noch" und der Wendung „immer mehr" belegen die Zuversicht, daß alles Bestehende immer nur durch ein Besseres abgelöst werden wird[6]: *Noch* produziert die Industrie zu viel Ramsch und Kitsch, *noch* motivieren die Leitbilder von gestern den Konsum von heute, *noch* wird den Fragen der Formgestaltung zu wenig Aufmerksamkeit gewidmet, *noch* gibt es nicht genügend ausgebildete Formgestalter und aufgeklärte Werkleiter, *noch* verfügt Formgestaltung über zu wenig institutionalisierte Vollmachten... Demgegenüber arbeiten *immer mehr* Produktionsbetriebe nach künstlerischen Entwürfen, *immer mehr* gelingt es, Gebrauchsgüter herzustellen, die dem Bedürfnis der neuen Zeit nach Schönheit, Zweckmäßigkeit und Langlebigkeit entsprechen usw.

Formgestaltung verfügt zu dieser Zeit weder über eine entwickelte Theorie noch über eine entwickelte Geschichtsschreibung. Die Gestalter sind ihre „eigenen Theoretiker"[7], ihre eigenen Historiker und Historiographen. Theoretische und historische Reflexionen greifen ineinander, an Stelle theoretischer Prämissen steht nicht selten ein historischer Exkurs.

Mitte der siebziger Jahre setzte in form+zweck eine intensive Beschäftigung mit theoretischen Fragen ein. Der Umgang mit der Geschichte gewinnt damit eine neue Qualität. Die Fragen der Gegenwart provozieren die Befragung der Vergangenheit, Geschichte wird zum Instrument der Standortsuche.

Man spürt dem Verlauf der Geschichte nach, vergewissert sich historischer Absichten, Ereignisse und Prozesse, folgert Zusammenhänge, postuliert Gesetzmäßigkeiten und entwickelt so seine Argumente. Um die eigene Epoche zu deuten, den eigenen Standort zu bestimmen, werden Parallelen zu Ereignissen der Vergangenheit gesucht, um zu sagen, was die Gegenwart nicht hören will, läßt man geschichtliche Autoritäten sprechen, um den pragmatischen Zügen des Hier und Jetzt zu begegnen, wird an uneingelöste Programmatik erinnert.

1975 beginnt in form+zweck eine Folge von Beiträgen zur *Designtheorie*, sie wird 1976 abgeschlossen[8], ebenfalls im Rahmen einer Folge erscheinen von 1977 bis 1979 Beiträge zur *Methodik*[9] von 1980 bis 1982 Beiträge zur *Designästhetik*[10].

[6] zum Beispiel: „Ein strenger Maßstab wird garantieren, daß immer das Bessere das Bestehende ablöst." Erich Müller: Ästhetik als Planbestandteil – Das Beispiel der VVB Keramik, Erfurt, FORM UND ZWECK, Jahrbuch 1962, S. 93

[7] Heinz Hirdina: Auf der Suche nach Methoden, form+zweck 2/1972, S. 5

[8] form+zweck 2/1975 bis 4/1976

[9] form+zweck 3/1977 bis 6/1977 sowie 4/1978, 2/1979, 4/1979

[10] form+zweck 5/1980 bis 1/1981 sowie 6/1981 und 2/1982 bis 4/1982, zur Eröffnung der Reihe siehe 2/1980

Daneben werden zunehmend Beiträge, die explizit geschichtliche Themen behandeln, eingerückt. Beiträge zur *Designgeschichte*, wenngleich nicht als solche ausgewiesen, werden zur festen Einrichtung; dabei ist der Terminus *Designgeschichte* zunächst nichts anderes als ein bequemes Kürzel, angewendet auf alles, was designrelevante Geschichte und Geschichtsschreibung betrifft. Der Begriff behauptete sich aber in dem Maße, wie offenbar wird, daß vorerst kein besserer, das heißt eindeutigerer, ein mit der Sache, die er benennen soll, deckungsgleicher Begriff in Aussicht steht. Denn was sich dem retrospektiven und durch die symptomatischen Erfahrungen praktischer Designarbeit geschärften Erkenntnisinteresse mehr und mehr auftut, ist die ganze Weite des gesamtgesellschaftlichen Reproduktionsprozesses mit all seinen Aspekten und in seinen jeweiligen historischen Figuren.

Thematisch lassen sich vier Schwerpunkte benennen, denen die Mehrzahl der geschichtlichen Beiträge in form+zweck zugeordnet werden kann: 1. Das Bauhaus[11], 2. der Funktionalismus, 3. die Bewegung des Neuen Bauens und Neuen Gestaltens in den osteuropäischen Ländern und in der Sowjetunion, 4. die Designentwicklung in der DDR. Form und Diktion sind verschiedenartig, die auf ein bestimmtes Produkt eingegrenzte Retrospektive zählt als Beitrag zur Designgeschichte ebenso wie der designhistoriographische Abriß, wie die Erinnerungen eines Dabeigewesenen oder der Bericht über einen Archivfund.

Zu dieser Ausgabe

Für die vorliegende Publikation wurden 38 Beiträge ausgewählt, entnommen den Jahrgängen 1975 bis 1985. Sie vermitteln als Ganzes einen Eindruck von der Vielheit designgeschichtlicher Themen und Fragen, aber auch von den unterschiedlichen Intentionen, mit denen Geschichte betrieben und in Anspruch genommen wird. Manche der Beiträge gründen sich auf professionelle Forschungsarbeit, andere entspringen der designpraktischen Tätigkeit, dritte verdanken ihre Entstehung publizistischen Impulsen usw., bei dem einen dient die Rückschau unmittelbar fachimmanenten Erörterungen, bei dem anderen ist das Anliegen, die ethischen, sozialen oder ästhetischen Positionen der Formgestaltung zu beeinflussen, unverkennbar.

Ein erster Blick auf die Abbildungen macht offenkundig, daß die Geschichte des Designs in Teilen dieselben Ereignisse, Personen, Programme, Bewegungen und Maximen behandelt wie die Geschichte der Architektur. Neues Bauen und Neues Gestalten insbesondere lassen sich nicht in zwei verschiedene Ressorts aufspalten, abgesehen von der Tatsache, daß die Protagonisten des Designs nicht nur ausgebildete, sondern auch bauende Architekten waren. Von ihnen kommen hier einige selbst zu Wort: Ferdinand Kramer, Margarete Schütte-Lihotzky, Selman Selmanagić, Gábor Preisich.

Wenngleich die Texte zwischen 1975 und 1985 publiziert worden sind, mithin ihre Entstehung mehr als zehn Jahre zurückliegen kann, sind sie hier nicht als historische vorgestellt. Anders gesagt: Es sind nur solche Beiträge ausgewählt, denen noch die Unruhe offener Fragen innewohnt. Demzufolge wurden sie auch nicht mit antiquarischer Ehrfurcht behandelt. Die Autoren hatten die Möglichkeit, aus dem Abstand der Jahre heraus ihre Texte kritisch zu prüfen und zu präzisieren, zu verfeinern, zu erweitern oder auch zu kürzen, wo sich das anbot – von dieser Möglichkeit ist Gebrauch gemacht worden. Bei Übersetzungen wurde in einigen Fällen die deutsche Fassung neu bearbeitet. Auch bezüglich der Abbildungen sind Änderungen vorgenom-

[11] form+zweck hat drei „Bauhaushefte" herausgegeben: 6/1976, 3/1979 (ein Doppelheft) und 2/1983; in 2/1983 ist die Bauhausthematik bereits ausgeweitet auf die umfassendere Thematik des Neuen Bauens und Neuen Gestaltens.

men worden, zum einen galt es, Zufälligkeiten, wie sie jeder Zeitschriftenarbeit anhaften, auszugleichen, zum anderen hieß es, Maß zu halten und, wo vertretbar, zu straffen; in verschiedenen Fällen machte das Herauslösen des entsprechenden Beitrages aus einem thematisch angelegten Heft eine neue Bildkonzeption erforderlich.

Als ein schwieriges Problem erwies sich die Frage nach der Abfolge der Beiträge. Der Versuch, sie einem inhaltlichen Gliederungsprinzip zu unterstellen, scheiterte erfreulicherweise: Wie man die Schwerpunkte auch wählt, es bleibt immer ein Rest, der sich dem Prinzip nicht fügt. So wurde denn zu guter Letzt chronologisch geordnet, aber auch das nur ungefähr, da ein Teil der Beiträge zeitübergreifende Zusammenhänge behandelt. Die Reihe wird eröffnet mit einem Aufsatz, der Archivalien über eine Ausstellung von Industrieerzeugnissen im Böhmen des Jahres 1831 vorstellt, und sie schließt mit einem Exkurs über das historische Schicksal und die perspektivische Potenz der Gestaltkategorie „Einfachheit". Die dazwischenliegenden Beiträge gruppieren sich hauptsächlich um drei zeitliche Zentren: das ausgehende 19. Jahrhundert, die zwanziger Jahre unseres Jahrhunderts sowie die der heutigen Gegenwart unmittelbar vorangegangenen drei Jahrzehnte.

Ziel der editorischen Arbeit war es, durch Auswahl, Bearbeitung und Zusammenstellung der Beiträge aus form+zweck eine Publikation zu schaffen, die – über den Kreis der Fachleute hinaus – dem allgemeinen Erkenntnisinteresse dient.

Wir nennen zwar die Geschichte, um die es hier geht, *Designgeschichte*, denn die Spurensicherung, das Sammeln der Fakten und Realien, die Erkundungs- und Denkarbeit, kurz: das historiographische Erschließen, realisiert sich über den Wirklichkeitsbezug und über das theoretische Bedürfnis der Disziplin *Design* und ihrer Institutionen – doch was dabei herausgearbeitet wird, verweist auf komplexe gesellschaftliche Zusammenhänge. Das Ergebnis der Forschung überschreitet den Geltungsbereich der sie auslösenden und betreibenden Disziplin, oder anders gesagt: Erschlossene Designgeschichte hat kultur- und gesellschaftstheoretische Relevanz. Denn im Schicksal der Dinge spiegelt sich das Schicksal der sie hervorbringenden Individuen und ihrer gesellschaftlichen Verhältnisse.

Dagmar Lüder

Lobenswerthe Produkte

Barbara Köpplová

Relativ junge Disziplinen verhalten sich ihren Anfängen gegenüber oft übermäßig kritisch und voller Geringschätzung. Das führt dazu, daß sie bestimmte Entwicklungen und ihren Aussagewert für die Gegenwart nicht zur Kenntnis nehmen.

In der Theorie des Designs gibt es diese Art von Ignoranz, wenn es darum geht aufzuzeigen, wie sich bei der Herausbildung der industriellen Produktion Industrie und Handwerk gegenseitig durchdrangen und dabei Urteile und Wertungen, die Erzeugnisse betreffend, sich modifizierten bzw. neu entstanden.

Über die ersten Gewerbeausstellungen in Prag zwischen 1828 und 1831 wissen heute nur noch einige Historiker etwas. Auf diesen Ausstellungen hatten sich Bewertungskriterien für Erzeugnisse durchgesetzt, die noch jetzt aktuell sind. Damals bildeten sie die Grundlage, um die besten Erzeugnisse der heimischen Industrie zu ermitteln und mit goldenen, silbernen und bronzenen Medaillen auszuzeichnen.

1831, anläßlich der „Ausstellung der Industrie-Erzeugnisse Böhmens", wurde ein System von Bewertungen eingeführt, dessen Nähe zu heutigen, als „komplexe Bewertungsverfahren" bezeichneten Systemen, überrascht. Es wurden Kriterien abgefragt, wie Technologie, vor allem hinsichtlich der Neuheit, ökonomischer Wert des Produkts für die Beschaffung von Arbeitsplätzen, Ausnutzung und Verarbeitung einheimischer Rohstoffe, Bedeutung für den Export und damit Einschränkung des Imports, Preisgestaltung des Erzeugnisses usw.

Besondere Aufmerksamkeit galt der Objektivität der Bewertung. Es wurden nur Erzeugnisse beurteilt, die auf der Ausstellung real vorhanden waren, also produzierte Erzeugnisse und nicht deren Zeichnungen oder Modelle. Zur Bewertung der angemeldeten Produkte wurden ausführliche Expertisen herangezogen. Doch verließ man sich nicht nur auf Kriterien und Expertisen, zum Beurteilungsverfahren gehörte eine vernünftige, vergleichbare Gruppierung der Erzeugnisse sowie die sorgfältige Bildung und Zusammensetzung der „Jury".

Der Bericht der „Beurtheilungs-Commission"* erschien erst zwei Jahre nach der Ausstellung: „... Das bald nach der Gewerbeausstellung des Jahres 1831 hereingebrochene Choleraübel verhinderte aus mancherlei Ursachen die Schlussarbeiten der Beurtheilungs-Commission. Später wurden selbe durch die vielen Geschäfte verzögert, welche die Bildung des Vereins zur Ermunterung des Gewerbsgeistes in Böhmen erheischte ..."

Die Beurteilungskommission setzte sich aus dem Vorsitzenden Graf Josef Dietrichstein und weiteren elf Mitgliedern zusammen. Bestimmte Bedenken hatte die Kommission 1831 wegen der Einteilung der Produkte, das Prinzip der Zuordnung zu den vier Bereichen Chemie, Mechanik, Gewebe sowie Baukunst und Zeichnung, wie es in den vorangegangenen Ausstellungen praktiziert worden war, hatte sich nicht sonderlich bewährt: „... denn nicht

* im vollen Wortlaut: „Bericht der Beurtheilungs-Commission über die Industrie-Erzeugnisse Böhmens vom Jahre 1831, Prag 1833"

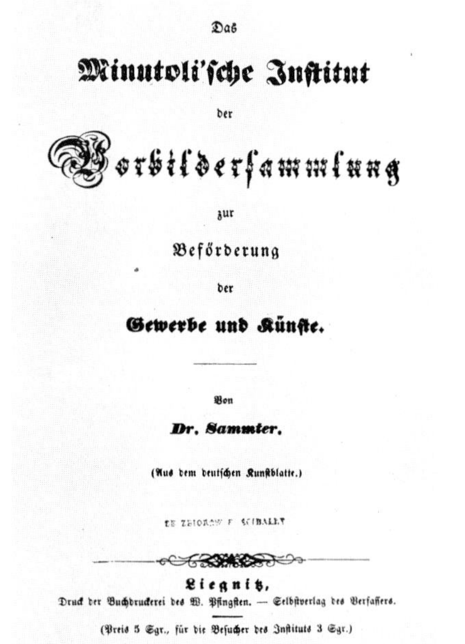

Das

Minutoli'sche Institut

der

Vorbildersammlung

zur

Beförderung

der

Gewerbe und Künste.

Von

Dr. Sammter.

(Aus dem deutschen Kunstblatte.)

Liegnitz,

Druck der Buchdruckerei des W. Pfingsten. — Selbstverlag des Verfassers.

(Preis 5 Sgr., für die Besucher des Instituts 3 Sgr.)

Nationale Gewerbe-Ausstellungen wie in Böhmen bildeten im Jahrhundert der Industrialisierung eine zeittypische Einrichtung. Sie waren eingebunden in den Kontext staatlicher Förderungsmaßnahmen: Es galt, die einheimischen Produzenten zu befähigen, „die Concurrenz mit dem Auslande glücklich bestehen zu können" (die Wendung entstammt dem in Abb. 2 gezeigten Bändchen). Sogenannte Vorbild-Sammlungen, die sich in der zweiten Hälfte des Jahrhunderts zu einer eigenständigen Museumskategorie auswuchsen, zum „Museum für Kunst und Industrie", dienten demselben Ziel; in ihnen waren als vorbildlich bewertete, meist vergangenen Zeiten angehörige Erzeugnisse ausgestellt, die sich den „vaterländischen Industriellen" als Muster für die serielle Produktion empfahlen.

1 das „Oesterreichische Museum für Kunst und Industrie", 1864 gegründet, nach einer Zeichnung von J. Katzler, 1865

Um keine Zeit zu verlieren, wurden die besonders für die „Kunstindustrie" wichtigen Sammlungsbereiche nach Anordnung des Kaisers Franz Joseph I. provisorisch – bis zur Errichtung

Namen der Fabrikanten und Produzenten.	Zahl der Parthei im Protokolle.	Die Beurtheilung hat sich nach der Instruktion zu beziehen auf:																				Anmerkungen.
		Beschaffenheit der Produkte. Ob sie preiswürdig, zweckmäßig, tadelfrei, lobenswerth und schön sind. Wenn sie gegründet auf							Schwierigkeiten bei der Produktion, welche überwunden worden durch			Das Verhältniß des Gewerbsbetriebes zum Staate, inwiefern dadurch										
		Brauchbarkeit und Güte				Schönheit u. diese auf						Arbeitern Nahrung verschafft wird, deren Zahl				ausländische Produkte entbehrlich werden.		für das Ausland produzirt werden, deren Ausfuhr fruher				
			auf besondere										nachgewiesen					bestand in				
													unter		über							
		nur auf gewöhnliche Art.	Wohlfeilheit.	Zweck, Festigkeit u. Dauerhaftigkeit.	Intelligenz, Fleiß, ꝛc.	nur modernen Geschmack	höhere Kunst ꝛc.	Fortschritte seit der letzten Ausstellung.	Anwendung ungewöhnlichen Verfahrens ꝛc.	Gründung eines neuen Gewerbes ꝛc.	Eigene Erfindung, Anwend. höhern Wissens ꝛc.	unbekannt	20	100	100	nur zum Theil	gänzlich	größerer Quantität	geringerer Quantität	nicht bestanden hat	besondere Zwecke erreicht werden, Sicherh., Anerkennung, höh. Intell. ꝛc.	
		1.	2.	3.	4.	5.	6.	7.	8.	9.	10.	11	12	13.	14.	15.	16.	17.	18.	19	20.	

eines angemessenen Gebäudes – im Wiener Ballsaal untergebracht.

2 Titel eines Aufsatzbändchens über eine der ersten und berühmtesten „Vorbild-Sammlungen", das 1845 vom preußischen Regierungsrat von Minutoli im schlesischen Liegnitz der Öffentlichkeit übergebene Minutolische Institut

3 System der Bewertungskriterien, nach denen auf der Böhmischen Ausstellung von 1831 die Erzeugnisse der einheimischen Unternehmungen durch die „Beurtheilungs-Commission" eingeschätzt wurden

nur, dass damals jeder der genannten vier Komité-Abtheilungen die bedeutende Anzahl der Gegenstände ihres eigentlichen Faches zugewiesen werden musste, so war es bei der Unmöglichkeit der Trennung der gemischten Beschaffenheit eines und desselben Gegenstandes auch oft nothwendig, dass das eine Komité zur Beurtheilung jener ihr zugewiesenen Objekte, deren Eigenthümlichkeit zugleich das Fach einer anderen Abtheilung berührte, auch eben diese Abtheilung beiziehen musste; wie z. B. gedruckte Wollwaaren in Beziehung auf Chemie, Gewebe und Zeichnung zugleich Beurtheilungspunkte darbothen, wodurch denn die Geschäfte jeder einzelnen Kommissionsabtheilung bedeutend vermehrt wurden. Zur Abhilfe beschloss die Kommission von der frühern Eintheilung nach diesen 4 Fächern abzugehen, und die zu beurtheilenden Gegenstände nur insofern zu scheiden und abzutheilen, dass eine gewisse Anzahl von Produkten mit Berücksichtigung ihrer homogenen Materie, Form u.s.w. den nach ihrem Berufe hierzu vorzüglich qualifizierten Kommissionsgliedern zur Beurtheilung zugewiesen werde, welche gemeinschaftlich mit einigen aus der Mitte der Kommission zu bestimmenden Konsulenten und den aus den verschiedenen Gewerbsfächern beizuziehenden Sachverständigen vorzunehmen sey ..."

Die Kommissionen urteilten nach folgenden Kriterien: „Die Beschaffenheit der Produkte an und für sich; ihre Brauchbarkeit, Güte und Preiswürdigkeit; Bemerkenswerthes in der Art und Weise der Ausführung und der Fortschritte seit der letzten Ausstellung.

Schwierigkeiten, welche bei der Produktion zu überwinden waren, durch Anwendung eines höhern Wissens oder bisher ungewöhnlichen Verfahrens.

Verhältnis des Betriebes zum Staate, mit Rücksicht auf die Anzahl der Gewerke, der dabei beschäftigten Menschen, der verminderten oder gänzlich beseitigten Konkurrenz des Auslands, der Eröffnung eines neuen Absatzes dahin, der Erreichung besonderer staatswirtschaftlicher Zwecke u.s.w. ..."

Wie ernst man schon bei der ersten „Öffentlichen Ausstellung der Industrie-Erzeugnisse Böhmens" die Arbeit der Bewertungskommission genommen hatte, wird im Brief des Grafen Dietrichstein vom 11. Juli 1828 an Karl Chotek, den Oberstburggrafen und Präsidenten des k.k. Landesguberniums, bezeugt. Darin heißt es:

„Hochgeborener Graf! Im Privatwege nehme ich mir die Freiheit, Eure Exzellenz vorläufig von den bisherigen Arbeiten der Beurtheilungs-Commission in Kenntniß zu setzen. In wenigen Tagen werde ich die Referate der vier Commissionsabtheilungen und bald darauf die definitiven Beschlüsse der Commission amtlich vorlegen.

Die zu beurtheilenden Gegenstände wurden den vier Abtheilungen nach ihren Fächern zugewiesen, eine Arbeit, die G. Neumann über sich nahm, weil mich anfallende Zahnschmerzen am Arbeiten hinderten. Hierauf besuchten die Abtheilungen durch mehrere Tage die Ausstellung, zogen die erwählten Sachverständigen bey, notierten deren begründete Bemerkungen und verglichen sodann ihre, die notierten Anträge enthaltenden Referate.

Diese Referate wurden sodann in pleno in drey fünfstündigen Sitzungen vorgetragen, über jeden Antrag die Frage Diskussion eröffnet und von den Abtheilungen die wichtigen Bemerkungen notiert auch zuweilen in deren Folge von der Abtheilung selbst einverständlich der Antrag abgeändert, überdies wurden bey einigen Gegenständen die Urtheile aber nicht erschöpfend zur Revision anempfohlen, die übergegangenen Gegenstände als zur nachträglichen Beurtheilung angemerkt.

Sodann ließ ich mir die Referate übergeben, sah sie durch, verglich sie Punkt für Punkt mit der Instruktion, notierte alle Fälle, wo die Zuerkennung nicht sinngemäß mit der Notierung stimmte, und verwendete fünfundzwanzig Sitzungen dazu, mit jeder Abtheilung einzeln, jedoch in pleno, die Concordanz und Consequenz herzustellen, indem ich immer der Abtheilung die Wahl ließ, entweder die Zuerkennung der Notierung oder diese jener nach Überzeugung anzupassen.

Auf diese Art war jede Partheylichkeit, wenn wirklich eine vorhanden gewesen wäre, wirkungslos gemacht, indem auf der einen Seite die strenge Übereinstimmung mit der Instruktion hergestellt werden, auf der anderen die Motivierung deutlich und wahr sein mußte, um ohne Gegenbemerkung von dem Gremium aufgenommen zu werden, und bey der künftigen Publikation das Urtheil von ganz Europa auszuhalten ..."

Den Herstellern der ausgezeichneten Erzeugnisse wurde von den Veranstaltern der Ausstellung die Mitgliedschaft im neugegründeten Gewerbeverein angeboten. Erzeugnisse, Muster, Modelle und Dokumentationen der Erzeugnisse sollten die Hersteller für eine ständige Sammlung und öffentlich zugängliche Ausstellung, die vom Gewerbeverein getragen wurde, zur Verfügung stellen.

Zweimal Kristallpalast

Chup Friemert

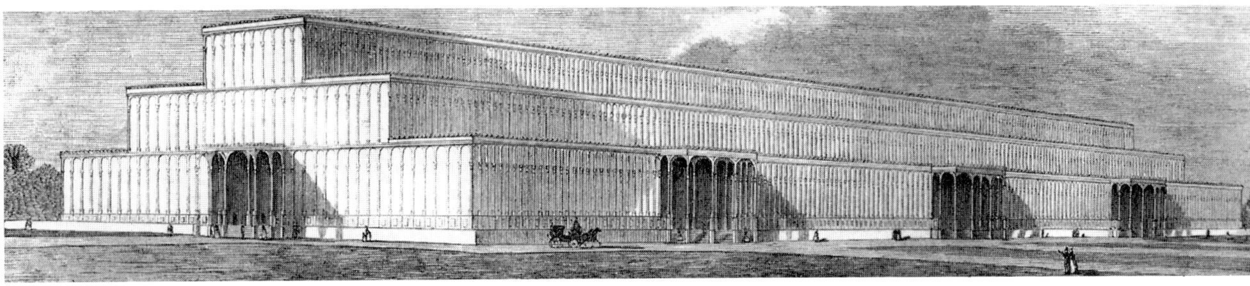

1 erster Kristallpalast
Entwurf des Gebäudes für die Weltausstellung im Hyde-Park

Mit einer „bewundernswerten Kaltblütigkeit"[1] lud 1849, ein Jahr nach den europäischen Revolutionen, die englische Bourgeoisie die Länder der Welt zur „Great Exhibition of the Works of Industry of all Nations" nach London ein. Ein großartiges Ausstellungsgebäude sollte im Hyde-Park errichtet werden, und die Royal Commission, das Leitungsgremium zur Vorbereitung und Durchführung der Weltausstellung, rief am 13. März 1850 zu einem Architekturwettbewerb auf. Aus diesem Wettbewerb ging schließlich – nach einigem Hin und Her und einigen Unregelmäßigkeiten – der berühmte Kristallpalast von Joseph Paxton hervor – und seit dieser Zeit hat sich die Legende erhalten von Paxton dem Gärtner, der plötzlich zum Baumeister eines der größten Ingenieur-Bauwerke geworden ist. Die Architekturgeschichte betrachtet es bis heute als ein Wunder, daß ein „Gärtner", ein „Laie", ein „Nicht-Architekt" einen ausführbaren Ingenieurentwurf ablieferte, ein Mann, der angeblich zuvor nur Gewächshäuser entwickelt, Seerosen gezüchtet und Parks angelegt hatte.[2]

Wer war Paxton? Hat er wirklich das Gebäude des Kristallpalastes lediglich „mit Hilfe seiner Gewächshauskonstruktionen"[3] geschaffen?

Man führe sich nur die Dimensionen des Baues und die Schwierigkeiten seiner Errichtung vor Augen – die Maße: 563 m lang, 124 m breit, 40 m hoch; die benötigte Glasmenge: ein Drittel der damaligen Jahresproduktion Englands; die Bauzeit: weniger als ein Jahr; die Beschäftigten: bis 2000 Arbeiter, meist Wanderarbeiter der Eisenbahngesellschaften; zudem konnte das Gebäude demontiert werden. Man denke an die Probleme des Materialtransports, an das Ineinandergreifen der Arbeitsabläufe und ihre Planung.

Die Voraussetzung für die Bewältigung einer baulichen und organisatorischen Aufgabe diesen Ausmaßes waren damals nur im Eisenbahnbau zu finden. Kein anderer Bereich der gesellschaftlichen Produktion verfügte über das benötigte know-how und konnte einen derartigen Bau finanzieren.[4] Paxton kannte sich in dieser Branche sehr gut aus. Er war nicht nur ein erfolgreicher Eisenbahnspekulant, sondern saß auch als Mitglied in mehreren Eisenbahnaufsichtsräten.[5] Vor seiner Beteiligung am Wettbewerb führte er Absprachen mit der an der Auftragsübernahme interessierten Firma Fox and

[1] Marx, K., F. Engels; Revue (Mai bis Oktober 1850), in: MEW Bd. 7, S. 430

[2] beispielsweise schreibt Ludwig Hilberseimer, in: Hallenbauten (Leipzig 1931, S. 17): „Es ist kein Zufall, sondern außerordentlich charakteristisch für die Architektur des XIX. Jahrhunderts, daß der Entwurf zum Kristallpalast nicht von einem Architekten, sondern einem Laien, dem Landschaftsgärtner Paxton stammt. Paxton hatte keine architektonischen Hemmungen, aber Kenntnis von den Möglichkeiten des Eisenglasbaus durch die Gewächshäuser, mit denen er als Gärtner zu tun hatte."

[3] Lexikon der Kunst, Bd. III, Leipzig 1975, Stichwort Paxton

[4] Samuel Monton Peto, einer der größten Eisenbahnunternehmer, sicherte den größten Teil der Finanzierung der Weltausstellung.

[5] Charles Dickens schrieb gar: Paxton gebietet über alle Eisenbahninteressen in England und in Übersee, ausgenommen die Great Western." (zit. nach: Armytage, W. H. G.: A Social History of Engineering, London o. J., S. 132)

Henderson sowie mit einigen Jury-Mitgliedern, seinen Entwurf reichte er dann zusammen mit Fox and Henderson ein, einer großen Firma, die Eisenbahnmaterialien herstellte.

Das Ergebnis: ein „triumph of production engineering"[6] und eine „welldevised machine"[7].

Pünktlich um 10 Uhr am 1. Mai 1851 wurde die Great Exhibition eröffnet: mit einem Gottesdienst und mit einer Staatszeremonie durch Königin Victoria.

Die Besucher staunten über die versammelte Welt, über den „schlagenden Beweis von der konzentrierten Gewalt, womit die moderne große Industrie überall die nationalen Schranken niederschlägt"[8], über das Warengebirge – und sie bestaunten das Gebäude.

Der Kristallpalast verursachte einen Wahrnehmungsschock. Der Raum erschien als Hülle, seine Teile gleichsam in Bewegung, weil sich die Säulen und Binder in einer fast körperlosen farbigen Glaswand „auflösten". Die Wirkung des Raumes kehrte alle bisherigen Erfahrungen und Sehweisen um: Sie entstand durch die Negation, durch das Fehlen von Masse. Die Raumgrenze verflüchtigte sich: „Die Schranke, die sich zwischen uns und die Landschaft gestellt hat, ist eine fast wesenlose"[9]. Die Architekturtheorie brauchte fünfzig Jahre, um diese Raumwirkung zu entskandalisieren.

Am 11. Oktober 1851 schloß die Weltausstellung. Sie ist in mehrfacher Hinsicht ein Erfolg gewesen: mehr als sechs Millionen Besucher und die Ein-

2 „Der Ceramic-Court im Krystallpalaste" – ein zeitgenössischer Eindruck von der Ausstellung in Sydenham, aus: „Illustrirtes Familien-Journal. Eine Wochenschrift zur Unterhaltung und Belehrung", Nr. 216, Leipzig und Dresden 1858

[6] Hitchcock, H.-R.: Early Victorian Architecture in Britain, Vol. 1, New Haven 1954, S. 541

[7] Wyatt, M. D.: The Construction of the Building, in: Official Descriptive and Illustrative Catalogue, London 1851, S. 50

[8] Marx, K., F. Engels; a. a. O., S. 431

[9] Lucae, R.: Über die Macht des Raumes in der Baukunst, in: Zeitschrift für Bauwesen (19) 1864, S. 303

3 der zweite Kristallpalast, südliches Querschiff von der zweiten Terrasse aus gesehen

Diese Ausstellung wurde von der englischen Bourgeoisie bereits im Jahre 1849, als noch der ganze Kontinent von Revolution träumte, mit der bewundernswertesten Kaltblütigkeit ausgeschrieben. In ihr beruft sie ihre sämtlichen Vasallen von Frankreich bis China zu einem großen Examen zusammen, auf dem sie nachweisen sollten, wie sie ihre Zeit benutzt haben; und selbst der allmächtige Zar von Rußland kann nicht umhin, seinen Untertanen zu befehlen, auf dieser großen Prüfung zahlreich zu erscheinen. Dieser große Weltkongreß von Produkten und Produzenten ist von ganz anderer Bedeutung als die absolutistischen Kongresse von Bregenz und Warschau, die unsern kontinentalen demokratischen Spießbürgern soviel Schweiß auspressen, oder als die europäisch-demokratischen Kongresse, welche die verschiedenen provisorischen Regierungen in partibus zur Rettung der Welt stets aufs neue projektieren. Diese Ausstellung ist ein schlagender Beweis von der konzentrierten Gewalt, womit die moderne große Industrie überall die nationalen Schranken niederschlägt und die lokalen Besonderheiten in der Produktion, den gesellschaftlichen Verhältnissen, dem Charakter jedes einzelnen Volks mehr und mehr verwischt. Indem sie die Gesamtmasse der Produktivkräfte der modernen Industrie auf einen kleinen Raum zusammengedrängt zur Schau stellt, gerade zu einer Zeit, wo die modernen bürgerlichen Verhältnisse schon von allen Seiten untergraben sind, bringt sie zugleich das Material zur Anschauung, das sich inmitten dieser unterwühlten Zustände für den Aufbau einer neuen Gesellschaft erzeugt hat und noch täglich erzeugt. Die Bourgeoisie der Welt errichtet durch diese Ausstellung im modernen Rom ihr Pantheon, worin sie ihre Götter, die sie sich selbst gemacht hat, mit stolzer Selbstzufriedenheit ausstellt. Sie beweist dadurch praktisch, wie die „Ohnmacht und Verdrießlichkeit des Bürgers", von der deutsche Ideologen jahraus, jahrein predigen, nur die eigne Ohnmacht dieses Herren ist, und ihre eigne Verdrießlichkeit über diese Ohnmacht. Die Bourgeoisie feiert dies ihr größtes Fest in einem Augenblick, wo der Zusammenbruch ihrer ganzen Herrlichkeit bevorsteht, ein Zusammenbruch, der ihr schlagender als je nachweisen wird, wie die von ihr erschaffenen Mächte ihrer Zucht entwachsen sind. Bei einer zukünftigen Ausstellung werden die Bourgeois vielleicht nicht mehr als Inhaber dieser Produktivkräfte, sondern nur noch als ihre Ciceroni figurieren.

(aus der von Karl Marx und Friedrich Engels verfaßten „Revue", Mai bis Oktober 1850)

Im Auftrag der Direktoren der Crystal Palace Company fotografierte Henry Philipe Delamotte 1853/54 die Errichtung des zweiten Kristallpalastes in Sydenham. Es entstand eine Folge von 140 dokumentarischen Aufnahmen – vermutlich die erste Produktionsreportage in der Geschichte der Fotografie; sie wurde 1855 den Direktoren in Form einer repräsentativen Bildmappe überreicht.
Die Abbildungen 3 bis 14 sind dieser Bildmappe entnommen, die folgenden Bildunterschriften stammen von Delamotte.

4 Frühstück vor dem Kristallpalast

5 die erste Rippe des Schiffs, Oktober 1852

nahme von netto 150 000 Pfund. Die meisten Aussteller hatten ihre Exponate gestiftet, diese bildeten nun den Grundstock verschiedener Museen.

Das Gebäude im Hyde-Park störte die Aristokraten beim morgendlichen Ritt oder Spaziergang. Es sollte weg. Ein Antrag, das Gebäude in einen Wintergarten mit süditalienischem Klima[10] umzuwandeln, lehnte das Parlament am 29. April 1852 ab. Es bestand auf dem vertragsgemäßen Abriß.

Das war jedoch für die Eisenbahnlobby keine Affäre. Sie gründete die Crystal Palace Company, verkaufte an sich selbst den Bau, demontierte ihn und schaffte das Material auf ein hügeliges Gelände im Gehölz von Dulwich, nach Sydenham, sechs Meilen südlich von London gelegen, um dort ein neues Arrangement von Gebäude und innerer Ausstattung zu schaffen, das die Besucher anlockte und die Kassen der Finanziers füllte. Schon während der Weltausstellung hatte Paxton herausgefunden, daß die vielen verbilligten Ausflugszüge nach London zahlreiche Engländer zum Besuch bewogen hatten. Eben jene organisierte und verkaufte Unterhaltung bildete den Kern der neuen Spekulationsstrategie.

Die erste Säule für das neue Gebäude wurde am 5. August 1852 aufgestellt. Die Bauaufgabe von Sydenham war keine einfache Wiederholung der Bauaufgabe vom Hyde-Park: Sie war komplexer und in vielem vorbildlos. Das betrifft unter anderem

- die stadtplanerische Aufgabe, die Anbindung des Geländes an das Eisenbahn- und Straßennetz;
- die weitaus größere Dimension des Gebäudes: die Länge betrug 490 m, die Höhe 65 m;
- die Verglasung einer Fläche von 1 650 000 Quadratfuß (nahezu eine Verdopplung gegenüber dem Gebäude im Hyde-Park);
- die Installation von Warmwasserversorgung und Heizungsanlagen (verlegte Heizungsrohre in einer Länge von 50 Meilen);

[10] Diesen Vorschlag hatte Paxton in seiner Schrift „What is to become of the Crystal Palace?" 1851 gemacht.

Wäre infolge irgendwelcher Umstände der gegenwärtige Stand der Industrie Englands einzig und allein durch diesen Bau veranschaulicht worden, während andere Nationen die Fülle ihrer Möglichkeiten durch Schaustellung ausgesuchter Stücke der verschiedenen Produktionszweige hätte zeigen dürfen, die sie in letzter Zeit besonders gepflegt hatten, so wäre bemerkenswerterweise doch nur weniges außer acht geblieben, was für Englands Erfolg in Handel und Wandel wichtig ist. Der Mut seiner Bürger hätte sich in der ungeheuren Größe des Unternehmens gezeigt und ihre Tatkraft, Entschlossenheit und Stärke in der überraschenden Geschwindigkeit, mit der jede Verrichtung ausgeführt wurde. Die glückliche Lage der Freiheit des Individuums wäre durch den Umstand bezeugt worden, daß es allein in der Macht des Volkes lag, einen so gewaltigen Bau zu veranlassen; die Tatsache hingegen, daß sämtliche Kosten aufgebracht wurden, ohne daß dafür öffentliche Mittel in Anspruch genommen werden mußten, bewiese sogleich den Reichtum und Unternehmungsgeist, die jeder Gesellschaftsklasse eigen sind. Daß es in irgendeinem Land möglich gewesen sein soll, ohne vorherige Vorbereitung so schnell eine so ungeheure Menge an Material zusammenzubringen, wäre ein starker Beweis für die Überfülle der einheimischen Hilfsquellen gewesen und hätte einen schwachen Begriff von dem Ausmaß der Vorräte an Rohmaterial gegeben, die stets bereitstehen, um den Anforderungen einer plötzlichen Nachfrage zu genügen. Daß dieses Rohmaterial in so kurzer Zeit zu so verschiedenartigen, schwierigen und originellen Formen verarbeitet werden konnte, hätte dargetan, daß ein solches Ergebnis nur durch die Einwohner eines Landes bewirkt werden

konnte, in dem Theorie und Praxis der Mechanik und des Maschinenbaus seit langem eingehend studiert worden waren und weit verbreitet sind. Die Geschicklichkeit, mit der man die verwendeten Maschinen auf die Massen des beschafften Rohmaterials einwirken ließ, wäre ein Beleg für die Fähigkeit gewesen, Waren allererster Qualität zu erzeugen und aufs beste auszuführen; und das anmutige Äußere, das einen solchen Zweckbau durch reizvolle Ausschmückung verliehen wurde, hätte dargetan, daß die Engländer, so praktisch und ökonomisch sie für gewöhnlich auch sind, sich in der Kunst doch keineswegs gleichgültig gegen das Schöne verhalten.

(aus dem von Sir Matthew Digby Wyatt verfaßten Kapitel „Die Konstruktion des Gebäudes" im „Official Descriptive and Illustrative Catalogue", 1851)

7 die obere Galerie

8 Kolossalkopf der Bavaria (Ausschnitt)

9 Aufbau der Kolosse Ramses des Großen

– die Innenausstattung, bestehend aus architektonischen Höfen, Pflanzen, Kunstwerken usw.;
– das Anlegen eines Vergnügungsparks (etwa 100 acres) mit seiner aufwendigen technischen Infrastruktur, dessen drapierte Natur die technischen Einrichtungen zum Verschwinden brachte.

Das Gebäude lag unmittelbar auf dem Scheitel einer Anhöhe. Das Gefälle glich ein gemauertes Erdgeschoß aus, „welches unbedingt zur Vervollkommnung des Bauplanes beiträgt, indem die oft gerügte verhältnismäßig geringe Höhe der Fassade des alten Gebäudes dadurch eine Vervollständigung erhält.“ [11] Der Grundriß zeigt drei Querschiffe, an den Enden führen Flügel bis weit in den Park hinein, der südlich rechte bis zur U-Bahn-Station im Park. Zur Straßenseite hin besaß der Bau eine relativ geschlossene Front, zur Parkseite hin war er gegliedert, die axiale Symmetrie der Fassade und ihr neues Verhältnis von Höhe und Breite wurden zu bestimmenden Momenten. Hatte der „alte“ Kristallpalast drei Geschosse, wuchs der neue auf sechs Geschosse an. Korrespondierend zur inneren Konstruktion aus Stützen und halbkreisförmigen Bögen, zeichneten parkseitig außen Metallkonstruktionen an den drei Querschiffen riesige Bogeneinfassungen nach. Die eigentlichen Wände sprangen zurück. Vorhallen entstanden. Die regelmäßigen, stockwerkähnlich abgetreppten Geschosse der Querschiffe und die Bogeneinfassungen entsprachen allerdings eher dem Formenrepertoire gemauerter Gebäude, beim Gewebe einer Eisen- und Glaskonstruktion wirken sie unnötig massiv, wie eine Parodie, wie dekorativer Humbug. Der modulare Charakter des Hyde-Park-Gebäudes wurde aufgegeben zugunsten einer Ästhetik des Baukörpers, die sich mehr dem offiziellen Architekturverständnis der Zeit anpaßte.

Die innere Struktur des Gebäudes änderte sich nicht nur durch die größeren Höhen und Breiten und durch das durchweg gewölbte Dach, sondern

[11] Allgemeine Bauzeitung, 17, 1852, S. 300

10 Eingang des Ägyptischen Hofes

auch durch Neugruppierungen der modularen Elemente. Alles zusammen sollte den „Kunsteffekt"[12] des Gebäudes verstärken. Neben diesen formalen Wandlungen wurde der technische Inhalt des Gebäudes aufwendiger und komplizierter.

Das Innere des Gebäudes war kein offener Raum mehr, sondern hier befand sich eine zweite Architektur, ein riesiges Interieur, das in keiner Beziehung zur Eisen- und Glasarchitektur des Gebäudes stand. Den Inhalt des Sydenhamer Kristallpalastes bildete eine inszenierte Enzyklopädie des Universums, die in eklektischer Virtuosität „wissenschaftliche Genauigkeit mit einem populären Effekt"[13] verband. Eine illustrierte Schule der Kunst, Architektur, Botanik, Geographie und Ethnologie.

Entlang einer Avenue in der Längsachse reihten die Dekorateure riesige, aufwendig rekonstruierte Höfe aneinander, diese repräsentierten Ägypten, Griechenland, Rom, die maurische Kultur in Spanien, Assyrien, die italienische Renaissance, das Mittelalter und Byzanz. Das nördliche Querschiff bot weitere Attraktionen: Im Ägyptischen Hof führte der Weg durch eine Phalanx von Sphinxen auf riesige Nachbildungen der Statuen von Aboo Simbel zu; symmetrisch dazu lag der Pompejanische Hof. Beide Höfe dienten zugleich als Erfrischungshallen. Die Räume zwischen den Höfen füllten aus: Pflanzen und Bäume, große Vogelkäfige, ausgestopfte Tiere, Statuen aus allen Teilen der Erde, ethnische Panoramen, die „die Eingeborenen aller fernen Gegenden"[14] zur Schau stellten. Im nördlichen Teil des mittleren Querschiffes standen Skulpturen in vier Gruppen beisammen: englische und deutsche, griechische und römische, französische und italienische Skulpturen sowie solche aus dem Mittelalter und aus der Renaissance; der südliche Teil bot die „lebendige Darstellung des Welthandels"[15].

Der Park vermischte englische Landschaftsarchitektur mit italienischen terrassierten Villengärten. Der Bau dominierte darin. Die Anordnung bedeu-

[12] ebenda, S. 301
[13] Builder, vom 17. 6. 1854, S. 316
[14] London Illustrated News vom 14. 5. 1853
[15] ebenda, vom 22. 4. 1854

11 ausgestopfte Tiere und ethnische Figurengruppe

tete einen Affront gegen die traditionelle Landschaftsarchitektur der englischen Grundbesitzer, die das Haus in die offene Landschaft gestellt hatten und die Subordination und geometrische Perspektive ablehnten. Sydenham antwortete darauf polemisch und verbündete sich eher mit dem kontinentalen absolutistischen Prinzip – in Versailles verkörpert. Nur war kein Schloß der beherrschende Ausgangs- und allgegenwärtige Bezugspunkt, sondern ein industrielles Bauwerk, das triumphal die neuen gesellschaftlichen Machtkonstellationen demonstrierte.

Nördlich und südlich vom Kristallpalast errichtete Isambard Kingdom Brunel 1854 zwei 282 Fuß hohe Wassertürme für einen doppelten Zweck: Sie trugen Wassertanks mit je 300 000 Gallonen Inhalt, um die Wasserspiele im Park zu betreiben, und sie umkleideten den Rauchabzug des Heizungssystems und der Dampfmaschinen. Ende 1860 bereits mußte der südliche Turm wegen statischer Bedenken wieder abgetragen werden, den nördlichen verwehte 1861 der Wind: Er – wie auch der Nordflügel des Kristallpalastes – vermochte den Februarstürmen dieses Jahres nicht standzuhalten.

Die Hauptattraktion des Parks bildeten ohne Zweifel die Wasserspiele, deren technische Bewältigung ein kompliziertes System von Reservoirs, Maschinenhäusern und Pumpstationen erforderte, um ausreichend Wasser mit entsprechendem Druck zu beschaffen. Das ganze System sollte darüber hinaus im Notfall genügend Löschwasser liefern, versagte aber: Der Bau brannte am 30. November 1936 vollständig ab.

Innerhalb weniger Jahre war das Gelände zu einem Knotenpunkt des Londoner Verkehrsnetzes ausgebaut. Zwei Eisenbahnstationen lagen in unmittelbarer Nähe des neuen Gebäudes, sieben im Umkreis einer halben Meile. Sämtliche Eisenbahngesellschaften des Landes richteten Fahrstrecken ein, um „Besucher aus den Manufakturbezirken ganz Englands" heranzufahren, die „an der Belehrung und am Vergnügen teilzuhaben"[16] wünschten.

[16] Hix, J.: The Glass House, London 1974, S. 147

12 Äußeres des Hofs von Alhambra

13 die fertigen Kolosse von Aboo Simbel

Sydenham kann als eine der ersten großen Vergnügungseinrichtungen und als die erste Touristenlandschaft gelten. Geplant als Verlockung, als sirenische Einrichtung, als Manifestation industrieller Potenz und als Versammlungsort zur Zerstreuung aller, die den Eintritt bezahlt hatten, zielte das gesamte Arrangement von vornherein auf ein Massenpublikum. Die Komposition gab vor, Geschichte darzustellen, indem sie Getrenntes künstlich zusammenstellte. Tatsächlich wurden die Gegenstände ihrer Zeit- und Raumdimension, ihres Maßstabs und ihrer Umgebung entrückt sowie ihres praktischen und ideellen Funktionszusammenhangs beraubt. Die Komposition der Ausstellung gab ihnen eine zweite, eine rekonstruierte Existenz – in einer künstlichen Mixtur aus Zeit, Raum und Zweck.

Das Arrangement verhieß Beherrschbarkeit von Welt. Es sollte bezeugen, daß die gesamte Natur- und Menschheitsgeschichte durch die Macht des Kapitals gleichsam neu inszeniert werden konnte. Die industrielle Bourgeoisie stellte sich selbst dar; das präsentierte Bild von einer Welt, in welcher frühere Geschichtsstadien eingeholt, eingefangen und also verfügbar und verwertbar erschienen, wollte eine neue, eine bourgeoise kulturelle Identität definieren und sie allgemein setzen. Der englische Arbeiter war gehalten, sich angesichts der ausgestellten kolonialisierten „Wilden" als etwas Besseres zu dünken, sich abzuheben von diesen und damit sich zugleich der englischen Bourgeoisie näher zu wähnen.

Sydenham blieb kein Einzelfall. Alsbald entstanden auf dem europäischen Kontinent ähnliche Weltanschauungseinrichtungen, das neue Genre hieß Vergnügungspark – ideologische Landschaften zum Ruhme der neuen Herren und zur Zerstreuung der Massen. Sie bekamen recht bald Konkurrenz und gleichwohl funktionelle Unterstützung durch die unterschiedlichsten Vergnügungsformen. Der Sydenhamer Vorgang erweiterte sich damit zu einer historischen Schwellenerfahrung.

14 Eröffnungszeremonie

Die weibliche Linie

Dagmar Lüder

Aus dem bürgerlichen Hausstand des Biedermeier sind die handarbeitenden Frauen, Töchter, Tanten und Großmütter nicht wegzudenken. Die Maler haben sie verewigt: die über eine feine Näharbeit gebeugte Hausfrau, die am Spinnrad sitzende Großmutter, das mit einem Strickstrumpf sich mühende kleine Mädchen, die bei ihrer Stickerei träumende erwachsene Tochter. Sie sitzen auf ihren Sofas, vor geöffneten Fenstern, in der Gartenlaube, am Teetisch, sie sitzen im Kreise der Familie, und sie sitzen immer mit der konventionellen Anmut bürgerlicher Weiblichkeit, die versorgt ist.

Dem „unermüdlichen Spiel ihrer schönen Hände" – die zeitgenössischen Dichter liebten diese Floskel – wurde nichts Ernsthaftes, nichts Bleibendes, nichts Bedeutendes im Sinne des Allgemeinwohls abverlangt. Die Damen befleißigten sich privat.

Sie regen ihre Hände nicht aus Not, sondern aus einer Mischung von Pflichtgefühl, Neigung und Konvention. Sie sind die Urgroßmütter bzw. Großmütter der gnädigen Frauen und höheren Töchter, unter deren Hände rund fünfzig Jahre später jene handarbeitlichen Werke entstehen sollten, mit denen der Begriff „Hausgreuel" unlösbar verbunden ist.

Solange der bürgerliche Einzelhaushalt noch Merkmale einer wirtschaftlichen Produktionsgemeinschaft trug, geleitet und in Bewegung gehalten durch einen ganzen Stab von weiblichen Kräften, solange konnten diese für ihr Tun den Begriff „Arbeit" noch in Anspruch nehmen. Ein Prozeß war aber im Gange, der mit der Auslagerung der Arbeit des Mannes aus der gemeinsamen Familienwirtschaft begonnen hatte und der in der Tendenz darauf hinauslief, daß nur noch die männliche Erwerbsarbeit als „Arbeit" gelten konnte.[1]

Die bürgerliche Hausfrau von damals war Herrin und Aschenputtel zugleich, aber sie war nicht die Synthese von beiden. In der Leitung der Wirtschaft auf sich gestellt, hatte sie den Tag über ständig Entscheidungen zu treffen, von deren Qualität das Gedeihen des Hauses nicht unwesentlich abhing, sie hatte umsichtig und selbstdenkend zu sein, aber sie durfte niemals eine Verstandes- und Urteilskraft verraten, die über hauswirtschaftliche Sachverhalte hinausging, und auch da tat sie am besten so, als sei sie lediglich das verläßliche Sprachrohr des dem Hause vorstehenden Mannes. Alle Entscheidungen, die ihre Person betrafen, wurden für sie von Männern getroffen: vom Vater, vom Bruder, vom Ehemann, vom – im Falle des Witwenstandes – eigenen Sohn.[2] Es war zwar ihre Aufgabe, fleißig, ordentlich, ökonomisch, geschickt, unermüdlich, ja im höchsten Maße *arbeitsam* zu sein, aber ihre Arbeit hatte nicht als solche zu erscheinen, sondern als tugendhafte Pflichterfüllung und als „ästhetischer Wert"[3]: Mit der Entwertung der weiblichen Tätigkeit im Hause und der Aufwertung des männlichen Schaffens außerhalb desselben – in der Welt – hatte eine Stilisierungsarbeit am Bild der Frau begonnen, die sie immer mehr zum Objekt der Anschauung machte, die nicht nur ihr Äußeres, ihre Erscheinung, sondern auch ihr Tätigsein ästhetischen Anforderungen unterwarf. Die Frau hatte schön zu sein, schön zu sitzen, zu gehen und zu stehen, mit schöner Hand schöne Arbeiten anzufertigen, und in ihren schönen Augen sollte eine schöne Seele sich offenbaren.

Das Reservat, das die guten Bürger den Frauen für ihre gegenständliche Produktion zugewiesen hatten, war möbliert mit niedlichen Nähtischchen, Patentsekretären und Sofas – keine Umgebung für eine die Weltgeschichte beeinflussende Arbeit, aber ein gemütliches Interieur für intime Plauderein mit Nadel und Faden. Ansonsten die Nähstube: der Ort, an dem große Mengen von Weißzeug zu Wäsche verarbeitet und wo die Kleidung geschneidert wurde.

Der Begriff „weibliche Handarbeit" umfaßt im engen Sinne das, was man so gern Arbeiten von schöner Hand nannte, das schmückende Sticken, Nähen, Häkeln, Flechten – im weiteren Sinne bezieht er Arbeiten, die im Rahmen der alltäglichen Hauswirtschaft verrichtet werden mußten, mit ein: das gebrauchswertschaffende Schneidern, Nähen und Sticken sowie das auf Erhalt gerichtete Flicken, Stopfen, Wenden und so weiter.

Genäht wurde stets und ständig: alles, was zur Ausstattung des bürgerlichen Hauses gehörte und was man nicht von außen bezog, höchstens daß man in besonderen Fällen Näherinnen gegen Lohn dingte. Das Weißnähen war „zu einer seltenen Stufe der Akkuratesse und Verschiedenartigkeit gediehen und forderte keine geringe Geschicklichkeit."[4]

Und auch an Ausbesserungsarbeiten war kein Mangel, die Techniken des Ausbesserns und Umarbeitens, des Wendens, Flickens und Stopfens standen selbst in den reichsten Bürgerhäusern noch in Blüte. Es widersprach den normativen Vorstellungen des frühindustriellen Bürgertums, Erworbenes und Geschaffenes durch Verschleiß entwertet zu sehen oder zu verlieren, und man trachtete danach, die Dinge, die man besaß, zu schonen und zu pflegen. Man warf auch nichts weg, ehe es nicht durch eine zweite, dritte usw. Art der Verwendung endgültig vernutzt war. Doch lag die auf Erhalt gerichtete bürgerliche Sparsamkeit immer im Widerstreit mit dem verpflichtenden Streben nach repräsentativer Wohlhabenheit, zu dem das Bürgertum mit wachsender politischer und wirtschaftlicher Macht sich zunehmend gedrängt und geneigt sah und das in der zweiten Hälfte des 19. Jahrhunderts die sattsam bekannten Formen der gründerzeitlichen Unkultur annehmen sollte. Dieser interne Konflikt prägte auch die Flick- und Stopfarbeiten: Die Frauen boten einen guten Teil ihrer Kunstfertigkeit für eine Tätigkeit auf, die sich selbst verleugnen, die ihre eigenen Spuren verwischen mußte; die eingesetzte Mühe durfte im fertigen Resultat nicht als gegenständliches Äquivalent erscheinen: das beste Resultat war eines, das nicht augenscheinlich wurde. Eine Aufgabe, die man denn auch gern dem Gesinde übertrug oder – aus pädagogischen Gründen – den Töchtern.

Um dem Frauenideal der Zeit zu genügen, mußte jedes weibliche Kind von klein auf Fügsamkeit, Sanftmut, Ergebenheit, Demut und stete Dienstbereitschaft lernen. Was aber war zum Mittel dieser Dressur – deren Resultat als weibliche „Natur" begriffen wurde – besser geeignet als die frühzeitige Begegnung mit einem Korb voller ungestopfter Strümpfe oder schadhafter Wäsche, als das Strickzeug, Stickzeug und Nähzeug? Die weibliche Handarbeit fungierte als Zuchtrute in der Erziehung der bürgerlichen – wie auch der

1 Heinrich Maria Hess
Bildnis Fanny Gail, vor 1821

[1] Duden, Barbara: Das schöne Eigentum. Zur Herausbildung des bürgerlichen Frauenbildes an der Wende vom 18. zum 19. Jahrhundert, in: Kursbuch Nr. 47, März 1977, Berlin (West); vgl. auch Weber-Kellermann, Ingeborg: Die deutsche Familie. Versuch einer Sozialgeschichte, Frankfurt a. M. 1981

[2] siehe auch Weber, Marianne: Das alte und das neue Frauenideal, in: Die Kultur der Frau, hrg. v. Ada Schmidt-Beil, Berlin-Frohnau 1931, S. 19

[3] Duden, Barbara: a. a. O.

[4] Otto-Peters, Louise: Frauenleben im Deutschen Reich, Leipzig 1876, veröff. in: Die Anfänge der Frauenbewegung, Berlin 1927, S. 33

adligen – Töchter, und darüber hinaus hielt man sie für eine Art vorbeugenden Keuschheitsschutz: wer stickt und stopft, sündigt nicht. Eine Anschauung, die sich in Sinnsprüchen niedergeschlagen hat, die wir noch heute auf den Stopfpilzen unserer Mütter und Großmütter nachlesen können: „Wenn dich die bösen Buben locken, bleib zu Haus und stopfe Socken."

Helene Lange, die in der bürgerlichen Frauenbewegung des ausgehenden 19. Jahrhunderts einen maßgeblichen Platz einnahm, schreibt in ihren Lebenserinnerungen: „Es gehörte zu den allgemein geglaubten Theorien, daß man kleine Mädchen gar nicht früh genug an die Handarbeit herankriegen könne, und zwar aus ethischen Gründen. Eine Theorie, die die preußischen Lehrpläne später ... in den weisen Satz verarbeiteten: ‚Die erziehliche Aufgabe des Handarbeitsunterrichts liegt in der Pflege weiblicher Sorgfalt, Sauberkeit und geduldigen umsichtigen Fleißes bei der Herstellung bescheidener Arbeiten'".[5] Die Spezifik der Aussage liegt im betonten Mißverhältnis von Einsatz: „*geduldiger*, umsichtiger *Fleiß*", und Ergebnis: „*bescheidene* Arbeiten".

„Ob man sich wohl", schreibt Helene Lange weiter, „eine richtige Vorstellung davon macht, was es heißt, wenn so ein kleines Mädchen (von knapp sechs Jahren – D. L.) vor einem zugemessenen Stück Saum sitzt, das es mit immer schwärzer werdendem Faden allmählich zu schließen sucht, und dabei draußen die Sonne scheinen sieht und die Jungen toben hört? Es war so ein dumpfes erstes Gefühl von ‚der Frauen Zustand ist beklagenswert', das einen erfüllte ... Und wenn man lange Stiche machte, half es einem auch nichts, dann wurde unbarmherzig wieder aufgetrennt."[6] Mit dem Stricken war man auch nicht viel besser dran: „... ich hatte gehört, daß Stine Schubert nachmittags sechs- oder gar achtmal ‚herumstricken' mußte, und ich bewunderte, wie sie das Leben ertrug; aber da waren sie zu dreien und strickten um die Wette, da war wenigstens ein Sport dabei."[7]

Auch Louise Otto-Peters, die Begründerin der Frauenbewegung in Deutschland, gedenkt in ihren Erinnerungen der handarbeitlichen Pflichterziehung: Der Strickstrumpf war schon den vierjährigen Mädchen als die „erste ernste Arbeit" auferlegt, und man hielt es für notwendig, „daß jedes Mädchen ihre Strümpfe selbst stricke, ich hatte Freundinnen, die es eigenhändig bis zu hundert Paar gebracht und zu einer Ausstattung galten wohl meist so viel als erforderlich."[8]

2 Guido Schmitt
Bildnis der Schwester, 1848

„In einem geordneten Haushalt, besonders wenn auch erwachsene Töchter in ihm lebten, galt es als eine Schande, als Zeichen schlechter Wirtschaft, wenn Näharbeit aus dem Hause gegeben ... ward ... Es galt als Ehrensache, gefüllte Wäscheschränke und noch extra Wäschevorräte zu besitzen, es galt als Ehrensache auch die Ausstattung einer Braut eigenhändig zu fertigen".[9]

Der Wäschevorrat war der Schatz der bürgerlichen Hausfrau. Sie hing daran um so mehr, als sie sonst wenig Gelegenheit hatte, sich bleibender Resultate ihrer Arbeit zu erfreuen: die Ordnung, für die sie sorgte, wurde permanent zerstört, die Nahrung, die sie bereitete oder bereiten ließ, wurde verzehrt, und auch die Textilien, die sie herstellte und die unter ihrer Anleitung hergestellt wurden, gehörten zu den vergänglichen Gütern des Hauses. Lediglich indem sie Vorräte schaffte, konnte sie die Vergegenständlichung ihrer Arbeit genießen und sich im fertigen Produkt anschauen, weshalb denn auch eine Neigung zum Geiz und eine Gereiztheit gegen den *Gebrauch* der Dinge sich in jeder Hausfrau festsetzen mußten. Die Sorge für das Weißzeug gab ihr so etwas wie Größe, und sie trachtete danach, der Leib-, Tisch- und Bettwäsche durch schön gearbeitete Kanten, Nähte, Borten, Stege, Einsätze und Verschlüsse eine poetische oder jedenfalls gutbürgerliche Aura zu verleihen.

Adalbert Stifter läßt in einer seiner Erzählungen ein kleines Mädchen die folgenden Worte ihrer Mutter wiedergeben: „... die Wäsche ist nach dem Silber das erste Gut in einem Hause, sie ist auch feines weißes Silber und kann, wenn sie unrein ist, immer wieder zu feinem weißem Silber gereinigt werden. Sie gibt unser vornehmstes und nächstes Kleid ... Das Gold ist zwar auch kostbar, aber es ist kein Hausgerät mehr, sondern nur ein Schmuck."[10]

Der kulturelle Balanceakt, der dem wohlhabenden Bürgerleben des angehenden 19. Jahrhunderts noch gelang, ist hier ausgesprochen: Die Dinge, die man liebte, die man herstellte oder erwarb, durften bei allem Trachten nach Schönheit niemals *nur* Schmuck sein, sondern hatten immer praktischen Zwecken zu dienen. *Dieser* Prämisse waren selbst jene Produkte weiblichen Schaffens unterworfen, die sich am weitesten von den Mühen des Werkeltags entfernt hielten, jene im eigentlichen Sinne „weiblichen Handarbeiten".

In ihnen sind die Momente einer unrühmlichen Entwicklung schon wirksam. Diese zarten und zierlichen Arbeiten flankieren die zum Idealbild stilisierte bürgerliche Frau, ein Bild, das, bevor es zur Maske der Gründerzeitgattin erstarrte, recht liebenswürdige Züge aufwies. So, wie die Maler sie malten, waren sie Bestandteil einer Idylle, und es ist das Wesen dieser Idylle, „die Arbeit der Mühe zu entkleiden und sie in eine schön anzusehende liebende Zuwendung umzuinterpretieren".[11]

3 Julius Oldach
Katharina Oldach, die Tante des Künstlers, 1824

Die Arbeiten von schöner, von zarter Hand sind den Mußestunden vorbehalten, die hauswirtschaftliche Arbeit ruht. Aber Muße heißt nicht müßig: Getreu dem gültigen Frauenideal ruht die Frau tätig. Wenn sie sich schon niederläßt und Tee trinkt, müssen die Hände wenigstens sich regen. Und auch die Seele soll nicht unbeschäftigt sein: Die Damen häkeln, stricken, nähen, sticken etc. unter Teilnahme des Herzens, und was sie herstellen – Decken, Tücher, Schals, Westen, Gürtel, Bänder, Brieftaschen, Buchumschläge, Beutelchen, verschiedenste Täschchen und dergleichen Dinge mehr –, wird der Ebene des rein Nützlichen entrückt durch kunstfertige Säume, Borten, Abschlüsse und Verschlüsse, durch die Verwendung edlen Materials, durch das Ornament. Die Resultate tragen deutlich den Ausdruck einer nicht gescheuten Mühe, die nötig war, um die schönsten Effekte hervorzurufen, sie dürfen, sie sollen Ausdruck höchst arbeitsamen Fleißes sein – aber eines Fleißes, der sich verschwendet und sich in Schönheit ausströmt. Je schwerer, je zierlicher, je mühevoller die Arbeit, um so kostbarer ist sie.

Geübte Augen, geschickte Hände, ein sicherer Farbensinn, das Beherrschen der verschiedensten Techniken, Phantasie, das Gefühl für Proportionen und erfinderisches Vermögen – das alles zum mindesten muß die Herstellerin im hohen Maße besitzen, will sie, wie es Sitte ist, im geselligen Kreise der Familie oder der Freunde mit leichter Hand sticheln und schaffen, ohne durch Zeichen verbissenen Eifers und ohne durch unschickliche Bewegungen den ästhetischen Sinn der Gesellschaft zu verletzen und die in sie gesetzten Hoffnungen auf Schönheit zu enttäuschen. Auch soll sie die Anwesenden nicht verunsichern oder gar verärgern, indem sie sich ihnen gegenüber unaufmerksam zeigt: „Frauenzimmerliche Handarbeiten, in Gesellschaft

[5] Lange, Helene: Lebenserinnerungen, Berlin 1930, S. 24
[6] ebenda
[7] ebenda
[8] Otto-Peters, Louise, a. a. O., S. 32
[9] ebenda
[10] Stifter, Adalbert: Kalkstein, in: Bunte Steine, Leipzig 1981, S. 118
[11] Duden, Barbara: a. a. O.

unternommen ... erhalten durch Klugheit und Anmut oft eine wichtige Bedeutung. Unbefangen und emsig fortgesetzt, geben solche Bemühungen einer Schönen das Ansehen völliger Unaufmerksamkeit auf die Umgebung und erregen in derselben ein stilles Mißgefühl. Dann aber, gleichsam wie beim Erwachen, ein Wort, ein Blick versetzt die Abwesende wieder mitten in die Gesellschaft, sie erscheint als neu willkommen; legt sie aber gar die Arbeit in den Schoß nieder, zeigt sie Aufmerksamkeit auf eine Erzählung, einen belehrenden Vortrag, in welchem sich die Männer so gern ergehen, dies wird demjenigen höchst schmeichelhaft, den sie dergestalt begünstigt."[12]

Diese Passage findet sich bei Goethe, dem wir überhaupt eine Vielzahl von eingestreuten kleinen Betrachtungen über handarbeitende Frauenzimmer verdanken. Einer im Kreise ihrer Freunde anmutig werkelnden Dame legt er die folgende Erklärung in den Mund: „Als junge Mädchen werden wir gewöhnt, mit den Fingern zu tifteln und mit den Gedanken umherzuschweifen; beides bleibt uns, indem wir nach und nach die schwersten und zierlichsten Arbeiten verfertigen lernen, und ich leugne nicht, daß ich an jede Arbeit dieser Art immer Gedanken angeknüpft habe, an Personen, an Zustände, an Freud und Leid. Und so ward mir das Angefangene wert und das Vollbrachte, ich darf wohl sagen, kostbar. Als ein solches nun durfte ich das Geringste für etwas halten, die leichteste Arbeit gewann einen Wert und die schwierigste doch auch nur dadurch, daß die Erinnerung dabei reicher und

4 Karl Begas d. Ä.
Die Familie Begas, 1821

[12] Goethe, Johann Wolfgang: Der Mann von fünfzig Jahren (aus Wilhelm Meisters Wanderjahre), in: Novellen, Leipzig 1982, S. 243
[13] ebenda, S. 247
[14] ebenda
[15] ebenda, S. 255
[16] Tessenow, Heinrich: Hausbau und dergleichen, Baden-Baden 1953, S. 42
[17] ebenda
[18] ebenda
[19] ebenda, S. 41

vollständiger war. Freunden und Liebenden, ehrwürdigen und hohen Personen glaubt ich daher dergleichen immer anbieten zu können; sie erkannten es auch und wußten, daß ich ihnen etwas von meinem Eigensten überreichte, das, vielfach und unaussprechlich, doch zuletzt, zu einer angenehmen Gabe vereinigt, immer wie ein freundlicher Gruß wohlgefällig aufgenommen ward."[13]

Die schöne Sprecherin hat eine „köstliche Brieftasche" gefertigt: „teils geflochten, teils gestickt, erregte sie zugleich mit der Bewunderung das Verlangen, zu erfahren, wie sie gemacht sei. Die bunte Seide waltete vor, doch war auch das Gold nicht verschmäht, genug, man wußte nicht, ob man Pracht oder Geschmack mehr bewundern sollte."[14] Der, dem dieses Kleinod zugeeignet wird, fühlt sich zu einem dankenden Vers verpflichtet, dem er unter Verwendung des Ovid folgende Gestalt verleiht:

„Ich sah's in meisterlichen Händen,
Wie denk ich gern der schönen Zeit!
Sich erst entwickeln, dann vollenden
Zu nie gesehener Herrlichkeit.
Zwar ich besitz es gegenwärtig,
Doch soll ich mir nur selbst gestehn:
Ich wollt, es wäre noch nicht fertig,
Das Machen war doch gar zu schön!"[15]

„Ein Mann hatte einmal den ganzen Tag über in der Weltgeschichte herumgewirtschaftet und hatte nun Feierabend gemacht und hatte eben sehr gut gegessen und getrunken und saß nun so da, sehr zufrieden und erzählte sich allerlei mit seiner Frau, und diese mußte dann nachher die Kinder zu Bett bringen, und inzwischen hat dann Papa, so halb fleißig und so halb auch faul, am Bogenpfeil herumgeschnitzt."[16] So ungefähr, stellt sich Heinrich Tessenow vor, muß es mit dem Ornamentieren zuerst gewesen sein: „es war so halb ein Spielen, und so halb war es ein Arbeiten."[17] Und er mutmaßte, daß der Mann, wäre er im Vollbesitz seiner Kräfte gewesen, den Bogenpfeil nicht ornamentiert, sonden an „seinem Wesentlichen" etwas verbessert hätte.[18]

Nicht von ungefähr bringt Tessenow das Ornament mit dem „Damenhaften" zusammen: dem einen wie dem anderen mangele es an Tatwillen, „und das unterscheidet es von dem, was wir (Tessenow meint die Männer – D. L.) so gewöhnlich große Arbeit nennen; wenn wir etwas sogenannt Bedeutendes arbeiten, so ist immer von uns gefordert, daß wir uns stark auf unsere Arbeiten konzentrieren; das Ornament aber ist gegen das Stirnrunzeln, will im Arbeiten spielen ..."[19]

Den Frauen hatte es nicht oblegen, am Wesentlichen der Dinge etwas zu ändern, das Stirnrunzeln hatten sie zu unterlassen. Sie waren zum Dekorativen, zum Ornament und zur Pose bestimmt. Die Freuden der Aktivität, der Zeugung, des Sichvergegenständlichens – jedem Manne zugebilligt, ja abverlangt: „einen Baum pflanzen, ein Haus bauen, ein Kind zeugen" – mußten sie uminterpretieren in die Freuden der Passivität, der Zuneigung, der tugendsamen Liebe und der Pflichterfüllung.

Vom bürgerlichen Erwerbsleben und vom ernsthaften Schaffen ferngehalten, wurden sie zu Repräsentantinnen des Schönen, das *amüsiert* und *rührt*, verpflichtet. Nicht schmieden, tischlern, und schlossern, nicht malen, dichten und denken, nur ein wenig tupfen, tändeln und spielen – mit glatter Stirn, poetisch, bezaubernd, artig und fein. Ihre niedlichen, maßvollen, kleinen Unikate waren Liebesgaben, für den Hausgebrauch bestimmt. Sie standen außerhalb aller kommerziellen Gedanken und außerhalb des Gesetzes von der Ökonomie der Zeit, was ihnen zwar eine gewisse milde Anerkennung auf der Ebene bürgerlicher Herzensgüte sicherte, aber niemals eine nennenswerte Position in der gesellschaflichen Achtungsskala einbrachte.

Die Entwicklung, die das Bürgertum im Verlauf des 19. Jahrhunderts nahm, ist geläufig. Der „Handel entwickelte sich mehr und mehr zur Prellerei. Die ‚Brüderlichkeit' der revolutionären Devise verwirklichte sich in den Schikanen und dem Neid des Konkurrenzkampfs".[20] Oberster gesellschaftlicher Machthebel wurde das Geld.[21] Die Industrie nahm ihren kapitalistischen Aufschwung, der Ethos des gediegenen Produkts, das Erbe des alten, bürgerlichen Handwerks, wurde abgeworfen wie ein zu eng gewordenes Kleid.

Die alten Bürgerfamilien zerfielen oder gingen auf im Geist der einheiratenden Parvenüs. Der bürgerliche Tugendkatalog geriet zur propagandistischen Phrase, und seine einzelnen Posten wurden um so lauter verkündet, je mehr man ihnen in der Praxis zuwiderhandelte. Und in dem Maße, wie die schlichte Kultur des Bürgertums verschwand, machte der lärmende Kult aufwendiger „Vornehmheit" sich breit.

Aus der bürgerlichen Hausfrau wurde die „Gnädige". Sie sah auf Anstand und Sitte, vor allem aber auf Repräsentation. Industrie und Gewerbe sorgten dafür, daß auch die letzten Reste bürgerlicher Selbstversorgung liquidiert wurden, die Haus*wirtschaft* verlor ihre Bedeutung und reduzierte sich auf den Haus*halt*. Die Hausfrauen, die Tanten, die Großmütter, vor allem aber die Töchter – sie alle verloren ihren *Beruf*. Der *Wert* der im Hause zu verrichtenden Arbeit sank gleichsam auf den Nullpunkt: wer arbeitet, zeigt an, daß die Familie nicht vermögend, der Mann nicht tüchtig genug ist, um arbeiten *zu lassen*. Hausarbeit wurde ausschließlich Sache des Personals.[22]

Die Abstinenz des weiblichen Teils der Familie von jeder nützlichen Tätigkeit war das Mindeste, was man sich leisten mußte, wollte man auf der gesellschaftlichen Stufenleiter einen gewissen Platz behaupten. Dem weiblichen Teil des Bürgertums fiel im Rahmen der gesellschaftlichen Arbeitsteilung die Aufgabe zu, Rang und Reichtum nach den neuen Konventionen zu repräsentieren. Das hieß, sich ostentativ müßig zu geben und ausgesprochen ästhetisch.

Die „weibliche Handarbeit" erhielt in diesem Kontext neue Bedeutung. Sie hatte das Privilegium des weiblichen Müßigganges auf unmißverständliche Weise zur Sprache zu bringen, und sie hatte Dokumente der Muße zu schaffen. Sie erfüllte also die Funktion eines Beweises. Da aber der Beweis des Müßigganges durch *Vergegenständlichung* erbracht wurde, mußte er als *Gegenstand* deutliche Zeichen einer von allem Notwendigen abgehobenen Tätigkeit tragen. Voraussetzung dazu war die endgültige Abtrennung aller gebrauchswertschaffenden bzw. -erhaltenden Tätigkeiten von jenem Schaffen, das im gesellschaftlichen Normgefüge als weibliche Handarbeit galt; Wäsche und Kleidung ließ man arbeiten oder „kommen", Ausbesserungsarbeiten wurden den derben Händen des weiblichen Personals überantwortet. Die Dame von Stand des ausgehenden Jahrhunderts arbeitete „künstlerisch", und was sie erzeugte, verschloß sich demonstrativ jedwedem praktischen Gebrauch, so demonstrativ, daß auch der dümmste Kommerzienrat, oder besser: seine Gattin, in der Lage war, diese Insignien des Reichtums mühelos zu entschlüsseln.

Allein als Erziehungsmittel, als bewährtes Mittel, den in Reichtum aufwachsenden höheren und den höchsten Töchtern die Haupttugenden des weiblichen Geschlechts Demut, Bescheidenheit und Dienstbarkeit einzubleuen und in permanenter Bereitschaft zu halten, behielt die Handarbeit etwas von ihrem komplexen Charakter, waren doch gerade die groben Arbeiten dazu angetan, dem frommen Grundsatz „Dienen lerne beizeiten das Weib" auch in jenen Kreisen zur Wirklichkeit zu verhelfen, in denen ansonsten beizeiten das *Herrschen* gelernt wurde. Im Konflikt zwischen den polaren Verpflichtungen von Stand und Geschlecht, zwischen dem standesgemäßen Herrschen und dem frauengemäßen Dienen, den jedes „guterzogene Mädchen" auszutragen hatte, fungierte die Handarbeit – sowohl die „grobe" als auch die „feine" – als Mittel der Selbstzucht, der Selbstbestrafung, der Buße. Lily Braun beschreibt in den „Memoiren einer Sozialistin", wie die fünfzehnjährige Alix sich tägliche Opfer auferlegt, um die heimliche Lektüre von Büchern, die sich für ihr Geschlecht nicht schickte, zu sühnen: „Mit

5 Egidius Mengelberg
Familienbild, 1834

[20] Engels, Friedrich: Herrn Eugen Dührings Umwälzung der Wissenschaft, in: MEW, S. 240

[21] ebenda

[22] vgl. Weber-Kellermann, Ingeborg: a. a. O.; sowie Kuczynski, Jürgen: Geschichte des Alltags des deutschen Volkes, Studien 3, Berlin 1981, S. 230f.

wahrer Leidenschaft stürzte ich mich in die selbstgewählte Aufgabe und nahm gleich das schwerste auf mich, was es für mich geben konnte: Handarbeiten. Der Eifer, mit dem eine büßende Nonne sich geißelt, konnte nicht hingebungsvoller sein, als der, mit dem ich Strümpfe stopfte!"[23] Und: „ich stickte ‚altdeutsche' Deckchen, als ob ich es bezahlt bekäme, kämpfte stundenlang am Klavier mit meiner Talentlosigkeit, strickte unentwegt Strümpfe für die Negerkinder"[24] – und dies alles, um sich potent zu machen für die einzige Aufgabe, auf die die ganze Erziehung der höheren Töchter hinauslief: dem Gatten eine ästhetische Häuslichkeit zu schaffen, eine würdig repräsentierende Hausfrau zu sein, ihm glättend und soufflierend zur Seite zu stehen, sollte er sich in den schwierigen Anstandsregeln der Kreise, in die man aufgestiegen war, nicht gleich zurechtfinden.

Das Betreiben der Handarbeiten in Gesellschaft unterliegt dem Reglement des „guten Tons". Ein einschlägiges Brevier von 1878 führt im Kapitel „Familienleben" die Hauptpunkte an: „... eine weibliche Handarbeit in den Händen eines jungen Mädchens ist nicht nur stets erlaubt, sondern gereicht ihm auch zur Zierde. Eine Handarbeit braucht es selbst in Anwesenheit freundschaftlicher Besuche nicht aus der Hand zu legen, indeß darf es durch dieselbe nicht derart in Anspruch genommen werden, daß es die Anwesenden unbeachtet ließe oder dem Gespräch nur eine getheilte, oberflächliche Beachtung schenkte."[25] Überhaupt ist „den Damen eine solche Beschäftigung auch wohl im kleineren Zirkel, während der Unterhaltung, gestattet ... Falls musicirt oder declamirt wird, müßte allerdings eine Achtungspause der Handarbeit eintreten. Namentlich der Declamator, dessen Blicke umherschweifen, wird oft peinlich dadurch berührt, daß ihm nicht die volle Aufmerksamkeit geschenkt wird. Bei Besuchen von höher Stehenden oder Standespersonen verbieten sich Handarbeiten von selbst ... Handarbeiten an öffentlichen Orten, wie z. B. in Concertsälen, sind, obwohl vielfach gebräuchlich, dennoch ungehörig; das zieht Andere von dem Hauptgegenstand, der Musik, ab und stört ihnen den Genuß."[26]

Fast erübrigt sich der den jungen Mädchen in lakonischer Kürze erteilte Hinweis, daß „Strümpfe stopfen, Wäsche ausbessern und andere gröbere Handarbeiten ... am besten in den Morgenstunden oder doch so abzumachen (sind), daß Anderen nicht der Einblick in diese gewissermaßen inneren Familienangelegenheiten gestattet wird."[27]

In „Nora oder Ein Puppenheim" von Henryk Ibsen (1878) findet sich der folgende Dialog zwischen Helmer, dem Manne Noras, und der strickenden Frau Linden, der Freundin Noras:

„Helmer: Wissen Sie was, Sie sollten lieber sticken.

Frau Linden: So? Warum?

Helmer: Weil das viel schöner aussieht. Sehn Sie mal, man hält die Stickerei so mit der linken Hand, und dann führt man mit der rechten die Nadel – so – hinaus, in einem leichten, langgestreckten Bogen, nicht wahr –?

Frau Linden: Ja, mag schon sein –

Helmer: Beim Stricken dagegen – das sieht immer unschön aus. Sehn Sie her; die zusammengeklemmten Arme, – die Stricknadeln, die auf und ab gehen, – das hat etwas Chinesisches an sich –"[28]

Helmer will ein schönes Bild genießen, wenn sich ihm eine Frau handarbeitend zeigt. Das Stricken genügt seinen anspruchsvollen Sinnen nicht, zumal das Resultat für ihn sowieso nicht zählt. Es war wohl der Charakter von

6 Georg Kersting
Am Stickrahmen, 1812

[23] Braun, Lily: Memoiren einer Sozialistin. Lehrjahre, Berlin-Grunewald, o. J., S. 67f.

[24] ebenda, S. 147

[25] Ebhardt, Franz: Der Gute Ton in allen Lebenslagen. Ein Handbuch für den Verkehr in der Familie, in der Gesellschaft und im öffentlichen Leben, Berlin 1878, S. 73

[26] ebenda, S. 74

[27] ebenda

[28] Ibsen, Henryk: Nora oder Ein Puppenheim, Leipzig o. J., S. 71f.

[29] Ebner-Eschenbach, Marie von: Bozena, in: Frauenbilder, Berlin 1982, S. 57

[30] Muthesius, Hermann: Die Kunstgewerbe- und Handelsschule, in: Kunstgewerbe. Ein Bericht über die Entwicklung und Tätigkeit der Handwerker- u. Kunstgewerbeschulen in Preußen, hrg. v. Bund der Kunstgewerbeschulmänner, Berlin 1922, S. 5

Arbeit, Anstrengung und Pflichterfüllung, von Schaffen in der Zeit und gerichtet auf ein nützliches Produkt, der diese Form der Handarbeit so wenig schicklich und ganz und gar nicht ästhetisch erscheinen ließ.

In Deutschland fand man um diese Zeit das Stricken keineswegs chinesisch, sondern geradezu echt deutsch. Das übersteigerte Nationalgefühl, das sich in der feinen Gesellschaft auszubreiten begann, gab dem Bild der Gnädigen einen Stich ins Derbe. Sie durfte sich jetzt bei aller Vornehmheit ein wenig urwüchsig geben, von frischer Kuhmilch schwärmen, und es stellte ihre Distinktion auch ganz und gar nicht in Frage, wenn liebe Gäste sie strickend im Salon antrafen. In den trivialen Damen- und Backfischlektüren klapperten anständige junge Mädchen und patriotisch gesinnte Frauen hurtig mit den Nadeln, in der bürgerlichen realistischen Literatur aber wurde die strickende Bürgerin zum Inbegriff des Banalen, Engen, Engherzigen und Spießbürgerlichen, das Strickzeug fungierte als unzweideutiges Attribut der bigotten Gattin und der alten Jungfer. „Er hatte die ‚Brünner Zeitung', sie ihren Strickstrumpf zur Hand genommen. Vor ihm stand eine Flasche Weines, vor ihr ein kleiner Arbeitskorb, in dem das Knäuelchen, infolge der unglaublichen Geschwindigkeit, mit der sie strickte, ruhelos umherhüpfte. Die Bewegung dieses Knäuelchens schien Herrn Heißenstein unangenehm zu sein, denn er sah es manchmal über die Zeitung hinweg grimmig an ..."[29]

Dem Zeitgeist gehorchend, erobern sich die handarbeitenden Damen in den letzten zwei Jahrzehnten des vorigen Jahrhunderts die ältesten Stile und die neuesten Techniken. Kerbschnitzerei, Holz-, Brand-, Nadel- oder Gobelin*malerei* erfreuten sich neben der herkömmlichen Stickerei großer Beliebtheit.

Ihre ästhetischen Symbole füllten das bürgerliche Heim. Aufgeklärte Köpfe apostrophierten sie als „Hausgreuel". Doch greulicher als das den professionellen Produktionsstätten entstammende gehobene Mobiliar konnten sie kaum sein. Wenn sich die dilettierenden Damen einem ungezügelten Dekorativismus überließen, taten sie nichts anderes, als was die Männer in Industrie und Gewerbe auch taten. Hier wie da bediente man ein hemmungsloses Prestigebedürfnis – das Prestigebedürfnis des aufgestiegenen und aufsteigenden Bürgers.

Gegen Ende des Jahrhunderts traten die Reformer des Kunstgewerbes auf den Plan. Sie wollten den Greueln ein Ende machen. Die meisten von ihnen kamen aus der Malerei. Ihr Ausgangspunkt war die Fläche, das flächige Gestalten: „Vom kleinen Gebrauchsgegenstand, *etwa der Stickerei* (Hervorh. D. L.) beginnend", erstreckte sich ihr gestalterisches Wirken „über den gesamten Innenraum mit all seinem Inhalte, auf Flachmuster wie plastischen Schmuck, auf das Buch, das Plakat, die Bühne, den Garten, den Friedhof, das Wohnhaus, den Industriebau, die gesamte Architektur bis zum Städtebau."[30]

Mit den Reformen im Kunstgewerbe geriet zum ersten Mal der Gegenstand der weiblichen Handarbeit ins Blickfeld engagierter Männer.

Stickereien bezeichnen allenthalben die Anfänge der Erneuerung. Damit wandten sich die Pioniere einem Teil des Wohnbereichs zu, der für ebenso reformbedürftig wie unentbehrlich gehalten wurde. Nur unterschied er sich deshalb weder in dem einen noch in dem anderen vom übrigen Interieur. Der Unterschied lag in den Möglichkeiten der Realisierung. Beim Entwerfen konnten die ehemaligen Maler – Autodidakten auf dem Gebiet der gewerblichen, der Gebrauchswerte herstellenden Arbeit – noch alle Register ihres Malerhandwerks ziehen, und für die Umsetzung brauchten sie lediglich ein

7 Friedrich Remde
Die Stickerin, 1831

paar Frauen zu gewinnen. Diesen einen Entwurf für eine Stickerei anzuvertrauen, dürfte aber fürs erste leichter gewesen sein als beispielsweise einem Tischlermeister den Entwurf für ein Speisezimmer. Es ist zu vermuten, daß die Frauen, die den Reformern ausführend zur Seite standen, allen Ehrgeiz darein legten, sich selbst dem schwierigsten Entwurf technisch gewachsen zu zeigen. Sie folgten den Pionieren mit stillem Eifer, und ihre Namen flankierten auf den seit 1897 aufschießenden Kunstausstellungen unter der Rubrik „Ausführung" die eines Obrist, Olbrich, Pankok, Riemerschmid, van de Velde und anderer Männer des Kunstgewerbes und der Architektur.

In diese Zeit fiel der Aufbruch der bürgerlichen Frauen ins Berufsleben. Viele machten das textile Schaffen nunmehr zu ihrer Profession. „Die Propagierung aller Arten kunstgewerblicher Tätigkeit fiel eben in jene Jahre, in denen die Frau, endlich errungener Freiheit froh, darauf brannte, Kräfte und Fähigkeiten zu erhärten, vielleicht gar mit dem Manne sich zu messen."[31] Bald erschienen auf den Kunstausstellungen und in den einschlägigen Publikationen Stickereien und andere handarbeitliche Stücke unter weiblichem Namen mit dem ausdrücklichen Vermerk: „nach eigenen Entwürfen".

Neben dem Kunstgewerbler etablierte sich die Kunstgewerblerin, womit sich die gutbürgerliche Öffentlichkeit, die das Faktum der Berufsfrau nur unter heftigstem Sträuben zur Kenntnis nahm, noch am ehesten abfinden konnte: Behauptete die Kunstgewerblerin doch zumindest die Position der Weiblichkeit, blieb sie in „Stellungen, die sie von früher her" inne hatte[32] – jedenfalls solange sie sich mit dem textilen Bereich zufrieden gab und nicht nach der Architektur verlangte.

Wenn die Frau schon aus dem privaten Leben herausstrebte und das Privileg der Muße aufgab, sollte sie wenigstens ihrem Dienst an der Ästhetik und dem Platz am Fenster treu bleiben, sollte sie keine anderen Werkzeuge in die Hand nehmen als die, welche ihr den gültigen Normen gemäß zur Zierde gereichten, nämlich alle Arten von Nadeln.

Die Kunstgewerbeschulen, die bis zur Jahrhundertwende nur männlichen Bewerbern vorbehalten waren, öffneten ihre Türen allmählich den Frauen. Muthesius schrieb anläßlich der III. Deutschen Kunstgewerbe-Ausstellung 1906 in Dresden: „Eine Frage, die neuerdings fast bei allen kunstgewerblichen Schulen sich in den Vordergrund gedrängt hat, ist die der Zulassung des weiblichen Geschlechts." Und er fährt fort: „Heute werden bereits an der großen Mehrzahl der Schulen weibliche Schüler zugelassen, an einigen jedoch nur dann, wenn sie versichern, den kunstgewerblichen Beruf als Lebensberuf wählen zu wollen. Für die weiblichen Schüler ist an einigen Schulen eine besondere Abteilung vorhanden; neuerdings gewinnt jedoch die Auffassung mehr Anhänger, sie mit den männlichen gemeinsam zu unterrichten ..."[33]

Um die kunstgewerblich gereinigte Handarbeit von der sich weiterhin den historisierenden Geschmacklosigkeiten hingebenden weiblichen Liebhaberkunst zu unterscheiden, kamen die Begriffe „weibliche Kunsthandarbeit" und „künstlerische Frauenarbeit" in Umlauf.

1912 erschien das Buch des Kunstgewerbetheoretikers Joseph August Lux „Geschmack im Alltag. Ein Lebensbuch zur Pflege der Schönheit", in dem unter dem Kapitel „Reform der weiblichen Handarbeiten" der erbarmungswürdige Zustand beklagt wird, der die weiblichen Handarbeiten der *Hausfrauen* kennzeichne: „Was heute unter dem Begriff ‚weibliche Handarbeiten'

[31] Hildebrandt, Hans: Die Frau als Künstlerin, Berlin 1928, S. 18

[32] ebenda, S. 157

[33] Muthesius, Hermann: Die neuere Entwicklung und der heutige Stand des kunstgewerblichen Schulwesens in Preußen, in: Das deutsche Kunstgewerbe 1906, München 1906, S. 49

in der Schule und im Hause gelernt und geübt wird, hat mit Kunst nichts, rein gar nichts zu schaffen. Die Schablone hat hier jede Regung von Selbständigkeit und persönlichem Geschmack erstickt. Die Arbeit ist zu einer ermüdenden, tötlich langweiligen Übung, zum bloßen mechanischen Ausnähen von allerlei Lappen herabgesunken, und rechtfertigt die Verachtung, mit der die Radikalgesinnten diese geistlose Beschäftigung ablehnen."[34]

Demgegenüber verkündete Paul Westheim 1914 in der Zeitschrift „Die Kunst": „Offen gesagt, wir sind jetzt wieder so weit, das Talent, das sich an wohl ornamentierten Stickereien bekundet, ins Haus ... zu verweisen. Die Tage eines OBRIST, da in einer Stickerei sich eine kühne Gestaltungsenergie, ein Stück eigener Weltanschauung offenbarte, sind vorüber. Erbe war der gute Geschmack, der wie unzählige Stickerinnen beweisen, sich wieder durchgesetzt hat, und von dem, wenn er nicht mehr Ausnahmeerscheinung ist, nicht viel Aufhebens zu machen ist. Es soll gewiß nicht bestritten werden, daß sich innerhalb dieser Frauenkunst sehr viel individuelles Geschick darbietet. Bestickte Kissen, Kleider, Tischdecken, Vorhänge, Wandbilder, Pompadours werden von gut erzogenen Händen, die nicht wenig Sinn für Techniken, für Materiale und Farbreize haben, gefertigt."[35] Doch dies, so sieht es Westheim, sei Sache des Alltags und nicht der Kunst, sei Sache des „geschmackvoll dilettierenden Amateurtums"[36] – sei Sache also der Frau *im Haus.*

8 Erasmus von Engert
Wiener Hausgarten, 1828

Die unterschiedlichen Beurteilungen deuten eine Krise an. Die „unzähligen Stickerinnen", welche Paul Westheim zu sehen meint, stehen dem Heer der Hausfrauen und Haustöchter gegenüber, das Joseph August Lux zitiert. Die einen sticken im Banne der Neubeseelung, die anderen nach dem stupiden Schema der vorgedruckten Muster. Sicher hatten die weiblichen Handarbeiten im Rahmen der Kunstgewerbebewegung eine Läuterung erfahren, aber diese war zum einen sehr partiell und berührte den Alltag, auf dessen kulturelle Reformierung Lux' Interesse gerichtet ist, kaum, zum anderen aber reifte allmählich die Frage nach dem Gegensatz des handarbeitlichen Eifers überhaupt heran: Wozu all die bestickten und umhäkelten Kissen, Decken und Deckchen, Vorhänge, Wandbehänge und dergleichen mehr?

Die Kunstgewerbebewegung klang allmählich aus. Ihr Avantgardismus hatte sich erschöpft, neue Avantgardisten waren unterwegs zu neuen Ufern. Die „Form ohne Ornament" eröffnete den Blick in eine neue Produktkultur. Sachlichkeit, Zweckmäßigkeit und Funktionalität, Ökonomie der Zeit, des Materials und des Raumes, Industrieproduktion und Massenproduktion – das waren die neuen Prämissen, angesichts derer das textile Interieur der bürgerlichen Wohnung zu einer Nichtigkeit zusammenschrumpfte. Ihm drohte ein gleiches Schicksal wie dem Fächer, von dem van de Velde gesagt hat, er sei „an den Folgen des Schreckens gestorben, den ihm das rationelle Zeitalter eingejagt hat, weil es ihn zu einem Nutzding, zu einem Windmacher stempeln wollte."[37]

Die Handarbeiten – ganz gleich, ob im privaten oder gewerblichen Leben gefertigt – wurden das Opfer der neuen Sachlichkeit. Indem diese das Ornament negierte, entzog sie den Arbeiten der „zarten Hände" den Boden. Ohne das gestichelte Ornament blieb nichts als textiles Gewebe, nichts als Stoff. Und den konnte – so die visionäre Hoffnung – eine sich ihrer kulturellen Verantwortung bewußte Industrie in sachlicher Schönheit, die Auge und Gewissen gleichermaßen befriedigte, leichter, billiger und für alle erschwinglich liefern.

[34] Lux, Joseph August: Geschmack im Alltag. Ein Lebensbuch zur Pflege der Schönheit, Dresden, 1912, S. 31

[35] Westheim, Paul: Die Stickerin Florence Jessie Hösel, in: Die Kunst, Mai 1914

[36] ebenda

[37] zitiert von Behrend, Walter Curt: Der Kampf um den Stil im Kunstgewerbe und in der Architektur, Stuttgart und Berlin 1920, S. 106

[38] Lux, Joseph August: Beseelte Handarbeit, in: Das schöne Heim, hrg. von Alexander Koch, Darmstadt 1920, S. 170

[39] Frank, Willy: Den Frauen, in: Das schöne Heim, a. a. O., S. 179

[40] Taut, Bruno: Die neue Wohnung, Berlin 1924

Der Angriff auf die Substanz weiblicher Produktivität blieb nicht unwidersprochen. Die weibliche Handarbeit erfreute sich publizistischer Fürsprachen, die – als Gradmesser der Bedrängnis – gleichsam etwas Beschwörendes erhielten. In einer 1920 von Alexander Koch herausgegebenen Anthologie „Das schöne Heim" schreibt Joseph August Lux: „Was ist ein Haus oder Heim ohne den stillen Zauber der Wohnlichkeit, den erst die *Kunst der Frauen* verleiht, die mit der *Nadel* geschmackvoll umzugehen wissen? Ein bloßer Möbelspeicher wäre die Wohnung, wenn sie nicht den seelischen Adel aus zarten Händen empfinge, das farbige Blühen von *Stickerei* und das fast unirdische Gespinst von *Spitzen*, jene Wunderwerke, die das Kleid der Frau in ein Bukett verwandeln und zu dem Wert der Stoffe, der Seiden und Linnen den höheren Wert der Kunst fügen, der in der *beseelten Handarbeit* besteht."[38] (Hervorh. J. A. Lux)

Hymnen auf die Spitze, auf die Stickerei, auf die zarten weiblichen Hände, auf die „köstlichen Eigenschaften des Weibes", im frommen Selbstgenügen und „Heimat schaffend dem Manne", „liebend, gestaltend" tätig zu sein[39], Hymnen auf Kissen und Deckchen, auf das süße Boudoir der Dame, auf ihr „naturhaftes" Bedürfnis nach Luxus und Seelenhaftigkeit – in dem Maße, wie die bürgerlichen Frauen sich die Haare abschnitten, in Anzüge von männlichem Schnitt fuhren, sich Monokel ins Auge klemmten und der Wissenschaft wie der Kunst ihre Aufwartung machten, in dem Maße erklangen die emphatischen Gesänge von der schönen Schwäche des schwachen Geschlechts.

Zumal: Auch die Gnädige daheim zeigte nicht mehr viel Sinn für die ehrsame Vergegenständlichung ihrer Gattung. Sie betätigte sich mehr als Konsumentin, denn als Produzentin weiblicher Handarbeiten. Ihre Zeit war mit Toilettenproblemen und Jours in Anspruch genommen. Die neue Sachlichkeit war für sie modische Attitüde, und der Witz kam in Umlauf von jener Dame, die von Zeit zu Zeit das Wartezimmer eines Zahnarztes aufsuchte, um sich bei den dort herumstehenden Vitrinen mit Nippes von ihrer ganz auf Sachlichkeit eingestellten Wohnung zu erholen.

Die Avantgardisten des Funktionalismus interessierten sich für die weiblichen Handarbeiten nur höchst negativ. Sie appellierten an die Hausfrauen, die textilen Schmutzfänger wegzuwerfen, Auge und Gemüt auf das Glatte und Funktionale einzustellen und sich fürderhin nicht mehr Nerven und Gesundheit mit „Häkeln, Stricken und all den tausend Abarten"[40] zu ruinieren.

Es ging der Frau wie im Kaukasischen Kreidekreis. Sie stand im engen Zirkel ihrer bisherigen Geschichte, und von verschiedenen Seiten suchten weltanschaulich beschlagene Männer – rückwärtsgewandte wie vorwärtsweisende –, sie für ihre Sache zu gewinnen. Ein letztes Mal sollten damit die weiblichen Handarbeiten im Blickpunkt eines öffentlichen Interesses stehen und damit so etwas wie einen gesellschaftlichen Stellenwert erhalten: indem sie Gegenstand von Plädoyers und Appellen wurden bzw. im Kampf um die kulturellen Werte der Gesellschaft wenigstens *Erwähnung* fanden.

Damit sollte es schließlich sein Bewenden haben. Männliche Progressivität hat seitdem nicht wieder nach der gesellschaftlichen Funktion und kulturellen Potenz der traditionellen weiblichen Produktion gefragt – weibliche Progressivität desgleichen. Letztere warf voller Verachtung Stickzeug und Strickzeug beiseite und folgte den Spuren der Männer. Den Handarbeitskorb überließ sie den zurückbleibenden Hausfrauen. Sie handelte, wie aller *Auf-*

bruch gewöhnlich handelt: Sie negierte die Vergangenheit, ohne sich um ihre affirmativen Momente zu bekümmern.

Die Zeit war auf die Wunder der industriellen Maschinenarbeit eingestimmt, die versprach, jenseits *aller Arbeiten der Hand* und aller menschlichen Mühe die unaufhörliche Erzeugung von materiellen Gütern zu sichern.

Mit einem Schlage schien damit auch die Lösung jenes Widerspruchs in Aussicht gestellt, der allem Materiellen immanent ist: seine Vergänglichkeit, die Tendenz zum Verschleiß und die damit verbundene Notwendigkeit, ihm entgegenzuwirken, Erhaltungsarbeit zu leisten. Für einen Teil dieser Arbeit waren einst im Rahmen ihres handarbeitlichen Schaffens die Frauen aufgekommen. In der Gründerzeitphase hatte die bürgerliche Weiblichkeit entsprechend dem neuen prestigebestimmten Wertedenken solcherart Arbeiten weit von sich gewiesen, da ihnen der Makel elementarer Bedürftigkeit anhaftete; die auf Erhalt gerichtete Handarbeit mochte Sache derer sein, die sich das Wegwerfen nicht *leisten* konnten.

Die neue Zeit mit ihren Produktivitätsverheißungen und Absatzzwängen war berufen, diese Negativbewertung allgemein zu machen, sie zu einem festen „Volksvorurteil"[41] herauszuformen, sie dem Bewußtsein der Arbeitenden normierend einzuprägen – was nicht ohne Widerstand vonstatten ging: „Nur sehr langsam", schrieb Albert Sigrist 1930, „können die unter ständigem schwerem Lohndruck stehenden werktätigen Massen Deutschlands zu jener amerikanischen Gewohnheit gelangen, alle Kleidungs- und Wäschestücke sofort wegzuwerfen, die reparaturbedürftig wären. Sinkende Preistendenz für viele Textilwaren, vor allem der ständige Preisdruck von der Kunstseide, helfen hier nach. Auch psychologisch ist die Tendenz da: lieber im Beruf schärfer arbeiten, mehr verdienen, neu kaufen, nur nicht ausbessern, nur ja modern bleiben."[42]

Und heute? Die geschichtliche Entwicklung hat ihre Negationsarbeit am traditionellen weiblichen Schaffen abgeleistet und ist – so kann hoffend vermutet werden – zu einem Punkt gekommen, da nunmehr die affirmativen Momente Bedeutung gewinnen, da die Negation negiert wird und ein gereinigtes Erbe angeeignet und neu kultiviert werden kann. Dies ist kein Ereignis, sondern ein Prozeß. Als *Arbeit* anerkannt und geachtet, hätte die Handarbeit wohl Aussichten, zu einem relevanten Posten innerhalb der Verteilung des gesamtgesellschaftlichen Arbeitsvermögens zu werden.

In einer 1980 erschienenen Broschüre mit dem Titel „Mode zwischen Bedürfnis und Konsumtion" findet sich die Bemerkung, daß es „beim derzeitigen Stand unserer Produktivkräfte *noch* nicht möglich" sei, in *großtechnischer* Produktionsweise *jedem einzelnen sein eigenes*, individuelles modisches Erzeugnis maßgeschneidert herzustellen"[43] (Hervorh. D. L.). Und hinzugefügt wird: „Welche perspektivischen Möglichkeiten eine weiterschreitende Automatisierung hierzu bieten kann, sei zunächst offengelassen."[44]

Das Individuelle, hergestellt in „großtechnischer Produktionsweise", ist aber offenbar ein Widersinn, der eine Überforderung der industriellen Potenz und der gesellschaftlichen Ressourcen einschließt. Der an die Wunder der Automatisierung gebundene lineare Optimismus *kann* gar nicht der Produktion von maßgeschneidertem Individuellen gelten, sondern allenfalls der mehr oder weniger perfekten Erzeugung von *Insignien* des Individuellen im Konsens der jeweiligen Mode.

[41] Der Begriff „Volksvorurteil" ist dem „Kapital" entliehen, Marx verwendet ihn hier in Zusammenhang mit dem „Begriff der menschlichen Gleichheit", vgl. Karl Marx: Das Kapital, Bd. 1, in: K. Marx, F. Engels: Werke, Bd. 23, S. 74

[42] Sigrist, Albert: Das Buch vom Bauen, Berlin 1930, S. 102

[43] Eilhauer, Hans-Dieter; Altenburg, Ursula: Mode zwischen Bedürfnis und Konsumtion, Leipzig 1981, S. 23

[44] ebenda

Das Individuelle herzustellen ist Sache von Individuen – ohne daß sich ein industrieller Fertigungsprozeß dazwischenschiebt. Sowohl im Namen der Kultur als auch im Namen der Ökonomie sollte man es ihrem unmittelbaren Schaffen überantworten. In diesem Rahmen könnte den „weiblichen" Handarbeiten ein zeitgemäßes Aufgabenfeld zuwachsen – nicht als Gegensatz, sondern als Korrelat zur Maschinenproduktion. Wobei das Attribut „weiblich" bedeutungslos werden mag.

9 Sebastian Gutzwiller
Familienkonzert, 1849

Alfred Lichtwark

Hein Köster

Wer sich heute mit der offiziösen Kultur der Gründerzeit, mit ihrer Architektur, Kunst und Produktgestaltung befaßt, muß Hemmschwellen überwinden – zu groß ist die Kluft, die uns vom Wilhelminischen Zeitalter trennt. Entsprechend groß sind auch die Differenzen in den Auffassungen derjenigen, die Aspekte dieser Kultur zu ihrem Thema machen. Weitgehende ideologische Übereinstimmung herrscht, was die gründerzeitlichen Gestaltungsgreuel betrifft, merkwürdig unsicher und ambivalent ist das Urteil bezüglich der damaligen Kritiker dieser Greuel, der damaligen Neuerer der Kultur.

Alfred Lichtwark gehört zu den Wegbereitern von Sachlichkeit und Brauchbarkeit im Vorfeld des Deutschen Werkbundes, doch er zählt heute zu den weithin Vergessenen. Lediglich im Bereich der Museologie arbeitet sein Erbe, genauer: ein Teil seines Erbes, jener Teil nämlich, den er als Museumsreformer hinterließ.

Richard Hamann und Jost Hermand stellen ihn in eine Reihe mit Walther Rathenau, Karl Scheffler, Fritz Schumacher, Peter Behrens, Heinrich Tessenow, Richard Riemerschmid und anderen „‚fortschrittlichen' Idealisten", „deren sachlicher Planungswille und aktivistisches Gesinnungsethos zu den bleibenden Dokumenten dieser widerspruchsvollen Epoche gehören"[1]. Nikolaus Pevsner zuerkennt ihm „höchste Wichtigkeit" und erwähnt, daß Lichtwarks „Feldzug für ‚Sachlichkeit'" noch früher eingesetzt habe als der von Hermann Muthesius, geht aber sonst nicht weiter auf ihn ein.[2] Bei Gert Selle erscheint Lichtwark als der eine Pol der „zunächst keineswegs einheitlichen geschmackspädagogischen Bestrebungen", die in der „Kulturpropaganda" des Deutschen Werkbundes zusammengefaßt waren.[3]

Hier soll nicht umständlich den historischen Ursachen des Verstehens, Mißverstehens und Vergessens der Bestrebungen Lichtwarks nachvermutet werden. Die ideologische Weiche stellte Karl Scheffler, einer seiner ersten Biographen, indem er 1917 schrieb: „Lichtwark ist ein wichtiger Führer nicht nur geworden, weil er seiner Zeit vorauf war, sondern auch, weil er ihr nicht allzu weit vorauf war."[4]

Man nahm seinerzeit Lichtwarks Schriften freundlich auf, da er beim „Nächstliegenden" anfing[5], und man mißverstand ihn darin zugleich (bis heute), insofern man gar nicht bereit war, das Nächstliegende, den Alltag, die Alltagsästhetik und die alltäglichen Bedürfnisse der Menschen als etwas Wesentliches zu akzeptieren: Den Alltag als elementare Voraussetzung für kunstwissenschaftliche Aussagen zu nehmen und obendrein noch im Rahmen dieser Aussagen wirklichkeitsübergreifende Programme vorzuschlagen, war unüblich und sprengte den Rahmen des akademisch geordneten Wissenschaftsbetriebes. Genau das aber tat Lichtwark, und es ist vielleicht nicht zu hoch gegriffen, wenn man in ihm den frühen Anreger einer sozial engagierten Kulturwissenschaft anerkennt. Wie weit er dabei ging, zeigt ein Gedanke, den er 1894 in einem offiziellen Brief aussprach: „Darin möchte ich die Möglichkeit der Überwindung unserer fatalen Zustände sehen, daß ein-

Alfred Lichtwark

14. 11. 1852	als ältester Sohn eines Müllers in Reitbrock geboren
1860	Verarmung der Familie und Übersiedelung nach Hamburg Besuch einer höheren Bürgerschule als Privatlehrer tätig
1869	Tod des Vaters
1878	Beginn der Bekanntschaft mit Justus Brinkmann, dem Gründer der Kunstgewerblichen Sammlung Hamburg
1880	Studium der Kunstgeschichte in Leipzig bei Anton Springer
1881	besoldeter Praktikant am Berliner Kunstgewerbemuseum
1884	Bibliothekar
1885	Promotion über den Ornamentstich
1886	Direktor der Kunsthalle Hamburg
13. 1. 1914	gestorben

mal kein Mensch mehr reich sein mag, da die Genüsse, auf die es dem erzogenen Menschen ankommt, allen zugänglich sind, und da schließlich doch der Tag kommen muß, wo man sich schämt, über Mittel zu verfügen, die man nicht selber erworben hat."[6] Vielleicht war Lichtwark seiner Zeit doch weiter „vorauf", als diese das wahrhaben konnte und wollte.

Lichtwark leitete von 1886 bis zu seinem Tode 1914 ein Kunstmuseum, die Kunsthalle Hamburg. Diese ganze Zeit über kämpfte und warb er, sich scheinbar weit von seinen musealen Verpflichtungen und dem kunstwissenschaftlichen Denken entfernend, für eine sachliche und funktionale Produkt- und Umweltgestaltung. Seine Bemühungen waren darauf gerichtet, den allzu offensichtlich gewordenen Widerspruch von Kunstwissenschaft und Alltagspraxis, von Kultur und Leben des Wilhelminismus zu überwinden – durch Reformierung der praktischen und kulturellen Lebensverhältnisse. Dieser gesellschaftlich-kulturelle Anspruch begründete und durchfärbte auch seine Konzeption eines neuartigen Museums, eines Museums, das sich nicht selbstgenügsam in aufhäufenden Sammlungen und deren wissenschaftlicher Determination ergeht, sondern das eingreift in das aktuelle gesellschaftliche Geschehen – im Sinne einer progressiven Steuerung.

Vom praktischen Bedürfnis ausgehen

All jenen, die Lichtwark auf die einfache Formel einer „volkspädagogische(n) Geschmackserziehungsbewegung" bringen wollen[7] und ihm dabei eine Reduzierung des Begriffs der Kultur auf den Begriff des Geschmacks nachsagen[8], kann Lichtwarks Prämisse entgegengehalten werden: „Vom Bedürfnis muß ausgegangen werden, das kann nicht oft genug betont werden."[9] Diese Prämisse zieht sich wie ein roter Faden durch alle seine Äußerungen. Keiner seiner Kritiker wollte das bemerken, und das verweist auf ideologische Motive: Die Berufung auf das praktische Bedürfnis als Ausgangspunkt für die Herstellung von Gebrauchsgütern unterzieht jene gesellschaftliche Produktionsrealität einer Kritik, die unablässig gegen das Bedürfnis verstößt.

Lichtwark hielt die Zeit – seine Zeit – für herangekommen, da das „tausendfach getretene und geknebelte Bedürfnis nach praktischen, brauchbaren Formen in Möbeln und Gerät"[10] endlich zu seinem Recht kommen müsse. Es scheint angebracht, darauf hinzuweisen, daß Lichtwark zu keiner Zeit das „Praktische" mit einem sturen Funktionieren gleichsetzte, sondern immer auch den kulturellen Gebrauch der Dinge mitdachte: „Ein guter Stuhl muß dem Sitzenden alle Bequemlichkeit bieten und ihn dabei doch elegant erscheinen lassen. Es ist unmöglich, auf einem richtig, das heißt dem Bedürfnis gemäß konstruierten Stuhl schlecht zu sitzen."[11]

Kritik des Historismus

Als Lichtwark 1880 das Studium der Kunstgeschichte in Leipzig aufnahm, schwelgte der gründerzeitliche Größenwahn in Architektur und Produktgestaltung auf seinem Höhepunkt, stilistisch stieg man eben vom „deutschen Mittelalter" auf die „Renaissance" um. Es war die „Epoche der billigen Überladung und des Schwulstes"[12]. Das neureiche Großbürgertum gefiel sich in der groben Nachahmung fürstlicher Pracht ohne Gefühl für das Feine und Verfeinerte. Ein offenkundiger Kunstimperialismus bemächtigte sich aller Zonen und Zeiten, Lichtwark sprach von einer „systematischen Barbarei"[13]: „Ägypten, Assyrien, Griechenland, Rom, Byzanz, der islamitische Orient aller Epochen, die Gotik, die Renaissance, Persien, China, Japan haben nach und

[1] Hamann, Richard; Jost Hermand: Stilkunst um 1900 (Deutsche Kunst und Kultur von der Gründerzeit bis zum Expressionismus, Bd. IV), Berlin 1967, S. 15

[2] Pevsner, Nikolaus: Wegbereiter moderner Formgebung. Von Morris bis Gropius, Hamburg 1957, S. 26

[3] Selle, Gert: Die Geschichte des Design in Deutschland von 1870 bis heute. Entwicklung der industriellen Produktkultur, Köln 1978, S. 69

[4] Karl Scheffler im Vorwort zu: Alfred Lichtwark. Eine Auswahl seiner Schriften, Bd. I, Berlin 1917, S. XI

[5] Muther, Richard: Geschmacksverbildung, in: Studien und Kritiken, Bd. I, Wien 1900, S. 266

[6] Lichtwark, Alfred: Briefe an die Kommission für die Verwaltung der Kunsthalle (Auswahl u. Einleit. v. Gustav Pauli) Bd. I, S. 146

[7] siehe z. B. Selle, Gert: Über die bürgerlichen Reformversuche der Produktkultur zwischen 1898 und 1912 – Ein Beitrag zur Genese und Funktion alltagsästhetischer Normen in Deutschland (Werkbund-Archiv 3), Lahn-Gießen 1978, S. 64

[8] ebenda, S. 62

[9] Lichtwark, Alfred: Vom Standpunkt der Hausfrau (1897), in: Alfred Lichtwark. Eine Auswahl seiner Schriften, hrg. v. Wolf Mannhardt, Bd. I, Berlin 1917, S. 325

[10] derselbe: Schlußwort (Zur Diskussion um das Hamburger Rathaus), in: Drei Programme, Berlin 1902, S. 99

[11] derselbe: Unsere Möbel (1896), in: Alfred Lichtwark. Eine Auswahl ... (siehe Anm. 9), Bd. I, S. 343

[12] derselbe: Denkschrift über unsere Ausstattung des Hamburger Rathauses (1889), in: Alfred Lichtwark: Drei Programme, Berlin 1902, S. 68

[13] derselbe: Palastfenster und Flügeltür (1899), in: Alfred Lichtwark. Eine Auswahl ... (siehe Anm. 9), Bd. I, S. 230

nebeneinander ‚Vorbilder' liefern müssen. Dergleichen Aneignungsfähigkeit hat es in solch erschreckendem Umfang nie vorher gegeben."[14]

Vor allem Berlin erscheint ihm geradezu als ein „Hexensabbath, den die moderne Architektur" hier aufführt[15], und über den Dom heißt es: „Eine bösartige Architektur. Wo man sie anpackt, Augenverblendung. Nichts Gewachsenes, kein Organismus, eine Parodie, eine Karrikatur der Baukunst ..."[16].

Er, der noch die schlichte Würde und die unprätentiöse Praktikabilität der alten Bauten seiner norddeutschen Heimat empfand, hatte einen Blick für den krassen Unterschied von geschichtlich Gewachsenem und dem bloßen Zitieren geschichtlicher Formenstücke, das sich in der Diktatur der Fassade erschöpft und es dem Leben überläßt, „sich nach der Architektur einzurichten, nicht, wie es eigentlich doch wohl sein sollte, umgekehrt."[17]

Die Hülle herrscht nicht nur ideologisch, was ihr nächster Zweck ist, sondern auch eklatant praktisch über die Nutzer. Lichtwark genießt es geradezu, wenn das praktische Unvermögen, ja die Gefährlichkeit dieser Architektur offenkundig wird und diese so gegen sich selbst zeugt. Im neuen Berliner Justizgebäude zum Beispiel mußte man wegen des widersinnigen Raumkonzepts beondere Gerätschaften entwickeln, damit die Speisen trotz der langen und verschlungenen Wege dennoch warm auf den Tisch kamen; im königlichen Museum hätte es des Fadens der Ariadne bedurft, um wieder herauszufinden, und suchte man eine Bedürfnisanstalt – sie war vergessen worden; allenthalben büßten diejenigen, die in derartigen, afunktionalen Gebäuden tagtäglich ihren Dienst zu verrichten hatten, mit ihrer Gesundheit, man beklagte den Verlust von Ohren und Zehen, die Opfer waren Museumsangestellte. „Eine herbe Moral steckt jedoch in solchen Vorgängen: Das Publikum hat kein Gefühl mehr dafür, daß das Haus nicht nur aus der, beliebigen Hohlräumen vorgelegten Fassade besteht, sondern ein Organismus ist, ein ganz bestimmtes Bedürfnis ausdrückt und von innen nach außen entwickelt werden sollte, statt, wie es fast die Regel zu sein scheint, von außen nach innen oder, was noch schlimmer ist, außen für sich und innen für sich.

Es ist nichts als Romantik, von außen anzufangen: man scheut sich, entschieden auf den Boden der eigenen Zeit zu treten und vom Bedürfnis auszugehen."[18]

Lichtwark kritisierte den Historismus, verwarf aber nicht den Bezug auf die Historie. Er attackierte die „raum- und zeitlose Altertümelei"[19] und verwies demgegenüber auf die Tradition frühbürgerlicher Bau- und Wohnkultur. In dieser Tradition sah er durchaus Vorbildhaftes für ein Entrinnen aus dem Schwulst. Das Biedermeier bezeichnete er als „Keimperiode" des modernen bürgerlichen Möbels.[20]

Produktkulturelle Reformen

In den neunziger Jahren begann sich – in Entgegensetzung zur gründerzeitlichen – eine Gestaltungsprogrammatik zu artikulieren, die auf eine produktkulturelle Erneuerung drängte. Lichtwark wird oftmals als ihr Protagonist bezeichnet; er war es, doch ihr widersetziger. Er sah in ihren Vertretern Verbündete, wo sie den alten Akademismus und Kunstbürokratismus angriffen, er unterstützte sie, wo sie sozial verbindliche, massenwirksame Gestaltungsaufgaben formulierten, er kritisierte sie, wenn er nichts anderes fand als forcierte und stilistische Monumente ihrer selbst.

Wiederholt macht Lichtwark auf die Leistungen von Peter Behrens aufmerksam. In dessen Entwürfen für die Delmenhorster Linoleum-Werke findet er beispielhaft die Forderung: „billige Gebrauchsware in edler Form und Farbe"[21] verwirklicht. Neben Behrens sind es Otto Eckmann, Hermann Muthesius, Richard Riemerschmid, Hermann Obrist, Otto Wagner, Alfred Messel, Josef Maria Olbrich, in deren gestalterischem Schaffen Lichtwark die Züge des Neuen und Progressiven zu finden glaubt.

Den zukunftstragenden Möglichkeiten der produktkulturellen Reformbestrebungen arbeiteten unter anderem zwei Potentiale entgegen: erstens die Großindustrie, die von den gestalterischen Reformideen mit ihrer sozialen Gerichtetheit lediglich die Stilistik zu übernehmen bereit war, und zweitens das elitäre Kunstgewerbe, das die Gebrauchsgegenstände zu künstlerisch hochgestimmten Objekten stilisierte – was die Vertreter des Jugendstils, die als erste im Rahmen der Erneuerungsbewegung in Erscheinung traten, dem gründerzeitlichen Protz und Plüsch entgegenzusetzen hatten, zeugte allzuoft von einem ausschließlichen Interesse an der Form und von einer angestrengten Suche nach Originalität und Individualität.

Dem praktischen Bedürfnis wurde weiterhin Gewalt angetan, durch die einen wie durch die anderen.

Lichtwark sah sich zwei Fronten gegenüber. Gegen beide eröffnete er den Kampf. Jenen Unternehmern, die nichts weiter taten, als den Markt mit den alten Unpraktikabilitäten im modernen Dekor zu überschwemmen, warf er vor, sie trieben „dieselbe barbarische Verschwendung" wie zuvor „mit den ‚Lesefrüchten' aus Hirths ‚Formenschatz' und tausend anderen Sammelwerken."[22] Bei Einsatz „ungeheurer Mittel" würde wieder nichts anderes erreicht als „allgemeine Mittelmäßigkeit oder die Stufe darunter".[23]

Nach dem Besuch einer kunstgewerblichen Ausstellung in München schreibt Lichtwark 1897: „Bei allen Möbeln, die ich besehen, hat sich nicht eins als brauchbar erwiesen, denn die Urheber der Entwürfe hatten keine Idee, was ein moderner Mensch braucht ... Die Möbel des Malers Berlepsch verrathen, daß der Urheber sich nicht klar darüber ist, was man von einem Schreibtisch und einem Bücherschrank zu verlangen hat. Seine Möbel haben ungeheuerliche Dimensionen, sind nicht staubfrei zu halten, und es bedarf besonderer Bergsteigeapparate, um ohne Gefahr an alle Schubkasten und Bücherbörter anzukommen, die in schwindelnder Höhe angebracht sind."[24]

Ähnlich schonungslos wie hier den Maler Eduard von Berlepsch beurteilte er auch Henry van de Velde, den schon allenthalben Gefeierten. In einem Brief Lichtwarks ist ein frontaler Disput der beiden Herren festgehalten.[25] Es war Ende des Jahres 1900. Sie stießen in der renommierten Berliner Kunsthandlung Hirschwald, in der van de Velde vor Weihnachten seine Erzeugnisse ausgestellt hatte, aufeinander. Angesichts eines Bücherbortes gerieten sie ins Handgemenge. Lichtwark, der einem Bücherbort zuallererst die Möglichkeit abverlangte, Bücher aufzunehmen und sie nicht nur überschaubar, sondern auch zugänglich bereitzuhalten, der des weiteren verlangte, daß ein Bücherbort nicht Anlaß sei zu unentwegtem Staubwischen – Staub war damals ein großes Thema –, Lichtwark also mit seinen nüchternen Forderungen reizte das Genie van de Velde ganz außerordentlich: „Was Staub, schrie van de Velde. Ich will Kunst, will Form, will Harmonie, Linie. Staub ist mir ganz egal. Wer frägt danach, ob Shakespeare im Staub verkommen ist?" Er bekam zur Antwort: „Ich bin nicht Shakespeare, und ich bin nicht dreihundert Jahre todt. Solange ich mein bescheidenes Leben lebe, will ich zuallererst Sauberkeit und Wohlbehagen ..."

[14] derselbe: Das Zimmer des neunzehnten Jahrhunderts (1896), in: ebenda, S. 330f.

[15] derselbe: Briefe an die Kommission ... (siehe Anm. 6), Bd. I, S. 97

[16] ebenda, S. 423

[17] ebenda, S. 260

[18] derselbe: Sachliche Baukunst, in: Alfred Lichtwark. Eine Auswahl ... (siehe Anm. 9), Bd. I, S. 260

[19] derselbe: Palastfenster und Flügeltür (1899), in: Alfred Lichtwark. Eine Auswahl ... (siehe Anm. 9), Bd. I, S. 275

[20] ebenda, S. 313

[21] Lichtwark, Alfred: Blumenkultus. Wilde Blumen (1897), in: Alfred Lichtwark. Eine Auswahl ... (siehe Anm. 9), Bd. II, S. 95

[22] derselbe: Palastfenster und Flügeltür (1899), in: Alfred Lichtwark. Eine Auswahl ... (siehe Anm. 9), Bd. I, S. 275

[23] derselbe: Briefe an die Kommission ... (siehe Anm. 6), Bd. I, S. 395

[24] ebenda, S. 267

[25] ebenda, S. 423ff.

Auch an einem gerundeten Schreibtisch entzündete sich der Streit. Nach Lichtwarks bissiger Beschreibung hatte dieses Möbel die Form „einer gedrungenen leicht gebogenen Wurst" und war „so groß wie ein Billard". Van de Velde argumentierte inspiriert auf der Ebene gehobener Ansprüche: er erwarte, daß sein Schreibtisch gleichsam die Arme nach ihm ausstrecke, an einem rechteckigen falle ihm nichts ein. Bezüglich der ausgestellten Stühle bemerkte Lichtwark lakonisch: „Van de Velde construirt seine Stühle wie einen Dachstuhl über verzwicktem Grundriß."

Kunst oder Gebrauch

Ein bißchen Imponiergehabe mag, wie bei derartigen Auftritten üblich, die Argumente zusätzlich polarisiert haben. Doch die Entgegensetzung der beiden Männer ist exemplarisch für die Tumulte in den Reihen der Reformer, für ihre gegensätzlichen Intentionen. Man stritt letztlich um die Frage nach dem Verhältnis von Handhabung und Anschauung, von praktischer Brauchbarkeit und künstlerischer Überhöhung der Gegenstände des Gebrauchs. Lichtwarks Position ist eindeutig bis zur polemischen Einseitigkeit: „Häuser sind zum Bewohnen da, nicht zum Besehen."[26] Die Apodiktik verrät Gereiztheit. Ähnlich klingt es bei Muthesius, der gleich Lichtwark gegen die „Aufklebung"[27] von Kunst an die Gegenstände des Gebrauchs, gegen die „Verkunstung"[28], wie er es nannte, und gegen die Ästheten, die überall das „donnernde Wort Kunst"[29] erschallen ließen, zu Felde zog.

Kunst-Abteilung der sozialdemokratischen Buchhandlung Auer und Co., 1913
in Hamburg, der Stadt Lichtwarks.
Das Unternehmen führte nur Bücher, die im Sinne von Bildung und Erziehung als gut bewertet wurden; darüber hinaus vertrieb es Reproduktionen und Abgüsse zu erschwinglichen Preisen von anerkannten künstlerischen Arbeiten (Malerei, Graphik, Plastik) sowie Möbel, Spielsachen und Keramik. Zielgruppe war die sozialdemokratische Arbeiterschaft Hamburgs.

Die polemischen Überspitzungen sind in Rechnung zu stellen, wenn historische Formulierungen abgewogen werden. Lichtwark lehnte Formfragen keinesfalls ab, er plädiert nur dafür, sie auf der Grundlage der Anerkennung des Praktischen zu lösen. Nur auf dieser Grundlage könne das Praktische seine angemessene und ansehnliche – dies ist Lichtwarks Überzeugung – Form finden. Als Beispiel sei hier der Streit um den damals geplanten Hamburger Stadtpark angeführt, in den Lichtwark mit vehementer Kritik einzugreifen bestrebt war.[30] Er stand dabei im Gegensatz sowohl zu den Gartenfachleuten als auch zur Hamburger Bürgerschaftsvertretung, die, wie er schrieb, eine „niedlich angelegte Landschaft" wünschte – mehr im Banne aristokratisch-repräsentativer Vorbilder als im Empfinden für die Interessen der Bürger, deren Sprecher sie ja waren. Die Bürger hinwiederum ahnten nur unklar, worum es ging und daß man in einem Bürger-Park nicht unbedingt gehorsam dem verschlungenen Wege-Ornament eines künstlerischen Entwurfs folgen müsse. Sie begaben sich für gewöhnlich, wenn sie Bewegung und frische Luft suchten, vor die Tore der Stadt, zum Elbufer, zur sogenannten „Gänsewiese".

Dies war es, was Lichtwark beobachtete. Er beschreibt die „Gänsewiese" als eine ebene weitläufige Rasenfläche, von vierfachen alten Baumgängen umstanden, mit einer großartigen Raumwirkung. Hier tummelte sich ganz Hamburg, spontan, ohne Ordnungshüter, verträglich, in Frieden – von den Politikern und Professionellen nur beiläufig beachtet. Von hier bezog Lichtwark sein alternatives Modell für einen praktikablen, dem Bürgerverhalten angemessenen und nicht auf vordergründige Repräsentation ausgerichteten Stadtpark – entgegen der „Gewohnheit mehrerer Menschenalter, die den Ausgang stets von der Kunstform nahmen und es dem Bedürfnis überließen, sich mit dem Ergebnis abzufinden."[31]

Was anderes verdeutlichen derartige Bestrebungen als – in heutiger Begrifflichkeit ausgedrückt – eine funktionale und ästhetische Konzeption der Umweltgestaltung, die Kunst zu integrieren weiß und eine Demokratisierung öffentlicher Gestaltungsaufgaben zum Ziel hat. „Daß der Inhalt der bildenden Kunst nicht nur auf Bilder, Bildsäulen und Prunkbauten beschränkt ist, liegt dem gebildeten Deutschen meilenfern ... Ja, noch heute läuft ein Mann, der ästhetische Ansprüche an seine Umgebung und Erscheinung stellt, Gefahr, nicht nur für leichtsinnig, sondern sogar für unaufrichtig und unzuverlässig zu gelten."[32]

Strategie für Qualität

In der Periode von 1870/71 bis 1900 entwickelte sich das Deutsche Reich zu einer wirtschaftlichen Weltmacht, sein Anteil an der Weltindustrieproduktion wächst auf 16 Prozent an, wobei die Produktion von Produktionsmitteln rascher zunimmt als die von Konsumgütern. Die führenden Nationen in der Konsumgüterproduktion waren England, die USA und Frankreich.[33] Die deutsche Industrie suchte nach neuen Strategien, um die gegenüber diesen Nationen geringere Dynamik wettzumachen.

Die Progressiven innerhalb des Bürgertums entwickelten Vorstellungen, auf welche Weise Deutschland nicht nur wirtschaftlich, sondern zugleich auch kulturell zu höherem internationalen Ansehen gelangen könne. In diesen Kontext ordnen sich die Bemühungen Lichtwarks ein, er war unbedingt für die „Offensive", für den „ökonomischen Kampf"[34]. Es wäre nun müßig, dem Bürger Lichtwark vorwerfen zu wollen, daß er als Bürger urteilte und als

[26] Lichtwark, Alfred: Palastfenster und Flügeltür (1899), in: Alfred Lichtwark. Eine Auswahl ... (siehe Anm. 9), Bd. I, S. 241

[27] Muthesius, Hermann: Kunst und Maschine, in: Die Kunst. Monatshefte für freie und angewandte Kunst, sechster Band „Angewandte Kunst", München 1902, S. 144

[28] derselbe: Die moderne Umbildung unserer ästhetischen Anschauungen, in: Kultur und Kunst, Jena 1909, S. 47

[29] ebenda

[30] siehe Lichtwark, Alfred: Das Problem des Hamburger Stadtparks (1909), in: Alfred Lichtwark. Eine Auswahl ... (siehe Anm. 9), Bd. II, S. 25 ff.

[31] ebenda, S. 42

[32] Lichtwark, Alfred: Der Deutsche der Zukunft (1901), in: ebenda, Bd. I, S. 11

[33] Kuczynski, Jürgen: Geschichte des Alltags des deutschen Volkes. 1871–1918 (Studien 4), Berlin 1982, S. 38 ff.

[34] Lichtwark, Alfred: Briefe an die Kommission ... (siehe Anm. 6), Bd. I, S. 255

Bürger Vorschläge machte, wie sein Land auf dem internationalen Markt Positionen erobern könnte. Fruchtbarer scheint es zu untersuchen, welche Strategie er dabei für geeignet hielt, ob sie langfristig Erfolg versprach, aber auch, ob sie die Ebene eines „fair" ausgetragenen Kampfes einhielt.

Lichtwark verpönte eine unternehmerische Politik, die mit Betrug, Schund und charakterloser Anpassung auf schnellen Erfolg aus ist. Er weissagt der deutschen Industrie, daß sie auf „Dauer" nicht einmal die von ihr eingenommene Stellung behaupten könne, wenn sie nicht mehr täte, als die „für den billigen Massenartikel" noch „nicht ungünstigen Exportverhältnisse"[35] auszuschöpfen. „Billig" bedeutet hier nicht preisgünstig, sondern schlechtweg qualitätslos – vor billiger Produktion warnte Lichtwark ausdrücklich. Sie schüre nur die sozialen Konflikte im Inland und bringe allenfalls kurzfristige Erfolge im Ausland. „Es hat noch nie eine Kunstblüte gegeben, die sich auf die Ausfuhr gegründet hätte, der Export war immer die Prämie der innerhalb des Volkstums entwickelten Leistung der Kunst. Denken Sie nur einmal an Japan ..."[36]

Lichtwark hofft auf eine Läuterung der deutschen Industriellen, er hofft darauf, daß ökonomische Weitsicht und Besonnenheit wenigstens einen Teil von ihnen zu einer Produktpolitik veranlassen würden, die offensiv ist mittels Qualität, die „praktische Brauchbarkeit", „Schönheit" und „Neuheit" ihrer Erzeugnisse ins Rennen wirft. In Lichtwarks Augen war dies der einzige und zugleich sicherste Weg, um auf dem Weltmark stabilen Absatz, Achtung und Anerkennung zu erringen und einen Vorsprung zu erreichen.

Der gängigen Praxis der deutschen Konsumgüterindustrie, fremde Leistungen unintelligent zu plagiieren, hält er entgegen: „... unser alter Fluch, wir folgen den Moden statt sie zu machen ... Bei jeder Mode fangen wir von vorn an und werfen Alles über Bord, was wir schon im Besitz haben ... Wir kommen immer zu spät."[37]

Vorbild England

England pries Lichtwark als ein großes Vorbild, dies zu einer Zeit, als es gerade durch die offizielle politische Propaganda zum Erbfeind Nummer eins erklärt worden war. Den Chauvinismus der auf dem Weltmarkt zu spät erschienenen und nun mit beschleunigter Hektik agierenden deutschen Monopolbourgeoisie verabscheute er.

Angesichts englischer industrieller Erzeugnisse weist er nachdrücklich auf deren technologische und materielle Grundlagen hin. Die Erzeugnisse waren billiger als deutsche Waren, sie zeichneten sich durch Neuheit, Schlichtheit und Einfachheit aus; sie seien, schreibt Lichtwark, trotz „Massenherstellung durch die Maschine" nicht – und hier hat er die deutschen Verhältnisse vor Augen – „zur Beleidigung" geworden.[38]

Lichtwark hielt sich mehrfach in England auf. Aufmerksam studierte er die Besonderheiten des englischen Lebens, der englischen Kultur und ihrer geschichtlichen Bezüge. Der Unterschied zwischen der englischen und deutschen Produktkultur fiel ihm ins Auge. Immer wieder wies er auf die höhere Kultiviertheit massenhaft produzierter englischer Typenware hin; dagegen brachte er offenbar für die am Handwerklichen orientierten Reformbestrebungen William Morris' sowie der Arts and Crafts keinerlei Interesse auf.

Er machte seine Beobachtungen gewissermaßen en passant – neben seinen Museums- und Kunstgeschäften, deretwegen er ja eigentlich unterwegs war: auf dem Weg zu einer Ausstellung, zu einer Besprechung, beim Essen im Restaurant, beim Gang durch eine Stadt. Es gehört zu seinen Eigenarten, daß er über alles Gesehene Rechenschaft ablegte. Mit der Bahn durch die englische Landschaft reisend, registrierte er, „wie sehr das englische Leben Uniform trägt." Und er fährt fort: „An einer Stelle dehnte sich, so weit das Auge reichte, ein Feld gleich großer kleiner eng aneinander gedrängter Häuschen aus, jedes genau wie das andere. Die Reihen regelmäßig gepflanzter kleiner Schornsteine erinnerten an Spargelbeete, die acht Tage nicht gestochen sind. Bei uns ist Alles umgekehrt, Militarismus, Bureaukratismus, Schulmeisterherrschaft u. s. w. und dabei ein an kulturelle Anarchie streifender Individualismus, der sich in der Lebenseinrichtung ausdrückt."[39]

England hatte ein bedeutendes produktkulturelles Erbe aus dem 18. Jahrhundert in das „blöde neunzehnte Jahrhundert"[40] hinübergebracht. Eine lange bürgerlich-puritanische Tradition hatte den frühen Erzeugnissen der englischen Industrie ihren Stempel aufgedrückt. Bei Möbeln und Haushaltgegenständen waren Standardformen herausgebildet worden, deren Einfachheit und Sachlichkeit Lichtwark, den Bürger aus Hamburg, faszinierten. Er fand eine Kultur des Maßvollen, Schicklichen, Ordentlichen – aber er fand sie nicht mehr ohne weiteres, er fand sie nur, weil er sich auf das Sehen verstand, denn diese Kultur war bereits überwuchert von den Zeichen der Gewinnsucht, der marktschreierischen Feilbieterei. Nur schien es ihm, daß die englische Gesellschaft mehr Widerstand leiste, daß sich maßgebliche Institutionen in zu Hoffnungen berechtigender Einigkeit bemühten, dem wirtschaftlichen Drängen kulturelle Zügel anzulegen: „Um dies Ziel zu erreichen, haben in England Museen, die Schulen, die Fabrikanten und die Architekten *einem* Ziele zugestrebt, unterstützt von einer reichen kultivierten Gesellschaftsschicht, die ihre praktischen Bedürfnisse geltend machte und sich keine unbequeme Dekoration aufdrängen ließ."[41]

Form folgt dem Bedürfnis

Liest man Lichtwarks veröffentlichte Vorträge, Aufsätze, theoretische Abhandlungen, liest man seine umfangreiche Korrespondenz – ganz gleich, ob die Briefe an die „Kommission für die Verwaltung der Kunsthalle Hamburg", an die Familie[42] oder an Zeitgenossen gerichtet sind –, aus allem tritt einem deutlich ein Konzept der Nützlichkeit und Funktionalität entgegen, ja man kann sagen: eine frühe Konzeption des Funktionalismus, denn in ihr werden Erfahrungen der industriellen Großproduktion und ihrer kulturellen Folgen verallgemeinert. Dieser „Funktionalismus" versucht, seine produktkulturellen Voraussetzungen zu bestimmen, erkundet seine soziale Reichweite und vermutet seine ästhetische Ausprägung zumeist konkret und am Beispiel konkreter Dinge; hätte Lichtwark seine Überzeugung, die zugleich Forderung war, als allgemeingültige Prämisse formuliert, sie müßte lauten: Die Form folgt dem Bedürfnis. Die ästhetisch vermittelte rationale Organisation der Nutzungsprozesse geht für ihn aus den „neuen Lebensgewohnheiten" hervor, er identifiziert sie mit Behaglichkeit, Sachlichkeit, Sauberkeit, mit einem Lebensrhythmus, der die „bequemste und gleichmäßige Regelung aller wiederkehrenden Funktionen"[43] zu seiner Grundlage hat. Lichtwark glaubt genügend Anzeichen dafür zu sehen, daß der „Sinn für Sachlichkeit"[44] zum Gemeinsinn aller werden wird. Das zielt auf eine Ästhetik, die „glatte, polierte leichte Formen" sowie reine Farben bevorzugt[45], die auf das Ornament und den Schnörkel verzichten kann, weil Konstruktionen, die deutlich und klar den Zweck ausdrücken und in denen „nicht mehr Material zur Verwen-

[35] derselbe: Denkschrift über die innere Ausstattung des Hamburger Rathauses (1899), in: Drei Programme, Berlin 1902, S. 82

[36] derselbe: Die Kunst in der Schule (1887), in: Alfred Lichtwark. Eine Auswahl ... (siehe Anm. 9), Bd. I, S. 40f.

[37] derselbe: Briefe an die Kommission ... (siehe Anm. 6), Bd. 1, S. 295f.

[38] derselbe: Wandlungen (1894), in: Alfred Lichtwark. Eine Auswahl (siehe Anm. 9), Bd. I, S. 322

[39] derselbe: Briefe an die Kommission ... (siehe Anm. 6), Bd. I, S. 434

[40] ebenda, Bd. II, S. 200

[41] derselbe: Wandlungen, a. a. O.

[42] siehe Alfred Lichtwark: Briefe an seine Familie, 1875–1913, hrg. v. Carl Schellenberg, Hamburg 1972

[43] derselbe: Das Zimmer des neunzehnten Jahrhunderts (1896), in: Alfred Lichtwark. Eine Auswahl ... (siehe Anm. 9), Bd. I, S. 332

[44] derselbe: Die Kunst in der Schule (1887), in: Alfred Lichtwark. Eine Auswahl ... (siehe Anm. 9), Bd. I, S. 45

[45] derselbe: Wandlungen (1894), in: ebenda, S. 316

dung kommt, als unbedingt nötig" ist[46], die neue „sachliche Schönheit"[47], welche die „wundervolle ästhetische Wirkung der Selbstverständlichkeit"[48] besitzt, beweisen. Nicht einen neuen Stil, nicht das Stilmöbel, sondern das „Möbel an sich" gilt es anzustreben: das Möbel, „dessen Konstruktion feinfühlig dem Zwecke angemessen" ist, „dessen Schmuck in der deutlichen, einfachen Ausprägung dieses Zweckes" liegt und in dessen Umgang der Mensch „seine menschliche Form, Schönheit und Würde" behält.[49]

Museum als Organisator

Mit Übernahme der Direktion der Hamburger Kunsthalle 1886 hatte Lichtwark ein neues museales Bildungs- und Erziehungsprogramm vorgelegt, ein Programm, das konsequent und aktiv auf die breite Öffentlichkeit gerichtet war. „Wir wollen nicht ein Museum, das dasteht und wartet, sondern ein Institut, das thätig in die künstlerische Erziehung unserer Bevölkerung eingreift. Und das ist ja keine lediglich sittlich-ästhetische, sondern eine ganz hervorragend volkswirtschaftliche Frage. Die Zukunft unserer Kunst wie unserer Industrie hängt davon ab, ob wir uns den prüfenden, grosse und strenge Anforderungen stellenden Käufer im eigenem Land zu erziehen wissen."[50]

Lichtwark begründete programmatisch in Theorie und Praxis den Typus des modernen Museums überhaupt. Danach sind die musealen Grundfunktionen – „Erhaltung", „Vermehrung" und „Nutzbarmachung" der Sammlungen – einheitlich zu einem „vielseitig anregenden Unterrichtsorganismus" auszubilden[51] und, wie er es später ausdrückte, in den Dienst der „Gestaltung des Daseins" zu stellen.[52] Das vermögen Museen der verschiedensten Gattungen: Kunstmuseen, Geschichtsmuseen, ethnographische, naturwissenschaftliche und technische Museen.

Für besonders geeignet hält Lichtwark jene Museen, die sich entsprechend ihrer Bestimmung wesentlich mit Gebrauchsdingen beschäftigen; das sind zum einen die ethnographischen Museen, und das sind zum anderen die Museen für Kunst und Industrie, die sich in Nachfolge der ersten Weltausstellung 1851 herausgebildet hatten und deren Aufgabe es sein sollte, eine neue Zielgruppe zu erschließen: nicht mehr nur Gelehrte in Kunst und Wissenschaft, sondern Handwerker und Fabrikanten, Produzenten also, sollten in diesen Museen die Vorbilder für absatz- und für international konkurrenzfähige Erzeugnisse finden. Die Vorbilder aber waren kunsthandwerkliche Meisterstücke aus vergangenen Epochen oder deren zeitgenössische handelsübliche Nachahmungen.

Wo immer Lichtwark auf seinen Reisen dergleichen Vorbildsammlungen besuchte, in Wien, Stuttgart, London oder anderswo, stellte er ihre Untauglichkeit fest. So schrieb er zum Beispiel über das „Museum für Kunst und Industrie" in Wien, die erste Gründung dieses Typs auf dem Kontinent: „Das Wiener Museum für Kunst und Industrie mit seinem Einfluß liefert, wenn man ihn noch brauchen sollte, den unwiderleglichen Beweis, daß es ein unrichtiger Weg war, den Producenten zu erziehen und nicht den Consumenten und den Producenten im Anschluß an alte Kunst statt an die lebendige."[53]

Lichtwark „entdeckt" die eigene Zeit als museumswürdig – die aktuelle Kunst und das gestaltete Industrieprodukt. Was er anstrebte, bedeutete eine kopernikanische Wende im Museumswesen: die Gegenwart sollte über die Vergangenheit herrschen und nicht mehr umgekehrt. Und das Volk, die Mehrheit, der Konsument der Standardprodukte, sollte dominanter Nutzer des Museums werden. Die Produzenten hatten ihr Unvermögen, Erzeugnisse, die die Prädikate Wohlfeilheit, Sachlichkeit, Gediegenheit, Einfachheit und Neuheit beanspruchen konnten, herzustellen, genugsam bewiesen und stellten es tagtäglich neu unter Beweis. In der Erziehung der Konsumenten sah Lichtwark nunmehr die Chance, „eine dauernde Wendung auf das Einfache, Gediegene und Praktische" zu bewirken.[54]

Ansätze

Wo nun sah Lichtwark in seiner Zeit, in seiner Umwelt, zukunftstragende Ansätze – Ansätze, auf die aufgebaut werden könnte? Er beobachtet wach und voller Hoffnung eine im Entstehen begriffene neue Gegenstandswelt, Bauten der Technik und Bauten für sachliche Zwecke, doch scheinen sie ihm noch partiell und ungefestigt zu sein, die Zeit und der Gebrauch müßten hier noch erst jene selektive Arbeit verrichten, wie sie an den traditionellen Hausbauten – je nach Landstrich verschieden – ablesbar ist. Auf diese nimmt er immer wieder Bezug. „Wollen wir der kommenden Generation eine künstlerische Bildung geben, die praktisch wirksam wird, so muß im architektonischen Teil mit den Elementen der bürgerlichen und heimatlichen Baukunst angefangen werden."[55] Er nennt „Fischer- und Schifferhaus", „Bauern- und Bürgerhaus" der „nächsten Heimat" und meint damit nicht nur den „Hausbau", sondern gleichermaßen die „Hauseinrichtung".[56] In ihrer Gestaltung und Organisation erkennt Lichtwark gesicherte Erfahrungen, von denen infolge des Mangels an brauchbaren neuzeitlichen Ansätzen ausgegangen werden müßte: „Vorläufig bleibt uns deshalb nichts anderes übrig, als diese lokalen Typen praktisch und ästhetisch durchzubilden."[57]

Die gegenwärtige Nachwelt ist bereit, ihn dafür hart zu verurteilen. Es ist üblich geworden, pauschal alles Anknüpfen jener Jahre an heimatliche Traditionen ins vorbereitende Feld des Faschismus zu stellen. Gert Selle beispielsweise sieht Lichtwark in einer Reihe mit Julius Langbehn, dem berüchtigten Verfasser des Buches „Rembrandt als Erzieher", obwohl es Äußerungen Lichtwarks gibt, die eindeutig seine Abneigung gegen Langbehn aussprechen.[58] Richard Hamann und Jost Hermand sind da gerechter, sie weigern sich, nach diesem Argumentationsschema Autoren – und sie schließen ausdrücklich Lichtwark ein – ins Abseits zu stellen: „Alle kulturpolitischen Autoren dieser Jahre als Wegbereiter des Nationalsozialismus zu bezeichnen, täte Hitler zu viel Ehre an."[59] Angesichts der – nachlesbaren – aufmerksamen Beschreibungen Lichtwarks von allem, was die Zeichen des Neuen in sich trägt – Arbeitersiedlungen, Warenhäuser, Bahnhöfe, Elektrizitätswerke, Ozeanschiffe, Luftschiffe, Bauten aus Eisen und Hüllen aus Aluminium, elektrische Geräte – erweist sich das beschworene Bild vom ethnisch tümelnden Lokalpatrioten als leichtfertige oder auch vorsätzliche ideologische Diffamierung.

Robert Musil umreißt in seinem Roman „Der Mann ohne Eigenschaften" die geistige und existentielle Situation der Intellektuellen jener Jahre: „Man hat nur die Wahl, diese niederträchtige Zeit mitzumachen (mit den Wölfen zu heulen) oder Neurotiker zu werden."[60] Lichtwark trugen ein perspektivisches Hoffen und Streben über die Gefährdungen der Zeit hinweg. Zeitgenossen haben seine „wahrhaft soziale Gesinnung" hervorgehoben.[61] Die „Herrschaft des ökonomischen Rationalismus" schreckte ihn nicht[62], wenn sie nur mit Kultur gepaart war: „... die hellen, schmucklosen Corridore, weiß gestrichen ... so faßt man wieder Vertrauen auf eine bessere Zukunft."[63]

[46] derselbe: Unsere Möbel (1896), in: ebenda, S. 345
[47] derselbe: Palastfenster und Flügeltür (1899), in: ebenda, S. 277
[48] derselbe: Mit der „Hansa" nach Braunschweig (1912), in: ebenda, Bd. II, S. 371
[49] derselbe: Theorie und Historie (1896), in: Alfred Lichtwark. Eine Auswahl ... (siehe Anm. 9), Bd. I, S. 313
[50] derselbe: Die Aufgaben der Kunsthalle (1886), in: Drei Programme, Berlin 1902, S. 29
[51] ebenda, S. 15
[52] Lichtwark, Alfred: Künstlerische Bildung auf örtlicher und volklicher Grundlage (1905), in: Alfred Lichtwark. Eine Auswahl ... (siehe Anm. 9), Bd. I, S. 28
[53] derselbe: Briefe an die Kommission ... (siehe Anm. 6), Bd. I, S. 255
[54] derselbe: Denkschrift über die innere Ausstattung des Hamburger Rathauses (1889), in: Drei Programme, Berlin 1902, S. 77
[55] derselbe: Palastfenster und Flügeltür (1899) in: Alfred Lichtwark. Eine Auswahl ... (siehe Anm. 9), Bd. I, S. 228
[56] ebenda, S. 229
[57] ebenda, S. 235
[58] ebenda, S. 262
[59] Hamann, Richard; Jost Hermand: a. a. O., S. 17
[60] Musil, Robert: Der Mann ohne Eigenschaften, Hamburg 1956, S. 1636
[61] Schiefler, Gustav: Alfred Lichtwark und Justus Brinkmann, in: Hamburger Kalender, Hamburg 1920, S. 101
[62] Hammacher, Emil: Hauptfragen der modernen Kultur, Leipzig und Berlin 1914, S. 97
[63] Lichtwark, Alfred: Briefe an die Kommission ... (siehe Anm. 6), Bd. I, S. 263

Wiener Stadtbahn: Pavillons und Brücken

Otto Kapfinger, Adolf Krischanitz

Die Stadtbahn ist das erste bewußt architektonisch gestaltete Maschinensystem, in dem das Gebäude zur Hilfskonstruktion von Bewegungsströmen wird.[1]
Otto Antonia Graf

1894, im Jahr seiner Berufung an die Akademie der bildenden Kunst, wurde Otto Wagner zum künstlerischen Beirat der staatlichen „Kommission für Verkehrsanlagen" ernannt und mit der architektonischen Planung der Wiener Stadtbahn beauftragt. Der Bau der Wiener Stadtbahn war 1892 gesetzlich beschlossen worden. Im selben Jahr war ein Wettbewerb zum Generalregulierungsplan von Wien ausgeschrieben worden, aus diesem Wettbewerb war 1893 Otto Wagner als Sieger hervorgegangen.
Mit rund 80 Kilometern Untergrundbahnen, Galeriebahnen und Hochbahnen, mehreren großen Brückenbauten und 36 Stationsgebäuden stellte die Stadtbahn durch ihre Größenordnung und technischen Aspekte neue städtebauliche und gestalterische Probleme. Im Vertrag zwischen der Verkehrskommission und Wagner bezog sich jedoch nur ein einziger lapidarer Satz auf die bauliche Form dieser umfangreichen Aufgabe – eine der umfangreichsten Aufgaben überhaupt, die ein Architekt im 19. Jahrhundert zu bewältigen hatte: „Die Stadtbahn muß harmonisch sich einfügen und praktisch sein, nach dem dermaligen Stand der Baukunst."

Wagner gelang es, die Eigengesetzlichkeit dieser dem schnellen Ortswechsel großer Menschenmassen verpflichteten technischen Anlage in einem einheitlichen Bau künstlerisch darzustellen, er bereitete damit der modernen Architektur in Wien den Weg. Die gestalterischen Maßnahmen, welche der Architekt aus der vielfältigen Konfrontation praktischer, technischer und ästhetischer Fragen entwickelte, seien im folgenden an einigen Punkten erläutert.

Wagner entwarf zwei Stationstypen: die „Torbauten" zur Erschließung der Bahn in Hochlage und die „Pavillons" für die Tiefbahnstationen. Vor allem die Pavillons sind hier von Interesse, denn sie stellen die schrittweise Abwandlung eines Typus dar.

Das Stationsgebäude steckt als Brücke über der offenen Bahnschneise. Die Perrons führen vom untenliegenden Bahnniveau zu den Stiegen, diese leiten hin zum Vestibül, zur obenliegenden Straße. Insofern bilden die Pavillons zusammen mit den Stiegen und Perrons eine komplexe, aber sehr übersichtliche Anlage, die zwei verschiedene Geschwindigkeiten – die der Stadtbahn und die der Fußgänger – und zwei verschiedene Verkehrsebenen ineinander überleitet. „Es sind Gebäude zum Verlassen"[2] – nicht zum Aufhalten, Gebäude, die eine Raum-Zeit-Relation vermitteln.

Um die Architektur der Pavillons zu verstehen, muß man sie begreifen als das, was sie sind: temporäre Haltepunkte innerhalb einer fließenden Bewegung, vergleichbar den Toren und Haltepunkten der großen öffentlichen

1 Station Unter-Döbling, 1895 (zerstört)

2 Station Breitensee, 1896 (zerstört)

3/4 „Normaltyp", 1898: vorderer Eingang (3) und Blick vom offenen Perron, mit Lichtraumprofil der Bahn (4)

5 Station Kettenbrückengasse, Normaltyp, 1896/97 (1980 renoviert, dabei wurden Stiegen und Perron verändert)

[1] Graf, Otto Antonia: Die vergessene Wagnerschule, Wien 1969, S. 22

[2] derselbe: Otto Wagner – Das Werk des Architekten, Ausstellungskatalog, Wien 1963, S. 22

[3] vgl. Schachel, Roland: Das Großstadtmiethaus des Wagner-Kreises, Diss., Wien 1978

[4] Wagner, Otto: Moderne Architektur, Wien 1902, S. 90

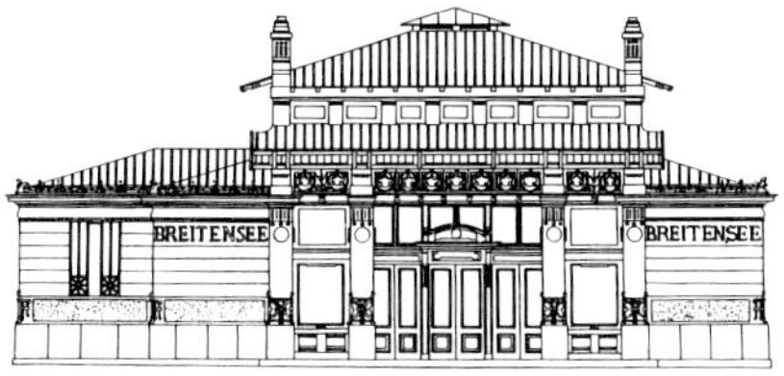

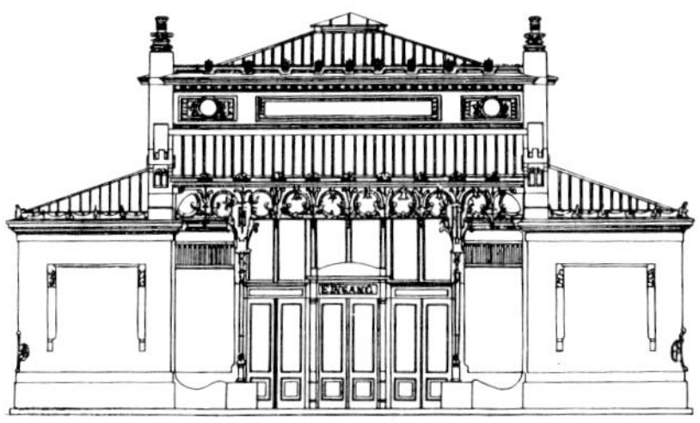

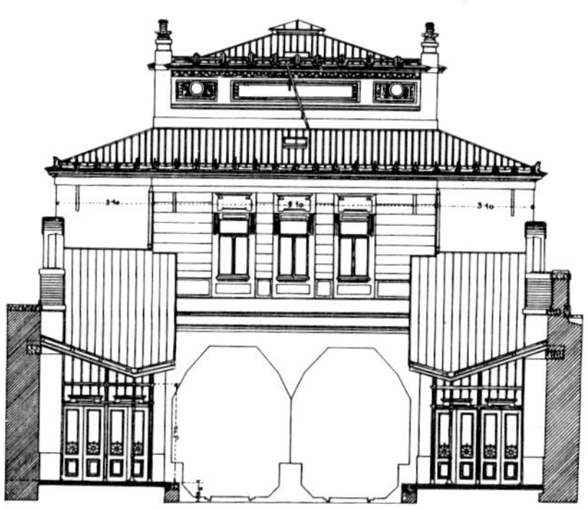

Prozessionen und Festumzüge mit ihren Dekorationen und improvisierten Schutzdächern, wie sie in Wien traditionell üblich sind – denen man sich nähert, die durchschritten und wieder verlassen werden. Der dabei gebräuchliche Architekturtypus des zeltartigen Baldachins liefert vielleicht den Schlüssel zur Analyse der Stadtbahnpavillons[3]: ein Dach (Segel), getragen (gespannt) von Pfählen im Geviert, das man durch einen dekorierten Torbogen betritt. Das Dach stellte für Otto Wagner die Urform des Bauens dar, den Anfang, aus dem sich alles weitere ergeben hat: „Die erste menschliche Bauform war das Dach. Das Dach war eher als die Stütze, eher als die Wand, selbst eher als der Herd. Dem Dache folgte die Stütze, die künstliche aus Baumstämmen und Steinen, schließlich das Flechtwerk, die Wand, die Mauer."[4] Die Stadtbahnpavillons – nichts anderes als eine Abfolge von Vordach, Zeltdach und Flugdächern – sind Wagners klarste bauliche Ausformung dieses Gedankens.

Im Gegensatz zu den Eingängen der Pariser Metro von Hector Guimard, die mit ihren dynamisch pulsierenden Kraftlinien eine morphologische Deutung der hohen Bahngeschwindigkeit geben, wählte Wagner die typologische Grundform eines Gebäudes, dessen konstitutives Merkmal aus der vorbei- oder durchfließenden Bewegung abgeleitet ist: den Festpavillon – das Stationsgebäude als Pavillon, angelegt wie jene zeltartigen Baldachine der Prozessionszüge. Hinzuzufügen ist, daß Wagner bereits 1879 als auch 1881 die kaiserlichen Prunkzelte für die Wiener Festzüge gestaltet hatte.

Ab 1894 entstehen als erste die Pavillons der Vorortlinie Unter-Döbling, Ober-Döbling, Breitensee. Unter-Döbling präsentiert den Ausgangstyp: Vier massive Pfeiler spannen das Dach über ein quadratisches Vestibül, das sich mit einem halbkreisförmigen Torbogen aus feinem Gitterwerk nach vorne öffnet. Breitensee zeigt bereits die erste Phase der formalen Entwicklung: Das Gitterwerk der Eingangspartie wandelt sich zu zwei Mauerpfeilern, die mit dem durchlaufenden Eisenträger das nunmehr frei auskragende Vordach tragen. Die Pavillons der Wientallinie (1896 bis 1898) bringen weitere Variationen, die gemauerten Stützen schrumpfen zu gußeisernen Säulen.

Im Verlauf der weiteren Bauten findet Wagner zu dem sogenannten Normaltyp. Er steht auf demselben quadratischen Grundriß, dem zentrisch die quadratische Kassenhalle eingeschrieben ist. Von den Ecken des inneren Gevierts ragen vier ornamental bekränzte Pylonen, die Schornsteine, über dem Zeltdach auf, auch im Aufriß ein Quadrat markierend. Die großflächigen Mauerkuben sind durch horizontale Putzfugen und „festliche" Stuckornamentik gegliedert. An den Seiten der Gebäude unterbrechen die schlanken, rahmenlosen Fenster als rhythmische Perforation des Mauerkörpers die waagerechte Bänderung.

Das anfangs reiche Relief der Putzflächen wird später – vor allem bei den Bauten der Donaukanallinie (ab 1900) – immer reduzierter und fragmentarischer. Die Spannung verlagert sich von der Flächenstrukturierung zum gekrümmten Flächenumriß. Ein weiteres Detail sei hervorgehoben: die aus der Mauer durch drei rechtwinklig zueinander stehende Rillen herausgeschnittene „Bildfläche". Mit angedeuteten pflanzlichen Motiven versehen, isolieren diese Rillen innerhalb der übrigen Wand ein Feld, das meist als „Schild" für die Stationsnamen, mitunter auch als Basis eines figuralen Reliefs dient.

Als strukturelle, wiederholbare Lösung sind die Pavillons formal abgewandelt in 21 ausgeführten Bauwerken, die einen großen Bogen markieren von der Vorortlinie bis zur Donaukanallinie. Im Unterschied zu Guimard beließ Wagner die vorgefertigten Eisenträger der Portale ingenieurmäßig und determinierte sie kulturell durch additiv vorgesetzte Ranken und Kränze aus Gußeisen, er vermied es, die sehr freien Möglichkeiten des Materials zum Anlaß für autonome, expressive Formen zu nehmen.

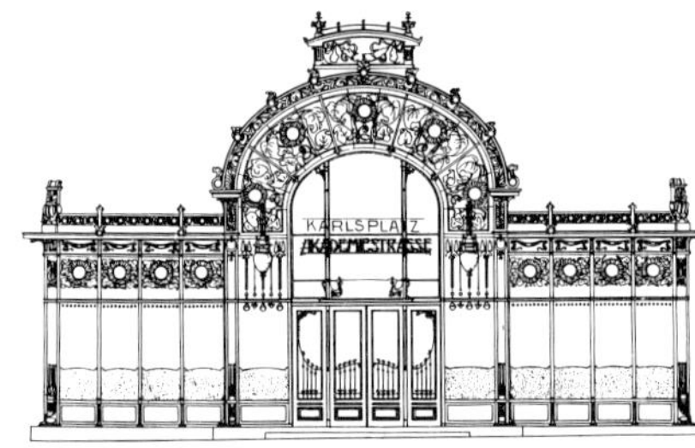

6/7 Station Karlsplatz, 1898: Eingang (6) und Stiegenaufgang mit Ornament (7)
(Die Station wurde 1971 demontiert und 1978 aufgrund von Protesten wieder aufgebaut, dabei aber verändert.)

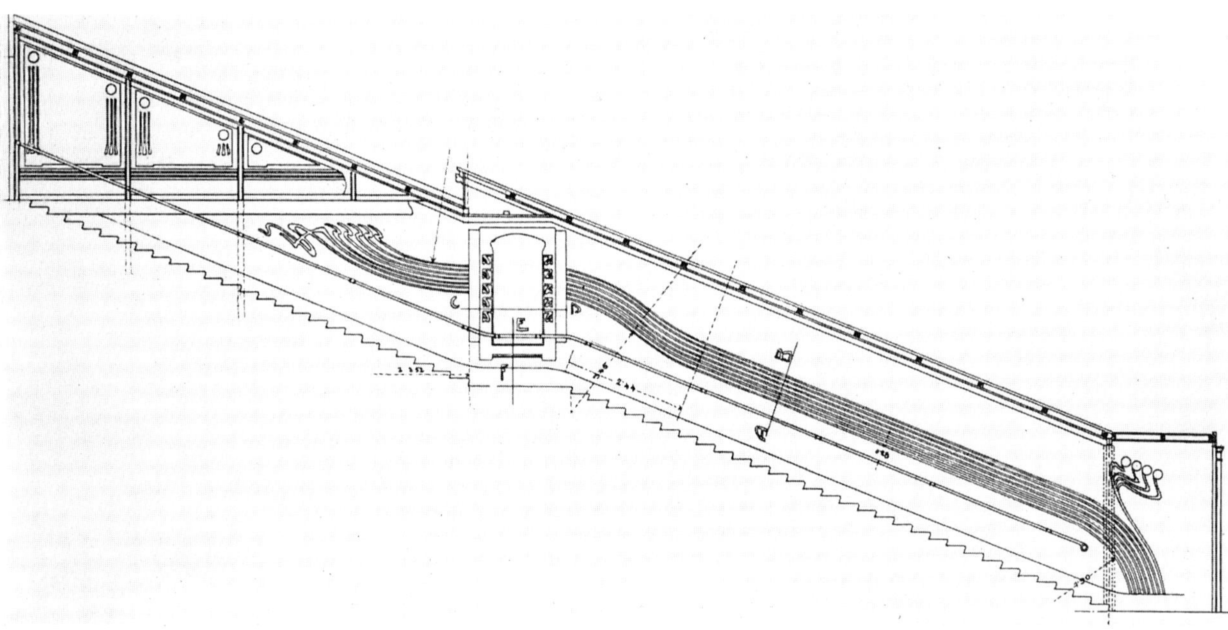

8/9 Schutzgeländer mit Andreaskreuz

Eine neue zukunftsweisende Bautechnik demonstrierte Wagner manifestartig im Blickpunkt der Stadt am Karlsplatz. Hier ist das Zeltdach weiterentwikkelt zum gekrümmten Waggondach, das den Innenraum gleichförmig überwölbt. Ein sichtbares Metallskelett trägt einen zweischaligen Wandaufbau – außen Marmorplatten mit Goldornament, innen Gipsschilfdielen mit Stuckdekor.

Man schrieb 1898; Wagner, seit 1870 Mitglied des Künstlerhauses, hatte den spektakulären Auszug der Secession entscheidend mitvollzogen und mit den zeitgleich entstandenen Häusern an der Wienzeile und der Karlsplatz-Station unübersehbar den „Neuen Frühling" verkündet. Die Provokation, die von dieser Architektur ausging, ließ selbst Wagners leidenschaftlichste Anhänger Abstand nehmen. Noch 16 Jahre später vermerkte J. A. Lux: „Sonne und Regen haben das Ihrige getan um die Sonnenblumen und sonstigen einst aufreizenden Ornamente der wüsten Secessionszeit zu verwischen ... Die grünlichen Papageienhäuschen haben mit der Zeit eine Patina gewonnen, die den Lärm mildtätig dämpft."[5]

Den Fußgänger, der am Karlsplatz die Bahn verläßt und über die Stiegen nach oben strebt, begleitet ein über dem Handlauf auf die Mauer gesetztes Stucklineament: Das Linienbündel steigt vom Perron auf, verläuft stetig in Augenhöhe, parallel zur Stiegenneigung. Sieben Stufen vor dem Zwischenpodest – das Auge sieht schon die „Pause", die die Füße erst nach einigen Schritten spüren werden – schwingen die Linien in einer Welle nach oben, um auf der Höhe des Podests wieder in die Waagerechte hinabzusinken. Drei Schritte in der Ebene. Weitere 26 Stufen hinauf zum Ausgang. Nach fünf Stufen biegt das Linienbündel erneut aus der Waagerechten nach oben ab und endet an der im Wandrelief vorlaufenden Niveaulinie des Vestibüls.

Oberflächlich gesehen nur ein ornamentaler Schmuck, die schöne dekadente Linie des Jugendstils. Bei genauer Beobachtung ihres visuellen Gebrauchs und ihrer „motorischen Wirkung" offenbart sich diese Linie jedoch als ein zweimal „beschleunigtes" optisches Leitsystem, als ein Stück geometrisierter Psychologie.

Beim Bau der großen Brücken von 1896 bis 1898 verwendete Wagner durchweg damals übliche Serienfabrikate aus Flußstahl: Halbparabelträger, Parallelträger mit einfach gekreuztem System und Bogentragwerke. Diese Typen

[5] Lux, Joseph August: Otto Wagner, München 1914, S. 64

10 Brücke Richthausenstraße, Bogenbrücke

wurden entsprechend der städtebaulichen Situation und der jeweilig benötigten Spannweiten eingesetzt und mit formalen „Zutaten" abgestimmt. Wagners gestaltende Eingriffe bezweckten, in jedem Fall den Eindruck horizontaler Linienführung zu erzielen und die Steigungen der Trasse bei Brücken und Viadukten optisch auszugleichen.

Die größte Anlage, die Brücke über das Wiental, zeigt überzeugend, daß auch Verkehrsbauten städtische Räume prägen können. Otto Wagner setzte hier, in einer architektonisch „ortlosen" Umgebung, mit dramatischer Geste ein monumentales Tor über den Knoten aus Wienfluß, Wientalstraße, Gürtelstraße und Stadtbahnlinie. Zwischen den Stationen Meidling und Gumpendorf bildet die große Brücke den Höhepunkt einer rhythmischen Folge von aufsteigenden Viadukten und Tragwerken. Ihre eisernen Träger überspannen insgesamt 112 Meter. Der schräggestellte Mittelpfeiler reicht weit bis unter das Straßenniveau und wirkt dort als gemeinsames Widerlager für das Wienflußgewölbe und die Eindeckung der Wientallinie: als Schlüsselstelle und physische Klammer aller Bewegungsströme und zugleich als Monument für ein Planungsdenken der Jahrhundertwende, das die Probleme des Massenverkehrs und der Flußregulierung als ganzheitliches Konzept auffaßte und mit künstlerischem Ausdruck löste. An den mächtigen Pylonen gewinnt die große Horizontale vertikalen Halt. Die markanten Pfeiler erzeugen nicht nur optisch den Portalcharakter, sie wirken auch statisch als Gewichte auf die Widerlager.

Das System der aufragenden Stützen, zwischen die dann strukturierte Flächen als Wand oder Decke gespannt oder gehängt werden, ist in Wagners Architektur ein zentrales Thema, an Brücken und Stationen in den verschiedensten Variationen entfaltet.

In den kreuzförmigen Verstrebungen der Brückenträger wiederholt sich als Großform das typische Andreaskreuz der Schutzgeländer. Dieses sinn-

11 Brücke Hernalser Hauptstraße mit Station, Halbparabelträger

bildliche Motiv des durchkreuzten Quadrats findet man abgewandelt auch in Fensterteilungen, Türschutzgittern und Detailformen der Stationen.

Wagner hat bewußt die serienmäßig nur mit einfachen Diagonalstreben hergestellten Eisenbahnbrücken ergänzt zum statisch nicht unbedingt notwendigen gekreuzten System. Es besteht so von der Fensterteilung bis zur Brückenkonstruktion eine Kontinuität der Formen, die als Funktion der Bewegungsgeschwindigkeit in jeweils abgestufter Durchbildung in Erscheinung tritt. Dieser unendliche Formenzusammenhang veranschaulicht das Gesamtbild der Stadtbahn als endloses, die Stadt durcheilendes Bauwerk und interpretiert Wagners Idee von der „unendlichen Großstadt".

Das Stadtbahnbauwerk „durchmißt" den Stadtraum in dem Sinn, wie dies sowohl Bewegung als auch Vermittlung von Maßstäblichkeit bedeutet. Damit ist ein grundlegend dialektisches Verhältnis in Wagners Architektur angezeigt: die gegenseitige Beziehung von utilitaristisch-technischen Momenten und von sinnlicher Repräsentation. „Zweck" und „Poesie" bezeichnen in Wagners Anschauung die beiden Pole, zwischen denen die „Konstruktion" zu vermitteln hat.[6] „Konstruktion" bedeutet für ihn in diesem Zusammenhang aber nicht die grobe statische Bewältigung und Herstellung des Raums, sondern versteht sich als architektonische Durchführung bis ins kleinste stoffliche Detail. Mit dieser Auffassung der Konstruktion, abgeleitet aus Gottfried Sempers theoretischen Überlegungen, konnte Wagner die verbrauchten symbolischen Formprinzipien des Historismus überwinden. Doch kann seine künstlerische Bearbeitung neuer, revolutionärer Materialien und Zwecke nicht auf den Begriff „funktionalistische Ästhetik" eingeschränkt werden. Sie steht vielmehr in kalkulierter Spannung zu präzise interpretierten Merkmalen kultureller Erinnerung.

Wagner addierte Bauteile und Materialien, er ließ eine Fülle technischer Verfahren aufeinandertreffen. Er verschränkte Naturstein, seriell vorgefer-

[6] Lux, Joseph August: Die Wagner-Schule, Wien 1903. „Auf drei Begriffe – die auch in ihrer Reihenfolge charakteristisch sind – reduziert Wagner seine Ästhetik: Zweck – Konstruktion – Poesie."

tigte Teile aus Gußeisen, Ziegelmauerwerk, Schmiedeeisen, Putzarchitektur und handelsübliche Walzprofilträger in verschiedenen Ebenen und klar begrenzten Zonen. Mathematisch berechnete Metallskelette (Brücken, Träger) wurden mit tektonisch gebauten Steinformen (Viadukte, Widerlager, Pylonen) kombiniert. Malerisch weiche Übergänge wurden eindeutig vermieden. Dadurch entstand in den Beziehungen von Bauteilen, Stoffen und Formen jene sinnliche Aufladung, die unter dem Netz ornamentierter Details vibriert.

Die Stadtbahn bildete (zusammen mit den Anlagen der Wienfluß- und Donaukanalregulierung) eine funktionale und architektonische Ganzheit. Obwohl sie 80 Jahre lang ihre praktische Aufgabe hervorragend bewältigte und zum unverwechselbaren Bestandteil des Stadtbildes wurde, ist diese Ganzheit vor allem in den letzten Jahren durch die Überlagerung der neuen U-Bahn etc. zerstört. Was blieb, sind einige denkmalgeschützte Reliquiensplitter als immer noch vorbildliches Anschauungsmaterial „praktischer Ästhetik".

12 Brücke über die Wienzeile, Kastengurte mit einfach gekreuztem System, Pylonen aus Granit

Ein Verehrer des Elementaren

Erik Ellegaard Frederiksen

1 Knud V. Engelhardt
Ein Verehrer des Elementaren auch in seiner Kleidung. Die Jacke hat einen Schalkragen aus Gründen der Vereinfachung – niemand trug damals dergleichen.
Natürlich lief er auch in fußgerechten Schuhen herum.

2 „Carlsberg Pilsener", das Etikett entwarf 1901 Engelhardts Lehrer Thorvald Bindesbøll.
Ein typisches Beispiel für den Schnörkelstil, der damals die Zeit und insbesondere die Kunstakademie beherrschte und von dem sich Engelhardt nach seinem Studium radikal abgesetzt hat.

In einem kleinen Land wie Dänemark gibt es bestimmte Erzeugnisse, die so lange schon hergestellt werden und so verbreitet sind, daß jedermann sie kennt und niemand mehr ihre Erscheinung nennenswert beachtet. Das „Carlsberg-Pilsener" gehört dazu, genauer: das Etikett der Flasche. Betrachtet man einmal dieses um 1900 entstandene Etikett aufmerksam und nicht durch die Brille der Gewohnheit, ist man entsetzt über die mißgestaltete Schrift. Ihr Schöpfer war der seinerzeit namhafte Architekt, Gestalter und Lehrer der Kopenhagener Kunstakademie Thorvald Bindesbøll. Seine „Carlsberg"-Schrift folgte ganz dem Schönschreibstil, wie er zu Beginn dieses Jahrhunderts überall Einzug gehalten hatte. Sie ist symptomatisch für den Geist des Dekorativismus, der damals herrschte und dem auch die Kunstakademie in Kopenhagen voll ergeben war.

Knud V. Engelhardt, der sich auch Architekt nannte, obwohl er lediglich ein einziges Haus zustande gebracht hat, ging aus dieser Akademie hervor, und seine ersten Entwürfe für Schriften sind natürlich durch überflüssige Dekoration geprägt. Verblüffend schnell streift er jedoch Bindesbøll, die Kunstakademie und den ganzen Dekorativismus ab und geht seine eigenen Wege. Er ändert alles von Grund auf, er wird modern, im wahrsten Sinne des Wortes.

Er prägte besonders die Gebrauchsgrafik und die angewandte Kunst. Seine Formauffassung, Ideen und Lösungen siegten über die Stilverwirrung seiner Zeit. In seinen besten Arbeiten ist er zeitlos und wurde dadurch richtungsweisend. Über sich selbst merkt er einmal an: „Es gehört zu den Ausnahmen, daß meine Arbeiten direkt mit den Themen von Bindesbøll verwandt sind. Ich wählte im Unterschied zu ihm meine Stoffe oft unter den einfachsten Kleinigkeiten, deren Schlichtheit das Leben selbst geformt hat. Vertrautheit mit der handwerklichen Meisterschaft des Ostens ist ein Grundpfeiler meiner Arbeitsweise."

Eine Annonce, die er fand und in eines seiner Skizzenbücher klebte, zeigt zwei Regenschirme. Der eine ist ein unordentliches Bündel, der andere auf englische Art elegant aufgerollt. Der Begleittext lautete: „Wenn man die beiden Regenschirme miteinander vergleicht, wird man zugeben müssen, daß selbst ein Gegenstand wie der Regenschirm, dem kaum jemand ein größeres Interesse abgewinnen wird, eine kleine Geschichte der voranschreitenden Kultur und ihrer Raffinessen erzählt." Engelhardt kommentiert am Rand: „Entwicklung." Der Text hätte von ihm sein können, denn er stellt gewissermaßen sein Programm dar. Für ihn befanden sich die Dinge solange in der Entwicklung, bis sie ihre endgültige Form, die funktionell und zugleich ästhetisch war, gefunden hatten.

Ästhetische Auffassungen mögen sich ändern im Lauf der Zeit, Funktionen dagegen sind beständig, und der Bezug auf sie veraltet nicht. Engelhardt erwarb sich die Fähigkeit, Funktionen und Formen der Dinge umfassend zu analysieren und anderen plausibel zu machen. Darin liegt seine Originalität, und sie erscheint heute um so größer, als er in seiner Umgebung nicht die geringste Unterstützung fand.

Die Essenz seines Werkes liegt in einer Verehrung des Elementaren. Dafür hatte damals in Dänemark niemand einen Blick, und in Deutschland begannen ähnliche Bestrebungen erst zwanzig Jahre später mit dem Bauhaus. Engelhardt war nie Formalist. Seine Formsprache war natürlich und lebendig, ganz menschlich, niemals angestrengt oder verbissen. Rundungen waren ihm wesentlich: An scharfen Kanten stößt man sich, ob sie nun mit dem Auge oder mit der Hand erfaßt werden.

Knud Valdemar Engelhardt wurde am 11. Februar 1882 geboren. Den zweiten Vornamen erhielt er nach seinem Vater, einem pedantischen Büromenschen und optimistischen Bürger der Mittelklasse. Die Mutter hingegen war melancholisch, sie besaß ein musisches Gemüt. Sie spielte Klavier. Niemand in der Familie konnte ernsthaft zeichnerische Veranlagungen vorweisen. Obwohl die Umgebung bürgerlich war, stellte sie doch einen üppigen Nährboden für Knuds schöpferische Fähigkeiten dar. In der Schule waren kaum Fertigkeiten im Zeichnen bei ihm zu bemerken, die meisten Fächer fielen ihm schwer, besonders Rechnen und Arithmetik. In Geometrie lief es besser, und das Gefühl für Musik half ihm beim Erlernen von Fremdsprachen.

1901 begann Engelhardt mit dem Studium an der Kunstakademie, wo er bis 1910 die Architekturklasse besuchte, jedoch mit großen Unterbrechungen. Er schloß in dieser Zeit eine Maurerausbildung ab, arbeitete in verschiede-

3 Fassadengestaltung für ein Kleinstadthaus, gebaut in den 80er Jahren des vorigen Jahrhunderts
Ursprünglich sah das Haus aus wie das rechts daneben. Engelhardt ließ die gesamte Fassade schwarz anmalen. In der kleinen Stadt gab es großes Geschrei. Die Lösung ist aber logisch: Das Haus erhielt ein charakteristisches Aussehen, die vielen Profile wurden zu einem Ganzen zusammengefügt, und schließlich bildet Schwarz einen schönen Untergrund für die vergoldete Schrift.

4 Firmenschild im Treppenaufgang
Auf dem Treppenabsatz ist ein Spiegel angebracht. Der Besucher, von unten kommend, erblickt in ihm die schriftlichen Hinweise, die er braucht, um sein Ziel zu finden. Und wenn er auf dem Treppenabsatz anlangt, kann er sich selbst einem prüfenden Blick unterziehen. Insgesamt macht der Spiegel den Effekt, daß das enge Treppenhaus optisch weiter erscheint. Die gespiegelte Schrift ist auf einer senkrecht über der Treppe aufsteigenden Wand angebracht (selbstverständlich seitenverkehrt).

5 Wasserzeichen für eine Serie von Wertzeichen
Engelhardt verwendete Fingerabdrücke (seine eigenen), was eine wirkliche Sicherheitsgrundlage darstellt, denn zehn Fingerabdrücke sind nicht so ohne weiteres zu kopieren.

6 Projekt für Kilometersteine, entworfen 1908
Der Kilometer sollte die Meile ersetzen und damit auch der Kilometerstein den Meilenstein. Engelhardt schlug vor, die vielen Bordsteine, die gerade überflüssig wurden, weil man sie gegen Platten austauschte, zu verwenden. Also ein Wiederverwendungsprojekt.
Die Oberfläche der Steine war im Laufe der Jahre wunderbar glattgeschliffen. Durch einfaches Abschrägen gelang es Engelhardt, die Wirkung einer Stele zu erzielen.

ANDREAS CHRISTENSEN
PIANOER FLYGLER
UDSTILLING

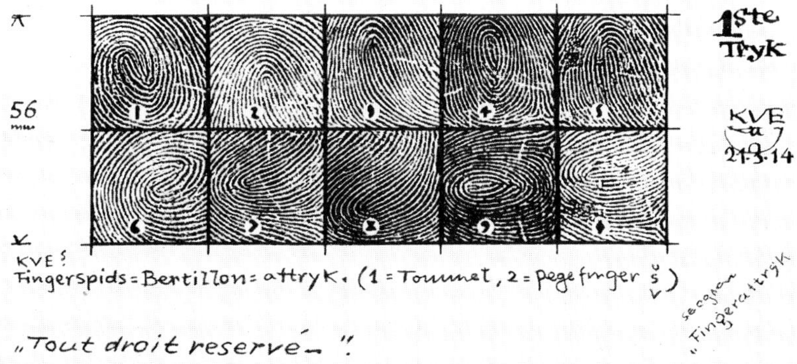
1ste Tryk
56
KVE
21.3.14
KVE!
Fingerspids = Bertillon = attryk. (1 = Tommel, 2 = Pegefinger
„Tout droit reservé".
seeogen „Fingerattryk

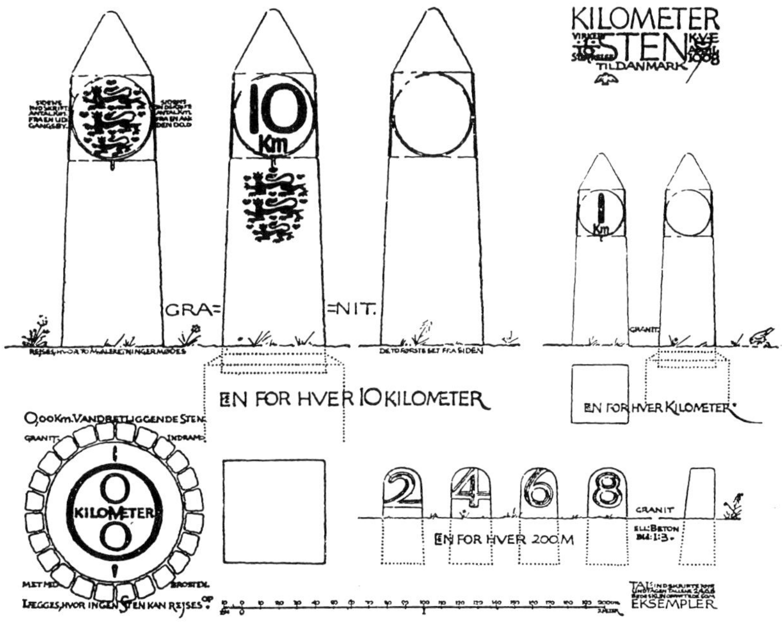
KILOMETER STEN
TIL DANMARK
KVE
10
Km
GRA=
=NIT.
EN FOR HVER 10 KILOMETER
EN FOR HVER KILOMETER
0,00 Km. VANDRETLIGGENDE STEN
KILOMETER
0
0
2 4 6 8
GRANIT
EN FOR HVER 200 M
EKSEMPLER

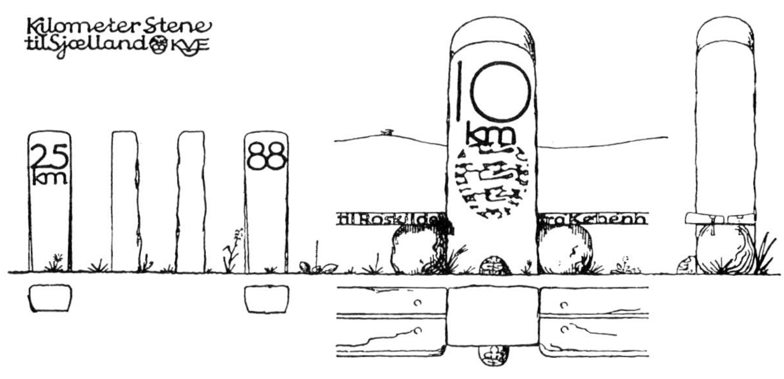
Kilometer Stene
til Sjælland KVE
25
km
88
10
km
til Roskilde
fra Københ

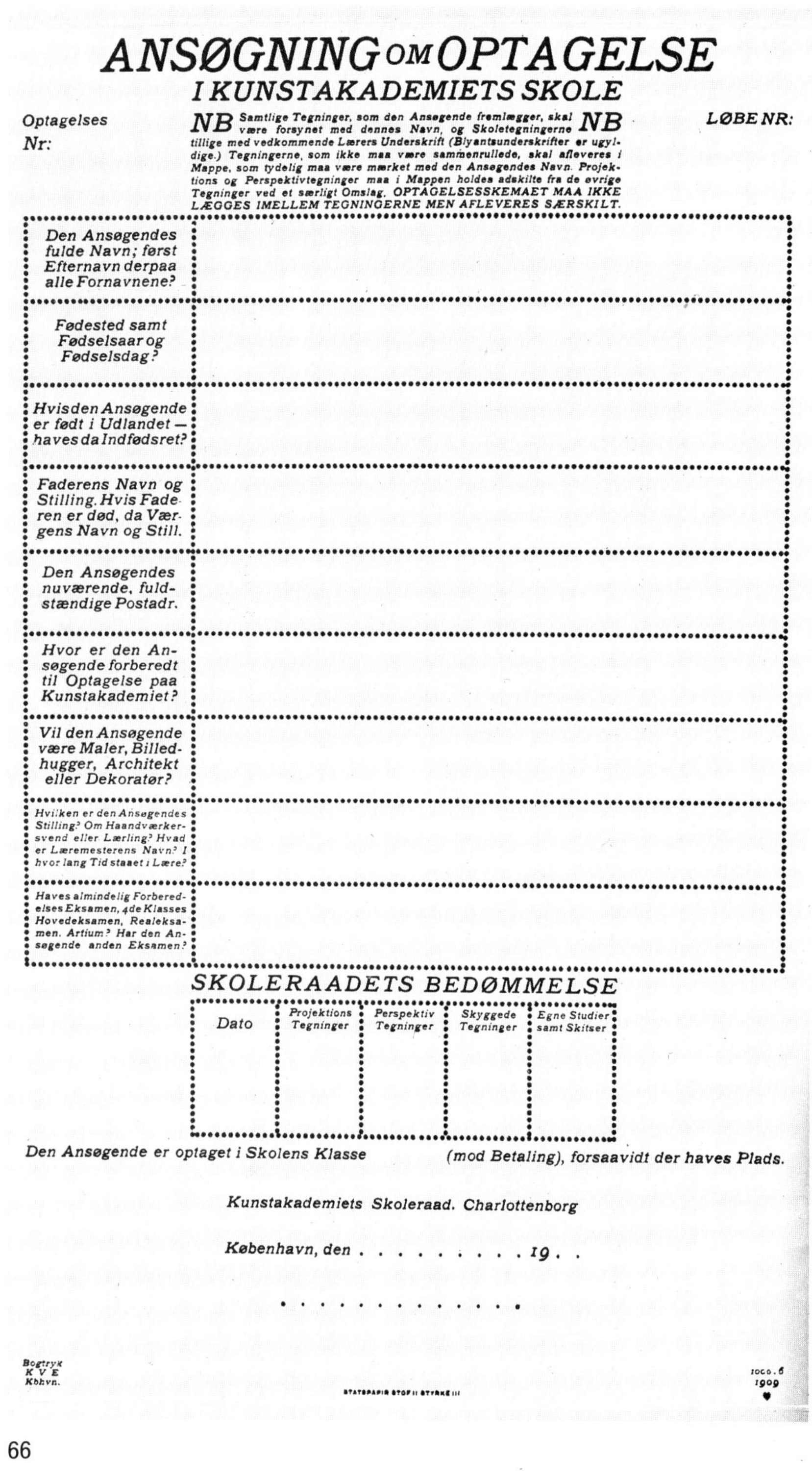
ANSØGNING OM OPTAGELSE
I KUNSTAKADEMIETS SKOLE

Optagelses Nr:

LØBE NR:

NB Samtlige Tegninger, som den Ansøgende fremlægger, skal være forsynet med dennes Navn, og Skoletegningerne tillige med vedkommende Lærers Underskrift (Blyantsunderskrifter er ugyldige.) Tegningerne, som ikke maa være sammenrullede, skal afleveres i Mappe, som tydelig maa være mærket med den Ansøgendes Navn. Projektions og Perspektivtegninger maa i Mappen holdes adskilte fra de øvrige Tegninger ved et særligt Omslag. OPTAGELSESSKEMAET MAA IKKE LÆGGES IMELLEM TEGNINGERNE MEN AFLEVERES SÆRSKILT. NB

Den Ansøgendes fulde Navn; først Efternavn derpaa alle Fornavnene?	
Fødested samt Fødselsaar og Fødselsdag?	
Hvis den Ansøgende er født i Udlandet — haves da Indfødsret?	
Faderens Navn og Stilling. Hvis Faderen er død, da Værgens Navn og Still.	
Den Ansøgendes nuværende, fuldstændige Postadr.	
Hvor er den Ansøgende forberedt til Optagelse paa Kunstakademiet?	
Vil den Ansøgende være Maler, Billedhugger, Architekt eller Dekoratør?	
Hvilken er den Ansøgendes Stilling? Om Haandværkersvend eller Lærling? Hvad er Læremesterens Navn? I hvor lang Tid staaet i Lære?	
Haves almindelig Forberedelses Eksamen, 4de Klasses Hovedeksamen, Realeksamen. Artium? Har den Ansøgende anden Eksamen?	

SKOLERAADETS BEDØMMELSE

Dato	Projektions Tegninger	Perspektiv Tegninger	Skyggede Tegninger	Egne Studier samt Skitser

Den Ansøgende er optaget i Skolens Klasse (mod Betaling), forsaavidt der haves Plads.

Kunstakademiets Skoleraad. Charlottenborg

København, den . . . . 19 . .

. . . .

Bogtryk K V E Kbhvn.

STATSPAPIR STOF II STYRKE III

1000.6 1909

7 Bewerbungsformular für die Kunstakademie, 1909
Engelhardt verwendete schöne, sehr schlichte Schriften und fand zu bemerkenswert klarer Aufteilung – eine funktionsgeprägte Typographie.

8 Handgriff
Die abgerundete Form läßt sich gut greifen. Das sind die unprätentiösen Kleinigkeiten, die in aller Schlichtheit auszuführen Engelhardt wesentlich war.

9 Eßbesteck
Es entstand zwischen 1912 und 1914, leider wurde es nie produziert.

10 Typographische Gestaltung für die Zeitung „Berlingske Tidende"
Engelhardt machte den Vorschlag, das Steigen und Fallen des Luftdrucks in Form einer Kurve zu vermelden. Er entwarf einen Baukasten aus Quadraten in vier Varianten: zwei Quadrate mit einem Punkt, jeweils in anderer Lage, ein Quadrat mit einem halben Punkt, eines ohne Punkt. Die Kombination der Punkt-Quadrate – einschließlich ihrer Drehung um 180° – mit den punktlosen erlaubt die Darstellung jeder beliebigen Kurve, ohne daß jedesmal ein neues Klischee hergestellt werden muß.

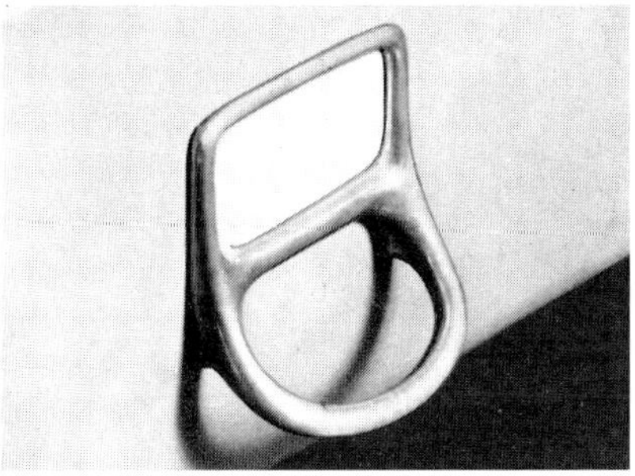

nen Zeichenbüros und unternahm eine längere Studienreise, die ihm aufgrund einer Stiftung ermöglicht wurde. 1911 wechselte er zur Klasse für Dekoration über, die er 1915 verließ. In dieser Zeit übernahm er mehrere große Arbeiten, zum Beispiel fertigte er einen Plan für sämtliche Kilometersteine in Dänemark an und gestaltete einen Straßenbahnwagen. Auf diese Weise war es ihm möglich, finanziell zurechtzukommen und gleichzeitig die Akademie zu besuchen.

In der Architektenklasse gärte es. Mehrere Studenten, die später berühmte Architekten wurden, schlossen sich zu der Gruppe „Kanonarchitektur" zusammen. Auch wenn Engelhardt der Gruppe nie angehört hat, so beeinflußten doch seine Gedanken diese Gruppe. Man war auf die Funktion aufmerksam geworden, eine Umwälzung vollzog sich.

Das Raffinierte war nicht Engelhardts Sache. Er überdimensionierte oft sein Material, und sein Streben ging nicht dahin, Formen auf ein Minimum zu reduzieren. Jedoch lieferte er immer gute und robuste Formen von guter Anwendbarkeit. Schrift schuf er auf die gleiche Weise. Er entwarf sie direkt

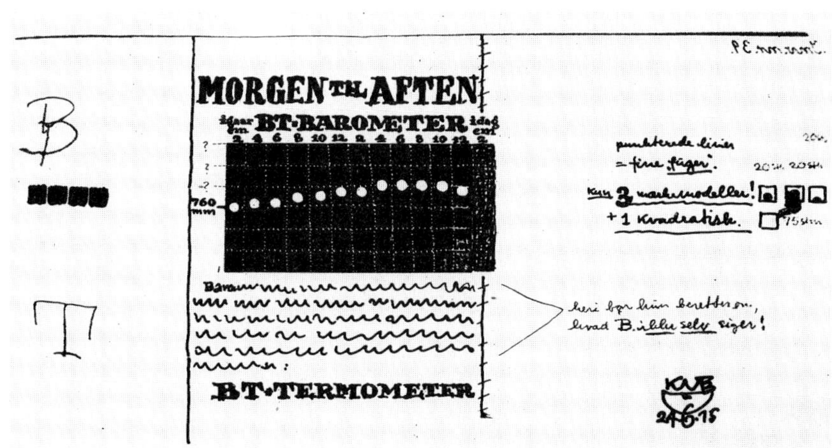

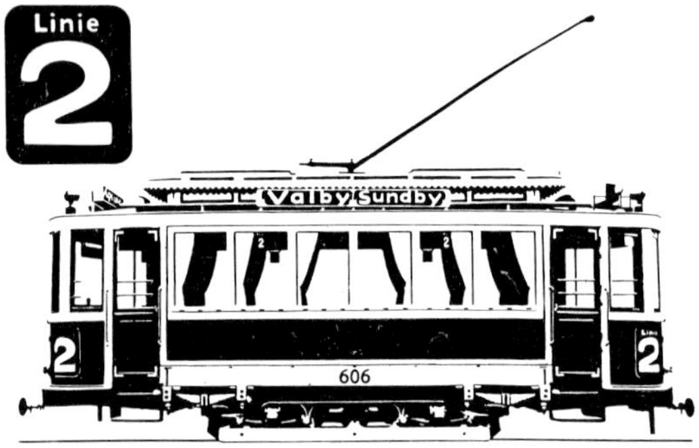

11 Triebwagen
Die übliche überladene Detailausstattung wurde zugunsten eines harmonischen Ganzen zurückgedrängt. Die Längsseiten sind klar durch gleich große Fensterfächer unterteilt. Die Beschilderung wurde mit einer funktionalen Farbkodierung für die unterschiedlichen Linien verbunden. Das Fahrgestell des Wagens ist grau. Den Ton für dieses Grau ermittelte Engelhardt folgendermaßen: Er sammelte in all jenen Stadtteilen, durch die die Bahn zu fahren hatte, etwas Straßenkot, vermischte diese Proben miteinander und ließ das Ganze trocknen. Das Resultat entsprach in seiner Färbung genau jener Masse, die das Fahrgestell überzogen hatte, wenn die Bahn mehrmals quer durch die Stadt gefahren war.

12 Umsteigekarten
Engelhardts Lösung entspricht ganz seinem Wagen: robust und funktionell.

13 Interieur
„Weshalb sollte man den Dingen nicht sofort die Form geben, die sie ohnehin durch den Zahn der Zeit erhalten würden? Dann sind sie einfacher anzuwenden, und was das Aussehen betrifft, so muß man anhand der Abnutzung lernen: gerade richtige Abnutzung führt zu Schönheit." Eine solche Ansicht war in der damaligen, auf schmückende Details versessenen Zeit eine ausgesprochene Provokation. Engelhardt vereinfachte das Interieur, die Reinigung wurde erleichtert und der Wagen schöner.

und retuschierte fast nie. Die Grundform war das Wichtigste. Nur beim Buchdrucker war er penibel, er bemerkte die kleinsten Ungenauigkeiten.

Vergebens suchen wir bei seinen Arbeiten nach delikaten farblichen Wirkungen. Auch hier ist er elementar. Das Material tritt so auf, wie es ist: Metall und Holz wurden nur mit einer Lackschicht bedeckt. Beim Buchdruck verwendet er meistens Schwarz, manchmal sparsam durch Zinnoberrot oder Kobaltblau erweitert, auf Schildern wird auch Gelb eingesetzt. Damit ist seine Farbskala schon erschöpft. Selbst eine Reise in die Farbenpracht des Fernen Ostens brachte hier keine Veränderung.

Diese Reise unternahm er 1923 bis 1924: per Schiff nach Java, China und Japan. Überall studierte er die Gebrauchsgegenstände des Alltags: japanische Pantoffeln, chinesische Flechtwaren, Trachten und Verpackungen. Diese Gegenstände interessierten ihn mehr als Architektur. Die Reise war eine Quelle von Inspirationen, nicht zuletzt für andere Architekten, die mit Engelhardts Hilfe entdeckten, daß es in der Welt noch mehr gibt als Häuser und Paläste.

Wer Knud V. Engelhardt begegnete, zweifelte nicht daran, daß er einem Idealisten gegenüberstand. „Hardt" bedeutet Herz. Und Herz als Zeichen brachte er überall dort, wo es anwendbar war – oft genial –, an. „Alles muß mit dem Herzen getan werden", lautete sein Motto. Es war ein Brennen in ihm, das mitunter überhandnahm und auf Leute, die ihn nicht kannten, abstoßend oder anmaßend wirken konnte.

Engelhardt bemühte sich, neuartige Lösungen für Probleme zu finden, und er versuchte, seine Zeitgenossen zu überzeugen, daß es sich dabei um wirkliche Verbesserungen handelt. Das war schwierig für ihn, weil er seiner Zeit voraus war. Das Feuer seines Wesens zehrte ihn schließlich auf und führte 1931 zu seinem frühen Tod.

Man könnte annehmen, daß sein eigenartiges Engagement, das sich in Straßenschildern, Plakatsäulen, Eisenbahnen und anderen leicht wiedererkennbaren Gebrauchsgegenständen äußerte, daß sein epochemachendes Denken schnell und direkt Folgen zeitigte. Dies war jedoch nicht der Fall. Engelhardt hatte wenige Schüler, sie blieben nur kurze Zeit bei ihm. Und lediglich einem von ihnen, Paul Henningsen, gelang es später, im Bereich des Leuchten-Designs ähnlich wirksam und erfolgreich zu sein.

Knud V. Engelhardt dachte eher als andere an industrielles Fertigen, und zwar in einer Zeit, in der das Kunsthandwerk noch fast alleinbeherrschend war. Er war schon Designer, bevor man überhaupt das Wort Design und seinen Geltungsbereich kannte. Heute steht jene Gebrauchskunst, die Engelhardt vertrat, als Aufgabe ganz vornan, aber, so schrieb der Architekt Kay Fisker einmal, „ungeachtet dessen, wie viele Designer sie in Angriff genommen haben – die Intentionen und die Genialität Engelhardts haben wir noch nicht übertroffen. Er hat uns den Weg gebahnt."

Tschechischer Kubismus

Milena Lamarová

1914 waren in der Kölner Werkbund-Ausstellung tschechische kubistische Möbel zu sehen. Das Echo blieb nicht aus. Ungeachtet seiner Sympathie für die kubistische Schule meinte der tschechische Theoretiker V. V. Štech mit freundlicher Ironie, es handle sich um „theoretische Möbel", und Peter Jessen schrieb 1915 im „Jahrbuch des Deutschen Werkbundes": „Hier sucht man an Flächen und Körpern das Schöne durch scharfkantige Umrisse und verwegene Winkel unter Verzicht auf alles irrationale, versöhnende Beiwerk. Mir erschien dieser tektonische Kubismus mehr aus dem Verstand als aus dem Gefühl geboren ... Die Zukunft wird lehren, ob ein warmblütiger Genius das, was vielleicht auch in diesem Neuen lebenskräftig ist, aus den Köpfen ... zu den Herzen wird führen können."

In den Auffassungen beider Kritiker lag viel Treffendes. Der „warmblütige Genius" dieser neuen Bewegung hatte allerdings weder die Zeit noch die Voraussetzungen, sich weiter zu entwickeln. Mit der durch den ersten Weltkrieg bedingten Zäsur hatten sich sowohl die Auffassungen als auch die Gesamtsituation geändert. Nach einer kurzen Periode des National-Dekorativismus zu Anfang der zwanziger Jahre begannen sich neue stilistische Bewegungen herauszubilden. Sie hatten soziale Konzepte zur Grundlage und mündeten eindeutig im Funktionalismus. Und so endete das kurze Kapitel der tschechischen kubistischen Bewegung in Architektur und Formgestaltung, das gleichwohl so markante und suggestive Züge aufwies, daß seine Einzigartigkeit innerhalb der Entwicklung in Europa unstreitig ist. Erst die Geschichte hat gezeigt, wie prägnant und eindeutig jene Gruppe Prager Architekten in den Jahren 1908–1914 auf die damals aktuellsten, aus ihrer Zeit erwachsenen geistigen Impulse Europas zu reagieren verstand.

1 Kaffeeservice
Vlastislav Hofman, 1913/14

2 Dosen
Pavel Janák, um 1911

3 Sofa
Josef Gočár, 1913

4 Stühle
Pawel Janák, 1911/12

Die Anregung durch die französische kubistische Malerei bildete ein wesentliches Moment in der Entwicklung der tschechischen avantgardistischen Kunst. Die Impulse befruchteten nicht nur die Malerei und Plastik, sondern auch die Architektur, die Möbel- und Keramikgestaltung sowie in beträchtlichem Maße das Gebiet der Theorie und Publizistik. Die Repräsentanten der tschechischen Bewegung waren die Maler Vincenc Beneš, Emil Filla, Bohumil Kubišta, Josef Čapek, Václav Špála und andere, der Plastiker Otto Gutfreund sowie die Architekten Josef Gočár, Pavel Janák, Vlastislav Hofman, Josef Chochol und Otakar Novotný. Eine für die kubistische Avantgarde bedeutsame Aktion war im Jahre 1911 die Gründung der „Gruppe bildender Künstler", die eine eigene Zeitschrift mit dem Titel „Umělecký měsíčník" (Monatsschrift für Kunst) herausgab.

Die französische kubistische Malerei war nicht die einzige Triebkraft für den tschechischen Kubismus, hinzu kamen das Aufbegehren gegen den Positivismus des 19. Jahrhunderts, gegen den utilitaristischen Rationalismus wie auch gegen den dekandenten Dekorativismus und oberflächlichen Lyrismus der Zeit. All dem stellten Architekten und Künstler ihre Forderung nach „Modernität" entgegen, formuliert in unzähligen Aufsätzen und Artikeln als das Bemühen um eine Dramatisierung der Form und um die Dominanz des ideellen Anliegens gegenüber der unmittelbaren Funktion. Geistige Ausgangspunkte bildeten die Theorien von Alois Riegl, Theodor Lipps und Wilhelm Worringer. Im Bemühen um ein neues Verständnis der Dynamik der Form entstanden sowohl Möbel als auch Metall- und Keramikarbeiten. Letztere fertigte die Firma Rytl und Thon in kleinen Serien und vertrieb die Genossenschaft Artěl (vergleichbar mit der Wiener Werkstätte); die Möbel hingegen wurden für Einzelbesteller entworfen – größtenteils für fortschrittliche Intellektuelle, für Schauspieler, Maler, Regisseure – und mit großer Sorgfalt in den Prager künstlerischen Werkstätten ausgeführt.

Im Jahre 1951 begann das Kunstgewerbemuseum in Prag mit der zielbewußten Sammlung von Möbelgarnituren und Objekten, die mit dem Kubismus zusammenhängen. Die gegenwärtig bestehende Kollektion, die etwa 150 Gegenstände zählt, bildete die Grundlage für eine Ausstellung, die das Museum 1976 unter dem Thema „Tschechische kubistische Inneneinrichtung" veranstaltete. Auf der Ausstellung waren vor allem Josef Gočár, Vlastislav Hofman, Pavel Janák, und Josef Chochol vertreten.

Zu Gočárs beeindruckendsten, geradezu monumental wirkenden Arbeiten gehören Besteckschränke, ein Glasschrank und zwei Sofas, bei denen mit zäher Konsequenz das Grundanliegen kubistischer Auffassung deutlich gemacht werden sollte, nämlich die Auflösung der Masse in geometrisierte Flächen, wobei das Ergebnis schließlich der stereoplastisch gesehene Gegenstand mit einem polygonalen System von Kanten und Flächen ist. Die Konsequenz dieser Stereoplastizität erweist sich auch an geringfügigsten Details, wie Schubkästen, Füßen oder Beschlägen. Hofman und Janák sind außer mit Möbeln auch mit Keramik- und Metallarbeiten vertreten.

Bei den Keramikvasen, Dosen oder Trinkgeschirren kommt in nachhaltiger Weise eine Vorahnung des flächigen Dekors der zwanziger Jahre zum Aus-

5 Regal
Josef Gočár, 1913

6 Tisch
Josef Gočár, 1912

7 Bett
Josef Gočár, 1913 (restauriert 1975)

druck – jedoch unter Einhaltung der streng kubistischen Konzeption tektonischer Gestaltung. Man fühlte sich der Tektonik der Gestalt allerdings nicht im Sinne einer harmonischen Komposition verpflichtet. Im Gegenteil – man war bestrebt, die Komposition durch eine expressive Geste zu sprengen, die eine bisweilen fast barocke Silhouette entstehen ließ, wie es beispielsweise bei der Mehrzahl der Stühle der Fall ist.

Es verblüfft, daß – ungeachtet der völlig neuen stilistischen Konzeption und der ausführlichen theoretischen Betrachtungen – der traditionelle Raum der Inneneinrichtung im Grunde unberührt blieb. Auch die typologische Struktur der Möblierung änderte sich nicht. Analog kam die kubistische Auffassung in der Architektur vor allem an Fassaden und bei der Oberflächengestaltung des Baumantels nachhaltig zur Geltung, ohne in die Grundrißgestaltung einzugreifen.

Einen Grund dafür können wir einmal in der zeitlichen Begrenztheit dieser Schaffensperiode, vielleicht aber auch in der Beeinflussung durch Forderungen von seiten der Besteller finden. Außerdem scheint es so zu sein, daß das Vorbild der kubistischen Malerei, die ja im Wesen auf flächige Gliederung zielte, auch für das dreidimensionale Schaffen, auch bei der Übertragung auf Möbel und architektonische Bauten, zutiefst verbindlich blieb.

Die dramatische Vorstellungskraft, die das Herangehen der tschechischen kubistischen Innenarchitekten auch in theoretischer Hinsicht begleitete, bildet ein spezifisches Merkmal ihrer nationalen gestalterischen Erfahrung. Zugleich schufen sie durch die prägnant expressive Komponente ihrer Arbeiten nicht nur eine Richtung, sondern geradezu ein Phänomen, das wir treffend wohl als kubistisch-expressionistische Gestaltung charakterisieren können.

Funktionelles Wohnen

Ferdinand Kramer

Die Wohnungsfrage ist doch ein Thema, das unsere Zeitungen füllt, das die Häupter unserer Städte und Staaten mit ängstlicher Besorgnis erfüllt, und das uns rein menschlich, sofern wir nur eine Spur sozialer Empfindung unser eigen nennen, von Grund auf erregen muß.[1] *Theodor Fischer*

Eine wesentliche Herausforderung für uns, die wir 1918 aus dem mörderischen Krieg nach Hause kamen, war es mitzuhelfen, die verheerende Wohnungsnot zu beseitigen, der Allgemeinheit ein menschenwürdiges Wohnen zu ermöglichen, den Rahmen für neue Lebensformen zu geben sowie Produkte – Gegenstände des täglichen Gebrauchs – zu entwickeln, die unsere Wertvorstellungen versinnbildlichen sollten.

Das Architekturstudium an der Technischen Hochschule in München nach überalterten Lehrplänen aus der Wilhelminischen Ära half uns nicht weiter. Theodor Fischer, damals der profilierteste Hochschullehrer, verstand uns und wies uns nach Weimar, wo ein junger, progressiver Architekt, Walter Gropius, in der ehemaligen Kunstgewerbeschule van de Veldes „das staatliche bauhaus" eröffnen würde. In dieser frühen, expressionistischen Phase aber war für das heute so legendär gewordene Institut noch nicht das Industrieprodukt, sondern das kunstgewerbliche Einzelstück wesentliche Zielsetzung; „Inflationsinterpunktion" nannten wir die damalige Ornamentik des Bauhauses. Da außerdem der Ausbau der Architekturabteilung nicht gesichert war, kehrten wir – um keine Zeit zu verlieren – zur Beendigung unseres Studiums nach München zurück.

1923 – während der Hochinflation – ohne Aufträge in Frankfurt, begann ich, in einer Schlosser- und Schreinerwerkstatt Blechöfen, Kohlenkästen, Kamingeräte, Kochtöpfe, Kupfer- und Messingkannen, elektrische Beleuchtungskörper etc., Gegenstände des täglichen Gebrauchs, die auf dem Markt fehlten, herzustellen und im „Haus Werkbund" der Frankfurter Internationalen Messe zum Verkauf anzubieten. Das Interesse des Publikums an diesen ganz einfachen, aber seinerzeit noch ungewohnten Objekten, die auch auf der Werkbundausstellung „Die Form" in Stuttgart, Frankfurt am Main und Berlin gezeigt wurden, war überraschend. Der ehemalige Architekturstudent und Journalist der Frankfurter Zeitung Siegfried Kracauer schrieb damals: „Was die Realität unseres Lebens von den Dingen fordert, soll in ihnen ausgedrückt werden, nicht mehr. Gefordert wird aber heute von den Dingen, daß sie sachgemäß konstruiert sind, daß sie, sofern es sich um Massenerzeugnisse handelt, die unglaubwürdige Gestalt der Individualschöpfung vermeiden und daß sie die in der Zeit wirksamen Kräfte sinnfällig widerspiegeln. Das Ornament hat darum vorerst wenig Raum, denn es setzt die geistige Wirklichkeit einer Kultur voraus, die nicht die unsrige ist."[2]

Zweckmäßige, praktische und preiswerte Gegenstände des täglichen Gebrauchs: „der Kochtopf – nicht die Vase" war die Zielsetzung. Deshalb gab mir die Mitarbeit am Neuen Frankfurt, im städtischen Hochbauamt unter

Ferdinand Kramer

22. 1. 1898	in Frankfurt am Main geboren
1919–1922	Studium der Architektur an der Technischen Hochschule in München bei Theodor Fischer, Abschluß als Dipl.-Ing.
1923/24	freiberuflich tätig (Frankfurt)
1925–1930	Arbeit im Hochbauamt der Stadt Frankfurt unter Ernst May, Abteilung „Typisierung"
1930–1937	freiberuflich tätig (Frankfurt)
1937	Berufsverbot
1938–1952	Emigration in die USA, freiberuflich tätig
1952	Rückkehr nach Frankfurt Leiter des Planungs- und Baubüros der Johann-Wolfgang-Goethe-Universität, ab 1965 freiberuflich
4. 11. 1985	gestorben

[1] Fischer, Theodor: 6 Vorträge über Stadtbaukunst, München und Berlin, 1920

[2] Kracauer, Siegfried: Stuttgarter Werkbundausstellung „Die Form" in: Frankfurter Zeitung vom 10. Juli 1924

[3] zu diesem Kontext siehe auch Hirdina, Heinz: Versuch über Das Neue Frankfurt, in: Neues Bauen. Neues Ge-

1 Teekanne, Kupfer, 1924
2 Wasserkanne, Messing, 1924
3 Kochtopf, Kupfer, 1924

dem neuberufenen Stadtbaurat und Dezernenten Ernst May, eine einmalige Chance, meine Vorstellungen vom Planen und Bauen, vom neuen Wohnen zu realisieren.[3]

Durch die Industrialisierung und die unter spekulativen Gesichtspunkten gebauten Mietskasernen, die verslumten Großstädte, war vor allem das Problem der Arbeiterwohnungen ungelöst, die Wohnsituation finanziell Minderbemittelter katastrophal geblieben. Obwohl diese Tatsache bereits vor dem ersten Weltkrieg erkannt worden war, hatten einzelne Gesetzesinitiativen zur Verbesserung dieser prekären Lage keine wesentlichen Auswirkungen. Der Baustopp während des Krieges und der Hochinflation, das Fehlen jeglicher Reparatur- und Sanierungsarbeiten, die Flüchtlingsmassen und der jährliche Bevölkerungszuwachs verschärften die Wohnungsnot bis zur Untragbarkeit. Die ehemals bürgerlichen Wohnungen mit Herrschafts- und Lieferanteneingang waren überbelegt, Einzelzimmer mit Küchenbenutzung an ganze Familien vermietet.

Die jahrelange Zwangswirtschaft auf dem Wohnungsmarkt hatte aber zur Folge, daß die Bevölkerung mit dem Gedanken einer unter rationellen und kollektiven Gesichtspunkten durchgeführten Wohnungswirtschaft vertraut wurde. Die städtischen Kommunen erklärten den sozialen Wohnungsbau zur politischen Programmatik – nur noch sie konnten die Finanzierung dieser riesigen Bauvorhaben übernehmen, und zwar erst durch die Schaffung einer sogenannten Hauszinssteuer auf den noch erhaltenen Immobilienbesitz. Sozialer Gedanke dieser Steuer war, für Minderbemittelte Wohnraum *nach Bedarf* und nicht nach finanziellen Mitteln bereitzustellen, eine „gewinnlose Bautätigkeit"[4], wie Rudolf Eberstadt sie schon 1917 gefordert hatte, durchzusetzen. Daneben sollte ein Ausgleich geschaffen werden zwischen den von Krieg und Inflation verschont gebliebenen immobilen Werten und den Vermögensverlusten der Bevölkerung.

Wohnungsnot, Arbeitslosigkeit, Hungersnot, aber auch die heute kaum vorstellbare Begrenztheit der Mittel für derartig riesige Bauvorhaben im Verein mit neuen gesellschaftlichen Leitbildern zwangen zu völlig neuen Überlegungen. Über die richtige Methode einer neuen Siedlungspolitik – ob aus wirtschaftspolitischen und psychologischen Gründen das Etagenhaus oder das Einfamilien-Reihenhaus vorzuziehen ist, ob Blockbebauung im Stadtzentrum oder Siedlungen im Sinne der Gartenstadt das bessere Konzept sei – wurde heftig gestritten.

Der kommunale Wohnbau in Wien und das Neue Frankfurt demonstrieren zwei gegensätzliche Lösungen.[5] Beiden Experimenten gemeinsam aber war das Vorhaben, die herrschenden Lebensverhältnisse *entscheidend* zu verbessern. „Licht, Luft und Hygiene" war damals eine der dringendsten Forderungen; die deprimierenden Folgen der sonnenlosen, stickigen Behausungen von Mietskasernen und Hinterhöfen – seuchenartige Krankheiten mit hoher Sterblichkeit wie Tuberkulose und Rachitis – waren bekannt.

Die sogenannte Gebäudeausschlachtung wurde unterbunden. Auf Grund einer preußischen Behebungsverordnung konnte bei zu hohen Preisen enteignet werden, so daß nicht mehr der Grundstückspreis Geländeaufschließung und Planung des gemeinnützigen Wohnungsbaus bestimmte, sondern Besonnung und Belichtung ausschlaggebend wurden. Die Aufschließung verlangte eine Trennung der Verkehrsstraßen (Nord-Süd-Richtung) von den Wohnstraßen (Ost-West-Richtung). Um für alle Wohnungen gleich günstige

stalten, Dresden, Verlag der Kunst 1984, S. 11 – Anm. Hrg.

4 Eberstadt, Rudolf: Handbuch des Wohnungswesens und der Wohnungsfrage, Jena 1917 (3. Auflage)

5 zum kommunalen Wohnbau in Wien siehe den Beitrag von Margarete Schütte-Lihotzky in dieser Ausgabe S. 96 – Anm. Hrg.

4 Küchentisch und Hocker, 1925
Teile einer als „Kramerküche" bekannt gewordenen Kücheneinrichtung
Oberflächen: Emaillelack (grau und weiß), Abstellfläche und Hockersitz Linoleum (schwarz)

5 Ofen, Schwarzblech, 1926
der sogenannte „Kramerofen",
hergestellt von der Firma Buderus

Licht- und Belüftungsverhältnisse zu erreichen, entstand das heute vielfach kritisierte Konzept der Zeilenbauweise.

Die Massenfabrikation der Wohnungen verlangte rationelle Grundrisse. Gefordert wurden:
– zweckmäßige Anordnung der Räume zueinander – zur Entlastung der Hausfrau, besonders der berufstätigen;
– Orientierung zur Sonne (Schlafzimmer nach Osten, Wohnzimmer nach Westen, zum Garten);
– komplette Einbauküche, Bad oder Dusche, WC, Abstellraum oder Keller für jede Wohnung;
– ausreichende Anzahl von Schlafzimmern – je nach Familiengröße.

Die Durchführung der riesigen Bauvorhaben unter den damaligen wirtschaftlichen, sozialen und bevölkerungspolitischen Bedingungen war nur durch Rationalisierung möglich. Das bedeutete:
– Standardisierung der Grundrisse unter Berücksichtigung zentraler Bewirtschaftung, Vergesellschaftung von Haushaltsfunktionen (zentrale Warmwasser-Heizungsanlagen, Wäschereien, Kindergärten, Gemeinschaftsküchen, Schulspeisung etc.);
– konsequente Umstellung der Bautechnik von handwerklicher zu industrieller Fertigung durch Typisierung und Standardisierung der konstruktiven Bauelemente und des Baumaterials.

Aber auch neue Wertvorstellungen und Lebensformen, veränderte Lebensbedürfnisse bestimmten entscheidend das Konzept für die Grundrisse. Das Alltagsleben der Familie setzte die Maßstäbe für die Wohnung. Stichworte, wie: Emanzipation der Frau, Organisation des Ablaufs des täglichen Lebens, optimaler Gebrauchsnutzen statt konkurrierender Repräsentation, kollektive Lebenskameradschaft, gegenseitige Hilfsbereitschaft und Disziplin, Rationalisierung als *Lebensbereicherung* und schließlich die Forderung

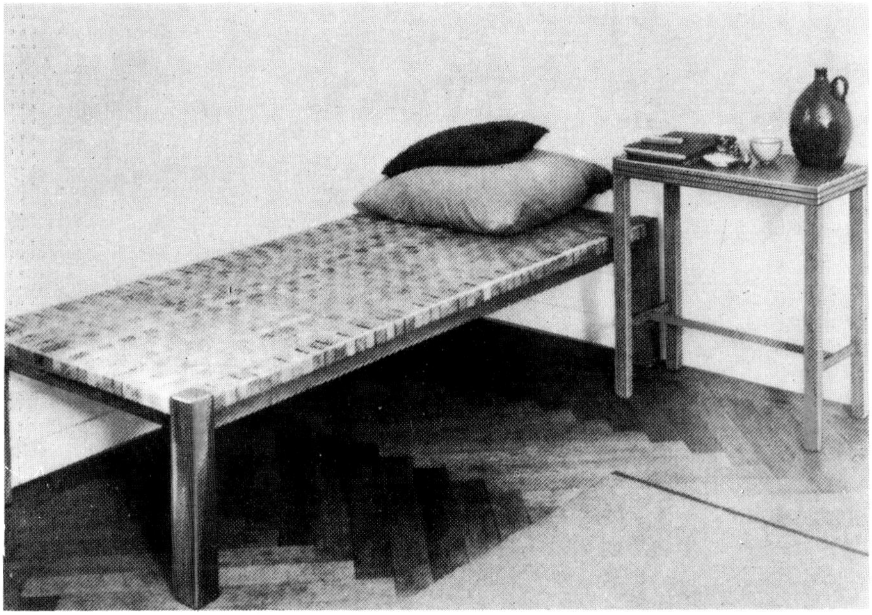

6 Liege, Holz mit Ledergeflecht, 1925
Beistelltisch, ausklappbar, 1925

7 Kugelzuglampe, Lackpapierschirm, Zugpendel mit Schnurroller, 1926

des holländischen Architekten Mart Stam: *„ein Höchstmaß an Brauchbarkeit, an Bequemlichkeit"*[6] für wenig Geld zu bieten, charakterisieren damalige Zielsetzungen. Hierdurch sowie durch eine von der Jahreszeit unabhängige Vorfabrikation der Einzelteile und deren Montageverfahren gelang es, die Kosten wesentlich zu senken. Die Unterstützung der „Reichsforschungsgesellschaft für Wirtschaftlichkeit im Bau- und Wohnungswesen" bei der Entwicklung der neuen Bautechniken war äußerst wichtig, um so mehr, als für Experimente und Untersuchungen keine Zeit verfügbar war.

Der Innenausbau, die Einrichtung, die kleinsten Dinge in der Wohnung mußten für eine industrielle Produktion neu durchdacht werden. Es entstanden die sogenannten Frankfurter Normen; jeder, der einen Anspruch auf die Hauszinssteuerhypothek erhob, mußte sie benutzen. Dadurch wurde eine risikolose Massenproduktion zu niedrigen Preisen garantiert. Die Frankfurter Normen betrafen die Sperrholztür mit Stahlzargen, alle Baubeschläge, Öfen, elektrische Beleuchtungskörper, Badewanne, Sitzbadewanne und Waschbekken, die eingebaute Küche und auch verschiedene Möbel. Sie veranschaulichen die neuen Lebenswertvorstellungen, den Gedanken *sozialer Nützlichkeit:* Türen und Beschläge ohne ornamentale Applikationen, energiesparende Allesbrenner, elektrische Beleuchtungskörper, dem Zweck und der neuen Energie entsprechend gestaltet, sowie die auf kleinstem Raum konzentrierte, als Arbeitsinstrument entwickelte Küche der Wiener Architektin Grete Lihotzky – die vielzitierte Frankfurter Küche, „von einer Frau mit Frauen für Frauen geplant".[7]

Unter den gleichen Aspekten mußten neue Gebrauchsmöbel für die Wohnungen hergestellt werden, da das herkömmliche, auf dem Markt angebotene Mobiliar in seiner Dimensionierung, in Form und Zweck nicht mehr in die an Raumzahl und Zimmergröße reduzierten Wohnungen paßte. „Der Ty-

[6] Stam, Mart: Bau und Wohnung, Stuttgart, 1927, S. 126

[7] May, Ernst: Fünf Jahre Wohnungsbautätigkeit in Frankfurt/M., in: Das Neue Frankfurt, 4 (1930) 2/3, S. 38. Zur „Frankfurter Küche" siehe auch Grete Lihotzky: Rationalisierung im Haushalt, in Hirdina, Heinz (Hrg.): Neues Bauen. Neues Gestalten, Dresden, Verlag der Kunst, 1984, S.179, sowie Margarete Schütte-Lihotzky: Arbeitsküche, in: form+zweck, 4/1981, S. 22 – Anm. Hrg.

8 Buffet, Anbauteile mit Schubfächern, 1926

9 Stellage, klappbar, 1927

penwohnung entsprechen Typenmöbel aus rationellen und ästhetischen Gründen", Möbel, deren Instandhaltung keine wesentliche Zeit in Anspruch nehmen durfte, Möbel „für die große Masse, auf deren Lebensbedingungen es in erster Linie ankommt".[8]

Das Entleihen historischer Stilelemente, den Scheinindividualismus der bürgerlichen Wohnung, die Willkür und Anarchie der Gestaltung lehnten wir ab und forderten Möbel in „einem neuen Stil, der den ganzen Entstehungsbedingungen nach auch unserer Zeit entspricht."[9]

Um in den kleinen Wohnungen den dringend notwendigen Wohnraum nicht noch durch freistehende Schränke zu verlieren, bauten wir Wandschränke ein, wie sie bis in das 18. Jahrhundert in Europa üblich waren und heute noch in den angelsächsischen Ländern üblich sind.

Mit der Aufgabe, Möbel für finanziell Minderbemittelte zu entwickeln, hatte ich mich seit 1925 auseinandergesetzt. Damals gewann ich den von der städtischen Hausrat GmbH Gemeinnützige Möbelversorgung im Rhein-, Main- und Lahngebiet ausgeschriebenen Wettbewerb für eine 2- bis 3-Zimmer-Einrichtung: Küche, Schlaf- und Wohnzimmer aus typisierten Möbeln. Ich entwarf kombinierbare Kastenmöbel aus Sperrholz, einem Material, das während des ersten Weltkrieges durch die Flugzeugindustrie zu hoher Qualität entwickelt worden war. Die Erwerbslosenzentrale der Stadt Frankfurt ließ diese Möbel von arbeitslosen Schreinern in der ehemaligen Artilleriekaserne am Schönhof herstellen.

Derartig kleine, leichte und nach eigenen Bedürfnissen beliebig zusammenstellbare und dazu noch preiswerte Möbel waren neu auf dem Markt, der vorwiegend an traditionellen Massivholzmöbeln – als Statussymbol –, an kompletten Zimmergarnituren festhielt. Erst der kommerzielle Erfolg dieser gemeinnützigen Produktion der Stadt Frankfurt zwang die privatwirtschaftlichen Betriebe, die Ideen moderner Möblierung aufzugreifen. Zur gleichen

10 Bugholzstuhl für Schulen und Kindergärten, 1927
hergestellt in 4 Größen von der Firma Thonet

11 Gartenstuhl (durch Umdrehen ergibt sich eine andere Sitzhöhe), 1925

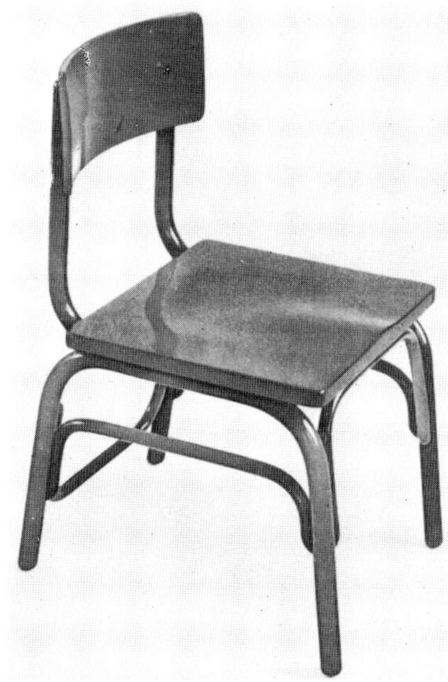

Zeit entwickelte ich die ersten typisierten Kindergarten- und Schulmöbel für die Stadt Frankfurt, beriet die Firma Thonet und entwarf Kombinationsschränke und Bugholzstühle für Wohnungen und Schulen.

Den Begriff des Industrial Designers gab es in den zwanziger Jahren noch nicht. Sogenannte künstlerische Berater arbeiteten für einige Industriebetriebe – allerdings noch eine Seltenheit im damaligen Stilchaos. Ein Problem war, daß die Industrie eine Menge von neuen Materialien anbot, die in Verarbeitung und Gebrauch weit bessere Eigenschaften zeigten als die bisher üblichen natürlichen Materialien. Dadurch wurde die vom Deutschen Werkbund proklamierte Forderung nach „Materialgerechtheit" ad absurdum geführt. Diese neuen Materialien wie Sperrholz und Kunststoffe verlangten neue Formen. Man denke an das Automobil – den Wagen ohne Deichsel –, wie lange hat es gedauert, bis dieses Fahrzeug eine eigenständige Form erhielt.

Es existierten aber noch weitere Schwierigkeiten, neue Massenproduktionsartikel durchzusetzen: Die Beharrlichkeit der Industrie, die – solange der Absatz nicht gesichert ist – nur ungern Risiken eingeht, die neue Gedanken oft als Mehrbelastung ansieht und vor allem das in die bisherigen Produktionsmittel investierte Kapital nicht gefährden will. Hinzu kam schließlich noch, daß jeder Artikel zweimal verkauft werden muß: von der Industrie an den Händler und von diesem an die Kunden. Auch die Verkäufer wehrten sich gegen neue Gegenstände, weil deren Einführung auf dem Markt einen erheblichen Mehraufwand an Zeit und Geld, an Verkaufsleistung erforderte.

Die Produktion meiner Möbel im Rahmen kommunaler Arbeitsbeschaffungsprogramme war eine Chance, meine Vorstellungen zu realisieren. Erstaunlicherweise akzeptierten damals Angehörige verschiedener Schichten diese neuen Möbel – weil sie leicht instand zu halten, preiswert und beliebig kombinierbar, aber auch, weil sie neu in ihrer formalen Aussage waren.[10]

[8] Kramer, Ferdinand: Individuelle oder typisierte Möbel? In: Das Neue Frankfurt 2 (1928) 1. Der Beitrag ist auch enthalten in: Neues Bauen. Neues Gestalten, Dresden, Verlag der Kunst, 1984 – Anm. Hrg.

[9] ebenda

[10] Ein zeitgenössischer Kritiker schrieb 1927: „Die Möbel von Ferdinand Kramer zeigen den neuen Stil in einer so reinen Verkörperung, daß man an ihnen, wie an einem Schulbeispiel, das Stilgewissen unserer Zeit demonstrieren kann. Sie sind frei von dem dogmatischen Formalismus, der die falsche Modernität charakterisiert." (Paul Renner: Zu den Arbeiten von Ferdinand Kramer, in: DIE FORM, Oktober 1927, S.320) – Anm. Hrg.

12 Beistelltische mit ausziehbaren bzw. aufklappbaren Flächen, 1925

Wohlhabende wie Minderbemittelte identifizierten sich mit der ungewohnten Formensprache in Architektur und Produkt, die zwar *einfach*, aber keinesfalls *dürftig* war, wie Le Corbusier es präzisierte: *„So ist das Einfache also nicht das Dürftige,* sondern ein Erlesenes, eine Wahrnehmung, eine Kristallisation, die zum Gegenstand die Echtheit hat.“ [11]

Die sich immer stärker ausbreitende nationalsozialistische Ideologie mit ihrem Blut-und-Boden-Wahn, mit ihrer kleinbürgerlichen Geschmackserziehung zu einer „völkischen“ Kultur unterbrach die Entwicklung – bereits vor der Machtergreifung 1933. Mangel an finanziellen Mitteln brachte einschneidende Einschränkungen des Baukonzeptes, trotz strikter Reduzierung der Wohnfläche auf das „Existenzminimum“. Auch die notwendigen Einkaufszentren und Kollektiveinrichtungen – wie ein geplantes Volkshaus – konnten nicht realisiert werden. Der inflationär steigende Bauindex, die immer größer klaffende Differenz zwischen der angestrebten Miete, die einen Wochenlohn nicht übersteigen durfte, und den rapide steigenden Hypothekenzinsen blockierten die Bautätigkeit. Von 1914 bis 1929 waren der Bauindex auf 190 Prozent und die Zinskosten auf 250 Prozent gestiegen.[12] Die Mieten wurden untragbar, da auch die Hauszinssteuer mehr und mehr versiegte. Der politische Wandel zeichnete sich ab und beendete das sozial engagierte, gebrauchswertorientierte Bauen.

Immerhin aber war es innerhalb von fünf Jahren – von 1925 bis 1930 – gelungen, in Frankfurt am Main ein Elftel der Bevölkerung in den neuen Siedlungen menschenwürdig unterzubringen.[13]

[11] Le Corbusier: Feststellungen zu Architektur und Städtebau (1929), Neuauflage Bauwelt Fundamente, Frankfurt/M., Wien 1964, S. 84
[12] siehe May, Ernst: a. a. O., S. 24
[13] ebenda

Wohnerfahrungen

Ferdinand und Lore Kramer

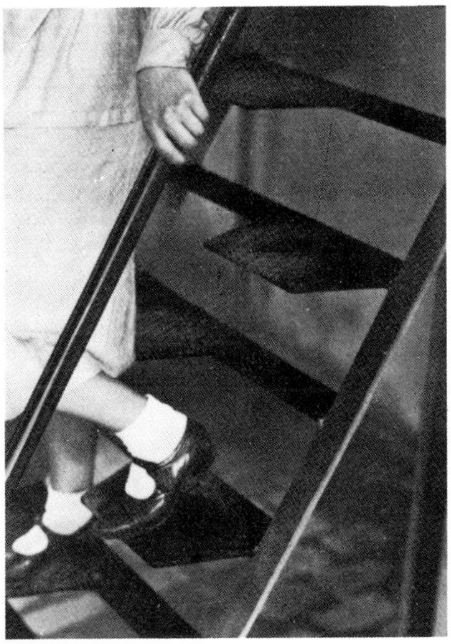

1 Minimaltreppe in der Heizzentrale der Siedlung Westhausen
Architekt: Ferdinand Kramer, 1929/30

Soziale Zweckmäßigkeit war ein wesentliches Anliegen der Architekten jener Zeit.[1] Karel Teige sprach vom „Diktat des praktischen Lebens", das die Arbeit der Architekten lenkt. Das Kriterium der Zweckmäßigkeit galt einzig als zuverlässiges Qualitätskriterium. Um festzustellen, ob damit den Wunschvorstellungen der Bewohner entsprochen worden ist, sowie unter dem Aspekt: Was können wir *heute* aus dem Wohnungsbau, aus den Produkten der Weimarer Republik lernen? haben wir Bewohner der Ganghäuser in der Siedlung Westhausen[2] befragt. Bewohner, die dort 40 und sogar – im März 1980 – 50 Jahre lang immer in den gleichen Wohnungen lebten.[3]

Der Mietpreis war für alle Befragten tragbar: „Ja, sogar noch jetzt mit den Aufschlägen." – „Es war zu bezahlen, also damals schon und heute auch."

Die Lage an der Peripherie wurde akzeptiert: „Niemals im Zentrum." – „Im Zentrum, da möcht' ich nicht abgemalt sein!" Die Zentralwäscherei beurteilten alle positiv: „Das war sehr praktisch." – „Die ist eine Sensation gewesen!"

Das kollektive Handeln wurde betont: „Wir haben uns gegenseitig geholfen." – „Ja, wir hatten sehr nette Nachbarschaftshilfe, es war lobenswert." – „Die Frauen sind drüben zusammengekommen, lernten sich kennen – das hat schon etwas ausgemacht. Wir hatten gute Nachbarn gehabt."

Gelobt wurde vor allem die Ausstattung jeder Wohnung mit Zentralheizung und mit fließend warmem Wasser: „Das war damals *außergewöhnlich*!"

Hervorgehoben wurden die Vorteile der Einbauschränke und – besonders – der Einbauküche: „Wenn junge Ehepaare zwei Betten hatten, brauchten sie nix weiter." – „Für die Küche brauchten sie nur den Inhalt – Töpfe und Tassen – zu kaufen, alles andere war ja da." – Die Einbauküche wurde als „prima", als „sehr praktisch" bewertet. „Ich hatte damals sogar eine neue Küche, die hab' ich gar nicht mit in diese Wohnung gebracht. Ich hab' nichts vermißt. Es war der Tisch da, Vorratsschränkchen mit Luftklappe nach außen, Küchenschrank, Gasherd, Spülbecken und Ablaufbrett. Heiß- und Kaltwasser. Man konnte sogar – trotz der Kleinheit – in der Küche essen."

Die Sitzbadewanne wird ebenfalls positiv beurteilt: „Ganz groß!" – „Das einzig Praktische, was es überhaupt im Badewesen gibt." – „Sehr gut. Ich möchte niemals eine andere Wanne haben." – „Besonders im Alter ist das angenehm."

Der Grundriß der Wohnung, die Lage der Räume, wurden als praktisch empfunden: „Es war einfach richtig gewesen. Es war gut. Es war bequem für die Hausfrau, es war gut zu putzen. Auf alle Fälle sehr bequem." – „Zu zweit ging das gut. Ich hab' noch alles so drin, wie es war ... Praktisch war das schon." – „Ich war immer zufrieden mit der Wohnung." – „So war es angenehm, der Baustil." – „Ich war zufrieden. Sonst hätten wir nicht so lange hier gewohnt." – „Hätte ich mir ein Häuschen gebaut, hätte ich genau denselben Rahmen gemacht – nur alles etwas größer."

Auch die Möglichkeiten, zur eigenen Lebensgestaltung sich Umwelt anzueignen, wurden erwähnt, Möbel gezeigt, die nach eigenen Entwürfen für

[1] Dieser Satz bezieht sich unmittelbar auf den vorangegangenen Text von Ferdinand Kramer. Die beiden Beiträge sind als zusammengehöriges Ganzes konzipiert und seinerzeit in form+zweck auch so publiziert worden. – Anm. Hrg.

[2] Siedlung Westhausen in Frankfurt (Main). Sie umfaßte 1532 Wohneinheiten und wurde 1929 von der Gartenstadt AG und der Nassauischen Heimstätte errichtet. Der Gesamtplan stammt von Bangert, Boehm und May, die architektonische Bearbeitung von Blank, Fucker, May, Kaufmann, Kramer und Schuster.

[3] Fragebogen des Interviews vom 23. 10. 1979, Archiv Kramer, Frankfurt (Main)

diese kleinen Räume gebaut, Sitzecken sowie Obst-, Gemüse- und Blumenbeete, die in eigener Regie angelegt worden sind.

Die Frage, ob ein wesentliches Anliegen der damaligen Architekten, nämlich „ein Höchstmaß an Brauchbarkeit, an Bequemlichkeit" für wenig Geld zu bieten, gelungen sei, wurde ganz entschieden von allen bejaht: „Ja, das kann man sagen!" – „Ja, das finde ich." – „Ja, das ist wirklich gelungen!" – „Ja, sehr gut sogar."

Heute – ein halbes Jahrhundert nach ihrer Entstehung – können die Bauten und Produkte von damals keine direkten Vorbilder mehr sein, denn die gesellschaftlichen, wirtschaftlichen und technologischen Bedingungen sind andere und verlangen ihre speziellen Gestaltungsaussagen. Dennoch haben wir versucht, zu der Frage: „Was können wir heute aus dem Wohnungsbau, aus den Produkten der Weimarer Republik lernen?" einige positive sowie negative Erfahrungen in wenigen Punkten zusammenzufassen. Positiv waren:

1. Die soziale Idee, für Minderbemittelte Wohnraum nach Bedarf und nicht nach finanziellen Mitteln bereitzustellen, eine gewinnlose Bautätigkeit zu realisieren und den Bewohnern „ein Höchstmaß an Brauchbarkeit, an Bequemlichkeit" für wenig Geld zu bieten.

2. Der Versuch – zumindest in Ansätzen –, durch Planung und Architektur *Kommunikation* und *kooperatives* Leben der Bewohner zu fördern und – unter der Maxime „Licht, Luft und Hygiene" – Beziehungen zur Natur anzuregen.

2/3 Ganghäuser der Siedlung Westhausen
Architekten: Ferdinand Kramer, Eugen Blank, 1929/30

Es gab: Kinderkrippen und -gärten, Schulen (Montessori), Büchereien (teilweise auf Rädern – in Bussen), Schwimm- und Sonnenbäder, Sport- und Spielplätze, Wohn- und Radfahrwege, Dachterrassen, Laubengänge, zentrale Wäschereien, und vor allem gab es die Einbeziehung der Gärten als Wohn- und Lebensraum, als Möglichkeit *selbstbestimmter Umweltgestaltung*.

3. Das Anliegen, die neuen Leitbilder und Lebensformen einer neuen demokratischen Gesellschaft durch neue Formen in Architektur und Produkten zu veranschaulichen. Die Architektur sollte, wie Bruno Taut es formulierte, „weniger die Spezialempfindungen des Einzelnen als die Entwicklungslinie der Gesamtheit prägen".[4] Die Auffassung von Hannes Meyer: „Bauen ist keine Affekthandlung des Einzelnen, sondern eine kollektive Handlung"[5], ist noch heute aktuell.

4. Die Ansätze zur Veränderung des Programms der Industrie, die Umorientierung auf *„Volksbedarf statt Luxusbedarf"*[6], die Produktion zweckmäßiger, gebrauchswertorientierter Langzeitprodukte und das Anliegen, den industriellen Entwurf unter produktionsrationalen, sozialen und ästhetischen Aspekten zu sehen, haben auch heute noch Gültigkeit.

Von den negativen Erfahrungen, aus denen wir heute lernen können, sollen die folgenden hervorgehoben werden:

1. Durch die inflationäre Steigerung des Bauindex und der Hypothekenzinsen mußte zwangsläufig die Wohnungsgröße auf ein Mindestmaß reduziert werden. Es entstand die „Wohnung für das Existenzminimum", die 1929 das Thema der CIAM (Congrès Internationaux d'Architecture Modernes) in Frankfurt (Main) war. Mindestraum, ausgestattet mit weitgehend neuestem technischen Standard, erhielt Vorrang vor der Erfüllung psychologischer Aspekte.

2. Es entstanden mehr oder weniger ländliche Siedlungskomplexe ohne *selbständige urbane Zentren,* wie Ebenezer Howard sie bereits für seine Gar-

[4] Taut, Bruno, zitiert von Tilmann Buddensieg: Messel und Taut – Zum „Gesicht" der Arbeiterwohnung, in: archithese 12/1974, S. 26

[5] zitiert nach Schnaidt, Claude: Hannes Meyer, 1965, S. 102

[6] ebenda

4 Bad auf minimalem Grundriß.
Die Sitzbadewanne half, nicht nur Raum, sondern auch Wasser zu sparen. Sie wurde als „kombinierte Sitz-, Fuß-, Brause- und Badewanne" propagiert. Sie war ca. 104 cm lang, 70 cm breit und 62 cm tief.

dencities gefordert hatte. Diese Isolierung – konsequent weiter verfolgt – führte schließlich zu den heute mit Recht kritisierten „Schlafstädten".

3. Notwendige, vorhergehende Forschungs- und Experimentierphasen für die neuen Herstellungsmethoden massenhaft vorfabrizierter Bauteile, für die die Reichsforschungsgesellschaft für Wirtschaftlichkeit im Bau- und Wohnungswesen zuständig war, konnten wegen des enormen Zeitdruckes nicht durchgeführt werden.

4. Die Konzentration auf größtmögliche Zweckmäßigkeit bei minimalstem Aufwand – eine damals absolut notwendige Zielsetzung – reduzierte zeitgenössische Architektur auf striktes Rentabilitätsdenken und ließ Einfachheit zur Armseligkeit verkommen.

Die heute noch immer aktuelle Charta von Athen verlangte 1933: „Die Stadt muß auf geistiger und materieller Ebene sowohl die Freiheit des Einzelnen als auch das Interesse des Gemeinwohls sichern. Allen städtebaulichen Planungen ist der Maßstab des Menschlichen zugrunde zu legen."

Architektur und Produkte sollten vorrangig dazu beitragen, unser Leben in all seinen Interaktionen zu erleichtern. Sie sollten es uns ermöglichen, emotionale Bindungen zu unserer Umwelt zu entwickeln. Architektur und Produktgestaltung sollten diese Beziehungen intensivieren. Sie sollten sich aber auch veränderten Lebensformen und Lebensbedürfnissen ohne Schwierigkeiten anpassen können, sollten uns zur Aneignung der Umwelt aktivieren und zu selbstbestimmtem Handeln herausfordern.

Die Wohnung für die alleinstehende berufstätige Frau

Margarete Schütte-Lihotzky

Margarete Schütte-Lihotzky

1915–1918	Studium an der Kunstgewerbeschule Wien bei Oskar Strnad und Heinrich Tessenow
1921–1925	Architektin in Wien, Leitung einer Beratungsstelle für Wohnungseinrichtung (1923/24)
1926–1930	am Hochbauamt der Stadt Frankfurt (Main) in der Abteilung für Typisierung tätig
1930–1937	Arbeit in der Sowjetunion, zunächst als Mitarbeiterin in der Gruppe Ernst May bis 1933, anschließend als Spezialistin für den Bau von Kindereinrichtungen
1937–1940	Architektin in Istanbul
1940–1945	Inhaftierung in Wien wegen Beteiligung am antifaschistischen Widerstandskampf
1946–1947	Stadtbauamt Sofia
seit 1947	in Wien lebend, an Architektur- und Ausstellungsprojekten beteiligt

Die Aufgabe, alleinstehenden berufstätigen Frauen ein menschenwürdiges Wohnen zu ermöglichen, war im damaligen Frankfurt* ein schwieriges, jedoch dringendes Problem.

Vierzig Prozent der werktätigen Frauen wohnten weder im Familienverband noch zusammen mit einem Partner. Traurige Folge der Dezimierung der Männer im ersten Weltkrieg. Auf Untermiete angewiesen, fanden diese Frauen nur sehr schwer ein Zimmer. Die Vermieter bevorzugten Männer, denn diese hatten höhere Einkommen und konnten höhere Mieten bezahlen. Auch waren weibliche Mieter unbeliebt, weil sie, gerade wegen ihres niedrigen Verdienstes, mehr zu Hause kochten, wuschen und bügelten. Damit fiel für die Vermieter manch zusätzlicher Nebenverdienst weg. Fand sich schließlich ein Zimmer, verschlang die Miete oft bis zu einem Drittel des Einkommens der Frau. So kam es, daß die meisten der alleinstehenden berufstätigen Frauen elend hausten. Deshalb forderten weibliche Stadtverordnete (ich glaube, es war schon im Herbst 1927), „nach dem Vorbild anderer Städte endlich auch in Frankfurt ein Heim für alleinstehende werktätige Frauen und Mädchen zu errichten und baldigst Mittel für diesen Zweck bereitzustellen".

Einem solchen Plan stellte ich mich energisch entgegen, nicht spezielle Heime für Frauen schienen mir die Lösung zu sein, sondern spezielle Wohnungen, die auf die Situation der berufstätigen Frauen zugeschnitten waren.

Bevor ich meinen Vorschlag einbrachte, mußten die Grundforderungen für die Anlage solcher Wohnungen geklärt werden. Es waren deren drei. Erstens: Es müssen den verschiedenen Einkommensgruppen entsprechend verschiedene Wohnungstypen – geeignet für die Vervielfältigung – geplant werden. Zweitens: Alleinstehende Frauen suchen in ihrer Freizeit Kommunikationsmöglichkeiten mit Männern, Frauen und Kindern; sie dürfen nicht gezwungen werden, isoliert von der übrigen Bevölkerung zu leben. Drittens: Bei der Anlage von Wohnungen für berufstätige Frauen müssen Möglichkeiten zur Nachbarschaftshilfe und für zentrale Dienstleistungen geschaffen werden.

Als Folge solcher Erwägungen entstand im Jahre 1928 ein Entwurfssystem, durch das Wohnungen für alleinstehende berufstätige Frauen mit normalen Familienwohnungen im gleichen Bau vermischt werden konnten.

Mit Bezug auf die erste Forderung ergab sich die Unterscheidung von vier Einkommensgruppen. Die monatliche Miete einer Wohneinheit für eine berufstätige Frau durfte nach meiner Meinung keinesfalls mehr als 20 Prozent des Monatseinkommens betragen. Daraus resultierten für die einzelnen nach Einkommen abgestuften Wohnungstypen Mieten von 18 bis 60 Mark einschließlich Heizung, elektrischen Strom und Gas (siehe Tabelle). Zur zweiten Forderung: Wir bauten damals für Familien Etagenwohnungen in großem Umfang. Mein Vorschlag war, über die genormten Familienwohnungen (Abb. 2) als oberste Etage die Wohneinheiten für die alleinstehenden Frauen

* Gemeint ist das Frankfurt am Main der zwanziger Jahre. Margarete Schütte-Lihotzky war dort von 1926 bis 1930 am Hochbauamt unter der Leitung Ernst Mays tätig. Vgl. auch den Beitrag von Ferdinand Kramer in dieser Ausgabe S. 74 – Anm. Hrg.

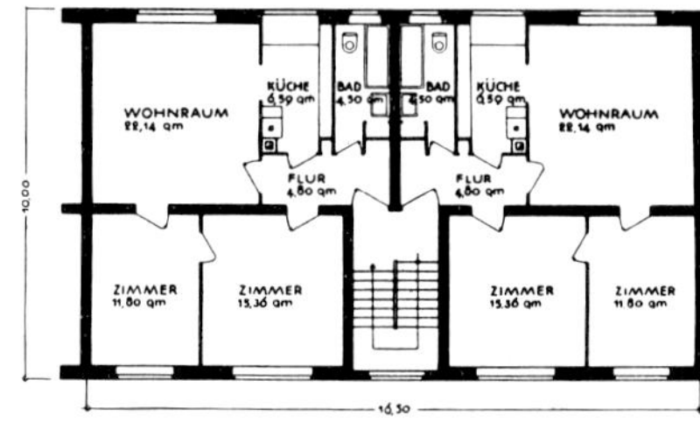

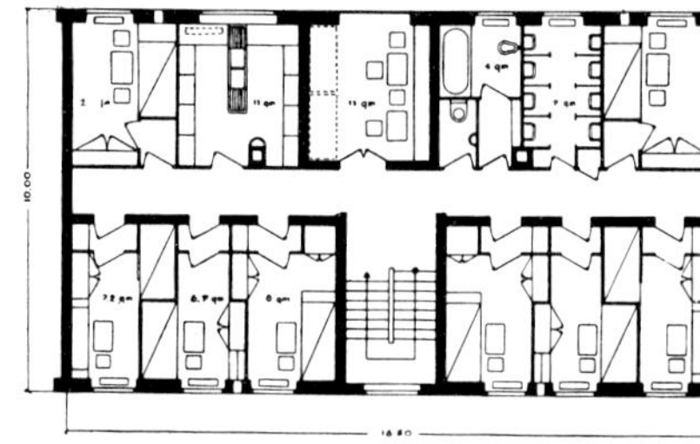

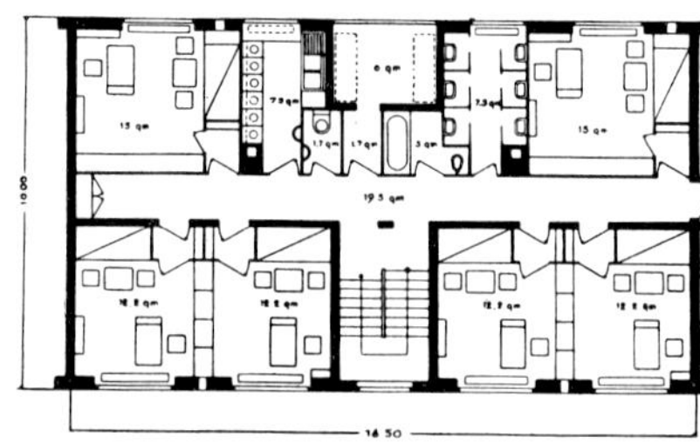

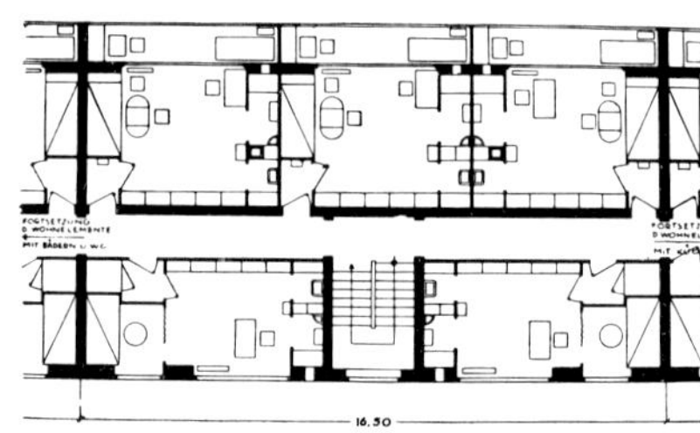

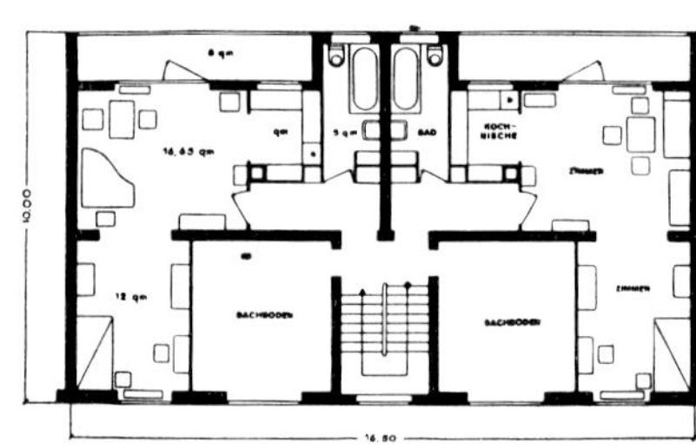

zu setzen. In den unteren Etagen lagen jeweils zwei Wohnungen an einem Treppenhaus. Das ergab Baukörpereinheiten von 16,50 Meter Länge innerhalb der Etagenwohnblöcke. Über jede dieser Einheiten projektierte ich auf derselben Grundfläche bei Typ I acht Wohneinheiten und bei Typ II sechs Wohneinheiten mit gemeinsamen Nebenräumen, bei Typ III fünf Wohneinheiten und bei Typ IV – für die höchste Einkommensgruppe – zwei Zweizimmerwohnungen (Abb. 3–6). Hausrücksprünge ermöglichten Wohnterrassen für Typ III und IV.

Zur dritten Forderung: Man konnte mehrere Etagenwohnblöcke von 16,50 Meter Länge zusammenfassen und die Wohneinheiten der Frauen gleicher oder verschiedener Einkommensgruppen durch einen langen Mittelgang miteinander verbinden. So würde Nachbarschaftshilfe erleichtert und zentrale Dienstleistung ermöglicht. Zum Beispiel wäre es denkbar gewesen, daß eine Frau die Reinigung der Wohnung, der Kleidung usw. für eine bestimmte Anzahl anderer übernimmt. Geplant war, die Wohneinheiten Typ I bis III mit eingebauten Möbeln zu vermieten. Beim Typ III waren breite Schrankwände vorgesehen, zugänglich sowohl von den Zimmern als auch vom Gang aus, so daß zur Reinigung der Kleider und Schuhe diese von außen entnommen werden konnten (Abb. 7, 10). Fotos, die damals auf verschiedenen Ausstellungen gemacht wurden, zeigen, daß die Räume trotz eingebauter Möbel individuell gestaltet werden konnten und angenehm zu bewohnen gewesen wären.

Die Mieten lagen nach der damaligen Art der Frankfurter Finanzierung höchstens bei 20 Prozent der Einkommen einschließlich Heizung, Gas, Elektrizität und Nutzung der eingebauten Möbel. Der Vorteil war, daß solche Wohnungen, da sie in allgemeinen Wohnhausblöcken lagen, genauso aus öffentlichen Mitteln subventioniert werden konnten wie die Einfamilienwohnungen.

1 Wohnung der alleinstehenden berufstätigen Frau, Typ III, auf der Ausstellung „Heim und Technik“ 1929 in München
Terrasse und Blick in den Wohnraum

2 Grundriß der genormten Familienwohnungen

3–6 Grundrisse der vier Wohnungstypen für alleinstehende Frauen, die Grundfläche ist immer dieselbe
3 Typ I: 8 Zimmer (6,7 m² bis 8 m²) sowie gemeinsame Nebenräume, diese sind
– Küche mit 8 Kochgelegenheiten und zentraler Spüle (11 m²)
– Loggia (11 m²)
– Toilette (1,7 m²)
– Bad (4 m²)
– Waschraum mit 8 Waschbecken (7 m²)
4 Typ II: 6 Zimmer (12,2 m² und 15 m²) sowie gemeinsame Nebenräume, diese sind
– Küche mit 6 Kochgelegenheiten und Spüle (7,5 m²)
– Loggia (6 m²)
– Toilette (1,7 m²)
– Bad (3 m²)
– Waschraum mit 6 Waschbecken (7,5 m²)
5 Typ III: 5 Wohnungen, mit Terrasse sowie Wasch- und Kochnische
6 Typ IV: 2 Wohnungen mit je 2 Zimmern, Terrasse und Bad (wobei ein Teil der Grundfläche an zwei Dachböden abgetreten wird)

7 Grundriß des Zimmers, Typ III

8 Wohnraum, Typ III (Ausstellung „Heim und Technik“)

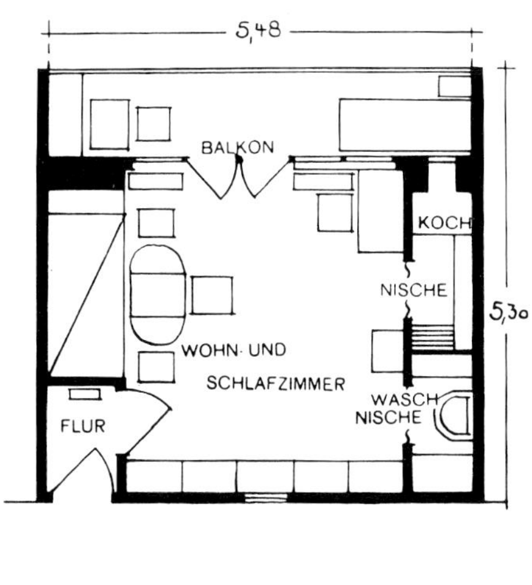

Mein Vorschlag wurde von der Stadtverwaltung akzeptiert und der ursprüngliche Antrag auf ein Heim für Frauen und Mädchen umgewandelt in einen Antrag auf Sonderwohnungen für berufstätige Frauen. Man schrieb in der Presse: „... Heime sind nicht beliebt. Der mit dem Heimleben verbundene Zwang, die Gebundenheit an eine bestimmte Hausordnung ist vor allem von älteren Frauen schwer zu ertragen.“ Und zu meinem Vorschlag: „... So wird den Wünschen der Wohnungssuchenden die neue Form des Antrages mehr entsprechen. Damit wird der Magistrat ersucht, in den neu zu errichtenden Baublocks eine größere Anzahl Einzelzimmer einzubauen, die ausschließlich weiblichen Angestellten vorbehalten bleiben sollen. Angeschlossen an Heizung und Warmwasserbeschaffung, werden solche Einzelzimmer die Möglichkeit behaglichen und gesunden Wohnens geben.

Es ist wohl zu wünschen, daß das Hochbauamt schon in den Plänen für die neu vorgesehenen 4000 Wohnungen solche Einzelzimmer berücksichtigt. Die Ueberwindung der technischen Schwierigkeiten darf man dem findigen Hochbauamt, dem ja auch eine Frau angehört, wohl zutrauen. Und die rasche Lösung des Problems wäre angesichts der aus der wirtschaftlichen Lage bedingten ständig wachsenden Zahl von berufstätigen Frauen eine soziale Tat.“

Die große Wirtschaftskrise kam der Durchführung des Planes zuvor, die Wohnungen für alleinstehende berufstätige Frauen wurden nicht gebaut. Doch das Projekt erreichte bald die Öffentlichkeit, Ausstellungen zeigten die verschiedenen Wohnungen und das ganze System der auf die Wohnblöcke aufgesetzten Wohnelemente für Frauen. Beispielsweise in Essen, Nürnberg und vor allem aber die große Ausstellung „Heim und Technik“ 1929 in München. Pläne und Fotos der Wohnungen wurden in Zeitschriften publiziert, und viele Anfragen, auch von Stadtverwaltungen, zeigten das Interesse an dieser Lösung.

9 Zimmerecke mit Schreibtisch, Blick in die Kochnische, Typ III (Ausstellung „Heim und Technik")

10 Schrankwand, Blick auf Koch- und Waschnische, Typ III

Tabelle: Die errechneten Mieten in Relation zum Einkommen Unterscheidung von vier Einkommensgruppen als Grundlage der vier Wohnungstypen

Spottgedicht auf Margarete Schütte-Lihotzky, veröffentlicht in einer Frankfurter Tageszeitung 1926 oder 1927

Gruppe	Aufteilung	Monatl. Einkommen	m^2 pro Person	M Miete	Heiz.	Elekt. und Gas	Summe	% des Gehalts
A. Arbeiterin	24 Zimmer auf 3 Wohn-Elemente	80–100	13	12	3	3	18	ca. 20%
B. Studentin und Berufstätige (Verkäuferin, Schreibkraft)	18 Zimmer auf 3 Wohn-Elemente	100–160	18	17	3,50	4	24,50	ca. 15–20%
C. Post- und Telef.-Beamtin, Verkäuferin, Schreibkraft, Sozial-Beamtin, Krankenpflege usw.	10 Zimmer auf 3 Wohn-Elemente	160–300	27,5	28	6	4	38	ca. 13–20%
D. Höhere Beamtin, Akademikerin, Lehrerin usw.	6 Zimmer auf 3 Wohn-Elemente	über 300	45,5	50	10	6	66	ca. 13–20%

Grete Liehotzky

Der Kompagnon von May & Co.

O Grete! Als ich sah dein lieblich Bild
In einer Zeitung, hab ich mich gewandelt. —
Ich war ein Nörgler, war fuchsteufelswild, —
Nun weiß ich wohl, daß ich nicht recht gehandelt.

Mir hat es angetan dein Bubischopf
Und deine schnippisch — kecke Nasenspitze;
Du kommst mir Tag und Nacht nicht aus dem Kopf
Und bringst mein kühles Blut zur Siedehitze.

Die Wohnungsnot liegt mir im Magen schwer;
Vor May, dem Zaubermann, es oft mir graute;
Hab ihn verwünscht, weil in die Fluren er
Voll Wollust seine Plattenhütten baute.

Jetzt denk ich anders! Nett muß es doch sein
In solchem winzig kleinen Heim zu weilen;
Denn für das Glück ist wohl kein Raum zu klein, —
Doch müßtest du mit mir die Bude teilen!

Was braucht ich mehr? Die Küche ist komplett,
Ein Tischlein geht zur Not in's „Herrenzimmer."
Das Kämmerlein hat Raum für's Himmelbett, —
Ach Grete komm! Mach glücklich mich für immer!

Denn wenn am Gasherd du das Szepter führst
Und mit den zarten und so flinken Händen
Voll Anmut die Kartoffelsuppe rührst,
Fühlt man sich wohl auch zwischen kahlen Wänden.

Bescheiden würde ich aufs Bügelbrett
Mich kauern und dich liebevoll umschmeicheln
Und hin und wieder, — wäre das nicht nett? —
Dir deinen schlauen Bubischädel streicheln.

Dann würde ich, vom Größenwahn befreit,
Mich künftig nie mehr mit Problemen quälen
Und dir zu Füßen, allzeit hilfsbereit,
Gemüse putzen und Kartoffeln schälen.

Dein neuer „Lebensstil." — das geb ich zu, —
Die Krätscher und die Zweifler leicht bekehret,
Besonders wenn solch süßes Kind wie du
Mit milden weisen Worten sie belehret. — — —

Ich bin überzeugt, daß, hätte man damals das Projekt verwirklicht, es ein Beispiel dafür geworden wäre, wie man den Wünschen Alleinstehender nach Kommunikation mit anderen sowie nach zentralen Dienstleistungen gerecht werden kann.

Der große Frauenüberschuß nach dem ersten und dem zweiten Weltkrieg hat sich bei den nachwachsenden Generationen ausgeglichen. Die berufstätige Frau lebt heute fast immer mit einem Lebensgefährten oder Ehemann zusammen. Die Berufstätigkeit der Frau gilt inzwischen als Gemeingut, ebenso ihre ökonomische Unabhängigkeit vom Mann. Der Wunsch der jungen Paare mit oder ohne Kind nach Kommunikation und Diskussion ist stärker, die Forderung nach zentralen Dienstleistungen weit zwingender geworden. Die Neigung zur Großfamilie und das Bedürfnis nach Nachbarschaftshilfe werden naturgemäß immer stärker.

Vor kurzem war ich erstaunt zu lesen, daß in unserem kleinen Land Österreich 20000 junge Menschen in Großfamilien wohnen. Mit diesen Tendenzen haben wir Architekten uns ernsthaft auseinanderzusetzen. Nicht mehr die Wohnung der alleinstehenden berufstätigen Frau ist das Gebot, sondern Häuser, in denen sich, weit über die Kleinfamilie hinaus, Gemeinschaften bilden können, die die gewünschte Kommunikation sowie zentrale Dienstleistungen in breitem Umfang ermöglichen. Service-, Einküchen-, Kommunehäuser oder wie man sie auch sonst noch nennen mag, werden immer dringlicher. Gelingt es uns nicht, diese Aufgaben zu erfüllen, bleibt die ungeheure Überbelastung der berufstätigen Frauen weiter bestehen, bleibt die Forderung nach Chancengleichheit der Frau, nach gleicher Aufstiegsmöglichkeit, auf dem Papier, werden die Frauen in Zukunft nicht in der Lage sein, Streß und Überbelastung physisch und psychisch zu verkraften.

Arbeitermöbel: Funktion gegen Repräsentation

Kurt Junghanns

Im Rahmen bürgerlicher Reformbestrebungen sind zu Beginn unseres Jahrhunderts bis in die zwanziger Jahre hinein wiederholt Möbel für Arbeiter entwickelt und produziert worden. Bekannte Architekten dieser Zeit traten mit entsprechenden Entwürfen hervor. Ungeachtet dessen sind jedoch auch Möbel entstanden, die Arbeiter selbst für den eigenen Bedarf entworfen und gebaut haben.

Dergleichen Möbel gab es wahrscheinlich seit der Entstehung des Proletariats. Zur charakteristischen Zeiterscheinung wurden sie jedoch erst gegen das Ende der zwanziger Jahre. Die Hauptursache dafür war die 1929 hereinbrechende erste große Weltwirtschaftskrise mit ihrer millionenfachen Arbeitslosigkeit. Sie veranlaßte handwerklich geschickte Arbeiter, Möbel, die sie dringend brauchten, selbst anzufertigen. Verbreitet war die Verwendung von Verpackungsmaterialien wie Margarinekisten, daraus gefertigte Möbel wurden zur Verbesserung des Aussehens farbig gestrichen. Solche Notprodukte sind damals häufig gewesen.

Daneben entstanden jedoch auch Möbel mit der erklärten Absicht, die eigene Wohnung auf eine neue, dem Arbeiter gemäße Weise einzurichten. Diese Haltung stand in engstem Zusammenhang mit der allgemeinen Ausweitung des Klassenkampfes, der damals alle Lebensbereiche berührte und nicht nur zu einem Aufschwung der revolutionären Literatur und Kunst, sondern auch zur Auseinandersetzung um eine zeitgemäße sinnvolle Lebens- und Wohnweise führte. Gefördert wurde das Nachdenken darüber unter anderem durch die vielen neuen Siedlungen mit der ausgesprochenen Absicht, Kleinwohnungen zweckmäßig anzulegen und ihnen in einer durchgrünten Umgebung Licht, Luft und Sonne zu sichern. Alle diese Probleme stießen auf ein so allgemeines Interesse, daß sie in der Arbeitertagespresse, in der beliebten Arbeiter-Illustrierten-Zeitung (AIZ), im Fachblatt für Holzarbeiter und in Arbeitermagazinen immer wieder behandelt worden sind. Es gab kaum einen politisch engagierten Arbeiter, der keine Meinung dazu gehabt hätte.

In jenen spannungsgeladenen Jahren, da ein revolutionärer Sturm heranreifte, bewirkte die Beschäftigung mit der eigenen Lebensführung in der Arbeiterklasse eine kritische Sicht auf die herrschenden Wohntraditionen und damit auf die Probleme der Wohnungseinrichtung. Das Möbelangebot der Industrie war nach Sortiment und Formgebung vornehmlich der kleinbürgerlichen Sozialideologie angepaßt und bei einigermaßen solider Ausführung für den Arbeiter zu teuer. Gegen diese Möbelproduktion und die damit zusammenhängenden Wohngewohnheiten richtete sich die Kritik der bewußtesten Arbeiter. Sie griffen den Grundgedanken der bürgerlichen Reformbewegung auf, daß die Gestaltung der Wohnung und des Möbels aus der Sache selbst, aus bester Funktionserfüllung bei geringstem materiellen Aufwand abgeleitet werden müsse. Die wirklichen Bedürfnisse sollten die Form bestimmen, nicht mehr repräsentativer Schein. Zwar gab es auch Möbel auf dem Markt, die dieser Haltung entsprachen – vorwiegend waren es einfach

1 Prospekt für Aufbaumöbel, entworfen von Franz Schuster
Dieser Prospekt war die Grundlage für die Entwürfe von Eberhard Arlt (siehe Abb. 2 und 3).

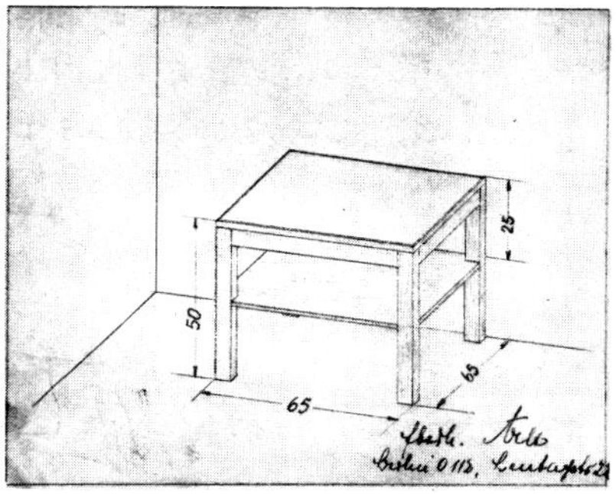

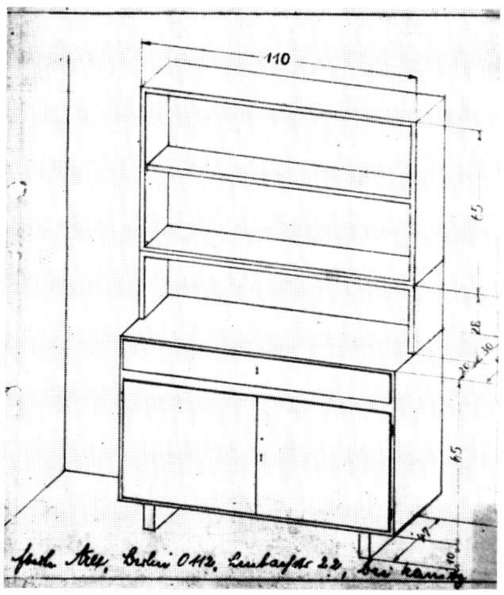

2/3 Zeichnungen für einen „Mappenschrank" mit Aufsatz und für einen Couchtisch, Entwürfe des Metallarbeiters Eberhard Arlt, Berlin, 1936. Darüber hinaus sind Entwürfe erhalten für Bücherregal und Wohnzimmertisch einschließlich genauer Detailzeichnungen für die Ausführung. Vorgesehen waren weiterhin noch ein Schreibtisch und die notwendigen Stühle.

4 Schränkchen für das Wohnzimmer, es ersetzt die übliche Anrichte. Entwurf des Maschinenschlossers Hans Grünberg, Schwerin, 1933

gestaltete, vielfältig kombinierbare Aufbaumöbel – doch waren sie trotz industrieller Massenfertigung noch zu kostspielig. So beschritten einzelne Arbeiter den Weg des Möbelbaues nach eigenen Entwürfen. Wo dieser Geist bewußter Lebensgestaltung sich einmal entwickelt hatte, konnte er durch den Faschismus nicht gebrochen werden, so daß auch in der Zeit nach 1933 weiterhin Möbel, die Arbeiter nach progressiven Grundsätzen für sich selbst gestalteten, entstanden sind.

Natürlich handelte es sich stets um einfache Dinge. Das Wesentliche ist, daß sie nicht nur aus technischen und wirtschaftlichen Gründen einfach und zweckmäßig angelegt sind, sondern aus einer tiefen Überzeugung heraus. Wenig davon ist bekannt, weil kaum überliefert und kaum untersucht und in keiner Kunst- und Designgeschichte festgehalten. Einige Beispiele sollen im folgenden genannt werden. Sie stehen für mehr.

1927 schenkte die junge Arbeiterin Karla Mahn, Tochter eines Rostocker Werftarbeiters, ihrem Verlobten, dem Schlosser Hans Grünberg, das Buch „Die neue Wohnung" von Bruno Taut und versah es mit dem folgenden Zitat von Peter Behrens: „Die Kunst soll nicht mehr als Privatsache aufgefaßt werden, derer man sich nach Belieben bedient. Wir wollen keine Ästhetik, die sich in romantischen Träumereien ihre Regel selbst sucht, sondern die in der vollsten Gesetzlichkeit des rauschenden Lebens steht. Aber wir wollen auch keine Technik, die ihren Weg für sich geht, sondern die für das Kunstvolle der Zeit offenen Sinn hat." Das Buch ist der praktischen vorurteilslosen Einrichtung der Wohnung gewidmet. Die beiden jungen Menschen waren aktive Mitglieder der Sozialistischen Arbeiterjugend (SAJ). Ihre Begeisterung für Tauts Gedanken und Vorschläge waren so ausgeprägt, daß sie das Buch mehrfach kauften, um es bei gegebenen Anlässen zu verschenken.

Als sie 1933 heirateten, wollten sie ihre Wohnung selbstverständlich gemäß ihren Vorstellungen einrichten. Entsprechend einfache und schmuck-

5/6 Anbaumöbel für einen Wohn-Schlaf-Raum, Entwürfe des Kunstschlossers Clemens Seifert, Berlin, 1933–36
5 Bücherregal, kombiniert mit eintürigem Schränkchen, selbst gebaut. Das Schränkchen: Tür mir Sperrholzplatte außen auf Holzrahmen, innen mit aufgenagelter Pappe, Seitenteile aus Kistenbrettern, Deckplatte Erlenholz

lose Möbel gab es in ihrem Wohnort Schwerin nicht zu kaufen. Als Protest gegen das übliche Buffet oder die „Anrichte" entwarfen sie zunächst ein niedriges Schränkchen für das Wohnzimmer und gaben es einem Tischler in Auftrag (Abb. 4). Aber bei 80 Pfennig Stundenlohn bedeutete ihr Vorhaben ein großes finanzielles Opfer. Sie mußten ihre Pläne aufgeben.

Aus ähnlichen Anregungen und Motiven ging auch der Berliner Metallarbeiter Eberhard Arlt zum Entwerfen seiner Möbel über (Abb. 2, 3). Er war Mitglied der KPD, um eine vielseitige Bildung bemüht und ein häufiger Besucher im sogenannten Graphischen Block, einem Komplex graphischer Werkstätten der KPD, der sich zu einem bedeutenden revolutionären Kultur- und Ausstellungszentrum entwickelt hatte. Arlt verfolgte den Bau solcher Siedlungen wie des berühmten „Hufeisens" in Berlin-Britz mit großem Interesse. Auch seine Frau war eine aktive Kommunistin. Eberhard Arlt verschaffte sich die notwendigen Kenntnisse und Vorlagen zu seinen Entwürfen durch einen der kostenlosen Werbeprospekte der Möbelindustrie (Abb. 1). Dabei wählte er einen Prospekt für einfachste Aufbaumöbel, das heißt für die damals neueste, aber überwiegend noch abgelehnte Möbelform.

Bei Arlt ist die Anrichte verdrängt durch einen „Mappenschrank" mit Schüben für politisches, kulturelles und wissenschaftliches Arbeitsmaterial. Zwei niedrige Bücherregale ersetzen den üblichen Bücherschrank. Der Tisch sollte auch als Arbeitstisch dienen und dafür eine Korklinoleumplatte erhalten. Gebaut wurde nur der Mappenschrank (im Krieg verlorengegangen). Die Tischlerrechnung und der erhaltene Prospekt mit Preisliste gestatten die Feststellung, daß dieser Schrank weniger gekostet hat als ein entsprechend zusammengesetztes Aufbaumöbel aus dem Möbelgeschäft.

Ohne bestimmte Vorbilder, ganz aus dem Geist, der damals die Arbeiterjugend beseelte, sind die Möbel von Clemens Seifert (Abb. 5, 6), gelernter Kunstschlosser und Mitglied der SAJ, entstanden. Er kam 1930 nach Berlin.

6 Schränkchen mit Schubkästen, kombiniert mit zweiteiliger Wäschekommode (Anfertigung durch Tischlerwerkstatt)

Nicht ohne Belang ist, daß er in der schon genannten Hufeisensiedlung von Bruno Taut wohnte, also in einem Milieu, in dem die Beschäftigung mit den Problemen der Wohnkultur schon zur Tradition geworden war. Als er 1933 erwerbslos wurde, begann er, Möbel nach eigenen Entwürfen zu bauen, zuerst ein niedriges eintüriges Schränkchen und dann zwei Bücherregale. Seine Möbel gefielen, und er fertigte einige für seine Freunde. Als er wieder Arbeit fand, ließ er sich zwei Kommodenteile nach seinem Entwurf von einem Tischler bauen. Alle Einzelstücke sind von gleicher Höhe und Tiefe, um beliebig zusammensetzbar zu sein, und von gleichem Formcharakter.

Clemens Seifert verfolgte damit bereits ein Programm, bei dem das Möbel nicht mehr Einzelstück ist, sondern wo es als ein Element der Wand raumformend wirkt. Nur ein entwickelter Sinn für die Problematik der Kleinwohnung konnte ein solches Ziel verfolgen.

Ein Hinweis noch auf die Bücherregale von Arbeitern jener Zeit. Sie sind nicht nur ein Zeichen ihres gewachsenen kulturellen, wissenschaftlichen und politischen Interesses. Wer den Stolz eines im Kapitalismus lebenden, sich seiner Klasse bewußten Arbeiters auf seine Bücher, besonders auf seine marxistische Literatur, kennengelernt hat, weiß, daß sie im Bereich der Wohnung das augenfälligste Sinnbild seiner Emanzipation waren.

Eine besondere Rolle spielte bei selbstgebauten Möbeln der Anstrich. Seine Aufgabe war in erster Linie, die Mängel des Materials und der Ausführung zu verdecken. Damit aber stellte sich das Problem der Farbigkeit von Möbeln auf eine neue Weise.

Der Buchdrucker Kurt Frölich, einer der Hauptorganisatoren des antifaschistischen Widerstandes in Dresden, war durch die Gestapo zu jahrelanger Erwerbslosigkeit verurteilt. In diesen Jahren baute er aus Kistenbrettern für seine Küche einen Geschirrschrank, eine Eckbank und ein niedriges Schränkchen, alles in einfachen Formen. Entgegen der Tradition gab er die-

7/8 Ausstattung eines Kindergartens, Entwurf des Tischlergesellen Jakob Jordan, Berlin, 1931
7 Arbeitszimmer

sen Möbeln für die Küche, die zugleich Wohnraum der Familie und Schauplatz illegaler Beratungen war, einen dunkelroten Anstrich. Innen waren die Schränke weiß. Als Frölich unter dem Druck der Not in eine Wohnung mit dunklem Küchenraum umziehen mußte, strich er die Möbel weiß und das Innere der Schränke leuchtend rot.

Buchdrucker zählten zur gebildeten Schicht der Arbeiterklasse. Kurt Frölich war sehr begabt und mit vielen revolutionären Künstlern befreundet; Wilhelm Lachnit und Lea Grundig haben ihn porträtiert. Er hat schöne Intarsienarbeiten hinterlassen und hätte durchaus das Können und die Möglichkeit gehabt, seine Möbel auf irgendeine Weise dekorativ zu bemalen. In damaliger Sicht wäre damit aber gegen den Sinn der ganzen Bewegung verstoßen worden, deren moralische Kraft auf der Gewißheit beruhte, mit der schlichten schmucklosen Form den Mißbrauch des Dekorativen für soziale Repräsentation und Klassendünkel zu überwinden und einem neuen demokratischen Denken zu dienen.

Jakob Jordan, nach 1945 Direktor der VVB Möbel, berichtet, daß er um 1931 als Tischlergeselle seine selbstgebauten Möbel ebenfalls dunkelrot gestrichen habe – einerseits, um die mindere Holzqualität verschwinden zu lassen, andererseits aber, weil er das bürgerliche Renommieren mit polierten empfindlichen Edelholzfurnieren ablehnte. Jordan war ebenfalls Mitglied der KPD und erlebte die Klassenauseinandersetzungen jener Zeit unmittelbar.

1931 erhielt Jordan den Auftrag, die Einrichtung eines städtischen Kindergartens im Berliner Arbeiterbezirk Prenzlauer Berg zu entwerfen. Mit Unterstützung einer Kindergärtnerin, die ebenfalls engagierte Kommunistin war, ermittelte er die besonderen Anforderungen, die an Kindergartenmöbel zu stellen sind, und leitete die Form konsequent aus diesen Anforderungen ab (Abb. 7, 8). Um weitgehende Kombinationen der Möbel zu ermöglichen, entwarf er halbkreisförmige und quadratische Tischelemente. Damit ließen sich

8 Spielzimmer

runde, quadratische und beliebig lange Spiel- und Eßtische zusammensetzen. Die Kanten der Tische waren abgerundet. Besondere Beachtung verdient die ungewöhnliche Form der Stühle, die neben der Sitzfunktion vier zusätzliche Aufgaben zu erfüllen hatten: sie sollten eine erhöhte Festigkeit aufweisen, das Zusammenstellen zu langen Bänken ermöglichen, das beliebte Kippeln nicht zulassen, und sie sollten einen Sicherheitsabstand gegenüber den Wänden garantieren, um die üblichen in Höhe der Stuhllehnen sich hinziehenden Beschädigungen zu verhindern. Die Schränke für Geschirr und Spielsachen waren gleichfalls streng aus der Funktion entwickelt. Wie bei seinen eigenen Möbeln hat Jordan auch hier klare und kräftige Farben gewählt.

1911 hatte Clara Zetkin beklagt, daß das geistige Leben der Arbeiter, ihr inneres geistiges Sein, noch keinen Ausdruck in der Architektur der Gewerkschaftshäuser und anderer Arbeiterbauten gefunden habe und daß der Arbeiter diesen Mangel noch nicht einmal empfinde. Diese Feststellung galt auch für die Möblierung der Wohnungen. Zwanzig Jahre später waren die Arbeiter auf dem Wege, eine eigene, ihrer materiellen Lage und ihrem Denken, ihren Grundsätzen entsprechende Produktkultur auszuformen. Die wenigen, die hier vorangingen, waren die ersten, die das progressive Erbe der bürgerlichen Reformbewegung erfaßten und für die Kultur der Arbeiterklasse zu nutzen verstanden. Ihre materiellen Möglichkeiten waren mehr als bescheiden, so daß man nur von Entwicklungsansätzen sprechen kann. Um so bemerkenswerter ist der Ernst, mit dem sie selbst die Formenwelt des Alltäglichen mit kämpferischem Geist durchdrangen und Beispiele bewußt vorurteilsloser Produktgestaltung schufen.

Volkswohnbau in Wien

Margarete Schütte-Lihotzky

Wien ist seiner ursprünglichen Konzeption nach eine ausgesprochen höfische Stadt, es erlangte zur Zeit der Regierung Maria Theresias seine höchste Bedeutung – die Architektur ist durch das glanzvolle österreichische Barock geprägt. Es überstrahlt alles Nachfolgende. Selbst so starke Architektenpersönlichkeiten, wie Sitte, Wagner, Olbrich, Hoffmann, Strnad und Loos, konnten das Gesicht Wiens nicht wesentlich mitformen. Die meisten von ihnen blieben unverstanden, wurden oft sogar boykottiert.

Die Industrialisierung setzte in Wien verhältnismäßig früh ein und ging rapide vor sich. Viele Arbeiter strömten in die Stadt, allein zwischen 1840 und 1870 verdoppelte sich die Bevölkerungszahl.

Das Wohnungselend in Wien war erschreckend. Besonders die Boden- und Bauspekulation in der sogenannten Gründerzeit wirkte sich verheerend aus. 1869 wohnten 37 Prozent der Arbeiter bei Unternehmern oder als „Bettgeher". Und für dieses Bett, häufig „schichtweise" genutzt, mußten bis zu 25 Prozent des Arbeitslohnes gezahlt werden.

Chaotisch entstanden die großen Zinskasernen mit den elenden Hinterhöfen ohne Licht und Luft, mit den berüchtigten Gangküchen-Wohnungen, mit Aborten für mehrere Familien, mit nur einer Wasserstelle in der Etage, der „Bassena". Viele Menschen besaßen überhaupt keine Wohnung, allein 1912 wurden 96000 Obdachlose in Asyle eingewiesen, darunter 20000 Kinder.

Das Wohnungselend verschärfte sich weiter während des ersten Weltkrieges. Damals kam ich das erste Mal in meinem Leben in Arbeiterwohnungen,

1 Entwürfe für Reihenhäuser, 1920–22
Architekt: Adolf Loos

2 Entwürfe für die Siedlung Heuberg, 1920–22
Architekt: Adolf Loos

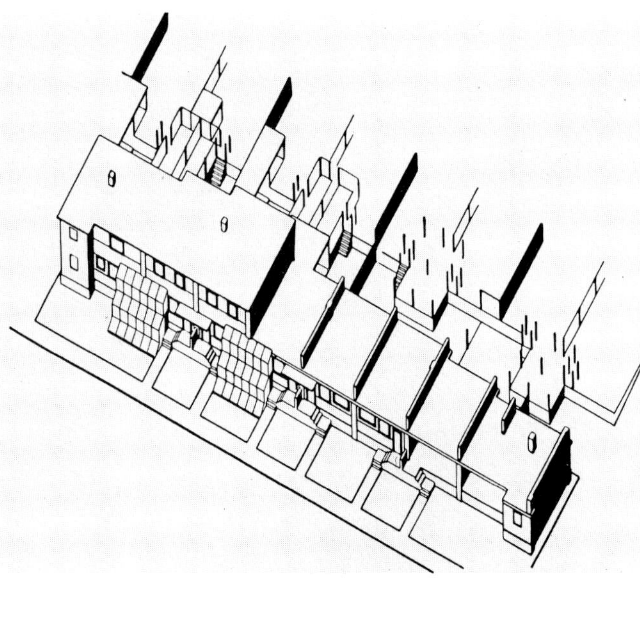

3 Wohnhaus Philippovichgasse, 1924/25
Architekt: Josef Hoffmann

4 Wohnblock Felix Mottlstraße-Philippovichgasse, 1924/25
Architekt: Josef Hoffmann

nicht selten mußten sechs bis acht Menschen in einem Zimmer hausen. Über die Ursachen dieses Elends war ich mir damals natürlich nicht im klaren, doch wollte ich einen Beruf ausüben, durch den ich zur Linderung dieser Not beitragen konnte. Das bestimmte mich, Architekt zu werden.

Ausgelöst durch den Hungerwinter 1916/17 und ermutigt durch die russische Revolution, begann die Arbeiterschaft Wiens gegen die Zustände zu protestieren. Es kam 1917 und 1918 zu gewaltigen Streiks. Die Sozialdemokratische Partei Österreichs, bereits 1914 stärkste Fraktion im Parlament, mußte dieser revolutionären Situation durch eine fortschrittliche Sozialgesetzgebung Rechnung tragen, als sie nach 1918 eine sozialdemokratische Regierung bildete. Die ersten Wahlen nach dem Krieg sicherten ihr eine starke Mehrheit im Gemeinderat der Stadt Wien. Damit begann die Ära des „Roten Wien".

1922 beschloß der Gemeinderat das Mieterschutzgesetz, 1923 die zweckgebundene Wohnbausteuer, die einzig und allein der Schaffung von Wohnraum dienen durfte. Damit wurde der Weg frei für den großen Aufschwung der Wohnbautätigkeit der Gemeinde Wien in den zwanziger Jahren.

Zwei verschiedene Wohn- und Bauformen entstanden: Flachbau-Einfamilienhäuser mit Gärten in Form großer Siedlungen und die großen Wohnblockkomplexe.

Die Kleingarten- und Siedlungsbewegung

Der Flachbau wurde durch eine Massenbewegung der Kleingärtner und Siedler, man kann fast sagen, erzwungen. Wohnungselend und Lebensmittelknappheit ließen die Arbeiter zur Selbsthilfe greifen. Schon immer waren viele Wiener Arbeiter ambitionierte Gärtner. Viele von ihnen besaßen Kleingärten. Es war natürlich, daß die Leute Obst und Gemüse selbst anbauten, um zusätzlich Nahrungsmittel zu haben. Gleichzeitig begannen sie auch, sich

5 Wohnblock Hagenmüllergasse
Innenhof
Architekt: Karl Dirnhuber

Wohnmöglichkeiten in ihren Gärten zu schaffen. Aus der Not geboren, setzte ein wildes Siedeln ohne jede Baubewilligung ein. Es entstanden viele Kleingartenvereine und Siedlergenossenschaften, die sich zum Österreichischen Verband für Siedlungs- und Kleingartenwesen zusammenschlossen. Dieser Verband hatte ein Baubüro, in dem ich jahrelang arbeitete. Ich erinnere mich noch an große Siedlerdemonstrationen, auf denen Kleingärtner und Siedler Grund, Boden und Baumaterial forderten. Die Stadtverwaltung gab den Vereinigungen Grund und Boden in Pacht, gab Subventionen und Kredite, stellte Baumaterial durch eine gemeinnützige Baustoffanstalt zur Verfügung.

Die ersten großen Wohnsiedlungen entstanden 1921 rund um Wien. Um das Niveau der Wohnungseinrichtung in den Siedlungen zu heben, gründeten wir 1923 beim Österreichischen Verband für Siedlungs- und Kleingartenwesen eine Beratungsstelle für Innenarchitektur. Wir verpflichteten verschiedene Firmen, Möbel, Leuchten und andere Gegenstände nach unseren Zeichnungen zu fertigen bzw. nach unserer Auswahl den Siedlern mit hohem Rabatt zu liefern. So suchten wir Einfluß auf die Geschmacksbildung der Bevölkerung zu gewinnen und sie vor Übervorteilung und vor Ramschwaren zu schützen.

Eine der ersten Siedlungen entstand für Kriegsinvaliden im schönen Lainzer Tiergarten, wo auch ein kleines Baubüro für dieses Projekt errichtet worden war. Sein Chef war der Architekt Adolf Loos. Dort wurde ich das erste Mal seine Mitarbeiterin. Im Unterschied zu vielen anderen Architekten hat Loos die Bedeutung der Siedlungsbewegung sofort erkannt. Er schrieb damals in einem Artikel: „Die neue Bewegung, die alle Bewohner dieser Stadt befallen hat, die Siedlungsbewegung, verlangt neue Menschen." Und schloß: „Hut ab vor den Siedlern." Loos hat die Kraft dieser Massenbewegung der Wiener Arbeiter, die für die Beseitigung ihres Wohnelends so kon-

6 Wohnblock „Bebel-Hof", 1926/27
Architekt: Karl Ehm

sequent gekämpft und auch Opfer gebracht haben, gesehen und sie bewundert. Die ersten vier Häuser im Lainzer Tiergarten, die wir damals bauten, stehen noch. In ihnen erkennt man sofort die Handschrift von Loos, die Häuser zeichnen sich durch besondere Wohnlichkeit und Schönheit in Belichtung und Proportionen der Räume aus.

Gegen die Siedlungen im Flachbau gab es große Widerstände im sozialdemokratischen Gemeinderat, und zwar keineswegs nur aus ökonomischen, sondern auch aus parteipolitischen Gründen. Man befürchtete, daß die Leute infolge ihrer Liebe zu Haus und Garten und infolge der Zeit, die die Pflege derselben beansprucht, das Interesse an politischer Betätigung verlören. Durch den Druck von unten aber mußte die Gemeinde die Siedlungsbewegung bis Mitte der zwanziger Jahre unterstützen.

Die großen Wohnblöcke

Etwa 1923 setzte dann der berühmt gewordene Volkswohnbau ein – bis 1934 wurden 380 Wohnbauten in großen Wohnkomplexen errichtet, deren Projektierung an 190 Architekten vergeben worden war. Ihre Auswahl ging ziemlich schematisch vor sich; was die Architektur betrifft, entstand ein Sammelsurium der verschiedensten Richtungen, Gutes und Schlechtes durcheinander. Nur dadurch, daß Wohnungs- und Zimmergrößen, Geschoßhöhen, Türen und Fenster, ja sogar Treppenbreiten, genau vorgeschrieben waren, erscheinen uns heute die Fassaden bis zu einem gewissen Grad einheitlich.

Die bekannten modernen Architekten waren zuerst nicht hinzugezogen worden. Erst als Otto Neurath, der durch seine politisch-soziologischen Bildstatistiken bekannt ist, intervenierte, gab man dem Verband für Siedlungswe-

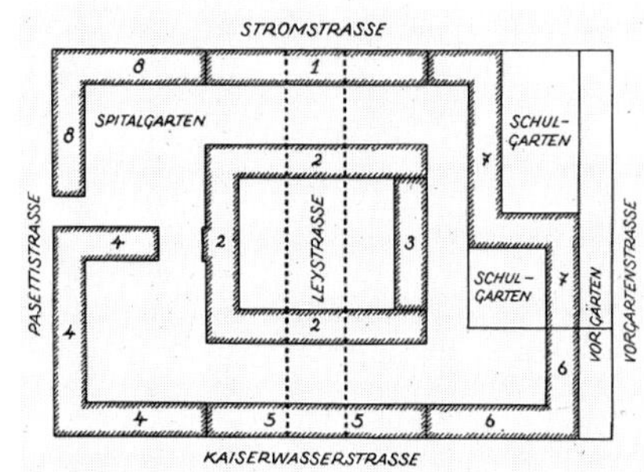

7/8 Wohnblock „Winarsky-Hof", 1924/25
Architekten: Peter Behrens, Karl Dirnhuber, Josef Frank, Josef Hoffmann, Margarete Lihotzky, Adolf Loos, Franz Schuster, Oskar Strnad, Oskar Wlach
7 Durchblick zu den Höfen (Leystraße)
8 Lageplan
1 Josef Hoffmann
2 Peter Behrens
3 Peter Behrens (Bibliotheks-Saal)
4 Josef Frank
5 Oskar Strnad
6 Oskar Wlach
7 Städtisches Bauamt (Gemeinde-Schule)
8 Städtisches Bauamt (Gemeinde-Spital)
Bau 1, 2 und 5 überbrücken die Ley-Straße

9 Wohnblock „Pestalozzi-Hof“
Architekt: Ella Briggs

sen ein Großprojekt mit 840 Wohnungen – den Winarsky-Hof – in die Hände von acht Vertretern der modernen Architektur. Das waren: Behrens, Hoffmann, Schuster, Loos, Strnad, Frank, Wlach. Ich, als die jüngste, bekam 40 Wohnungen zu bauen. Wir erreichten, was bis dahin noch nicht erreicht worden war: Wir konnten auf alles dekorative Beiwerk verzichten, durften flache Dächer machen, wir konnten zeigen, daß man durch abgewogene Baukörper in ihrer glatten, kubischen Form zum Entstehen eines modernen Großstadtbildes beitragen kann.

Vergleich: Wien – Frankfurt

Noch in Wien tätig, erhielt ich 1926 die Berufung, in der Typisierungsabteilung des Hochbauamtes der Stadt Frankfurt am Main zu arbeiten.[1] Ich kann also den Wohnungsbau der zwanziger Jahre in beiden Städten aus eigenem Erleben vergleichen.

Zunächst: die Zeit.

Wien begann früher zu bauen, schon 1919, in der Zeit der größten wirtschaftlichen Depression. Die große Arbeitslosigkeit als Folge der Krise setzte hier 1927 ein. Frankfurt begann erst 1926 zu bauen, in der Zeit der Hochkonjunktur, die Krise setzte zwei Jahre später, erst 1929, massiv ein.

Zweitens: Finanzierung und Mietenbildung.

In Wien war die Wohnbausteuer zweckgebunden und progressiv. Sie wurde vollständig für den Wohnbau verwendet, ferner große Teile der Luxus- und Vergnügungssteuer. Der Wiener Wohnungsbau wurde ausschließlich aus Steuermitteln bezahlt. Die Mieten mußten ganz, ganz niedrig sein, sonst wäre man dem schauderhaften Wohnungselend nie beigekommen. So gelang es, ein System zu schaffen, bei dem die Mietbildung überhaupt nichts mehr mit der Höhe der Baukosten zu tun hatte. Nur so konnte man die Ärmsten und Kinderreichsten aus ihren Elendsquartieren befreien. Und das

[1] vgl. dazu auch den Beitrag von Margarete Schütte-Lihotzky über die Wohnung der alleinstehenden berufstätigen Frau in dieser Ausgabe S. 85, ferner die Beiträge Ferdinand Kramer: Funktionelles Wohnen, sowie Ferdinand und Lore Kramer: Wohnerfahrungen, ebenfalls in dieser Ausgabe S. 74 bzw. S. 81 – Anm. Hrg.

war letzten Endes auch die große Tat der Stadt Wien in der damaligen Zeit.

In Frankfurt war die 1924 eingeführte Hauszinssteuer nicht zweckgebunden und nicht progressiv. Mit ihr stopfte man auch andere Löcher im Budget. Für eine Wohnung bekamen wir weniger als die Hälfte der Baukosten aus der Hauszinssteuer, und auch diese mußte noch mit ein bis zwei Prozent verzinst werden. Diese Art der Finanzierung ergab 60 Mark Monatsmiete pro Wohnung. Das konnte ein Arbeiter, auch der gelernte, nicht bezahlen. Erst für Werkmeister, für Angestellte und Intellektuelle waren solche Mieten tragbar. Da außerdem die Hauszinssteuer nicht progressiv war, ergab sich der Zustand, daß diejenigen, die als Gesamtheit den größten Teil der Steuer aufbrachten, nicht in den Genuß der Wohnungen kamen.

Drittens: Fertigung und Ausstattung.

In Wien war es die Aufgabe, sehr rasch möglichst vielen der Minderbemittelten ein menschenwürdiges Obdach zu schaffen. In Frankfurt sollte ein Beispiel für zeitgemäßes Wohnen mit den fortgeschrittensten Mitteln und mit allen dafür nötigen Experimenten gegeben werden. In Wien baute man primitiver. Wohnküchen im Flachbau, Kochnischen in den großen Wohnkomplexen, keine Badezimmer, keine Zentralheizung. Badeanstalten im Großblock, weil das eben billiger ist als Hunderte einzelne Badezimmer. Aber auch Klub- und Versammlungsräume in jedem Großblock, um ein gemeinsames gesellschaftliches Leben zu fördern, etwas, worüber man in Frankfurt kaum diskutierte.

10 Wohnblock „Karl-Marx-Hof", 1927
Architekt: Karl Ehm

11 Wohnblock „Reumann-Hof"
Architekt: Hubert Gessner

Zentralwäschereien in beiden Städten, Kindergärten in Wien mehr, da viel mehr Frauen berufstätig waren.

In Frankfurt standen die genormten Bauteile auf weit höherem Niveau, sowohl künstlerisch als auch technisch. Man konnte Neuerungen einführen, an die man in Wien gar nicht heranging. Zum Beispiel war die Frankfurter Betonplattenbauweise meines Wissens der erste Versuch in Deutschland, industriell – durch weitestgehende Vorfabrikation – zu bauen. In jede Wohnung, wir bauten 4000 jährlich, wurde eine Kücheneinrichtung eingebaut, nach allen Regeln der Schritt- und Griffersparnis und der rationellen Haushaltsführung. Die Kosten dieser Einrichtungen betrugen 240 Mark. Sie wurden den Baukosten zugeschlagen und auf die Miete umgelegt. Das war tragbar, denn die Miete erhöhte sich dadurch nur um ein bis zwei Prozent, und die Leute brauchten keine Möbel zu kaufen.[2]

Wohnungsbau und Wohnungsausstattung in Wien und in Frankfurt der zwanziger Jahre können fünfzig Jahre später keine direkten Beispiele mehr sein. Andere gesellschaftliche Verhältnisse, völlig andere bautechnische Mittel, damit auch völlig andere künstlerische Ausdrucksmittel kennzeichnen unsere Arbeit in der zweiten Hälfte des zwanzigsten Jahrhunderts. Was uns aber an den Beispielen aus den zwanziger Jahren, die nun schon Historie geworden sind, interessieren kann, das ist die große pionierhafte Leistung, die damals in Wien und in Frankfurt vollbracht worden ist.

[2] Es handelt sich um die sogenannte Frankfurter Küche, siehe dazu die Anmerkung 7, S. 77 in dieser Ausgabe. – Anm. Hrg.

Neues Bauen in Magdeburg

Karl-Heinz Hüter

1 Warenhaus Gebr. Barasch (Breiter Weg, heute Karl-Marx-Straße) Fassadenerneuerung und Farbgestaltung Oskar Fischer, 1922

2 Stadtbank (ehemalige Münzstraße) Umbau innen und außen Bruno Taut, 1923
Die ursprüngliche Neorenaissance-Fassade wurde entfernt, neue Gliederung: schwarze und weiße Flächen, getrennt durch breite blaue Fugen, Fensterrahmen im Erdgeschoß blau, in beiden Obergeschossen grün.

[1] siehe besonders J. Göderitz: Magdeburg, die Stadt des neuen Bauwillens, in: Deutschlands Städtebau. Magdeburg. Hrg. Magistrat der Stadt Magdeburg, Dari-Verlag Berlin 1927. Insgesamt lassen sich fast 100 zeitgenössische Buch- und Aufsatztitel zum Neuen Bauen in Magdeburg nachweisen.

[2] In den ersten Wahlen 1919 errangen die Arbeiterparteien SPD 44 und USPD 6 Sitze gegenüber Demokraten 25 und Rechtsfraktion 6 Sitze.

[3] Zit. nach Bruno Taut: Mein erstes Jahr „Stadtbaurat", in: derselbe: Frühlicht 1920–1922, Berlin, Frankfurt/M., Wien 1963 (Bauwelt –Fundamente 8), S. 220f.

[4] Kurt Junghanns schreibt zur Berufung Bruno Tauts: „Damit war zum ersten Mal einer der umstrittenen radikalen Künstler mit der verantwortungsvollen Lenkung des Bauwesens einer Großstadt betraut worden. ... Allgemein sah man

Magdeburg entwickelte sich in den zwanziger Jahren zu einem wichtigen Zentrum des Neuen Bauens. Dies geschah auf völlig eigenständiger Grundlage und mit eigenem Profil. Unter der Losung „Magdeburg, die Stadt des neuen Bauwillens"[1] wurden Aufgaben in Städtebau, Architektur und Design als umfassendes kommunales Programm in Angriff genommen.

Es war Bruno Taut, der diese Entwicklung einleitete. Schon 1921 hatte er die Stadt für den neuen Baugedanken gewonnen. Seine Berufung zum Leiter der Stadtplanung in Magdeburg erfolgte auf Grund einer starken linken Mehrheit im Stadtparlament[2]. Die politischen Kräfte der Arbeiterklasse trugen in der gesamten Zeit der Weimarer Republik die Leistungen des Wohnungs- und Städtebaus. Oberbürgermeister von Magdeburg war zwischen 1919 und 1931 der Sozialdemokrat Hermann Beims. In einer Rede, die er am 27. April 1922 vor den Stadtverordneten hielt, bekannte er sich ausdrücklich zur Zusammenarbeit mit jenen jungen künstlerischen Kräften, wie sie damals Taut vertrat: „Unsere Zeit ist groß, weil sie überall die Keime zum Neuen in sich trägt. In allen Städten sehe ich den Kampf zwischen zwei Generationen der Kunst. Und für uns ist es keine Frage, daß wir uns auf die Seite des Neuen stellen müssen, auch wenn wir es nicht verstehen und nicht wissen, ob und wie es sich bewährt."[3]

Die Entscheidung, Taut das Amt eines Stadtbaurates zu überantworten, bedeutete damals eine mutige Tat, denn er konnte weder die für ein solches Amt erforderlichen Befähigungsnachweise vorlegen, noch besaß er das Renommee eines erfahrenen Städtebauers – im Gegenteil: als führender Kopf des Arbeitsrats für Kunst (neben Walter Gropius und Adolf Behne), als Verfasser expressionistisch-utopischer Architekturentwürfe und als Vorkämpfer für eine farbige Architektur galt er in Fachkreisen als hoffnungsloser Utopist und Phantast. Die Magdeburger Arbeiterschaft aber kannte ihn anders. Schon vor dem Kriege hatte er in ihrer Stadt mit starkem sozialen Engagement für eine Arbeiterbaugenossenschaft die Gartenstadt Kolonie „Reform" geplant und gebaut. Man erwartete also, daß er seine Amtsführung im eindeutigen Interesse der werktätigen Bevölkerung ausüben werde. Und Taut hat, obwohl er nur wenige Jahre blieb – bis Ende 1923 – dieses Vertrauen durch vielfältige Aktivitäten und durch grundsätzliche Weichenstellungen gerechtfertigt.[4]

Das bunte Magdeburg

Magdeburg war, als Taut sein Amt antrat, eine öde, graue Industriestadt mit einer viel zu eng bebauten und überfüllten Altstadt und tristen Mietskasernenvierteln. Durch seinen Elbhafen und als Umschlagplatz für Vieh und landwirtschaftliche Produkte aus der Börde, Kali aus Staßfurt, Kohle aus den Revieren bei Halle und als wichtiger Zuckermarkt hatte es sich zum wirtschaftlichen Zentrum Mitteldeutschlands entwickelt. Die industrielle Expansion und Bevölkerungsexplosion[5] war zu einer Zeit erfolgt, als noch mächtige Befestigungsanlagen die Stadt einschnürten. Magdeburg war Preußens stärkste Festung. Die Militärführung zögerte deshalb lange, sie aufzugeben. Die Schleifungen der Bastionen und Forts erfolgte im wesentlichen erst zwischen 1908 und 1912. Sie dauerte noch in den zwanziger Jahren an.

Der Widerstreit militärischer und wirtschaftlicher Interessen hatte dazu geführt, daß Magdeburg, wie Taut sagte, als Stiefkind unter den deutschen Städten seiner Größe betrachtet wurde. Andererseits aber bot die Stadt nach Aufbrechen der Einschnürungen mehr Möglichkeiten für eine organische

darin eine Bewährungsprobe der neuen Ideen. Nicht weniger wichtig war jedoch der politische Hintergrund der Berufung. Taut verdankte sie eindeutig der Arbeiterschaft. Seine selbstlose Tätigkeit für die Arbeiterbaugenossenschaft ‚Reform' in der Vorkriegszeit hatte einen tiefen Eindruck hinterlassen ... Als daher die Arbeiterschaft im Magdeburger Stadtrat die absolute Mehrheit erzielte, vertraute sie ihm das gesamte Bauwesen an in der Erwartung einer Amtsführung im eindeutigen Interesse der werktätigen Bevölkerung." Junghanns, K.: Bruno Taut 1880–1938, Berlin 1970, S. 49

[5] Zunahme der Einwohner Magdeburgs:
1850 52 000 Einwohner
1880 97 500 Einwohner
1905 204 000 Einwohner
1925 297 000 Einwohner
1931 308 000 Einwohner

Stadtentwicklung nach neuen Gesichtspunkten als andere vergleichbare Städte.

Das wichtigste für Taut war zunächst, die Magdeburger Bevölkerung aus ihrer Nachkriegslethargie zu reißen und die progressiven Kräfte für ihre Stadt bzw. für die neuen städtebaulichen Aufgaben zu aktivieren. Im Sinne einer positiven Provokation schien ihm dazu die Farbe besonders geeignet. Das entsprach nicht nur seiner ausgeprägten Neigung für farbige Architektur, sondern auch den Erfahrungen, die er als Architekt der Gartenstadt Kolonie „Reform" gemacht hatte. Sein Vorschlag, die kleinen schlichten Häuser farbig anzustreichen, war seinerzeit von den Mitgliedern der Genossenschaft freudig aufgegriffen worden.

Als 1921 der zweite Bauabschnitt dieser Gartenstadt ausgeführt wurde, nutzte Taut die Gelegenheit, die farbige Behandlung zu steigern und sie zum Ausdruck sozialer Beziehungen einzusetzen (Abb. 3, 4). Hatte die Farbe anfangs nur eine effektvolle Belebung bewirken sollen, so diente sie nun zur bedeutungsvollen Strukturierung der Häuserreihen. Sie verknüpfte in übergreifenden Flächen die architektonisch belanglosen Einzelhäuser zu unlösbaren Gliedern einer Kette. Die Überlagerung der additiven baulichen Struktur durch eine konjunktive, farbige symbolisierte die Solidargemeinschaft der Genossenschaftssiedlung.

Von einer Siedlung am Stadtrand konnte aber nicht jene weitreichende agitatorische Wirkung ausgehen, die Taut anstrebte. Die Farbe mußte in die Innenstadt gebracht werden. Nur vom Zentrum her konnte sich die farbige Umgestaltung der Gesamtstadt vollziehen.

Gleich zu Beginn seiner Tätigkeit, 1921, startete Taut die Aktion „Schutz dem Breiten Weg". Der Breite Weg mit alter, teilweise barocker Bausubstanz bildete die Hauptgeschäftsstraße der Stadt. Wie überall im Citybereich großer Städte waren die historisch wertvollen Häuser vom modernisierenden

3/4 Gartenstadt Kolonie „Reform" (zwischen Lilienweg und Leipziger Straße)
Gründung durch Arbeiter in Eigeninitiative
Bauherr: Gartenstadtgesellschaft Kolonie „Reform"
Baubeginn 1911, zweiter Bauabschnitt ab1921
Architektur: von 1913–1930 Bruno Taut
Anzahl der Wohnungen: etwa 1420
Einfamilien-Reihenhäuser mit Satteldach, ab 1927 mit Flachdach, Grundfläche 35 m², im Erdgeschoß Küche und Stube, im Obergeschoß zwei Kammern, Miete: 30 Mark; äußerst wirtschaftlicher Kleinwohnungstyp, Mauerwerksbau, verputzt, anfangs starkfarbiger Anstrich, in den zwanziger Jahren eingefärbter Putz: kanariengelb, himmelblau, schokoladenbraun bzw. dunkelrot (Maienhof); erste Beispiele farbigen Bauens in Deutschland
3 Gruppenhaus am Bunten Weg, 1921
4 Häuserreihe Dahlienweg, 1921

5 Mehrfamilienhäuser (Braunschweiger Straße 61/62)
Bauherr: Mieter-Bau- und Sparverein
Farbgestaltung Carl Krayl, 1922

Umbau oder gar vom Abbruch, um Neubauten Platz zu machen, bedroht. Taut hoffte, sie retten zu können, wenn er sie durch Farbe aufwertete. Unermüdlich agitierend, gelang es ihm, seine Ziele gegen den starken Widerstand besonders der Hausbesitzer und Malermeister durchzusetzen. Nicht unwesentlich war, daß die große Ausstellung MIAMA (Mitteldeutsche Ausstellung für Siedlung, Sozialfürsorge und Arbeit) für den Sommer 1922 bevorstand. Sie sollte die wirtschaftliche Schlüsselstellung Magdeburgs im mitteldeutschen Raum nach dem Ruin des Krieges der Öffentlichkeit bewußt machen. Da das für die unattraktive Stadt ein Wagnis bedeutete, versprachen sich die Verantwortlichen von Tauts Farbaktion einen nützlichen Werbeeffekt. So sahen die Besucher neben der wild konkurrierenden Warenschau aller Branchen, zu der die Ausstellung entgegen den hochgesteckten Zielen ihrer Veranstalter entartet war, starkfarbige, expressionistische Pavillons auf dem Ausstellungsgelände und die farbigen, zum Teil mit abstrakten Riesenbildern überzogenen Fassaden in der Altstadt. Dies ist das Magdeburg, das als „bunte Stadt" in die internationale Literatur Eingang gefunden hat.[6]

Außer den „traditionellen" farbigen Behandlungen von Fassaden gab es Bemalungen, die gegen die architektonische Struktur gestellt waren oder diese durch Auflösung der gemalten Form zu den Rändern hin gleichsam entmaterialisierten. Taut zog für Einzelaufgaben begabte Maler aus anderen Städten hinzu. Die farbige Gestaltung der Fassaden des alten Rathauses wurde Karl Völker aus Halle übertragen. Viele Kritiker empfanden sie als das gelungenste Beispiel. Eine sensationelle und ausdrucksstarke Lösung fand der aus Karlsruhe stammende Oskar Fischer für das Warenhaus Barasch. Hier waren die schwülstig historistischen Formen abgeschlagen worden. An ihre Stelle trat, nicht ohne Werbeeffekt, ein teppichartiges Riesengemälde in Tönen zwischen Meergrün und Mittelgrau mit schwarzen Konturen (Abb. 1).

[6] Die ausführlichste Darstellung des „bunten Magdeburg" bei Hans Jörg Rieger: Die farbige Stadt, Beiträge zur Geschichte der farbigen Architektur in Deutschland und der Schweiz. Diss. Zürich, aku-Fotodruck Zürich 1976, S. 65–104, siehe auch K. Junghanns: Bruno Taut 1880–1938, Berlin 1970, S. 49–60

Die wichtigste Arbeit von Taut selbst in diesem Rahmen betraf den inneren und äußeren Umbau einschließlich der Farbgebung für die Stadtbank in der ehemaligen Münzstraße. Auch hier war die ursprüngliche Neorenaissancefassade entfernt worden. Taut setzte an ihre Stelle eine Gliederung in schwarze und weiße Flächen, die durch breite blaue Fugen getrennt wurden. Hinzu traten im Erdgeschoß blaue, in den beiden Obergeschossen grüne Fensterrahmen (Abb. 2).

Zur unersetzlichen Stütze Tauts bei der Farbberatung wurde ein junger Architekt mit stark künstlerischer Neigung, Carl Krayl, der aus Begeisterung für Tauts Ziele aus seiner schwäbischen Heimat nach Magdeburg gekommen war. Krayl überzog zum Beispiel die Giebel zweier Wohnhäuser mit starkfarbigen Mustern, auf die Frontseite des einen Hauses setzte er dazu noch ein Riesenornament, das sich zu den seitlichen weißen Flächen hin locker auflöst (Abb. 5). Die als monströs empfundene gründerzeitliche Form einer Normaluhr zertrümmerte Krayl durch spitzwinklig abstrakte Farbflächen.

Obwohl die Farbe keineswegs schon die gesamte Stadt beherrschte, setzte sie doch bestimmende Akzente.[7] In einem „Führer zur Besichtigung der Hausbemalungen" werden für die Innenstadt 53 und für die Außenbezirke 10 Einzelhäuser bzw. Hausgruppen angeführt, dazu kamen Kioske und Reklamewände. Ende 1922 wurden über 100 farbige Objekte gezählt. Das Beispiel Magdeburgs erzeugte in ganz Deutschland eine starke Farbbewegung. Allerdings geriet dabei vieles zur modischen Masche.

Magdeburg blieb auch nach Tauts Weggang eine Stadt farbiger Architektur. Von 1926 an zahlte der Magistrat sogar Zuschüsse für Neuanstriche. Die Farbe wurde nun architektonisch gebundener eingesetzt, unter anderem in der Siedlung Brückfeld (Abb. 16, 17), oder man behandelte nur Fenster und Türen farbig, die dadurch als Akzente in den hellen Fassadenflächen standen.

Ein Kritiker wie Adolf Behne erkannte damals am Beispiel Magdeburgs den sehr wesentlichen Unterschied zwischen dem Einsatz von Farbe in einer genossenschaftlichen Siedlung und dem im Geschäftszentrum einer Stadt. Behne bezweifelte, daß es ratsam sei, Fassaden in den Geschäftsstraßen kräftig einzufärben, da die Farben mit der starken Produktwerbung und Geschäftsreklame kollidieren.[8]

Die kapitalistische Warenwerbung begann sich zu entwickeln. Damals schien sie den Architekten und Gestaltern formal noch beherrschbar zu sein, mit den Lichtsäulen, Lichtkästen, Leuchtschriften eine Bereicherung ins Stadtbild zu bringen.

Licht wurde überhaupt als das neue Mittel der Gestaltung innerstädtischen Milieus erkannt, es gliederte die nächtliche Stadt auf neue Weise. 1928 kam Walter Dexel[9] nach Magdeburg, um an der Kunstgewerbeschule zu wirken. Er hatte zuvor für Jena und Frankfurt am Main zahlreiche als vorbildlich gelobte Reklamelichtkästen entworfen und „Richtungslaternen" zur Lenkung des Verkehrs entwickelt. Es ist anzunehmen, daß die etwa dreißig „Lichtsäulen", die um 1929 in Magdeburg aufgestellt wurden, auf eine Anregung von ihm zurückzuführen sind.

Licht als Reklameträger und die bevorzugte Verwendung von Chromstahl, Spiegelglas und glasierten Kacheln gaben den Stadtzentren eine ästhetisch neue Qualität. Die neu gebauten Warenhäuser (Abb. 35, 36) warben mit der Geste technischer Perfektion. Die beständigen und eigenfarbigen Materialien machten hier jeden Anstrich überflüssig.

[7] Tauts Farbagitation war in den Anfängen mit schwierigen technisch-chemischen Problemen belastet. Bereits Ende 1923 zeigten die Fassaden starke Witterungsschäden. Der verwendete Anstrichstoff war schlecht. Erst durch Einsatz von gefärbtem Putz und von Keimschen Mineralfarben wurden die Anstriche haltbarer.

[8] Behne schreibt dazu 1922: „Die Reklame zieht dem farbigen Anstrich das farbige Material vor und erreicht auf diese Weise eher Wirkungen, die sich an Kraft, Dauer, Schärfe und Härte mit den realen Gegebenheiten einer Großstadt messen können, was dem farbigen Anstrich auch bei stärkstem Aufwand kräftiger Pigmente nicht möglich ist. Wenn jetzt in Magdeburg an vielen Stellen jene grellbunten Säulen-, Pilaster- und Prismenbemalungen auftreten, wie wir sie früher als typische Reklame der Drogen- und Farbenhandlungen kannten, so wirkt das heute nur sonderbar und fremd ... Die Fortschritte der Reklame lehren uns ganz deutlich, daß das Problem der Farbigkeit in der modernen Großstadt nur durch Materialien, nicht durch Anstriche zu lösen ist. Für das Dorf, die Kleinhaussiedlung, die Kleinstadt mit vorwiegend historischem Charakter sind die Voraussetzungen andere, weil der Maßstab, die Vitalität, ein anderer ist."
Behne, Adolf: Das bunte Magdeburg und die „Miama", in: Seidels Reklame, VII Jg. (1922/23) S. 201–206

[9] Walter Dexel (geb. 1890 in München, gest. 1973 in Braunschweig), Kunsthistoriker und Werbegrafiker, war von 1928–1935 Lehrer für Grafik an der Magdeburger Kunstgewerbeschule; 1935 als „Entarteter" entlassen. Dexels Vorgänger Johannes Molzahn (geb. 1892 in Duisburg, von 1923–1928 in Magdeburg, dann Professor an der Akademie in Breslau, 1933 Emigration) hatte das neue Stadtsiegel und zahlreiche Ausstellungsplakate für Magdeburg entworfen.

[10] Tankstellen, von denen allein 1926 zehn im Magdeburger Stadtgebiet errichtet wurden, gehörten in diesen Jahren des stark steigenden Kraftverkehrs zu den Mode-Bauaufgaben. Zum Beispiel entwarf der Bauhausschüler Johannes Zabel (Bruder von Willy Zabel) die Habelag-Tankstelle.

Neue Elemente eines städtischen Designs gewannen zunehmend an Bedeutung. Kioske, Telefonzellen, Toiletten, Tankstellen[10] und anderes mehr wurden projektiert.[11] Ihre Planung unterlag ebenfalls der Regie und Verantwortung des Stadtbauamtes.

Funktionelle Planung der Gesamtstadt

Im Unterschied zu anderen Zentren des Neuen Bauens war es für Magdeburg typisch, daß von Anfang an die organisch einheitliche Planung der Gesamtstadt, das heißt die Planung aller „Voraussetzungen, die das Wirtschaftsleben der Stadt, ihren Verkehr, Handel und Gewerbe und ihre Industrie umfassen"[12], im Blickpunkt stand – eine Folge, wie Taut erklärte, der „funktionalen Grundhaltung der neuen Architektur".

Angesichts der frühen utopischen Projekte Tauts „Die Auflösung der Städte" und „Die Stadtkrone" überrascht es, wie nüchtern er die Gegebenheiten der Stadt annahm, wie realistisch er sich ihren Problemen stellte, wie behutsam er die Dominanz der großen Bauwerke der Vergangenheit Dom, Liebfrauenkirche und andere zu bewahren suchte und erst im gebührenden Abstand durch Neues ergänzen wollte, wie sehr er, der künstlerische Revolutionär, die Stadtplanung auf lange historische Zeiträume auslegte. Als wesentliche Punkte seiner städtebaulichen Strategie für Magdeburg nannte er „die Erschließung der Elbufer mit dem Zitadellengelände, die damit zusammenhängende Umgestaltung ganzer Stadtteile, welche in ihrem heutigen

6 Generalsiedlungsplan 1928
1 Siedlung Westerhüsen, 2 Gartenstadt „Reform", 3 Erwerbslosensiedlung Lemsdorf, 4 Hermann-Beims-Siedlung, 5 Reihenhäuser für kinderreiche Familien, 6 Siedlung Cracau I, 7 Siedlung Brückfeld, 8 Siedlung Neue Neustadt, 9 Erwerbslosensiedlung Birkenweiler

[11] Rühl, K.: Stadterweiterung, Wohnungs- und Siedlungswesen, in: Deutschlands Städtebau, Magdeburg, hrg. vom Magistrat der Stadt Magdeburg, Berlin 1927, S. 39

[12] Taut, B.: Die bauliche Entwicklung Magdeburgs, in: Deutsche Stadt – Deutsches Land, Bd. II, Magdeburg, Hrg. Erich Köhler, Berlin 1922, S. 24–31

7–9 Hermann-Beims-Siedlung (ehemalige Siedlung Große Diesdorfer Straße)
Bauherr: Heimstätten-Aktiengesellschaft „Heimag" und Verein für Kleinwohnungswesen
Bauzeit: 1925–1928
Architektur: Stadterweiterungsamt, Georg Gauger, Willy Zabel
Leitung: Konrad Rühl
Anzahl der Wohnungen: etwa 2100 (1925/26 = 1246, 1927 = 600, 1928 = 300 Wohnungen)
davon 4 Prozent ein Zimmer und Küche, 28 Prozent zwei Zimmer und Küche, 13 Prozent drei Zimmer, Kammer und Küche, 43 Prozent drei Zimmer und Küche, 12 Prozent vier Zimmer und Küche; durchschnittliche Größe: 63 m^2, durchschnittliche Miete: 50,00 Mark
vorwiegend Nord-Süd gerichtete dreigeschossige Reihen, am Beimsplatz teilweise viergeschossig; Flachdach, Große Diesdorfer Straße Steildach; Mauerwerksbau mit rauhem Kalkputz; einzelne Teile farbig; 1930–32 Gebäudegruppe mit Verwaltungsräumen, Badeanstalt, Kindertagesheim
7 Grünzug (seit Mitte der dreißiger Jahre zugebaut)
8 gestaffelter viergeschossiger Block am Beimsplatz, Rückseite
9 Straßeneinmündung

baulichen Zustand nicht mehr lange lebensfähig sind, die Ausbreitung der Stadt in das Land hinein im Anschluß an die Industriegebiete, die Entwicklung dieser mit dem Bau des Mittellandkanals ..."[13]

Taut erarbeitete und publizierte damals mehrere Projekte – fast alle noch in der gestenreichen Sprache des Expressionismus –, die, wenn sie schon nicht ausgeführt werden konnten, doch auf städtebaulich wichtige Standorte für die zukünftige Stadtentwicklung aufmerksam machten: die Bebauung des östlichen Elbufers mit einer neuen Dominante auf dem Zitadellengelände, ein Bürohochhaus am ehemaligen Kaiser-Wilhelm-Platz im Norden der Altstadt, ein Gefallenen-Ehrenmal, gedacht nicht nur als Stätte des Gedenkens, sondern vor allem als Stätte der Aufklärung gegen den Krieg neben dem Dom, sowie eine Viehmarkt- und Ausstellungshalle „Stadt und Land". Für eine Verwirklichung boten die miserable Wirtschaftslage nach dem Kriege und die galoppierende Inflation wenig Chancen. Lediglich die Ausstellungshalle kam in stark reduzierter Form zur Ausführung (Abb. 33). Dabei ist ein sehr klarer, von flachbögigen Stahlbetonbindern überspannter, durch Lichtbänder im First und an den Giebeln beleuchteter Raum entstanden (die heutige Hermann-Gieseler-Sporthalle).

Als Taut Ende 1923 Magdeburg verließ, führten seine Mitarbeiter Johannes Göderitz, Konrad Rühl und Carl Krayl[14] die Arbeit in seinem Geiste fort, Johannes Göderitz vorwiegend im Bereich Hochbau und Konrad Rühl in der Stadtplanung. Carl Krayl entwarf als Leiter des technischen Büros des Vereins für Kleinwohnungswesen große Siedlungskomplexe und einige Verwaltungs- und Sozialbauten.

Entscheidende Auswirkungen auf das weitere Baugeschehen in der Stadt hatte die Umstrukturierung des Bauamtes und vor allem die Gründung einer selbständigen städtebaulichen Abteilung (Hochbauamt III).[15] Sie sollte „die notwendige Verbindung mit dem Gebiet des Kleinwohnungsbaus, der von

[13] ebenda, S. 25

[14] *Johannes Göderitz* (geb. 1880 in Rasmin, Kr. Bitterfeld), am 20. Juni 1921 von Taut als Assistent für Hochbau berufen, 1927 Stadtbaurat, 1933 „in den Ruhestand versetzt", nach 1945 Stadtbaurat in Braunschweig. *Konrad Rühl* (geb. 1885), 1922–1928 Arbeit in Magdeburg, danach bis 1933 Leiter der Hochbauabteilung der Rheinischen Provinzialverwaltung in Düsseldorf. *Carl Krayl* (geb. 1890 in Weinsberg bei Heilbronn, gest. 1947 in Magdeburg), 1921 Mitarbeiter bei Taut, vorwiegend Farbberatung, 1924–1933 teils freier Architekt, teils (von 1928 an) Leiter des technischen Büros des Vereins für Kleinwohnungswesen, 1934 Berufsverbot, 1937 Hochbauverwaltung der Reichsbahn.

[15] Taut schreibt über die Reorganisation der Bauverwaltung in Magdeburg und über seinen Arbeitsstil: „Die Bauverwaltung mußte erst neu gegliedert werden; ... zunächst das Hochbauamt übersichtlich in drei Abteilungen ...: Neubauten, Verwaltung alter Bauten und Stadterweiterung (Städtebauabteilung). Die letzte Abteilung mußte als neues Büro eingerichtet werden ... Da eine straffe Zentralisierung nicht möglich war, so mußte an ihre Stelle die kollegiale Zusammenarbeit treten. Demgemäß war das Verhältnis des Stadtbaurats zu seinen Abteilungsleitern kameradschaftlich aufgebaut; es sollte jeder einzelne selbst für seine Arbeit eintreten. Darin liegt eine Ursache dafür, daß ich nicht mehr notwendig bin, wenn keine wichtigeren Aufgaben vorhanden sind, da die Tagesarbeit in den besten Händen aufgehoben ist." Zit. nach: Bruno Taut 1880–1938. Akademie-Katalog 128. Ausstellung der Akademie der Künste vom 29. Juni bis 3. August 1980, Berlin (West)

[16] Rühl, K.: Stadterweiterungspläne, in: Magdeburger Amtsblatt 3 (1926), S. 500–502

[17] Göderitz, J.: Bauordnung für die Stadt Magdeburg vom 1. Okt. 1928, Magdeburg 1929

[18] Rühl, K.: Die städtebaulichen Aufgaben Magdeburgs, in: Harz 27 (1924) S. 51/52

[19] ebenda

[20] Göderitz, J.: Ein Jahrzehnt Städtebau- und Hochbaupolitik, in: Magdeburger Amtsblatt 7 (1930), S. 10

hier aus bebauungsmäßig eingeleitet und auch in den Einzelheiten der Ausführung siedlungstechnisch beeinflußt werden muß", herstellen. 1926 erschien es dann sinnvoll, diese Abteilung mit dem Wohnungsfürsorgeamt zu dem eigenständigen Stadterweiterungsamt zusammenzuschließen. Es wurde bis 1928 von Konrad Rühl, danach von Georg Gauger geleitet. So konnten die beschränkten politischen und wirtschaftlichen Möglichkeiten voll ausgeschöpft werden, um den Wohnungsbau unter städtebaulichen Gesichtspunkten zu planen. Rühl schrieb: „Besonders notwendig aber wird ein langfristiges Bauprogramm, wenn der Wohnungsbau als städtebauliches Moment gewertet werden soll und wenn man die Zufälligkeit in der Geländefrage ausschalten will. Bodenpolitik erfordert längere Vorbereitungszeit, wenn sie wirtschaftlich einwandfrei betrieben werden soll ..."[16]

Der unter Taut begonnene und 1927 abgeschlossene Generalsiedlungsplan (Abb. 6) bot in Verbindung mit der im Oktober 1928 von Göderitz herausgegebenen neuen Stadtbauordnung[17] ein auf mehrere Jahrzehnte berechnetes strategisches Instrumentarium für das gesamte Baugeschehen. In seinen allgemeinen Richtlinien folgte der Plan der Doktrin der internationalen Avantgarde: „Klare Gliederung der Stadt nach Stätten der Arbeit, des Wohnens und der Gesunderhaltung".[18]

Da zumeist das Stadtzentrum – aus Ohnmacht gegenüber dem massiven kapitalistischen Grundbesitz – vernachlässigt wurde, ergänzte Rühl die Bereiche des Wohnens, des Arbeitens und des Erholens noch durch solche des Handels und der Verwaltung.[19] Man versuchte, Verkehrsstraßen und Wohnstraßen zu trennen und die Wohngebiete durch Grün- und Erholungsflächen aufzulockern. Göderitz wies schließlich darauf hin, daß „ein Städtebau, der sich auf das gesamte Wirtschaftsgebiet der Großstadt" ausdehnt, in „Landesplanung" übergehe.[20] Freilich besaß eine solche integrale Stadtplanung unter den Bedingungen der kapitalistischen Gesellschafts- und Bodenpolitik nur

10/11 Wohnung des Architekten Konrad Rühl in der Hermann-Beims-Siedlung,
Wohnzimmer und Arbeitszimmer
(Oktober 1927)

12 Wohnung des Architekten Johannes Göderitz, Wohnzimmer (April 1930)

einen beschränkten Aktionsraum. Für mehr hätte es der Nationalisierung des Bodens bedurft, wie sie von progressiven Stadtplanern wiederholt gefordert worden war. Immerhin entstand unter dem Druck der Novemberrevolution ein Instrumentarium von Gesetzen, das zu spürbaren Verbesserungen in der Wohnsituation der Arbeiterklasse führte. In Magdeburg hat die Architektur in diesen Jahren mit dem Selbstvertrauen auch den Sinn „für das Organische und Kollektive des Stadt-Raum-Körpers wiedergewonnen".[21]

Die linke Mehrheit im Stadtparlament sicherte die progressiven Maßnahmen in der Wohnungs-, Sozial- und Kulturpolitik politisch ab. So konnten Architekten und Planer in den wenigen Jahren zwischen Inflation und Weltwirtschaftskrise einen Wohnungsbau verwirklichen, der im erheblichen Maße den Werktätigen zugute kam[22], und eine urbanistische Planung einleiten, die die Entwicklung der Stadt zu einer besseren funktionalen Ordnung lenkte.

Ein neues Industriegelände im Norden der Stadt bot – vor allem auch durch den hier angelegten großen Binnenhafen – so viele Vorteile, daß die Unternehmen ihre Neuanlagen dorthin verlegten und die Wohngebiete entlasteten. Die großen Siedlungskomplexe bildeten keine isolierten Inseln, sondern füllten in offener Randbebauung zentrumsnahe Gebiete zwischen den Ausfallstraßen auf. Die Gebäude waren zumeist dreigeschossig. In den Außenbezirken entstanden Einfamilien-Reihenhäuser.

Da ein Weitertreiben der Stadt nach Westen fruchtbare Börde-Böden geschluckt hätte, wurde die großflächige Besiedlung der östlichen Elbseite eingeleitet. Brücken sollten den Anschluß an das Stadtzentrum schaffen. Mit ihrem Bau wurde begonnen. Ein Durchbruch durch die Altstadt für die bisher völlig fehlende Ost-West-Verbindung sollte die dringend notwendige Sanierung der alten Wohngebiete einleiten. Als die Voruntersuchung abgeschlossen war und die Arbeiten hätten beginnen können, fand mit der faschistischen Machtübernahme die Epoche des Neuen Bauens ihr abruptes Ende.

[21] von Niebelschütz, E.: Magdeburg. Deutsche Lande, deutsche Kunst, Berlin 1927

[22] Jürgen Kuczynski beschreibt Aufschwung und Ende des Wohnungsbaus in der Weimarer Republik, unter anderem führt er aus, daß „wenn das Wohnungstempo von 1928/29 weitere zwanzig Jahre angedauert hätte, der Wohnungsnot ein Ende bereitet worden wäre ... Nie war die Zahl der Werktätigen, die beglückt in eine durchaus ordentliche Wohnung ziehen konnten, so groß wie in den Jahren 1927 bis 1929. Nie war die Zahl der Werktätigen, die von einem wahrlich erträglichen Wohnungsstandard von neuem in furchtbarstes Wohnungselend verfielen, so groß wie in den Jahren 1930 bis 1932", Jürgen Kuczynski: Geschichte des deutschen Volkes, Bd. V, Berlin 1982, S. 388

13–15 Siedlung in Westerhüsen (zwischen Welsleber Straße, Holsteiner Straße und Wartburgstraße)
Bauzeit: 1927–1931
Bauherr: Siedlungsverband „Neue Heimat" (ehemalige Siedlungsgenossenschaft Südost)
Architekten: Konrad Rühl, Georg Gauger
Einfamilienhäuser in Gruppenbau und Reihenbau mit Satteldach, Zollingerdach und Flachdach; Flachdachreihen in Jenaer Straße und Kobunger Straße: zweigeschossig, Reihen versetzt, Mauerwerksbau, verputzt, getöntes Weiß, Gliederung durch Klinkerstreifen zwischen den Häusern und Klinkersockel
13 Mehrfamilienhäuser (Holsteiner Straße/Gothaer Straße)
14 Reihenhäuser, Straßenseite
15 Reihenhäuser, Gartenseite

16/17 Siedlung Brückfeld (zwischen Jerichower Straße, Dessauer Straße und Berliner Straße)
Bauherr: Mieter-Bau- und Sparverein
Bauzeit: 1927–1930
Architektur: Stadterweiterungsamt, vermutlich unter Mitwirkung von M. Worm, Farbgestaltung: Carl Krayl
Anzahl der Wohnungen: etwa 800; vor-

Wohnungsbau in kommunaler Regie

Bis zur Novemberrevolution hatten die Hausbesitzer auf Grund des Dreiklassenwahlrechts geradezu ungeheuerliche Privilegien besessen. Der Städtebau war auf das Mietshaus und auf eine profitträchtige spekulative Ausnutzung des Bodens und Hausbesitzes ausgerichtet.

Der Tauschwert der Ware Wohnung, nicht ihr Gebrauchswert, stimuliert den kapitalistischen Wohnungsbau.[23] Als seit etwa 1910 die expandierende Industrie höhere Gewinne versprach und der Kleinwohnungsbau ungenügende Profite abwarf, zog sich das private Kapital davon zurück.

Gegen Ende des Krieges waren aus militärischen Gründen ein Mietstopp und die Zwangsbewirtschaftung des Wohnraums verfügt worden. Nach 1918 schrieb die SPD-Regierung diese Maßnahmen fest. Damit war der Kleinwohnungsbau aus den privatkapitalistischen Marktmechanismen ausgeklammert. Er wurde von staatlicher und kommunaler Unterstützung abhängig.[24] Obwohl Subventionen auch an private Bauunternehmen gezahlt wurden, wenn diese die Voraussetzungen der sogenannten Gemeinnützigkeit erfüllten, gingen

wiegend zwei Zimmer, Wohnküche, Kochnische und Bad, Warmwasserheizung, Größe etwa 48 m², Miete: 28 Mark dreigeschossige Reihen in Nord-Süd-, teilweise Ost-West-Richtung, Läden des Konsumvereins, zwei zentrale Waschanlagen, Kindertagesheim, Fassaden: rot, grün, blau
16 Straßenraum (Roßlauer Straße)
17 Häuserzeile und Kindertagesheim (Raguhner Straße)

deren Anteile jedoch erheblich zurück, weil nämlich die Vergabe dieser Mittel mit einer Klausel verbunden war, die den freien Verkauf der Wohnungen verbot und ein Ankaufsrecht der Stadt vorsah.

Die Wohnungsnot nahm nach dem Krieg katastrophale Ausmaße an. In Magdeburg fehlten 1922 etwa 9000 Wohnungen. Das Defizit vermehrte sich jährlich um weitere tausend Wohnungen durch Familiengründungen geburtenstarker Jahrgänge und Veränderungen in der Familienstruktur. Zur Linderung der schlimmsten Not baute die Stadt 1919/1920 größere Komplexe von Behelfswohnungen. Eine klassizistische Hülle verbarg die dürftige Konstruktion und die Notdurft der Wohnbedingungen.

Während andere Großstädte damals selbst als Bauherren auftraten (Wien, Leipzig, Altona), zog Magdeburg, vergleichbar mit Hamburg und Frankfurt am Main, die teilweise schon vor dem Kriege entstandenen Wohnungsbaugenossenschaften als Bauherren heran.[25] Diese schlossen sich zu einer Arbeitsgemeinschaft zusammen, aus der 1921 der Verein für Kleinwohnungswesen G.m.b.H. hervorging. Die Stadt war Teilhaber und besaß die Mehrheit der Anteile. Der Verein fungierte unter der Leitung des Stadtverordneten W. Plumbohm, eines Gründungsmitgliedes der Gartenstadt Kolonie „Reform", als Treuhänder der Stadt gegenüber den Baugenossenschaften. Der Verein half bei der Beschaffung von billigen Baustoffen, von Bauland und Hypotheken. Als 1925 das Bauvolumen sprunghaft anwuchs, trat er selbst in großem Umfange als Bauherr auf. Er baute die Wohnungen für die am Rande des Existenzminimums lebenden Bevölkerungsschichten.

Die Stadt stellte den Bauvereinigungen, soweit diese nicht eigenes Land besaßen, das Bauland in Erbbaurecht zur Verfügung. Da sie selbst aber nur wenig bebauungsfähigen Boden besaß, mußte sie ihn erst ankaufen. Zwar hielten sich die Preise mit vier bis fünf Reichsmark pro Quadratmeter im Vergleich zu anderen Städten relativ niedrig – gesetzliche Möglichkeiten der

[23] Magdeburg betreffend, vgl. Rühl, K. und Weißer, G.: Das Wohnungswesen der Stadt Magdeburg, Magdeburg 1927. Eine Bevölkerungs- und Wohnungszählung 1925 ergab für Magdeburg folgende Zahlen: Einwohner 297000, Wohnungen insgesamt 83000, Kleinwohnungen (bis 3 Zimmer mit Küche) 62700 = 76,2 %, Hinterhofwohnungen 28755 = 29 %, Wohnungen mit Baderaum 7200 = 8,5 %. Bei einer Analyse der Wohngebiete zeigte sich „die Tatsache, daß die Bevölkerung ... nach Klassen getrennt wohnt".

[24] Der kapitalistische Staat bürdete den Kommunen die volle Verantwortung für den Wohnungsbau auf. Dies lag auch im Interesse der Industriemonopole, die dadurch in doppelter Weise entlastet wurden. Sie brauchten die Wohnungen für ihre Arbeiter nicht selber zu beschaffen, und die mit öffentlichen Mitteln gestützten Mieten verringerten den Druck auf den Lohnfonds.

[25] Von den insgesamt 16 Bauvereinigungen waren dies vor allem:
- Spar- und Bauverein (gegr. 1882),
- Mieter-Bau- und Sparverein (gegr. 1900)
- Gartenstadtgesellschaft Kolonie „Reform" (1908 von Arbeitern gegr.),
- Gartenstadt Hopfengarten (1908 von Beamten gegr.),

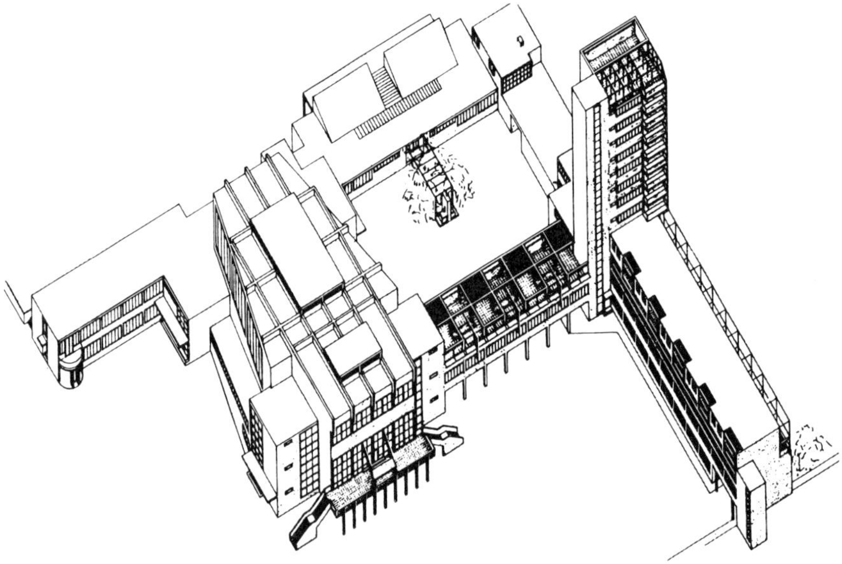

18–20 Siedlung Neue Neustadt (ehemaliges Bancksches Gelände)
Bauherr: Verein für Kleinwohnungswesen
Bauzeit: 1929–1931
Architekten: Carl Krayl, Johannes Göderitz, Paul Wahlmann
Anzahl der Wohnungen: 450
Typ I: Zimmer, Kammer, Wohnküche, WC, 45 m^2,
Miete: 30 Mark;
Typ II: zwei Zimmer, Küche, WC, 40 m^2,
Miete: 25 Mark;
Typ III: drei Zimmer, Küche, WC, 63 m^2,
Miete: 60 Mark
dreigeschossig, zum Teil viergeschossig, Reihen versetzt, gekrümmt
18 Siedlungszentrum (nicht realisiert)
Vorgesehen waren unter anderem: Gaststätte, Kindertagesheim, Saalbau, Laubenganghaus, Bücherei sowie Wohnungen und Ateliers im zwölfgeschossigen Hochhaus.
19 Blöcke mit Wohnungen des Typs III
20 Blöcke mit Wohnungen des Typs I (links) und des Typs II (rechts)

Enteignung verhinderten Preistreibereien –, trotzdem belasteten die Aufkäufe den Haushalt der Stadt erheblich. Doch wurde das durch wesentliche Vorteile aufgewogen: die Stadt konnte den Wohnungsbau funktionell und gestalterisch beeinflussen und eine wirkliche „städtebauliche Wohnungsbaupolitik" (Rühl) betreiben. Durch die Vergabe von Hauszinssteuern als billige Bauhypotheken, die mit Auflagen verbunden waren, verfügte die Stadt über ein zusätzliches regulatives Instrumentarium.[26] Diese aus einer Besteuerung des in der Inflation entschuldeten Althausbesitzes gewonnenen Mittel bildeten die wichtigste finanzielle Grundlage für den Massenwohnungsbau dieser Jahre.[27]

Die Strategie der öffentlichen und sozialen Ausgaben entsprach den offiziellen Vorstellungen der sozialdemokratischen Führung und der Gewerkschaften vom langsamen Hineinwachsen in den Sozialismus unter den Bedin-

21/22 Siedlung Cracau I (zwischen heutiger Thälmannstraße und Büchnerstraße)
Bauherr: Verein für Kleinwohnungswesen
Bauzeit: 1928–1930
Architekten: Carl Krayl, Johannes Göderitz, Paul Wahlmann
Anzahl der Wohnungen: 400 (Planung Cracau I und II sah insgesamt 1700 Wohnungen vor)

vorwiegend Kleinwohnungen mit zwei Zimmern, Wohnküche, WC, Größe 42 bis 45 m^2, Miete: 25 bis 30 Mark,
in den gestaffelten Bauteilen nach Westen Drei- bis Fünfzimmerwohnungen, Miete: 60 bis 75 Mark, Ofenheizung
dreigeschossige Reihenhäuser, Mauerwerksbau, hell verputzt; flache Pultdächer; Fenster: schwarz und rot; Treppenfenster: gelb
Trennung zwischen Verkehrs- und Wohnstraßen
21 Straßenöffnung zum Elbufer (an der Büchnerstraße)
22 Eckbebauung mit Läden (Thälmannstraße/Ecke Karl-Schurz-Straße)

– Gemeinnützige Baugenossenschaft (1909 gegr.),
– Baugenossenschaft für Kleinwohnungen Fermersleben (gegr. 1912),
– um 1919 gegr.: Heimstättenbaugenossenschaft „Magdeburg", Mitteldeutsche Heimstätten, Gemeinnützige Heimstätten Aktiengesellschaft „Heimag" Magdeburg (Tochtergründung der „Gagfah").

[26] Bei solch hoher Beteiligung der Stadt entsteht die Frage, weswegen sie nicht selber baute. Als Gründe gab man an: Entlastung von Verwaltungsarbeit, Bewahren der städtischen Behörden vor Wohnungs- und Mietstreitereien, vor allem aber der sorgsamere Umgang mit genossenschaftlichem Wohnungsbesitz (gegenüber dem anonymen kommunalen

gungen der parlamentarischen Demokratie. In einer solchen Kommunalpolitik sah man nicht nur das wirksamste Mittel des politischen Kampfes gegen die bürgerliche Reaktion, sondern auch eine Möglichkeit zur Dämpfung der revolutionären Kräfte des Proletariats.

Ohne Zweifel bestand ein qualitativer Unterschied zwischen den kapitalistischen Praktiken vor dem Kriege und den Ergebnissen der zwanziger Jahre. Wohnung und Boden waren sektoriell (durch Kauf!) aus dem kapitalistischen Markt gelöst, die Bodenspekulation gebremst und der Mietzins beruhigt. Die Brauchbarkeit der Wohnung wurde wichtigstes Anliegen progressiver Architekten und Kommunalpolitiker. Die Baugenossenschaften bewährten sich, was die Steigerung der Gebrauchswerteigenschaften der Wohnungen betrifft, als Vorkämpfer. Ihr Anteil am Bauvolumen betrug in Magdeburg 1925 bis 1930 zwischen 90 Prozent und 95 Prozent. Waren 1923 nur 230 Wohnungen neu gebaut worden, so stieg die Zahl bereits 1926 auf 1195 Wohnungen, 1929 auf 1985 und 1930 auf über 2000 Wohnungen. Damit hatte der Wohnungsbau in Magdeburg einen Umfang erreicht, mit dem man innerhalb eines Jahrzehnts das gesamte Wohnungsdefizit abzubauen hoffte.[28]

Die Siedlungen

Als erster großer Siedlungskomplex entstand die Siedlung an der Diesdorfer Straße, die heutige „Hermann-Beims-Siedlung" (Abb. 7–9). Die Planung stammt von 1924, gebaut wurde ab 1925. Der Komplex umfaßte in dem bis zum Jahre 1928 vollendeten Teil über 2100 Wohnungen in meist dreigeschossigen Reihen, die vorwiegend in Nord-Süd-Stellung ausgerichtet waren. „Überlegungen über die Lage der Wohnstätten zu den Arbeitsstätten, die Ausnützung der Verkehrswege, die Eingliederung in das Versorgungsnetz und die bodenpolitischen Möglichkeiten" hatten zur Erschließung dieses Geländes geführt.[29]

23 Einfamilien-Reihenhäuser für kinderreiche Familien, 1927/28 (Am Schroteanger)

24 Mehrfamilienhaus für Lungenkranke, 1928
(Steinbergstraße/Ecke Harsdorfer Worthen)
Gartenseite nach Süden

25 Zwölffamilienhaus für Lungenkranke, 1930
Cracau I (Bassermannstraße)
Gartenseite nach Süden

Die gesamte Siedlung durchzieht ein west-östlicher, also zum Stadtzentrum gerichteter Grünstreifen, der den Blick zum Dom ermöglichte. Der heutige Beimsplatz ist Eckpfeiler der Gesamtanlage. Hier befinden sich die Läden. Die Gebäude sind auf vier Geschosse erhöht und zum Teil gestaffelt. Die Häuser haben Flachdächer. Lediglich die Blöcke an der Großen Diesdorfer Straße sind mit Steildächern gedeckt. Rühl begründete dies damit, daß hier der Übergang zur benachbarten Siedlung einen Ausgleich der Massen für das Auge notwendig gemacht habe. Das Flachdach ist die logische Folgerung aus der räumlich-skulpturalen Einheit der Gesamtanlage. Die Gliederungselemente wirken wie aus einem Block geschnitten. Die „Fassaden" eines Straßenraumes sind einheitlich, die einzelnen Straßenräume jedoch verschieden gestaltet. Die Unterschiede bestehen in der Anordnung der Treppenhäuser, der Balkone und Loggien sowie in der Staffelung der Hauseinheiten. Ziel war die „abwechselnde Gruppierung der im wesentlichen gleichen Grundelemente."[30] Vor allem die eurhythmisch-kubische Ausformung der Endigungen verlieh den relativ kurzen Hausreihen den Charakter straff durchgeformter Baublöcke (Abb. 7). Wenn auch, schrieb Rühl, das Formalarchitektonische nicht das Wesentliche einer solchen Anlage sei, sondern natürlich die gesunde Wohnung mit Luft, Licht und Sonne in jedem Raum in technisch guter Ausführung, so könne doch das Problem der Kleinwohnungsgestaltung nicht gelöst werden, „so lange die Tatsache, daß es sich um Kleinwohnungen handelt, verschämt hinter einer unwahrhaftigen Maske verborgen wird. Ehrliche Sachlichkeit, aus der der Wille hervorleuchtet, die an sich notwendigen Dinge nach Formgesetzen untereinander zu ordnen, wird den Kleinwohnungsbauten am sichersten ihren eigenen Charakter geben."[31]

Die Wohnungsgrundrisse boten wenig Neues. Im wesentlichen war gefordert, Wohnraum zur Verfügung zu stellen, der der Sozialstruktur der Bewoh-

Hausbesitz), dadurch geringere Kosten bei der Werterhaltung, größere architektonische Vielfalt, Optimierung der staatlichen Mittel durch Eigenmittel der Genossenschafter und durch bedürfnisgerechte Wohnformen. Um bei den vom Wohnungsamt belegten Wohnungen des Vereins für Kleinwohnungswesen ein ähnliches Engagement zu erreichen, wurden dort „Mietervereinigungen" gegründet, deren Mitglieder zusätzlich durch geringe Einlagen für die Angelegenheiten der Gemeinschaft stimuliert wurden.

27 Da sich die Mieten aus den aufgewendeten Mitteln und deren Verzinsung errechneten, bedeuteten die nur mit 1 % verzinsten Hauszinssteuerbeiträge, pro Wohnung 3 000 bis 4 000 RM, eine spürbare Verbilligung. Finanzierungsbeispiel für eine 70-m^2-Wohnung (nach Stadtverordnetenprotokoll Nr. 20, 12. 2. 1925)

	Kapital in RM	Zinsfuß in %	Betrag in RM
Eigenmittel d. Bauherrn	700	6	56,00
1. Hypothek von Sparkasse	3 180	10	318,00
Hauszinssteuerhypothek	3 120	1	31,20
Erbbauzins (für Baugrund)	1 500	4	60,00
Unterhaltungskosten			147,00
ergibt eine Jahresmiete von			612,20

ner entspreche. Das bedeutete zum einen relativ größere Wohnungen für Beamte und Angestellte (Bauherr „Heimag"), zum anderen kleine billige Wohnungen für Dringlichkeitsfälle (Bauherr Verein für Kleinwohnungswesen). Die größeren Wohnungen wurden mit reinen Kochküchen ausgestattet, die kleineren mit Wohnküchen. Als äußerst problematisch erwies es sich, daß im Interesse niedriger Mieten nur die Räume für die Bäder vorgesehen wurden, deren Ausstattung aber den Mietern überlassen blieb. Auch verzichtete man auf ein zentrales Heizsystem, da man nicht imstande war, den Wärmeverbrauch der einzelnen Mieter zu berechnen.

Die Beims-Siedlung verkörpert eines der frühesten und zugleich überzeugendsten Beispiele einer neuen Form im Massenwohnungsbau, zu der das Neue Bauen nach Überwindung des romantischen, stadtflüchtigen Gartenstadtideals überging. Nach ihrer Fertigstellung baute der Verein für Kleinwohnungswesen die Siedlungen Neue Neustadt und Cracau I. Die Siedlung Neue Neustadt (Abb. 18–20) sollte sich großflächig zwischen Rothenseer Straße und einer entlang der Schrote geplanten Grünanlage stadteinwärts erstrecken. Bebaut wurde jedoch nur das östlich der Straße gelegene dreieckige Gebiet. Die Siedlung war für Arbeiter des benachbarten Industriegebiets bestimmt. Zumutbare Mietpreise ließen lediglich Klein- und Kleinstwohnungen zu.

Vier- und dreigeschossige gestaffelte Reihen an der Ohrestraße, eine differenzierte asymmetrische Ecklösung (zur jetzigen Curiestraße), große geschwungene Zeilen an der Rothenseer Straße und an den inneren Wohnstraßen umschlossen einen parkartigen Grünraum, an welchem ein großzügiges Siedlungszentrum (Abb. 18) entstehen sollte. Der bereits beschlossene Bau fiel der Weltwirtschaftskrise zum Opfer.

Auf der östlichen Elbseite in Brückfeld liegt eine kleine Siedlung des Mieter-Bau- und Sparvereins (Abb. 16, 17), die noch heute durch eine eigenwil-

[28] Die Zahlenangaben schwanken, je nachdem, ob das Jahr der Finanzierung oder das Jahr der Fertigstellung zugrunde gelegt wird. 1930 waren nach einer anläßlich der Dewog-Tagung in Magdeburg veröffentlichten Statistik bis 30. Sept. 2290 Wohnungen fertiggestellt und 1667 Wohnungen im Bau. Davon gehörten jedoch nach Finanzierung über 700 ins Vorjahr, wo sie aber wegen des extremen kalten und langen Winters 1928/29 nicht fertig geworden waren. Insgesamt wurden in Magdeburg von 1919 bis 1932 etwa 12000 Wohnungen neu gebaut.

[29] Rühl, K.: Stadterweiterungspläne, in: Magdeburger Amtsblatt 3 (1926), S. 500–502

[30] Rühl/Weißer, a. a. O., S. 40, siehe Anm. 23

[31] Rühl, K.: Zu den Wohnungsbauten der Großen Diesdorfer Straße, in: Magdeburger Amtsblatt 3 (1926), S. 645

26 Erwerbslosensiedlung für Bauarbeiter
Lemsdorf (Kreuzbreite)
Architektur: Hochbauamt
Baujahr: 1932
Anzahl der Wohnungen: erster Bauabschnitt 50, zweiter Bauabschnitt 35
Doppelhäuser auf je 550 m^2 großem Grundstück, Wohnungen mit Wohnküche, zwei Kammern, Abort, Waschküche, Stall;
Miete: 12 Mark (später Eigentumswohnungen)
Erdgeschoß Ziegelhohlsteinmauer, Dachgeschoß in Fachwerk mit Brettverschalung und Bitumfilzisolierung

lige plastisch farbige Gliederung auffällt. Der Entwurf stammte vom Stadterweiterungsamt. Der Verein baute ausschließlich Wohnungen kleinsten Typs in Mehrfamilienhäusern. Eine Wohnung umfaßte in der Regel zwei Zimmer, Wohnküche, Kochnische und Bad.

Die Siedlung Cracau I liegt auf einem Gelände unmittelbar an der Alten Elbe (Abb. 21, 22). Die Architekten nutzten diese bevorzugte Lage. Gekrümmte Straßenzüge, die sich trichterförmig und gestaffelt nach Westen öffnen, erlauben aus einer größtmöglichen Anzahl von Wohnungen die Sicht zur Alten Elbe und zum Rotehorn-Park. Breite Loggien für je zwei Wohnungen unterstreichen diese Ausblicksmöglichkeit (Abb. 21).

Vielfalt der Mittel

Die Genossenschaften bevorzugten für ihre Siedlungen in den Außenbezirken den Flachbau in Gruppen- und Reihenhäusern. Das Stadterweiterungsamt verfolgte dabei die Strategie einer Vielfalt in der Einheit. Obwohl es das einheitliche Stadtbild anstrebte, drängte es im Interesse architektonischer Vielfalt die Baugenossenschaften, freie Architekten mit dem Entwurf zu beauftragen. So planten Lippsmeier für die „Heimstättenbaugenossenschaft" in Lüttgen-Salbke und in Eichenweiler, Ferchland für die „Gemeinnützige Baugenossenschaft" am Westfriedhof und Taut für die Gartenstadt „Reform".

An der südlichen Peripherie der Stadt errichtete der Siedlungsverein „Neue Heimat" nach Plänen des Stadterweiterungsamtes auf einem 1926 erschlossenen 20 Hektar großen Gelände die Siedlung Westerhüsen: Gruppen- und Reihenhäuser mit Satteldach, Zollingerdach und Flachdach (Abb. 13–15). Unter ihnen bestechen die Häuserreihen mit Flachdach an der Jenaer Straße durch Brillanz und Modernität.

Auf der Rückseite ergeben die Fassaden mit ihren Öffnungen, mit den Anbauten für Wirtschaftszwecke (zugleich Terrassen) und mit den Treppen ein

27–29 Erwerbslosensiedlung Birkenweiler (Milchweg)
Architektur: Stadterweiterungsamt
Baujahr: 1932
Erdgeschoß Schlackenbeton in versetzbarer Schalung gegossen; Dachgeschoß wie Erwerbslosensiedlung Lemsdorf (Abb. 26)
27 Doppelhaus, Straßenseite
28 Doppelhaus, Grundriß
29 Doppelhaus, Gartenseite

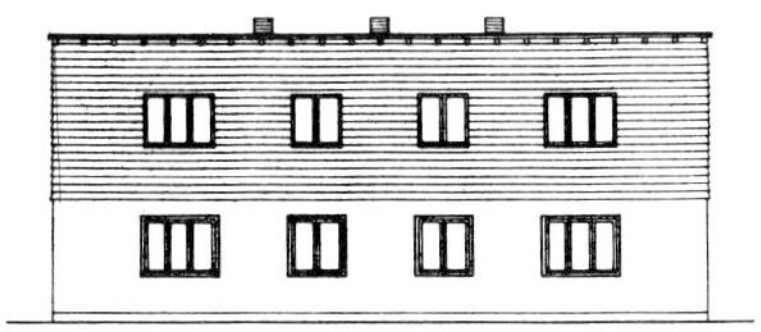

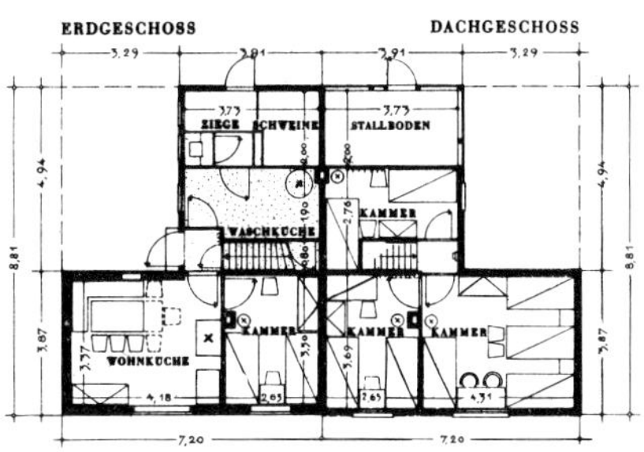

feinfühliges plastisches Relief. Die Folge gleicher Häuser stellt sich ehrlich auch als eine solche dar. Das erinnert an Gropius' Siedlung in Dessau-Törten oder an Aaltos Siedlung Sunila. Während jedoch Gropius in der Nachfolge von Loos' 1922 patentiertem „Haus mit einer Mauer" die Vorder- und Rückwände tatsächlich jeweils zwischen die Wandscheiben hängte, wurden die Magdeburger Häuser ringsum gleichartig aufgemauert. Was als Querwandkanten erscheint, sind in Wahrheit bloße Pfeilervorlagen. Sie wirken, zumal sie durch Klinkerstreifen deutlich hervorstechen (Abb. 14), als ästhetische Elemente der Addition.

Sonderbauten

Das Stadtbauamt übernahm Sonderbauaufgaben wie Wohnungen für Kinderreiche (Am Schroteanger, Abb. 23), Wohnungen für Alte (im Stift St. Georgii, im Komplex Beims-Siedlung) und Wohnungen für Lungenkranke (Abb. 24, 25). Diese Aufgabe stellte sich als besonders schwierig heraus. Die Separierung der Kranken, das hatten Erfahrungen in anderen Städten ergeben, konnte zu schweren psychischen Belastungen führen. Daher fügte das Stadtbauamt die für Lungenkranke bestimmten Blöcke mit insgesamt hundert hygienisch besser ausgestatteten Wohnungen – sie verfügten über Liegebalkons, große Fenster und zusätzliche Sanitärausrüstungen – in die normale Bebauung ein.

Erwerbslosensiedlungen

1931 ging der Wohnungsbau als Folge der Weltwirtschaftskrise drastisch zurück. Die Zahl der Arbeitslosen stieg in Magdeburg auf über 30000. Die Reichsregierung verfügte im Rahmen der Notverordnungen den Bau von „Stadtrand- und Erwerbslosen-Siedlungen" mit einem Minimum an technischer Ausstattung und mit Gartenland zur Teilselbstversorgung. Man wollte

30/31 Thermos-Fertigteilhäuser (Versuchsbauten anläßlich der Deutschen Theaterausstellung in Magdeburg)
Baujahr: 1927
Architekt: Johannes Göderitz
Verwendung fabrikmäßig hergestellter Platten eines Systems des Hamburger Ingenieurs Hans Pohlmann. Die Platten bestanden aus Holzrahmen, einer Außenhaut von Eternitplatten und einem inneren System kleiner Luftkammern zwischen imprägnierter Pappe.
Sie haben den Vorteil großer Wärmedämmung bei geringer Wandstärke.
Kleinerer Typenbau A: Wohnraum, Schlafräume, Küche (eingebaut), großer Vorflur, Bad und Kammer im Dachgeschoß
Größerer Typenbau B: Arbeitszimmer, Schlafzimmer, zwei kleine Stuben, Glasveranda, Küche, Speisebar, Bad sind um ein zentrales und erhöhtes Wohnzimmer herumgelegt
30 Bau A (vorn im Bild) und B (im Hintergrund)
31 Wohnraum in Typenbau A

die Arbeiter an die Peripherie der Städte drängen und sie durch Bindung an die „Scholle“ politisch inaktivieren. In Magdeburg entstanden fünf derartige Siedlungen. Erwähnenswert sind die Anlage am Milchweg in Birkenweiler (Abb. 27–29) sowie die Lemsdorfer Siedlung für Bauarbeiter (Abb. 26). Unter der Leitung des Hochbauamtes errichteten hier hundert Bauarbeiter mit einfachen Mitteln gemeinsam ihre Häuser selbst

Design für neues Wohnen

Um für möglichst viele Menschen mit den zur Verfügung stehenden Mitteln in möglichst kurzer Zeit erträgliche Wohnbedingungen zu schaffen, war es nötig, Kompromisse einzugehen. Zum Beispiel sollte sich, wenn schon die Wohnfläche verkleinert werden mußte, wenigstens der Ausstattungsgrad der Wohnungen erhöhen.

Umfangreiche Forschungen beschäftigten sich in jenen Jahren mit dem Problem, wo das Minimum an Wohnfläche, das nicht mehr unterschritten werden dürfe, läge, durch welche Baumethoden sich die Baukosten verringern ließen und wie die Wohnabläufe durch gute Raumorganisation, neue Möbel, bessere Ausstattung zu rationalisieren seien. Der Beitrag Magdeburgs hierzu ist – im Vergleich zu anderen Städten – klein.

Man blieb beim Mauerwerksbau und sonstigen gesicherten Baumethoden, die lediglich durch Konzentration auf große Baukomplexe und erhöhten Maschineneinsatz effektiver gemacht wurden.

32 Magdeburger Küche
Gestaltung: Hochbauamt (nach Vorschlägen der Reichsforschungsgesellschaft für Wirtschaftlichkeit im Bau- und Wohnungswesen), 1928

33 Halle „Stadt und Land"
(heute Hermann-Gieseler-Sporthalle)
Architekten: Bruno Taut,
Johannes Göderitz, 1922

34 Haus der Gewerkschaften, Entwurf
Architekt: Carl Krayl, 1930
(in reduzierter Form ausgeführt)

35 Geschäftshaus Brenninkmeyer, 1928/29
(1945 zerstört)
(Breiter Weg, heutige Karl-Marx-Straße)
Architekt: Georg Heinze

36 Geschäftshaus Klavehn, 1928/29
(1945 zerstört)
(Breiter Weg, heutige Karl-Marx-Straße)

Der Ausstattungsgrad der Wohnungen des Vereins für Kleinwohnungswesen war gering. Dadurch erreichte man zwar die niedrigsten Mieten für derartige Wohnungen in Deutschland, schränkte aber die Gebrauchstüchtigkeit erheblich ein. Nach 1927 begannen Baustoffpreise und Zinssätze rapide zu steigen. Man stand vor der Entscheidung, entweder weniger Wohnungen zu bauen oder die Größe der Wohnungen zu reduzieren. Man entschied sich für das letztere. Dies wiederum zwang dazu, bessere, raumökonomische Ausstattungen zu schaffen. In diesem Zusammenhang entwickelte das Hochbauamt eine Küche für Klein- und Mittelwohnungen (Abb. 32), eine zweckmäßig eingerichtete Speisekammer, verschiedene raumsparende Einbaumöbel für Flur-, Wohn- und Schlafräume. Es begann die Suche nach neuen Grundrißtypen[32] und neuen Wohnformen. Carl Krayl versuchte, bei den Zweieinhalb-Zimmerwohnungen der kleinen Siedlung für die „Bauhütte" (einer Produktivgenossenschaft von Bauhandwerkern) an der Jordanstraße die Wohnküche dadurch zu vermeiden, daß er den Küchenbereich als Nische des Flurs ausbildete. Experimentellen Charakter trugen zwei 1927 aus Anlaß der Theaterausstellung aufgebaute und mit Musterwohnungen eingerichtete Thermos-Fertigteilhäuser (Abb. 30, 31).

Aufklärungsarbeit

Neues Bauen bedeutete neues Wohnen. Bei ihrem Ringen um rationellere Wohnungsgrundrisse und bessere Ausstattungen mußten die Vertreter des Neuen Bauens unweigerlich in Konflikt mit dem tradierten Wohnverhalten geraten. Die Träger eines mit öffentlichen Mitteln finanzierten Wohnungsbaus konnten nicht gleichgültig bleiben, wenn der Wert mühsam geschaffenen Wohnraums durch falschen, unzweckmäßigen Gebrauch gemindert wurde. „Wir haben", hieß es 1930 in der Zeitschrift Die Wohnungswirtschaft, „eine Wohnungsnot nicht mehr durch fehlende Wohnungen, sondern auch

[32] In Drucksache 141 vom 15. Juni 1926 der Stadtverordnetenprotokolle wurde der Neubau von Typenwohnungen als technische Versuchsbauten erwähnt, die von herkömmlichen Typen abweichende Grundrisse und neuartige Konstruktionen haben sollten.

[33] Hartig, Margarete: Erziehung zur Wohnkultur, in: Die Wohnungswirtschaft 7 (1930), S. 384

[34] Xanti Schawinsky (geb. 1904 in Basel) war Schüler des Bauhauses (Reklame-Abteilung) und gehörte eine Zeit lang zum engsten Kreis um Walter Gropius. Er verließ Magdeburg „wegen politischer Belästigungen" 1931.

[35] Magdeburger Amtsblatt 7 (1930), S. 356

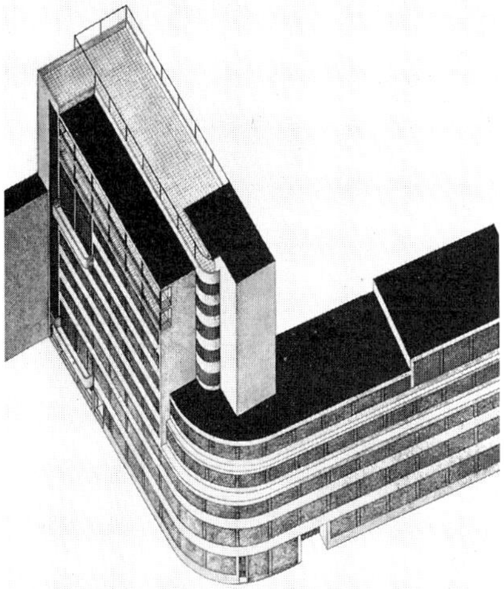

durch unzweckmäßig eingerichtete, schlecht bewohnbare."[33] Auch in Magdeburg stand man vor diesem Problem. Eine Küche, so stellte Konrad Rühl fest, die nur einigermaßen Platz zum Sitzen böte, werde oft zum einzigen Wohnraum der Familie, während das eigentliche Wohnzimmer entsprechend dem bürgerlichen Klischee von der guten Stube aus dem alltäglichen Gebrauch ausgeklammert sei und für „den Besuch" reserviert bleibe. Um den alten Leitbildern des Wohnens entgegenzuwirken, setzte in Magdeburg eine rege Öffentlichkeitsarbeit des Bauamtes, der Volkshochschule, des Kulturhistorischen Museums und anderer ein. Die Mitarbeiter des Bauamtes Johannes Göderitz und Willy Zabel führten ab 1929 Volkshochschulkurse zur Förderung neuer Wohnvorstellungen durch, die sie mit Besichtigungen der Siedlungen verbanden. Vor allem aber organisierten das Stadtbauamt und das 1928 gegründete Städtische Ausstellungsamt zahlreiche Ausstellungen, die im wesentlichen von der 1923 gegründeten Graphik- und Fotoabteilung des Hochbauamtes gestaltet wurden. Von 1929 bis Ende 1931 erreichten sie unter der Leitung Xanti Schawinskys gestalterisch und didaktisch ihre höchste Qualität.[34] Gemäß seiner Devise „Der Buchstabe tötet, die Anschauung macht lebendig"[35] setzte Schawinsky die Fotografie als Großfoto oder in Fotomontage wirkungsvoll zur augenfälligen Vermittlung der Aussagen ein. Solche Ausstellungen, die neues Wohnen propagierten, waren: „Der zweckmäßige Haushalt" (Anfang 1929, noch ohne Schawinsky), „Die Frau" (April 1930, mit einer eigenen Abteilung des Hochbauamtes), die Magdeburger

37 Werbegerüst vor dem Hauptbahnhof mit auswechselbaren Tafeln, 1930

38 Telefonzelle mit Normaluhr, zugleich Werbeträger

Sektion der Hygiene-Ausstellung in Dresden (Mai 1930) und die Magdeburger Präsentation der Wanderausstellung „Die Wohnung für das Existenzminimum" (September 1930).

Kommunale Hochbauten

Die kommunalen Bauaufgaben der Stadt Magdeburg umfaßten ein breites Spektrum. Sie reichten von den Anlagen für eine neue Wasserversorgung aus der Letzlinger Heide, die die gesundheitsgefährdende Verwendung von Elbwasser ablöste, bis zu Friedhofsbauten. Die Entwürfe, die das wirtschaftliche und kulturelle Profil der Stadt prägten, stammten zumeist von den Mitarbeitern des Hochbauamtes Fritz Kneller, Walter Günther, Kurt Schütz, Franz Geißler unter Leitung von Johannes Göderitz. Einige Bauten entwarf Carl Krayl.

An vorderster Stelle stand – auf Grund der Aufgaben Magdeburgs als Umschlagplatz landwirtschaftlicher Produkte – die Errichtung großer Hallenbauten. Der erste Großbau dieser Art war die Vieh- und Ausstellungshalle „Stadt und Land", die Bruno Taut 1922 zusammen mit Johannes Göderitz baute (Abb. 33). Ihr folgten – vom Hochbauamt entworfen – 1923 eine Kleinviehmarkthalle, 1924 eine Großviehmarkthalle mit dem charakteristischen Motiv eines vier Meter ausladenden Vordaches, dann 1926 die Viehmarkthalle auf dem Schlacht- und Viehhof, alle in Stahlbeton, mit stehenden Oberlichtfenstern, Klinkerverkleidung und markanten Giebelmotiven.

Von den Bauten für die städtische Versorgung ist das Apparatehaus für das Gaswerk (1923) besonders bemerkenswert, weil seine konstruktiv-architektonische Idee bei dem wichtigen Bau des Hochbauamtes, der Stadthalle, wieder auftaucht. Dünne Klinkermauern gewannen statische Sicherheit und plastische Kraft, indem sie in Teilen über U-förmigem Grundriß hochgezogen wurden. Dazwischen lagen vertieft die wandhohen Fenster. Oben wurde, um

39 Normaluhr und beleuchtetes Straßenschild
Gestaltung: Stadtbauamt, 1930

den Eindruck von Massivität zu vermeiden, nur eine dünne Betonplatte aufgelegt. Auf ihr saßen die Binder.

Im Bereich des Gesundheitswesens bestand die wichtigste Aufgabe in der Neuplanung der Gesamtanlage des Krankenhauses Sudenburg. Unter deren Neubauten fällt die Chirurgische Klinik wegen der architektonischen Gestaltung auf. Um eine leichte Veränderung der inneren Raumaufteilung zu erleichtern, wählte man ein Stahlskelett, das jedoch völlig mit Backstein verkleidet wurde. Plastisch vorstehende Betonbänder als obere und untere Einfassung der Fenstergruppen schaffen zusammen mit Balkonen an der Südseite einen hellen Kontrast zum Mauerwerk (Abb. 42).

Da noch 1925 über 90 Prozent der Magdeburger Wohnungen ohne Bad waren, wurde es dringend notwendig, „Volksbäder" zu errichten, dies vor allem in den Altbaugebieten, doch ist 1930 auch in der Beims-Siedlung, mit Un-

40/41 Gebäude der Allgemeinen Ortskrankenkasse (heute Sozialversicherung) (Lüneburger Straße)
Architekten: Carl Krayl, M. Worm, 1926/27
Bauweise: Stahlbetonskelett, sechsgeschossig, Fassade aus blauweißem Eisenklinker, Fensterrahmen blau und weiß; 17 m hohes Treppenhausfenster aus Luxfer-Prismen
40 Fassade

41 Schalterhalle

terstützung der Mietervereinigung, ein Zentralbad gebaut worden. Architektonisch interessant ist das Volksbad mit Bücherei „Südost" von 1926 (Abb. 43). Es ist ein Klinkerbau, bestehend aus drei asymmetrisch zusammengefügten Baukörpern für das Treppenhaus, das Badehaus und für die Bücherei und Hausmeisterwohnung. Carl Krayl baute zwei Jahre später ein ähnliches Badehaus für die Ortskrankenkasse in Sudenburg (Abb. 44). Es erhielt ein völlig anderes Aussehen. Nur die Asymmetrie ist auch hier selbstverständlich. Sonst aber handelt es sich um einen Putzbau, kubisch, glatt und hell. Das Eingangsmotiv wirkt wie eine konstruktivistische Plastik in der Nachfolge holländischer De-Stijl-Architektur. Ein so hoher gestalterischer Einsatz für bescheidene Sozialbauten war Ausdruck einer neuen gesellschaftlichen Werteskala innerhalb der Bauaufgaben.

Die Schulbauten des Hochbauamtes standen im Zusammenhang mit der Schulreformbewegung. Magdeburgs Schulwesen suchte Anschluß an diese Bewegung. Besonders die 1922 und 1924 im heutigen Stadtfeld und im Arbeiterviertel Buckau gegründeten „Versuchsschulen" arbeiteten nach Grundsätzen der Arbeitsschule – Lernen durch selbständiges Tun in den Werkstätten, bei freier Beschäftigung (als Unterrichtsform), im Unterrichtsgespräch und in den zahlreichen für die Oberstufe angebotenen Kursen von Schreibmaschineschreiben über den Apparatebau bis zu Phantasiezeichnen und Gymnastik. Dieser „neuen Schule" sollte das „neue Schulhaus" folgen. Zum Gebäude der Volksschule Rothensee von 1925/26 sagte Göderitz, für ihn habe hier das Problem auf der pädagogischen und hygienischen Seite gelegen, „um eine neue Schulform praktisch möglich zu machen"[36]. Göderitz beschreibt die Anlage: „In dieser Schule liegen sämtliche Klassen ebenerdig und haben durch einen ... kleinen Vorraum, der als Windfang dient, Ausgang zu je einem kleinen Gartenstück, so daß nach Belieben Unterricht im geschlossenen Raum und im Freien abgehalten werden kann. Dunkelrotes,

[36] Göderitz, J.: Magdeburg, die Stadt des neuen Bauwillens, a. a. O., S. 30

42 Chirurgische Klinik im Krankenhaus Sudenburg
Architekt: Johannes Göderitz, 1926

weiß gefugtes Ziegelmauerwerk, weiße Holzfenster, naturrotes Biberschwanzdach schaffen mit dem Grün der Hecke das Bild einer Schule neuen Geistes."[37]

Die „Versuchsschule" in Stadtfeld ist im Unterschied zur Rothenseer Schule ein vorwiegend dreigeschossiger Komplex. Bei ihr wurde die Wandelbarkeit der Normalklassenräume erprobt.

Die zwei bedeutendsten Einzelbauten Magdeburgs der zwanziger Jahre sind das Gebäude der Allgemeinen Ortskrankenkasse (heutige Sozialversicherung) von Carl Krayl und Max Worm, 1925 im Rahmen eines Wettbewerbs entworfen und 1927 fertiggestellt, und die Stadthalle (1926/27) von Göderitz und seinen Mitarbeitern.

Das Gebäude der Ortskrankenkasse (Abb. 40, 41) umfaßt einen Verwaltungsteil mit Bürogeschossen und einer großen Kassenhalle sowie verschiedene medizinische Einrichtungen. Ein überraschend weites Treppenhaus bildet den architektonischen Höhepunkt der Anlage. Die Wände des Treppenhauses sind mit fein abgestuften farbigen Kacheln verkleidet. Durch das mehrere Geschosse hohe Fenster aus Luxfer-Prismenglas fällt ein helles, alle Winkel des Treppenhauses gleichmäßig ausleuchtendes Licht. Ähnlich beeindruckend ist die Kassenhalle mit ihrem großen Oberlicht aus den gleichen Glassteinen. Treppengeländer, Türen und Papierkörbe sind mit viel Metall in das Farbspiel einbezogen. Die Fassade in blaubraunem Klinker ist vor ein Stahlbetonskelett gesetzt. Ein Rücksprung über dem fünften Geschoß stellt den Bezug zu den Traufhöhen der Nachbargebäude her. Die Wandpfeiler im spätexpressionistischen Gestus gewinnen dadurch die Möglichkeit, sich oben strebepfeilartig zu entfalten. In der großen Glasfläche als Zentrum der Fassade klingen Glas-Träume der früheren Jahre nach.

Als es der Stadt gelungen war, die für 1927 geplante Theaterausstellung in ihre Mauern zu holen, ging man mit dem Bau der großen Stadthalle (Abb. 45,

[37] ebenda
[38] Behrendt, W. C.: Die neue Stadthalle in Magdeburg, in: Zentralblatt der Bauverwaltung 29 (1929), S. 397

43 Volksbad Südost mit Bücherei, Alt-Salbke
Architekt: Johannes Göderitz, 1926

44 Volksbad der Allgemeinen Ortskrankenkasse, Lemsdorfer Weg in Sudenburg
Architekt: Carl Krayl, 1929

46) daran, ein lang gehegtes Projekt zu verwirklichen. Der Standort im Rotehorn-Park war durch den Generalsiedlungsplan vorgegeben. Mit ihr sollte die repräsentative östliche Elbuferbebauung eingeleitet werden. Obwohl vorerst lediglich ein Viertel des endgültigen Projekts gebaut werden sollte, erzwang der schlechte Baugrund, der kein stückweises Bauen erlaubte, kurzfristig die Errichtung des gesamten Baues. Die Entscheidung fiel viereinhalb Monate vor der Einweihung (28. Mai 1927). Daraus erklären sich einige Besonderheiten des Baues: ein hoher Grad von Montage bei Verwendung von Stahlskelett (im Untergeschoß Stahlbetonskelett) und eine Konstruktionsidee, die soweit wie möglich gleiche Elemente und einen rationellen Bauablauf zuließ. Der Saalkörper besteht aus relativ gleichen Elementen. Die Ummantelung geschah in der erwähnten Weise mit U-förmigen Wandteilen. Zwischen ihnen befanden sich Lichtflächen aus Luxfer-Prismen. Die konstruktiv-architektonische Lösung garantierte zugleich hohe Funktionalität bei der Bewältigung großer Besucherströme. Die Magdeburger Stadthalle faßte etwa 5000 Besucher.

Einschließlich des reichen Programms an Nebenräumen war es Göderitz gelungen, die gestellte Aufgabe, „einen Bau der Gemeinschaft zu schaffen ..., ein Haus des Volkes für Versammlungen, Kongresse, Musik und Lustbarkeiten"[38], auf einfache Weise in einem apparatehaften Baukörper zu erfüllen.

Das Festgelände selbst war von Albin Müller (genannt Albinmüller) aus Darmstadt geplant worden. Den Eingang zum Ehrenhof bildeten sechs Klinkerpfeiler des sogenannten Pferdetores. Lichtsäulen auf tulpenförmigem Sockel beleuchteten den Platz. Beides, die Pylonen des Tores und die Lichtsäulen, gehören zur Formensprache des Art Deco. Als Ausgleich für den mächtigen, gelagerten Baukörper der Stadthalle errichtete Albinmüller einen Aussichtsturm, der von einem fünfzehn Meter hohen Glasgehäuse bekrönt

45/46 Stadthalle
Architektur: Johannes Göderitz und Mitarbeiter des Hochbauamtes, 1926/27
Baukörper etwa 100 m lang, 50 m breit und 22 m hoch; Konstruktion im Untergeschoß Stahlbetonskelett, darüber Stahlskelett; Ummantelung des inneren Saalkörpers und der zweigeschossigen Umfassungsbauten für die Wandelhallen und Treppen aus U-förmigen Wandelementen in Eisenklinker, Fensterflächen des Saales aus Luxfer-Prismen im Stahlrahmen; gleichmäßige Ausleuchtung ohne Schatten und Überstrahlung.
Funktionelle Führung der Besucherströme durch je fünf Seiteneingänge über Garderoben im Untergeschoß und je fünf Treppen zu den Saalplätzen; vier Ecktreppen führen zu den Emporen; Saal und obere Wandelhallen mit Holztafeln verkleidet, Decke in Stülpschalung; Sitzplätze des Großen Saales: etwa 3500; Bühnenpodium für 1000 Mitwirkende.
Ergänzende Räume: großes Foyer, kleiner Saal für 300 Personen, auf der Nordseite viergeschossiger Wirtschaftsbau mit Großküche und Café.
1945 teilweise zerstört und 1948–1957 wieder aufgebaut.

wurde. In ihm befand sich ein Aussichtsrestaurant. Nachts erschien dieser Glasaufbau, von innen beleuchtet, wie eine Lichtburg, wie eine „Märchenburg" (Albinmüller) über der Stadt.

„Stadt des neuen Bauwillens"

Nüchtern rechnend und ohne große Propaganda haben die Magdeburger Architekten und Baubehörden ihre Siedlungen in einer Weise verwirklicht, die dem Vergleich mit Projekten in anderen Städten standhalten. Sie haben sich dabei nicht an den Rand der Stadt drängen lassen, sondern die großen Komplexe städtebaulich bestimmend an das zentrumsnahe Gebiet herangeschoben. Ihre Strategie ließ die Gesamtstadt nicht aus den Augen, auch wenn Teile davon aus finanziellen oder bodenpolitischen Gründen vorläufig unzugänglich blieben, das heißt, sie folgten beharrlich dem von ihnen selbst aufgestellten Grundsatz, daß man beim Wohnungsbau von vornherein in Stadtvierteln zu denken habe. Sie beschränkten sich auf das solid Machbare und leiteten die architektonische Form sachlich aus der Bestimmung der Bauten, aus „neuen Baukonstruktionen und Materialien, aus wirtschaftlichen Überlegungen"[39] ab.

Als Baumaterial bevorzugte man den durablen Klinker, seiner Widerstandsfähigkeit und Beständigkeit wegen hielt man ihn für unverzichtbar. Die Bauten erhalten dadurch in ihrer Summierung einen Zug ins Schwerblütige.

Bei jedem Einzelbau wurde der übergeordnete Bezug, das städtebauliche Ganze mitgedacht. Göderitz schrieb dazu: „Jede Aufgabe, auch die geringste, wurde so angefaßt, daß nach einer ganz nüchternen Programmaufstellung zunächst die Eingliederung des Einzelbaus an die vorhandene oder geplante Nachbarschaft nach städtebaulichen Gesichtspunkten erfolgte. Hieraus ergab sich die äußere Erscheinung unter Berücksichtigung der gewählten Konstruktion, der Materialien und der Zweckbestimmung. Die be-

[39] Göderitz, J.: Ein Jahrzehnt Städtebau- und Hochbaupolitik, in: Magdeburger Amtsblatt 7 (1930), S. 10
[40] ebenda

46 Seitenansicht der Stadthalle

friedigendste Arbeit für den Architekten ist es sicher, wenn die Aufgabe eine funktionelle Gliederung der Baumassen ermöglicht. ... Bei Wahrung individueller Freiheit soll sich jedes Einzelbauvorhaben harmonisch in den Gesamtorganismus einpassen und schließlich hat das kollektive Bauen auch seinen neuen Stil gezeitigt, der im wesentlichen auf dem Rhythmus beruht."[40]

So brachte das Neue Bauen in Magdeburg ein unverwechselbares Lokalkolorit hervor und bildete einen ausgeprägt sachlichen Stil aus. Bei der vorwiegend pragmatischen Orientierung auf dringende Tagesaufgaben gelangte man zeitgleich zu einer ähnlichen interdisziplinären Kooperation wie am Bauhaus im benachbarten Dessau. Diese Gleichartigkeit erklärt wohl auch, warum der Magdeburger Magistrat 1932 bereit war, das Bauhaus zu übernehmen, als diesem die Arbeit in Dessau unmöglich gemacht worden war. Der Direktor der Schule, Mies van der Rohe, wollte jedoch das Bauhaus nicht noch einmal von den unsicheren politischen Kräfteverhältnissen in einem Landes- oder Stadtparlament abhängig machen und lehnte das vom Magdeburger Oberbürgermeister selbst überbrachte Angebot ab.

Sprache des Neuen Bauens

Karl-Heinz Hüter

Der allgemeine Übergang von einer vorwiegend handwerklichen zu einer vorwiegend industriellen Produktionsweise mit gänzlich neuen materiellen, konstruktiven, fertigungstechnischen und sozialen Bedingungen gegen Ende des neunzehnten und Anfang des zwanzigsten Jahrhunderts hatte auch in der Architektur zu krisenhaften Umwandlungen geführt. Sichtbare Anzeichen für diesen Prozeß waren die schrittweise Liquidierung des zum leeren Ballast gewordenen historisch-eklektizistischen Formenapparats. Die praktischen Zwecke und die neuen Lebensfunktionen durften nicht länger von einer repräsentativen Hülle erdrückt werden. Die Freisetzung von Erfordernissen der Basis und die Anerkennung der daraus hervorgegangenen Lösungen als neue ästhetische Norm wurde durch Theorien und Methoden gefördert, die unter dem Begriff Funktionalismus von progressiven Kräften zum grundlegenden Programm erhoben wurden.

„Das Zurückgehen auf den Zweck", schrieb Adolf Behne, „wirkt also immer wieder revolutionierend, wirft tyrannisch gewordene Formen ab, um aus der Besinnung auf die ursprüngliche Funktion aus einem möglichst neutralen Zustand eine verjüngte, lebendige, atmende Form zu schaffen".[1]

In diesem Sinne verbanden sich mit den Forderungen nach der „reinen Zweckform", der „neutralen Form", der „Form als Leistungserfüllung" und auch mit dem sogenannten Rohbauargument progressive Ziele.

Das Rohbauargument verlangte, die im konstruktiven Gerüst gegebene Gestalt auch architektonisch anzunehmen. Ludwig Mies van der Rohe begründete damit seine Hochhausentwürfe von 1921/22.

Der Funktionalismus forderte die Überwindung der Kluft zwischen Ingenieur und Architekt, zwischen Konstrukteur und Gestalter. Er förderte die Effektivität gesellschaftlicher Produktion. Er half, Bedürfnisse der werktätigen Massen zu ermitteln und in Wohnungsbau und Wohnungseinrichtung durchzusetzen. Durch seinen analytischen Ansatz leistete er eine wichtige Vorarbeit für die Industrialisierung im Bauwesen. Die in der Lehre tätigen Architekten Walter Gropius, Ludwig Hilberseimer, Hannes Meyer und andere entwickelten aus ihm Ansätze zu einer wissenschaftlichen Entwurfslehre.

Fehlleistungen drohten immer dort, wo utilitäre Gesichtspunkte verabsolutiert, menschliche Bedürfnisse auf die biologische Ebene eingeschränkt oder ein Automatismus der Formfindung vertreten wurden.

Daneben entwickelte sich ein Konflikt mit langer Nachwirkung. Indem nämlich der Funktionalismus die architektonischen und gestalterischen Lösungen von Gebäuden und Gerätschaften wieder mit den elementaren Funktionen und Konstruktionen in Übereinstimmung zu bringen suchte, warf er nicht nur „tyrannisch gewordene Formen" und die alte Herrschaftssymbolik ab, sondern mit ihnen notwendigerweise auch humanistische Überlieferungen und Werte, Muster des Vertraut- oder Beheimatetseins, die den historischen Formen eingelagert waren.

Das allgemeine Publikum registrierte nur diese Verluste, ohne zu den historisch entscheidenden neuen Werten Zugang zu gewinnen.

So übersah man, daß sich neben dem vom Funktionalismus betriebenen Prozeß der Liquidierung und Reinigung der Auf- und Ausbau einer neuen Formensprache mit einer wesentlich komplexeren Syntax vollzog, daß der Analyseprozeß sein Korrelat, seine notwendige Ergänzung, in einem Syntheseprozeß fand, der die ermittelten Fakten zu einer neuen sozial-kulturellen Einheit zusammenführte. Beharrlich verwiesen führende Künstler und Architekten auf diese Tatsache. Gropius zum Beispiel schrieb: „Viel wesentlicher als diese funktionsbetonte Ökonomie ist die geistige Leistung einer neuen räumlichen Vision im baulichen Schaffensprozeß. Während also die Praxis des Bauens Problem der Konstruktion und des Materials ist, beruht das Wesen der Architektur auf der Beherrschung der Raumproblematik."[2]

Es gehört zur Tragik der neuen Architektur, daß ihr in Deutschland, dem wichtigsten Land seiner Entstehung, kaum ein Jahrzehnt zur Ausbildung vergönnt war. Der Vernichtungsschlag durch die faschistische Machtübernahme traf die Bewegung, als sie nach einer kargen Frühstufe um 1930 gerade begonnen hatte, aus sich heraus Differenzierungen und visuell reichere Formen zu entfalten. Die Vertreibung vieler ihrer Verfechter förderte zwar einerseits die rasche weltweite Ausbreitung ihrer Gedanken und bewies dabei die in ihr angelegte Wandlungsfähigkeit, sie entzog ihr damit aber andererseits – und das wog auf die Dauer schwerer – die einheitliche soziale und kulturelle Lebensgrundlage, aus der heraus sie entstanden war und auf die sie sich bezogen hatte. Eine Architektur, deren primäres Anliegen darin bestand, sich in Übereinstimmung mit der realen gesellschaftlichen Praxis zu bringen und die räumliche Umwelt für eine humanistische, auf Kollektivität begründete demokratische Gesellschaft auszubilden, mußte durch die Vorgänge nach 1933 in Deutschland und durch die Isolation ihrer Exponenten im Exil in ihrem Lebensnerv getroffen werden. Ursprünglich sinnerfüllte Formen verblaßten zu bloßen Formeln oder reduzierten sich auf die am ehesten übertragbaren technisch-konstruktiven Faktoren. Vom theoretischen Gerüst, das Künstler, Architekten und Kritiker in den zwanziger Jahren geeint und ihre gemeinsame Arbeit getragen hatte, blieben nur einige Argumente des Funktionalismus, oft zu Schlagworten verflacht, im Gespräch.

Als nach dem Krieg in den sechziger und siebziger Jahren die moderne Architektur neu belebt wurde, waren die ehemals progressiven Grundsätze oft auf ökonomische Rationalität und profitträchtige Effektivität eingeengt, was Uniformität und Monotonie der baulichen Strukturen zur Folge hatte und wogegen nun zu Recht der Vorwurf der Sprachlosigkeit und Ausdrucksarmut erhoben wurde.

Diese Folge von Fehlentwicklungen und Fehlinterpretationen des Phänomens Neues Bauen macht es immer wieder und immer dringlicher notwendig, auf dessen komplexen, mit der sozialen Programmatik verflochtenen Charakter hinzuweisen und damit auch auf das, was sein ästhetisches Instrumentarium, seine Sprache ausmachte. Die Begriffe, die sich dafür anbieten, benennen nicht vordergründig Stilmerkmale, sondern Beziehungsgefüge und Strukturen. Im folgenden sollen einige davon – Negierung der statischen Achse, Gleichwertigkeit von Positiva und Negativa, Transparenz, Planoplastik, Kollektivform, Eurhythmie und fließender Raum –, die in den zwanziger Jahren unter diesen oder ähnlichen Begriffen den Akteuren gegenwärtig waren, dargestellt und mit Zitaten belegt werden.

[1] Behne, A.: Der moderne Zweckbau, München, Wien, Berlin 1926, S. 9f.

[2] Gropius, W.: Bilanz des neuen Bauens, in: Technische Rundschau, Bern (Schweiz), 26. Jg. Nr. 48, 30. Nov. 1934, S. 1f.

Negierung der statischen Achse

1 Telschow-Haus, Berlin-Dahlem, 1927/28
Hans und Wassili Luckhardt,
Alfons Anker

2 Wohnhaus Colnaghi, Riehen bei Basel, 1927
Hans Schmidt

Negierung der statischen Achse

Alles Gebaute ist der Schwerkraft unterworfen. Die Architektur reagierte in den geschichtlichen Epochen stilistisch sehr unterschiedlich auf dieses Gesetz: Statik wurde betont, überwunden oder überspielt.

Im Neuen Bauen wird das Stützsystem oft verwischt, optisch negiert. Es kann sogar gänzlich vom architektonischen System, von der Raumhülle, der Wand, vom gesamten Funktionssystem gelöst werden. Die Lagerhaftigkeit verschwindet und damit der schwere Sockel und sein Pendant, das Kranzgesims. Über manche Bauten ziehen sich lange horizontale Fensterbänder. Kragdächer greifen weit aus. Sie erzeugen einen schwebenden Charakter. Bei Verwendung von Stützen bleibt deren statische Funktion unbetont. Zuweilen wird statt des klassischen Spiels von Stütze und Last Tragendes und Getragenes unlösbar verschmolzen.

„Die Einstellung unseres statischen Gefühls auf die Eisenbetonspannung anstatt, wie bisher, auf das Prinzip von Stütze und Last bedarf einer langen Reihe allmählicher Näherungen ... Nach dem Lastausgleich der Antike, nach der Lastaufhebung des Mittelalters entsteht die dynamische Spannung der Eisenbetonkonstruktion." (Erich Mendelsohn, 1919)[3]

„Mit zunehmender Festigkeit und Dichtigkeit der modernen Baustoffe (Eisen, Beton und Glas) und mit wachsender Kühnheit neuer schwebender Konstruktionen wandelt sich das Gefühl der Schwere, das die alte Bauform entscheidend bestimmte. Eine neue Statik der Horizontalen, die das Schwergewicht ausgleichend aufzuheben strebt, beginnt sich zu entwickeln." (Walter Gropius, 1923)[4]

In der Großstadtarchitektur, die als besondere Aufgabe erkannt wurde, erfolgte eine Umstrukturierung der Fassade. Die optisch aktive Orientierungszone wurde möglichst über dem zweiten Geschoß angebracht. Dadurch konnten die darüber liegenden Geschosse beliebig in die Höhe wachsen,

[3] Mendelsohn, E.: Das Problem einer neuen Baukunst, Vortrag im Arbeitsrat für Kunst, Berlin 1919, in: E. Mendelsohn. Das Gesamtschaffen des Architekten, Berlin 1930, S. 11f.

[4] Gropius, W.: Der neue Baugedanke, in: Idee und Aufbau des Staatlichen Bauhauses 1923, zitiert nach H. Bayer, W. Gropius, I. Gropius: Bauhaus 1919–1928, Stuttgart 1955, S. 27

ohne für die Passanten bedrückend zu sein. Die beiden unteren Geschosse mit deutlicher oberer Leitlinie blieben auf den Fußgänger bezogen. Sie verloren jede Massivität und wurden möglichst in Glas aufgelöst, die oberen Geschosse aber wurden auf den weiteren Umraum und auf den Fahrverkehr orientiert. Erich Mendelsohn, der vielen Bauten einen solchen großstädtischen Charakter verlieh, paßte die oberen Zonen in „entspannten Horizontalen" als „aufnehmendes, mitwirkendes Bewegungselement" den schnelleren Geschwindigkeiten der Straße an, um die Reizüberflutung des Großstadtmenschen zu mildern (kein Flimmereffekt). Spiegelnder Glanz auf Chromleisten, auf poliertem Stein und im Glas und bei Nacht die damals aufkommende „Lichtarchitektur" lösten die Substanz der Bauten in ein irrisierendes Lichtspiel auf. Straßenecken sind abgerundet, als wären sie vom Verkehrsstrom abgeschliffen.

3 Doppelhaus, Weißenhof-Siedlung, Stuttgart, 1927
Le Corbusier, Pierre Jeanneret

4 Haus Am Rupenhorn, Berlin, 1928
Hans und Wassili Luckhardt

Gleichwertigkeit der Positiva und Negativa

Ein wesentliches Prinzip des Neuen Bauens und darüber hinaus der gesamten Architektur unseres Jahrhunderts ist das Gesetz der Gleichwertigkeit von positiv und negativ, konkret von Fläche und Öffnung, Figur und Grund, Körper und Raum und in gewisser Weise von innen und außen. Man kann es als ein dialektisches Gestaltungsprinzip bezeichnen.

„... der Höhepunkt an Ebenmaß und geistiger Klarheit (wird) erst ermöglicht werden durch die Entdeckung des ästhetischen Werts, der neben den positiven auch den negativen Umrissen der Gegenstände zukommt, – vielleicht die wertvollste von unseren Entdeckungen, ich meine die Erkenntnis, daß ein Möbel, daß jeder Gegenstand außer der eigenen Silhouette, die er auf die Wand, in die Luft, kurz auf jeden Hintergrund zeichnet, zugleich auch in diesem Hintergrund eine der seinigen sich genau anschmiegende, umgekehrte Form ausschneidet und daß diese negative Form ebenso wichtig ist

Gleichwertigkeit der Positiva und Negativa

5/6 Geschäftshaus, Den Haag, 1928
W. J. Buys, Jos W. Lürsen

wie die Gegenstände selbst – ... Betrachtet man z. B. von den Umrissen eines Möbels die zwei Linien, die es rechts und links begrenzen, so hat man zwischen diesen beiden Grenzlinien das körperliche Möbel; außerhalb der Grenzlinien dagegen je eine auf der Wand abgezeichnete Komplementärform, eine unkörperliche Form ... Ein geübtes und empfindliches Auge genießt beide, die körperliche und die unkörperliche Form gleich intensiv und summiert sie zu etwas, an dem er ganz neue Empfindungen erlebt." (Henry van de Velde, 1897)[5]

„Die Aktivierung der Negativa (der Rest-, Zwischen- und Minuswerte) ist vielleicht das einzige ganz neue, vielleicht das wichtigste Moment der heutigen Formabsichten. Aber es merkten noch nicht viele – es hat sich noch nicht rumgesprochen –, weil die soziologischen Parallelen nicht notiert werden ... Gleiche Berücksichtigung und Bewertung der Positiva und Negativa läßt nichts ‚übrig': Wir unterscheiden wesentlich nicht mehr tragend und getragen, wir lassen nicht mehr Scheidung zu in dienen und bedient, schmükken und geschmückt. Jedes Element oder Bauglied muß gleichzeitig helfend und geholfen wirksam sein, stützend und gestützt." (Josef Albers, 1928)[6]

Die Architekten publizierten ihre Bauten und Entwürfe gern in Ansichten bei Tag und Nacht. Was am Tage als Wand sichtbar ist, also gestalterisch positiv, wird in der Nacht unsichtbar, also negativ, die Fenster, am Tage negativ in der Fassade, werden zu Positiva bei Nacht, das heißt, beleuchtet sind sie die einzige sichtbare Struktur. Dieser Effekt macht das dialektische Gestaltungsprinzip im Verhältnis von Öffnung zu Wand augenfällig. Die Fenster, die in der traditionellen Architektur immer als „Durchlochung der Wand ... eine negative Flächenfunktion" erfüllten (L. Hilberseimer) und selbständig gerahmt wurden, sind nun oft durch asymmetrische Sprossenteilung oder in Kopplung an eine Tür formal unmittelbar auf die serielle Ordnung bezogen. Im Sinne der Gleichwertigkeit der Positiva und Negativa sind die Flächenele-

[5] van de Velde, H.: Ein Kapitel über Entwurf und Bau moderner Möbel, in: Pan, 4(1897)4, S. 260

[6] Albers, J.: werklicher formunterricht, in: bauhaus, zeitschrift für gestaltung, 2(1928), S. 3

7 Messegebäude, Prag, 1924
Oldřich Týl, Josef Fuchs

8 Französisches Gymnasium, Prag-Dejvice, 1931–33
Jan Gillar

mente wie die Wand selbst und können in grafischer Balance verschiedene Formen annehmen (Bandfenster, Vorhangwand), was individualisierende Rahmen und eigenständige Strukturen der Wand ausschließt. Das Komplementärgesetz bezog kontrastierende Material- und Farbflächen aufeinander und bestimmte auch die Gestaltung von Möbeln.

9 Schrank, 1926
Marcel Breuer

Transparenz

Die Baukörper haben im Neuen Bauen ihre massive Eigenständigkeit und Geschlossenheit verloren. Sie erscheinen durchsichtig, weil große Glasflächen angewendet werden oder weil ihre Struktur durchschaubar ist. Innen- und Außenraum fließen ineinander, Realität und Spiegelbild überlagern sich. Die Räume verlieren ihre Eindeutigkeit.

„früher schuf man aus sichtbaren, meßbaren, wohlproportionierten baumassen geschlossene körper, die man raumgestaltung nannte; heutige raumerlebnisse beruhen auf dem ein- und ausströmen räumlicher beziehungen in gleichzeitiger durchdringung von innen und außen, oben und unten, auf der oft unsichtbaren auswirkung von kräfteverhältnissen, die in den materialien gegeben sind ..." (Laszlo Moholy-Nagy, 1929)[7]

„Wir kommen ... zu Einrichtungen, zu Räumen, zu Bauten, welche in möglichst allen ihren Teilen veränderlich, beweglich und verschieden kombinierbar sind. Die Möbel, sogar die Wände des Raumes, sind nicht mehr massig, monumental, scheinbar festgewachsen ..., sie sind luftig durchbrochen, sozusagen in den Raum gezeichnet. Sie hindern weder die Bewegung, noch den Blick durch den Raum ... Ich habe für diese Möbel ... Metall gewählt, um die oben beschriebenen Eigenschaften moderner Raumelemente zu erreichen ..." (Marcel Breuer, 1928)[8]

Eine zweite Erscheinungsweise von Transparenz beruht auf einer besonderen Weise der Ordnung von Flächen, Körpern und Räumen.

„Überdecken sich zwei oder mehr Figuren teilweise und nimmt jede von ihnen den gemeinsamen, überdeckten Teil für sich in Anspruch, so besteht ein räumlicher Widerspruch. Um diesen Widerspruch aufzulösen, muß man das Vorhandensein einer neuen optischen Eigenschaft annehmen. Die Figuren sind transparent, das heißt, es ist ihnen möglich, sich gegenseitig zu durchdringen, ohne sich optisch zu zerstören. Die Tansparenz ist jedoch mehr als eine optische Eigenschaft; sie impliziert eine weitreichendere räumliche Ordnung." (Gyorgy Kepes, 1944)[9]

Überlagerung ohne Verdeckung, Durchdringung ohne optische Zerstörung, „ununterbrochene Dialektik zwischen Tatsache und Andeutung" sind Merkmale dieser Transparenz. C. Rowe, R. Slutzky und B. Hoesli untersuchten unter diesem Aspekt Bauten Le Corbusiers, vor allem dessen Entwurf für den Völkerbundpalast von 1927, wo durch ein System kulissenartiger räumlicher Schichtungen „die Wirklichkeit eines tiefen Raumes ... fortwährend in Gegensatz zu Andeutungen eines untiefen Raumes gebracht ist."[10]

Ordnungssysteme im Massenwohnungsbau der zwanziger Jahre beruhen darauf, daß unbedeutende Formelemente zu komplexen Formsystemen, zu „bedeutungsvollen Ganzheiten" (G. Kepes) verwoben werden. Die einzelnen Formelemente lassen sich nicht isolieren, Figur und Hintergrund nicht eindeutig trennen. Sie bedingen einander. Vergleichbares geschieht mit den Räumen. Materielle Durchsichtigkeit und Formen räumlicher Durchdringung, deren gemeinsame Anteile mehrdeutig sind, schaffen transparente Raumgefüge.

[7] Moholy-Nagy, L.: von material zu architektur, in: Neue Bauhausbücher, Mainz und Berlin 1968, S. 203

[8] Breuer, M.: Metallmöbel und moderne Raumkunst, in: Das neue Frankfurt 2(1928)1, S. 1 (Original in Kleinschrift); siehe auch Hirdina, Heinz (Hrg.): Neues Bauen. Neues Gestalten, Dresden, Verlag der Kunst 1984, S. 210

[9] Kepes, G.: Sprache des Sehens, in: Neue Bauhausbücher, Mainz und Berlin, o. J., S. 63

[10] vgl. Hoesli, B., C. Rowe und R. Slutzky: Transparenz. Le Corbusier Studien 1, Basel und Stuttgart 1968

In der Innenarchitektur bestand die Tendenz, Möbel und Einrichtungsgegenstände in transparente Raumgitter aufzulösen. Marcel Breuer wies darauf hin, wie sehr der Wille, das massive Clubmöbel durch leichte, „in den Raum gezeichnete Konstruktionen" zu ersetzen, ihn zur Erfindung der Stahlrohrstühle führte. Die besondere Anerkennung, die die Architekten des Neuen Bauens den Thonetstühlen zollten, und die Entwürfe für neue Typen dieser Stühle durch Ferdinand Kramer und andere hatten gleiche Ursachen.

Planoplastik

Planoplastik bedeutet: Die plastische Bauform, das Gebäude entsteht und besteht aus Flächenkörpern, aus räumlich arrangierten Ebenen, meist rechteckigen Platten und Scheiben oder aus membranartigen, gekrümmten Flächen. Die architektonische Gestalt ist frei aufgebaut oder aufmodelliert, ohne Unterscheidung von tragenden und getragenen Teilen. Die Stützfunktion ist zuweilen einem neutral gehaltenen Stahl- oder Stahlbetonskelett übertragen. Scheibe, Platte, Schale oder Hängewerk werden möglichst ohne Rest verformt. Die Masse ist minimiert. Individualisierbare Architekturglieder sind verschwunden. Der Raum ist kein Hohlraum oder Restraum, sondern entsteht im Spannungsfeld der Flächenelemente.

„... hier decken sich Konstruktion und Form in reinstem Maße ... Die Beziehungswerte zwischen den tragenden und füllenden Teilen sind in ein klar ablesbares Verhältnis gebracht, wobei eine richtungslose Gleichwertigkeit der Ausdehnungsgrenzen in Parallele gestellt werden kann zu der unter dem Namen ‚horizontal – vertikal' bekannten gleichlautenden Bewegung in der bildenden Kunst (gemeint ist De Stijl, K.-H. Hüter), diese zu einer kosmischen Totalität ergänzend. So beginnt auch hier die Kunst eine neue Deutung und Formung zu finden und in ihrer Erscheinungswelt ein neues Weltbild darzustellen." (Adolf Meyer, 1925, über die Schale des Zeiss-Planetariums)[11]

Transparenz

10 Grafik (Titelentwurf), 1922
A. A. Wesnin

11 Radioschrank, 1925
Gerrit Thomas Rietveld

12 Fassade des Bauhauses, Dessau, 1926 (Foto 1978)
Walter Gropius

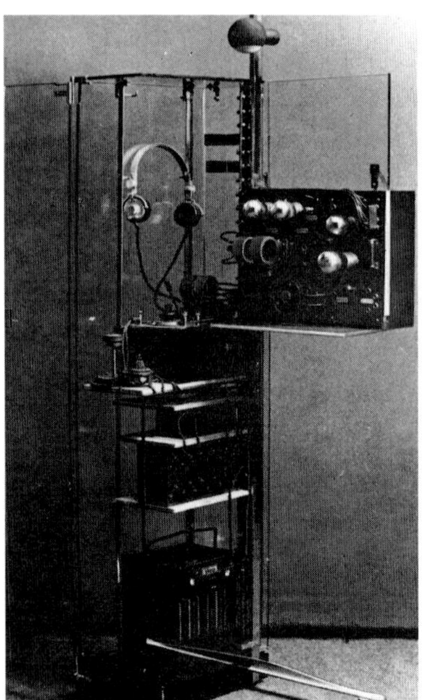

„Der Bau als solide, statische Masse wird sich mehr und mehr in Kombinationen von Funktionen und Einzelelementen auflösen. Aneinander und aufeinander geschichtete Flächen werden dominieren, als Bewegungsebene gedacht, die zugleich den porösen Charakter der Baumasse bestimmen ... Das Streben nach Leichtigkeit und visueller Überwindung der Schwerkraft wird in den von Last und Stütze befreiten vertikalen Flächen seine Erfüllung finden." (Konrad Wachsmann, 1959)[12]

Theo van Doesburg sprach von einem völlig neuen plastischen Ausdruck in offenen Räumen. Der Begriff „Planoplastik" ist in Analogie zu „Stereotomie" und „Tektonik" gebildet, das heißt zu Begriffen, die in der Architekturtheorie schon etabliert waren und die Grundprinzipe des Bauens bezeichneten.

Die Planoplastik genannte Grundstruktur besitzt ihre konstitutiven Elemente in den geraden, meist rechteckigen Flächenkörpern, den Platten (konstruktiv) oder Scheiben (ästhetisch) und den gekrümmten Flächenkörpern, den Schalen und Hängekonstruktionen. Sie sind in den ersten Jahrzehnten unseres Jahrhunderts entwickelt worden. Die Scheiben haben keine sichtbare Schwerkraftorientierung, sie sind im Prinzip umkehrbar. Auch in ihrer Beziehung zum Raum, den sie aktivieren, sind sie umkehrbar. Sie schaffen nach innen und außen gleichwertige Beziehungen. Die scheibenförmigen Architekturelemente wurden durch van Doesburg und van Eesteren in den architektonischen Entwurf überführt, sie gingen dabei von Mondrians Malerei aus; Rietveld baute 1924 in Utrecht das Haus Schröder nach solchem Prinzip. Am Bauhaus wurde das Scheibenprinzip zum Beispiel im Strukturmodell für ein Wohnhochhaus (1924) und im Möbelbau angewendet. In der Siedlung Dessau-Törten vermitteln die Scheiben der Querwände die serielle Ordnung. Eine vergleichbare ästhetische Funktion übernehmen die Seitenwände von Anbauschränken.

Planoplastik

13 Versetzen der Deckplatten auf gerippte Wandplatten, System Atterbury New York

14 Haus Schröder, Utrecht, 1924
Gerrit Thomas Rietveld

[11] Meyer, A.: Das Zeissplanetarium in Jena, in: Die Form 1(1925)1, S. 17
[12] Wachsmann, K.: Wendepunkt im Bauen, Wiesbaden 1959, S. 231

Die ästhetische Entwicklung des Scheibenprinzips lief parallel zur Ausbildung der Plattenbautechnologie, ohne diese allerdings nennenswert beeinflussen zu können. Im Barcelona-Pavillon von Ludwig Mies van der Rohe erreichte die planoplastische Struktur auf der Grundlage des Scheibenprinzips ihre klassische Form.

Die Schale entsteht durch Krümmung der Fläche. Alle auftretenden Spannungen werden innerhalb der lediglich 4 cm bis 6 cm dicken Schalenfläche zum Gleichgewicht gebracht. Die Schalenfläche wirkt wie ein homogenes Blech. Es besteht ein reiner Membranzustand. Zusätzliche Versteifungen durch Rippen oder Binder sind nicht nötig. Die architektonische Form baut sich aus einfach oder mehrfach gekrümmten Flächen auf. Doch bedurfte es einiger Zeit, bis sich die planoplastische Struktur des Schalenbaus auch architektonisch rein darstellte. Einfache Formen finden wir bei einem Vordach für das Planetarium in Moskau, bei einer Halle in Reims, dann bei der Zementhalle von Maillart auf der Schweizerischen Landesausstellung (1937). Die Prounen El Lissitzkys und die plastischen Studien unter Joost Schmidt am Bauhaus wirken wie ästhetische Vorbereitungen für Schalen im hyperpolischen Paraboloid.

Die Kollektivform

Massenwohnungsbau gibt es seit dem späten 19. Jahrhundert im Gefolge der industriellen Expansion als Mietskasernen-Wohnungsbau. Die im Rohbau einheitlichen Fassaden solcher Anlagen wurden mit „Blendern" (ein Begriff jener Zeit) versehen und als Einzelhäuser drapiert, um sie den Käufern und Mietern als etwas besonderes erscheinen zu lassen und einen höheren sozialen Status vorzutäuschen.

Mit den kooperativen Bauherren-Organisationen, den Bauvereinen, Baugenossenschaften und Baugesellschaften entstanden neue Formen des Massen-

15 Markthalle, Reims, 1929
Emile Maigrot

16 Proun aus der Kestner-Mappe, Hannover, 1923
El Lissitzky

17 Stuhl „Berlin", 1923
Gerrit Thomas Rietveld

Die Kollektivform

18 Wohnanlage Rundling, Leipzig-Lössnig, 1929/30
Hubert Ritter

wohnungsbaus. Es erfolgte ein schrittweiser Übergang von der Individualform zur Kollektivform des Hauses. Das eigentliche Haus wurde Element des Kontinuums, der Wohnanlage oder Siedlung. Es bedurfte des „Dialogs mit den anderen Elementen", um sein „eigenes Bild zu vervollständigen" (Charta von Machu Picchu). Dieses Prinzip des nicht Abgeschlossenen, nicht Vollendeten ist keine bloße gestalterische Tatsache. Es wurde zugleich als ein sozialer Faktor betrachtet.

„Wie (die) Einzelteile (des Hauses) untereinander vom Zusammenspiel leben, so das Haus mit seinen Kameraden. Es ist das Ergebnis kollektiver und sozialer Gesinnung. Wiederholung ist also nicht unerwünscht, sondern im Gegenteil das wichtigste Kunstmittel." (Bruno Taut, 1928)[13]

„Ein individuelles Wohnen ist heute überhaupt nicht mehr möglich innerhalb der großen kollektiven Form und wir können ... schon voraussagen, daß entsprechend dem Aufgeben der formalen Selbständigkeit des Hauses auch die formale Selbständigkeit der Stadt aufgegeben werden muß, wiederum entsprechend der Einordnung in den Kollektivismus der Wirtschaft ... Es ist notwendig, die Wohnung nicht mehr als Isolierzelle aufzufassen, sondern sie in jeder Beziehung in das Ganze einzuordnen." (Adolf Rading, 1927)[14]

„In der neuen Stadt hat keinerlei Individualismus Platz. Typ und Norm verlangen kollektive Gestaltung ... Das Einzelhaus gibt seine Sonderstellung auf und wird ein Glied der großen Gemeinschaft. Nicht mehr sein Aufputz ist maßgeblich, sondern seine Stellung im Gesamtorganismus Stadt. ... Der Typenbau verlangt das Zusammenfassen großer Einheiten, Ineinanderfließen großer Raumgruppen, ein Vor- und Zurückspringen großer Einheiten." (Fritz Block, 1930)[15]

Aus den wenigen baulichen Elementen – Loggien, Balkone, Erker, Treppenhausvorsprünge –, die der Massenwohnungsbau anbietet, wurden eigen-

[13] Taut, B.: Die neue Baukunst, Stuttgart 1928, S. 6
[14] Rading, A.: Neues Wohnen, in: Stein Holz Eisen, 41(1927) S. 263–267
[15] Block, F.: Grundsätzliches zum Siedlungsbau, in: Zentralblatt der Bauverwaltung, 30(1930)17, S. 335

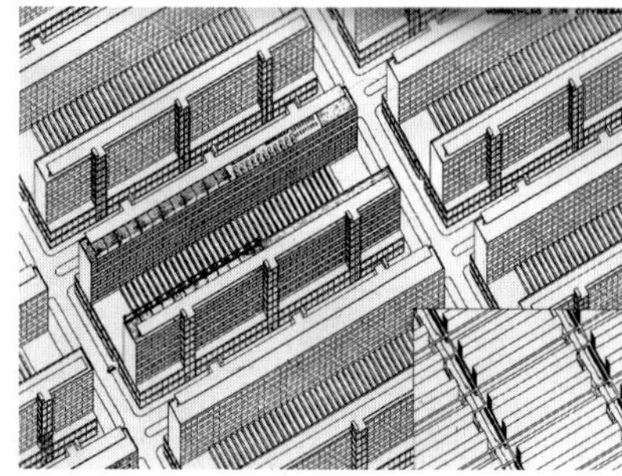

19 Karl-Marx-Hof, Wien, 1927
Karl Ehm

20 Vorschlag zur City-Bebauung mit Hochhäusern, um 1929
Ludwig Hilberseimer

ständige, einprägsame, plastisch-räumliche Bauteile aufgebaut, mit denen die Wohnblöcke und -zeilen einem Massenrhythmus unterworfen werden konnten. Diese Figuren, wir nennen sie Dominanzfiguren, brechen die glatten Fassaden auf und bilden mehrschichtig in die Tiefe gestaffelte und durch Komplementärwirkung untereinander und mit dem Raum verzahnte Bauglieder. Wie sehr gerade die beliebten Doppelkreuze ästhetisch intendiert waren, zeigen beispielsweise Tauts Zeilen an der Fritz-Reuter-Allee in Berlin-Britz, wo die Kreuzform noch äußerlich einer anderen Konstruktion mit Eckpfeilern vorgelegt ist. Mendelsohn forderte, daß die Blockfront nicht nur Wand, sondern Raum bildet, sie sollte in sich eine räumliche Dimension gewinnen. Die Baukörper konnten bis zur Transparenz aufgelockert werden. Nach oben vermieden sie eine scharfe Grenze, oder, wie Heinrich de Fries sagte, das „fatale Absausen der Dachkanten in die Tiefe hinein".

Eurhythmische Komposition

Eurhythmie bezeichnete in der griechischen Antike ein Erziehungsideal der Harmonie von Körperhaltung, Gebärde und Bewegung. Eurhythmische Gestaltung bedeutet hier: harmonische Balance ungleichwertiger Teile, „unsymmetrische, aber rhythmische Balance" statt der „toten Gleichheit der sich entsprechenden Teile" (W. Gropius), „asymmetrisches Gleichgewicht" (P. Mondrian). Sie wird dort wirksam, wo es sich nicht, wie beim Wohnungsbau, um die Reihung gleicher Elemente handelt, sondern wo verschiedene Funktionen und Bestimmungen unterschiedliche Ausformungen von Gebäuden und Gebäudeteilen erfordern. Die Charta von Machu Picchu spricht von „antiperspektivischer, kubistischer Raum-Zeit-Sicht" und vom Prinzip der Dissonanz. Funktionsgruppen werden nicht in den traditionellen, symmetrischen Baublock gezwängt, sondern entfalten sich frei. Eine eurhythmische Komposition ist antisymmetrisch und antiperspektivisch. Sie meidet die Fas-

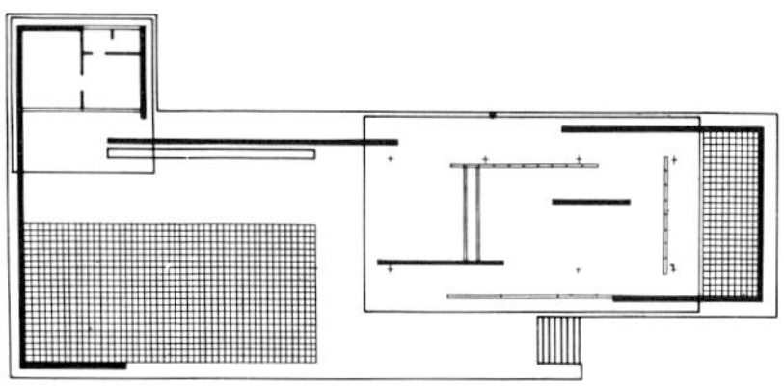

Eurythmische Komposition

21/22 Deutscher Pavillon, Atrium und Grundriß, Barcelona, 1929
Ludwig Mies van der Rohe

23 Sujew-Klub, Moskau, 1926–28
Ilja A. Golossow

sade, die sich repräsentativ zu einem Vorfeld verhält. Sie sucht statt dessen durch Asymmetrie, durch wechselnde Strukturierung der Flächen, durch Transparenz und Allroundwirkung die bewußte Verzahnung des Gebäudes mit seinem Umfeld zu erreichen. Auch hier herrscht, anders allerdings als im Massenrhythmus des Wohnungsbaus, ein kollektives Gestaltungsprinzip, es ist als „Verhältnisprinzip" (Th. van Doesburg) zu begreifen.

„ein aus dem heutigen geist entstandener bau wendet sich von der repräsentativen erscheinungsform der symmetriefassade ab. man muß rund um den bau herumgehen, um seine körperlichkeit und die funktion seiner glieder zu erfassen." (Walter Gropius, 1930)[16]

„Die neue Architektur gibt, anstatt die Symmetrie zu gebrauchen, eine ausgewogene Beziehung in sich ungleichwertiger Teile, das heißt Teile, die wegen ihrer unterschiedlichen Funktion unterschiedlich in Lage, Größe, Proportion und Anordnung sind. Die Gleichgewichtigkeit dieser ungleichen Teile wird gewonnen durch Balance und nicht durch Ähnlichkeit. Außerdem hat die neue Architektur das ‚vorn' und ‚hinten' und möglichst auch ‚oben' und ‚unten' gleichwertig gemacht. Im Gegensatz zur Frontalität, die sich aus einem festen angenommenen Blickpunkt ergibt, bietet die neue Architektur einen plastischen Reichtum von vielseitiger räumlicher Wirkung." (Theo van Doesburg, 1924)[17]

Eine eurhythmische Komposition läßt weder Unterordnung noch Beherrschung zu. In dieser antisymmetrischen Aktion drängt ein radikaldemokratisches Ideal nach architektonischer Verwirklichung. Die „absolute Kontinuität und Gleichwertigkeit" (G. Argan) gilt auch in Beziehung zur Landschaft, zu den bildenden Künsten, zum Raum.

„In der Art, wie Mies Skulptur und Architektur in Beziehung zueinander brachte, erstrebte er ein neues Verhältnis zwischen Bauwerk und plastischer Kunst. Diese wurde nicht mehr der Architektur als Dekoration untergeord-

[16] Gropius, W.: Bauhausbauten Dessau, in: Bauhausbücher 12, München 1930, zitiert nach: Neue Bauhausbücher, Mainz und Berlin 1974, S. 19

[17] van Doesburg, Th.: Zu einer plastischen Architektur, in: De Stijl, 1924, zitiert nach: Brown, Th. M.: The work of G. Rietveld, Utrecht 1958, S. 78–83

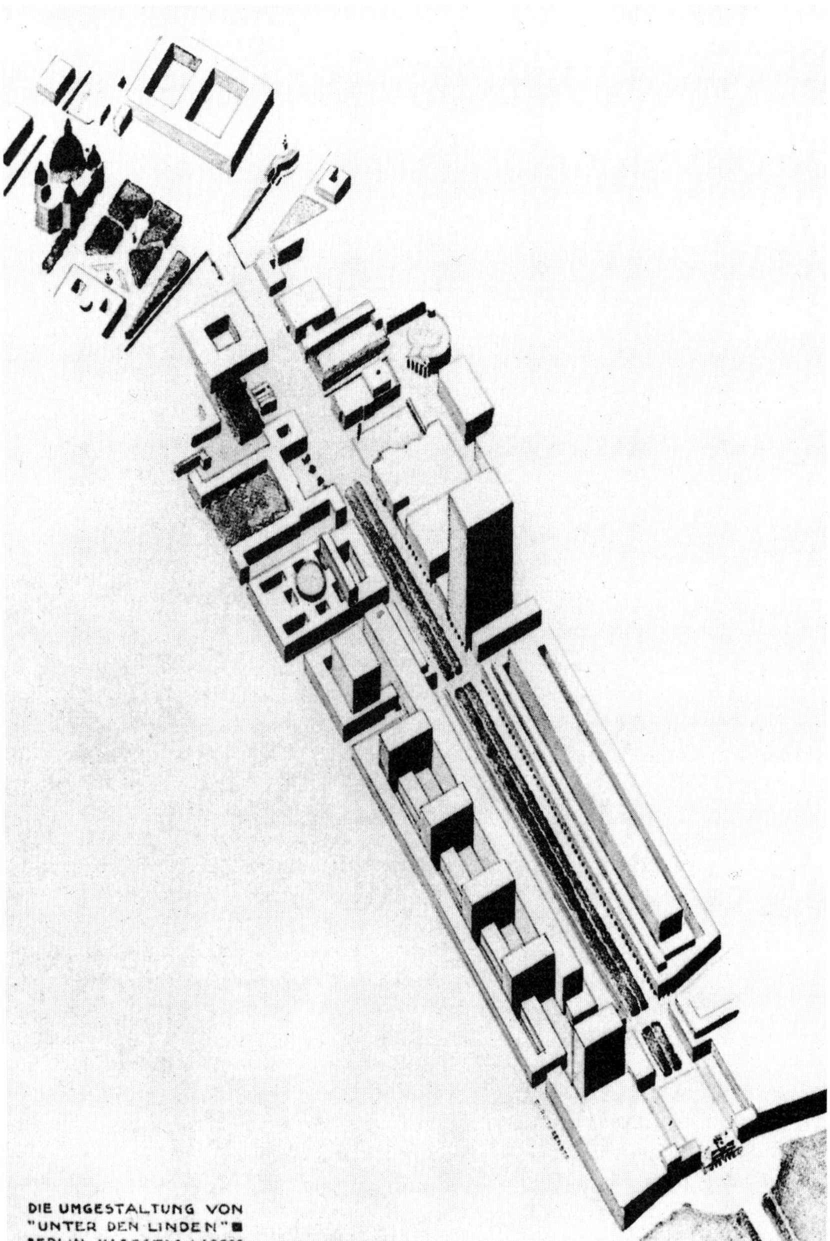

24 Umgestaltung Unter den Linden in Berlin, Wettbewerbsentwurf, 1925 Cornelis van Eesteren

25 Bauhausgebäude, Dessau, 1926 Walter Gropius

26 Architekton Alpha, Modell, 1923 Kasimir Malewitsch

net, wie es in der leeren Prunkarchitektur der Vergangenheit der Fall war. Skulptur und Architektur waren voneinander abhängig, von gleichem Wert, und formten eine neue künstlerische Einheit." (Ludwig Hilberseimer, 1967)[18]

„Der Bau und der Maßstab der Markierzeichenmenge gibt dem Raum eine bestimmte Spannung. Indem wir die Markierzeichen wechseln, verändern wir die Spannung des Raumes, der von ein und derselben Leere gebildet wird." (El Lissitzky, 1922)[19]

In den städtischen Raum übertragen, führte dies zur Überwindung der zweidimensionalen, flächenhaften Überbauung bei annähernd gleicher Trauf- oder Geschoßhöhe – entsprechend der Bauzonenordnung – zugunsten der dreidimensionalen Konzeption der Stadt, der „Raumstadt", wie es in der Zuordnung von Flachbau und Hochhaus bei van Eesteren (1925) auftauchte.

Raum-Zeit-Konzeption

Die Raum-Zeit-Konzeption betrifft die besondere Weise der Organisation des Raumes. Im tieferen Sinne spiegeln sich in ihr die Beziehungen von Mensch zu Mensch, von Mensch zur Umwelt, zur Gesellschaft und letztlich zum Universum.

Sie steht in engem Zusammenhang zu den anderen bisher behandelten Merkmalen, vor allem zur eurhythmischen Gestaltung und zur Transparenz. Sie besagt, daß der Bau in der neuen Architektur nicht in sich ruhend, nicht allseitig geschlossen ist, sondern daß er offen, fließend und in seinen Teilräumen vielfach verknüpft ist. Der Raum, definiert als „Lagebeziehung der Körper" (L. Moholy-Nagy), fordert in der Konsequenz der räumlich sich äußernden Funktionsabläufe als „Generalnenner" die „Erfassung des Dynamischen in der gleichwertigen Verwendung aller Beziehungselemente – im Gegensatz zu statischen, hierarchischen Fixierungen früherer Perioden" (L. Moholy-Nagy).[20]

Infolge des Ineinandergreifens aufeinander bezogener Räume entsteht als wesentlicher Gewinn ein Raumkontinuum, das im und um den Bau zirkuliert. Giedion, der diese Raumauffassung als dritte Raumkonzeption in der gesamten Geschichte der Architektur bezeichnet, betrachtet als deren Hauptziel die „plastische Organisation von Volumen im Raum", wobei das „Prinzip der planen Fläche" eine wichtige Rolle spielte.[21] „So geht der Weg ... in der Architektur: vom geschlossenen zum offenen Raum, vom gebundenen Innenraum zum absoluten Raum."[22] „Raumgestaltung ist heute ... ein Verwobensein von Raumteilen, die meist in unsichtbaren, aber deutlich spürbaren Bewegungsbeziehungen aller Dimensionsrichtungen und in flukturierenden Kräfteverhältnissen verankert sind." (Laszlo Moholy-Nagy, 1929)[23]

„Heute wird der Raum immer mehr Teil der Umwelt, und wir gestalten die Verbindung mit ihr durch neue Werte in einem neuen Sinn. Der neue Raum wird nicht isoliert und abgeschitten durch die Wand. Anstelle der Mauer und des Mauerausschnitts lernen wir in den Werten denken, die uns heute positiver sind als die materielle Form: der Weg der Luft und des Lichts, der Zusammenklang von Raum und Außenwelt und das Raumerlebnis beim Durchschreiten." (Wilhelm Lotz, 1927)[24]

Den bedeutendsten Beitrag zur Raum-Zeit-Konzeption leistete Frank Lloyd Wright. Er hatte bereits zu Anfang unseres Jahrhunderts den Hauskubus aufgelöst, seine Wohnhäuser griffen mit Flügeln in dem Umraum. In ihrem Innern war ein großer Raum in mehrere Teilräume aufgegliedert.

[18] Hilberseimer, L: Berliner Architekten der 20er Jahre, in: Neue Bauhausbücher, Mainz 1967, S. 84

[19] El Lissitzky: Proun, in: De Stijl, Juni 1922, zitiert nach: El Lissitzky. Maler Architekt Typograf Fotograf, Erinnerungen Briefe Schriften, übergeben von Sophie Lissitzky-Küppers, Dresden 1967, S. 344

[20] Moholy-Nagy, L.: von material zu architektur, in: Neue Bauhausbücher, Mainz und Berlin 1968, S. 203

[21] Giedion, S.: Architektur und das Phänomen des Wandels, Tübingen 1969, S. 28

[22] Moholy-Nagy, L., a. a. O., S. 174

[23] ebenda, S. 211

[24] Lotz, W.: Wohnen und Wohnung, in: Die Form 2(1927)10 S. 297

Raum-Zeit-Konzeption

27 Haus Moller, Wien, 1928
Adolf Loos

28 Villa Savoy, Dachterrasse, Poissy, 1929–31
Le Corbusier

29 Haus F. C. Robie, Chicago, 1909
Frank Lloyd Wright

Das bezeichnete die Kritik schon sehr früh als „fließenden Raum". Mies van der Rohe erreichte im Auskunfts- und Reklamepavillon auf der Internationalen Ausstellung 1929 in Barcelona das Ideal eines vollkommenen Raumkontinuums vom unendlichen Raum zum Innenraum. „Nichts war geschlossen. Alles führte von einem zum anderen. Der Raum schien in Bewegung zu sein, fließend von einem Teil zum anderen, verschmelzend mit dem eingeschlossenen Wasserhof und schließlich dem Außenraum."[25]

Eine Sonderform der Raum-Zeit-Konzeption haben wir in Adolf Loos' „Raumplan" vor uns. „Denn das ist die große Revolution in der Architektur: das Lösen eines Grundrisses im Raum!" (A. Loos) Raumplan bedeutet das „vertikale Ineinanderfügen von Zimmern oder anderen Einzelräumen" wechselnder Höhe, die miteinander in Beziehung stehen und zu einem „untrennbaren Ganzen ..., zu einem raumökonomischen Gebilde"[26] verknüpft sind, wobei notwendigerweise die durchgehende Stockwerksebene aufgegeben werden mußte. Loos entwickelte solche Planungen in den zwanziger Jahren.

Damals wurde häufig der wegen seiner Analogie zur Physik mißverständliche Begriff „vierdimensionaler Raum" verwendet. Am treffendsten ist zweifellos der englische Begriff „timing of room" (Charta von Machu Picchu). Er bringt den aktiven Faktor mit ein, nämlich die „Verzeitlichung" des Raumes, denn im Grunde handelt es sich darum, daß ein Gebäude oder Ensemble nicht auf fixierte, perspektivische Ansichten festgelegt ist, sondern auf viele Positionen, die in der Bewegung zeitlich nacheinander erfaßt werden können. Der Mensch bringt den Zeitfaktor ein, er ist nicht, wie im Barock, an eine Achse gefesselt, sondern nimmt den Raum allseitig und frei auf.

Die Vielzahl von Positionen, die der einzelne nur in einer Zeitfolge erleben kann (wodurch der einzelne als einziger Bezugs- und Mittelpunkt aufgehoben wird), aktiviert zugleich eine Vielzahl von Betrachtern mit unterschiedlichem Standpunkt zum Objekt, also den Betrachter als Masse.

[25] Hilberseimer, L.: Mies van der Rohe, Chicago 1956, S. 42
[26] Münz, L. und G. Künstler: Der Architekt Adolf Loos, Wien und München 1964, S. 121ff.

Solche Wandlungen der Raumästhetik sind von übergreifender Bedeutung. Sie gründen auf tiefgreifenden Umschichtungen in der gesellschaftlichen Emotionalität, auf Wandlungen des menschlichen Verhaltens als Folge vollzogener oder erwarteter gesellschaftspolitischer Veränderungen. In der besonderen Weise der Raumorganisation, der „neuen räumlichen Vision", wie Gropius sagte, und mit den diese konstituierenden architektonischen Grundkonstanten lieferte das Neue Bauen Angebote für neues gesellschaftliches Verhalten, Elemente des ideologischen Überbaus für reale Umschichtungen der Lebensweise.

Während die klassischen Architekturformen absolutistischer Tradition den Menschen in ein strenges Reglement formal manifester Systeme der Unter- und Überordnung einwies, entwickelte die neue Architektur der zwanziger Jahre egalitäre Ordnungssysteme der Gleichrangigkeit und Gleichwertigkeit. Offene fließende Räume sollten den Freiheitsraum erweitern. Mit Baukörpergruppierungen in unsymmetrischer Balance, die dem vielschichtigen Lebensprozeß entsprachen, fiel die Achse, die sozialpolitisch im Herrscher ihren Zielpunkt hatte. Die Vielzahl von Bezugs- und Ansichtspunkten setzte den Betrachter frei und bezog ihn voll ein. Die Gleichwertigkeit von oben und unten sollte die uralte Teilung der Klassengesellschaft in Frage stellen. Durchsichtigkeit und Offenheit sollten die gesellschaftliche Kommunikation fördern und das Leben transparent machen. Die Hinterhöfe sollten verschwinden und mit ihnen die repräsentativen Fassaden. Die Architektur suchte nach menschlichen Proportionen. Über allem stand das Ringen nach „kollektiver Gesamtform" (S. Giedion).

Die Architektur reflektierte damit auf die ihr eigene Weise und mit eigenen Symbolen Demokratisierungsprozesse in einer krisengeschüttelten Übergangsepoche.

Das nackte Gerüst

Dagmar Lüder

1 Das Schiffshebewerk Niederfinow kurz nach seiner Inbetriebnahme, zeitgenössische Postkarte

1928 erschien in der Zeitschrift des Deutschen Werkbundes DIE FORM eine etwas ungehaltene Betrachtung von Walter Riezler zum Thema „Das Schiffshebewerk Niederfinow". Der Untertitel lautete: „Ein Problem der Ingenieurästhetik". Riezler beginnt ohne Umschweife: Am Hohenzollernkanal (dem heutigen Oder-Havel-Kanal) würde ein Schiffshebewerk gebaut, „wie es in ähnlichen Abmessungen noch nirgends, auch in Amerika nicht, vorhanden ist: ein Niveauunterschied von 37 m kann durch dieses Werk in wenigen Minuten, durch senkrechtes Heben eines Troges, der mit dem Schiffe 4200 Tonnen schwer ist, überwunden werden."[1] Worum es Riezler geht, ist „die Frage der formalen Gestaltung dieses gewaltigen Werkes", von dem zu erwarten sei, das es mit seiner Höhe von über 50 m die Gegend weithin beherrschen würde.[2]

Er stellt zwei Entwürfe einander gegenüber; den einen bezeichnet er als „Regierungsentwurf", bei dem anderen handelt es sich um eine Arbeit des Architekten Hans Poelzig im Auftrag der Firmengruppe Eilers, Gollnow und Mitteldeutsche Stahlwerke.

Riezlers Parteinahme gilt der Arbeit von Poelzig. Diesem Entwurf läge ein im Vergleich zu dem „komplizierten Dreieckfachwerk" des Regierungsentwurfs „sehr einfach wirkendes, klares Rahmensystem" zugrunde.[3] Alle Elemente, die für die Gesamterscheinung des Bauwerkes wichtig sind, schreibt er, seien in den technischen Gegebenheiten begründet, doch zugleich habe „die gestaltende Kraft des Architekten erreicht, daß die Erscheinung in der Tat der stärkste und lebendigste Ausdruck der Besonderheit dieses Bauwerkes ist: die Funktion des vertikalen Hebens und Senkens einer ungeheuren Last wird unmittelbar deutlich durch das starke Überwiegen der vertikalen Gliederungen."[4]

Dem Regierungsentwurf wirft er vor, er würde – was wesentlich dem Dreieckfachwerk mit seinen sich „wirr überschneidenden Diagonalen" zuzu-

[1] Riezler, Walter: Das Schiffshebewerk Niederfinow. Ein Problem der Ingenieurästhetik, in: DIE FORM 3 (1928) 2, S. 33

[2] ebenda; die Höhe des realisierten Bauwerks beträgt tatsächlich 60 m

[3] ebenda

[4] ebenda, S. 34

schreiben sei – nicht nur unklar und schwächlich wirken, „sondern auch sozusagen provisorisch“, man habe „leicht den Eindruck eines zu irgendeinem baulichen Zwecke vorübergehend aufgerichteten Gerüstes.“[5]

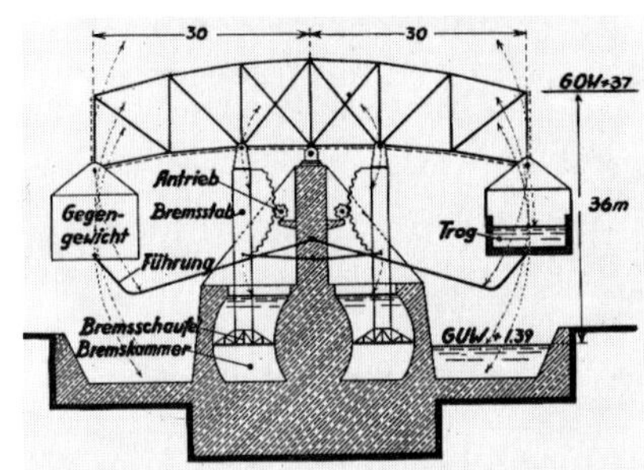

Masse!

Als Riezlers Aufsatz im Januar 1928 erschien, waren die Gründungsarbeiten für das Schiffshebewerk bereits angelaufen, ebenso der propagandistische Rummel. Weit entfernt von den kulturellen Problemen, die auszutragen Walter Riezler für notwendig erachtet hatte, weit entfernt von Überlegungen zur Ingenieurästhetik und zum architektonischen Ausdrucksvermögen technischer Bauten, lärmten die Journalisten die Kunde von der technischen Großtat in die Welt. Zahlen wurden wie Böllerschüsse abgegeben: Höhe! Breite! Tiefe! Vor allem aber: Masse! Man führte die ungeheuren Mengen von Eisen an, die „verbaut“ werden würden, und die gleichfalls ungeheuren Lasten, die der „Riesenfahrstuhl“, seiner Bestimmung entsprechend, würde tragen müssen, ja, man liebte es, diese Massen, welche vernünftigerweise in Tonnen ausgewiesen waren, umzurechnen in Kilogramm, um beispielsweise sodann mitteilen zu können, daß allein die Masse, die, an Seilen hängend, 36 Meter hoch gehoben bzw. 36 Meter[6] tief herabgelassen werden würde, der Ladung von sieben Güterzügen mit je 40 Wagen von rund 15000 Kilogramm Tragfähigkeit gleichkäme.[7]

Einstweilen wurden zwar erst die Fundamente gegossen, der Bau aber, den man darauf zu errichten gedachte, sollte zur Grundlage nicht den Poelzig-Entwurf haben, sondern jenen von Riezler in seiner architektonischen Wirkung als schwächlich bezeichneten „Regierungsentwurf“. Riezler kämpfte bereits auf verlorenem Posten, als er für Poelzig stritt. Die Würfel waren gefallen, die Realisierung des Schiffshebewerkes beschlossen und damit auch über seine konkrete Gestalt entschieden.

Das hob aber die dahinterstehenden Fragen nicht auf, und so gesehen, hat Riezler weder gewonnen noch verloren, sondern lediglich eine exemplarische Position artikuliert in einem nicht weniger exemplarischen Streit, im Streit zwischen Architektur und Ingenieurbau, zwischen dem Architekten und dem Ingenieur.

Stein und Eisen

Dieser Streit hatte schon zu der Zeit begonnen, da die ersten Bauten aus Eisen aufgekommen waren. Damals wurden Fragen gestellt: nach dem ästhetischen Eigenwert solcher Bauten und nach ihrer Ausdruckskraft sowie nach dem ästhetischen Vermögen ihrer Erzeuger – der Ingenieure –, auch danach, ob diese Gebilde aus Eisen die Bezeichnung „Bauwerk“ überhaupt in Anspruch nehmen durften, ob nicht der Begriff der „Konstruktion“ viel zutreffender und zugleich bescheidener sei.

Karl Scheffler schrieb um 1900, es sei charakteristisch, „dass es nicht der Architekt ist, der die Möglichkeit des Eisenbaues organisiert, sondern dass ein neuer Beruf entstehen musste, um der modernen praktischen Aufgabe Herr zu werden: die Ingenieurwissenschaft. Diese will prinzipiell etwas anderes als die Baukunst. Der Ingenieur geht von der Rechnung aus, der Architekt von der Kunstidee. Es bringt beide einander nicht näher, dass in jeder Rechnung schon der Keim einer Schönheit liegt, und dass die vollendete Kunstform im innersten Wesen durchaus mathematisch messbar ist.“[8]

[5] ebenda, S. 35

[6] Die Höhenangaben sind nicht einheitlich, Riezler spricht von 37 m, andere Autoren geben 36 m oder „mehr als 36 m“ u. ä. an.

[7] Zur Einweihung des Schiffshebewerks bei Niederfinow, in: Beamtenhilfe, 18. März 1934 (Nr. 11)

[8] Scheffler, Karl: Moderne Baukunst, Leipzig 1908, S. 15

2–4 Wettbewerbsentwürfe zur technischen Lösung
2 Schiffshebewerk in Form einer schwimmenden und sich drehenden Trommel, in der zwei Röhren übereinanderliegen.
Das Schiff fährt in die untere Röhre, die Trommel dreht sich um 180°, so daß die untere Röhre zur oberen wird und das Schiff also oben ist.
Man fragte sich aber, ob es möglich sein würde, die riesige Trommel wirklich kreisrund herzustellen und kreisrund zu erhalten.
Des weiteren, ob es den Schiffern zuzumuten sei, sich in der Röhre einschließen und mit der Trommel herumdrehen zu lassen.
Entwurf: Maschinenfabrik Augsburg-Nürnberg (MAN), 1906
3 Schiffshebewerk mit Schwimmkörper. In dem „ungeheuren Betonturm" (130 m) sollte ein imposanter Wasserbehälter untergebracht sein und darin wiederum ein Schwimmkörper, an dem der Trog zu hängen hätte. Man hielt diesen Gedanken für gut und kühn, die architektonische Wirkung für vorzüglich, befürchtete aber Dichtungsprobleme. Auch der zu erwartende Aufwand für die Gründungen sprach gegen den Entwurf.
Entwurf: Rottmayer und Ollert, 1924
4 Technisches Prinzip der ursprünglich zur Ausführung bestimmten Lösung. Auf der einen Seite des Waagenbalkens hängt der Trog, auf der anderen das Gegengewicht. Das Ganze steigt über einen Zahnradantrieb auf bzw. ab.
Entwurf: Beuchelt & Co., 1912

Der Ingenieur erscheint als der Vertreter des Zwecks, des Rationalen und des Ökonomischen, der Architekt als der Vertreter des Schönen, der Kunst und der Empfindungen – Vertreter zweier Welten, die man – vorübergehend und immer nur partiell – zu vereinen meinte, indem man den Ingenieurbauten Zutaten aus der Formenwelt der Architektur beigab: wenn man zum Beispiel vor Brücken aus Eisen Tore aus Stein setzte.

Das Eisen mußte tragen, der Stein durfte erscheinen: Nicht nur die Schöpfer standen sich gegenüber, sondern auch ihr Material – Stein und Eisen. Die zusammenmontierten Gebilde aus Eisen, deren „Gesträhn" allenthalben „die Luft hindurchblicken" ließ[9] – sie stellten sich gegen die ästhetischen Empfindungen der Zeit, denen der aus Stein gewachsene Bau alles galt. Das Eisen bot keine Flächen, keine plastische Körperlichkeit, vor allem aber: keine Masse! Es fehlte die Masse oder besser: der Eindruck von Masse und damit der Ausdruck von Kraft.

Wenn auch physikalisch gesehen erhebliche Massen von Eisen in den klassischen Eisenstabsbauten Aufnahme fanden, so war, folgte man dem damaligen Urteil, keinesfalls zugleich das äquivalente Bild von gebauter und ästhetisch gebändigter Masse gegeben. Das vermochte nur der Stein – die Eisenkonstruktionen muteten einfach optisch als zu dünn an. Sie trugen große Lasten, aber sie sahen nicht danach aus. Sie erzeugten – unterstützt durch die Maxime ihrer Projektanten: sparsamster Materialverbrauch bei größtem Nutzen – sozusagen ganz von sich aus einen Ausdruck des Zweckhaften und Sparsamen.

Nicht nur die offizielle Kunstwissenschaft urteilte so. Selbst jene unter den Architekten, die der überkommenen Formenwelt den Kampf angesagt hatten, die mit ihren eigenen Arbeiten durchaus neue und umstrittene Wege gingen, schreckte das Gerüstartige und Filigrane des Eisenbaues. Peter Behrens zum Beispiel, der damals als Industriearchitekt und Produktgestalter Rang und Namen hatte, führte 1913 auf dem „Kongreß für Ästhetik und Kunstwissenschaft" aus: „Das Eisen hat den heutigen Erfolg der Statik begünstigt, nämlich das Minimum an Material für eine Konstruktion ermitteln zu können. Der Vorteil des Eisenmaterials liegt in der Festigkeit ohne Massenwirkung. Es hat gewissermaßen eine entmaterialisierende Eigenschaft. Aber hierin liegt gleichzeitig eine Gefahr für die Architektur. Wir kennen die Eisenkonstruktion bei Hochbauten, die wie dünne Stabgerüste oder fadenscheinige Rahmenwerke wirken. Ein Beispiel für die Körperlosigkeit der Eisenkonstruktion ist der Eiffelturm. Heute ist es unmöglich, ihn im Vergleich mit erhabenen Bauwerken des Altertums als schönes Monument zu empfinden. Der Eindruck ist der eines nackten Gerüstes. Dabei enthält er – wie mir von sachkundiger Seite gesagt worden ist – aus Schönheitsgründen mehr Material als für seine reine Konstruktion notwendig gewesen wäre."[10]

Eiserne Gotik

Die Bedürfnisse der Wirtschaft ignorierten die ästhetischen Diskurse. Immer mehr Eisenkonstruktionen tauchten auf – was das theoretische Nachdenken nötigte, diesen Sachverhalt positiv zu verarbeiten. Ein neues Sehen bildete sich heraus, man sah sich allmählich auf die Bauten aus Eisen ein, hatte man sie doch auf der Ebene des Wirtschaftlichen längst bejaht. Es wurde üblich, die gefällige Leichtigkeit, die elegante Feingliedrigkeit, die kühne Spannung von Bauten aus Eisen zu bewundern und in ihnen einen manifest geworde-

[9] ebenda, S. 17
[10] Behrens, Peter: Über den Zusammenhang des baukünstlerischen Schaffens mit der Technik, in: Kongress für Ästhetik und allgemeine Kunstwissenschaft, Berlin 7.–9. Oktober 1913, Stuttgart 1914, S. 257

5 Der ursprüngliche „Regierungsentwurf“: Ihm galten die Ratschläge der Akademie für Bauwesen.

6 der überarbeitete „Regierungsentwurf“

nen Sieg zu erblicken: den „Sieg der Technik“, die imstande sei, sich in solchen Werken zu einer „bis an die letzte Grenze gehenden Meisterung des Stoffes“ emporzuschwingen.[11]

Auch entdeckte man nunmehr „das Gotische“ der Ingenieurbauten, es kam das Wort auf von der „eisenen Gotik“. Wesentliche Züge des gotischen Sakralbaues, die Auflösung der Wandflächen, die Feingliedrigkeit der Stützen, die Betonung der Vertikale, das Emporstrebende, das Konstruktive – das alles war auch in den Ingenieurbauten: „Setzt die Gotik das Konstruktive in besonders ausgesprochenem Maße voraus, so ist der Ingenieurbau ihr irgendwie geistesverwandt ...“[12]

Im Ingenieurbau war Gotik, in der Gotik hinwiederum fand sich – das Gerüst: Obwohl der gotische Kirchenbau „sozusagen die Stofflichkeit des Materials und vor allem die Fläche wegleugnet und, gleichsam befreit von jedweder Erdenschwere, mit höchstem Erfolg um den Ausdruck des ungehemmt, jubelnd Emporschießenden der schlanken Stützen und Räume ringt, ist er eine mit den Mitteln der Zeit sorglichst abgewogene Gerüstkonstruktion, bei der das Tragen, Getragen- und Verspanntsein außerordentlich folgerichtig ausgedrückt ist.“[13]

Der „Regierungsentwurf“

Das Schiffshebewerk Niederfinow ist ein Werk ausschließlich von Ingenieuren. Zwei Wettbewerbsausschreibungen, die der geeigneten technischen Lösung galten, waren jener Phase der Entwicklung vorausgegangen, da seine architektonische Gestalt zum Gegenstand kontroverser Auffassungen wurde. Die Ausschreibungen hatten sich an in Betracht kommende Firmen gewandt. Die unterschiedlichsten Vorschläge, darunter solche, die als kühne technische Lösungen ebenso wie als „eindrucksvolle Bauwerke“ Anerkennung fanden,[14] waren eingereicht worden.

[11] Muthesius, Hermann: Das Formproblem im Ingenieurbau, in: Die Kunst in Industrie und Handel, Jahrbuch des Deutschen Werkbundes 1913, Jena 1913, S. 27

[12] Lindner, Werner: Bauten der Technik, Berlin 1927, S. 5; siehe auch Scheffler, Karl: Der Geist der Gotik, Leipzig 1917, S. 106f.

[13] Lindner, Werner: a. a. O., S. 6

[14] Fischer, Eberhard (hrsg. v. Neubauamt Eberswalde): Das Schiffshebewerk Niederfinow, Eberswalde o. J., S. 36ff.

[15] ebenda, S. 45

[16] Öffentliche Kunstpflege (o. V.), in: Kunstchronik und Kunstmarkt, 10. Oktober 1919 (Nr. 2), S. 30/31, sowie Glaser, Curt: Bauverwaltung und Baukunst, in: Kunstchronik und Kunstmarkt, 23. Jan. 1920 (Nr. 17), S. 343

[17] Öffentliche Kunstpflege. Denkschrift des Werkbundes zum Staatlichen Bauwesen, in: Kunstchronik und Kunstmarkt, 2. Jan. 1920 (Nr. 14), S. 291

7 der Entwurf von Hans Poelzig

Der erste Wettbewerb fand 1906 statt, der zweite folgte 1912. Aus dem letzteren ging ein Entwurf hervor, den die preußische Akademie für Bauwesen „als zweckmäßig und betriebssicher" anerkannte und der zur Ausführung bestimmt wurde.

Die Vorarbeiten dazu unterbrach der erste Weltkrieg, danach ließen neue Erkenntnisse und neue Erfordernisse den anerkannten Entwurf nicht mehr zeitgemäß und praktikabel erscheinen, die Suche begann zum dritten Mal. Wieder wurden Vorschläge eingereicht, untersucht und verworfen – immer aus technischen Gründen und immer unter dem Gesichtspunkt der praktischen Durchführbarkeit bei Beachtung strengster Wirtschaftlichkeit. Solange, bis die Reichswasserstraßenverwaltung, vertreten durch das Neubauamt Eberswalde, „unter Verwendung der gewonnenen Anregungen" selbst einen Entwurf aufstellte,[15] der zwar die prickelnde Romantik vorprellender Technik vermissen ließ, sich aber in allen Teilen als vernünftig und realisierbar herausstellte. 1926 lag er vor und fand sowohl die Anerkennung der Preußischen Akademie für Bauwesen als auch die des Reichsverkehrsministeriums.

Kunst und Verwaltung

Der Entwurf also, der schließlich zur Ausführung bestimmt worden ist, hatte zum Urheber eine staatliche Institution, seine Verfasser waren Beamte. Das erklärt, warum Riezler in seiner Darstellung stets den Begriff „Regierungsentwurf" gebraucht, das erklärt allerdings noch nicht, warum er ihn so verdrießlich hervorhebt.

Um dies zu verstehen, muß man sich einen zweiten Konflikt vergegenwärtigen, der im Falle des Schiffshebewerkes die Auseinandersetzungen um die ästhetische Potenz von Architektur und Ingenieurbau überlagerte: den Konflikt zwischen, wie es damals hieß, „Kunst und Verwaltung".

Um 1920 hatten sich Vertreter von Kunst und Architektur gegen die Vermengung von staatlicher Bau-Verwaltung und künstlerischem Bau-Schaffen ausgesprochen.[16] Auch Hans Poelzig äußerte sich in dieser Sache. Als Vorsitzender des Deutschen Werkbundes und in dessen Namen hatte er eine Denkschrift, der es an Schärfe nicht mangelte, an die Preußische Landesversammlung gerichtet. Darin hieß es unter anderem: „Solange beide Tätigkeiten, die künstlerische und die verwaltungstechnische, vom staatlichen Baubeamten gefordert werden, bleibt das öffentliche Bauwesen auf Halbnaturen angewiesen und kann daher nur unschöpferisch sein."[17]

Und nun mußte gerade Poelzig es einige Jahre später geschehen lassen, daß sein Entwurf, den er als „frei schaffender"[18] Architekt hervorgebracht hatte, zugunsten eines Entwurfs, den auf Anpassung und Konvention eingeschworene Beamte ausgearbeitet hatten, abgelehnt wurde.

Diesem Umstand ist der polemische Unterton in den Ausführungen Riezlers – der ja als Herausgeber der FORM ein ebenso repräsentativer Vertreter des Werkbundes war wie Poelzig – zum Schiffshebewerk geschuldet.

„Nichts anderes darf hier wirken ..."

Wie Riezler mitteilt, ist der „Regierungsentwurf" ordnungsgemäß auf seine Qualität geprüft worden. Diese Aufgabe fiel der Preußischen Akademie für Bauwesen zu. Dabei stand nicht nur die technische Lösung zur Debatte, auch die architektonische Wirkung des vorgelegten Projekts galt es einzuschätzen. Die Gutachter ließen es nicht an Hinweisen fehlen, um „eine mehr künstlerisch befriedigende Gliederung des Eisengerüstes"[19] zu erzielen. Es wurde empfohlen, die Horizontale des Kanals in Form eines Steges aufzunehmen und um das Bauwerk herumzuführen, um so eine „wohltuende zweckentsprechende Teilung in seiner Höhenentwicklung" zu erhalten, auch wurde zur Anbringung zusätzlicher Streben auf den Stirnseiten geraten, um dem „mager und schwächlich wirkenden" Modell etwas aufzuhelfen, schließlich wurde auch noch die Möglichkeit geltend gemacht, „das Schiffshebewerk durch vollwandige Ausbildung einzelner Rahmenteile so zu glie-

[18] Riezler, Walter: a. a. O., S. 35

[19] Gutachten der Preußischen Akademie für Bauwesen, zitiert nach Riezler, Walter: a. a. O., S. 33

8/9 „Eiserne Gotik“: Blick in das Gerüst des Schiffshebewerkes – die Vertikalen beherrschen das Bild.

dern, daß dadurch die tragenden Konstruktionsteile als solche mehr betont werden."[20]

In diesen Vorschlägen klingen die alten Zweifel gegenüber den Bauten aus Eisen an: die Befürchtung zum Beispiel, die tragenden Teile könnten den nötigen Ausdruck von Kraft nicht aufbringen, sie könnten zu leicht und somit schwächlich wirken.

Das Projekt wurde überarbeitet. Der Empfehlung, dem Mangel durch partielle, für die Statik völlig überflüssige Vollwandigkeit zu begegnen, wurde nicht gefolgt, der Laufsteg hingegen wurde in die Tat umgesetzt, vielleicht, daß man seine Nutzung durch ein herbeiströmendes Publikum richtig voraussah.

Waren die Vorstellungen der akademischen Architekten darauf gerichtet, die technische Höhe des Schiffshebewerkes optisch zu unterbrechen und herabzumildern, und waren die Autoren des Entwurfs mit dem Laufsteg diesen Vorstellungen folgsam nachgekommen, so sah Riezler gerade hierin die Hauptschwäche des Entwurfs. Durch den Laufsteg, so führte er aus, würde „das Hebewerk zu einer Art Anhängsel an den Kanal" herabgewürdigt, „während es doch gerade darauf ankommt, daß an dieser Stelle die in der Natur des Kanals liegende horizontale Bewegung durch eine Vertikale jäh unterbrochen ist. An dieser Stelle steht das Schiff still und wird durch eine gewaltige Kraft gehoben und gesenkt." Folgt die Maxime Riezlers: „Nichts anderes darf hier wirken als diese gesammelte Kraft, und je klarer und gefestigter sie in Erscheinung tritt, desto besser."[21]

Der Architekt als Vollender

Poelzigs Entwurf ist ohne Frage in dieser Hinsicht konsequent. Die vertikale Gerichtetheit der Hauptkräfte wird weder durch schräge Stützen abgelenkt noch durch irgendeine Horizontale unterbrochen, sie ist umgesetzt in einen vehement aufstrebenden Bau, in eine architektonische Botschaft, die das imposante Hinauf und Hinab riesiger Lasten zum Thema hat.

Vergleicht man die beiden Entwürfe, so fällt es nicht schwer, das Werk des Architekten Poelzigs weitaus „gotischer" zu finden als das der Ingenieure. Poelzig wollte das Ingenieurhafte *gestalten*, die Ingenieure haben es lediglich hervorgebracht. Was Riezler diesen dann letztlich auch vorzuwerfen hat, ist das Unvermögen, den Selbstausdruck des Technischen zu steigern zu einem sinnlichen Ausdruck von Funktion, von Kraft, von Sachlichkeit und Klarheit, aber auch von Sieg, Triumph und Unterwerfung.

Dem Ingenieur wird abgesprochen, das Ingenieurhafte angemessen gestalten zu können.

Die Ästhetik des Technischen, des Ingenieurbaus, wird bejaht, wird emphatisch begrüßt, doch zu ihrer Materialisierung bedarf es – so wird befunden – des Meisters der Form, des Künstlers, des Architekten: „Denn es ist eine Frage von größter Wichtigkeit für die Gestaltung der zukünftigen Welt: ob es gelingt, die stärksten Kräfte der Baukunst auch für rein technische Aufgaben nutzbar zu machen, und dadurch auch diese Aufgaben im Sinne einer lebendigen Formung zur vollkommensten Lösung zu bringen."[22]

Der Architekt erscheint als der Vollender der Ingenieurästhetik. Seine Arbeit beginnt, wie Hugo Häring es 1932 ausdrückt, „da, wo der Ingenieur ... aufhört, sie beginnt mit der Verlebendigung des Werkes."[23]

[20] ebenda
[21] Riezler, Walter: a. a. O., S. 34f.
[22] ebenda
[23] Häring, Hugo: Das Haus als organhaftes Gebilde, in: Programme und Manifeste zur Architektur des 20. Jahrhunderts, Braunschweig 1975, S. 118

10 Das Hebewerkgerüst, wie man es sieht, wenn man sich vom Ort Niederfinow her nähert: Aus dieser Sicht hat man den Eindruck eines provisorisch aufgebauten Gerüstes, auch dominiert hier die Horizontale des Laufstegs im Verein mit der oben umlaufenden Seilscheibenhalle.

Setzung des Widerspruchs

Welche Aufgabe der Menschheitsgeschichte galt es nun eigentlich in Niederfinow zu lösen? Welch unvergleichliche Mission war hier der Technik aufgetragen, daß sie die Architekten inspirierte, ihr durch ein monumentales Jubelwerk zu huldigen? Die nüchterne Antwort: um 70 Minuten Schleusenzeit einzusparen. Überwanden die Schiffe das Gefälle von 36 Metern sonst durch das Passieren von vier Schleusen in 90 Minuten, so waren für das Heben bzw. Senken inklusive Einfahren und Ausfahren nur noch 20 Minuten erforderlich.

Diese Aufgabe ist bieder und die Setzung eines permanenten Widerspruchs: Der Mensch bannt die Gefahr, die er selbst heraufbeschworen hat. Indem er die Wasser so leitet, daß sie nur durch eine technische Großtat davon abgehalten werden können, die Höhe von 36 Metern sinnlos und verheerend herabzustürzen. Mittel dazu ist jene ingenieurtechnische Konstruktion, die zugleich das schnelle und gefahrlose Überwinden der Höhe ermöglicht. Dem Schiffshebewerk fehlt es keinesfalls an Ausdruck. Es ist nur nicht der Ausdruck eines Sieges ohne Preis. Der Bau spricht gleichsam mit doppelter Zunge. Er zeigt sich, wie er ist – ambivalent. Er ist Schutz und Gefahr in einem. Er wirkt ewiglich, gigantisch und erhaben, er wirkt zugleich vergänglich, zerbrechlich und banal. Die Umstände wollten es, daß kein Architekt Gelegenheit hatte, ihm ein baukünstlerisches Kleid zu machen und diesen Zwiespalt zu überformen.

WChUTEMAS/WChUTEIN: die „Metfak"

Selim O. Chan-Magomedow

Die zweite Hälfte der zwanziger Jahre war für die Architektur in der Sowjetunion eine Phase revolutionärer Veränderungen: Neuerer bestimmten im großen Maße die Szene. Schwieriger lagen die Dinge bei der Formgestaltung. Sie war unter dem Begriff „Produktions-Kunst" bekannt und durch eine enge Verquickung sozial-ethischer und formal-ästhetischer Fragen gekennzeichnet.

Entwicklungstempo und Praxiswirksamkeit waren in den einzelnen Zweigen der Produktions-Kunst sehr unterschiedlich. Die der Agitationskunst nahen Zweige (zum Beispiel Buchgrafik, Textilgestaltung) kamen schnell voran. Andere Gebiete, vor allen die grundlegenden der Formgestaltung, entwickelten sich im Vergleich zur Architektur äußerst langsam und verspätet. Freilich war dieses Gebiet am wenigsten attraktiv, es bot unter den konkreten Verhältnissen jener Zeit nur eine geringe Perspektive. Für den Gestalter gab es zunächst keine Hoffnung auf schnelle und breite Realisierung seiner Entwürfe, weil dafür die Reorganisation der gesamten Produktion von Gebrauchsgütern und Ausstattungselementen erforderlich gewesen wäre. So wagten sich nur wenige Künstler und Architekten an diese Aufgabe.

Dennoch wurde in den zwanziger Jahren, in der einleitenden Etappe der sowjetischen Formgestaltung, große Arbeit geleistet. Theoretische Grundlagen, schöpferische Konzeptionen, praktische Verfahren des Konstruierens wurden ausgearbeitet, experimentelle Projekte und Muster verschiedener Typen von Einrichtungsgegenständen geschaffen, die ersten Formgestalter ausgebildet. Diese Leistungen waren in bedeutendem Maße mit dem Namen Alexander Rodtschenko verbunden. Man kann Rodtschenko ohne Übertreibung als die größte Gestalt der sowjetischen Formgestaltung in den zwanziger Jahren bezeichnen.

Rodtschenko war an den WChUTEMAS[1] tätig, und zwar zunächst an der Fakultät für Malerei; Anfang 1922 wechselte er in die Fakultät für Metallbearbeitung, abgekürzt „Metfak" über, die gerade im Entstehen begriffen war. Unter den Studenten fand die „Metfak" zunächst wenig Zuspruch. Das Profil der auszubildenden Fachleute war noch nicht klar. Praktisch mußte man von vorn beginnen, da diese Fakultät bis dahin weniger als andere von den neuen Strömungen berührt worden war. Die alte Methodik – sie hatte ihren Ursprung in der Ausbildung von Ziseleuren und Goldschmieden an der Stroganow-Schule[2] – war aufgegeben, eine neue aber noch nicht vorhanden.

Als Leiter der „Metfak" erarbeitet Rodtschenko zielstrebig eine Methodik für die Ausbildung von Spezialisten mit neuem Profil und führt sie in die Lehrpraxis ein. Nicht allen gefällt die neue Richtung des Unterrichts, nicht alle reizt die Perspektive, nach Beendigung einer künstlerischen Hochschule in der Industrie zu arbeiten. Viele wechseln von der „Metfak" zu anderen Fakultäten über. Nur die Überzeugten bleiben. Allmählich bildet sich eine Gruppe von Schülern Rodtschenkos, die er nach sieben Jahren (im Jahre 1929) auch zum Abschluß führt.

[1] Die „Höheren künstlerisch-technischen Werkstätten" in Moskau, bekannt geworden unter der Abkürzung WChUTEMAS, wurden 1920 gegründet. In ihnen sind zwei Vorgänger-Schulen vereinigt: die ehemalige „Stroganow-Kunstgewerbeschule" und die ehemalige „Lehranstalt für Malerei, Plastik und Baukunst". Die WChUTEMAS waren in eine Reihe von Fakultäten gegliedert: Malerei, Plastik, Architektur, Textil, Keramik, Polygraphie, Holzbearbeitung, Metallbearbeitung.
Die Fakultät für Holzbearbeitung, abgekürzt „Derfak", und die Fakultät für Metallbearbeitung, abgekürzt „Metfak", bildeten zusammen das für die Entwicklung der Formgestaltung in der Sowjetunion maßgebliche Zentrum.
1926 wurden „Derfak" und „Metfak" zusammengelegt, die neue „Fakultät für Holz- und Metallbearbeitung" erhielt das Kürzel „Dermetfak"; die Einteilung in Holz und Metall wurde beibehalten, nunmehr in Form zweier Abteilungen.
1927 wurden die WChUTEMAS umbenannt in WChUTEIN: „Höheres künstlerisch-technisches Institut", unter diesem Namen existierte die Einrichtung bis zu ihrer Auflösung im Jahre 1930. – Anm. Hrg.

[2] Die „Metfak" der WChUTEMAS ist aus der Werkstatt für Goldschmiede und Ziseleure der Stroganow-Kunstgewerbeschule hervorgegangen. Siehe auch Selim O. Chan-Magomedow: Pioniere der sowjetischen Architektur, Dresden 1983, S. 71 – Anm. Hrg.

[3] Materialy po istorii dizajna, Moskva 1969, S. 29

[4] Moskovskoe vysšee chudožestvenno-promyšlennoe učilišče (byvšee Stroganovskoe), Moskva 1965, S. 49

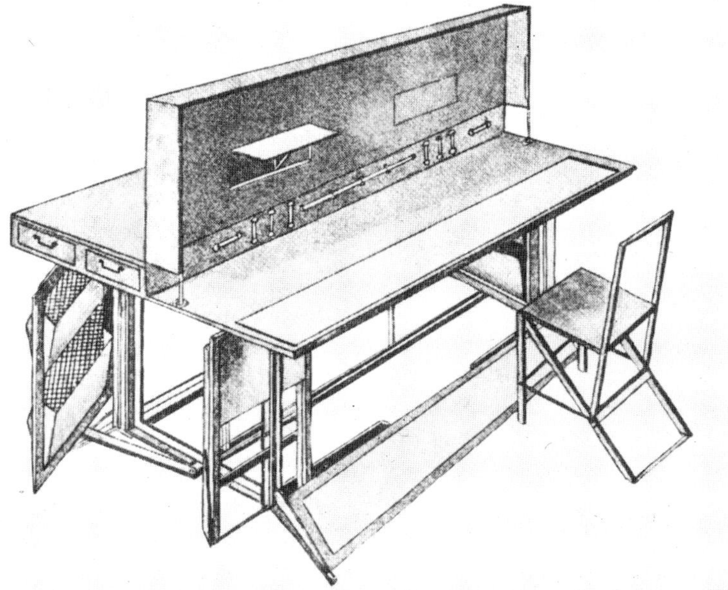

1/2 verwandelbarer Tisch, 1926
Der Tisch läßt sich von zwei Seiten her benutzen, er verfügt über verschiedene Schübe, Klappen und Taschen, im unteren Teil lassen sich vier dazugehörige Faltstühle verstauen.
Gestalter: I. Morosow (Semesterarbeit)

Unsere Industrie hat bis heute keine speziellen Fachleute, die an der rationellen Durchbildung der Gegenstände des alltäglichen Lebens arbeiten, wie z. B. der Einrichtung von Wohnungen, der Ausstattung von Räumen für Dienstleistungen und Handel, der Ausstattung von Verkehrsmitteln, Plätzen, Straßen, Parks usw. ... Hier ist ein spezieller Ingenieur nötig, der in sich die produktionstechnisch-konstruktive und die sozial-organisatorische Seite vereinigt. Solche Spezialisten beginnt nun das WChUTEIN aus seinen Produktionsfakultäten zu entlassen ... Die auf der Ausstellung gezeigten Arbeiten für die Einrichtung von Verkehrsmitteln und Ausstellungsräumen machen deutlich, daß die Fakultät die richtige Richtung in der Ausbildung von Fachleuten eingeschlagen hat.

(Sowienennaja architektura, Nr. 3, 1929)

Die Künstlerin W. Stepanowa, die Frau Rodtschenkos, schreibt in ihren Erinnerungen: „Die erste Periode der Organisation der Metfak war die schwierige Periode der Zerstörung des alten Geistes der am Goldschmiedehandwerk orientierten angewandten Kunst. Es war die Agitation für die Industrialisierung der Methoden in der metallverarbeitenden Industrie – der Kampf für die Herstellung von Gebrauchsgegenständen und für die konstruktive Verarbeitung des Metalls, gegen die Kultur des Sinnlosen, ... des einfach antikünstlerischen Tands. Die Bewußtseinsentwicklung der Studenten und des Lehrkörpers der alten Stroganow-Schule vollzog sich unter großen Schwierigkeiten, und es vergingen mehr als zwei Jahre, bis sich die handwerkliche Goldschmiedewerkstatt zur Fakultät für Metallbearbeitung einer künstlerisch-technischen Hochschule umgebildet hatte. Gleichlaufend wurde hartnäckig an der Verbesserung des Programms der Metfak gearbeitet – nahezu der einzigen Schule in der Welt, die Konstrukteure für die Produktion von Gebrauchsgegenständen in der Kleinindustrie ausbildete."[3]

In einer Denkschrift vom 3. Februar 1923 schrieb Alexander Rodtschenko: „Ziel der Fakultät ist es, dem Staat Künstler-Konstrukteure zur Verfügung zu stellen." Die Studenten „fertigen Projekte nützlicher Gegenstände, führen sie praktisch aus (Modelle) und erhalten mit Beendigung der Fakultät die Bezeichnung Ingenieur-Künstler. Ausgerüstet mit schöpferischen Kenntnissen und praktisch bekannt mit dem letzten Wort der Technik, sollen sie in den Werken der metallverarbeitenden Industrie tätig werden."[4]

Nacheinander hatten die Studenten folgende Aufgaben zu lösen:

1. Zusammenstellung vorhandener Gegenstände;
2. Vereinfachung eines schon produzierten Gegenstandes;
3. Verkomplizierung dieses Gegenstandes;
4. Schaffung eines neuen Typs von Gegenstand;
5. Entwurf eines neuen, vorher nicht vorhandenen Gegenstands;

6. Schaffung eines kompletten Ensembles von Gegenständen;

7. Entwurf von Einrichtungen.

Das von Rodtschenko ausgearbeitete Lehrprogramm für das Projektieren von Metallgegenständen sah vor, Gegenstände sowohl nur aus Metall als auch in Verbindung mit anderen Materialien zu entwickeln. Dabei wurden die Gegenstände in monofunktionale und multifunktionale unterteilt. Es gab vier verschiedene Methoden, eine Aufgabe zu lösen:

1. Fertigung des Gegenstandes in natürlicher Größe (Löffel, Türklinke, Kochtopf, Bügeleisen, Schere, Gabel, Kleiderhaken, Feuerzeug, zerlegbares Teegeschirr, Schloß, Uhr, Tintenbehälter, Lampe für Fotolabors usw.);

2. Fertigung der Gegenstände im Modell (klappbarer Gartenstuhl, Zeitungskiosk, Vitrine, Schirm, Faltbett, Tischleuchte, Bücherregal, automatischer Briefkasten, Sessel-Bett, Bett-Arbeitstisch, Uhr für Behörde, Metallgeschirr, zusammenlegbares Toilettengerät usw.);

3. Erarbeitung zeichnerischer Projekte (Karosserie eines Autos, Büchervitrine, Straßenlaternen, innere Ausstattung von Straßenbahnwagen, zusammenlegbare Möbel, Zentralheizung, Einrichtung einer Buchhandlung, Warenhausvitrinen, bewegliche Leuchtreklame, Lautsprecher auf öffentlichen Plätzen, Ausstattung von Bibliothek, Postamt, Bank, Bad, Speisehalle, Arbeiterklub usw.);

4. Gestaltung von Flächen (Schrifttafeln in Email oder graviert, Abzeichen für die Gewerkschaft, Zeichen, Wappen usw.).[5]

In den formgestalterischen Arbeiten Rodtschenkos und seiner Schüler wird sichtbar, wie durch die Meisterung der konstruktiven und typologischen Probleme, durch das Begreifen der Materialeigenschaften den ästhetischen Fragen der Gestaltung, die man in enger Verbindung zur sozial-ethischen Rolle des Gegenstandes in der neuen Gesellschaft sah, allmählich mehr Aufmerksamkeit gewidmet wurde.

Unser WChUTEIN hat sich im Laufe der letzten Jahre verdientermaßen den Ruhm erworben, eine der besten künstlerischen Ausbildungsstätten in Europa zu sein … Die Arbeiten dieser jungen Konstrukteure für Innenausstattung sind so frisch im Gedanken, dabei unseren modernen Bedürfnissen so nahe, daß man sich mit ihnen in aufmerksamster Weise beschäftigen muß … Der allgemeine Eindruck wird von dem hohen technischen und künstlerisch-kulturellen Niveau bestimmt. Wenn sich die Arbeiten der Metallabteilung des Bauhauses durch größere ästhetische Glätte auszeichnen, so liegt der Vorzug der Arbeiten des WChUTEIN in ihrem breiten Erfindungsreichtum, der reinen Konstruktivität und der auf das praktische Leben gerichteten Einstellung. Für solche Qualitäten sind die ersten Absolventen der Abteilung, die noch keinerlei Traditionen besitzt, zweifellos ihren Lehrern zu Dank verpflichtet.

(Stroitelnaja promyschiennost, Nr. 4, 1929)

РАСКЛАДНАЯ ПОЛКА ДЛЯ КНИГ

КОНСТРУКТИВИСТА БЫКОВА. 1923

Налево полка в сложенном виде, направо—в разложенном. Конструкция из дерева и металла. В сложенном виде ее можно использовать как ящик для упаковки и перевозки книг. Кроме того всю конструкцию можно разобрать для наиболее легкой переноски. Москва. Вхутемас. Метфак.

3 Bücherregal, zusammenklappbar und zerlegbar, 1923
In der Erläuterung heißt es: „Links ist das Regal zusammengeklappt und rechts vollständig aufgebaut zu sehen. Die Konstruktion besteht aus Holz und Metall. In zusammengeklappter Form kann sie als Kiste zur Verpackung und zum Transport von Büchern dienen. Darüber hinaus kann die gesamte Konstruktion zum Zweck des leichteren Transportierens zerlegt werden."
Gestalter: S. Bykow (Semesterarbeit)

4 Theaterkiosk, zusammenklappbar, 1923
Gestalter: W. Pylinski (Semesterarbeit)

5 Mobiliar für Gesellschaftsbauten, 1929
Das Mobiliar besteht aus standardisierten Elementen, es ist zerlegbar und insofern leicht transportierbar, geeignet zur Ausstattung von Klubs, Speiseräumen, Kinos usw.
Gestalter: P. Galaktionow (Diplomarbeit)

6 Arbeiterklub, ausgestellt auf der „Internationalen Ausstellung der dekorativen Künste" in Paris 1925
Gestalter: A. Rodtschenko

Die erste Rechenschafts-Ausstellung der Studenten der „Metfak" lenkte die Aufmerksamkeit der Öffentlichkeit auf sich. Sie zeigte die allgemeine Richtung des Suchens nach einer neuen, rationellen Ausstattung durch Rodtschenko und seine Schüler. Besondere Aufmerksamkeit fand die damit sichtbar werdende neue Qualität der gegenständlichen Umwelt. Die gezeigten Einrichtungsgegenstände waren multifunktional, zusammenlegbar, veränderbar, verschiebbar; der zusammenlegbare Theaterkiosk (Abb. 4), die Kombination von Sessel und Bett, von Bett und Zeichentisch, die mobile Büchervitrine (Abb. 3) und anderes mehr.

Wichtig ist, daß Rodtschenko die Aufgabe der Formgestaltung (Produktions-Kunst) allumfassend sah – als Projektierung der gesamten gegenständlichen Unmwelt des Menschen. Von daher rührt die Breite der Themen und Aufgaben an der „Metfak": Einrichtungen für das alltägliche Leben, für Kultur- und Bildungseinrichtungen, für Straßen, für Ausstellungen, für die verschiedenen Zweige des Verkehrswesens usw.

1925 fand in Paris die „Internationale Ausstellung der dekorativen Künste" statt, auf der auch die WChUTEMAS vertreten war. Schon hier wurde der konzeptionelle Ansatz Rodtschenkos deutlich. Von den ausgestellten Arbeiten seiner Studenten sind unter anderem erwähnenswert: ein platzsparend zusammenlegbares Tee- und Eßgeschirr aus gestanztem Aluminium für die Reise (Abb. 7, 8), ein aufklappbares Waschgerät für Wohnungen ohne fließendes Wasser, ein zerlegbarer Kiosk. Rodtschenko selbst hatte für die Aus-

[5] Chudožestvenno-konstruktorskoe abrazovanie, Band 4, Moskva 1973, S. 207–210

stellung die komplexe Ausstattung eines Arbeiterklubs aus Holz entworfen (Abb. 6).

Eine der schwierigsten Studienaufgaben wurde 1926 gelöst. I. Morosow gestaltete einen multifunktionalen Tisch, den man als Schreib-, Eß- und Zeichentisch nutzen kann (Abb. 1, 2). Der untere Teil des Tisches nimmt vier Faltstühle auf, außerdem befindet sich dort ein ausklappbares Gestell mit Taschen für Zeitungen und Zeitschriften. Der Tisch hat eine doppelte Platte. Die obere Platte gibt, zur Hälfte aufgeklappt, einen Eßplatz mit verschiebbarem, läuferähnlichem Tischtuch frei. An der inneren Seite der senkrechten Tafel sind Klappregale und darunter Ringe und Riemen zum Aufbewahren

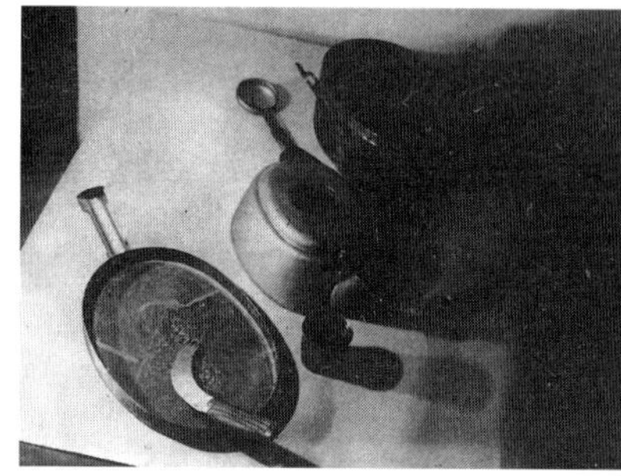

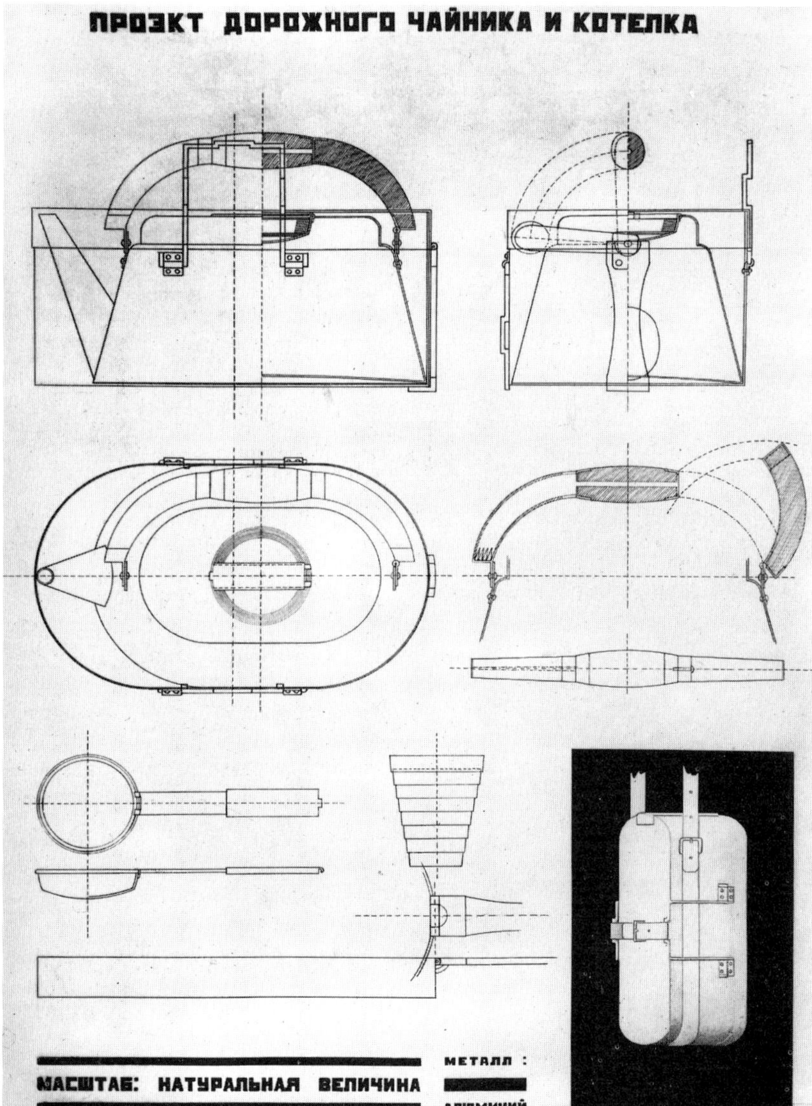

7/8 Tee- und Eßgeschirr für Reise und Jagd, 1924
Die Garnitur besteht aus Pfanne, Topf, Teekessel, Becher, Messer, Gabel. Der Topf bildet zugleich den Behälter für die übrigen Formen, die Pfanne wird dabei zum Deckel.
Gestalter: S. Bykow (Semesterarbeit)

9/10 verwandelbare Flugzeugsessel, 1929
Die Konstruktion gewährleistet den horizontalen Ausgleich bei Neigung des Flugzeugs, man kann sie auseinanderklappen und -ziehen, und zwar so, daß Schlafplätze in zwei Ebenen entstehen.
Gestalter: P. Shigunow (Diplomarbeit)

11 Ausstattung für einen Fernautobus, 1929
Die Sitze lassen sich zu Schlafplätzen auseinanderziehen.
Gestalter: G. Pawlow (Diplomarbeit)

12 Wanderkino mit Bibliothek, 1929
Die Einrichtung ist auf ein Lastauto montierbar. Sie enthält Bücherschränke, Kinoapparatur, Tonanlage, Leinwand, Klappbänke für 120 Personen. Die Bänke werden im Freien aufgestellt, und dann kann das gesamte Gehäuse aufgeklappt genutzt werden.
Gestalter: D. Saonegin (Diplomarbeit)

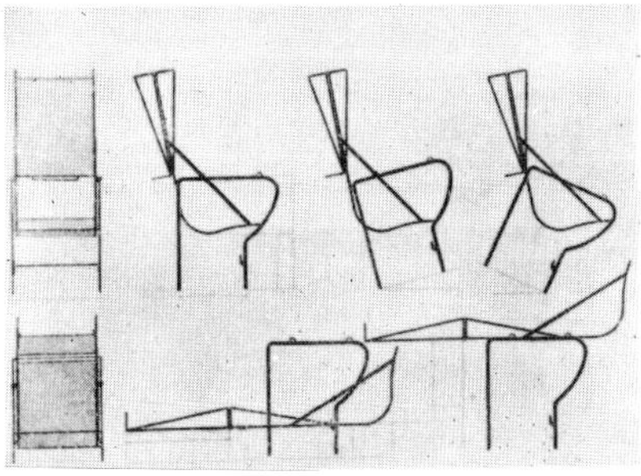

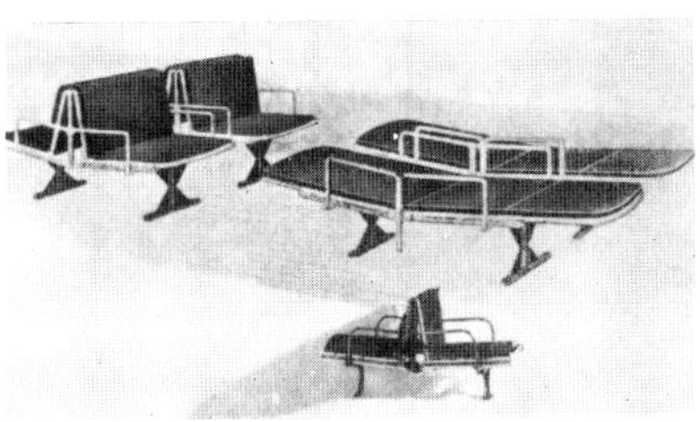

von Eß- und Teegeschirr angebracht. Heruntergeklappt bedeckt die obere Platte den Eßtisch, ohne das Geschirr zu berühren. Die zweite Hälfte der Tischfläche kann beliebig geneigt und so als Zeichentisch genutzt werden.

Die Arbeiten der „Metfak" riefen großes Interesse bei den Konstruktivisten unter den Architekten hervor und zogen die konzentrierte Aufmerksamkeit der Theoretiker auf sich. Die Semesterarbeiten der Studenten wurden 1926 in den ersten Nummern der Zeitschrift der konstruktivistischen Architekten „Moderne Architektur" veröffentlicht. Im gleichen Jahr schrieb Ossip Brik einen Aufsatz mit der doppeldeutigen Überschrift „Schule des Konstruktivismus", in dem er die Rolle der „Metfak" bei der Herausbildung und Verbreitung des Konstruktivismus hoch einschätzte: „Den Konstruktivismus muß man als eine Strömung begreifen, die die Aufgabe der Kunst darin sieht, alle akkumulierte künstlerische Meisterschaft für die Fertigung lebensnotwendiger Gegenstände anzuwenden ... Den Konstruktivismus darf man nicht mit dem Prinzip der angewandten Kunst vermischen, der Unterschied ist riesig. Die Vertreter der angewandten Kunst *schmücken* den schon gefertigten Gegenstand. Die Konstruktivisten *fertigen* diesen Gegenstand und lehnen jegliche bloß äußerliche Ausschmückung entschieden ab. Die Konstruktivisten meinen, daß nicht der gut geschmückte, sondern der gut gefertigte ein wertvoller Gegenstand ist. Aber was ist ein gut gefertigter Gegenstand? Es ist ein Gegenstand, der am vollständigsten seiner Bestimmung entspricht. Man kann kein allgemeines Rezept für einen guten Gegenstand geben. Alles hängt von der konkreten Aufgabe und den Produktionsbedingungen ab. Der Konstruktivist muß alle diese Bedingungen berücksichtigen und nach der

Grundlage des Programms der Fakultät war: Konstruktion von Gegenständen aus Metall, nicht Ausschmückung, sondern Produktion von Gegenständen. *In den ersten Jahren waren die Arbeitsbedingungen schwer ... Davon zeugt die Tatsache, daß von 30 Studenten nur 8 die Fakultät beendeten ...*

(Krasnoe studentschestwa, Nr. 15, 1929)

richtigen Lösung suchen. Die unter Leitung Rodtschenkos, des größten Künstler-Konstruktivisten, stehende Metallfakultät der WChUTEMAS hat schon begonnen, die Theorie in die Praxis umzusetzen ...

Natürlich sind diese Schülerarbeiten noch nicht fertige Gegenstände, es sind erste Versuche, Proben. Aber es sind bedeutungsvolle Versuche, die zeigen, daß die Kunst den engen Rahmen der Atelieraufgaben verlassen hat und sich langsam aber beharrlich die Bahn zur Produktion bricht, dorthin, wo die kommende materielle Kultur geschaffen werden wird."

Im Jahre 1929 führte Rodtschenko die ersten acht Studenten der „Metfak"[6] zum Diplomabschluß. Dieses Ereignis lenkte die Aufmerksamkeit einer breiten Öffentlichkeit auf sich. Über die Diplomarbeiten erschienen Aufsätze in verschiedenen Zeitschriften.

Neben jenen Absolventen, die 1927 und 1928 die Holzfakultät der Schule beendet hatten, waren dies die ersten sowjetischen Formgestalter. Sie erhielten die Berufsbezeichnung „Ingenieur-Künstler". Ihr erfolgreicher Abschluß ist gleichsam die Krönung des vorangegangenen Suchens: der Experimente mit der abstrakten Form, des Aufbaus von Wechselbeziehungen verschiedener Gattungen der räumlichen Künste, der Suche nach der Grundlage eines neuen Stils, der Ausarbeitung eines künstlerischen Vorkurses an den WChUTEMAS, der Meisterung neuer Materialien und Konstruktionen.

13/14 Teile der Einrichtung eines Busbahnhofs für den Fernverkehr, 1929
Die Arbeit beinhaltete die komplexe Ausstattung: Warteräume, Büfett, Bücherkiosk, Diensträume.
Gestalter: I. Morosow (Diplomarbeit)

[6] Die „Metfak" war zu dieser Zeit nicht mehr selbständig, sondern als „Abteilung Metallbearbeitung" in der vereinigten Fakultät für Holz- und Metallbearbeitung enthalten. Siehe auch den nebenstehenden Beitrag von Selim O. Chan-Magomedow über die „Derfak" – Anm. Hrg.

WChUTEMAS/WChUTEIN: die „Derfak"

Selim O. Chan-Magomedow

Gestalterische Meisterkonzeptionen der Vergangenheit stehen im Mittelpunkt des Interesses, wenn der Entwicklungsprozeß der Formgestaltung in der Sowjetunion analysiert wird. Erhöhte Aufmerksamkeit verdienen dabei die Produktionsfakultäten der WChUTEMAS/WChUTEIN, insbesondere die Fakultäten für Metall- und Holzbearbeitung, an denen die ersten sowjetischen Designer ihr Diplom erhielten.[1] Hier unterrichteten so aktive Verfechter der Produktionskunst und des Konstruktivismus, wie W. Kiselew, G. Kluzis, A. Lawinski, El Lissitzky, A. Rodtschenko und W. Tatlin.

Ihre Schüler schufen von 1922 bis 1930 eine Vielzahl von Entwürfen und Modellen. Die Suche danach in den Veröffentlichungen dieser Zeit sowie in den Privatarchiven brachte jedoch bis jetzt nur einen geringen Teil ans Tageslicht.

Allein von 1929 bis zur Schließung des WChUTEIN ein Jahr später haben 16 Studenten die Abteilung Metallbearbeitung der „Dermetfak" (Fakultät für Holz- und Metallbearbeitung) absolviert, sieben Studenten befanden sich zur Zeit der Auflösung in den oberen Semestern. Etwa 60 Entwürfe, angefertigt im Rahmen von Jahres- und Diplomarbeiten, konnten wir ausfindig machen.

Die Abteilung für Holzbearbeitung der „Dermetfak" durchliefen in der Zeit von 1927 bis 1930 insgesamt 31 Studenten, die oberen Semester hatten 1930 noch 16 Studenten belegt – aber nicht mehr als 20 Entwürfe wurden bisher gefunden. Dennoch reichen diese Unterlagen, zusammen mit einer großen Anzahl von Textdokumenten, aus, ein Bild über diese Fakultät und über die Rolle, die Lawinski, Lissitzky, Tatlin und andere Dozenten bei der Ausbildung der ersten Absolventen spielten, zu vermitteln.

Die Fakultät für Holzbearbeitung der WChUTEMAS, genannt „Derfak", war hervorgegangen aus der Tischler- und Holzschnitzerwerkstatt der ehemaligen Kunstgewerbeschule Stroganow. Die Lehrer dieser Schule unterrichteten zunächst an der neuen Fakultät weiter. Der Lehrplan enthielt die ersten zwei Jahre (1920 bis 1922) noch vieles von der Stroganowsker Konzeption. Besonders deutlich war das in den künstlerisch-gestalterischen Disziplinen, wie „Möbelkomposition" bei I. Warenzow, „Holzarchitektur" bei S. Tschernyschew und „Schnitzen" bei N. Kurschupow.

Die Ausbildung im Fach „Möbelkomposition" erstreckte sich über vier Jahre, die Studenten wurden sehr allmählich mit den Projektierungsmethoden bekanntgemacht, zunächst betraf das recht einfache Elemente (Regal, Garderobe, Kästen), dann kompliziertere Einzelprodukte (Bank, Hocker, Stuhl, Sessel, Liege, Schrank, Büfett, Tisch) und schließlich ganze Ensembles sowohl für Wohnräume (Arbeits-, Speise-, Empfangs-, Vor- und Schlafzimmer) als auch für staatliche und gesellschaftliche Einrichtungen (Tagungsräume, Speisesäle, Theater, Bibliotheken). Die Studenten lernten Holz als Rohstoff kennen: Wie wird es verwendet, was sind seine natürlichen Eigenschaften, welche Besonderheiten, welche Mängel hat es? Großer Wert

[1] siehe auch den vorangegangenen Beitrag von Selim O. Chan-Magomedow über die „Metfak" S. 162, insbesondere die erste Anmerkung – Anm. Hrg.

1–4 Arbeiterklub, ausgestellt auf der „Internationalen Ausstellung der dekorativen Künste" in Paris 1925
Betreuer: A. M. Lawinski, S. J. Tschernyschew
1 Eingang
Gestalter: I. P. Lobow
2 Garderobenständer
Gestalter: E. I. Artamonow

wurde unter anderem auf das ornamentale Gestalten gelegt, wie Schnitzen, Verzieren durch Metall und Elfenbein, Intarsienarbeiten. Auch Stilmöbel wurden behandelt.[2]

Das Fach „Holzarchitektur" wurde nur über zwei Jahre gelehrt. Zuerst eigneten sich die Studenten die künstlerische Gestaltung von einzelnen Elementen (Fenster, Türen, Simse, Außentreppen, Balkons) an, dann folgte die Gestaltung von Innenausstattungen, von Fassaden aus Holz und von ganzen Gebäuden. Die Jahresarbeiten zeigen zweierlei Objektgruppen. Erstens verschiedene Arten stationärer Holzbauten, wichtig für das tägliche Leben: Zäune, Wohnhäuser, Volkshäuser, Tee- und Lesestuben. Zweitens mehr oder weniger temporäre Bauten: Schaukästen für Plakate, Kioske, Ausstellungspavillons, Schmuck für Straßen und Plätze zu Volksfesten.[3]

3 Lesesaal
Gestalter: B. P. Semljanizyn
4 Tische und Sessel für den Lesesaal
Gestalter: B. P. Semljanizyn,
W. I. Kulganow

Die praktische Ausbildung im Fach „Schnitzen" belief sich auf drei Jahre. Kontinuierlich wurden die Studenten vom Ornamentschnitzen zum figürlichen Reliefschnitzen, zum Bas- und Hochrelief, zu vollplastischen Figuren und schließlich zu architektonisch-dekorativen Elementen und Emblemen geführt.[4]

Entsprechend dem neuen gesellschaftlichen Auftrag, Möbel in maschineller Großproduktion billig und für alle erschwinglich herzustellen, wurde darüber hinaus der gesamte ingenieurtechnische Teil der Ausbildung umgestaltet. Neue qualifizierte Fachkräfte wurden gewonnen, neue Fächer eingeführt.

Aber auch den Komplex der künstlerisch-gestalterischen Disziplinen galt es zu erneuern, die dem Kunstgewerbe verpflichteten Lehrinhalte verloren ihre Bedeutung. Nach und nach verließen die Lehrer, soweit sie am alten festhielten, die WChUTEMAS.

Woher sollten die Lehrkräfte für die künstlerisch-gestalterischen Disziplinen an den Designfakultäten kommen?

Sie kamen aus der Hauptabteilung „Grundlagen", die sich gleich zu Beginn an den WChUTEMAS herausgebildet hatte und in der die propädeutischen Fächer „Grafik", „Raum" und „Farbe" zusammengefaßt waren. Hier unterrichteten A. Rodtschenko, W. Kiselew, A. Jefimow („Grafik"), A. Lawinski („Raum") sowie A. Wesnin und L. Lopowa („Farbe") – alle waren Vertreter der Produktionskunst und des Konstruktivismus.

1922 wechselte Rodtschenko zur „Metfak" über, ebenfalls 1922 ging Kiselew an die „Derfak", wohin ihm 1923 Lawinski folgte.

[2] Zentrales staatliches Literaturarchiv. F 681, op. 2, jed. chr. 158, l. 39
[3] ebenda, l. 38–39
[4] ebenda, l. 41

Im Studienjahr 1922/23 formierte sich die Fakultät für Holzbearbeitung sichtbar zu einer Schule für Industrieformgestalter. Kiselew machte sich sofort nach seinem Übertritt an eine Ausbildungskonzeption, stellte den Lehrkörper zusammen, arbeitete ein Programm für die Fakultät aus. Am 3. Oktober 1922 fand an den WChUTEMAS eine Fachtagung statt. Kiselew sprach über „Die Fakultät für Holzbearbeitung in ihrem gegenwärtigen Zustand und das Programm ihrer Umorganisierung": „Wir übernahmen die Fakultät als Erbe der Stroganowsker Schule, deren Traditionen und Produktionsprogramm ‚künstlerische Handwerkelei' darstellen", sagte er und betonte: „Unter Berücksichtigung der Anforderungen unserer Zeit macht die Leitung der WChUTEMAS die Prinzipien der maschinellen Großproduktion zur Grundlage des Programms der Fakultät und stellt sich für die Zukunft das Ziel, hochqualifizierte Spezialisten und Organisatoren mit dem Titel eines Kunstingenieurs auszubilden."[5]

Nach dem neuen Lehrprogramm war das Studium in vier Schwerpunkte unterteilt:

1. Wissenschaftlich-technische Fächer: Werkstofftechnologie, Werkstoffkunde, Produktionstechnik;
2. Produktion: Prinzipien der modernen Massenproduktion, Holz in den neuesten Konstruktionen, wissenschaftliche Grundlagen von Typenmöbeln und Einrichten von Zimmern mit diesen Möbeln, Möbel- und Einrichtungsentwürfe, Muster, Konstruktionsmodelle, Organisation der Entwurfsausführung;
3. Ökonomie: Industrieökonomie, Betriebsleitung und Arbeitsorganisation, Materialanforderung und Kostenanschlag;
4. Historie: Einführung in die Kunst, Geschichte der sozialen Lebensweise, Kritik des Formenfetischismus, Stilentwicklung und Stilkomposition.[6]

Obwohl das Programm noch immer einige Elemente der Dekorations- und Stilbestrebungen der Stroganowsker Schule enthielt, sind in ihm die Anfänge der Designerausbildung begründet, vor allem, was den zweiten Schwerpunkt betrifft.

Parallel zu dieser Entwicklung an den WChUTEMAS verlief eine andere: Die möbelherstellende Industrie bereitete sich auf die Umstellung zu modernen Produktionsmethoden vor. Die einschlägigen Trusts und Betriebe wurden auf die „Derfak" aufmerksam. Sie erwarteten Spezialisten mit umfassenden Fachkenntnissen und hofften, universelle Ingenieure und Organisatoren der Produktion zu erhalten. Diese Erwartungen machten die ohnehin schwierige Aufgabe der Ausbildung von Spezialisten neuen Profils noch schwieriger.

Im Studienjahr 1922/23 hatte Kiselew an der „Derfak" das wichtigste künstlerisch-gestalterische Fach, nämlich „Möbelkomposition", gelehrt. Für die zwei darauffolgenden Jahre übernahm A. Lawinski – einer der aktiven Vertreter der LEF und des INCHUK[7] – dieses Lehrgebiet, das nunmehr „Möbelentwurf" oder auch „Möbelbau" genannt wurde. Das waren die entscheidenden Jahre für die Herausbildung der Produktionskunst, denn damals begann sich auch die Theorie der Produktionskunst zu entwickeln; mit der Produktion eng verbundene konstruktivistische Künstler – sie blieben stets Künstler – drangen in die Probleme von Funktion und Konstruktion ein. Und sie lösten diese Probleme nicht als Ingenieure, sondern auf ihre Art, als Künstler: Es war das Herangehen von Designern an Probleme der Formgestaltung – ein für die Zeit damals ungewöhnliches Herangehen, das auf Widerstand stieß.

5 Lesestube, 1927
Gestalter: E. I. Artamonow, W. A. Timofeew, M. P. Oljoschew (Diplomarbeit)

6 Dorfklub, 1927
Betreuer: El Lissitzky

Das erschwerte zweifellos die Durchsetzung der Produktionskunst an der „Derfak" und belastete die Beziehungen zwischen den Studenten, den Ingenieurpädagogen und Lawinski.

Dennoch erreichte Lawinski viel. Am deutlichsten zeigten sich die Ergebnisse seines Wirkens in den von seinen Schülern geschaffenen Entwürfen für die „Internationale Ausstellung der dekorativen Künste" in Paris 1925. Zum ersten Mal betrat die sowjetische Schule für Formgestaltung die internationale Arena, und auch die Fakultät für Holzbearbeitung legte damit erstmals Rechenschaft ab über ihre Arbeit in den Jahren der Sowjetmacht. Sie zog Bilanz über die fünf Jahre ihrer Existenz an den WChUTEMAS.

Für die Ausstellung hatten die Studenten der „Derfak" zwei Objekte bearbeitet: eine Lesestube (Abb. 7–10) und einen Arbeiterklub (Abb. 1–4). Die Lesestube war als Ganzes – Gebäude und Inneneinrichtung – konzipiert, sie wurde in Form eines Modells präsentiert. Für den Arbeiterklub wurden die Einrichtungen sowie Elemente der Architektur (Fassadengestaltung, Eingang, Tribüne, Schaukästen) projektiert. Unter den Arbeiten für die Ausstattung von Lesestube und Klub befanden sich sehr originelle, veränderbare Dinge: Wandschirme, ein verglaster Bücherschrank, ein zusammenklappbarer Schrank, eine Kombination von Tisch und Bank, ein Tisch mit drehbarem Mitttelteil, ein Bühnenaufbau und anderes mehr.

Die Arbeit an den Entwürfen hatte sehr zur Profilierung der Studenten beigetragen, die Projektierung einer komplexen Einrichtung erwies sich als Grundlage für die berufliche Entwicklung der künftigen Kunstingenieure.

Ebenfalls 1925 erschienen in dem Album „Kunst im Alltag" eine Reihe von Einrichtungsentwürfen mit der Empfehlung zur Produktion, die Studenten der „Derfak" entwickelt hatten, und im gleichen Jahr erbat sich der Moskauer Trust MOSDREW von der Fakultät Entwürfe, um sie in die Produktion aufzunehmen.

[5] Zentrales staatliches Literaturarchiv. F. 681, op. 2, jed. chr. 28, l. 20

[6] ebenda, l. 27–29

[7] LEF: „Linke Front" – von Wladimir Majakowski geleitete Organisation der Futuristen; INChUK: „Institut für künstlerische Kultur" in Moskau, vgl. auch Selim O. Chan-Magomedow: Pioniere der sowjetischen Architektur, Dresden 1983, S. 69ff. – Anm. Hrg.

7–10 Lesestube, ausgestellt auf der „Internationalen Ausstellung der dekorativen Künste" in Paris 1925
7 das Gebäude (Modell)
Gestalter: M. P. Oljoschew, W. A. Timofeew
8 Schrank, der zugleich als Schaukasten dient
Gestalter: I. P. Lobow
9/10 ein Tisch, den man zur Bank umbauen kann
Gestalter: A. P. Kokorew

11 Kiosk, 1927
Betreuer: S. J. Tschernyschew

Im Studienjahr 1925/26 wird Lawinski von El Lissitzky abgelöst. Der Architekt Lissitzky strebt danach, die „Derfak" mit der Fakultät für Architektur zu vereinen und daraus eine Fakultät für Innenarchitektur zu machen. Sein besonderes Interesse gilt der Wohnungseinrichtung. Damals wohnten die Arbeiter noch sehr beengt, Familien hatten oftmals nur ein Zimmer. Die Entwicklung von Standardmöbeln, die diese Situation berücksichtigten, war nötig. Statt der teuren Garnituren für Eßzimmer, Schlafzimmer, Vorzimmer, Wohnzimmer und so weiter wurden billige, das heißt wenig kostende Möbel gebraucht, die Essen, Schlafen, Wohnen in einem Zimmer gestatteten. Anfang 1926 stellte Lissitzky die Studenten vor die Aufgabe, die Einrichtung eines kleinen Zimmers zu entwickeln. Nach einer Analyse der Wohnraumsituation in jenen Jahren charakterisierte Lissitzky vier Typen von Möbeln:

1. Einbaumöbel: Im Idealfall wird die Wohnung vollkommen eingerichtet übergeben.
2. Verwandelbares Möbel: Es bietet die Möglichkeit, eine begrenzte Wohnfläche optimal zu nutzen; durch geringe Veränderungen verwandelt sich die Funktion.
3. Kombinationsmöbel: Standardelemente können durch den Nutzer entsprechend seinen Wünschen, Mitteln und dem zur Verfügung stehenden Platz untereinander kombiniert werden.
4. Typenmmöbel: Es wird entwickelt unter Berücksichtigung der psychischen und physischen Bedürfnisse des Menschen, der herstellungstechnischen Bedingungen und der Wohnraummaße.

Hauptaugenmerk wurde auf die Erarbeitung minimierter Einrichtungen gelegt. 1928 und 1929 entwickelte Lissitzky mit seinen Studenten auf der Grundlage seiner Konzeption die Einrichtung für drei funktionale Bereiche: Arbeitsplatz, Eßecke und Schlafnische einer $1^1/_2$-Zimmerwohnung des Typs F (Abb. 14), wie sie von der Sektion für Typisierung beim Baukomitee der

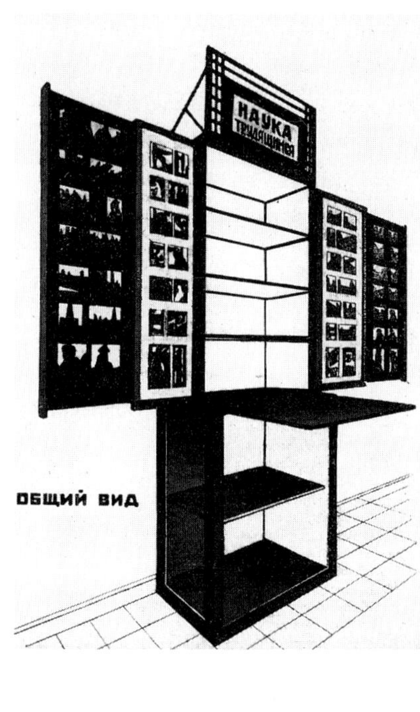

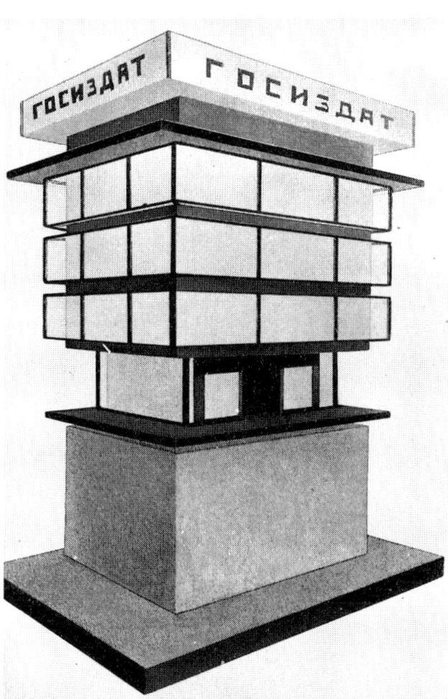

RSFSR unter Leitung von M. Ginsburg projektiert war. I. Lobow, ein Schüler Lissitzkys, entwarf 1928 für den Moskauer Sowjet der Deputierten der Werktätigen die Einrichtung eines 16,35 m^2 großen Zimmers, das in dieselben drei Funktionszonen gegliedert war und variiert werden konnte.

Orientierung auf vielseitige und veränderbare Einrichtungen ist charakteristisch für die Jahres- und Diplomarbeiten, die unter Leitung Lissitzkys angefertigt wurden. Bemerkenswert sind die folgenden Entwicklungen: ein Schrank mit Durchreiche, benutzbar von der Küche und vom Zimmer aus; ein Einbauschrank für ein Internat, die aufklappbare Schranktür kann als Tisch genutzt werden (Abb. 16); eine Kombination von Tisch und Liege (Abb. 16) sowie die Einrichtung eines Raumes für kulturelle Arbeit.

Im Jahre 1926 wurden die „Derfak" und die „Metfak" zusammengelegt, es entstand die Fakultät für Holz- und Metallbearbeitung, genannt „Dermetfak". Sie war unterteilt in zwei Abteilungen: „Möbelentwurf und künstlerische Raumgestaltung" unter El Lissitzky sowie „Künstlerischer Entwurf von Anlagen und Ausrüstungen aus Metall" unter A. Rodtschenko. 1927 entließ die „Dermetfak" ihre ersten Absolventen als Diplomformgestalter: E. I. Artamonow, W. A. Timofeew und M. P. Oljoschew, Studenten der einstigen „Derfak". Ihr Diplom war eine Kollektivarbeit: der Entwurf einer Lesestube (Gebäude und Einrichtung), er erinnert noch stark an das Projekt für die Pariser Ausstellung, das von eben diesen Studenten geschaffen worden war (Abb. 5).

Einen ganz anderen Charakter weist dagegen der Entwurf eines Dorfklubs, entwickelt unter der Leitung Lissitzkis, auf (Abb. 6). Statt des traditionellen Holzhauses mit Satteldach finden wir hier einfache geometrische Formen, ein flaches Dach, eine konsolenartig überstehende zweite Etage.

Im Jahre 1928 erhielten neun weitere Absolventen der einstigen Holzfakultät ihr Diplom. Sie legten sechs Entwürfe (einige als Kollektivarbeit) vor:

– Einrichtung einer Kapitänskajüte und eines Mannschafts-Speiseraumes für ein Kühlschiff (B. P. Semljanizyn);

– Ausstattung einer Kajüte erster Klasse und eines Raucherzimmers für ein Kühlschiff (S. N. Soldatkin);

– Einrichtung einer Kajüte und eines Salons für Frauen auf einem Kühlschiff (K. I. Kudrjaschow);

– Ausstattung der Räume des Staatlichen Handelskontors für Ein- und Ausfuhr (Abb. 17 – A. P. Kokorew, P. G. Korgaschinski, I. P. Lobow);

– Inneneinrichtung eines Vorortbahnhofs (A. W. Fedotow);

– Einrichtung eines Arbeiterklubs (O. J. Kiselew, W. I. Kulganow).

Die Arbeiten trugen in der Regel komplexen Charakter, entworfen wurden sowohl Raumausstattungen insgesamt als auch einzelne Gegenstände. Sehr bekannt wurde der Klappstuhl von Semljanizyn (Abb. 12).

In den Jahren 1929 und 1930 verließen 19 Diplomformgestalter die Abteilung. Ihre Arbeiten waren von sehr unterschiedlicher Art, sie berücksichtigten die Anforderungen und Möglichkeiten der Industrie. Unter anderem wurde ein kombinierfähiges Gittermöbel entwickelt und zugleich das Werk projektiert, das diese Möbel herstellen sollte (J. S. Popow).

Die Absolventen waren in den Betrieben der holzbearbeitenden Industrie sehr gefragt. Bereits in den oberen Studienjahren wurden Verbindungen zur Industrie hergestellt, jeder Student absolvierte sein Praktikum in einem bestimmten Betrieb, in diesem nahm er später seine Arbeit auf.

Seit 1927 lehrte W. J. Tatlin an der „Dermetfak" das Fach „Materialkultur", ein Fach, das eine Art Vermittlung zwischen den einführenden Disziplinen der ersten Semester und der Spezialisierung während der höheren Semester darstellte. Unter Materialkultur verstand Tatlin die Fähigkeit, Besonderheiten und Eigenschaften von Werkstoffen zu erkennen. „Eine Denkweise, die sich auf Materialkultur gründet", schrieb er, „bietet die Möglichkeit, sowohl die Eigenschaften einzelner Werkstoffe als auch die günstigsten Momente ihrer Wechselbeziehungen zu berücksichtigen. Somit rüstet sich der Künstler in seiner Arbeit mit verschiedenen Materialien aus, mit denen er umgeht, wobei er sich stets auf deren Eigenschaften stützt. Gemeint sind Farbe, Struktur, Stärke, Elastizität, Gewicht, Festigkeit usw.

Hat ein Künstler die Aufgabe, einen bestimmten Gegenstand für den Hausbedarf herzustellen, so wird er als Künstler der Materialkultur alle Eigenschaften der in Frage kommenden Materialien und ihrer Wechselbeziehungen, die organische Form des Menschen, für den der Gegenstand bestimmt sein soll, und schließlich das soziale Moment berücksichtigen." Und: „Die maximale Funktionsgerechtigkeit eines Gegenstandes kann erreicht werden unter der Bedingung des größtmöglichen Verstehens der Eigenschaften der Materialien. Dieses Moment gibt die Möglichkeit einer klugen Materialauswahl für den funktionellen Gegenstand und der Einführung völlig neuer, bisher nicht genutzter Materialien ...

Daraus erklärt sich mein besonderes Interesse für die organische Form als Ausgangspunkt bei der Herstellung eines neuen Gegenstandes."[8]

Tatlin wandte sich scharf gegen jede Art von Imitation sowie gegen jede falsche Verwendung von Materialien. Er experimentierte mit verschiedenen Materialien, um ihre Eigenschaften zu zeigen. Holz zog ihn besonders an. Er führte den Studenten beispielsweise ein Brett vor, das er gekocht, getrocknet und mit Wachs getränkt hatte – die natürlichen Eigenschaften des Holzes traten so deutlich hervor.

Zum Fach „Materialkultur" gehörte auch das Auswählen und Kombinieren von Materialien. Die Studenten fertigten aus unterschiedlichen Stoffen (Holz, Glas, Metall, Asbest usw.) räumliche Kompositionen an. Jedes Material sollte dabei maximal zum Ausdruck kommen. Tatlin verband die Methode des Entdeckens und Verstehens natürlicher Materialeigenschaften mit konkreten Jahresarbeiten, die die Studenten der „Dermetfak" entsprechend ihres jeweiligen Hauptfaches unter der Leitung von Lissitzky und Rodtschenko anfertigten. Unter anderem suchte Tatlin nach neuen Möglichkeiten der Formgestaltung unter Verwendung von Holz. Beispielsweise verlangte er: Bei der Herstellung bestimmter Produkte für den Bevölkerungsbedarf sollte anstelle des im Ausland üblichen Stahlrohres Holz eingesetzt werden. Stahlrohr wurde durch Stäbe aus Ahorn ersetzt und nach dem Prinzip der „Wiener" Möbel gebogen (Abb. 13). So wurden Schlitten und die bekannten Schaukelstühle hergestellt.

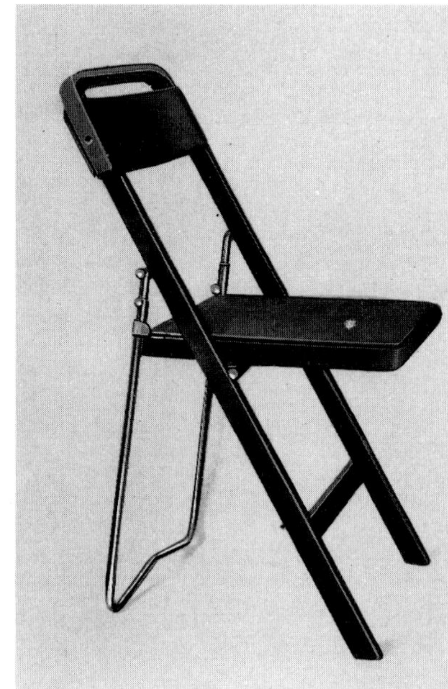

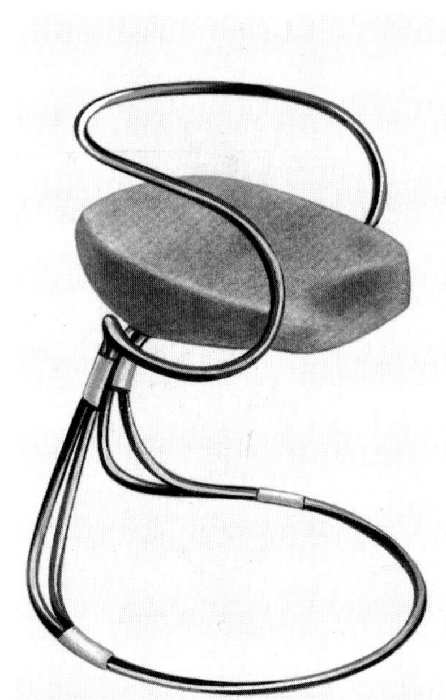

In den Jahren 1929/30 entwickelte sich die „Dermetfak" zu einer Ausbildungsstätte von Designern mit einem umfassenden Programm und einem qualifizierten Lehrkörper. In einem Dokument vom Dezember 1929 waren ihre Ziele und Aufgaben so formuliert: „Die Fakultät stellt sich das Ziel, hochqualifizierte Spezialisten für die Holz- und Metallbearbeitung auszubilden zur künstlerisch-technischen Lösung der Aufgaben des sozialistischen Aufbaus für die Bevölkerung, nämlich:

a) Versorgung der Industrie auf dem Gebiet der Möbel-, Bau- und Tischlereiproduktion und analoger Bereiche der holzbearbeitenden Industrie, die

[8] zitiert nach: RABIS (Kunstschaffender) o. O. 1930, Nr. 15, S. 9

12 Klappstuhl für eine Kapitänskajüte, 1928
Gestalter: B. P. Semljanizyn
(Teil der Diplomarbeit)
Betreuer: El Lissitzky

13 Stuhl aus gebogenem Holz
Gestalter: N. N. Rogoshin
Betreuer: Wladimir Tatlin

14 Einrichtung einer 1½-Zimmerwohnung des Typ F
Betreuer: El Lissitzky, 1928/29

15 Zimmer für ein Kommunehaus, 1929
Die linke Wand ist um 90° beweglich,
das Bett kann hochgeklappt werden.
Gestalter: El Lissitzky

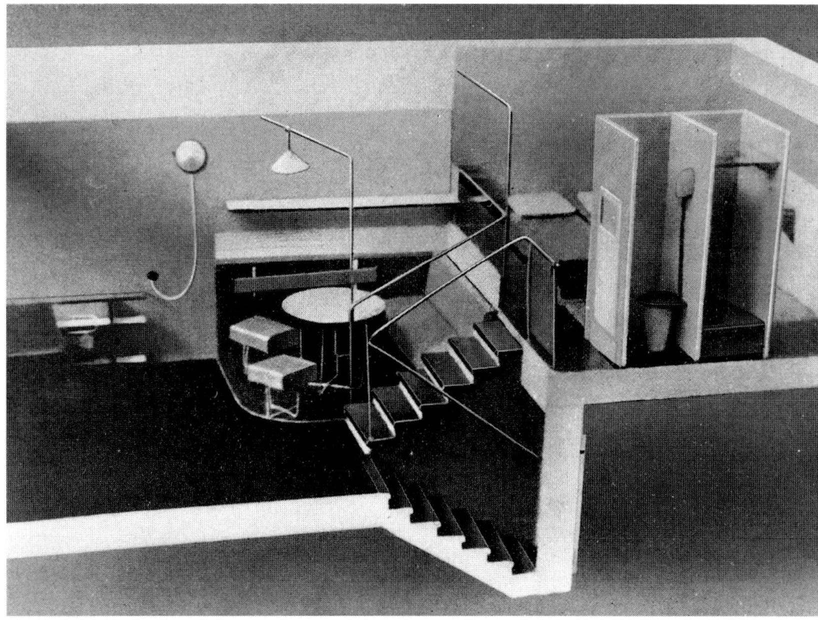

16 Einbauschrank für ein Wohnheim, die Klappe dient als Tisch (links)
Gestalter: B. P. Semljanizyn
Betreuer: El Lissitzky
Kombination von Tisch und Liege (rechts)
Gestalter: A. P. Kokorew
Betreuer: El Lissitzky

17 Schreibtisch und Drehstuhl für ein Büro, 1928
Gestalter: I. P. Lobow, A. P. Kokorew
(Teil der Diplomarbeit)
Betreuer: El Lissitzky

auf der Grundlage der industriellen Formgestaltung beruhen und harte und wertvolle Holzarten bearbeiten:

b) Einrichtung von Wohnhäusern und öffentlichen Gebäuden (Klubs, Bibliotheken, Lesestuben, Wohnheime, Kindergärten, Theater usw.);

c) Innenausstattung von Transportmitteln (Eisenbahn- und Straßenbahnwaggons, Omnibusse, Schiffskajüten, Flugzeugkabinen), von Wanderkinos, Werkstätten sowie Gebäuden des Verkehrswesens (Bahnhöfe, Häfen, zentrale Kassen usw.);

d) Erarbeitung künstlerischer Standards und Typen für Haushaltwaren auf der Basis der Massenproduktion und der Organisation der Produktion selbst, wie zum Beispiel die Entwicklung von künstlerischen Standardformen und -typen für Möbel und andere Gegenstände für den Bedarf der Bevölkerung, die Erarbeitung rationellster Konstruktionen sowie unifizierbarer Verfahren zur Oberflächenbearbeitung von Materialien usw."[9]

Es war geplant, die aus der ehemaligen „Derfak" hervorgegangenen Abteilung der „Dermetfak" erneut in eine selbständige Fakultät umzuwandeln und sie dabei in drei Unterabteilungen zu gliedern:

1. Möbel,
2. Innenausstattung von Wohnräumen und Transportmitteln,
3. spezielle Produktionen (Furnierholz, Parkett-, Ski-, Bleistift- und Musikinstrumentenproduktion usw.).

Im Rahmen der allgemeinen Hochschulreform jedoch, die viele technische Hochschulen aus dem System der Volksbildung ausgliederte und in die entsprechenden Industriebereiche einband, wurde 1930 das WChUTEIN aufgelöst. Auf der Grundlage der Abteilung für Holzbearbeitung der „Dermetfak" entstand das Institut für Bearbeitung harter und wertvoller Holzarten. Es wurde bald darauf zur Hochschule für Forsttechnik umgestaltet und bildete Ingenieure aus.

[9] Zentrales staatliches Literaturarchiv, F 681, op. 3, jed. chr. 231, l. 35

Das Bauhaus in Dessau

Christian Schädlich

Den Mitgliedern des Dessauer Gemeinderates, die am 25. März 1925 ihre Stimme für die Übersiedlung des in Weimar aufgelösten Bauhauses gaben (es waren 26 von 41), dürfte die geschichtliche Tragweite ihre Entscheides kaum bewußt gewesen sein. Der Beschluß machte es möglich, einen weitgreifend angelegten kunstpädagogischen Versuch fortzuführen und zu ausgereiften Ergebnissen zu bringen.

Das Programm, nach dem das Bauhaus 1919 in Weimar seine Arbeit begonnen hatte, enthielt hochgesteckte ideelle Ziele, formuliert von Walter Gropius, dem Gründer und ersten Direktor der Schule; die Fundierung des bildnerischen Schaffens im Handwerk und die Wiedervereinigung aller werkkünstlerischen Disziplinen – Bildhauerei, Malerei, Kunstgewerbe und Handwerk – zu einer neuen Baukunst, die damit verbundene Forderung nach Gemeinschaftsarbeit der Künstler am angestrebten neuen Gesamtkunstwerk, dem „großen Bau".

Auf dieser Grundlage entwickelte sich das pädagogische System. Die Ausbildung durchlief drei Stufen, die sogenannte Vorlehre – eine neue Art gestalterischen Elementarunterrichts –, die Lehrlings- und die Gesellenzeit. Kernstück der Lehre war die Arbeit in den Werkstätten. Es gab in der Weimarer Zeit solche für Metall, Holz und Keramik, es gab die Wandmalerei, Weberei, Holz- und Steinbildhauerei, Glasmalerei, Druckerei, Buchbinderei, Bühne. In den Werkstätten wirkte jeweils ein Handwerksmeister mit einem Formmeister zusammen. Als Formmeister hatte Gropius avantgardistische Künstler berufen, wie Paul Klee, Oskar Schlemmer, Lyonel Feininger, Wassily Kandinsky, Georg Muche, Gerhard Marcks, Laszlo Moholy-Nagy.

Die Ideen des Bauhausprogramms waren der politischen und ideologischen Situation nach dem ersten Weltkrieg entsprungen. Der Krieg hatte breiten Kreisen der bürgerlichen Intelligenz vor Augen geführt, wie notwendig eine grundlegende Erneuerung der menschlichen Existenzformen anstand. Unter dem Eindruck der Oktoberrevolution und der revolutionären Kämpfe in Deutschland hatten bürgerliche Intellektuelle nach neuen geistigen Grundlagen, nach neuen tragenden Gedanken – alternativ gesetzt gegen die Gebrechen der spätkapitalistischen Gesellschaft – gesucht. Sozialistisches Gedankengut stand neuen Gesellschaftskonzeptionen Pate.

Der Titel-Holzschnitt von Lyonel Feininger zum Programm des Bauhauses wurde damals populär unter der Bezeichnung „Kathedrale des Sozialismus". Die Vorstellungen vom Sozialismus überschritten aber nicht den Rahmen gefühlsbetonter Visionen einer im Sinne bürgerlich-humanistischer Gleichheitsideale gerechten Gesellschaft. Aber selbst bei einem solcherart bürgerlich-demokratischem Fortschritt verpflichteten Programm hatte sich das Bauhaus von Anfang an einer breiten Front der politischen Reaktion gegenüber gesehen.

Gropius glaubte, durch politische Neutralität die Existenz der Schule sichern zu können. Nachdem aber der thüringische Landtag im Herbst 1924

1 das Bauhausgebäude in Dessau nach seiner Fertigstellung
Blick von Südwest,
links der Werkstättentrakt,
rechts das Atelierhaus („Prellerhaus")

nur die Hälfte der erforderlichen Haushaltmittel bewilligt hatte, war die weitere Arbeit in Frage gestellt. Um einer offiziellen Schließung der Schule zuvorzukommen, erklärte der Meisterrat am 26. Dezember 1924 das Staatliche Bauhaus Weimar zum 1. April 1925 für aufgelöst.

Unter mehreren Angeboten von seiten anderer Städte, das Bauhaus aufzunehmen, entschied man sich für Dessau. Die Stadt hatte den Bau eines neuen Schulgebäudes in Aussicht gestellt. Im Frühjahr 1925 siedelten Meister und Schüler nach Dessau über. Nach Gropius' Plänen begann die Errichtung des Neubaus, und am 4. Dezember 1926 wurde unter Teilnahme von rund tausend Gästen – prominenten Politikern, deutschen und ausländischen Architekten, Künstlern und Gelehrten – das Bauhausgebäude eingeweiht.

Gropius hat rückblickend festgestellt, daß am Dessauer Bauhaus die in Weimar entwickelten Pläne ihre Befestigung und allmähliche Verwirklichung gefunden haben, daß ihre soziale Tragweite erkennbar geworden ist. Im Prozeß praktischer Erprobung konkretisiert und in manchem sorgsam revidiert, prägte sich das ursprünglich Gewollte deutlicher als vorher in Lehre und praktischer Gestaltung aus. Die Einrichtung einer Bauabteilung, die Profilierung des pädagogischen Systems und die Entwicklung der Produktgestaltung für die Industrie sind kennzeichnend dafür.

Mit Einrichtung der Bauabteilung 1927, zu deren Leiter der Schweizer Hannes Meyer berufen wurde, rundete sich das Profil der Schule. Bestimmend für den Lehrplan war die Architektur, unterteilt in die beiden Ausbildungsgänge Gestaltung von Bauten (Entwurf, Technik) und Gestaltung von Inneneinrichtung (Wohnräume, Hausgerät). Tischlerei, Metallwerkstatt, Wandmalerei und Weberei waren angegliedert. Weitere Studienrichtungen waren „Reklame" (Gestaltung von Werbesachen) und „Bühne" (Schulung von Malern, Technikern, Schauspielern, Tänzern und Regisseuren) sowie ein Seminar für freie malerische und plastische Gestaltung.

Auch in Dessau blieb die Arbeit in den Werkstätten – neben den theoretischen und praktischen Lehrkursen – Grundlage der Ausbildung. Die Doppelbesetzung mit Werk- und Formmeister war von dem Augenblick an nicht mehr notwendig, da aus dem Bauhaus selbst die ersten Kräfte hervorgegangen waren, die die handwerkliche und künstlerische Seite gleichermaßen beherrschten. Sechs ehemalige Studierende wurden mit Beginn des Schulbetriebes in Dessau in den Lehrkörper aufgenommen: Josef Albers (Vorkurs), Herbert Bayer (Druckerei), Marcel Breuer (Tischlerei), Hinnerk Scheper (Wandmalerei), Joost Schmidt (Plastik) und Gunta Stölzl (Weberei). Von den Meistern der Weimarer Zeit waren weiterhin Laszlo Moholy-Nagy (Metallwerkstatt), Oskar Schlemmer (Bühne), Georg Muche sowie Wassily Kandinsky und Paul Klee (freie malerische und plastische Gestaltung) tätig.

Ende 1926 erhielt das Bauhaus das Recht, sich Hochschule für Gestaltung zu nennen. Als Abschluß der Ausbildung wurde das „Bauhaus-Diplom" eingeführt.

Das Programm des Bauhauses von 1919 hatte Architekten, Bildhauer, Maler zur gemeinsamen Arbeit „am Bau der Zukunft" aufgerufen, und es hatte appelliert: „Wir alle müssen zum Handwerk zurück!"[1] Diese Gropius'sche Losung von der Rückbesinnung auf das Handwerk ist vielfach mißverstanden und einseitig interpretiert worden: Gropius begriff das Handwerk nicht als Endzweck, sondern als Mittel. Zweifellos aber haftet der Deklaration aufgrund ihrer pathetischen Diktion etwas Romantisches an.

2 Festakt zur Einweihung des Gebäudes am 4. Dezember 1926

[1] Manifeste, Manifeste. 1905–1933, Dresden 1964, S. 234

Deutlicher artikulierte Gropius seinen Standpunkt und das Streben des Bauhauses 1923 mit der Devise „Kunst und Technik – eine neue Einheit".[2] Sie fand in den 1924 formulierten „Grundsätzen der Bauhausproduktion" ihre Erklärung: „Die Bauhauswerkstätten sind im wesentlichen Laboratorien, in denen vervielfältigungsreife, für die heutige Zeit typische Geräte sorgfältig im Modell entwickelt und dauernd verbessert werden. Das Bauhaus will in diesen Laboratorien einen neuen, bisher nicht vorhandenen Typ von Mitarbeitern für Industrie und Handwerk heranbilden, der Technik und Form in gleichem Maß beherrscht."[3]

Ziel gestaltender Tätigkeit ist nicht mehr das handwerkliche Einzelstück, sondern sind Industrieprodukte in hohen Auflagen. Dieser Kerngedanke der „Grundsätze der Bauhausproduktion" enthält im Keim das Berufsbild des Industrieformgestalters moderner Prägung. Entsprechend heißt es dann in der Satzung der Schule von 1928: „Zweck des Bauhauses ist 1. die geistige, handwerkliche und technische Durchbildung schöpferisch begabter Menschen zur bildnerischen Gestaltungarbeit, besonders für den Bau, und 2. die Durchführung praktischer Versuchsarbeit, besonders für Hausbau und Hauseinrichtung, sowie die Entwicklung von Modelltypen für Industrie und Handwerk."[4]

Bildungsstätte und Entwicklungswerkstatt für die Industrie, Ausrichtung der Lehre auf maschinelle Massenproduktion – darin lag die bemerkenswerte Fortbildung des pädagogischen Programms.

Die für ein solches Bildungsziel notwendige Verbindung zur Industrie wurde mittels einer im Oktober 1925 gegründeten Bauhaus G.m.b.H. realisiert. Sie vergab als Vertriebsgesellschaft Lizenzen für Muster und Erzeugnisse. 1928 wurden über 40 Modelle der Metallwerkstatt vervielfältigt. In dem Maße, wie im Aufgabenfeld des Bauhauses die Architektur den ihr zugedachten Platz einnahm, entstanden günstige Bedingungen, Produktgestaltung und Bau in der angestrebten Komplexität zu entwickeln. Das neue Schulgebäude, die gleichzeitig gebauten Meisterhäuser, die 1926 bis 1928 errichtete Siedlung Dessau-Törten boten den Bauhauswerkstätten ein breites Betätigungs- und Experimentierfeld.

Die Neuorientierung der Bauhausarbeit verlief nicht widerspruchsfrei. Ihr standen Auffassungen über die Autonomie der Kunst sowie formalistische Tendenzen gegenüber, auch behinderten Zwänge privatkapitalistischen Wirtschaftens die Arbeit. Der Schritt aber vom Kunsthandwerk zur Industrieformgestaltung ist ein Stück Pionierleistung des Bauhauses und das Erreichte geschichtlich bedeutsam: Mit der Entwicklung von Möbeln, Leuchten, Geräten, Geweben sowie (später) Tapeten, mit der Überführung in die Massenproduktion schufen die Werkstätten Prototypen für industriell gefertigte Erzeugnisse, die weithin anregend wirkten.

Die auf Gestaltung des industriellen Erzeugnisses gerichtete pädagogische und praktische Tätigkeit entfaltet sich vor dem gesellschaftlichen Hintergrund einer relativen Stabilisierung des Kapitalismus. Sie entsprach den damit verbundenen Bestrebungen zur Rationalisierung der Produktion und erhielt von dort starke Impulse. Trug das Bauhaus auf diese Weise durchaus bestimmten objektiven Prozessen in der Entwicklung der spätbürgerlichen Gesellschaft Rechnung, so stand es zugleich auch in Widerspruch dazu, weil es einen sozialen Gedanken vertrat: Gestaltung der technischen Erzeugnisse auf der Basis von Typisierung, Standardisierung und Rationalisierung der Produktion nicht im Dienste des Profits, sondern für die allseitige Entwicklung des Menschen, für die Erleichterung und Verschönerung des Lebens. In Dessau – wie vorher in Weimar – hatte der Leiter des Bauhauses von Anfang an einen aufreibenden Kampf um die materiellen Arbeitsbedingungen zu führen, hatte er sich ständig gegen konservative und reaktionäre Bauhausgegner zu wehren, die sich eigens in einem „Bürgerverein" zusammengeschlossen hatten. Damit hängt es zusammen, daß Walter Gropius am 1. April 1928 das Amt des Direktors aufgab und das Bauhaus verließ. Mit ihm gingen Herbert Bayer, Marcel Breuer und Laszlo Moholy-Nagy.

Der neue, auf Vorschlag von Gropius berufene Direktor Hannes Meyer, Leiter der Bauabteilung seit 1927, war ein sozial engagierter Architekt, der der proletarischen Bewegung nahestand. Deutlicher als sein Vorgänger betonte er die soziale Mission aller Bauhausarbeit: „Als eine ‚hohe Schule der Gestaltung' ist das Bauhaus Dessau kein künstlerisches, wohl aber ein soziales Phänomen."[5] Endziel aller Bauhausarbeit ist für ihn „Die Zusammenfassung aller lebenbildenden Kräfte zur harmonischen Ausgestaltung unserer Gesellschaft".[6] Hannes Meyer gibt dem allgemeinen gesellschaftlichen Bezug einen zunehmend konkreten, an den sozialen Erfordernissen und politischen Zielen der Arbeiterklasse orientierten Inhalt. Arbeit des Gestalters im Dienst der Massen, „Volksbedarf statt Luxusbedarf" – das war seine Devise.

Deutlich zeigt sich dies in der inhaltlichen und methodischen Vertiefung der Baulehre. Sie wurde erweitert durch den Unterricht in Städtebau (Mart Stam und Ludwig Hilberseimer als Gastlehrer) und durch technische Disziplinen, wie Baukonstruktionen und Statik (Alcar Rudelt), Baustofflehre (Wilhelm Müller), Betriebswissenschaft (Hanns Riedel). Ein Novum war die Einführung gesellschaftswissenschaftlicher Vorträge: Hermann Duncker sprach zum Thema Marxismus, der tschechische Architekt Karel Teige wurde Anfang 1930 für einen Kurs über Soziologie in der Architektur gewonnen. Wissenschaftliche Methoden wurden in den Entwurfsprozeß eingeführt. Der planerischen Lösung einer Bauaufgabe gingen umfangreiche analytische Untersuchungen über den Tagesablauf der potentiellen Nutzer, ihre physischen und psychischen Bedürfnisse, ihre Beziehungen zueinander, voraus, ebenso Analysen zu Sonneneinstrahlung, Belichtung usw. Hinzu kam die enge produktive Verbindung von Lehre und Praxis durch die unmittelbare Einbeziehung der Schüler in konkrete Aufträge, in praktische Aufgaben, Hannes Meyer sprach vom „Aufbau der Werkpädagogik über dem realen Auftrag". Gelegenheit dazu boten die in der Bauabteilung unter Leitung der Lehrer bearbeiteten Aufgaben, wie – um die bedeutendsten zu nennen – Fortsetzung der Reihenhaussiedlung und Laubenganghäuser in Dessau-Törten, Gewerkschaftsschule Bernau, Analyse der Stadt Dessau.

Die pädagogischen Grundsätze Meyers und seine Orientierung der gestalterischen Arbeit auf den Volksbedarf befruchteten die Tätigkeit der Werkstätten. Sie wurden zu neuen Lösungen angeregt, ihre Modelle fanden in breiterem Maße als früher Eingang in die industrielle Massenproduktion. Die Weberei produzierte einen Spannstoff für die Aula der Gewerkschaftsschule Bernau, unternahm Gewebeversuche mit Zellophan-, Aluminium- und Rollglasfäden, gestaltete für ein Handelshaus eine Serie von Möbel- und Vorhangstoffen. Zum großen Erfolg wurden die in der Werkstatt für Wandmalerei entwickelten und 1929 eingeführten Tapeten. Die Tischlerei stellte zusammensetzbare Möbel („Steckmöbel") her und entwarf Mobiliar für die Gewerkschaftsschule Bernau. Vertragsmäßige Zusammenarbeit mit „Kandem" – damals eine der größten deutschen Lampenfabriken – und Serien-

[2] Gropius hielt unter diesem Thema einen Vortrag zur Eröffnung der Bauhauswoche am 15. August 1923.

[3] Gropius, W.: Grundsätze der Bauhausproduktion, in: Neue Arbeiten der Bauhauswerkstätten (Bauhausbücher 7), München 1925, S. 7

[4] zitiert nach: Wingler, H. M.: Das Bauhaus, Bramsche 1962, S. 132

[5] Meyer, H.: Bauhaus und Gesellschaft, in: Schnaidt, C.: Hannes Meyer, Bauten, Projekte und Schriften, Teufen 1965, S. 98, sowie in: Meyer, Hannes: Bauen und Gesellschaft. Schriften, Briefe, Projekte, Dresden 1980, S. 50 (Original in Kleinschrift)

[6] ebenda

3–5 das Bauhausgebäude in Dessau heute
3 die Aula

produktion von Arbeits- und Klappstühlen charakterisieren die Tätigkeit der Metallwerkstatt. Reklamewerkstatt und die neugegründete Fotowerkstatt (Walter Peterhans) legten ihrer Arbeit in ähnlicher Weise reale Praxisaufgaben zugrunde. Bauhaus-Stoffe, Bauhaus-Tapeten, Bauhaus-Lampen und Bauhaus-Möbel wurden zum Qualitätsbegriff für eine neue Zweckmäßigkeit und Ästhetik der Gebrauchsgegenstände für das Wohnmilieu.

Die aus der steigenden, unmittelbar ökonomisch verwerteten Produktion der Werkstätten erzielten Geldeinnahmen verbesserten die wirtschaftliche Lage der Schule. Und wenn nach den Angaben Meyers im Geschäftsjahr 1929 aus den Roheinnahmen rund 32000 Mark an Studenten gezahlt werden konnten, dann zeitigte die ökonomisch gegründete Praxisverbindung auch einen bedeutenden sozialen Effekt: Die Studierenden erhielten Zuschüsse zum Lebensunterhalt, auch Minderbemittelten war so eine Ausbildung am Bauhaus möglich.

Meyers Programm war dem gesellschaftlichen Fortschritt verpflichtet: In dem Maße, wie er es zu verwirklichen suchte, näherte er sich den politisch progressiven Kräften und fand deren Unterstützung. Am Bauhaus selbst gewannen diese Kräfte zunehmend an Einfluß. Wohl spätestens 1927 bildete sich eine dem Unterbezirk Dessau angegliederte Betriebszelle der Kommunistischen Partei Deutschlands. Sie hatte anfangs nur wenige Mitglieder, scharte aber eine wachsende Zahl von Sympathisanten um sich. Die Kommunisten aktivierten die Studentenschaft zum Parteiergreifen gegen Reaktion und aufkommenden Faschismus, gewannen viele Bauhäusler zur Teilnahme an politischen Demonstrationen der KPD, unterstützten die örtliche Arbeiterschaft in ihrem Kampf und bestimmten das politische und ideologische Leben am Bauhaus.

Das war die Zeit, da Hannes Meyer einem späteren Bekenntnis zufolge[7] seine liberalen und reformerischen Deutungen der bestehenden sozialen Zu-

4 Teil der ständigen Ausstellung, 1983

stände ablegte, da er eine „marxistische Baulehre" anstrebte, die die Ausbildung des „sozialistischen Architekten" zum Ziel hatte, da er im Begriff stand, sich in die Front des revolutionären Proletariats einzureihen. Zu den politischen Rechtskräften der Stadt brachte ihn diese Haltung in scharfen Gegensatz. Sie erwirkten seine fristlose Entlassung als Bauhausdirektor im Sommer 1930.

Gropius warf später Meyer vor, er habe mit seiner Weltanschauung des „politischen Materialismus" die Idee des Bauhauses zersetzt und die Existenz des Instituts aufs Spiel gesetzt.[8] Die geschichtliche Analyse führt zu einer anderen Einschätzung. Mit dem Versuch einer Orientierung der Bauhausarbeit auf die gesellschaftlich revolutionäre Klasse, die Arbeiterklasse, zog Meyer jene im Programm des Bauhauses immer schon latent vorgezeichnete, von Gropius freilich nicht beabsichtigte Konsequenz, die im eigentlichen Sinn erst Erfüllung der sozialen Ideen des Bauhauses war. Zum anderen war es angesichts der Zuspitzung des Klassenkampfes in der Zeit der Weltwirtschaftskrise und des heraufziehenden Faschismus ein Akt der Selbstverteidigung, sich mit den Arbeiterparteien zu verbünden. Sie hatten das Bauhaus seit seiner Gründung unterstützt und gegen die Angriffe der Rechten verteidigt. Die Meyer vorgeworfene Politisierung der Schule bedeutete nicht Zersetzung des ursprünglichen Programms, sondern dessen folgerichtige Weiterentwicklung.

Der zum Nachfolger Meyers berufene Architekt Ludwig Mies van der Rohe gab sich betont unpolitisch. Unter dem Druck der Reaktion nahm er vieles von den fortschrittlichen Errungenschaften der Bauhausarbeit zurück. Der Unterricht näherte sich wieder akademischen Formen. Die produktive Arbeit in den Werkstätten wurde zweitrangig. Gewissermaßen als Reaktion auf den sozial orientierten radikalen Funktionalismus Hannes Meyers hob Mies van der Rohe zwar zweckhaft gebundenes, vor allem aber technisch

[7] Meyer, H.: Der Architekt im Klassenkampf, in: Der Rote Aufbau, Berlin 1932, 13, S. 614

[8] Brief an Tomás Maldonado, in: Schnaidt, C.: a. a. O., S. 122. Siehe auch den Beitrag von Claude Schnaidt „Hannes Meyer und das Bauhaus" in dieser Ausgabe, S. 199 – Anm. Hrg.

5 Blick durch die gläserne Fassade
links das Treppenhaus,
rechts der Werkstättentrakt

und formal bestimmtes Qualitätsbewußtsein als Erziehungsaufgabe hervor. Die demokratischen Rechte der Studierenden, ihre verantwortliche Mitarbeit an der Gestaltung der Bauhausarbeit wurden eingeschränkt. Die kommunistische Studentenzelle leistete in diesen Jahren dennoch, unterstützt durch eine eigene Betriebszeitung, bedeutsame politische Arbeit am Bauhaus.

Aber die vom Direktor befolgte politische Neutralität und die weitgehende Abkehr von der sozialen Verpflichtung der Bauhausarbeit vermochte ebensowenig wie in Weimar die Existenz der Schule vor den Angriffen der politischen Gegner zu sichern. Im Januar 1932, als ein NSDAP-Abgeordneter im Dessauer Gemeinderat den Antrag auf Streichung der Mittel für das Bauhaus und auf Abbruch des Gebäudes stellte, konnten die Angriffe noch abgewehrt werden. Im August 1932 jedoch wurde – gegen die vier Stimmen der Kommunisten und die Stimme des Oberbürgermeisters bei Stimmenthaltung der Sozialdemokraten – von der Rechtsmehrheit der Beschluß durchgebracht, mit Wirkung vom 1. Oktober den Lehrbetrieb am Bauhaus Dessau einzustellen. Mies van der Rohe suchte die Schule zu retten, indem er sie zunächst als Privatinstitut weiterführte und mit ihr nach Berlin-Steglitz übersiedelte. Es war indes eine Illusion zu glauben, daß das Bauhaus unter dem Naziregime fortexistieren könnte. Im April 1933 durchsuchten Polizei und SA das Gebäude und versiegelten die Türen, so daß die weitere Arbeit faktisch unmöglich wurde. Am 20. April 1933 beschloß die Lehrerkonferenz, das Bauhaus aufzulösen.

Worin liegt nun der geschichtliche Rang des Bauhauses? Man muß Gropius recht geben, wenn er sagt, die Aufstellung des Programms sei zunächst entscheidender gewesen als das produktive Ergebnis: Die Idee des Bauhauses „wurde zum Sauerteig, der überall Entwicklung und Klärung der Probleme vorantrieb".[9]

In der Tat ist der verändernde Einfluß des Bauhauses auf Architektur, Produktgestaltung und Kunstpädagogik bedeutend. Das Bauhaus war ein bürgerlich-progressiver Vorposten im Kampf gegen überholte Anschauungen, stellte die Fragen der Gestaltung des materiellen Lebensmilieus der Gesellschaft prinzipiell neu und leistete in Theorie und Praxis einen wichtigen Beitrag zur Herausbildung von Prinzipien einer neuen, den fortgeschrittenen Produktivkräften entsprechenden Ästhetik. Die in Architektur und Produktgestaltung auf die wohlfeile und komplexe Befriedigung von Massenbedürfnissen gerichtete Tätigkeit war von großer sozialer und kultureller Tragweite.

[9] Gropius, W.: Bauhausbauten Dessau (Bauhausbücher 12), München 1930, S. 8

Das Haus am Horn

Bernd und Marlis Grönwald

Auf der Besprechung des Meisterrates am 18. September 1922 verlas Walter Gropius den Plan für die Durchführung einer Bauhaus-Ausstellung im Sommer 1923.[1] Zu dieser Ausstellung hatte er sich als Direktor des Staatlichen Bauhauses in Weimar gedrängt gesehen, um der drohenden Streichung der staatlichen Mittel durch die Thüringer Landesregierung und den Angriffen der Gegner des Bauhauses mit überzeugenden Resultaten der Arbeit der Schule entgegenzutreten. Am 6. August 1923 erschien im „Vorwärts", nachdem die Presse seit November 1922 in verschiedenen Notizen die Ausstellung angekündigt hatte[2], die endgültige Meldung: „Die Ausstellung des Staatlichen Bauhauses ist vom 15. August bis 30. September geöffnet." Das Ziel der Ausstellung sei es, die Grundsätze progressiver Gestaltung – „größtmögliche Ökonomie in Material und Gebrauch zu bester Gestalt zu bringen" – anhand praktischer Beispiele zu verdeutlichen. Und weiter heißt es: „In einem fertig ausgebauten und eingerichteten Einfamilienhaus werden neue Wohnprobleme durch neue Techniken zu lösen versucht."[3]

Am 15. August 1923 wurden in den Treppenräumen des Bauhausgebäudes in Weimar die Bauhaus-Woche (vom 15. 8. bis 19. 8. 1923) und die Bauhaus-Ausstellung (vom 15. 8. bis 30. 9. 1923) eröffnet. Die Bauhaus-Woche bot ein reichhaltiges Programm an Vorträgen und Veranstaltungen[4], sie zog viele prominente Gäste aus dem Kulturleben des In- und Auslandes an[5] und bildete somit den rechten Auftakt für die von Gropius beabsichtigte programmatische Wirkung der Bauhaus-Ausstellung.

Die Ausstellung umfaßte zwei Bereiche; erstens die „Internationale Architektur-Ausstellung", die einen Überblick bot über die Ergebnisse der modernen Architekturentwicklung in Deutschland, Holland, Frankreich, Ungarn und der Tschechoslowakei, und zweitens den eigentlichen Bauhaus-Komplex, der Malerei und Plastik, Arbeiten der Weberei, der Keramik- und Metallwerkstatt sowie der Tischlerei vorstellte – einiges davon als Teil der Ausstattung jenes Einfamilienhaus, das in die Baugeschichte eingegangen ist als das „Haus am Horn" in Weimar.

Die Kritik reagierte auf die Ausstellung, insbesondere aber auf das „Haus am Horn", höchst gegensätzlich.

Adolf Behne, der sich mit Gropius' Zielen eng verbunden fühlte, schrieb anerkennend über die Internationale Architektur-Ausstellung: „Noch nirgends war es bisher möglich, sich so gut über den Stand der Baukunst in Europa zu unterrichten."[6]

Das Musterhaus am Horn aber schien ihm eine Torheit zu sein, eine gegenständlich gewordene „Reißbrettgeometrie", ganz im Gegensatz stehend „zu einem dynamischen und funktionalen Bauen"[7], wie es die Internationale Architektur-Ausstellung vertrat: „Der Gedanke war bei der Aufstellung des Grundrisses, die übliche unökonomische Gleichbehandlung der Räume zu verbessern durch die Schaffung eines dominierenden Hauptwohnraumes bei bescheidener Abmessung der Spezialräume. Sicherlich hat dieser Gedanke

[1] vgl. Protokoll der Besprechung des Meisterrates am 18. Sept. 1922, in: K.-H. Hüter, Das Bauhaus in Weimar, Berlin 1976

[2] vgl. dazu „Vorwärts", Berlin, vom 3. Nov. 1922; weitere Veröffentlichungen folgen im Februar 1923 (u. a. Berliner Tageblatt vom 23. 3. 1923), intensiver wird ab Mai 1923 berichtet (u. a. Berliner Börsen-Courier vom 5. Mai 1923)

[3] „Vorwärts", Berlin, 6. Aug. 1923

[4] Das Programm der Bauhauswoche brachte unter anderem:
15. 8. – Eröffnung, Vortrag Gropius „Kunst und Technik – eine neue Einheit"
16. 8. – Vortrag Kandinsky „Über synthetische Kunst", Aufführung des „Triadischen Balletts" von Oskar Schlemmer im Nationaltheater Weimar
17. 8. – Vortrag J. J. P. Oud „Die Entwicklung der modernen Baukunst in Holland", Aufführung des „Mechanischen Kabaretts" von K. Schmidt/Teltscher, Musik von Stuckenschmidt im Jenaer Stadttheater
18. 8. – Aufführung von Hindemiths Ma-

1 das Musterhaus am Horn
Ansicht (Straßenseite)

2 Grundriß des Hauses
Um das zentral gelegene Wohnzimmer herum sind alle übrigen Räume gereiht.

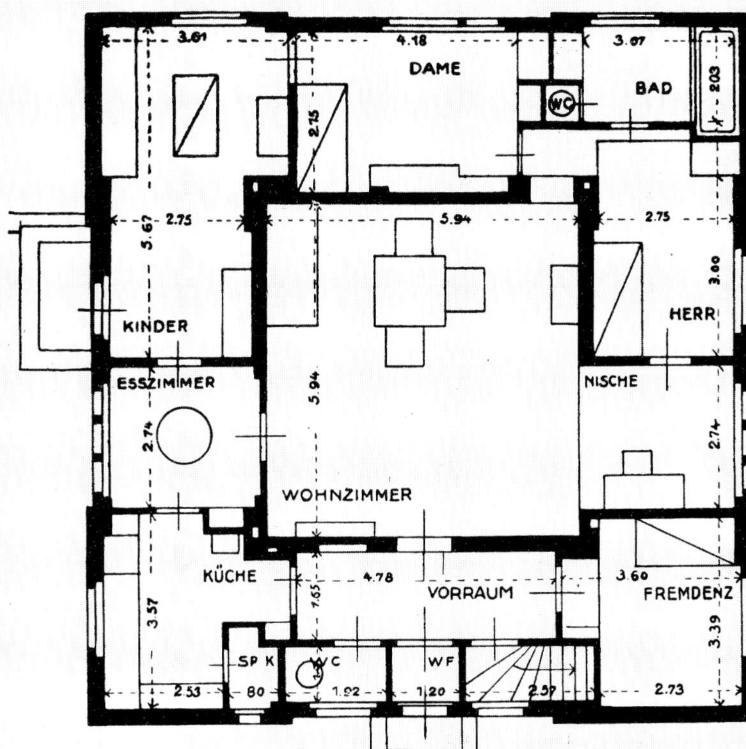

rienliedern und sechs Klavierstücken von Busoni im Nationaltheater Weimar
19. 8. – Aufführung von Křeneks „Concerto grosso" und Strawinskys „Geschichte vom Soldaten" durch die Weimarische Staatskapelle, Dirigent: Hermann Scherchen; Lampionfest, Feuerwerk, Tanz und „Reflektorische Lichtspiele" von Hirschfeld-Mack

5 Eröffnung der Bauhauswoche durch Staatsminister Greil; es kamen unter anderem nach Weimar: Reichskunstwart Edwin Redslob, Bruno und Max Taut, Peter Behrens, Ludwig Mies van der Rohe; der Vorstand des Deutschen Werkbundes; Ferruccio Busoni, Igor Strawinsky, J. J. P. Oud, Adolf Behne, Siegfried Giedion

6 Behne, A.: Die Internationale Architektur-Ausstellung des Bauhauses zu Weimar, in: Die Bauwelt, 14(1923)37 vom 13. 9. 1923, S. 533

7 Behne, A.: Das Musterhaus der Bauhaus-Ausstellung, in: Die Bauwelt, 14(1923)41 vom 11. 10. 1923, S. 591

3 Teil des Wohnzimmers
Schrank von Marcel Breuer

4 Blick in die Arbeitsnische,
die Tür links führt zum Zimmer
des Herrn
Schreibtisch von Marcel Breuer,
Stuhl von Erich Dieckmann

seine Berechtigung. Aber es war durchaus nicht geboten, ihn in das tote Schema der zentral ineinander gestellten Quadrate zu pressen, wobei der Hauptraum eigentlich zum Nebenraum wird, durch seine allseitige Abschnürung. Seine Lage wird die eines Hofes. Klösterlicher Weltflucht entspricht am ehesten dieser Grundriß"[8]. Ein Jahr später veröffentlichte Behne einen Aufsatz in der „Weltbühne", überschrieben mit „Hoffmann, Taut, Gropius, Merz", in dem sich der Satz findet: „Ich hatte manches an seiner (des Bauhauses – d. A.) Sommerausstellung auszusetzen, aber nehmt Alles in Allem: in der Wüste ringsum wirkt es immer wieder wie eine Oase!"[9]

Die Ausstellung wurde von etwa 15000 Personen besucht, und sie erfuhr eine breite Resonanz in der nationalen und internationalen Presse.[10] Freilich ließen die damaligen wirtschaftlichen Umstände nicht den finanziellen Gewinn zu, den man sich von der Ausstellung erhofft hatte, aber immerhin konnten bis Anfang 1924 12900 Goldmark für verkaufte Erzeugnisse und Entwürfe eingenommen sowie auf insgesamt 50 Firmen des In- und Auslandes als Abnehmer von Erzeugnissen des Bauhauses verwiesen werden.

Die ausgestellten Erzeugnisse demonstrierten Ergebnisse des neuen pädagogischen Konzeptes des Bauhauses, eines Konzeptes, das künstlerisch-intellektuelle Bildung mit handwerklicher Werkstatt-Ausbildung verband und das die Musterproduktion für serielle Fertigung (und in weitreichender Sicht für industrielle Fertigung) zu seinem Ziel erklärte. Besonders die Entwürfe für Möbel, für Gebrauchsgegenstände im Haushalt, für Leuchten waren von wegweisender Bedeutung für die Formgestaltung. Die künstlerischen Arbeiten zeigten, in welch enger Beziehung die bildende Kunst zum formgestalterischen Schaffen und zur Architekturkonzeption des Bauhauses sowie des Neuen Bauens stand.

Zeitgenössische Reaktionen belegen, daß dieses Wollen nach integrativen Beziehungen aller künstlerischen Disziplinen, der Formgestaltung und der Architektur im Zeitverständnis wenig Resonanz fand. Auch verkannte die Kritik die Bestimmung der ausgestellten kunsthandwerklichen Arbeiten, sie wurden nicht in ihrer Einheit von künstlerischer Konzeption, werkgerechter Gestaltung und funktionaler Zweckbestimmung gesehen.

Heute steht außer Frage, daß sowohl die Darstellung der internationalen Bestrebungen (Internationale Architektur-Ausstellung) als auch die Dokumentation eigener Leistungen des Bauhauses konzeptionelle Weitsicht repräsentierten. Am besten verdeutlicht dies vielleicht das Musterhaus am Horn. Es stellt das Äußerste dar, was in der politisch und wirtschaftlich zugespitzten Situation des Jahres 1923 realisiert werden konnte. Die ursprüngliche Idee war die Errichtung einer Mustersiedlung am Horn, die auf ein Projekt zurückgeht, das Gropius und Forbat früher entwickelt hatten[11] und das auf einen typisierten Hausbau orientierte.[12]

Das Projekt „Musterhaus am Horn" bildete die zentrale praktische Aufgabe in Vorbereitung der Ausstellung und zugleich die ideelle Bindung für Meister, Gesellen und Lehrlinge, für Werkstätten und Bauhausverwaltung; es bot Gelegenheit, mit einem eigenen Bau das kollektive Verständnis für den selbsterworbenen neuen Gestaltungswillen in einer sich revolutionär verändernden Zeit zu demonstrieren und dabei den politischen Anfeindungen eine praktische Leistung als Institution „Bauhaus" entgegenzustellen.

Für das Projekt wurde eine Kommission gebildet, bestehend aus „Interessierten, die es machen konnten"[13] – das waren Muche, Schlemmer, Hartwig, Schwerdtfeger, Breuer, Bayer und Klee, wobei Muche die vorbereitenden

[8] ebenda, vgl. auch Behne, A.: Bauhausresümee, in: Sozialistische Monatshefte Nr. 9, Berlin 1923

[9] Behne, A.: Hoffmann, Taut, Gropius, Merz, in: Weltbühne vom 8. 4. 1924. Wie die Akteure selbst das Versuchshaus sahen, ist u. a. folgenden Veröffentlichungen zu entnehmen: Gropius, W.: Zur Wohnhaus-Industrie, sowie Muche, G.: Ein Versuchshaus des Bauhauses, beides in: Bauhausbücher Nr. 3, Albert Langen Verlag München 1925; sodann Albers, J.: Werkstatt-Arbeiten des Staatlichen Bauhauses zu Weimar, in: Neue Frauenkleidung und Frauenkultur (Beilage), Karlsruhe 1924, abgedruckt auch in form+zweck 3/1979, S. 7f.

[10] vgl. „Pressestimmen für das Staatliche Bauhaus Weimar", Weimar, R. Wagner Sohn 1924, Reprint: Kraus, München 1980

[11] vgl. Behr, A.: Das Musterhaus des Staatlichen Bauhauses in Weimar von 1923, in: Wiss. Zeitschrift der HAB Weimar, Heft 2/73, S. 167ff., sowie derselbe: Geschichte der Siedlung am Horn in Weimar, unveröff.

[12] Das Konzept wurde 1926 durch das Bauhaus unter veränderten gesellschaftlichen Umständen als Reihenhaussiedlung in Dessau-Törten realisiert.

[13] Muche am 9. Febr. 1982 in einem Gespräch mit dem Verfasser.

Arbeiten leitete. Auf der entscheidenden Sitzung, sie fand nach Aussage Muches am 6. Oktober 1922 statt, wurde seine Entwurfsidee für das Musterhaus – übrigens mit großer Unterstützung der Studenten – angenommen, der Vorschlag von Gropius – ein „Typenkonzept" aus addierbaren, formalen Elementen – wurde abgelehnt. Was am Projekt Muches so überzeugte, war die Idee der funktionell determinierten Raumkonzeption. Gropius war großzügig genug, diesen Vorschlag zu akzeptieren. Er schrieb nach der Sitzung an Muche: „Ihr Schwung, und sei er auch aus Wahn geboren, ist Nerv für unsere Ausstellung. Ich mache mit. Ihr Gropius".[14]

Die Idee für seinen Entwurf, ein lebendiges Raumkonzept für eine junge moderne Familie zu konzipieren, entwickelte Muche im Zusammenhang mit seinen eigenen Heiratsabsichten bezüglich Elfa Franke (El Muche). Sein Entwurf löste Zustimmung, Begeisterung und kollektives Engagement am Bauhaus aus. Er wurde zur Ausführung an das Baubüro Gropius übergeben. Projekt und Bauleitung wurden von Walter March und Adolf Meyer besorgt. Die Überarbeitung, die Muche selbst nicht mehr zu Gesicht bekam, wurde im Januar 1923 dem Stadtbauamt Weimar vorgelegt, von Gropius als Architekt, Bauherr und Ausführender in einem signiert.[15]

Die exemplarische Bedeutung des Experimentalhauses kam bereits in den zeitgenössischen Kritiken – den zustimmenden wie den ablehnenden – zum Ausdruck, auch der Abstand von sechzig Jahren ändert an dieser Bedeutung nichts. Wir haben es mit einer umfassenden Leistung zu tun, sie betrifft das siedlungsplanerische Konzept, die konsequent neuartige tektonische Durchbildung der Gliederung des Baukörpers, den Verzicht auf äußere Dekors, die funktionelle Ordnung des Innenraumkonzepts mit seinen Beziehungen zum Außenraum, die künstlerisch-handwerklich gefertigte Musterausstattung sowie die technisch fortschrittliche Gebäudeausrüstung.

Die gestalterische Grundidee des Musterhauses ist als eine Synthese zwischen dem funktionell-raumorganischen Konzept Muches und der Konzeption für Typenhäuser von Gropius zu werten. Die endgültige Gestalt erhielt das Musterhaus in der Phase der Bauausführung, hier wirkte das „ganze" Bauhaus mit; Marcel Breuer und Adolf Meyer entwickelten zudem Varianten.

Im Jahre 1982 hat Georg Muche noch einmal den offenen Charakter seiner Raumkonzeption erläutert und darauf hingewiesen, daß die Teilung der Fassadenabschnitte aus der Idee des wachsenden Hauses geboren war, daß also auch die 1926 bis 1933 vorgenommenen Erweiterungen des Hauses[16] durchaus der ursprünglichen Absicht entsprachen.

Es gibt keine Unterlagen, die über die endgültige gestalterische Lösung der Fassade mit ihrem proportional ausgezeichneten Öffnungs-Wandflächen-Verhältnis Auskunft geben, noch existieren Vorentwürfe für die innenräumliche Ausstattung. Die gestalterische Einheitlichkeit, sie betrifft sowohl die Durchbildung des Baukörpers mit den funktionell klar geordneten Raumfolgen als auch die Ausstattung, wurde erst im Prozeß des Bauens realisiert. Bei der Rekonstruktion des Hauses 1981/82 fanden sich zum Beispiel Angaben zur Gestaltung und zur Anbringung der Leuchten sowie zur Aufstellung bestimmter Einrichtungsgegenstände auf die rohe Wand gezeichnet.[17]

Bezüglich der Farbgestaltung ist Benita Ottes bekannter isometrischer Entwurf[18] für eine in zarten Pastellfarben gehaltene Gestaltung der Innenraumfolge in einer offensichtlich sehr gelungenen, aber leider nicht mehr zu rekonstruierenden Fassung zur Ausführung gekommen.

Fortsetzung Seite 198

[14] zitiert aus einem Interview mit Georg Muche durch das DDR-Fernsehen im Juni 1979 im Haus am Horn (die Sitzung, auf die sich Muche dabei bezieht, war vermutlich die Besprechung mit Gesellen und Lehrlingen am 6. Okt. 1922)

[15] „Baubeschreibung zum Neubau eines Wohnhauses des staatlichen Bauhauses Weimar auf dem Gelände östlich des südlichen Endes der Straße am Horn". Die Beschreibung ist mit einem Nachsatz versehen: „Wegen schwieriger Beschaffung der Baustoffe und Einrichtungsgegenstände werden an allen Bauteilen zur gegebenen Zeit diejenigen Baustoffe verwendet, die ähnlich den geschilderten aber leichter erreichbar sind. Staatliches Bauhaus Weimar, Gropius." Datum: 9. Febr. 1923

[16] 1926 kam eine Veranda an der Süd-Ost-Fassade hinzu, 1929 wurde die Nord-West-Fassade um eine neue Eingangslösung erweitert, dabei zugleich die Kellertreppe verlagert und die ursprünglich schmal bemessene Windfang-Flur-Situation im Hausinneren vergrößert. 1933 wurde der Nord-Ost-Seite des Hauses ein unterkellertes Zimmer und eine Außenkellertreppe angefügt und im Inneren der knapp ausgelegte Eßraum – der eigentlich nur Durchgang zwischen Küche und Kinderzimmer war – vorteilhaft erweitert.

[17] siehe auch Grönwald, B.: „Denkmalpflegerische Zielstellung und Projektunterlagen zur Umgestaltung und Instandsetzung des 1923 vom Bauhaus errichteten ‚Musterhaus am Horn' (5300 Weimar, Am Horn 61)", im Januar 1981 vorgelegt beim Rat der Stadt Weimar und beim Institut für Denkmalpflege Erfurt

[18] vgl. Grönwald, B.: Georg Muche und sein Werk in der DDR, in: form+zweck, 6/1976, S. 26, Abb. 3

5 Eßzimmer, die Tür führt zur Küche
Wandschrank, Tisch und Stuhl
von Erich Dieckmann

6 Blick vom Eßzimmer in das zentral
gelegene Wohnzimmer
Armlehnstuhl von Marcel Breuer,
Tisch von Marcel Breuer
und Alma Buscher,
Teppich (handgeknüpft) von Martha Erps
(Lehrlingsarbeit)

7 Blick vom Kinderzimmer zum Eßzimmer
und zu der sich anschließenden Küche
Kinderzimmermöbel von Alma Buscher

8 Küche
Möbel von Benita Otte und
Ernst Gebhardt,
Steingutgefäße von Theodor Bogler

Zeitgenössische Pressestimmen zum Musterhaus am Horn

Was entstand, ist ein völliger Zweckbau unter völliger Ausnutzung jeden Raumes und jeder technischen Möglichkeit. Es gibt hierbei Abwägen der Farben, die Verhältnisse von hell und dunkel, aber kein Bauornament und kein Zierrat. Höchste Solidität und bestes Material, das ist der einzige Luxus. Gewiß existieren eine Menge ungelöster Probleme in diesem Hause, vieles erscheint allzu dogmatisch und nicht lebendig genug. Im Ganzen ist jedoch dieser Versuch aufs Entschiedenste zu begrüßen, als ein Weg zu einer Architektur, die allein uns zeitgemäß ist ...

(Dr. Hans Huth, „Die Bauhauswoche in Weimar", in: Berliner Börsenzeitung Nr. 391, 24. 8. 23)

... hier handelt es sich um die Aufstellung eines neuen Haustyps, der ohne Zweifel für die kommende Zeit von maßgebender Bedeutung werden wird und dessen Verwirklichung daher weitgehende kulturelle und wirtschaftliche Folgen haben dürfte. Die Notwendigkeit einer sparsamen Bauweise und die Änderungen unserer Lebensformen scheinen eine Baueinteilung vorzubereiten, die das Einfamilienhaus nicht mehr zu einer reduzierten Imitation der Villa mit gleichmäßig verkleinerten Zimmern macht.

(Dr. Redslob, Aufruf an die Industrie, das Bauhaus bei der Errichtung der Musterbauten materiell zu unterstützen, in: Mitteilung der Wärmetechnischen Abteilung des Verbandes der Zentralheizungsindustrie, Nr. 7, Febr./März 1923)

Daß der Beschauer hier keine Rokokoschnörkel oder gotischen Ornamente zu sehen bekommt, braucht ihn nicht wunder zu nehmen. Unsere Zeit ist eine andere, unser Menschentum ist in jeder Beziehung ein anderes geworden, so daß es unwahr sein würde, z. B. unsere Wohnräume mit ‚Stilkunst' vergangener sentimentaler Jahrhunderte zu füllen. Größtmögliche Einfachheit und Geradlinigkeit bei vollstem Ausdruck der Idee, des Zweckes, machen die Arbeiten im Hause am Horn zu Dingen, die wir Menschen von 1923 als unserem Wesen entsprechend empfinden können.

(Heinrich Apfelstedt, „Bauhausausstellung Weimar 1923", in: Apoldaer Tageblatt, 18. 8. 23)

Hier ist tatsächlich auf engstem Raum, unter Aufwendung aller erdenklichen Mittel der größtmögliche Komfort erzielt. ‚Gemütlich' im Sinne unserer roten Plüschmöbel und rotverhängten Lampen sind die kleinen Räume freilich nicht, dafür aber wundervoll hell, sparsam möbliert und die wenigen Möbel aus edelstem Material und von erlesenster Form ...

(gez. A. Ho., „Die Bauhauswoche in W., der Eröffnungstag", in: „Allgemeiner Anzeiger für Stadt und Kreis Erfurt, 17. 8. 23)

Über dem Park liegt ein kleines, schmuckes neugebautes Musterhaus wie eine weiße Bonbonschachtel in einem riesigen gelbblühenden Rapsfeld; von Muche entworfen, für eine Familie, ohne Dienstboten; ...

(Konrad Weichberger, in: Bremer Nachrichten, 24. 8. 1923)

Es ist sehr viel Platz in diesen kleinen Räumen, obgleich nichts Wichtiges zu fehlen scheint. Schmutz und Krankheitskeime können hier keinen Halt gewinnen. Die reinen Farbenspiele der vorhandenen Flächen tun dem Auge wohl, dem Tastsinn die Reinheit der Materialien. Nur dürfte man nicht selbst in dicken, verschwitzten, verrückt geformten Kleidern stecken, in Stiefeln, an denen Lehm und anderes hängt. Man fühlt ohne weiteres: Hier sind Gewänder aus Leinen oder Seide am Platz ...

(Fritz Wichert, „Ein Haus das Sehnsucht weckt", in: Frankfurter Zeitung. 1. Morgenblatt, 10. 10. 23)

Erst die Zukunft kann zeigen, wie weit diese radikale Auskehrung unserer romantischen Residuen sich schöpferisch fruchtbar erweist, vorläufig handelt es sich um Versuche und wir wären sogar dankbar, wenn sie bloß die Funktion zu erfüllen hätten, uns vom unnötigen Ballast zu befreien und die Atmosphäre für künftigen Aufbau vorbereiteten ...

Dies wenigstens ist gewiß: nicht nur für die neue Gestaltung, auch für das Erleben wurde hier ein weiterer Schritt getan.

(Siegfried Giedion, „Bauhaus und Bauhauswoche zu Weimar", in: Das Werk, Zürich, Monatsheft. Heft 9, Sep. 1923)

... die ganz auf das Konstruktive gestellte, gleichsam auf die stützenden und tragenden Kräfte reduzierte Form des Hausrats hat etwas Überzeugendes.

(Dr. B., in: Merseburger Korrespondent, 6. 9. 23)

Ein Kauflustiger – das Haus, alle festen Möbel inbegriffen, ist für den beträchtlich mäßigen Preis von 36 000 Goldmark käuflich – könnte sofort einziehen und würde all seine Bedürfnisse befriedigt sehen. Solche sicht- und fühlbaren Ergebnisse der ‚Bauhäusler' versöhnen sehr viele mit den Theorien der Schule ...

Ob ein solches Haus wünschenswert ist? Die Antwort wird nicht allzu bereitwillig gegeben. Das hörte ich von einer streng blickenden Matrone, die ihre Tochter durchs Haus führte, und, Bewunderung in den

Augen des Mädchens lesend, ausbrach: „Alles auf Bequemlichkeit berechnet. – Nur keine Anstrengung! Madam kann auf dem Sofa liegen und lesen, oder meinetwegen vor der Staffelei sitzen und klecksen. – Die Hausarbeit ist doch erledigt. Solche Bauweise ist der Untergang der deutschen Hausfrau."

(Aug. de Witt, „Ein Musterhaus", in: Nieuwe Rotterdamsche Courant, 3. 10. 23)

Aber was gerade an diesem Wohnhaus erfreut, dessen Entwurf von Georg Muche stammt, ist die wundervolle mathematische Ausnutzung des Raumes, zusammen mit den fein abgestimmten Farben, die ein Gefühl vollkommener Harmonie hinterlassen. Alle Flächen sind farbig getönt und geben einen Akkord, der fast den künstlerischen Eindruck eines Bildes erregt.

(Dr. Erich Lichtenstein, in: Hamburger Fremdenblatt, 27. 8. 23)

... ähnelt äußerlich nicht wenig einer Nordpolstation; aber das Innere macht das Herz der Hausfrau warm, vielleicht wärmer, als das Herz des Künstlers. Höchste Zweckmäßigkeit und Raumausnützung, alle Errungenschaften der Hauswirtschaftstechnik, eine Einrichtung, deren bis ins letzte Detail quadratische Glätte keinem Körnchen Staub eine Einnistungsmöglichkeit gewährt, erklären den zeitgemäßen Mangel einer Mädchenkammer.

(Gisela Selden-Goth, „Das andere Weimar", in: Prager Tageblatt, 26. 8. 23)

Zunächst das Aeußere des Gebäudes. Es hat eine verzweifelte Aehnlichkeit mit jenen Häuschen auf öffentlichen Plätzen der Großstadt, die gegen Erlegung eines entsprechenden Obulus auf der einen Seite ‚für Herren', auf der anderen ‚für Damen' zugänglich sind. Man denke sich eine ganze Siedlung in diesem ‚Baustil'. Horribile visa. Da wendet sich der Gast mit Grausen. Abgesehen davon eignet sich dieser Bau wohl für die sonnigen Gefilde der Tropen, nicht aber für unser Klima, in dem man mit Schneefällen rechnen muß, die bei der flachen Dachkonstruktion für das gesamte Gebäude verhängnisvoll werden können ...

(„Viel Lärm um Nichts", in: Jenaische Zeitung, 16. 8. 23)

Das Musterhaus ist als Form ein großer Würfel, auf dem ein kleiner steht, also überhaupt keine. Fenster und Türen sind eingeschnitten, wie in eine weiche Masse. Dach fehlt. Kurz, es ist überhaupt nicht ‚gebaut'. Der Grundriß könnte in einem architektonischen Witzblatt stehen. Um einen höheren Raum, den einzigen, in dem man atmen kann, liegt eine Unzahl von Zellen, die knapp den gesetzlichen Luftraum haben. Kein Korridor. Keine dieser Eß- und Schlafzellen hat einen Zugang außer durch die anderen. Das Haus ist für Menschen mit Nerven glatt unbewohnbar, ist nicht nur kein Muster, sondern nicht einmal ein diskutierbarer Vorschlag.

(Fritz Stahl, in: Berliner Tageblatt, 28. 8. 23)

Um einen großen überhöhten Mittelraum sind ein paar winzige Zimmerchen gelegt, deren Grundfläche schiffskabinenartig genau ausgenutzt ist. Man muß Mitleid haben mit den Menschen, die in diesen engen Kästen zu leben gezwungen sind, denen jeder Rest von persönlicher Wohnkultur durch ein starres Formensystem beschnitten wird. Das Leben in diesem Hause muß bis zur Nacktheit mechanisiert sein, wenn es den Räumen sich anpassen soll, in denen es gebunden ist. Man könnte sich vorstellen, daß Strindbergs ‚Totentanz' hier gespielt würde, und man meint es zu spüren, wie die Menschen einander hassen müssen, die in diesem konstruktiven Gehäuse einander täglich und stündlich begegnen, in diesen mitleidlos und ohne Heimlichkeit sich öffnenden Räumen einander ausgeliefert zu sein ...

(gez. Glaser, in: Berliner Börsen-Courier, 19. 8. 23)

Das mathematisch Gespenstische überwiegt wieder. Ein Zierschrank, ein Toilettentisch, eine Wandlampe starren mit drohendem, skelettartigem Gebein auf uns Menschen einer anderen Welt, und scheinen Folterwerkzeuge nach uns auszustrekken ... Möbelkunst als Logarithmus! ...

(Dr. Egbert Delphy, in: Leipziger Neueste Nachrichten, 22. 8. 23)

Das Haus am Horn braucht ein Dienstmädchen und einen Hausmann. Die eine beschlagnahmt das Gastzimmer, der andere schläft auf dem platten Dach.

(Franz Kaibel, in: Allgemeine Thüringische Landeszeitung „Deutschland", 24. 8. 23)

Von außen bietet dieser eigenartig geschmacklose Unterschlupf keinerlei Reize. Durch die Lage und die großen Glasscheiben wirken die Innenräume anders, als sich von außen erwarten läßt ... Wohltuend ist an diesem Hause, daß es nicht von den schauerlichen Wandmalereien und Wandskulpturen des Bauhauses strotzt.

(Mathilde Freiin v. Freytag-Loringhoven, in: Allgemeine Thüringische Landeszeitung „Deutschland", 30. 8. 23)

9 Zimmer der Dame,
die Tür führt zum Kinderzimmer
Möbel von Marcel Breuer

Fortsetzung von Seite 192
Die vom Bauhaus gefertigte Innenausstattung wurde für jeden Raum gestalterisch und funktionell sozusagen „maßgeschneidert". Es entstand eine einheitliche Wirkung des räumlichen Ensembles, obgleich die einzelnen Gegenstände und gestalterischen Lösungen die individuellen Signaturen ihrer Schöpfer bzw. der verschiedenen Bauhauswerkstätten trugen.

Gewiß ist dieses Ergebnis hauptsächlich auf das pädagogische Konzept der Ausbildung am Bauhaus von 1919 bis 1923 zurückzuführen. Dabei war in den seit Herbst 1922 laufenden Ausstellungsvorbereitungen klar auf kostengünstigen Verkauf der Produkte bzw. auf die Überführung der Muster in die serielle Fertigung orientiert worden. Bei allen mobilen Ausstattungsgegenständen, besonders aber bei den Möbelentwürfen von Breuer und Dieckmann, ist dieses Ziel erkennbar, es fand später in der Entwicklung von Typenmöbeln seinen Niederschlag.[19]

Die Ausstattung des Musterhauses wie überhaupt die Präsentation der Bauhausproduktion zeigten deutlich den engen Zusammenhang von Formgestaltung und Architektur. Er trat in der Durchbildung der Form nach ihrer funktionellen Zweckbestimmung zutage, in der vorzüglichen material- und konstruktionsgerechten Durchbildung der funktionell determinierten Form, in der Entwicklung fertigungsgerechter gestalterischer Lösungen, in der Abstimmung der kompositorischen Gesamtlösung der Gegenstände auf eine adäquate Raumdisposition und in der Bildung in sich harmonischer Proportionalität. Die Lösungen orientierten auf den Massenbedarf, entsprachen neuen sozialen Zielvorstellungen.

Das Musterhaus am Horn dokumentierte darüber hinaus die gestalterische und konstruktive Integration von Ausstattungselementen in die kompositorische und funktionelle Gesamtlösung des Hauses. Unter anderem betrifft das die Disposition der Beleuchtungskörper, die eingebauten Wandschränke, die neuentwickelten unversproßten Dreh-Kipp-Flügelfenster sowie die Türen, die Fußleisten, die Fensterbänke und die Heizkörperabdeckungen, die Tür- und Fensterbeschläge und die Linoleumfußböden. Außerdem war es gelungen, die damals fortgeschrittensten Entwicklungen technischer Armaturen und Geräte in das Ausstattungskonzept einzubeziehen.

Nach der sechzigjährigen wechselvollen Geschichte des Musterhauses am Horn kann heute gesagt werden, daß das 1922/23 entwickelte integrative Konzept für Raumbildung, Ausstattung und ästhetische Gestaltung, an einem exemplarischen Wohnhaustyp ausgeführt, noch immer für die formgestalterische und architektonische Praxis interessant ist. Aktuell bis heute ist auch die Diskussion, Pro und Kontra um sein Konzept, um die Gestaltungsprinzipien, die angewandt wurden. Die zeitgenössischen Reaktionen auf das Haus am Horn zeigen, daß sich die Geister an der Frage nach dem gesellschaftlichen Fortschritt und den damit verbundenen Wandlungen der ästhetischen Werte und der praktischen und sozialen Nutzung schieden. Heute steht fest, daß mit dem Experiment von 1923 Wege gewiesen wurden, die das Suchen nach gestalterischen Gesetzmäßigkeiten unter neuen gesellschaftlichen Verhältnissen und entfalteter Produktivkraftentwicklung einschlossen.

[19] Interessante Aufschlüsse hierzu sind im Katalog „Möbel der Weimar Bauhaus- und Wohnkunst G.m.b.H. Weimar – ehemalige Vertriebsorganisation der Staatlichen Bauhochschule Weimar" zu finden, der noch in den 30er Jahren vertrieben wurde.

Hannes Meyer und das Bauhaus

Claude Schnaidt

Jahrelang wurde der Beitrag Hannes Meyers zum Bauhaus hinter einer Mauer des Schweigens verborgen. Als Risse in dieser Mauer entstanden, haben diejenigen, welche sie errichtet hatten, laut zu sagen begonnen, was früher geflüstert worden war. 1963 reagiert Gropius prompt auf einen von Tomás Maldonado verfaßten Artikel[1] anläßlich des Erscheinens der Bauhaus-Anthologie von Hans Maria Wingler[2]. Gropius begnügte sich nicht mit der Veröffentlichung seines Briefes in der Zeitschrift der Hochschule für Gestaltung Ulm. Einige Monate später stellt er denselben Brief dem Verleger meiner Monographie über Hannes Meyer[3] zur Verfügung, da dieser Argumente für ein Nachwort, das ihm erlauben sollte, sich von „gewissen" in meinem Buch „geäußerten Thesen" zu distanzieren, benötigt.[4]

Was hat zusammenfassend Gropius zu sagen? Meyer sei unaufrichtig gewesen, habe die Saat, die das Bauhaus unter Gropius gesät habe, für sich beansprucht, er sei ein Opportunist gewesen, sei in ein gemachtes Bett gelegt worden und habe den Eindruck zu erwecken versucht, daß alles sein Werk gewesen sei. Meyer habe eine Maske vor dem Gesicht getragen, sei verschlossen gewesen und habe seine Absichten verschleiert. Er habe Gropius versprochen, das Bauhaus aus der Politik herauszuhalten, habe dann aber die Maske fallengelassen und mit seiner Weltanschauung des politischen Materialismus die Idee des Bauhauses zersetzt und die Existenz des Institutes aufs Spiel gesetzt. Meyer sei politisch instinktlos gewesen und unfähig, die Balance zwischen sachlicher Arbeit und politischer Theorie herzustellen. Seine Strategie und Taktik seien zu klein, er selbst sei ein radikaler Kleinbürger gewesen. Mies van der Rohe habe nach Meyers Weggang erst einmal mit Hilfe der Polizei die Disziplin wiederherstellen müssen.[5]

Nehmen wir davon Kenntnis und versuchen, noch einmal über dieses Stück Geschichte des Bauhauses nachzudenken.

Im Dezember 1926 kommt Meyer zur Einweihung des neuen Bauhauses nach Dessau. Gropius unterrichtet ihn über seine Pläne zur Errichtung einer Bauabteilung. Zwei Wochen später bietet er Meyer schriftlich diese Aufgabe an. In seiner Antwort schreibt Meyer: „es lockt mich als ausgesprochenen ‚kollektivisten' die mitarbeit innerhalb einer arbeitsgemeinschaft." Und einige Zeilen weiter: „was ich an der einweihung gesehen habe, sind doch äußerlichkeiten; ausgenommen die wertvolle und aufschlußreiche unterhaltung mit ihnen und den meistern kandinsky, moholy, schlemmer, breuer. den anläßlich des einweihungsfestes ausgestellten arbeiten stehe ich vom beschränkten abc-boden aus zumeist äußerst kritisch gegenüber; ausgenommen die sehr entwicklungsfähigen dinge wie stahlhaus, stahlmöbel, teile von schlemmers bühne und der grundsätzliche unterricht kandinskys sowie teile ihrer grundlehre. vieles erinnerte mich spontan an ‚dornach-rudolf steiner', also sektenhaft und ästhetisch; als realer mensch werden sie diese gefahr ihrer schöpfung noch stärker empfinden als ich, der ich in unkenntnis der motive vielleicht vieles mißverstand."[6]

[1] siehe Maldonado, Tomás: Ist das Bauhaus aktuell? In: ulm 8/9, September 1963

[2] siehe Wingler, Hans M.: Das Bauhaus, Bramsche 1962

[3] siehe Schnaidt, Claude: Hannes Meyer – Bauten, Projekte und Schriften, Verlag Arthur Niggli Teufen 1965

[4] In einem Brief des Verlages Arthur Niggli an Tomás Maldonado heißt es wörtlich: „Nachdem wir Herrn Schnaidt für die gesamte Publikation völlig freie Hand gelassen haben, ist es ja nicht verwunderlich, daß wir in dem Fall Meyer uns als Verlag weitaus stärker von gewissen darin geäußerten Thesen distanzieren müssen."

[5] Brief von Walter Gropius an Tomás Maldonado, 24. 11. 1963, in: ulm 10/11, Mai 1964, sowie im Nachwort des Verlages zu meinem Buch über Hannes Meyer (siehe Anm. 3)

[6] Brief von Hannes Meyer an Walter Gropius, 3. 1. 1927, Archiv Lena Meyer-Bergner – siehe auch Meyer, Hannes: Bauen und Gesellschaft. Schriften, Briefe, Projekte, Dresden, 1980 (Fundus-Bücher 64/65), S. 42 – Anm. Hrg.

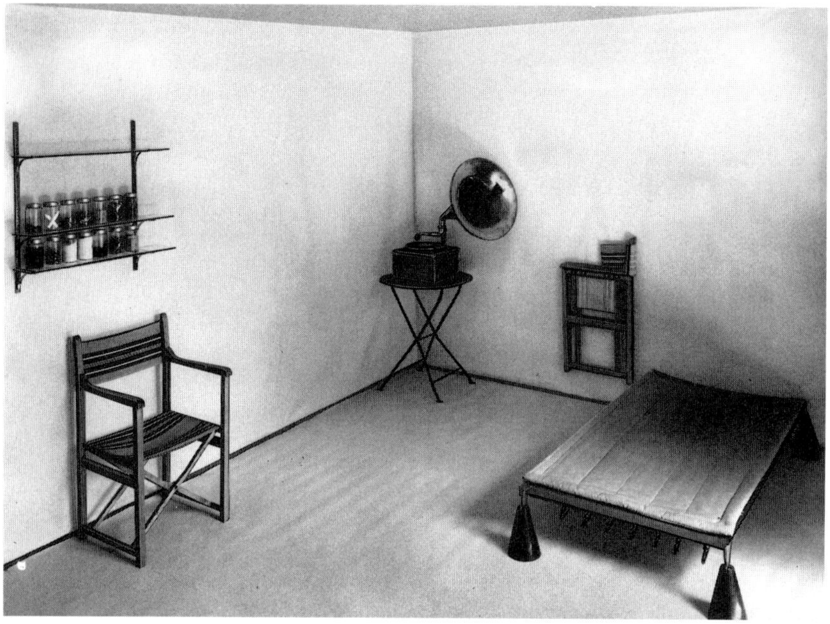

1 Einrichtung eines Zimmers
Vorschlag von Hannes Meyer, 1926
(vor seiner Bauhaus-Zeit)
Klappstuhl, Klapptischchen, zerlegbares Bett, verstellbares Regal – auf elementare Funktionen und niedrige Kosten ausgerichtete einfache Serienprodukte

Dieser Brief hindert Gropius nicht, die Verhandlung fortzusetzen. Im Gegenteil, Meyer wird zu einem neuen Treffen eingeladen. Er einigt sich mit Gropius darüber, daß ein richtiger Unterricht über bauliche Gestaltung nur durchführbar ist im direkten Zusammenhang mit der Praxis am Bau selbst. Es wird vereinbart, zunächst ohne Unterrichtsprogramm zu beginnen und anhand von Aufgaben aus der Praxis (Aufträge oder Wettbewerbe) die Grundfragen baulicher Organisation zu erläutern.[7] Meyer präzisiert noch schriftlich: „Die Grundtendenz meines Unterrichts wird absolut eine funktionell-kollektivistisch-konstruktive sein im Sinne von ‚ABC'[8] und von ‚Die neue Welt'."

Im April 1927 beginnt Meyer seine Tätigkeit am Bauhaus.

„Die neue Welt", auf die sich Meyer bezieht und die er 1926 geschrieben hatte, ist ein Loblied auf den Modernismus und gleichzeitig Manifest des Neuen Bauens. Sie hatte schon ihren baulichen Niederschlag in den mit Hans Wittwer zusammen bearbeiteten Entwürfen für die Petersschule in Basel und für den Völkerbundpalast in Genf gefunden. 1928 erscheint „bauen" in der Zeitschrift „bauhaus"[9], es ist die neubearbeitete Version eines Abschnittes aus „Die neue Welt". Es ist vor allem eine treue Darlegung der Auffassung, die Meyer als Grundlage für seinen Unterricht am Bauhaus dient.

Um die Bedeutung dieses Textes sowie den entsprechenden Entwicklungsstand des Bauhauses zu begreifen, müssen wir uns die damalige Situation in Deutschland vergegenwärtigen. 1927 ist ein blühendes Jahr der Scheinkonjunktur. Als Folge des Dawes-Planes und weil die Profitraten in Deutschland höher liegen als in den Vereinigten Staaten, fließen amerikanische Gelder in die Wirtschaft. Es kursiert das Schlagwort „Geld spielt keine Rolle". Mehr und billiger zu produzieren ist das Wesentliche. „Rationalisieren" steht auf der Tagesordnung. Perfektionierte Maschinen und Taylorsche Arbeitsmethoden werden weitgehend eingeführt, Werkstücke und Modelle standardisiert.

[7] Brief von Hannes Meyer an Walter Gropius, 28. 1. 1927, Archiv Lena Meyer-Bergner

[8] „ABC": von Hans Schmidt, Mart Stam, El Lissitzky und Emil Roth herausgegebene Zeitschrift, die einen strengen Funktionalismus vertrat. Die Nummer 2, zweite Serie 1926, dieser Zeitschrift wurde von Hannes Meyer redigiert.

[9] Meyer, Hannes: bauen, in: bauhaus, Dessau 2 (1928) 4

[10] zitiert nach: Lang, Lothar: Das Bauhaus 1919–1933. Idee und Wirklichkeit, Berlin 1965, S. 135

[11] aus dem Nachlaß von Otti Berger, zitiert nach Wingler, Hans M.: a. a. O., S. 145. Die in eckigen Klammern stehenden Wörter sind vermutlich durch Wingler ergänzt.

Der Normenausschuß funktioniert seit einem Jahr. Forschung und praktische Anwendung der Wissenschaft werden großzügig von der Industrie gefördert. Kunststoffe tauchen auf. Deutschland liegt an der Spitze beim Export elektrischer Geräte. „Made in Germany" wird zum Qualitätsbegriff. Die Konzentration der Produktion und des Kapitals nimmt gewaltig zu. Die Vereinigten Stahlwerke produzieren 40 Prozent des Stahles. IG-Farben kontrolliert drei Viertel der Farben- und Düngemittel- und die Hälfte der pharmazeutischen Industrie. Bald darauf produzieren vier Konzerne neunzig Prozent des Zements und beherrschen drei Banken alle wichtigen Transaktionen. Der Staat und die Gemeinden halten viele Betriebe in eigener Regie. Volksbanken und Genossenschaften entstehen überall. Für die Sozialdemokraten sind sie die Prämissen der „Wirtschaftsdemokratie". Die überwiegende Mehrheit der Gewerkschafter und der Sozialdemokraten verteidigt die Thesen des „organisierten Kapitalismus"

1927 erreicht der Produktionsumfang den Stand von 1913. Damit ist eine Phase des Wiederaufbaues beendet. Es gibt acht bis neun Prozent Arbeitslose. Die nominellen Löhne werden erhöht, aber tatsächlich stehen sie gerade auf dem Niveau von 1913. Die 1924 vernichteten Ersparnisse machen fünf Milliarden Mark aus. 300000 Wohnungen werden jährlich gebaut. Das Straßenbild hat sich von Grund auf verändert. Die Technik ist siegreich. Der Expressionismus ist begraben.

Ruttman dreht „Berlin, Symphonie einer Großstadt". Piscator inszeniert „Hoppla, wir leben". Das Bauhaus ist das Lieblingskind des Bürgermeisters von Dessau. Es hat akademischen Rang. Sein Budget ist bescheiden, aber gesichert. Die Zusammenarbeit mit der Industrie nimmt zu. Das Wort „Bauhausstil" hat sich schon in der Öffentlichkeit verbreitet.

Auf den ersten Blick erscheint die Situation günstig, als Gropius im Februar 1928 seine Rücktrittsabsicht bekannt gibt. Aber eine genauere Analyse trübt diesen Eindruck. Die Gegner des Bauhauses hatten damals nicht aufgegeben. Der „Bürger-Verein", der sich 1925 konstituiert und 1926 den Satz „... diese Bestrebungen haben mit deutschem Wesen nichts zu tun"[10] lanciert hatte, blieb nicht untätig. Die „Anhalter Woche" öffnete ihre Spalten regelmäßig den Bauhaus-Widersachern. Wortführer unter ihnen war Dr. Adolf Seiß, Syndikus der Anhaltischen Handwerkskammer. Die Angriffe des „Arbeitgeber-Verbandes für Baugewerbe in Dessau" gegen die Versuchsbauten von Gropius blieben nicht verbal; die Baustellen wurden sabotiert. Im Jahre 1927 stand das Bauhaus im Mittelpunkt des Dessauer Wahlkampfes. Die reaktionären Zeitungen veröffentlichten Parolen wie „Gegen Hesse und das Bauhaus!" Das alles war kein Spiel, sonst hätte Gropius bei seinem Rücktritt nicht sagen können: „[Bis] jetzt [beanspruchte] neunzig Prozent meiner Arbeitsleistung [allein] der Abwehrkampf."[11]

Das Bauhaus selbst war in ein Bündel von Widersprüchen ideologischer und struktureller Art verwickelt. Es trachtete nach einem einheitlichen Bild der materiellen Kultur. Es wollte, daß diese Einheit sich in der schöpferischen Gemeinschaftsarbeit organisch realisiere. Diese Absichten standen eigentlich in einem krassen Gegensatz zu den kapitalistischen Produktionsverhältnissen. Die Bauhäusler hatten von diesem Gegensatz nur vage Vorstellungen. Da sie nicht genau wußten, wie sie ihr Schaffen mit der Realität vereinbaren sollten, versuchten sie, die ökonomischen und sozialen Probleme auf ästhetischer Ebene zu lösen. Sie glaubten, die notwendigen historischen Voraussetzungen zur Realisierung ihres Einheit-Ideals durch eine ungestüme Suche nach einer neuen Formsprache ersetzen zu können. Daher kam ihre Begeisterung für die glatten Flächen, für die Transparenz, für die Entmaterialisierung, für die reinen Farben, für die Zerlegung des Objektes in elementare geometrische Körper usw. „Sehr rasch", bemerkte ein damaliger Kritiker, „haben die Produkte des Bauhauses (Häuser, Möbel und Geräte) ihre eine Funktion erfüllt, nämlich eine alte Formenwelt zu zerstören. Um ihre zweite, aufbauende Funktion hat die Zeit sie betrogen: sie wurden sehr bald salonfähig. Charakteristischerweise wurden sie rezipiert nicht von der breiten Masse der Verbraucher, für die sie ursprünglich gedacht waren, sondern zuerst einmal von den geistig beweglicheren unter den Intellektuellen, dann aber gerade von den aktivsten Trägern der heutigen Wirtschaft."[12]

Das Motto von Gropius „Kunst und Technik – eine neue Einheit" hatte schon in Weimar scharfe Opposition unter den Meistern der Form ausgelöst. Wir mögen uns an die Stellungnahmen von Feininger und Muche[13] erinnern. Kandinsky wehrte sich gegen die Zunahme der auftragsgebundenen Arbeit in den Werkstätten.[14] Die Aufnahme ehemaliger Studenten in den Lehrkörper zu Beginn der Dessauer Zeit hatte einen wichtigen Schritt zur Realisierung der „neuen Einheit" bedeutet. Diesem Umstand, ergänzt durch die neuen Beziehungen zur Industrie, verdankten die meisten Werkstätten eine erhöhte Produktion. Alte Meister, wie Kandinsky und Klee, fühlten sich in zunehmendem Maße deplaziert. Und dann geschah etwas Seltsames. Während den Handwerksmeistern die Lehrberechtigung entzogen wurde, wurden die Meister der Form zu Professoren. Diese entwicklungswidrige Verschiebung der Machtverhältnisse trug zur Verschärfung der internen Widersprüche am Bauhaus bei.

Meyer ist sich der bedrohlichen Umstände bewußt, als er auf den Vorschlag Gropius' eingeht, die Leitung des Bauhauses ab 1. April 1928 zu übernehmen.[15] Er weiß, daß er sich nicht in ein gemachtes Bett legt. Den Studentenvertretern sagt er: „Sie sprechen von Chaos, und ich gebe zu, daß dieser Ausdruck nicht ganz unrichtig ist. Aber nicht nur hier im Bauhaus haben wir ein Chaos, sondern die ganze Welt ist voll ungelöster Probleme. Meine Überzeugung ist, daß wir Menschen zu nichts anderem da sind, als diese Probleme, die das Leben uns stellt, zu lösen. Es ist aber gar kein Grund vorhanden, den Kopf hängen zu lassen." Dann fragt Meyer: „Wird unser Werk von außen bestimmt oder von innen? Wollen wir uns nach den Bedürfnissen der Außenwelt richten, mithelfen an der Gestaltung neuer Lebensformen, oder wollen wir eine Insel sein, die zwar [die Persönlichkeitswerte fördert], deren positive Produktivität [jedoch] in Frage gestellt ist?"[16]

Meyers Programm steht als Antwort. Es ist gekennzeichnet „durch das Betonen der sozialen Mission des Bauhauses, durch die Vermehrung der exakten Wissenschaften im Lehrplan, durch Zurückdämmung des Einflusses der Künstler, durch kooperativen Ausbau der Werkstatteinheiten, durch Aufbau der Werkpädagogik über dem realen Auftrag, durch Entwicklung von Typ und Standard des Volksbedarfs, durch eine Proletarisierung des Alumnats und durch die engere Zusammenarbeit mit der Arbeiterbewegung und mit den Gewerkschaften"[17]. Meyer glaubt nicht nur an die Gültigkeit dieser Richtlinien für die Zukunft, sondern auch an ihre Wirksamkeit gegen die hauptsächlichen Gefahren, denen das Bauhaus ausgesetzt ist.

„Was fand ich", schreibt Meyer, „bei meiner Berufung vor? Ein Bauhaus, dessen Leistungsfähigkeit von seinem Ruf um das Mehrfache übertroffen wurde und mit dem eine beispiellose Reklame getrieben wurde. Eine ,Hoch-

[12] Faber: Das Bauhaus Dessau vor Torschluß, in: information, Nr. 3, August/September 1932, Zürich

[13] Lyonel Feininger in einem Brief an Julia Feininger vom 1.8.1923: „Gegen die Parole: ,Kunst und Technik, die neue Einheit!' lehne ich mich mit ganzer Ueberzeugung auf – diese Verkennung der Kunst ist aber ein Symptom unserer Zeit. Und die Forderung nach ihrer Zusammenkopplung mit der Technik ist in jeder Hinsicht unsinnig. Ein wirklicher Techniker wird sich mit Recht jede künstlerische Einmischung verbieten; und auch die größte technische Vollkommenheit, andererseits, kann niemals den Gottesfunken der Kunst ersetzen!" (zitiert nach Wingler, Hans M.: a. a. O., S. 83).
Georg Muche in „Bildende Kunst und Industrieform" (veröffentlicht in: bauhaus, Dessau Nr. 1/1926): „Kunst und Technik sind nicht eine neue Einheit, sie bleiben in ihrem schöpferischen Wert wesensverschieden ... Das künstlerische Formelement ist ein Fremdkörper im Industrieprodukt." (zitiert nach Wingler, Hans M.: a. a. O., S. 124 – Original in Kleinschrift)

[14] Wassily Kandinsky in einer Sitzung des Meister- bzw. Baurates (Protokoll vom 4.4.1924): „Die einseitige Einstellung auf Produktion würde die weitere Existenz der erwähnten Werkstätten (gemeint sind Wandmalerei, Bildhauerei, Glasmalerei, Bühne und teilweise Druckerei – Anm. Hrg.) unmöglich machen, was für das Endziel des Bauhauses – Entwickelung der synthetischen künstlerischen Idee – verhängnisvoll sein würde." (zitiert nach Wingler, Hans M.: a. a. O., S. 94)

[15] In seinem Rücktrittsgesuch an den Magistrat der Stadt Dessau schrieb Gropius: „Als meinen Nachfolger schlage ich den Leiter unserer Bauabteilung, Herrn Hannes Meyer, vor, den ich nach seinen sachlichen und persönlichen Eigenschaften für geeignet halte, das Institut weiter gedeihlicher Entwicklung entgegen zu führen." Die Meinungen über die Nachfolgeschaft waren sehr divergierend. Ise Gropius notierte dazu in ihr Tagebuch: „Meyer hat sich durch einige nicht ganz loyale Handlungen gegen Gropius und Moholy die Sympathien sehr weitgehend verscherzt, und das ergibt jetzt unabsehbare Schwierigkeiten." Fritz Kuhr, der

2 ganzseitiges Inserat
auf der dritten Umschlagseite der
Zeitschrift bauhaus 1/1928

schule für Gestaltung', in welcher aus jedem Teeglas ein problematisch-konstruktivistelndes Gebilde gemacht wurde. Eine ‚Kathedrale des Sozialismus', in welcher ein mittelalterlicher Kult getrieben wurde mit den Revolutionären der Vorkriegskunst unter Assistenz einer Jugend, die nach links schielte und gleichzeitig hoffte, im gleichen Tempel dermaleinst heilig gesprochen zu werden. Inzüchtige Theorien versperrten jeden Zugang zur lebensrichtigen Gestaltung: Der Würfel war Trumpf, und seine Seiten waren gelb, rot, blau, weiß, grau, schwarz. Diesen Bauhauswürfel gab man dem Kind zum Spielen und dem Bauhaus-Snob zur Spielerei. Das Quadrat war rot. Der Kreis war blau. Das Dreieck war gelb. Man saß und schlief auf der farbigen Geometrie der Möbel. Man bewohnte die gefärbten Plastiken der Häuser. Auf deren Fußböden lagen als Teppiche die seelischen Komplexe junger Mädchen.

der Studentenvertretung angehörte, sagte: „Hannes Meyer mag ein ganz feiner Kerl sein, ich will nichts gegen ihn sagen. Aber Hannes Meyer als Direktor des Bauhauses ist eine Katastrophe." (zitiert nach Wingler, Hans M.: a. a. O., S. 144f.) Rückblickend schrieb der Kunsthistoriker Joseph Gantner in der „Neuen Züricher Zeitung" vom 12. 8. 1930: „Aber – die Behörden von Dessau mußten wissen, wem sie die Leitung des Bauhauses übergaben, und es spricht sehr für die künstlerische und menschliche Haltung Meyers, daß seine Wahl durch den Meisterrat seinerzeit einstimmig erfolgte und, wie ich aus Äußerungen von Paul Klee weiß, geradezu mit Begeisterung begrüßt wurde."

16 aus dem Nachlaß von Otti Berger, zitiert nach Wingler, Hans M.: a. a. O., S. 145. Die in eckigen Klammern stehenden Wörter sind vermutlich durch Wingler ergänzt.

17 Meyer, Hannes: Bauhaus Dessau 1927–30, in: Edificatión, Mexico 5 (1940) Nr. 34; siehe auch Meyer, Hannes: Bauen und Gesellschaft, a. a. O., S. 79

3 Wanderausstellung des Bauhauses 1928–30
Schlafzimmer aus der Tischlerei

Überall erdrosselte die Kunst das Leben. So entstand meine tragikomische Situation: Als Bauhausleiter bekämpfte ich den Bauhausstil."[18]

Meyer hatte erkannt, daß die Qualität von Gebrauchsgegenständen für den Gestalter nicht allein ein formales Problem war, sondern daß der Gestalter, wenn er eine wirksame soziale Rolle spielen will, auf der Ebene des Massenbedarfs wirken muß. Das wiederum bedeute das Aufgeben von künstlerischen Spekulationen für einen kleinen Kreis von Eingeweihten zugunsten der Gestaltung von Standardprodukten. „Unser Tun ist ein Dienst am Volke", wiederholte Meyer immer wieder, und auf dieser Basis sollte die Arbeit am Bauhaus einen konkreten sozialen Inhalt erhalten. Die Behauptung, Meyer habe damit die einheitliche geistige Haltung am Bauhaus zersetzt, ist zugleich wahr und falsch. Denn wir haben gesehen, daß der Konflikt zwischen Kunst und praktischer Tätigkeit nicht auf die Ernennung Meyers als Direktor gewartet hatte, um sich zu manifestieren. Er mußte sich dennoch zwangsläufig wegen der von Meyer gewollten Akzentuierung der produktiven Arbeit verschärfen. Eine solche Akzentuierung entsprach übrigens dem im ersten Programm von 1919 ausgedrückten Prinzip: „Die Schule ist die Dienerin der Werkstatt, sie wird eines Tages in ihr aufgehen."[19]

Unter der Direktion von Meyer werden die Bauhaus-Werkstätten in vier Abteilungen aufgeteilt:

Bauabteilung (Bauverwaltung, Baubüro);

Reklame-Abteilung (Fotowerkstatt, plastische Werkstatt, Druckerei);

Ausbau-Abteilung (Wandmalerei, Metall-Werkstatt, Tischlerei);

Textil-Abteilung (Färberei, Weberei, Gobelin).

Mit Gropius verläßt auch Moholy-Nagy die Schule, wenig später folgen Bayer und Breuer.[20] Die übrigen Lehrer bleiben auf ihren Posten. Der Mathematiker und Fotograf Walter Peterhans wird mit der Organisation und Lei-

[18] Meyer, Hannes: Mein Hinauswurf aus dem Bauhaus, in: Das Tagebuch, Berlin II (1930) 33, S. 1307ff.; siehe auch Meyer, Hannes: Bauen und Gesellschaft, a. a. O., S. 68

[19] zitiert nach Schmidt, Diether (Herausgeber): Manifeste, Manifeste. 1905–1933, Dresden 1965 (Fundus-Bücher 15/16/17), S. 231

[20] Sehr aufschlußreich ist in diesem Zusammenhang der Aufsatz von Ernst Kallai „das bauhaus lebt!" (bauhaus, Dessau 2 (1928) 2/3): „der personenwechsel am bauhaus, über den im nachrichtenteil dieses heftes näheres zu lesen ist, hat in der öffentlichkeit vielfach die auslegung erfahren, als sei die hochschule damit in eine krise geraten, die den anfang vom ende bedeutet. das bauhaus wurde mit mehr oder weniger bedauern, wohl auch mehr oder weniger schadenfroh für ‚erle-

digt' erklärt. nicht zuletzt aus der meinung, daß seine aufgabe erfüllt sei. die ideen des bauhauses, wurde gesagt, haben in weitesten bewußtseinsbreiten fruchtbaren boden gefunden. es könnte in der folge nur noch sich selbst wiederholen, also akademisch und starr werden. ihm bliebe weiter nichts übrig, als rechtzeitig, mit allen ehren noch, von der bildfläche zu verschwinden. ein begräbnis erster klasse würde ihm gewiß sein." Bestimmte Leute waren sich also im klaren über die Zukunft des Bauhauses, noch bevor Meyer irgend etwas unternahm!

[21] In seiner Ansprache an die Studierendenvertreter aus Anlaß seiner Berufung auf den Direktorposten hatte Meyer erklärt: „Die Organisation des Bauhauses muß, wenn sie lebensfähig sein soll, sich nach den vorhandenen Tatsachen richten. Eine vollständige Umgestaltung kann weder heute noch später möglich sein, soll es auch nicht, in erster Linie richtet sich die Organisation nach dem Etat; eine wissenschaftliche Schule aus dem Bauhaus zu machen, ist schon deshalb unmöglich, weil der geringe Etat keine Möglichkeit vorsieht, die nötigen wissenschaftlichen Professoren anzustellen. Der Leiter einer Anstalt hat auch nicht die Aufgabe, dem Institut eine persönliche Prägung zu geben. Er ist lediglich dazu da, alle Richtungen, die sich in ihm vereinigen, zu einem positiven Ganzen zusammenzufügen." (zitiert nach Wingler, Hans M.: a. a. O., S. 148). Das ist bezeichnend für Meyer: er weiß, wie weit er gehen kann.

[22] Die intensive, kommerzielle Tätigkeit in den Werkstätten verbesserte die wirtschaftliche Lage des Bauhauses erheblich. Die Jahresproduktion von etwa 120000 Mark im Jahre 1928 kommt 1930 auf nahezu das Doppelte. Im Geschäftsjahr 1929 können zirka 32000 Mark als direkter Anteil am Rohgewinn an die Studierenden ausgezahlt werden, was einer Beihilfe von 35 Prozent des durchschnittlichen Budgets der Beteiligten gleichkommt. So kann auch, wie Meyer sagt, der Prolet ans Bauhaus kommen.

[23] Meyer, Hannes: Bauhaus Dessau 1927–30, a. a. O.; siehe auch Meyer, Hannes: Bauen und Gesellschaft, a. a. O., S. 82f.

tung der Fotowerkstatt betraut. Für die Bauabteilung stellt Meyer ein Unterrichtsprogramm auf und verpflichtet Brenner, Hilberseimer, Wittwer, Heiberg, Stam, Rudelt und Fieger. Dazu kommen noch neue Fachdozenten, wie Engemann, Müller, Köhn, Riedel, Schrader, Grosch und Büttner. Die Schriftleitung der „bauhaus"-Zeitschrift übernimmt Ernst Kállai.

Wenn auch die Struktur der Schule keine allzu großen Änderungen erfährt[21], so werden doch Studienplan und Arbeitsmethoden von Grund auf geändert. Praktische Erwägungen bestimmen den Unterricht. In den Werkstätten ersetzen mehr und mehr reale Aufträge die fiktiven Projekte[22]. Diese Einschaltung in das wirtschaftliche Leben macht die Werkstätten bald zu selbständigen Produktionsgemeinschaften, denn der Student löst keine individuellen Aufgaben mehr, sondern er nimmt teil am wirklichen Arbeitsprozeß. Diese neue Form von Aktivität erlaubt bald die Organisation sogenannter „Vertikal-Brigaden", in denen Schüler aller Stufen zusammengefaßt sind, die sich gegenseitig helfen und die Verantwortung untereinander teilen müssen. Mit den Vertikal-Brigaden ist das Problem der Vorbereitung auf die Gruppenarbeit, um dessen Lösung man sich seit der Gründung des Bauhauses bemühte, konkret gelöst. In diesem Zusammenhang schreibt Meyer: „Das Werkstattstudium über dem realen Werk nötigte die beteiligten Werkstudenten, sich mit allen materiellen und zeitlichen Widerständen auseinanderzusetzen, welche die Verwirklichung einer Fachaufgabe ihres Gebietes von ihnen erforderte. Nichts blieb den beteiligten Studentengruppen erspart, vom ersten Bestellbrief des erforderlichen Materials bis zur Revision der Schlußabrechnung. Dieses Verfahren vermeidet die Kluft, welche schulmäßiges Erlernen von der oft bitteren späteren Praxis eines Berufes trennt. Zudem ist innerhalb der modernen technisch und industriell entwickelten Wirtschaft nahezu alle polytechnische Betätigung in der Form eine Eingliederung eines einzelnen Fachmannes in die beauftragte Berufsgruppe. Das erfordert seitens des Einzelnen verständnisvolles Unterordnen in die gemeinsame Arbeit. Wenn schon während der Berufsausbildung die Arbeitsgemeinschaft zugleich Erziehungseinheit ist (sehr im Gegensatz zur herkömmlichen Individual-Ausbildung), so wird die spätere Zusammenarbeit mit Dritten von Anbeginn an leicht gemacht. Schließlich ermöglicht diese Organisationsform der Arbeitsgemeinschaft, gebildet um die gemeinsame, reale Aufgabe, die Auswahl des Tüchtigsten für die einzelnen Spezialhandlungen, die zu lösen sind, also eine produktivere Arbeitsverteilung. Und zu guter Letzt ist in alledem ein Stück Weltanschauung verwirklicht. Denn wenn die kapitalistische Gesellschaft sich bemüht, den Einzelmenschen durch ein minutiös entwickeltes Individualsystem der Facherziehung für den späteren beruflichen Konkurrenzkampf zu ertüchtigen, muß man folgerichtig in einer künftigen sozialistischen Planwirtschaft von allen ihren Werktätigen, besonders auch von intellektuellen Fachleuten voraussetzen, daß sie in den verschiedenen Formen kollektiver Ausübung ihres Berufs geübt sind."[23]

Die kühnste Neuerung jedoch, die Meyer am Bauhaus einführt, ist die Verwissenschaftlichung der Methodik. Zahlreiche wissenschaftliche und technische Fächer werden in den Studienplan eingebaut, und es gelingt Meyer, deutsche und ausländische Gelehrte von internationalem Rang für diese Vorlesungen zu verpflichten. So erkennt Meyer nicht nur die an ein konkretes Wissen gebundene Wirksamkeit, sondern er sieht auch die erzieherische Tragweite einer Methode, die einen richtigen und bescheidenen Verstand bilden soll. Qualitäten, die er der Unbestimmtheit des Utopismus, der Willkür des Ästhetizismus und der Arroganz des Pseudo-Rationalismus gegenüberstellt. Karl-Heinz Hüter hat schon mit Scharfsinn die Auslegung widerlegt, die Verwissenschaftlichung durch Meyer sei Präzisierung bereits am Bauhaus etablierter Methoden.[24]

Die Abwendung von der Kunst in Meyers neuem Programm ist offensichtlich. In den ersten sechs Monaten der Ausbildung wird besonderer Wert darauf gelegt, die Erfindungsgabe der Studenten anzuregen, ihre manuelle Geschicklichkeit und ihr wirtschaftliches Denken zu fördern. In den übrigen sieben oder acht Semestern werden die Studenten mit der Wirklichkeit der industriellen Produktion vertraut gemacht; sie lernen, rationell zu arbeiten, wobei ihnen ihre wissenschaftlichen und technischen Kenntnisse zugute kommen. Diese Kenntnisse erstrecken sich auf sämtliche Produktionsstadien und auch auf den Gebrauch der Produkte. Für Meyer besteht die Aufgabe des Gestalters nicht darin, durch die Form des Objektes vornehmlich ästhetische Forderungen zu beantworten, sondern ein Ensemble von sozialen Bedürfnissen, die an die allgemeine Konzeption des Produktes gebunden sind, zu befriedigen. In einer industriellen Zivilisation ermöglichen eben Wissenschaft und Technik allein eine effektive Befriedigung dieser Bedürfnisse. Während seiner ganzen Amtszeit bemüht sich Meyer ernsthaft, diese Ideen in die Praxis umzusetzen, und damit macht er alle, die das Bauhaus als eine Zitadelle der Kunst betrachten, zu seinen Gegnern.

In „bauhaus und gesellschaft" schreibt Meyer: „als gestalter ist unsere tätigkeit gesellschaftsbedingt, und den kreis unserer aufgaben schlägt die gesellschaft."[25] Wie treffend erscheint diese Parole, wenn wir das Bauhaus jener Zeit in seinen historischen Zusammenhang stellen.

Die Wahl vom 20. Mai 1928 für den Reichstag – Meyer leitet das Bauhaus seit sieben Wochen – ist ein Erfolg für die Linken. Sozialdemokraten und Kommunisten bekommen 40 Prozent der Stimmen. Hermann Müller – der Kanzler von 1920 – bildet ein Koalitionskabinett und erklärt: „Die Grundsäulen der deutschen Republik sind sicher und unerschütterlich." Die Beteiligung der Sozialdemokraten an der Regierung schürt die politische und soziale Situation. Die Zeitungen von Hugenberg – Fürsprecher der Schwerindustrie, Presse-Magnat und Leader der nationalistischen Opposition – fordern ständig das neue Kabinett heraus. Streiks nehmen heftig zu. Im Juli sprechen die Kommunisten vom „Beginn einer neuen revolutionären Welle". Ende Juli wird der Grundstein der Gewerkschaftsschule in Bernau gelegt, die Meyer mit vielen Bauhäuslern beschäftigt. Im Oktober fordern die Metallarbeiter des Ruhrgebietes eine Lohnerhöhung von zwölf Pfennigen. Die Unternehmer lehnen das Ergebnis des Schiedsspruches ab und schließen die Werke. Die bewilligte Erhöhung des zweiten Verfahrens liegt niedriger als die des ersten. Es ist ein Sieg für die Unternehmer. In den Gewerkschaften vertieft sich die Spaltung zwischen reformistischer Leitung und revolutionärer Opposition. Die kommunistische Presse führt scharfe Angriffe gegen die Sozialdemokraten.

Anfang 1929 steigt noch die Spannung. Sie greift auf das Land über und erfaßt die verschuldeten Kleinbauern. Bombenattentate werden aus Schleswig-Holstein gemeldet. Am 24. Februar fordert die „Anhalter Woche" unter der Überschrift „Dessau, erwache" zur Liquidierung des Bauhauses auf. Der sozialdemokratische Polizeidirektor von Berlin Zörgiebel verbietet den Aufmarsch für den 1. Mai. Die Kundgebung findet dennoch statt. Die Polizei schießt. Im Wedding kämpft man bis zum 3. Mai. Es gibt 33 Tote. „Die Rote

4–6 am „frühen" und am „späten" Bauhaus entwickelte Stühle
4 Armlehnstuhl von Marcel Breuer, 1922
5 Arbeitsstuhl mit Fußstütze, von Hin Bredendieck und Hermann Gautel, 1930
6 Arbeitsstuhl mit stufenlos verstellbarer Sitzfläche, 1930

[24] „Gropius hatte die Methode der Analysen, die unter seiner Zeit als ‚Wesensforschung' bezeichnet und schon vom Begriff her stärker dinglich gebunden war, bereits eingeführt, um Zusammenhänge technischer, wirtschaftlicher und gesellschaftlicher Art zu ergründen. Er ist dabei zu weitsichtigen Ergebnissen gekommen, die er als Mensch des Integrals, der schöpferischen Zusammenschau zugleich als anschaubare Wirklichkeitsbilder entwickelte. Aber er hat immer noch Halt gemacht, wo soziale Erkenntnisse als politische Fakten greifbar wurden, weil er selbst und sein Institut damit vor der lauernden Bürgerfront angreifbar geworden wäre.
Meyer ließ solche Rücksichten fallen. Er entwickelte die Analysen zur wissenschaftlichen Methodik, um eine soziale Struktur exakt in Diagrammen, Tabellen und Funktionsschemata erfassen zu können, und trieb sie so weit, daß sie die politische Wahrheit ans Licht brachten (Beispiel: die Analyse der Stadt Dessau, die nicht veröffentlicht werden durfte, weil

Fahne" hat drei Wochen Erscheinungsverbot. In Preußen wird der „Rote Frontkämpferbund" aufgelöst. In der Sitzung des Dessauer Gemeinderates vom 24. Mai stellen die Vertreter der Rechtsparteien den Antrag, den Bauhäuslern das Bauhaus in eigene Regie zu geben oder die Kündigung der Verträge auszusprechen. Der Gegenantrag des Bürgermeisters auf Verlängerung der Verträge um weitere fünf Jahre wird mit knapper Mehrheit angenommen.

Im Mittelstand, wo man Angst bekommt, aber auch in den Fabriken, gewinnen die Nazis an Einfluß. Sie tagen im August. 60 000 SA-Männer sind anwesend neben einflußreichen Vertretern der Industrie. Die Nazipartei zählt 176 000 Mitglieder. Im Sommer haben sich alle Rechten vereinigt, um den Young-Plan zu bekämpfen. Diesem Plan wird vorgeworfen, daß er, trotz gewisser Erleichterungen, Deutschland verpflichtet, noch 59 Jahre lang Kriegsentschädigungen zu zahlen. Der Plan ist nur ein Vorwand, gezielt wurde auf das sozialdemokratische Regime. Hitler redet jeden Abend. Am 27. Oktober sind die Nazis bei der Wahl in Baden erfolgreich; in Thüringen erreichen sie einen Sitz in der Regierung. In New York kracht die Börse. Die Amerikaner ziehen ihre Gelder aus Deutschland zurück. Der Export deutscher Waren bricht zusammen. Eine Fabrik nach der anderen schließt. Ende 1929 fehlen 600 Millionen Mark in der Staatskasse. Der sozialdemokratische Finanzminister Hilferding tritt zurück.

Am 27. März 1930 reicht die Regierung ihre Demission ein. Brüning – der neue Kanzler – regiert nicht mehr mit dem Reichstag, sondern neben ihm oder gegen ihn. Das parlamentarische System ist praktisch tot. Kurz danach unterrichtet Dr. Grote – Kunsthistoriker, Konservator und enger Freund Kandinskys – den Bürgermeister von Dessau über Umtriebe von linksradikalen Studenten am Bauhaus und über Meyers Passivität ihnen gegenüber. Diese Informationen stammen nicht von der Polizei, sondern aus dem Kreise der Bauhausmeister. Nach einer Unterredung kommen der Bürgermeister und Meyer überein, allen Studierenden eine Warnung zugehen zu lassen

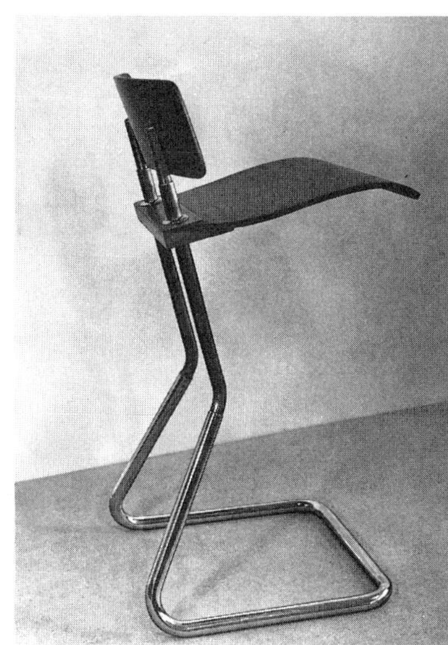

sie die Klassenstruktur eindeutig auswies). Hierin steckt eine ganz entscheidende, eine qualitative Veränderung des Bauhausgedankens. Unter der Parole ‚Volksbedarf statt Luxusbedarf' gewann die Arbeit größere Hautnähe zur gesellschaftlichen Wirklichkeit. Die Laubenganghäuser in Törten, die, sachlich und solid, bis heute in tadellosem Zustand blieben (im Unterschied zu Gropius' Reihenhäusern, bei denen kaum eines nicht in den Fassaden umgemodelt worden ist, weil die architektonische Konzeption dem wie auch immer zu bewertenden Wohnstil der Bewohner nicht entsprach), die Bauten für die Gewerkschaftsschule in Bernau oder die für den Massenbedarf entwickelten Bauhaustapeten bezeugen die große praktische Wirksamkeit dieser Haltung." Hüter, Karl-Heinz: Bauhaus contra Bauhaus, in: Deutsche Architektur, Berlin 15 (1966) 1

[25] Meyer, Hannes: bauhaus und gesellschaft, in: bauhaus, Dessau 3 (1929) 1, S. 2; siehe auch Meyer, Hannes: Bauen und Gesellschaft, a. a. O., S. 50

und sie darauf hinzuweisen, daß jede politische Betätigung am Bauhaus verboten sei. Dr. Grote erscheint erneut beim Bürgermeister und berichtet: „Kommunistische Studierende geben immer mehr den Ton an. Hannes Meyer greift nicht durch. Die Bauhausmeister sind, wie mir Kandinsky versicherte, tief unglücklich über diese Entwicklung, durch die auch das bisherige Verhältnis zwischen Lehrern und Schülern getrübt und der Erfolg der Lehrtätigkeit in Frage gestellt wird."[26] Am Nachmittag desselben Tages finden sich beide Herren unangemeldet im Direktionszimmer des Bauhauses ein. Dr. Grote greift an: „Hannes Meyer, ich glaube, Sie wollen uns düpieren." Meyer erwidert: „Daß ich wissenschaftlich Marxist bin, Herr Dr. Grote, wissen Sie ja." Auf dem Heimwege sagt der Bürgermeister zu Dr. Grote: „Hannes Meyer kann nicht länger Direktor des Bauhauses bleiben."[27] Mitte Juli meldet die Dessauer Lokalpresse – im Zusammenhang mit einer von Bauhäuslern für die „Internationale Arbeiterhilfe" durchgeführten Sammlung – das Weiterbestehen einer „Ortsgruppe Bauhaus Dessau" der KPD. Die Anhaltische Regierung verlangt eine Untersuchung. Am 29. Juli fordert der Bürgermeister mit dem Hinweis auf diese Untersuchung die sofortige Demission des Direktors. Meyer lehnt ab. Etwa eine Woche später ist er entlassen. Die Bauhäusler weilen in den Ferien. Auf dem Postweg haben alle Meister, außer Paul Klee und Gunta Stölzl, dem Bürgermeister ihre Zustimmung erklärt. Tolziner und Decker, die zwei Studentenvertreter, protestieren. Aber ihre Stimme verliert sich in den tragischen Schreien, die in allen Teilen Deutschlands gehört werden. In jenem Sommer überleben Millionen von Arbeiterfamilien nur mit Hilfe von Arbeitslosenunterstützung und Volksküchen. Die anderen leben von Löhnen, die, im Vergleich zu denen von 1929, um 50 Prozent niedriger liegen. Hitler brüllt: „So wie bisher geht es nicht weiter." Den zornigen Massen zeigt er die Verantwortlichen auf: die Juden, die Marxisten, das Parteiensystem, der Vertrag von Versailles, der Young-Plan. Den kleinen Händlern verspricht er die Schließung der großen Kaufhäuser, den Bauern die Erlassung ihrer Schulden und bessere Preise, den Arbeitern Beschäftigung und gerechte Löhne, allen die Bestrafung der Ausbeuter, eine blühende Zukunft, ein Reich für tausend Jahre.

Meyer vorzuwerfen, er habe die Existenz des Bauhauses aufs Spiel gesetzt, da er die Politik vom Institut nicht fernhielt und nicht den Weg des gemäßigten Fortschritts wählte, ist einfach unbillig. Seit der Gründung ihrer Schule hatten die Bauhäusler mehr als einmal die Erfahrung machen müssen, daß es überhaupt nicht möglich ist, sich in die wirtschaftliche und soziale Wirklichkeit zu begeben, ohne die Politik zu tangieren. Gropius mag in dieser Hinsicht geschickt gehandelt haben, er hatte dennoch nicht verhindern können, daß das Bauhaus in Weimar zermalmt wurde. Drei Jahre später hatte er aufgegeben, weil der Abwehrkampf zu neunzig Prozent seiner Tätigkeit geworden war. Aus diesen Erfahrungen und in Anbetracht der Situation in Deutschland kam Meyer zu der Überzeugung, daß die einzig richtige Weise, das Bauhaus zu verteidigen, nicht in der Suche nach prekären Kompromissen bestand, sondern in der Solidarität mit den Kräften, die bisher das Institut unterstützt hatten. Das waren die Linken und unter ihnen am entschlossensten die Kommunisten.[28] Ein Sieg der Rechten hätte ja ohnehin das Ende gebracht.

Ob pädagogisch, organisatorisch oder politisch – die Handlung von Meyer entsprach voll und ganz der Idee des Bauhauses. Sie bedeutete keineswegs einen Abbau, sondern einen zeittypischen und gleichzeitig zukunftsweisenden Umbau.

[26] Hesse, Fritz: Von der Residenz zur Bauhausstadt, im Selbstverlag (um 1960), S. 243

[27] ebenda

[28] Bei der Abstimmung zur Auflösung des Bauhauses, die am 22. August 1932 im Gemeinderat von Dessau stattfand, stimmten gegen das Bauhaus die Faschisten und die Bürgerlichen, für das Bauhaus die Kommunisten und der Bürgermeister. Die Sozialdemokraten enthielten sich der Stimme.

„Machen Sie eine Scheuerleiste!"

Selman Selmanagić*
Erinnerungen an das Bauhaus
aufgezeichnet von Heinz Hirdina

1 Konstruktions- und Festigkeitsstudie von Paul Kempfer, 1926/27
Vorkurs: Josef Albers

Die Vorbildung, mit der ich ans Bauhaus gekommen bin, war nicht gerade berühmt: Mit Fünfzehn sollte ich für vier Jahre zur staatlichen Berufsschule in Sarajevo gehen. Eine Bedingung für die Aufnahme waren aber vier Jahre Volksschule, zwei hatte ich nur – wegen des ersten Weltkriegs. Mein Vater schickte mich daraufhin zu meinem ehemaligen Lehrer: Der tauschte mir einen Zentner Weizen gegen ein Zeugnis für vier Klassen. So bin ich an die Berufsschule gekommen; nach vier Jahren war ich Tischler. Ein Jahr bin ich dann noch auf der Gewerbeschule in Ljubljana gewesen, und meinen Meister als Bau- und Möbeltischler habe ich in den Jahren danach gemacht, als ich praktisch arbeitete. Ans Bauhaus kam ich neunundzwanzig. Aber *wie* ich ans Bauhaus gekommen bin, das ist vielleicht interessant ...

Ich wollte nach Berlin in eine Tischlerei, um dort noch dazuzulernen. Für die erste Zeit in Deutschland hatte ich mir hundert Mark gespart. In Zagreb kaufte ich mir ein Wörterbuch und eine Fahrkarte. Auf der Eisenbahnfahrt durch Österreich stieg ein Deutscher zu, der konnte etwas Serbokroatisch, und so kamen wir ins Gespräch. Als er hörte, was ich wollte, meinte er, das Bauhaus sei das Günstigste für mich. Mehr als die Adresse vom Bauhaus kannte er aber auch nicht. In Berlin bin ich dann zum jugoslawischen Konsul gegangen. Als ich nun meinerseits vom Bauhaus redete, sagte dieser Konsul auch: „Das ist das Richtige." Mit einem Empfehlungsbrief in der Tasche bin ich nach Dessau gefahren.

Während der ganzen Zeit hatte ich nur mein Tischlerhandwerk im Sinn. In Dessau stand ich vor einem Gebäude aus Glas und Eisen, das gefiel mir zwar, aber ich wollte zum Bauhaus. Ein Straßenfeger hat mich dann aufgeklärt.

In der ersten Zeit habe ich in der Tischlerwerkstatt gearbeitet, um mir Geld zu verdienen. Dort fühlte ich mich als Meister, die anderen hielt ich für Lehrlinge.

Budkow baute damals einen Schrank, und ich sagte zu ihm: „Das ist eine Kiste." Als Muster habe ich ihm meine arabischen Ornamente und Rosetten vorgezeichnet. Aber Budkow zerriß mein Blatt und sagte „govno" (Scheiße). Innerhalb kurzer Zeit zeichnete er mir seinerseits eine Menge Bau- und Möbelstile aus allen Zeiten perfekt aufs Papier. Dann zerriß er auch sein Blatt und sagte wieder „govno". Damals habe ich gelernt, daß es schwieriger ist, einen glatten Schrank zu bauen als einen mit Schnörkeln.

Im Oktober 29 begann der Vorkurs für mich und für weitere 55 Studenten aus der ganzen Welt.

Albers sagte etwa so: Wir wollen alles vergessen, was wir bisher gelernt haben – außer Handwerk. Das wunderte mich, ich hatte ja bisher fast nichts anderes gelernt als Handwerk. Unruhig bin ich erst geworden, als ich erfuhr, daß Promovierte und Diplomierte ebenfalls in meinem Semester waren.

In dieser Zeit befreundete ich mich mit Wils Ebert – ich war glücklich, daß er auch Handwerker, nämlich Schlosser, war.

* Selmann Selmanagić wurde 1905 in Srebrenica (Jugoslawien) geboren und studierte von 1929 bis 1933 am Bauhaus, Abteilung Bau und Ausbau. Er lebte von 1945 bis zu seinem Tode im Jahre 1986 in Berlin, sein Tätigkeitsfeld umfaßte städtebauliche Planungsarbeiten, Architekturentwürfe (zum Beispiel Pionierrepublik Werbellinsee), Möbelentwürfe (Zusammenarbeit mit dem VEB Deutsche Werkstätten Hellerau), Ausstellungs- und Messegestaltung. Von 1950 bis 1970 lehrte er als Professor an der Kunsthochschule Berlin Architektur. – Anm. Hrg.

Lange habe ich nicht begriffen, daß an dieser Schule noch etwas anderes gelehrt wird außer Handwerk. In den oberen Etagen bin ich in der ersten Zeit nicht gewesen, und als ich mir nach den ersten drei Monaten das Bauhaus ansah, fing ich langsam an zu begreifen, worum es hier eigentlich ging. Ich war entsetzt und zweifelte an meinen Fähigkeiten. Aber gefallen hat es mir gut, was da gemacht wurde.

Durch die verlorene Zeit und weil ich Deutsch kaum beherrschte, fiel ich zusammen mit 35 Studenten durch im Vorkurs. Aber da hat es im Studentenrat ein Veto gegeben, dort waren auch Genossen, zum Beispiel Albert Buske. Ich wurde daraufhin ins 2. Semester übernommen, war aber zunächst Hospitant unter „scharfer Probe" in der Ausbauwerkstatt.

Aber zurück zum Vorkurs. Eigentlich war er das Fundament für unser Denken und Fühlen, auch für das Beobachten und Vorstellen. Der Vorkurs sollte die Individualität freilegen. Aber das im Kollektiv, in gemeinsamer Arbeit und Diskussion. Deshalb war der Unterricht am Bauhaus überhaupt vor allem seminaristisch, und wenn wir Vorträge in der Aula hatten, dann waren es oft Gäste, zum Beispiel Hermann Duncker, der uns mit dem Marxismus-Leninismus bekannt machte.

Ein Beispiel für den Vorkurs: Ich hatte da ein Wörterbuch Serbisch-Deutsch. Als Albers vorbeikam, legte ich es beiseite, die Seiten verschoben sich, wie ein Fächer sah das aus, ein bedruckter. Das Wörterbuch war schon ziemlich verschlissen, so lag es da auf einem Brett. Albers fragte: Ist das von Ihnen? Er nahm Brett und Buch und hielt einen Vortrag. Er hat mich gelobt:

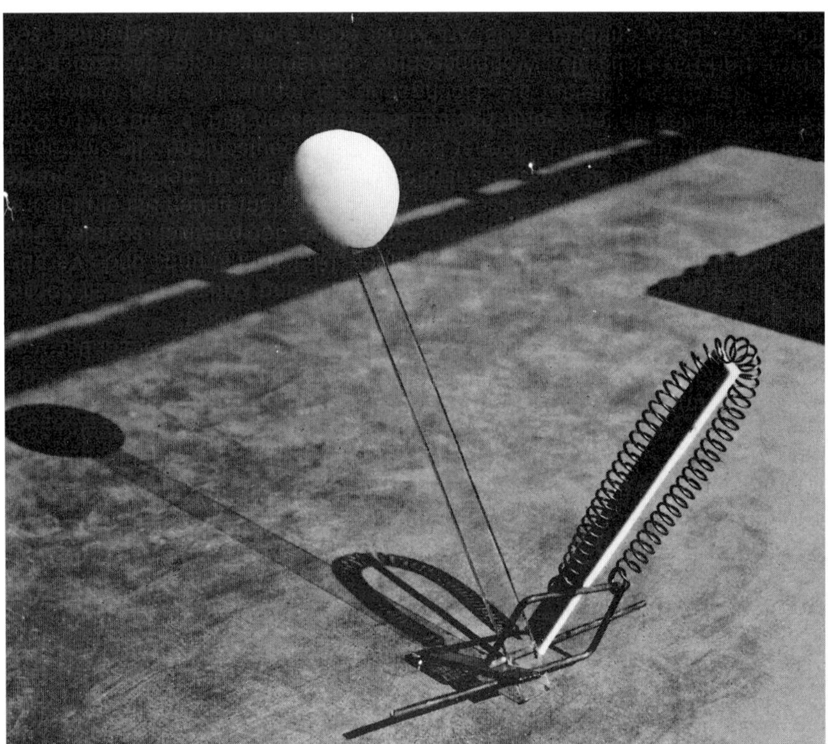

Die Abbildungen 1 bis 7 zeigen exemplarische Vorkurs-Arbeiten, angefertigt von Studierenden des Bauhauses unter der Leitung von Josef Albers bzw. Laszlo Moholy-Nagy, fotografiert von Lotte Gerson (Abb. 1–3, 6, 7) und Lucia Moholy (Abb. 4, 5).

2 Materialstudie
Vorkurs: Josef Albers

3 Materialstudie
Vorkurs: Josef Albers

4 Gleichgewichtskonstruktion
von Hermann Röseler, 1924
Vorkurs: Laszlo Moholy-Nagy

5 Gleichgewichtskonstruktion
von Korona Krause, 1924
Vorkurs: Laszlo Moholy-Nagy

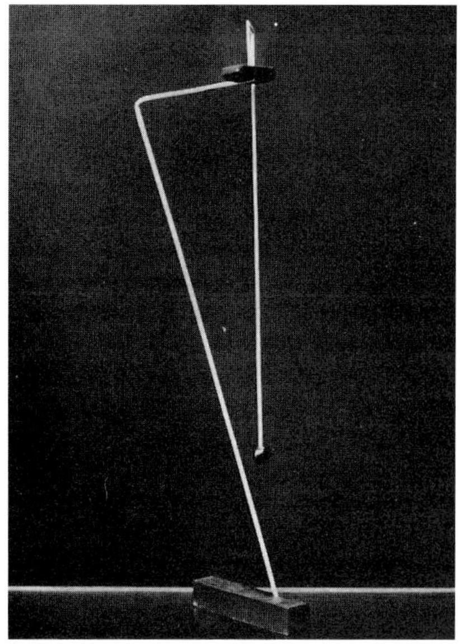

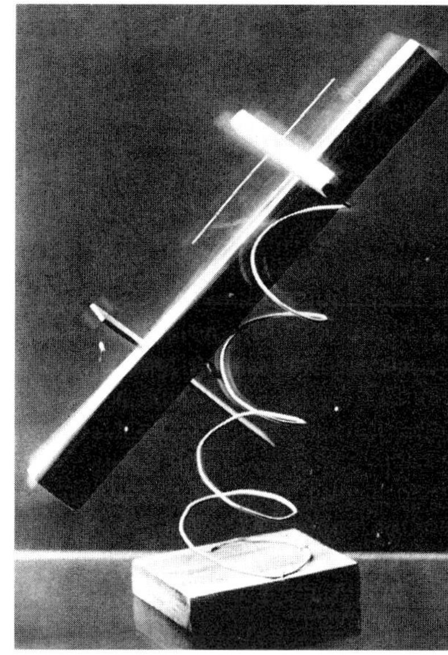

Es war die beste Materialstudie – Holz, Papier, die aufgefächerte Schrift. Ich wollte aber Tischlerei machen und kein Papier falten. Bis ich begriffen habe: Wenn beim Papierfalten kein Abfall entstehen darf, mußt du denken. Albers hat gesagt: Was leistet Papier konstruktiv? – Das war Ökonomie, das war Konstruktion, das war Form.

Wenn eine Sache fertig war, da hatte man keine Angst im Seminar vor den Meistern. Die sagten nicht viel, aber die Studenten, die haben alles kurz und klein geredet.

Keiner von uns ist auf die Idee gekommen zu kopieren. Albers sagte zu uns: Wenn Sie kopieren, dann kopieren Sie richtig! Er meinte damit, wenn man sämtliche Arbeitsvorgänge der Gestaltung eines Gebrauchsgegenstandes richtig zurückverfolgt, dann stößt man auch auf die Fehler. Dadurch haben wir nie kopiert.

Beim Aktzeichnen saß einer neben mir, der konnte jede Wimper zeichnen, der kam von der Akademie. Ich sah das Modell, ich sah die Zeichnung und dachte: Das kannst du nie. Da kam Paul Klee und erzählte meinem Nachbarn etwas, verstanden habe ich es ja nicht, mein tschechischer Freund hat es mir nachher übersetzt. Klee hat mich gelobt. Es ging darum, daß mein Nachbar von mir lernen sollte, wie man zeichnet. Da hab ich gedacht, was ist das für eine Schule: Ich kann nicht zeichnen, und der soll es von mir lernen?

Aber ein Vorkursler am Bauhaus war noch kein Bauhäusler.

Nach dem Vorkurs habe ich als Wichtigstes gelernt, aus der Gegenwart heraus zu gestalten, für den Menschen, für die Masse. Zum Beispiel hatte ich die Aufgabe, einen Schrank zu machen. Da fragte Meister Arndt: Was kommt rein in den Schrank? Wenn Sie einen Schrank machen, müssen Sie wissen, wieviel die Leute wovon haben, Sie müssen vom Ganzen zum Detail kommen, Sie müssen immer vom Totalen ausgehen; die Proportionen sind dann anders, die Maße überhaupt. Das sagte er mir, weil er wußte, daß ich als Tischler viele Schränke gemacht hatte. Dabei bin ich immer vom Schnörkel, vom Detail ausgegangen.

Später hatte ich zu untersuchen: Was brauchen die Leute, die zwischen cirka 150 und 250 Mark verdienen, das ist die Masse gewesen. So ein Arbeiter hatte höchstens zwei Anzüge, ein paar Hemden, Strümpfe und so weiter, mehr konnte er gar nicht haben! Wir mußten ökonomisch denken, wir mußten untersuchen, wie die soziale Lage ist bei den Leuten. Das war politisch, Training für unseren Kopf. Denken – vorstellen – machen – so sah die Einheit aus am Bauhaus. Durch diese Ziele, durch diese Lehr- und Arbeitsweise, und nicht durch irgendeinen Stil, hat das Bauhaus das Bürgertum geärgert. Die Bürgerlichen haben doch gesehen, was das politisch bedeutete. Es war gut, etwas zu machen, was sich ein Arbeiter kaufen konnte, aber du hast auch gesehen, wozu die 150 bis 250 Mark im Monat gerade ausreichten.

Nachdem ich einen Schrank gebaut hatte, bin ich Bauhäusler geworden. Ich war fertig mit der Ausbildung, und als Bauhäusler konntest du auf vielen Gebieten gestalten: Du konntest denken, du konntest dir vorstellen, wie die Masse lebt, so hast du arbeiten können für die Masse. Ich habe Häuser, Fabriken, Sportanlagen, Filmarchitektur, Lampen, Textilien, Ausstellungen, Messen, Möbel, Städtebau gemacht und junge Leute ausgebildet – an der Kunsthochschule Berlin. Dabei habe ich natürlich im Sinne des Bauhauses

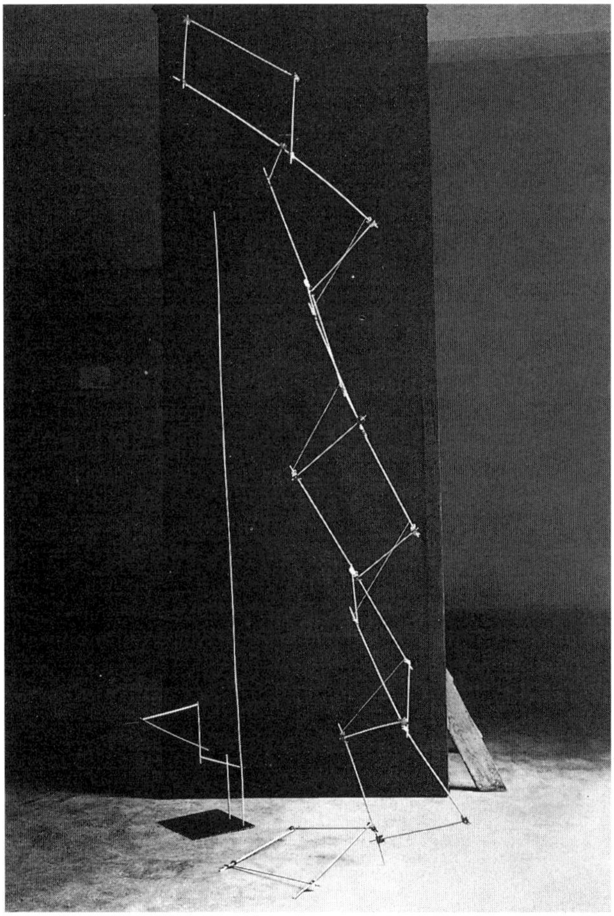

6/7 Konstruktionsstudien
Vorkurs: Josef Albers

gearbeitet und gelehrt. Es geht doch nicht nur um Möbel oder Stühle, es geht doch um die zusammenfassende Idee, Spezialisten zu koordinieren, das ist das Wichtigste. Heute gibt es für alles Spezialisten und spezielle Einrichtungen. Am Bauhaus haben wir alles selber gemacht. Am Bauhaus haben wir auch Schrift gelernt, weil: Schrift ist nicht da zum Schreiben, Schrift ist vor allem da zum Lesen. Gestaltung war für uns alles, die Methode blieb, nur die Inhalte und Maße wechselten. Das konnte ein Aschenbecher oder ein Haus sein. Gropius hat gesagt: Wer einen Stuhl machen kann, der kann auch ein Haus bauen. Jede Gegenwart hat ihre eigenen Gesetze, ihre eigenen Probleme. Heute gibt es andere Materialien, zum Beispiel Stoffe, die bügelfrei sind. Das heißt, heute kann man ganz andere Behältnisse machen als früher. Die Kinder hängen ihre Jeans nicht auf Bügel, nicht in den Schrank. Viele junge Leute sitzen und schlafen heute auf Matratzen, die Matratzen liegen auf dem Fußboden. Es entstehen völlig neue Gewohnheiten.

Aber laß die Leute verschieden sitzen, der Körper ist immer derselbe, der Hintern ist immer derselbe. Um die Sitzerei zu kennen, muß man wissen, wann die Leute aufstehen, weil sie nicht mehr sitzen können, warum sie herumrücken auf dem Stuhl, warum sie die Ellenbogen aufstützen. Vor Jahren habe ich mal einen Stuhl gemacht, der war 15 Pfennig teurer als ein anderer. Da habe ich gesagt: Auf eurem Stuhl wird der Student nach zwei Stunden müde, auf meinem nach vier Stunden. Ein Student kostet den Staat pro Stunde cirka vier Mark ...

Ich möchte Sitzmöbel numerieren wie Hemden: 41, 42, 43 ... Kinder sitzen doch nur vorn auf dem Stuhl oder stoßen mit dem Hinterkopf an die Lehne.

Man hat mich gefragt: Was ist das Wichtigste am Sitzmöbel? Das ist, wenn die Masse bequem sitzt. Aber wichtiger ist ja noch, leichter zu arbeiten. Ich war im 6. Semester, hatte schon ein Krankenhausprojekt gemacht, da sagte Mies van der Rohe so ungefähr zu mir: Machen Sie eine Scheuerleiste! – Sie sind beleidigt? Ich arbeite seit einem halben Jahr daran und habe es noch nicht geschafft. Haben Sie schon mal beobachtet, wie eine Putzfrau in der Ecke kniet, um den Staub herauszubekommen?

Architektur bei uns ist, wenn es für die Menschen der sozialistischen Gesellschaft eine Freude ist, in offenen und gedeckten Räumen zu sein – das mußt du fertigbringen als Architekt. Wenn du baust, mußt du wissen, ob sich der Arbeiter quält bei seiner Arbeit. Oder du mußt sehen: Wenn einer mit dem Aktendeckel durch das Bürohaus läuft, und es laufen zu einer bestimmten Zeit viele mit Aktendeckeln durch das Haus, dann mußt du fragen, ob etwas nicht stimmt, ob sie nicht mehr sitzen können, oder ob an den Räumen etwas nicht stimmt – denn die Architektur hat die Aufgabe, das menschliche Maß für den Gegenstand zu finden. Man muß doch immer sehen: Was ist das Wichtigste an der Sache, was kann man weglassen? Worauf kommt es an? – also nie ein Nachmachen.

Das Bauhaus und die tschechische Avantgarde

Vladimír Šlapeta

Der Niedergang der österreichisch-ungarischen Monarchie sowie die Gründung der Tschechoslowakischen Republik am 28. Oktober 1918 leiteten eine Neuorientierung der tschechischen Kulturpolitik ein. Hatte man sich bis dahin auf das traditionelle Zentrum Wien orientiert, so wurden jetzt die Zentren der europäischen Avantgarde interessant, insbesondere Paris, die Niederlande (Amsterdam und Rotterdam), Deutschland, der sowjetische Konstruktivismus.

Die Kontakte mit Deutschland gingen auf die Jahre kurz vor dem ersten Weltkrieg zurück. Damals hatte die Prager Kubistengruppe mit Herwarth Walden und dessen Zeitschrift „Der Sturm"[1] zusammengearbeitet, hatte der Tschechische Werkbund sich an der Werkbund-Ausstellung in Köln 1914 beteiligt.[2]

Der Prager Kubismus stand dem Programm des deutschen Expressionismus nahe. Diese Gemeinschaft führte folgerichtig zur Zusammenarbeit mit der Berliner Avantgarde der zwanziger Jahre und mit dem Bauhaus. Die Beziehungen zum Bauhaus waren Schwankungen unterworfen, die auf ihre Weise die drei Perioden der Entwicklung dieser Schule (unterschieden nach den Direktoren Gropius, Meyer und Mies van der Rohe) widerspiegelten. Parallel zur Entwicklung des Bauhauses (1919 bis 1933) durchlief die tschechische Architekturavantgarde, die der Theoretiker Karel Teige leitete, drei Hauptetappen.

In der ersten Etappe (1920 bis 1925) postulierte Karel Teige zusammen mit seinen Gefährten der Gruppe „Devětsil" – das waren unter anderem die Dichter Vítězslav Nezval und Jaroslav Seifert, die Maler Alois Wachsmann, Adolf Hoffmeister, die Theaterkünstler Jindřich Honzl, Jiří Voskovec und Jan Werich, der Architekt Jaromír Krejcar sowie die sogenannten „Puristischen Vier" (Karel Honzík, Evžen Linhart, Jaroslav Fragner, Vít Obrtel) – das Programm des tschechischen Poetismus. Dieses Programm vereinte eine idealistische zivilisatorische Weltauffassung mit poetischer Imagination und mit programmatischen Vorstellungen vom sozialen Umbau der Gesellschaft. Teige betonte seinen typisch tschechischen Charakter – die Verknüpfung poetischer Intentionen mit sozialen Ideen –, zugleich aber suchte er die Konfrontation mit der internationalen Avantgarde-Bewegung und entwickelte demzufolge energisch internationale Kontakte.[3] Der von ihm organisierte breite internationale Erfahrungsaustausch, die Besuche anerkannter Architekten Europas in Prag und insbesondere der Vortragszyklus „Für eine neue Architektur"[4] in Prag und Brünn im Winter 1924/25 trugen wesentlich zur endgültigen Durchsetzung sowohl der konstruktivistischen als auch der funktionalistischen Richtung in der tschechischen Architektur während der zweiten Hälfte der zwanziger Jahre bei.

Die zweite Periode (1925 bis 1930) kennzeichnet eine rege Bautätigkeit auf der einen und eine Läuterung des neuen Stils auf der anderen Seite. Die tschechischen Bauherren, insbesondere Angehörige der mittleren Intelli-

[1] Der Sturm, Berlin Jg. 4 (1913) Nr. 182–183, 190–191, 198–199; Jg. 5 (1914), Nr. 3, 4, 6, 13–14, 17–18; Jg. 6 (1915), Nr. 1

[2] Näheres zum Tschechischen Werkbund siehe Šlapeta, Vladimír: Svaz českého díla – Der Tschechische Werkbund, in: Astrid Gmeiner, Gottfried Pirhofer: Der Österreichische Werkbund, Residenz Verlag Salzburg 1985, S. 191–207

[3] siehe auch Šlapeta, Vladimír: Die tschechische Architektur der Zwischenkriegszeit, in: Archithese, Zürich Jg. 10 (1980), Nr. 6, S. 5–19, sowie derselbe: Öffnet die Fenster nach Europa ... für eine neue Architektur! In: Stadt, Hamburg Jg. 1982, Nr. 5, S. 26–47, 61–65

[4] 7 přednášek o architektuře (Sieben Vorträge über Architektur), Prag 1925

[5] zitiert nach: Le Corbusier a purism (Le Corbusier und der Purismus), in: Živoc, Prag, Jg. 1922, S. 74

[6] insbesondere mit Vít Obrtel, der in jener Zeit das Programm des „Neukonstruktivismus" veröffentlichte, siehe: Vít Obrtel: Vlaštovka, která má geometrické hnízdo (Eine Schwalbe, die ein geometrisches Nest hat), Odeon Prag 1985

[7] Stavba, Prag Jg. 8 (1929–30), S. 6–16 und 19–23, Jg. 7 (1928–1929), S. 145–155, Musaion, Prag Jg. 1931, S. 27–52, 52–53, ferner L'architecture d'aujourd'hui, Boulogne Jg. 1933, Nr. 10, S. 34–61, Oppositions, New York Jg. 1974, Nr. 4, S. 79–108, und Archithese, Zürich Jg. 10 (1980) Nr. 6, S. 28–32

genzschicht, konnten sich schon bald mit den von der Avantgarde postulierten Ideen identifizieren. Der neue Stil war für sie gleichbedeutend mit dem endgültigen Ende der kulturellen und ideologischen Abhängigkeit von Wien, von den k. u. k. Traditionen; er symbolisierte für sie eine neue nationale Identität und auch eine neue Weltanschauung. Das war der Bewegung sehr förderlich, und so hatten sich Konstruktivismus und Funktionalismus bereits am Ende der zwanziger Jahre in fast allen Bereichen des Bauens durchgesetzt. Zu dieser Zeit hatte das Neue Bauen in Böhmen – vergleichbar vielleicht mit den Niederlanden – seinen größten Aufschwung.

Karel Teige betrachtet dennoch diese Entwicklung kritisch und mit Sorge; er übersah nicht die drohende Gefahr einer „Gleichschaltung" und „Verbürgerlichung" der ursprünglich reinen – im Sinne der poetisch-sozialen Programmatik – Ideen. Infolgedessen war er bemüht, dem neuen Stil ein theoretisches Fundament auf wissenschaftlicher Grundlage zu geben. Er stützte sich dabei auf die Ergebnisse jener Bewegung in Deutschland, die sich unter dem Begriff der Neuen Sachlichkeit zusammenfassen läßt, sowie auf Le Corbusier, der die Architektur als „Hochgenuß der mathematischen Ordnung"[5] feierte und das Haus als „Wohnmaschine" deklarierte. Teige legte sich die Frage vor, ob Architektur eine Art Kunst oder eine Art Wissenschaft sei. Seine Antwort lautete: eine Art Wissenschaft. Dies ließ ihn zwar in einen Konflikt mit den Mitgliedern der tschechischen Avantgarde[6] und sogar mit Le Corbusier[7] geraten, aber zugleich stellte sich eine Meinungsverwandtschaft

1 Umschlag der Zeitschrift „stavitel", 1932
Zdeněk Rossmann

2 Reklamefoto Porzellan, um 1932
Jindřich Koch

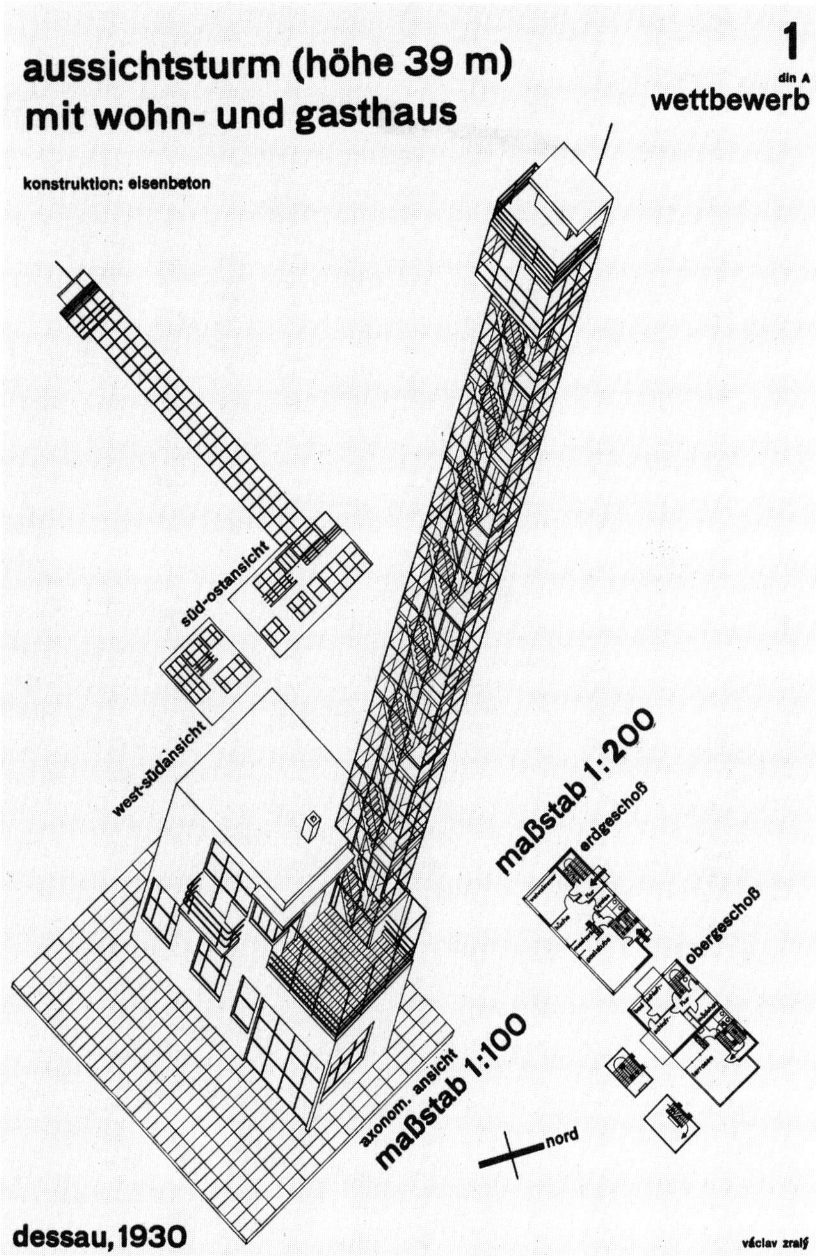

3 Gasthaus mit Aussichtsturm
und Wohnteil
Václav Zralý
(Unterricht: Ludwig Hilberseimer)

4 Sparkasse für České Budějovice
Wettbewerbsentwurf, 1933
Václav Zralý

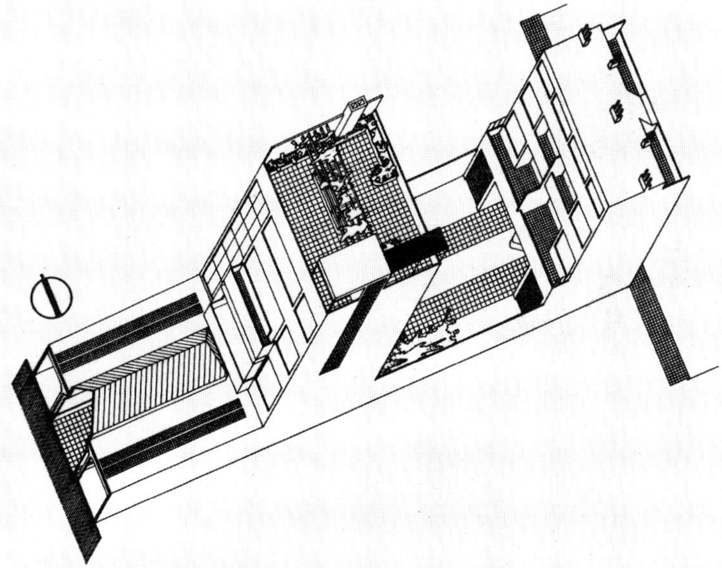

mit Hannes Meyer her, dem damals neuen Direktor des Bauhauses. Gerade deswegen waren die Kontakte mit dem Bauhaus an der Wende der zwanziger und dreißiger Jahre am intensivsten.

Die dritte Entwicklungsperiode (1930 bis 1933) fand in der Zeit der Wirtschaftskrise statt. Die Bautätigkeit wurde gedrosselt. Jiří Krona empfahl: „Der Architekt darf seine Arbeit nicht verlassen. Hat er nichts zu bauen, soll er ... sich selbst umbauen; er soll seine Weltanschauung überprüfen und sie von reaktionären Überresten und Einflüssen befreien, er soll eine neue sozialistische Architekturwissenschaft erarbeiten und er soll aus dem Erbe der früheren Epochen ... höhere Formen eines sozialistischen Baukonzepts entwikkeln ..."[8] Die in der „Linken Front" gruppierten Architekten konzentrierten ihre Aufmerksamkeit auf theoretische Probleme und dabei insbesondere auf die vom sowjetischen Konstruktivismus und vom Bauhaus unter Leitung von Hannes Meyer ausgehenden Anregungen.

Karel Teiges Beziehung zum Bauhaus änderte sich mit der Entlassung Meyers und seinem Weggang aus Dessau sehr wesentlich. Das Wirken Ludwig Mies van der Rohes am Bauhaus sah er in keinem guten Licht – ebenso wenig konnte er die von Mies in Brünn gebaute berühmte Villa Tugendhat billigen.

Nach 1933, als in Deutschland die Avantgarde schon liquidiert war, erlebte die funktionalistische Architektur in der Tschechoslowakei aufgrund der wirtschaftlichen Konjunktur noch einmal einen Aufschwung. Es bildete sich der „Stil von 1930" heraus, der sich dann im folgenden zunehmend individualisierte. In den späten dreißiger Jahren wurde das Vokabular des „weißen Funktionalismus" durch Verwendung von Naturmaterial bereichert bzw. überwunden; die Entwicklung mündete in das mehr organische Architekturkonzept der vierziger Jahre.

Fortsetzung Seite 220

[8] Index, Brno Jg. 5(1933), S. 82

Erläuterungen Antonín Urbans zu seiner Wettbewerbsarbeit „Das kleinste Haus"

„Ein Haus für einen sein Leben beginnenden Menschen" – das kann nicht nur 40 billige Kleinhäuser in einer Mustersiedlung im Stadtteil Dejvice, 40 Kleinhäuser für Erstmieter in der XII. Wertkategorie bedeuten, mit einem Ausblick auf das angenehme Grau von Sparbüchern und auf die Mitgliedschaft im örtlichen Turnverein. Es müßte vielmehr eine großzügige Bauaktion mit Unterstützung der Öffentlichkeit sein, die es sich zur Aufgabe stellte, Hunderttausende solcher Wohnungen zu errichten. Die Unmöglichkeit, dies auf die bisherige, privatkapitalistische Weise zu finanzieren, liegt auf der Hand. Wollen wir Minimalwohnungen billiger gestalten und auf diese Weise preislich den unvermögendsten Schichten zugänglich machen, dann müssen wir nicht nur die Ansprüche an Größe und Inneneinrichtung reduzieren, sondern auch an das Bauen im großen denken. Durch die Errichtung von Gemeinschaftsküchen und -speiseräumen, wo das Kochen unter Mitarbeit von Chemikern und Hygienikern zu einem wahrhaften Prozeß der Hygiene und der Ökonomie wird, durch die Schaffung von gemeinschaftlichen Arbeitseinrichtungen, in denen die Arbeitszeit auf ein Minimum reduziert wird, durch die Einrichtung von Kindergärten, in denen das proletarische Kind – dieser arme Paria, von allen verlassen und vernachlässigt – während der Abwesenheit der Mutter eine Zuflucht findet (und die Frauen dieser Schichten sind 8 Stunden täglich berufstätig), gelangen wir zu wesentlichen Veränderungen in der Organisation entsprechender Wohnzellen.

Dann geht es allerdings nicht mehr um 12 Wertkategorien, um Sparbücher und um den Turnverein, sondern dann geht es um den Menschen ... um den physisch und geistig Arbeitenden, um den heutigen Proletarier ...

Das Bemühen um eine Minimalwohnung ist zwar kein Kampf um Quadratzentimeter, aber dennoch bildet die Reduzierung der Bodenfläche eine Grundforderung. Wenn soviel von Standardisierung und Taylorismus geredet wird, dann auch mit allen Konsequenzen: Standardisierung und Taylorismus im Haushalt! Dann wird die Küche zu einer minimal dimensionierten Werkstatt, die

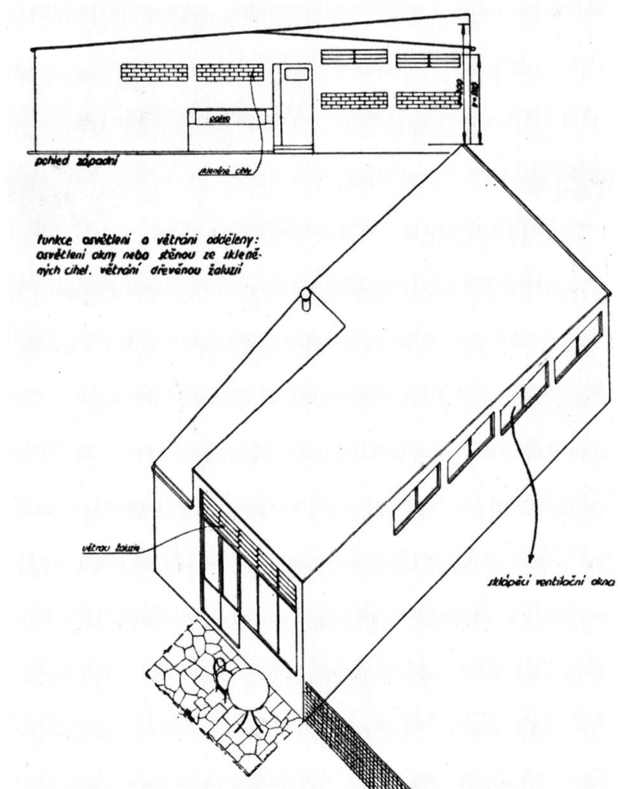

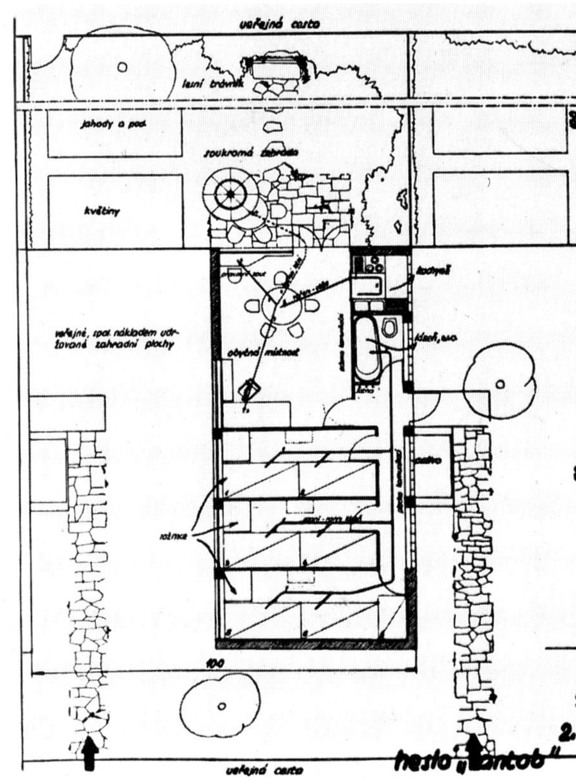

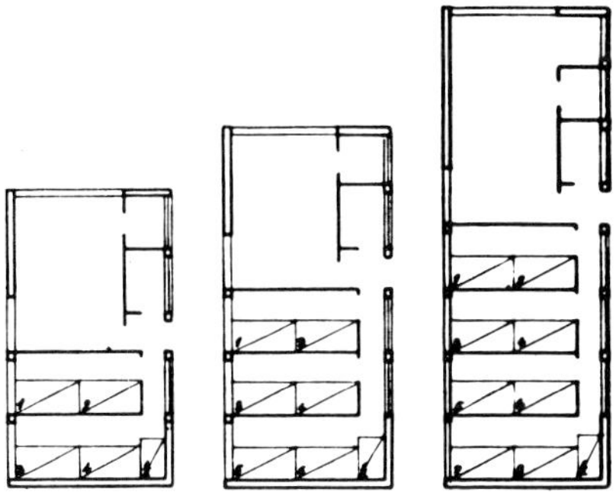

	Typ A_1	Typ A_2	Typ A_3
Zahl der Räume	3	4	5
umbaute Fläche in m^2	48	58	76
Wohnfläche in m^2	17,00	17,00	22,20
Schlafzimmer in m^2	15,20	22,80	30,40
Küche, Bad, WC in m^2	4,55	4,55	4,55
Vorzimmer, Korridor in m^2	2,92	4,28	5,64
Fläche des Mauerwerks	8,33	9,37	13,20
Anz. der Betten	4 ½	6 ½	8 ½
Nutzfläche in %	79,4	81,1	83
Umbauter Raum	137,85	167,16	203,17
Annähernder Aufwand bei Kc 150,- pro m^2	20000	25000	30000

5–8 Arbeit zum Thema „Das kleinste Haus", Wettbewerbsentwurf (Tschechoslowakischer Werkbund), ausgezeichnet mit dem 3. Preis, 1929
Antonín Urban
5/6 Ansicht des Hauses und Grundriß
Der Text in Abb. 5 lautet: „Beleuchtungs- und Belüftungsfunktion getrennt: Beleuchtung durch Fenster oder Glasziegelwand, Belüftung durch Holzjalousie"
7 Erweiterungsmöglichkeiten des Hauses
Dazu heißt es: „Eine Familie stellt keine konstante Größe dar: die Wohnung einer vierköpfigen ist kleiner als die einer sechsköpfigen Familie. Also: mit wachsender Familie wachsende Wohnung!"
Die Tabelle zeigt die Flächenzunahme und -nutzung bei wachsender Familie.

lediglich für das Essenkochen und das Geschirrwaschen bestimmt ist. Sämtliche anderen Hausarbeiten müssen aus der Küche verlegt werden, vor allem Arbeiten, die mit der Wäschereinigung und dem Baden zusammenhängen, sollten anderswo verrichtet werden, denn sie tragen in keiner Weise zu einer hygienischen und geschmackvollen Essenzubereitung bei. Die Einrichtung ist entsprechend dem Ablauf der Küchenarbeit, von der rechten zur linken Hand, angeordnet ...

Gerät und Dimensionen sind auf ein Minimum reduziert. Fläche $2\,m^2 = 1{,}3 \times 1{,}6\,m$! (Küche in der holländischen Gartenstadt Nieuwendam, 1917, $2{,}5\,m^2$; Mitropa-Küche, in der für etwa 400 Menschen täglich gekocht wird – davon 150 Mittagessen –, $5\,m^2$, während zur Speisezubereitung für eine Familie in einer bekannten Frankfurter Küche eine Fläche von $6{,}5\,m^2$ zur Verfügung steht.) Die Höhe der Küche beträgt 2,2 m, neutrale Beleuchtung durch die Stirnwand aus Glasziegeln, Belüftung durch Holzjalousie zwischen Decke und Küchenschrank ...

Die Frage der Schlafräume ist eine Frage der wachsenden Wohnung. Das tatsächliche Minimum stellt gegenwärtig eine Wohnung dar, die aus einem geräumigen Wohnzimmer, einer Kleinküche, einem Badezimmer und – je nach Anzahl der Familienmitglieder – zwei bis vier Schlafräumen besteht, so daß die heranwachsenden Kinder nach Geschlechtern getrennt schlafen können. Drei Schlafräume – für die Eltern, für Jungen und Mädchen – sind kein Luxus, sondern eine einfache Frage der Moral, für die gerade bei den unteren Volksschichten gesorgt sein muß. Ihre Anzahl und die Möglichkeit direkten Zugangs sind viel wichtiger als ihre Größe, die auf ein Minimum reduziert werden kann, allerdings in der Weise, daß stets die Möglichkeit gegeben ist, ältere, größere Möbelstücke unterzubringen. Die Einrichtung besteht aus zwei Betten, einem gemeinsamen Schrank, einem Klapptischchen für ein Wasserglas. Im Schlafzimmer der Eltern kommt noch ein Kinderbettchen hinzu. Jeder Schlafraum ist mit einer Deckenleuchte ausgestattet. Keine Nachttische und keine Nachttischlampen. Warum? Wohl auf Grund neuer pädagogischer Erkenntnisse, denen zufolge nicht mehr angestrebt wird, das Volk durch Lesen im Bett zu erziehen.

Der Wohnraum, je nach Größe der Familie 15 bis $25\,m^2$, öffnet sich durch eine Glaswand nach Süden zum Garten zu. Durch Anordnung der Verbindungswege an nur einer Wandseite wird in bezug auf Wohnqualität gewonnen: größere Stellfläche für Möbel, zusammenhängende, konzentrierte Fläche, auf der sich der größte Teil des Familienlebens abspielt. Der Eßtisch befindet sich in unmittelbarer Nähe der Küche, die durch eine verglaste Schiebetür abgetrennt ist, so daß spielende Kinder während der Essenzubereitung unschwer beaufsichtigt werden können. Bei größeren Wohnungstypen eine kleine Arbeitsnische, durch einen Vorhang abtrennbar. Im Sommer stellt der Garten eine Fortsetzung des Wohnraums dar.
Das Grün eines gepflegten Rasens zieht sich bis unmittelbar an die Häuser, ja – diese sind inmitten öffentlicher, aus gemeinsamen Mitteln erhaltener Anlagen errichtet, wodurch dem Dilettantismus des Kleingärtnertums mit seinem Prunk an Stiefmütterchen und Tulpen ein Riegel vorgeschoben ist. Da ein ökonomischer Effekt nicht zu erwarten ist, wird die Größe eines Privatgartens auf $100\,m^2$ festgelegt. Mit dem Verschwinden der Kleintierhaltung, deren Unrentabilität von Dr. Behrend bewiesen

wurde („Die kleinste Landwirtschaft"), fällt auch die Schaffung von kleinen Höfen weg, deren bisherige Unvermeidlichkeit eines Tages lächerlich und unbegreiflich erscheinen wird, wie bereits dargelegt. Ebenso wie das Minimalhaus ist auch dieser Minimalgarten keine Promenade für Sonntagsgäste. An der Südseite des Hauses gibt es einen terrassenartig gestalteten Bereich mit Sitzmöglichkeiten. Von hier bietet sich ein Blick auf ein kleines Gartenreich: eine Birkengruppe, Dorothee Perkins an der Hauswand, ein Obstbaum, aber keinerlei Wege, nur einige flache Steinplatten inmitten des Rasens deuten den Weg zu einer Bank an, eine Oase der Ruhe, umgeben von Iris, die im Juni blühen; amerikanische Iris missouriensis, Maori King, braun und exotisch wie eine Tahitianerin von Gauguin, schließlich Madame Cherreau, kultiviert, Französin nach Herkunft und Auftreten.

Die Wohnzelle, ihre Lage in bezug auf Sonneneinstrahlung und Grünflächen, muß die Grundlage eines neuen Bebauungsplanes bilden. Heute genügt es nicht mehr zu sagen: kein Raum ohne Sonne! Viel eher könnten wir sagen: Wohnraum nach Süden oder Südosten, für den Schlafraum Morgensonne, für Küche und Bad neutrale schattenlose Beleuchtung; keine Straßen und straßenseitigen Wände mit dahinter liegendem unsichtbarem, nur zu ahnendem Labyrinth, sondern ein Organismus von bebauten und Grünflächen, Verbindungswegen und ähnlichem.

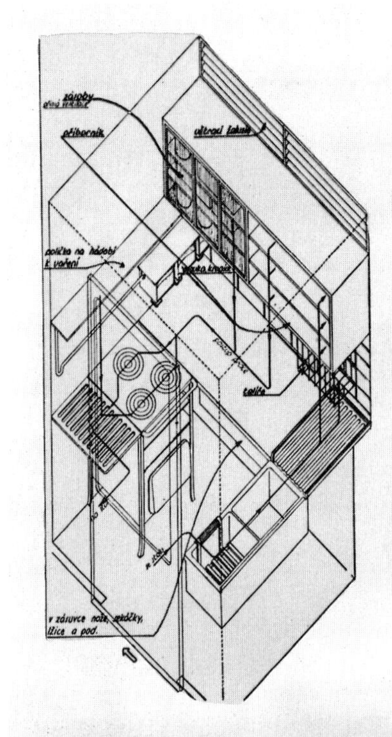

8 Küche
Dazu ist angemerkt:
„Eine derartige Kleinküche reicht zur Speisenzubereitung aus – anstelle riesiger gewölbter Räume früherer Generationen; ebenso, wie eine Hausapotheke uns die komplizierten Gesundheitsvorschriften der ‚Großmutter' von Božena Němcová ersetzt."

Fortsetzung von Seite 217

Die hier kurz dargelegte Periodisierung erlaubt es nunmehr, die Beziehungen der tschechischen Avantgarde zum Bauhaus näher zu erläutern. Erste Kontakte gab es bereits in der Weimarer Periode. Der Produktgestalter und Bildhauer Josef Vinecký (1882–1949)[9], der damals in Wiesbaden tätig war, pflegte zu Beginn der zwanziger Jahre freundschaftliche Beziehungen zu der Schule, zu deren Lehrern. Er nutzte später seine in den Bauhauswerkstätten gewonnenen Erfahrungen (neben denen, die aus seiner Mitarbeit in der Gruppe „Die blaue Vier" resultierten) in seiner Lehrtätigkeit an der Kunstakademie in Breslau (1928–1932), an der Staatlichen Kunstschule zu Berlin (1932–1933) und – nach seiner Ausweisung aus Deutschland – an der Kunstgewerbeschule in Bratislava (1937–1939).

1922 trat der Brünner Architekt Otto Eisler (1893–1968) in das Bauhaus ein. Er praktizierte für kurze Zeit in Gropius' Atelier. Diese Arbeit war der Reifung seiner Individualität sehr förderlich; seine ersten Bauten in Brünn zeigen, auf welch eigenartige Weise er sich mit den beiden zeitgenössischen Tendenzen der modernen Architektur, der Loos'schen Tradition zum einen und der Gropiusschen Auffassung zum anderen, auseinanderzusetzen verstand.

Ebenfalls 1922 schrieb sich der erste tschechische Student – Jindřich Koch (1896–1934) – ins Bauhaus ein. Er kam nach Weimar bereits mit einigen Erfahrungen, die er sowohl an der Wiener als auch an der Prager Akademie gewonnen hatte. Er studierte Bildhauerkunst bei Oskar Schlemmer, dekorative Malerei bei Wassily Kandinsky, desweiteren beschäftigte er sich auch mit Innenarchitektur. Er blieb am Bauhaus bis 1928, während der Dessauer Zeit gehörte er zu den Werkstattleitern.[10]

Diese ersten bekanntgewordenen Kontakte mit dem Bauhaus trugen noch mehr oder weniger individuellen Charakter[11] und waren in Böhmen und Mähren nur von geringer Wirkung.

[9] siehe auch Šlapeta, Vladimír: Josef Vinecký 1882–1949, vytvarné dílo (Das künstlerische Werk), Ausstellungskatalog Olomouc 1977

[10] Karel Herain: Práce Jindřicha Kocha (Jindřich Kochs Arbeiten). Zusammengestellt von Ladislav Sutnar, Staatliche graphische Schule Prag 1935

[11] Vinecký und Koch hielten sich viele Jahre in Deutschland auf, Otto Eisler arbeitete, ziemlich isoliert, für die Baufirma seiner Brüder in Brünn.

9 Reihenhäuser in Lenešice, 1929/30
Josef Hausenblas

10 Theater für Kutná Hora
Wettbewerbsentwurf, 1928
Josef Hausenblas und Antonín Urban

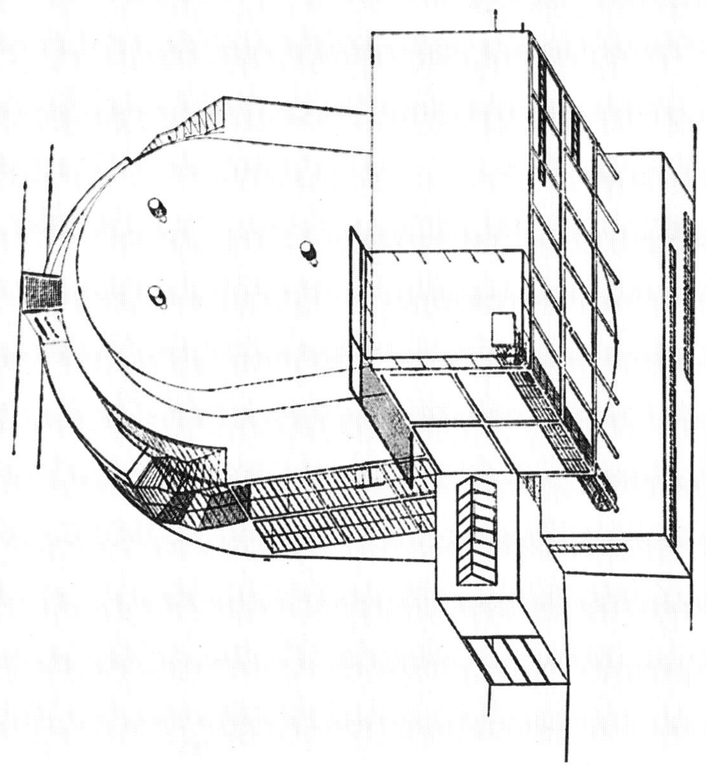

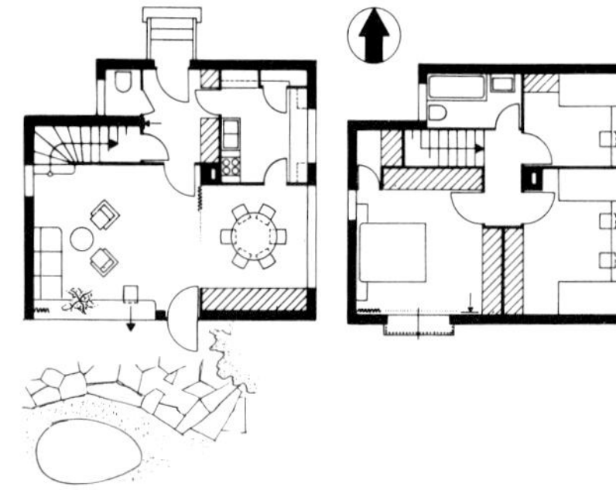

11/12 „Das kleinste Haus", Valašské Meziříčé, 1933
Ansicht und Grundrisse
Lubomir und Čestmir Šlapeta

1923 knüpfte Karel Teige Verbindung mit Adolf Behne[12] und ungefähr zeitgleich auch mit dem Bauhaus an. Als erste Frucht dieses Kontaktes erschien die puristische Avantgarde aus dem Umfeld des „Devětsil" mit ihren Arbeiten auf der Internationalen Architekturaüsstellung, die das Bauhaus in Weimar im Sommer jenes Jahres veranstaltete.[13] Die tschechische Moderne der Nachkriegszeit rückte damit ins Bewußtsein der internationalen Öffentlichkeit. Als nächstes begann Teige, in tschechischen Zeitschriften systematisch über die Tätigkeit des von Gropius geleiteten Instituts zu informieren. Dabei verhielt er sich anfangs noch ein wenig reserviert – vor allem gegenüber der Orientierung am Expressionismus und am Kunsthandwerk. Nachdem er sich überzeugt hatte, daß die Tendenz zu Neuer Sachlichkeit und zum Konstruktivismus überwog, und mehr noch angesichts der massiver werdenden Schwierigkeiten mit der thüringischen Regierung, stellte er sich voll und ganz hinter die Bauhausidee. Walter Gropius hatte sich schon längere Zeit bemüht, in der tschechischen Öffentlichkeit wirksam werden zu können[14]; im Dezember 1924 kam er dann auf Einladung des Klubs der Architekten nach Prag und Brünn, um im Rahmen eines Zyklus, der unter dem Motto „Für eine neue Architektur" stand, zum Thema „Industrialisierung des Bauwesens" zu sprechen.[15]

Nachdem das Bauhaus nach Dessau übersiedelt war, erweiterten sich die Beziehungen zu ihm beträchtlich. Im Sommer 1926 besuchte der in Brünn wirkende marxistische Literaturkritiker Bedřich Václavek das Bauhaus, die angeknüpften Kontakte fanden ihren Niederschlag in zahlreichen Aufsätzen sowie in dem Almanach „Fronta"[16], zu dessen Redaktion er gehörte. Für die Bauhaus-Zeitschrift schrieb er eine Rezension des Buches „Wesen und Veränderungen der Formen-Kunst" von Lu Märten.[17] 1926 sah der Editionsplan der Bauhausbücher die Herausgabe seines Buches „Tschechische Kunst" vor, dieses Buch ist allerdings nie zustande gekommen. Verbindung mit dem

[12] 1923 wurde Adolf Behne Korrespondent der Zeitschrift Stavba, deren Redakteur Teige war.

[13] Auf der Ausstellung vertreten waren Josef Chochol, Bedřich Feuerstein, Jaromír Krejcar, Karel Honzík, Jaroslav Fragner und Vít Obrtel – sie alle waren Mitglieder der Architektursektion von Devětsil – sowie Jan E. Koula, Mitglied des Klubs der Architekten. Einige in der Ausstellung vorgestellte Arbeiten tschechischer Architekten wurde in der Folge veröffentlicht, siehe W. Gropius: Internationale Architektur. München 1925, und Adolf Behne: Der Moderne Zweckbau. München, Wien, und Berlin 1926.

[14] Am 5. November 1923 schrieb Gropius an Bohumil Markalous nach Brünn: „Seit langem plane ich in Prag einen Lichtbildervortrag zu halten. Es gelang mir aber bisher noch nicht diesen zu arrangieren. Ließe sich das nicht mit Ihrer freundlichen Hilfe in die Wege leiten?" (Nachlaß von Bohumil Markalous, Literaturmuseum Prag)

[15] In Prag am 5. und in Brünn am 6. Dezember 1924. Einige Monate später, am 11. März 1925, hielt auch Moholy-Nagy einen Vortrag in Brünn.

[16] siehe u. a. Bedřich Václavek: Nová činnost Bauhausu v Desavě (Die neue Tä-

13/14 „Das kleinste Landhaus", Příbor, 1932/33
Grundriß und Ansicht
Lubomir und Čestmir Šlapeta

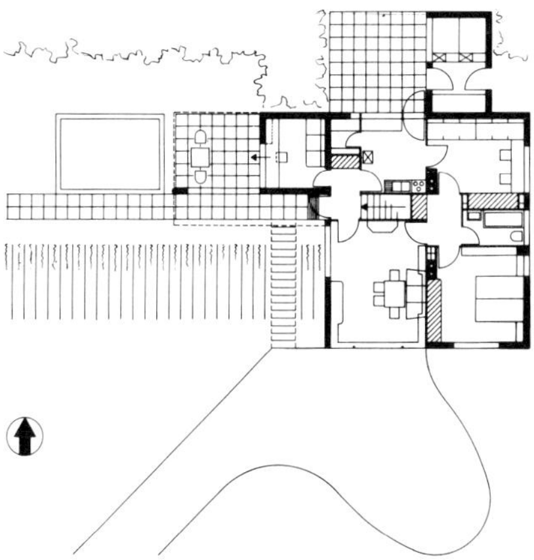

Bauhaus nahmen auch führende Kunstpädagogen auf, vor allem der Produktgestalter Ladislav Sutnar[18] sowie die Theoretiker F. V. Mokrý und Josef Vydra. Auf dem 6. Internationalen Kongreß für Zeichnen, Kunstunterricht und angewandte Graphik 1928 in Prag hielt Josef Albers eines der Hauptreferate, und den Arbeiten des Bauhauses war eine eigene Ausstellung im Prager Baumgarten eingeräumt.

Zu einer regelmäßigen Zusammenarbeit, zu einer tiefen und festen Bindung kam es jedoch erst, nachdem Hannes Meyer die Leitung des Bauhauses übernommen hatte. Die Gründe dafür lagen vor allem in seiner konsequent antiformalistischen, soziologisch und psychologisch fundierten Konzeption, sie entsprach in hohem Maße den Auffassungen über die Verwissenschaftlichung der Architektur, wie sie von Teige vertreten wurden. Meyer bereicherte den Unterricht um soziologische, biophysikalische und psychologische Forschungsarbeiten. Er holte Fachleute verschiedener Disziplinen zu Gastkursen ans Bauhaus. Zu ihnen gehörte auch Teige. Bereits Ende 1928 erbat Meyer von Teige dessen Vortrag zum Thema: Moderne tschechische Gestaltung – Architektur, Malerei, Plastik, Werbekunst, Typographie und Photographie. „Wir wählen dieses Thema", schrieb Meyer an Teige, „weil uns die tschechischen Bestrebungen enorm interessieren und uns die zur Bauhaus-Bewegung parallele Arbeit im Ausland wichtig ist."[19] Im Jahre 1929 hielt Teige einen zweiten Vortrag, diesmal zum Thema „Soziologie und Architektur".[20] Dieser Vortrag enthielt bereits die Kerngedanken des später erschienenen hervorragenden Buches „Die kleinste Wohnung".[21] Im Dezember desselben Jahres sprach Meyer in Prag über das Thema „Entfesseltes Bauen".[22] Im Januar 1930 hielt Teige einen einwöchigen Gastkurs am Bauhaus zum Problemkreis „Zeitgenössische Literatur und Typographie" ab.

Zusammen mit Teige kamen auch andere tschechische Künstler ans Bauhaus, um ihre Entwürfe, Projekte und Bauten zu kommentieren: die Textil-

tigkeit des Bauhauses in Dessau), in: Stavba, Prag Jg. 5 (1926–27), S. 61–62, sowie Fronta. Internationaler Almanach der Aktivität der Gegenwart, Brno 1927 (Redaktion: Fr. Halas, Vl. Průša, Zd. Rossmann, B. Václavek)

17 Bauhaus, Dessau Jg. 3 (1928), Nr. 1, S. 26

18 siehe auch Sutnar, Ladislav: Bauhaus, gesehen von den südlichen Nachbarn, in: Eckard Neumann: Bauhaus und Bauhäusler. Hallwag AG Bern 1971, S. 178–182

19 Brief vom 17. Oktober 1928

20 herausgegeben als Sonderheft der Zeitschrift RED, Prag Jg. 3 (1930), Nr. 6–7

21 Teige, Karel: Nejmeši byt, Verlag Václav Petr, Prag 1932

22 Veranstalter war die Assoziation akademischer Architekten und die Linke Front unter finanzieller Beteiligung der Schule für Architektur der Akademie der bildenden Künste. Siehe auch Stavba, Prag Jg. 8 (1929–30), S. 142, und RED, Prag, Jg. 3 (1929–31), Nr. 3, S. 87–88

15/16 Sanatorium Machnáč, 1930–32
Jaromír Krejcar

künstlerin Jaroslava Vondráčková (sie arbeitete mit Otti Berger zusammen), Jan Gillar und Jaromír Krejcar (der sich leidenschaftlich für den Einsatz von Bauhausprodukten in der Tschechoslowakei verwendete). Jindřich Honzls Gruppe des Prager Befreiten Theaters kam zu einem Gastspiel nach Dessau, und E. F. Burian gab ein Konzert, in dem er eigene Kompositionen interpretierte. Umgekehrt gingen Bauhaus-Absolventen in Ateliers tschechischer Architekten – Lotto Beese arbeitete in Brünn bei Bohuslav Fuchs und Peer Bükking in Prag bei Jaromír Krejcar.[23]

Im Juni 1930 hielt Meyer zum letzten Mal in seiner Eigenschaft als Bauhausdirektor Vorträge in Prag und Brünn.[24] Als er kurz darauf seiner marxistischen Überzeugung wegen seiner Funktion enthoben wurde, standen ihm Teige und die mobilisierte tschechische kulturinteressierte Öffentlichkeit durch eine Reihe von Protesten in der Presse bei.[25] Das Ende der Ära Meyer bedeutete eine gravierende Einschränkung der Beziehungen zwischen der tschechischen Avantgarde und dem Bauhaus. Die ausgeprägt formale Ästhetik des neuen Direktors Ludwig Mies van der Rohe lag dem linksorientierten Teige und lag der gesamten Architekturgruppe der Linken Front fern.

Mies baute 1928–30 in Brünn die Villa Tugendhat. 1931 veröffentlichte die Zeitschrift „Žijeme", das Organ des tschechoslowakischen Werkbundes, einen kritischen Kommentar, in dem es unter anderem hieß: „Obwohl es sich um ein Werk handelt, das den Eindruck eines Zweck- und Konstruktivbaus zu machen scheint, zeigt eine detaillierte Untersuchung, daß das Prinzip einer repräsentativen Villa grundsätzlich nicht verlassen worden ist, und daß es deswegen kein Werk darstellt, das der Zukunft näher als der Vergangenheit stehen würde. Nur das Kleid ist der Zeit angepaßt worden, nicht die Logik des ganzen Projektes, das gestrig bleibt."[26] Ein Jahr später sagte Jaromír Krejcar in derselben Zeitschrift: „Vom Standpunkt des technischen Fortschritts und der Hygiene sind solche Bauten viel weniger wichtig als eine Ta-

[23] Laut Mitteilung von Zdeněk Rossmann an Vladimír Šlapeta im Dezember 1976 arbeitete Lotte Beese 1929, zusammen mit Rossmann, in Fuchs' Atelier an Projekten von Gewerbe- und Industrieschulen für Brünn. Lotte Beese und Peter Bücking waren Mitglieder der kommunistischen Studentenfraktion KOSTUFRA am Bauhaus und folgten später Hannes Meyer in die UdSSR.

[24] Die Vorträge wurden von der Linken Front veranstaltet, siehe RED, Prag Jg. 3 (1929–31), Nr. 9, S. 287.

[25] zum Beispiel Tvorba, Prag Jg. 5 (1930), S. 486, 521–522, 542–543, 559–560, 574–575, 604–605. Von den Organisationen protestierten die Linke Front, der Klub der Architekten, die Assoziation akademischer Architekten u. a.

[26] Žijeme 1931, Prag Jg. 1 (1931) Nr. 9, S. 275

Karel Teige in seinem Buch „Die kleinste Wohnung", 1932

... die kleinste Wohnung in einem Kollektivhaus muß als eine individuell bewohnbare Zelle angesehen werden, als ein Zimmer für einen erwachsenen Menschen. Diese Zellen werden in großen bewohnbaren Bienenstöcken gruppiert. Aus der Art und Weise der Lebensführung der Klasse resultiert die Notwendigkeit, die Familienwirtschaft aufzuheben und die Erziehung der Kinder zu vergesellschaften. Die bisherigen Formen kollektiven, besser gesagt Hotelwohnens, von Flats, Hotels für den dauernden Aufenthalt, von Boarding-Häusern, Ledigenheimen, Familienpensionen sind verschiedene Wohnungsvarianten, je nachdem, für welche Schichten sie bestimmt sind und wo die Grenze zwischen zentralisierter Wirtschaftsführung und individuellem oder familiärem Wohnen gezogen wird. In den Kollektivhäusern würde diese Grenze rigoros derart geführt werden, alle kulturell-gesellschaftlichen Prozesse in öffentlichen Gebäuden zu situieren, so daß der Formel der kleinsten Wohnung eine bewohnbare Kabine entsprechen würde. Aus diesem Grunde kann diese bewohnbare Zelle räumlich tatsächlich auf ein Minimum eingeschränkt werden: sie stellt tatsächlich eine Minimalwohnung dar, da aus ihr alles ausgeschlossen worden ist, was nicht zu den Bewohn- und Privatfunktionen gehört: sie hat weder Eßzimmer noch Salon und auch kein Kinderzimmer, sie ist ein Ort zum Schlafen, zum privaten Ausruhen, zu privatem Studium und für kulturelle Arbeit, für das private intellektuelle Leben und das Gefühlsleben. Ein ständiges Zusammenleben zweier Personen in einem Element wird ausgeschlossen ...

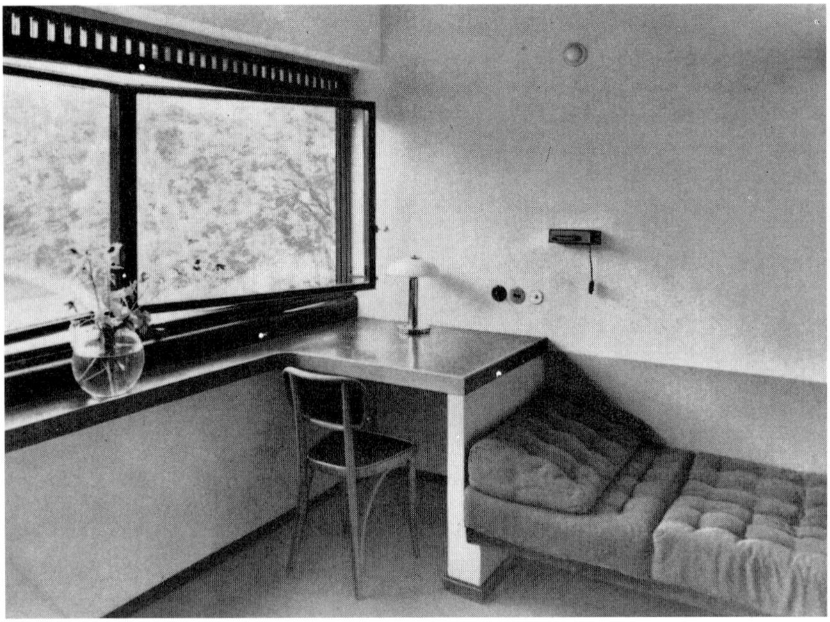

17 Zimmer im Sanatorium Machnáč

gung des Gemeinderates im letzten gottverlassenen Dorf. Die Zukunft, die künftige Bautechnik, die die Resultante wirtschaftlicher, sozialer und sozialhygienischer Gesichtspunkte sein wird, wird die Wohnhygiene auf die Grundlage des allgemeinen Interesses stellen, da sie von ihm ausgehen wird."[27]

Die Meinung Krejcars war symptomatisch für die Position der tschechischen Avantgarde jener Zeit – das zentrale Interesse galt dem Problem der Kleinstwohnung, dem Kommune-Haus (Koldom[28]) sowie dem sozialen Fundament der Architektur, dem Massenwohnungsbau. Diese Tendenzen waren ganz besonders ab Ende 1929 zum Druchbruch gekommen, als die Linke Front gegründet worden war und kurz danach auch die tschechoslowakische CIAM-Gruppe. Statt auf Deutschland orientierten sich die tschechischen Architekten auf die Sowjetunion. „Es ist doch charakteristisch", schrieb 1931 Zdeněk Rossmann, „daß die besten Kräfte des Bauhauses nicht in Dessau, sondern in Moskau arbeiten."[29]

Als 1932 in Dessau das Bauhaus aufgelöst wurde, reagierte Karel Teige mit einem heftigen Kommentar[30], als ein Jahr später die nach Berlin-Steglitz übergesiedelte Schule endgültig geschlossen wurde, blieb dies in dem überwiegend linksorientierten Klima der tschechischen Architekturpresse ganz unbeachtet. Die Leistung des Bauhauses wurde weiterhin nur in Verbindung mit Gropius und insbesondere mit Meyer gesehen.

Meyer kam 1931, wie auch noch in den Jahren 1935–1936, in die Tschechoslowakei, um in verschiedenen Städten Vorträge zu halten.[31] Enge Kontakte hielten auch weiterhin Mart Stam und Laszlo Moholy-Nagy aufrecht. Stam besuchte im Sommer 1935, nach seiner Rückkehr aus der Sowjetunion, zusammen mit Lotte Stam-Beese Prag und Brünn und hielt Vorträge in den beiden Städten.[32] Im selben Jahr veranstaltete František Kalivoda (1913–1971), Grafiker, Redakteur und Organisator der bildenden Kunst, in

[27] Žijeme 1932, Prag Jg. 2 (1932), Nr. 5, S. 132–133

[28] Im Rahmen von Wettbewerben wurden 1930 und 1931 mehrere Typen von Kollektivhäusern entwickelt.

[29] Index, Brno Jg. 3 (1931), S. 40

[30] Karel Teige: Zrušení desavského Bauhausu (Die Auflösung des Dessauer Bauhauses), in: Stavba, Prag Jg. 11 (1932–33), S. 28

[31] am 29. September 1931 in Brünn und am 30. September 1931 in Prag, siehe Země sovětů, Prag Jg. 1 (1931–32), S. 47. Im Januar und Februar 1936 in Bratislava, Olomouc, Moravská Ostrava, Liberec, Karlsbad, Pilsen und Brünn. Siehe den Brief der Gesellschaft für kulturelle und wirtschaftliche Kontakte mit der UdSSR an Hannes Meyer vom 27. Januar 1936. Ferner siehe Přítomnost, Prag Jg. 13 (1936), Nr. 7, und Kvart, Prag Jg. 1935, Nr. 4, S. 4–7

[32] in Prag am 13. August 1935 (unter der Schirmherrschaft des Verbandes sozialistischer Architekten), in Brünn einige Tage davor, siehe: Stavba Prag Jg. 12 (1934–35), Nr. 11, S. 175 und Země sovětů, Prag Jg. 4 (1935–36), S. 173–178

[33] Telehor, Brno Jg. 1 (1936), Nr. 1–2 (nur dieses eine Doppelheft wurde herausgegeben)

Brünn eine große Ausstellung für Moholy-Nagy. Zu diesem Anlaß gab er ein monographisches Doppelheft der Zeitschrift „Telehor" über Moholys Arbeit heraus.[33] Seit Mitte der dreißiger Jahre sorgte František Kalivoda auch für intensivere Kontakte mit jenen ungarischen Architekten, die sich von Bauhaus-Ideen leiten ließen, insbesondere mit Farkas Molnár, Sekretär der ungarischen CIAM-Gruppe. Mit Molnár zusammen organisierte Kalivoda die Tagungen der CIAM-Ostgruppe in Budapest, Brünn und Zlín im Jahre 1937 sowie auf der Insel Mykonos im Jahre 1938.[34]

Nach 1930 kehrten die meisten tschechoslowakischen Bauhäusler in ihre Heimat zurück. Doch war ihnen hier in der Zeit der Wirtschaftskrise kein guter Start beschieden.

Josef Hausenblas (1907–1943) baute als erstes Reihenhäuser für Arbeiter in seiner Geburtsstadt Lenešice und in der Stadt Louny in Nordböhmen; beide Bauvorhaben realisierte er auf eigene Kosten. Der wirtschaftliche Mißerfolg dieses von sozialen Gedanken getragenen Unternehmens zwang ihn bald, kommerzielle Interessen stärker zu berücksichtigen und auf seine avantgardistischen Prinzipien zu verzichten.

Antonín Urban (1906–1938) kam 1930 nach Prag zurück. Er brachte bereits praktische Erfahrungen, die er bei der Ausführung des Baues der ADGB-Schule von Hannes Meyer in Bernau gewonnen hatte, mit und arbeitete zunächst ein Jahr, zusammen mit den Bauhäuslern Peer Bücking und Nusim Necis, bei Jaromír Krejcar. Alle drei waren in die Bauausführung des Sanatoriums Machnáč in Trenčianské Teplice einbezogen, wobei sie Gelegenheit hatten, einige am Bauhaus entwickelte systematische Arbeitsmethoden zu nutzen.[35] 1930 folgten sie Hannes Meyer als Mitglieder der Bauhausbrigade „Rot Front" nach Moskau.

Václav Zralý (geb. 1906)[36] und Vladimír Němeček (1907–1966) beendeten ihr Studium unter der Leitung Mies van der Rohes. Zralýs außergewöhnliches Talent kündigte sich bereits in seinen ersten selbständigen Entwürfen an. Er wußte die formalen Gestaltungsprinzipien seines Lehrers eigenartig zu transformieren. Die vielen Hindernisse, die sich ihm beim Versuch, seine Ideale in die Praxis umzusetzen, in den Weg stellten, veranlaßten ihn später, sein avantgardistisches Streben zu drosseln und schließlich völlig aufzugeben.

Vladimír Némeček verließ 1932 das Bauhaus als letzter tschechischer Absolvent. Er arbeitete zwei Jahre im Baubüro der Firma Bată in Zlín. Für die Jahre 1934–1937 ging er, der Einladung Hannes Meyers folgend, nach Moskau, wo er sich im Projektierungsinstitut des Eisenbahnministeriums an verschiedenen Typenprojekten beteiligte.

Zdeněk Rossmann (1905–1984)[37] war der einzige tschechische Bauhäusler, der sich in seiner Heimat mit Erfolg festsetzen konnte. Er hatte sich bereits vor seinem Studium eine gute Position in Brünn schaffen können. Nach seinem erzwungenen Weggang vom Bauhaus (bei dem ihm seine spätere Frau, die Fotografiestudentin Marie Doleželova, 1909–1984, folgte) wurde Rossmann im Jahre 1931 von Direktor Josef Vydra an die Kunstgewerbeschule Bratislava berufen. Hier wandte er sich – einer Empfehlung seines Lehrers Ludwig Mies van der Rohe folgend – vor allem der „kleinen Architektur" zu, zum Beispiel der angewandten Grafik und Ausstellungsgestaltung. Mit seinen Arbeiten verhalf er dem funktionalistischen Design in der Tschechoslowakei zum Durchbruch, unter anderem hat er die grafische Gestaltung der linksorientierten Kulturwochenschrift INDEX und der Architekturzeitschrift „Stavi-

[34] siehe Archiv CIAM, ETH Zürich

[35] siehe auch Šlapeta, Vladimír: Rozhovor o sanatoriu Machnáč s Antonínem Tenzerem (Ein Gespräch mit Antonín Tenzer über das Sanatorium Machnáč), in: Unaní a řemesla, Prag Jg. 1984, Nr. 3, S. 25–28, 69

[36] Näheres über Zralý siehe Šlapeta, Vladimír: Václav Zralý, Ausstellungskatalog Louny, Galerie Benedikt Rejt 1982

[37] siehe auch Pechova, Olivá: Zdeněk Rossmann. Typografie, divadelní scenografie, muzeologie (Zdeněk Rossmann. Typographie, Bühnenbild, Museologie), Ausstellungskatalog, Galerie „U Řečických" Prag 1983

18 Französisches Gymnasium, Prag-Dejvice, 1931–34 Jan Gillar

tel" (Organ der tschechoslowakischen CIAM-Gruppe in den Jahren 1932–1933) profiliert.

Jindřich Koch, der erste tschechische Student am Bauhaus, kam 1933 in die Heimat zurück. Er hatte sich in Deutschland mit der Bauhäuslerin Benita Otte verheiratet. Nach einem zweiten Studium an der Kunstgewerbeschule Burg Giebichenstein in Halle – Fotografie bei Walter Finsler – war er 1932 Finslers Nachfolger geworden. 1933 entzog man ihm, dem Tschechen und „entarteten" Künstler, die Professur und zwang ihn, Deutschland zu verlassen. In den Jahren 1932 bis 1934 trat er mit zahlreichen, dem Geist der „Neuen Sachlichkeit" verpflichteten Fotografien hervor. 1934 kam er in Prag auf tragische Weise ums Leben.

Nach 1933 fanden in Prag mehrere aus Rassegründen verfolgte Bauhäusler, unter anderen Otti Berger und Friedl Dicker, Asyl.

Der Geist des Bauhauses ist in der ersten Hälfte der dreißiger Jahre in den Arbeiten all jener Designer und Architekten spürbar, die irgendwann mit dessen Ideen, mit dessen Vertretern im Kontakt gestanden hatten. Auf dem Gebiet des Designs sind vor allem zu nennen: Ladislav Sutnar (1897–1976)[38], Antonín Heythum (1902–1956), Hana Kučerová-Záveská (1904–1944)[39] und Ladislav Žák (1900–1973)[40].

Was das umfangreiche Schaffen der Architekten betrifft, sollen hier stellvertretend vier Beispiele angeführt werden. Das Streben des Bauhauses nach einem optimalen und variierbaren Typ von Einfamilienhaus spiegelt sich insbesondere wider in den Arbeiten von Lubomír und Čestmír Šlapeta[41], Schüler und Mitarbeiter von Adolf Rading und Hans Scharoun in Breslau und Berlin, sowie der Prager Gruppe Kincl-Krča-Tobek[42].

Jaromír Krejcar[43] übernahm bei seinem Sanatoriumsbau Machnáč die von Gropius beim Dessauer Bauhaus-Internat angewandte Idee kleiner, aus der

[38] siehe auch Adlerová, Alena: 50 let Krásné jizby. K nedozitým osmdesátinám, Ladislava Sutnara (50 Jahre der Schönen Stube. Zum 80. Geburtstag von Ladislav Sutnar), in: Umění a řemesla, Prag Jg. 1977, Nr. 4, ferner siehe Český funktionalismus 1920–1940 (Der tschechische Funktionalismus 1920–1940), Ausstellungskatalog Kunstgewerbemuseum Prag 1978, Teil Wohnungseinrichtung (Alena Adlerová), S. 71–72, Teil Typographie (Jan Rous), oder auch Sutnar, Ladislav: Visual Design in Action. New York 1961

[39] siehe auch Český funcionalismus 1920–1940 (Der tschechische Funktionalismus 1920–1940), Ausstellungskatalog Kunstgewerbemuseum Prag 1978, Teil Architektur (Alena Vondrová) und Teil Wohnungseinrichtung (Alena Adlerová), ferner auch Československý architekt, Prag Jg. 1984, Nr. 24

[40] siehe auch Šlapeta, Vladimír: Das architektonische Werk von Ladislav Žák, in: Jahrbuch des Technischen Nationalmuseums Prag 1975, Nr. 14, S. 189–225

[41] siehe auch Bauwelt, Berlin-West Jg. 65 (1974), Nr. 35, oder Bauform, Wien Jg. 16 (1983), Nr. 98, S. 40–41

[42] siehe auch J. Kincl, L. Krča, S. Tobek: Das Stahlskelett im Kleinhausbau, in: Forum, Bratislava Jg. 4 (1934), S. 115–117

19 Elektrizitätswerk Kolin, 1929–31
Jaroslav Fragner
Foto von Jindřich Koch, um 1932

oder: Familien-Typen-Häuser mit Stahlskelett, Witkowitzer Bergbau- und Eisenhüttengewerkschaft, Prag, Mährisch Ostrau e. D.

[43] siehe auch Krejcar, Jaromír: Lázeňský dům (Sanatorium), Prag 1933, oder Teige, Karel: Práce Jaromíra Krejcara (Die Arbeit Jaromír Krejcars), Prag 1933

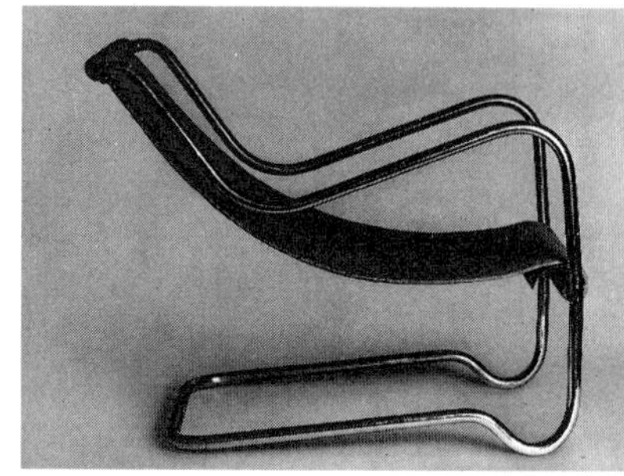

20 Einrichtung eines Zimmers, 1928
Oldřich Starný

21 Stahlrohrsessel, 1931
Ladislav Žák
Hersteller: Hynek Gottwald,
Usti N/Orlici

Stirnwand herausragender Balkone. Mit diesem Bau gelang es ihm, einen Prototyp des Kommune-Hauses zu entwickeln, eines Gesellschafts- bzw. Gemeinschaftshauses mit kleinen Wohnzellen, und damit einer Vision der linksorientierten tschechoslowakischen Architekten in den Jahren 1930–1932 eine programmatische Gestalt zu geben. Jan Gillar ließ sich beim Bau des Französischen Gymnasiums im Prager Bezirk Dejvice (1931–1933)[44] von Hannes Meyers Pavillonschule in Bernau inspirieren; er hat diese Idee zu einer reinen und freien Architektur klarer struktureller und künstlerischer Ordnung weiterentwickelt. Schließlich seien noch die Industriebauten von Architekt Jaroslav Fragner[45] erwähnt; Fragner wurde damals wegen der fast spektakulär betonten Ausdruckskälte und Exaktheit der Proportionen seiner Bauten „der tschechische Gropius" genannt.

In der zweiten Hälfte der dreißiger Jahre erschlossen sich der tschechischen Architektur und Produktgestaltung neue Inspirationsquellen. Neben dem ständigen Vorbild Le Corbusier, der in den dreißiger Jahren neue Motive einbrachte, kamen die Impulse insbesondere aus Skandinavien (Schweden, Finnland und Dänemark), sodann aus der Schweiz und aus Großbritannien. Sie bereicherten die Formensprache um neue wesentliche Elemente, was dazu führte, daß das bis dahin bestimmende „form- und materialarme Vokabular des weißen Funktionalismus" überwunden und ein mehr organisches, weniger manifestes und mehr individuelles Konzept verbindlich wurde. Diese Entwicklung – die auch in den Arbeiten von Walter Gropius und Marcel Breuer, die inzwischen in die USA emigriert waren, zu verzeichnen ist – führte geradlinig zum Stil der vierziger Jahre.

[44] siehe auch Stavitel, Prag Jg. 15 (1935), Nr. 2, S. 20–25, oder L'architecture d'aujourd'hui, Boulogne s. S. Jg. 1935, S. 41–46

[45] Wilhelm Bisom: Ein Elektrizitätswerk in der Tschechoslowakei, in: Bauwelt, Berlin Jg. 1933, Nr. 6

Die zwanziger und dreißiger Jahre in Slowenien

Peter Krečič

1 Haus Zacherl, Wien, 1900–1905
Architeckt: Jože Plečnik

2 Kirche zum Heiligen Geist (Krypta), Ottakring, 1911
Architekt: Jože Plečnik

3 Genossenschaftliche Wirtschaftsbank, Ljubljana, 1922
Architekt: Ivan Vurnik

Bevor ich diesen kurzen Überblick über moderne Strömungen der Architektur und Formgestaltung im Slowenien der zwanziger und dreißiger Jahre gebe, sind einige Voraussetzungen zu erklären.

Die südslawischen Völker gehörten bis zum Jahre 1918 höchst verschiedenartigen Kulturkreisen an; es war also vorauszusehen, daß jedes dieser Völker in dem neu gegründeten Staat – dem Königreich der Serben, Kroaten und Slowenen – trotz der vielfältigsten Wechselbeziehungen seine traditionellen Beziehungen mit Europa aufrechterhalten würde: die Serben mit Frankreich und insbesondere mit Paris, die Kroaten mit der mittel- und westeuropäischen Kultur, die Slowenen mit dem „Norden", also mit Österreich, Deutschland und der Tschechoslowakei, und zugleich auch in etwas geringerem Maße mit dem Süden, das heißt mit Italien. Es blieb deshalb auch nach dem zweiten Weltkrieg, nach der Gründung der jugoslawischen Förderation – der heutigen SFRJ – unmöglich, die Kunstentwicklung zu generalisieren, das heißt unter einer einheitlichen jugoslawischen Klammer zu betrachten. Den Kunsttheoretikern wurde schon sehr bald klar, daß die jugoslawische Kunst eine Summe der mannigfaltigsten, in sich geschlossenen Nationalkünste bildet und daß auch künftighin von der serbischen, kroatischen, slowenischen, makedonischen usw. Kunst die Rede würde sein müssen.

Die slowenische Kunst, Architektur und Formgestaltung standen unmittelbar nach dem ersten Weltkrieg vor folgender Situation: Unter den Künstlern der „Moderne" hatte schon vor Beginn dieses Jahrhunderts eine bewußte Bewegung zur Schaffung einer eigenen slowenischen Kunst begonnen. Die Maler traten dabei besonders hervor. Durch die Herausbildung einer spezifischen Variante des Impressionismus (Impressionismus als formaler und maltechnischer Ausgangspunkt mit Beimischungen von Symbolismus und Expressionismus) hatten sie den Grundstein zum modernen slowenischen Ausdruck in der bildenden Kunst gelegt.

Parallel dazu hatte es eine ähnliche Entwicklung in der Architektur gegeben. Nachdem ein Erdbeben 1895 Ljubljana, die Hauptstadt Sloweniens, zerstört hatte, erarbeitete der Architekt Maks Fabiani ein außerordentliches städtebauliches Projekt für die Erneuerung und das Wachstum der Stadt. Von ihm stammen auch – wie von anderen Architekten, die man damals nach Ljubljana einlud – einige gute Gebäude im Sezessionsstil. Kurze Zeit später begann der slowenische Architekt Jože Plečnik in Wien seine glanzvolle Laufbahn mit dem sehr modern konzipierten Haus Zacherl (1900–1905) und mit der ersten Stahlbetonkirche, der Kirche zum Heiligen Geist in Ottakring (1911). Beide Bauten (Abb. 1, 2) gehörten damals zu den Höhepunkten des aktuellen architektonischen Geschehens in Europa – zu einer Zeit, da die Entwicklung von dem durch Pflanzenmotive bestimmten Sezessionsstil zu rationelleren Konzeptionen überging.

Ein dritter Architekt der slowenischen Pioniergeneration war Ivan Vurnik. Er trat einige Jahre vor dem ersten Weltkrieg und kurz danach in Ljubljana in Erscheinung. Hervorgegangen ist er aus der rationalen deutschen Architekturbewegung, die sich unmittelbar an den „Jugendstil" anschloß. In den frühen zwanziger Jahren hat sich Vurnik mit einer ganzen Reihe von Bauwerken bemüht, eine besondere nationale Architekturvariante auszuprägen, er stützte sich dabei einerseits auf die für den Jugendstil charakteristischen Dekore und andererseits auf modernisierte volkskünstlerische dekorative Muster und Farben (Abb. 3). Eine solche Vorgehensweise war nach dem ersten Weltkrieg auch in anderen, vor allem in neu entstandenen Staaten zu beobachten, das gilt in besonderem Maße für die Tschechoslowakei.

In diese Zeit fiel die Gründung der slowenischen Universität in Ljubljana 1919 und der technischen Hochschule, zu der auch eine Abteilung für Architektur gehörte. Die namhafteste Persönlichkeit dort war Vurnik, der sowohl Fabiani wie auch Plečnik als Lehrer an die Hochschule berief. Fabiani lehnte das Angebot ab, Plečnik nahm es an.

Plečnik mit seiner überzeugenden architektonischen Sprache, die die vielfältigsten Sezessionsstil-, volkskünstlerischen, modernistischen und besonders klassischen Elemente enthält, wurde schon bald an der Architekturabteilung tonangebend. Der Einfluß, den er sowohl bei den Auftraggebern als auch bei einem großen Teil der Intelligenz hatte, sowie das von ihm eingeführte Schulkonzept machten ihn in diesen Jahren zum ästhetischen Gesetzgeber Ljubljanas. Plečnik leistete mit seinen Konzeptionen, mit seinen zahlreichen baulichen Objekten, die in Ljubljana und in anderen Orten Sloweniens, aber auch darüber hinaus in Jugoslawien entstanden, einen großen Beitrag zur Architekturentwicklung. Seine Konzeptionen waren immer neu und immer originell – aber modern waren sie nicht. Die modernen architektonischen und gestalterischen Ideen, wie sie Europa damals verstand, tauchten außerhalb der Hochschule auf und drangen nur allmählich in das slowenische Bewußtsein ein. Sie kamen in Gemeinschaft mit einigen aktuellen Richtungen der bildenden Kunst (besonders der Expressionismus war 1923 in der Malerei von France Kralj zu einer rein abstrakten Phase gelangt) und bewegten die Öffentlichkeit, die nach dem „Umsturz" des Jahres 1918 noch sehr für alles Neue und Radikale empfänglich war.

Daß in der europäischen Architektur etwas vor sich ging, das sehr weit von dem entfernt war, was Plečnik mit seiner Schule begründet und gefestigt

4–6 Ausstellung konstruktivistischer Arbeiten von Avgust Černigoj in der Turnhalle der Ingenieurschule zu Ljubljana, August 1924
4 KLINIK
5 Konterrelief
6 Konterrelief „a"

7 Linolschnitt von Avgust Černigoj, 1927

8 Konstruktivistisches Manifest, verfaßt von Avgust Černigoj, veröffentlicht als Programmerklärung der Zeitschrift TANK, Herbst 1927 darunter der deutsche Text

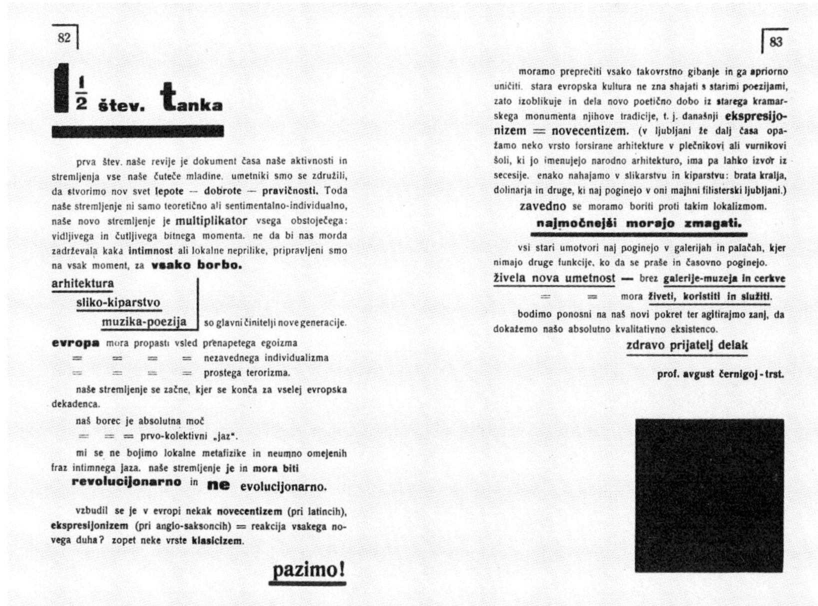

82

1 1/2 štev. tanka

prva štev. naše revije je dokument časa naše aktivnosti in stremljenja vse naše čuteče mladine. umetniki smo se združili, da stvorimo nov svet **lepote** — **dobrote** — **pravičnosti.** Toda naše stremljenje ni samo teoretično ali sentimentalno-individualno, naše novo stremljenje je **multiplikator** vsega obstoječega: vidljivega in čutljivega bitnega momenta. ne da bi nas morda zadrževala kaka **intimnost** ali lokalne neprilike, pripravljeni smo na vsak moment, za **vsako borbo.**

arhitektura
sliko-kiparstvo
muzika-poezija | so glavni činitelji nove generacije.

evropa mora propasti vsled prenapetega egoizma
= = = = nezavednega individualizma
= = = = prostega terorizma.

naše stremljenje se začne, kjer se konča za vselej evropska dekadenca.

naš borec je absolutna moč
= = = prvo-kolektivni „jaz".

mi se ne bojimo lokalne metafizike in neumno omejenih fraz intimnega jaza. naše stremljenje **je** in **mora biti** **revolucijonarno** in **ne** evolucijonarno.

vzbudil se je v evropi nekak **novecentizem** (pri latincih), **ekspresijonizem** (pri anglo-saksoncih) = reakcija vsakega novega duha? zopet neke vrste **klasicizem**.

pazimo!

83

moramo preprečiti vsako takovrstno gibanje in ga apriorno uničiti. stara evropska kultura ne zna shajati s starimi poezijami, zato izoblikuje in dela novo poetično dobo iz starega kramarskega monumenta njihove tradicije, t. j. današnji **ekspresijonizem = novecentizem.** (v ljubljani že dalj časa opažamo neko vrsto forsirane arhitekture v plečnikovi ali vurnikovi šoli, ki jo imenujejo narodno arhitekturo, ima pa lahko izvor iz secesije. enako nahajamo v slikarstvu in kiparstvu: brata kralja, dolinarja in druge, ki naj poginejo v oni majhni filisterski ljubljani.)

zavedno se moramo boriti proti takim lokalizmom.

najmočnejši morajo zmagati.

vsi stari umotvori naj poginejo v galerijah in palačah, kjer nimajo druge funkcije, ko da se praše in časovno poginejo.

živela nova umetnost — brez **galerije-muzeja in cerkve**
= = mora **živeti, koristiti in služiti.**

bodimo ponosni na naš novi pokret ter agitirajmo zanj, da dokažemo našo absolutno kvalitativno eksistenco.

zdravo prijatelj delak

prof. avgust černigoj - trst.

Die erste Nummer unserer Revue ist ein Zeitdokument unserer Aktivität und des Bestrebens unserer empfindenden Jugend. Wir Künstler haben uns vereinigt, um eine neue Welt der **Schönheit** – der **Güte** – der **Gerechtigkeit** zu schaffen. Aber unser Bestreben ist nicht nur theoretisch oder sentimental-individuell, unser neues Bestreben ist der **Multiplikator** alles Bestehenden: des sichtbaren und fühlbaren wesentlichen Moments. Ohne daß uns irgendeine Intimität oder lokale Unannehmlichkeit vielleicht aufhalten würde, sind wir auf jeden Moment, auf **jeden Kampf** vorbereitet.

Architektur
Malerei-Bildhauerei
Musik-Poesie
sind die Hauptfaktoren der jungen Generation
Europa muß untergehen
infolge von überspanntem Egoismus
Europa muß untergehen
infolge von bewußtseinslosem Individualismus
Europa muß untergehen infolge
von gewöhnlichem Terrorismus

Unser Bestreben beginnt dort, wo die europäische Dekadenz für immer endet.
Unser Kämpfer ist die absolute Stärke
Unser Kämpfer ist das erste kollektive „Ich"
Wir fürchten keine lokale Metaphysik und sinnlos begrenzte Phrasen des intimen ich. Unser Bestreben ist und muß sein revolutionär und nicht evolutionär.
In Europa ist irgendein Novecentismus (bei den Romanen), Expressionismus (bei den Angelsachsen) erwacht = die Reaktion jedes neuen Geistes? Wiederum eine Art Klassizismus.

Geben wir acht!

Wir müssen jede derartige Bewegung verhindern und a priori vernichten. Die alte europäische Kultur versteht nicht, mit den alten Poesien zusammenzukommen, deshalb gestaltet und macht sie eine neue poetische Ära aus dem alten Krämermonument ihrer Tradition, das heißt, den heutigen **Expressionismus = Novecentismus.** (In Ljubljana bemerken wir schon geraume Zeit eine Art forcierter Architektur in der Schule von Plečnik oder Vurnik, die Volksarchitektur genannt wird, sie kann aber ihre Quelle in der Sezession haben. Gleichermaßen finden wir in der Malerei und der Bildhauerei den Bruder Kralj, Dolinar und andere, die in dem kleinen Philister-Ljubljana zugrunde gehen mögen.) Wir müssen **bewußt** gegen einen solchen Lokalismus kämpfen.

Die Stärksten müssen siegen.

Alle anderen Kunstwerke mögen in den Galerien und Palästen zugrunde gehen, wo sie keine andere Funktion haben, als zu verstauben und zeitlich zugrunde zu gehen.
Es lebe die neue Kunst – ohne Galerie, Museum und Kirche.
Sie muß **leben, nutzen und dienen**.
Sein wir stolz auf unsere neue Bewegung und agitieren wir für sie, um unsere absolute qualitative Existenz zu beweisen.
Sei gegrüßt, Freund Delak

Prof. Avgust Černigoj-Trst

hatte, erfuhren die Slowenen aus der Zeitschrift „Slovenec" (Der Slowene), als diese in ihrer Ausgabe vom 19.8.1924 die funktionalistischen Standpunkte Theo van Doesburgs und der De-Stijl-Gruppe veröffentlichte – „Slovenec" hatte das Material von der tschechischen Zeitschrift „Stavba" (Der Bau) übernommen.

Ebenfalls im August 1924 wurde Ljubljana noch viel unmittelbarer und wirksamer mit einigen Aspekten der modernen Architektur und Formgestaltung konfrontiert. In der Zeit vom 5. bis 15. August veranstaltete der Maler Avgust Černigoj in der Turnhalle der Ingenieurschule zu Ljubljana seine „erste konstruktivistische Ausstellung". Černigoj hatte an der Akademie in Bologna studiert, hatte danach in München sein Studium vervollständigt und ist im Schuljahr 1923/24 für einige Zeit am Weimarer Bauhaus gewesen. Seine

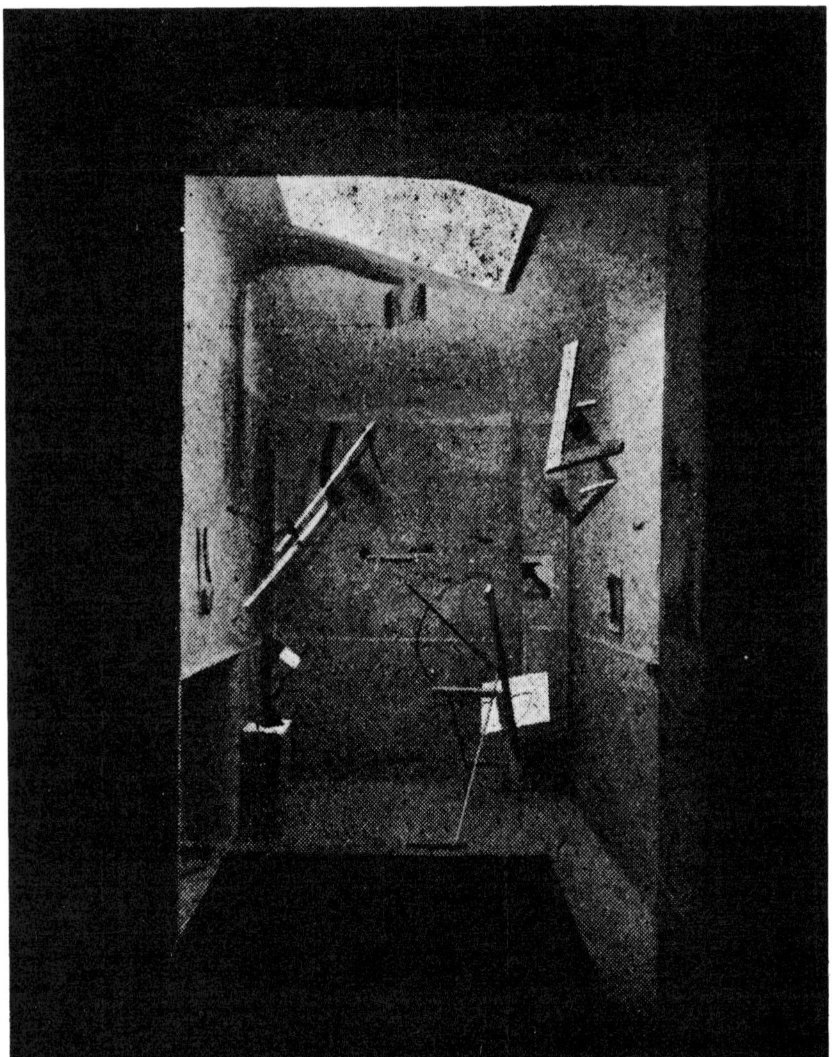

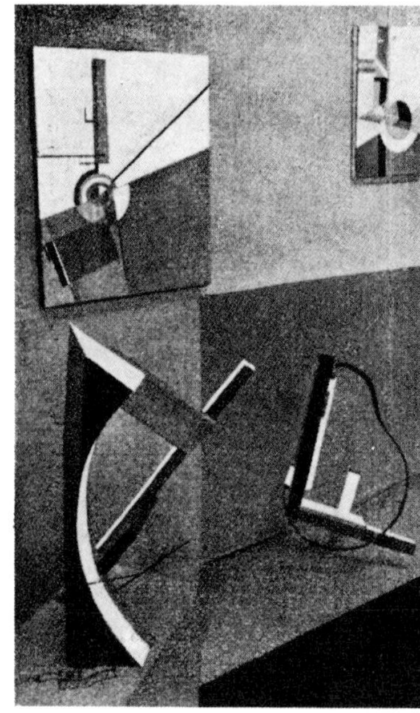

9/10 Kunstausstellung im Triester Volkspark, Herbst 1927
Abteilung der Konstruktivisten

11 Wohn- und Verwaltungsgebäude für die Zolldienststelle Ljubljana, 1929
Architekt: Ivo Spinčič

Ausstellung (Abb. 4–6) zeigte im Geiste Tatlins ausgeführte Konterreliefs, aus verschiedenen Abfällen bestehende Skulpturen, Collagen, Maschinenteile und schließlich einige architektonische Modelle, die sich mit den Entwürfen der damals führenden russischen avantgardistischen Künstler, wie zum Beispiel Kandinsky (den Černigoj am Bauhaus kennengelernt hatte), Wesnin und Lissitzky, messen konnten.

Diese Modelle waren sehr kühn konzipiert und als reale Bauten technologisch noch gar nicht ausführbar. Aber sie stellten eine überzeugende Manifestation für eine neue, ganz mit revolutionärem Gedankengut erfüllte konstruktivistische Kunst dar, so daß die damals herrschende, sehr viel stärker mit dem Expressionismus verbundene Kritik äußerste Zurückhaltung gegenüber dem Werk Černigojs an den Tag legte. Anerkennung fand Černigoj nur bei einer kleinen Gruppe linksorientierter junger Intellektueller, denen er als Vertreter des „Proletkultes" galt. Es ist interessant, daß Černigoj seine Kunst als ein Mittel der revolutionären Erziehung der Massen verstand und er daher seine Skulpturen und Entwürfe nur für eine einzige Ausstellung schuf, um sie dann wegzuwerfen. Nur durch Zufall blieben einige Originalfotografien aus dieser Zeit erhalten, sie ermöglichen Rückschlüsse auf die Eigenschaften seines Konstruktivismus, auf dessen Besonderheiten gegenüber den europäischen Quellen und auf seine bedeutende konzeptionelle Leistung, die nicht dadurch geschmälert wird, daß er verschiedene geistig-künstlerische Elemente in sich vereinigte (Futurismus, Dadaismus, Konstruktivismus und Zenitismus, eine jugoslawische Abart dadaistischer Konzeptionen). Sein Konstruktivismus bewegte sich geistig und formal in der Spanne zwischen dem russischen Konstruktivismus und dem Bauhaus. Als Černigoj ein Jahr später seiner politischen Haltung wegen aus dem Königreich Jugoslawien ausgewiesen wurde, ging er in seine Geburtsstadt Triest, wo er seinen Konstruktivismus weiterentwickelte (Abb. 7, 8). Im Herbst 1927 erregte er mit einer

12/13 Wohnhaus, Maribor, 1930
Lösungsvorschlag zum Problem „minimaler Grundriß“
Architekt: Ivo Spinčič

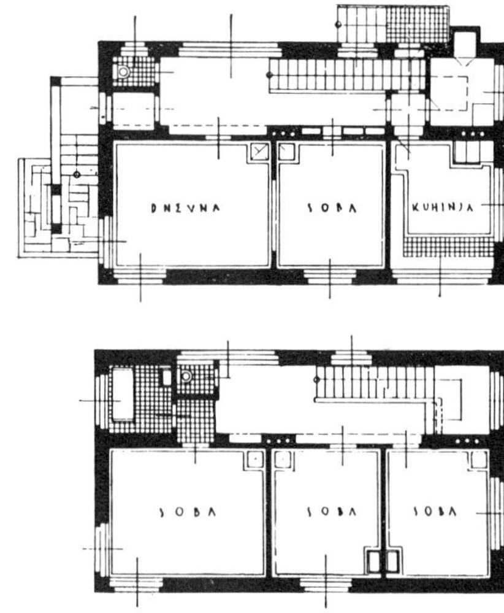

Gruppe von Konstruktivisten, die sich um ihn geschart hatten, auf einer Kunstausstellung im Volkspark von Triest Aufsehen, unter anderem krönte Černigoj hier sein bisheriges Werk mit mobilen Konstruktionen. Diese Ausstellung bildete den Höhepunkt in der Entwicklung des slowenischen Konstruktivismus (Abb. 9, 10).

1929 widmete die in Berlin erscheinende Zeitschrift „Der Sturm“ ihre Januarnummer der jungen slowenischen Kunst und registrierte damit zugleich die letzte Phase des nunmehr im Niedergehen begriffenen Konstruktivismus in Slowenien.

Trotz aller Widersprüche und Ungereimtheiten trug Černigojs Werk in Slowenien Früchte. Im Jahre 1925 kehrte der Architekt Ivo Spinčič aus Wien zurück, wo er bei Peter Behrens studiert hatte. Etwa ein Jahr zuvor hatte er Černigoj kennengelernt, und im Grunde ging er von dessen moderner Richtung aus, wenn er auch nicht so radikal war. Er neigte zu gemäßigteren Lösungen, was zum einen auf den Konservatismus seiner slowenischen Umgebung zurückzuführen ist und zum anderen auf seine Ausbildung bei Behrens, der damals einen schon zurückliegenden Avantgardismus vertrat. Spinčič' Auffassungen finden wir in den Wohn- und Verwaltungsgebäuden für die Zolldienststelle Ljubljana 1929 (Abb. 11) und in seinem Wohn- und Geschäftsbau in Ljubljana um das Jahr 1930 (Abb. 17). Sie sind mit dem Terminus „Funktionalismus“ treffender umrissen als mit dem des „Konstruktivismus“ – der Terminus war damals in Slowenien ebenfalls aktuell, er bezog seine geistige Grundlage und seine Ästhetik sowohl von Le Corbusier als auch vom Konstruktivismus und vom frühen Mies van der Rohe. Spinčič' Einfamilienhaus in Maribor (1930), das das damals so aktuelle Problem des „minimalen Grundrisses“ behandelte (Abb. 12, 13), zeugte von der Güte seiner Auffassungen. Zu erwähnen ist, daß Spinčič in dieser Zeit sein Arbeitsgebiet auf Bühnenbild und Grafik ausdehnte, wobei er sich auf dieselben modernen Prinzi-

14–16 Möbel und Innenausstattung, um 1932, sowie Tischleuchte, 1930, gestaltet von Ivo Spinčič

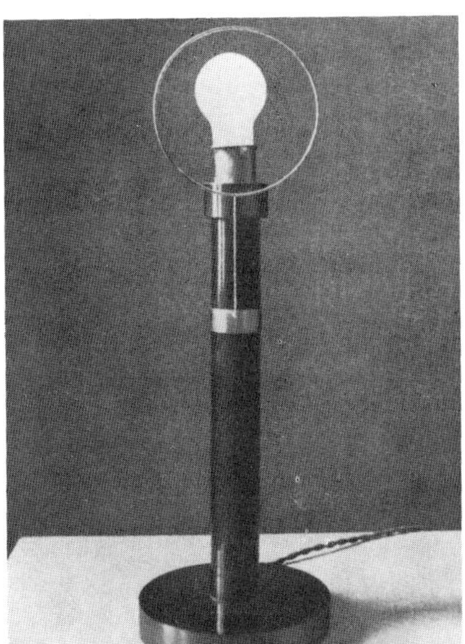

pien wie in seinen architektonischen Arbeiten – Sachlichkeit, Übersichtlichkeit und Funktionalität – stützte. Um 1930 befaßte er sich auch mit der Gestaltung von Mobiliar; es verkörperte mit seinen reinen geraden oder leicht gerundeten Linien, seinem weißen Anstrich und anderen Attributen den sogenannten „neorealistischen" Gestaltungspol des Funktionalismus (Abb. 14–16).

Der radikale Expressionismus in Malerei und Bildhauerei Sloweniens tendierte um das Jahr 1927 zur Neuen Sachlichkeit. Auch die neue Architektur mit ihrer Orientierung auf die relevanten gesellschaftlichen Bedürfnisse (Mietshäuser, städtebauliche Aufgaben usw.) schien einigen Kritikern dieser Zeit bereits eine Verkörperung der Neuen Sachlichkeit zu sein. Doch erst für die Architektur nach 1930, die sich als „funktionalistische" durchsetzte, ist diese Charakteristik zutreffend. Die Architekten, die diese Richtung vertraten, waren entweder im Ausland ausgebildet worden (neben Spinčič waren das unter anderen Vladimir Mušič, Stanko Rohrman, Jože Mesar, Jože Platner, Jože Sivec), oder sie kamen aus der Schule von Plečnik und hatten sich später radikal von ihrem Lehrer abgewandt, wie zum Beispiel France Tomažič, Herman Hus, Dragotin Fatur, Emil Navinšek, Jaroslav Černigoj und andere. Zu dieser modernen Strömung stieß um das Jahr 1927 auch noch der schon ältere Ivan Vurnik.

Es ist einzuräumen, daß die Revolution nicht bei jedem gleich weit ging. Zahlreiche Architekten schlossen Kompromisse zwischen der aktuellen sogenannten Le Corbusierschen Ästhetik einerseits – die sich zumeist in frei entworfenen Grundrissen, in „modischen" Bauelementen, in der Verwendung moderner Baumaterialien und Konstruktionen vor allem aus Stahlbeton widerspiegelte – und den noch immer vorhandenen Bestrebungen nach plastischen Akzenten am Bau andererseits, das sich in einer rationalisierten Ornamentik, in Bauplastik usw. ausdrückte, wie sie teilweise von Plečnik, teilweise

aus dem Neoklassizismus stammten. Die Bewegung für eine neue Architektur war am stärksten in den frühen dreißiger Jahren, da ihre Verfechter eine Zeitschrift mit dem Titel „Arhitektura" herausgaben (1931–1933).

Von den Architekten hat niemand die beiden in der Architektur führenden Gestaltungsrichtungen so meisterhaft in sich vereinigt wie der Architekt Vladimir Šubic, Schöpfer des „Wolkenkratzers" in Ljubljana (Abb. 19). Der Bau illustrierte nicht nur die aktuellen architektonischen Postulate (Funktionalität in Grundriß und Ausstattung, „Amerikanismus" des Hochbaus, glatte Bearbeitung der Wände bis fast zur Dachkante), sondern verkörperte zugleich Vorstellungskraft und Wunsch des Auftraggebers und natürlich die Auffassungen des Architekten selbst (Bauplastik, Arkadenbearbeitung des Obergeschosses, klassischer „Tempietto"). Ein ähnliches Herangehen zeigt sich auch im „Kleinen Wolkenkratzer" von Herman Hus (Abb. 20).

Dem Konstruktivismus und dem Funktionalismus (der aus ihm hervorging) am nächsten stand Stanko Rohrman. Das Ljubljanaer Hotel SLON (Elefant) aus dem Jahre 1932 und mehr noch seine älteren Entwürfe für den Komplex des Šubic'schen Wolkenkratzers zeugen eindeutig von einem dynamischen Konzept. Es spiegelt sich in den glatten Wänden und den großen Glasfenstern des Hotelbaus wider. Glasflächen und Träger dynamisieren die Wandungsfläche, ein besonderer Akzent liegt auf der ovalen Ecklösung mit den Balkons (Abb. 18).

Der radikalste von jenen Schülern Plečniks, die sich von der Ästhetik ihres Lehrers losgesagt hatten, war France Tomažič. Die Oblakvilla in Rakovnik in der Nähe von Ljubljana (Abb. 24) und das Wohnhaus in Prule in Ljubljana (Abb. 23) zeugen davon, welch mannigfaltige Skala moderner Methoden er beherrschte. Besondere Aufmerksamkeit verdienen die Verwendung von Glas und das Gefühl für die Symbolik des neuen Stils, beruhend auf neuesten bautechnischen Errungenschaften (Bogen der Oblakvilla).

Jaroslav Černigoj war zusammen mit Saša Dev Träger des modernen Bauens in Maribor (Abb. 22) in der slowenischen Steiermark. Nach Abschluß des Studiums bei Plečnik im Jahre 1927 war auch er von dessen Auffassungen abgerückt. Mit dem Bau der Banovina-Sparkasse im Jahre 1932 folgte er den Hauptpostulaten des modernen Bauens (Stahlbetonskelette mit Ziegelfüllungen, horizontale Fensterbänder, Flachdach und ringförmiger Gang). Das Gebäude schafft inmitten des alten Stadtkerns ein neues Straßenbild; mit seiner Errichtung (das Haus tritt gegenüber der alten Bauflucht zurück) wird auch in Maribor das Problem der neuen städtebaulichen Ordnung mit breiten geraden Straßen akut, etwas, was Ljubljana mit dem Bau seines Zentrums, mit dem Komplex des „Wolkenkratzers" und der umliegenden Gebäude erlebte.

17 Wohn- und Geschäftshaus,
Ljubljana, um 1930
(über dem Gesims ein späterer Aufbau)
Architekt: Ivo Spinčič

18 Hotel SLON, Ljubljana, 1932
Architekt: Stanko Rohrmann

19 „Wolkenkratzer",
Ljubljana, 1930/33
Architekt: Vladimir Šubic

20 „Kleiner Wolkenkratzer",
Ljubljana, 1931
Architekt: Herman Hus

21 Wohnkomplex (Dukić-Blocks),
Ljubljana, 1930/33
Architekt: Jože Sivec

22 Bank, Maribor, 1932
Architekten: Jaroslav Černigoj,
Saša Dev

In Ljubljana erregte die größte Aufmerksamkeit ein Wohnkomplex von Jože Sivec, der frei in städtische Grünanlagen gesetzt wurde (Abb. 21).

Aus dem Dargelegten können wir folgenden Schluß ziehen: Die slowenische Kultur stellt sich im europäischen Rahmen als ein innerlich vielschichtiges Gebilde dar, empfänglich für eine breite Skala von Anregungen, die von außen kommen.

Wenn ganz allgemein gilt, daß die Entwicklung in Kunst, Architektur und Formgestaltung Schwankungen unterliegt, daß sie Zeiten des Aufschwungs wie des Niedergangs durchläuft, daß sich an die Perioden revolutionärer Dynamik und sprunghafter Veränderung Zeiten anschließen, da das Neue geduldig „wiedergekäut“ wird, so ergibt sich für kleinere Kulturkreise wie Slowenien die Modifikation: Perioden radikaler Gärung sind gewöhnlich kürzer und verlaufen für die Umwelt dramatischer; von viel längerer Dauer – entwicklungsmäßig aber ebenso interessant – sind die Zeiten der Aneignung des Neuen, seine Etablierung. Aufgrund dieser Verschiebungen ist auch in der Gegenwart, ähnlich wie wir es von der Geschichte her kennen, trotz des Internationalismus in der Kunstbewegung (ein Beispiel ist der „internationale Stil“ in der Architektur) eine Geographie der Kunst existent. Die heutige Suche nach der nationalen, regionalen und sogar lokalen Identität im Bereich der bildenden Kunst wie im Bereich der Architektur und der Formgestaltung mag einerseits ihre Ursachen in einer Müdigkeit gegenüber den gültigen, dem Durchschnitt verhafteten und inzwischen tatsächlich international gewordenen Gestaltungsmustern haben, andererseits verweist sie auf die Notwendigkeit und die Möglichkeit der Entdeckung jener Werte und Vermächtnisse, die für ein bestimmtes Volk, für eine bestimmte Region wichtig sind und irgendwo in den Erzeugnissen stecken, mit denen wir in unserer Zeit ständig überschüttet werden.

23 Wohnhaus in Prule, Ljubljana, 1933
Architekt: France Tomažič

24 „Oblakvilla“ in Rakovnik (bei Ljubljana), 1933
Architekt: France Tomažič

Der Funktionalismus in Bulgarien

Iwan Slawow

1 Wohnhaus mit Glas-Erker, Sofia, Rakowski Straße, 1938

Der Funktionalismus in Bulgarien hat eine kurze und bescheidene Geschichte. Er kann und will sich weder mit der Tiefe noch mit der Weite der theoretischen und praktischen Ergebnisse messen, die er in den Ländern, in denen sich diese architektonisch-künstlerische Richtung zuerst herausgebildet, formiert und entwickelt hat, zeitigen konnte. Seine Problematik ist relativ wenig erforscht. Architekturtheorie und Kunstwissenschaft sammeln ihre ersten Erfahrungen auf dem Gebiet der Analyse, Einschätzung und Systematisierung. Die Einschätzungen und Meinungen unserer Kunstwissenschaftler bezüglich des Funktionalismus sind sehr widersprüchlich und haben die Reife wissenschaftlich begründeter Synthesen noch nicht erreicht. So sind zum Beispiel die einen geneigt, alles unter einen umfänglichen und verschwommenen Rationalismusbegriff zu subsumieren. Der Funktionalismus existiert für sie in unserer Praxis so gut wie gar nicht. Andere versuchen, Funktionalismus, Konstruktivismus, Strukturalismus usw. nach den Schemata der modernen Kunstwissenschaften auszumachen.

Diese Situation ist nicht zufällig entstanden. Zum einen sind wir noch immer nicht frei von den Einschätzungen der fünfziger Jahre, in denen das Erbe rationalistischer Richtung als moderne Verlockung des bürgerlichen Formalismus abgestempelt worden war. Diesbezüglich haben wir sozusagen ein kunstwissenschaftliches Vakuum. Zum anderen sind wir noch nicht zu einer aufmerksamen und objektiven Analyse der Spezifik des bulgarischen Funktionalismus – ohne Vorurteile, aber auch ohne die mechanische Übertragung der bekannten Klassifizierungssysteme des westeuropäischen und des sowjetischen Funktionalismus – bereit.

Uns ist klar, daß wir es hier mit ernsten Problemen zu tun haben und daß ein Rückstand der theoretischen Basis gegenüber einer sich schnell entwikkelnden Praxis der Architektur, des Designs, der dekorativ-angewandten Kunst und der Monumentalplastik aufzuholen ist.

Worin besteht nun die Spezifik der Entwicklung und das Charakteristische des Funktionalismus in Bulgarien?

Der Funktionalismus entstand bei uns später als in den entwickelten westeuropäischen Staaten und in der Sowjetunion – vom Anfang der dreißiger bis zum Anfang der vierziger Jahre. Er zeigte sich ganz besonders in der Architektur, doch finden sich Merkmale funktionalistischen Gestaltens auch in den Ausdrucksmitteln der angewandten und der Kunstgrafik, des Kunsthandwerks, der Plastik und der monumentalen Kunst. Sein Einfluß auf die Gestaltung industrieller und handwerklicher Erzeugnisse (Möbel, Bekleidung, Gegenstände des täglichen Bedarfs) blieb relativ gering. Gründe dafür waren die Einseitigkeit und das niedrige technische Niveau der damaligen Wirtschaft des Landes und das Beharrungsvermögen handwerklicher Traditionen.

Architektur

Günstig für die Entwicklung des Funktionalismus in der Architektur war die sozialökonomische Konjunktur dieser Zeit. Mitte der dreißiger Jahre stabilisierte sich die Wirtschaft des Landes. Zwischen 1938 und 1940 stand der Funktionalismus in Bulgarien auf seinem Höhepunkt. In diesen Jahren nahm der genossenschaftliche und private Wohnungsbau einen rasanten Aufschwung. Der Bau von gesellschaftlichen und industriellen Gebäuden erforderte zweckmäßige, großzügige und wirtschaftliche Lösungen, Verkürzung der Baufristen und Kostensenkung innerhalb des Bauwesens. Diesen Forderungen haben sich die besten bulgarischen Architekten gestellt. Es waren zwei Generationen – sie hatten entweder schon vor dem ersten Weltkrieg als Architekten gearbeitet, zum Beispiel Georgi Owtscharow, Jordan Jordanow, Georgi Apostolow, Asen Michailowski und andere, oder sie waren in den Nachkriegsjahren zur Architektur gestoßen, zum Beispiel Iwan Wasiljow, Dimitr Zolow, Stantscho Belkowski, Iwan Dantschow, Atanas Delibaschew, Hristo Berberow, Radoslaw Radoslawow, Konstantin Dshangosow und andere. Fast alle hatten in Deutschland studiert und vertraten die Prinzipien des Rationalismus, Funktionalismus und Konstruktivismus der deutschen Architekturschule. Sie kannten die besten internationalen Leistungen auf diesen Gebieten. Von 1929 bis 1940 entstanden von ihrer Hand zahlreiche Wohnungsbauprojekte privater und genossenschaftlicher Träger, entstanden gesellschaftliche und industrielle Gebäude, die die Prinzipien des Funktionalismus zum Ausdruck bringen. Wir sehen heute, daß diese Bauten ihre eigene Spezifik besitzen, sowohl was die kurze Geschichte ihrer Entstehung als auch was die architektonisch-künstlerische Gestaltung betrifft. Der bulgarische Funktionalismus unterscheidet sich von den bereits klassisch gewordenen Mustern westlicher Länder und auch vom sowjetischen Funktionalismus. Das verwundert uns nicht, denn wir wissen, daß der Funktionalismus kein einheitliches Ganzes ist, er stellt ein Konglomerat von Ideen, Auffassungen und Bestrebungen dar. Bei uns bildete er sich heraus, nachdem das Land von einer dreihundertjährigen Fremdherrschaft befreit war. Unbelastet von stilistischen Traditionen, ging die bulgarische Architektur ihren eigenen Weg, geleitet von den realen sozialen Anforderungen und von den realen ökono-

2 Kulturhaus der Eisenbahner,
Sofia, 1938
Atanas Delibaschew

3 ehemaliges ZK-Gebäude der BKP,
Sofia, Moskauer Straße, 1933/35
Peter Karasimeonow, Asen Michailowski

4 ehemaliges Arbeiterkrankenhaus,
heute Medizinisches Weiterbildungszentrum, Sofia, 1934–37
Georgi Owtscharow

5 Wohnhaus, Sofia, Witoscha-Boulevard, Ecke Alabinska Straße, 1937
Konstantin Dshangosow, Radoslaw Radoslawow

6 Straßenbahn für Sofia, 1939

mischen Möglichkeiten. Eklektik und Sezession, die in Bulgarien sehr lange Einfluß hatten (einige solcher Bauten sind noch in den dreißiger Jahren entstanden), ließen sich durchaus mit einigen Prinzipien des Rationalismus verbinden. Ähnlich ging es mit dem Funktionalismus. In den Arbeiten solcher Architekten wie Wasiljow-Zolow und Belkowski-Dantschow vereinigten sich glänzende (in funktioneller und konstruktiver Hinsicht) Lösungen mit eklektischen Elementen, die der nationalen und internationalen Architektur entnommen waren. In Arbeiten von G. Owtscharow, A. Delibaschew und anderen ist außerdem noch der starke Einfluß des deutschen Expressionismus spürbar.

Neben der genannten Spezifik, neben der Übernahme und Vereinigung verschiedener Prinzipien westlicher und sowjetischer Architektur gibt es noch andere Gründe für die besondere Entwicklung des Funktionalismus in Bulgarien. So sind zum Beispiel das niedrige Niveau der Bautechnik (manuelle Errichtung von Stahlbetonkarkassen und Wänden, fehlende vorgefertigte Konstruktionen usw.) und das Defizit an neuen Baumaterialien die wesentlichen Ursachen dafür, daß der Konstruktivismus nicht zum Tragen kam. Gestaltungen in Arbeiten solcher Architekten, wie A. Delibaschew, Hristo Berberow, K. Dshangosow und R. Radoslawow, blieben Einzelerscheinungen.

Trotz profaschistischer Orientierung Bulgariens in den Jahren von 1941 bis 1944 blieb das bulgarische Bauschaffen unbeeinflußt von der faschistischen Architektur Deutschlands und Italiens, dagegen fand der Funktionalismus in den vierziger Jahren gesellschaftliche Anerkennung. Nach dem Sieg der sozialistischen Revolution und besonders in den Jahren nach 1956 erwies sich das Erbe des bulgarischen Funktionalismus als wichtiger Faktor für die Entwicklung unserer modernen Architektur.

Formgestaltung, Grafik, Plastik

Es wurde bereits erwähnt, aus welchen Gründen der Funktionalismus in Bulgarien die industrielle Formgestaltung nur gering beeinflußte. Weitaus stärker war sein Einfluß auf die Formgebung von Rohrmöbeln, auf Silhouetten und Details von Bekleidungsstücken, von Geschirr usw. Interessant ist zum Beispiel die vereinfachte, konstruktionsbedingte Form eines Straßenbahnwa-

7 Zentralbad in Sofia, Interieur der Galerie

8 Zigarettenwerbung Pentscho Georgiew

gens, der in Sofia produziert wurde – eines der wenigen Beispiele des Fahrzeugbaus dieser Jahre.

Den Funktionalismus als Stilrichtung finden wir im besonderen Maße innerhalb der Arbeiten hervorragender Grafiker. Politische Plakate und Reklameplakate, Verpackungen und Grafiken zum Beispiel von Alexander Shendow, Boris Angeluschew, Stojan Sotirow, Pentscho Georgiew verraten, was die Dynamik der Komposition, die Mittel der Zeichnung, die Anwendung von Licht und Schrift betrifft, das Bemühen, den Forderungen und Kriterien des Funktionalismus gerecht zu werden. Ähnliches finden wir in der avantgardistischen, politisch engagierten Plastik solcher Bildhauer, wie Iwan Funew, Nikolai Schmirgel, Waska Emmanuilow und anderer.

Im Jahre 1931 war in Bulgarien die „Genossenschaft neuer Künstler" gegründet worden, ihre Mitglieder fühlten sich in besonderer Weise der Entwicklung moderner künstlerischer Formen verpflichtet. Dabei spielten Künstler, die zugleich Kommunisten waren, zum Beispiel Alexander Shendow, Iwan Funew, Stojan Wenew, eine entscheidende Rolle. Die ideologische und fachlich-schöpferische Ausrichtung dieses Künstlerkreises war wesentlich durch die ethischen Konzeptionen deutscher und sowjetischer Funktionalisten der zwanziger und dreißiger Jahre bestimmt. Sie wurde zur Richtschnur der progressiven revolutionär-künstlerischen Intelligenz.

Der Ungarische Werkbund

Gyula Ernyey

Fünfundzwanzig Jahre nach der Gründung des Deutschen Werkbundes, im Jahre 1932, veröffentlichte in Ungarn Lajos Kozma[1] einen Aufsatz mit dem Titel „Brauchen wir einen Ungarischen Werkbund?". Programmatisch heißt es darin: „Es ist eine Frage der Selbständigkeit und der Reife der ungarischen Industrie, ob sie eine so gewaltige propagandistische und gleichzeitig kulturelle Ziele anstrebende Arbeit, deren Ergebnis und Auswirkung nicht abzusehen sind, in die Wege leiten kann."[2] Kaum einen Monat später wurde als Fachsektion des Landesverbandes für Industrie und Gewerbe (Országos Iparegyesület) der Ungarische Werkbund (Magyar Mühely-Szövetség) gegründet. Seine Leitung vereinte wichtige Persönlichkeiten aus Wirtschaft und Industrie mit bedeutenden Künstlern jener Zeit.[3]

Der Gedanke der Gründung eines ungarischen Werkbundes war zu diesem Zeitpunkt längst nicht mehr neu, er besaß bereits eine zwei Jahrzehnte lange Geschichte. Schon 1913 hatte eine kleine Gruppe progressiver Architekten, Künstler und Wirtschaftsfachleute die Organisation Ungarische Kunstarbeit (Magyar Müvészi Munka) gebildet, die ähnlichen Zielen folgte wie der Deutsche Werkbund und der Österreichische Werkbund.[4] Auch damals schon hatte Lajos Kozma dazugehört. 1914 nahm ein Vertreter dieser Körperschaft, der Architekt József Vágó, als Delegierter an der Tagung des Deutschen Werkbundes in Köln teil und meldete sich auch bei der berühmten Typisierungs-Diskussion zu Wort.[5]

Die rasche und umfassende Entwicklung, wie sie zu Beginn des 20. Jahrhunderts auch in Ungarn zu verzeichnen war, wurde durch den ersten Weltkrieg und die politischen Erschütterungen danach jäh unterbrochen, der industrielle Aufstieg Ungarns erlitt einen Rückschlag. Leitsätze wie die „Veredlung der Industriearbeit" und die „Kunst der Massenartikel" konnten in Ungarn für längere Zeit weder wirtschaftlich noch kulturell wirkliche Bedeutung gewinnen. Bis in das zweite Drittel der zwanziger Jahre sind nur einige einsame Versuche, die keine Möglichkeiten hatten, sich zu entfalten, und die fast immer scheiterten, zu verzeichnen. Im letzten Drittel der zwanziger Jahre häuften sich die Zeichen einer bevorstehenden Änderung. Unter dem Einfluß der internationalen Entwicklung und im Rahmen einer langsamen Erholung der ungarischen Wirtschaft gab es in den nächsten zehn Jahren eine Reihe von Fortschritten, die, wenn sie auch nicht Schritt halten konnten mit den wachsenden Ansprüchen der Zeit, das Werden einer modernen industriellen Gegenstandskultur förderten. Auch häuften sich die Nachrichten über entsprechende Leistungen im Ausland, vor allem in Deutschland, Leistungen des Werkbundes und des Bauhauses. Besonders anregend wirkten in Ungarn die Publikationen von Farkas Molnár, Laszlo Moholy-Nagy und Ernö Kállai, die damals am Bauhaus waren.[6]

Das Jahr 1928 stellte einen Höhepunkt der Entwicklung und damit zugleich auch einen Wendepunkt dar: In diesem Jahr rief der Landesverband für Indu-

[1] Lajos Kozma (1884–1948), Architekt, Innenarchitekt, Entwerfer von Möbeln, Grafiker und schließlich Direktor der Akademie für Kunstgewerbe; Publikationen aus den dreißiger Jahren in deutscher Sprache: Das Neue Haus, Zürich, 1941 – Bibl. Beke, László; Varga, Zsuzsa: Kozma Lajos, Budapest, 1968; Koós Judith: Kozma Lajos munkássága (Das Wirken von Lajos Kozma), Budapest, 1975

[2] Kozma, Lajos: Kell-e Magyar Werkbund? (Brauchen wir einen Ungarischen Werkbund?), in: Magyar Ipar (Mitteilungsblatt des Országos Iparegyesület), 27. März 1932, Nr. 5–6

[3] Die Mitglieder wählten Kornél Telnay (Staatssekretär i. R.) zum Präsidenten, István Gádor, Marcel Gáldi, Dénes Györgyi, Imre Kner, Iván Kotsis, Lajos Kozma, Ernö Naményi und Károly Somogyi zu Vizepräsidenten; Ausschußmitglieder waren: László Bródy, Pál Fodor, Béla Kern, Miksa Lewin, Géza Lampel, Ede Streck, Antal Nagy, Imre Székely, Márton Preisz, Ödön Hauswirth, Antal Héber, József Jungfer, Jenö Dálnoki-Kováts, Bertalan Árkay, Pál Bor, Sándor Bortnyik, Virgil Bierbauer, István Csajka, György Fränkel, Géza Gorka, József Gróf, Gyula Kaesz, Anna Lesznai, Farkas Molnár, György Masirevich, Károly Rosner und Álmos Jaschik; siehe auch: A Magyar Mühely-Szövetség megalakulása (Die Gründung des Ungarischen Werkbundes), in: Magyar Ipar, 30. April 1932, Nr. 7–8

[4] Gründungsmitglieder waren: Ödön Lechner, Lajos Kozma, József Vágó, Zsigmond Jonás, Ede Földes, Béla Málnai, Mihály Schreiber, Vilmos Fémes Beck, Béla Lajta, Béla Janszky; siehe auch: Kornél Neuschloss, Máté Major: Magyar Müvészi Munka (Ungarische Kunstarbeit), in: Magyar Épitömüvészet, 2/1962

[5] Zwischen Kunst und Industrie. Der Deutsche Werkbund, Katalog, München 1975, S. 110/111

[6] Farkas Molnár (1897–1945) war Architekt; Aufsätze von ihm sind in ver-

strie und Gewerbe die Herbstmesse für Wohnung und Haushalt (Őszi Lakberendezési és Háztartási Vásár) ins Leben, um den Verkauf von Möbeln und Gebrauchsgeräten ungarischer Hersteller zu fördern. In diesem Jahr erschien auch zum ersten Mal die progressive Zeitschrift „Raum und Form" („Tér és Forma", von 1928 bis 1945), die zum wichtigsten Organ moderner Architektur und Gegenstandskultur wurde; und in diesem Jahr konstituierte sich die ungarische CIAM-Gruppe.[7]

Die CIAM-Gruppe trat, unter dem Einfluß des Bauhauses und ganz besonders auch des „Neuen Frankfurt" stehend, in den Jahren 1931 und 1932 mit einer Reihe von Ausstellungen hervor, die sich im Wirken um die Durchsetzung eines modernen, sozialen Bauens besonders verdient gemacht haben. Mit ihrem Kolház-Plan („Kolház" ist die Abkürzung für „Kollektivhaus") plädierte die Gruppe – und stellte sich damit gegen das abgeschlossene System der bürgerlichen Familienwohnung – für die „gute, billige und notwendige Lösung" des „gemeinschaftlichen Wohnhauses mit gemeinsamer Haushaltführung". Unter dem Losungswort „Wohnungen für das Existenzminimum" führte sie im Rahmen einer Ausstellung „zeitgemäße Kleinwohnungen und eine rationelle Stadtgestaltung" vor – gesetzt gegen einen „scheinmodernen Funktionalismus". Die letzte Ausstellung schließlich wurde von der Polizei gesperrt, da sie mit einem scharfen gesellschaftlichen Akzent nach der Beziehung von Baukunst und Gesellschaft gefragt hatte.

1931 entstand in Budapest nach dem Muster der auf Initiative des Deutschen Werkbundes 1927 in Stuttgart erbauten Weißenhofsiedlung die Wohnsiedlung Napraforgó utca. War diese Unternehmung auch nicht so radikal in ihren Ansprüchen wie die in Stuttgart, so erwies sie sich doch als erfolgreich nach verschiedenen Seiten. Erstens wurde sie noch in demselben Jahr realisiert, in dem auch der Beschluß gefaßt worden war, zweitens wurde erreicht, daß ein jedes der auf kleinen Grundstücken erbauten einstöckigen moder-

schiedenen Zeitschriften erschienen, sein Wirken ist bis heute nicht aufgearbeitet; siehe auch Mezei, Ottó: A Bauhaus magyar vonatkozásai: előzmények, együttmüködés és kisugárzás (Die ungarischen Beziehungen zum Bauhaus: Vorgeschichte, Zusammenarbeit und Ausstrahlung), Budapest, Népmüvelési Intézet (Institut für Volksbildung), 1981. –
Der Einfluß von Laszlo Moholy-Nagy (1895–1946) geht in erster Linie auf seine Veröffentlichungen in der von Gábor Gaál redigierten Zeitschrift „Korunk" zurück, sie sind zusammengefaßt erschienen, siehe Moholy-Nagy, Laszlo: A festéktöl a fényig (Von der Farbe zum Licht), Budapest, 1979. Die neueste und vollständigste Übersicht über seine Arbeit ist zu finden bei Passuth, Krisztina: Moholy-Nagy, Budapest (Coronia), 1982.
Kállái, Ernő (1891–1954) wirkte als Kunstschriftsteller und Kritiker, zwischen 1928 und 1929 redigierte er in Dessau die Zeitschrift „Bauhaus". Ab 1935 lebte er wieder in Ungarn. Eine Sammlung seiner Aufsätze hat Éva Forgács zusammengestellt, siehe Kállai, Ernő: Kunst unter gefährlichen Sternen, Budapest, 1981

[7] Ihre Mitgliedschaft war nicht konstant, am längsten arbeiteten zusammen: Farkas Molnár, József Fischer, Pál Ligeti,

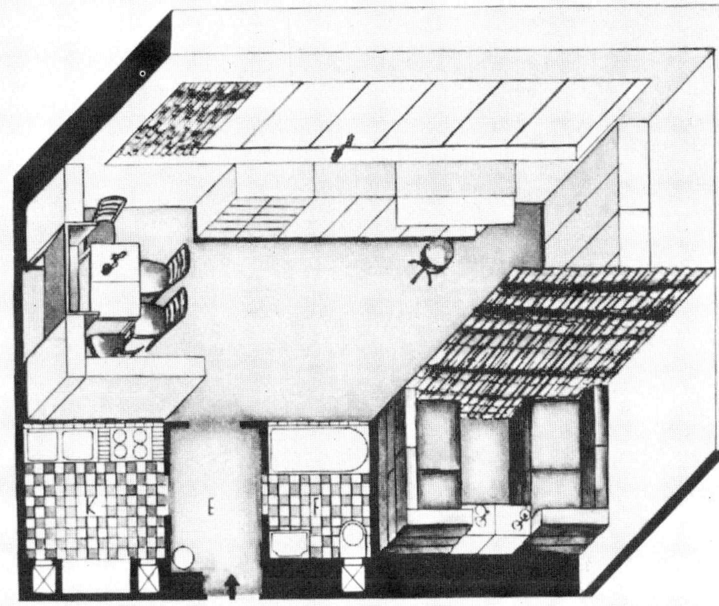

1 Siedlung Napraforgó utca, Budapest, 1931

2 Entwurf einer Kleinwohnung Pál Gábor („Atelier"), 1932

nen Häuser so viel kostete wie bei traditionellen Lösungen der Bauplatz allein. Am Bau der Siedlung beteiligten sich neben den Progressiven Farkas Molnár, József Fischer, Lajos Kozma auch ältere, konservative Architekten wie Gyula Wälder; die Leitung hatten unter anderem der damals stellvertretende Staatssekretär im Kulturministerium Robert K. Kertész und der Architekt des Rates für Öffentliche Arbeiten Péter Kaffka.[8] Bei der aus 22 Villen bestehenden Siedlung war man bestrebt, unter Nutzung der Errungenschaften des modernen Kleinwohnungsbaues die Ansprüche des Mittelstandes zu erfüllen.

Innerhalb der industriellen Produktion gab es in erster Linie – wie es für ein technisch schwach entwickeltes Land typisch ist – Fortschritte auf dem Gebiet der angewandten Grafik und des Verkehrswesens. In der Buchausstattung – in Ungarn traditionell als eine künstlerische Tätigkeit von Rang gepflegt – trat besonders die Druckerei Kner in Gyoma[9], durch das Wirken von Imre Kner und Lajos Kozma verbürgt, hervor; in der Werbung fielen vor allem die konstruktivistisch und objektiv gesinnten Arbeiten – insbesondere Plakate – von Róbert Berény und Sándor Bortnyik auf. Was die Fahrzeugindustrie betrifft, so hatte bereits zwischen 1923 und 1927 Jenő Fejes seine Versuche mit dem „Blechauto" durchgeführt, er strebte danach, alle Gußteile des Kraftwagens durch Stahlblech zu ersetzen, um sowohl Material einzusparen als auch die Masse zu reduzieren – die Versuche scheiterten jedoch an fehlendem Kapital und an mangelndem Interesse. 1925 waren die neuen flinken Motorwagen der Firma GANZ erschienen. Symbol moderner Formgestaltung und ihrer Verbreitung aber wurden die Mietwagen der Firma MÁG (Ungarische Allgemeine Maschinenfabrik) und die in Budapest eingesetzten blauweißen Autobusse von MÁVAG und GANZ-Danubius.

Einen eigenen Bereich bildeten die auf Einzelbestellung, doch nach internationalen Maßstäben hergestellten Personenkraftwagen, die sich gleicher-

Máté Major, Alfréd Forbát, György Rácz, István Bakos, Zoltán Révész, József Körner, Zoltán Kósa, Gábor Preisich; siehe auch Gábor, Eszter: Die ungarische CIAM-Gruppe (1928 bis 1938), Budapest 1972

[8] Die damals errichtete Gedächtnistafel steht noch heute, sie hat folgenden Text: Diese Familienhaus-Siedlung ist das Werk der Architekten und Bauunternehmer Fejér und Dános, sie wurde zur Zeit der Weltwirtschaftskrise mit der verständnisvollen Unterstützung des Vorsitzenden des Rates für Öffentliche Arbeiten, Dr. Iván Rakovszky erbaut. Im Sinne der künstlerischen Bestrebungen ihres Zeitalters leiteten den Bau der Siedlung die Architekten Róbert K. Kertész, Péter Kaffka, Lajos Kozma, László Vágó. Projektanten der einzelnen Familienhäuser sind: 1, 13 László Vágó, 2 Gyula Wälder, 3 Péter Kaffka, 4 Virgil Bierbauer, 5, 6, 8 Lajos Kozma, 7 Andor Wellisch, 9, 11 R. K. Kertész, 10 Aladár Münnich, 12 Ervin Quittner, 14 Tauszig-Róth, 15 Gy. Masirevich, 16 Böhm-Hegedüs, 17 Ligeti-Molnár, 18 K. Weichinger, 19 Alfréd Hajós, 20 József Fischer, 21 G. Gerlóczy, 22 Baráth-Novák.

[9] siehe auch Haiman, György: A Kner család és a magyar könyvmüvészet (Die Familie Kner und die ungarische Buchkunst), Budapest 1979; sowie Vadas,

maßen durch ihre Gebrauchseigenschaften wie durch ihre Formen auszeichneten. Besonders hervorstechend sind die Lösungen des von den „oberen Zehntausend“ favorisierten Konstrukteurs Géza Nagy. Er verwendet seine Sorgfalt nicht nur auf die technischen und gestaltgebenden Faktoren, sondern auch auf die des Gebrauchs und der Ergonomie. Es wurde im wahrsten Sinne des Wortes „Maß genommen“, die eleganten Wagen regelrecht ihrem Besitzer „angepaßt“.[10]

Auch im Kunstgewerbe sind Ende der zwanziger und Anfang der dreißiger Jahre Fortschritte zu verzeichnen. Das betrifft sowohl die Ausbildung als auch die Organisation des fachlichen Lebens überhaupt. Schon 1925 hatten sich unter dem Namen Landesverein Ungarischer Gewerbekünstler (Magyar Iparmüvészek Országos Egyesülete) junge Leute zusammengeschlossen, die mit ihrem eigentlichen Organ, der Ungarischen Landesgesellschaft für das Kunstgewerbe (Országos Magyar Iparmüvészeti Társulat), unzufrieden waren. Etwa zur gleichen Zeit wurde man durch thematische Ausstellungen auf die methodischen und inhaltlichen Grundsätze der Ausbildung an der von Álmos Jaschik geleiteten Graphiker-Schule[11] aufmerksam; 1928 entstand unter der Leitung von Sándor Bortnyik, der am Bauhaus mitgearbeitet hatte, die Kunstschule „Werkstatt“ („Műhely“, bis 1938), eine Stätte der modernen ungarischen Gebrauchsgrafik; und 1931 gründete der Schöpfer der modernen ungarischen Malerei und Mitglied der Künstlergruppe „Nyolcak“ („Die Acht“) Dezső Orbán die private Künstlerische Gestaltungs- und Werkstatt-

3/4 Kollektivhaus („Kolház“): Zimmer für einen Mann, Zimmer für eine Frau ungarische CIAM-Gruppe, 1931

József: A magyar Bauhaus, in: A Müvészi Ipartól az Ipari Müvészetig (Vom Kunstgewerbe zur Gewerbekunst), Budapest, 1979

[10] Aufschlußreiche Dokumente über die Tätigkeit des Karosseriebauers Géza Nagy (1895–1959) sind einzusehen im Verkehrsmuseum Budapest unter der Themennummer 133.

[11] Mezei, Otto (Herausgeber): Jaschik Álmos Tervezöiskolája (Álmos Jaschiks Gestaltungsschule) I–II, Budapest, 1980

5 Kinderzimmer
Gyula Kaesz, 1935

6 Stahlrohrmöbel
Lajos Kozma, vor 1933
Hersteller: Heidekker Sándor Rt.

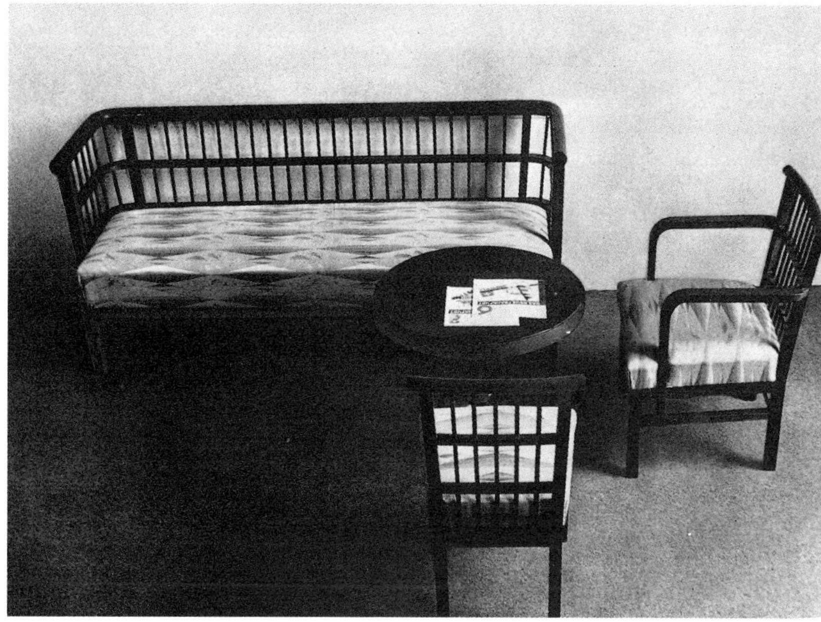

7 Typenmöbel für Arbeitszimmer
Arbeiten der Schüler von
Ferenc Szablya-Frischauf, 1930
Hersteller: Möbelfabrik Thék Edre Rt.

8 Schrankwand mit Sekretär
(geschlossen), weiß und rot
Lajos Kozma, vor 1930

9 leichtbeweglicher Lesestuhl
Lajos Kozma, vor 1930

10 Serienstühle mit federnden
Rückenlehnen (Stahlfedern)
Lajos Kozma, 1931–33
Hersteller: Möbelfabrik József Heisler

11 ausklappbarer Bridgetisch
Lajos Kozma, vor 1930

12 Sitzbank, Sessel, Stuhl
und Tischchen, roter Schleiflack
Lajos Kozma, vor 1930

schule „Atelier" („Atelier" Müvészeti Tervezö és Mühely Iskola)[12]. Diese Gründungen, ihr Gedankengut, ihre Aktivitäten blieben nicht ohne Wirkung auf die Ungarische Königliche Landes-Kunstgewerbeschule (Országos Magyar Királyi Iparmüvészeti Iskola), die sich nur sehr schleppend von den alten Traditionen zu lösen vermochte. Unterstützt wurde dieser Prozeß der Loslö sung durch das Wirken von Gyula Kaesz und Ferenc Szablya-Frischauf.[13]

Dieser kurze Abriß zeigt, daß der Ungarische Werkbund nicht Ausgangs punkt, sondern bereits Resultat einer kulturellen und wirtschaftlichen Entwicklung war. Sein Wirken setzte auf einer bestimmten Höhe dieser Entwicklung ein und galt unter anderem dem Versuch, die verschiedenen Kräfte im Bemühen um eine zeitgemäße ungarische Gestaltungskunst zusammenzubringen. So gehörte der größte Teil des Lehrkörpers der „Atelier"-Schule dem Werkbund an, und auch zwei ehemalige Mitglieder von „Nyolcak", Anna Lesznai sowie István Gádor, der in der „Wiener Werkstätte" ausgebildet worden war, hatten sich ihm angeschlossen.

„Entstehung und Tätigkeit des Ungarischen Werkbundes ... werden von der Einsicht geleitet, daß Herstellung und Geschmack ebensowenig Gegner sein können wie Verkauf und Geschmack", lesen wir im Programm. Und weiter: Der Ungarische Werkbund „organisiert die besten Vertreter der ungarischen Produktion (Industrie, Handwerk) und der Kunst (Architekten, Gewerbekünstler), *die mit ihrem modernen Denken und dem Wert ihrer Arbeit auf dem Boden des heutigen Lebens stehen* zu gemeinsamem Schaffen ... Der Ungarische Werkbund, die Arbeitsgemeinschaft der hervorragendsten ungarischen Projektanten, Gewerbetreibenden und Industriellen hat es sich statutenmäßig zur Aufgabe gemacht, unter gemeinsamem Einsatz der Kräfte von Kunst und Industrie die *Gebrauchsgegenstände des Alltags zu veredeln und im Rahmen ihrer Erziehungs- und Aufklärungsarbeit das große Publikum mit*

[12] Passuth, Krisztina: Orbán Dezső, Budapest 1977

[13] siehe auch Bánszkyné Kiss, Éva: Kaesz Gyula, Budapest (im Druck), und Péczely, Piroska: Szablya-Frischauf Ferenc (1876–1962), Manuskript o. J., Archiv Museum für Kunstgewerbe Bd. Inv.-Nr. 559

13/14 Schienenautobus „Arpád"
Ferenc Szablya-Frischauf
und Pál Mináry, 1934
Hersteller: GANZ és Társa

15 zweiteiliger Motorzug für
Ägypten, 1937
Hersteller: GANZ és Társa

16 Fernsprecher
József Molnár, 1932

17 Karosserie für Rolls Royce
Géza Nagy, 1930

[14] A Magyar Mühely-Szövetség programm ismertetöje (Zum Programm des Ungarischen Werkbunds), Kunstgeschichtliche Forschungsgruppe der Ungarischen Akademie der Wissenschaften MTA/MDK-C-I.32/4550-1-2. sz. 1 und 4., Hervorhebung im Original.
[15] zitiert von Passuth, Krisztina, a.a.O.

dem Wert der vom industriellen wie vom künstlerischen Standpunkt aus vollkommeneren ,Qualitätsarbeit' bekanntzumachen."[14]

In verschiedensten Ausstellungen, die unter anderem auch in Warenhäusern und Geschäftsräumen veranstaltet wurden, sowie durch Vorträge und Publikationen informierte der Werkbund über Möglichkeiten und Absichten der fortschrittlichen Architektur und Innenarchitektur sowie über Erzeugnisse der ungarischen Industrie. Er unterstützte die schon erwähnte Herbstmesse für Wohnung und Haushalt mit Arbeiten seiner Mitglieder. 1933 erschien, herausgegeben von György Fränkel, das Buch „Das Heim von heute in Schrift und Bild" („A mai otthon irásban és képekben"), ein Buch, das wichtige Positionen eroberte im Kampf um die moderne Wohnkultur in Ungarn. Hier wurden nicht nur theoretische Grundsätze formuliert und praktische Vorschläge gemacht, hier wurden auch die ersten Serienstühle von Lajos Kozma, entworfen für die Möbelfabrik József Heisler, seine Stahlrohrmöbel und sein größenvariabler Tisch für die Thonet Mundus AG – um nur einige zu nennen – gezeigt.

Anfang der dreißiger Jahre wurde Ungarn von der Weltwirtschaftskrise schwer betroffen. In diesem Lichte müssen auch die zwischen 1935 und 1938 in verschiedenen Ausstellungen gezeigten Ergebnisse der Arbeit des Ungarischen Werkbundes gesehen werden: „Diese jungen Plakat- und Textilkünstler, Keramiker und Innenarchitekten zeigen einen solchen Reichtum an Talenten, daß man beinahe zu sagen versucht ist: Weniger wäre mehr, denn so viel miteinander sozusagen wetteifernde Talente kann dieses verarmte Land kaum beschäftigen", schrieb damals der Kritiker der Tageszeitung „Pesti Hirlap".[15]

Unbedingt hervorzuheben ist eine Serie von Entwürfen für Straßenleuchten, entstanden 1937, von Dénes Györgyi, der Mitglied des Präsidiums des Werkbundes war und öfter Bauaufträge für die Budapester Elektrizitätswerke

[16] Näheres über die Tätigkeit von Dénes Györgyi (1886–1961) siehe Kubinszky, Mihály: Györgyi Dénes, Budapest 1974; die Entwürfe von D. Györgyi befinden sich im Archiv der Abteilung Neuzeit und Neueste Zeit des Historischen Museums in Budapest.

[17] Eine Arbeit über die Bemühungen des Architekten Róbert K. Kertész (1876–1951) steht noch aus, die hier gemachten Aussagen stützen sich auf eine Dokumentation der Kunstgeschichtlichen Forschungsgruppe der Ungarischen Akademie der Wissenschaften, und sie stützen sich auf Erinnerungen von Jenö Kismarty-Lechner. Zur Vollversammlung siehe auch: Magyar Mühely-Szövetség Közgyülése (Vollversammlung des Ungarischen Werkbundes), in: Magyar Ipar, 15. Juli 1934, Nr. 6–7

[18] Die programmatische Rede von R. K. Kertész ist veröffentlicht in: Pesti Napló, 3. Juni 1934, Róbert Földes kritisierte diese Rede, da sie selbst, gemessen an

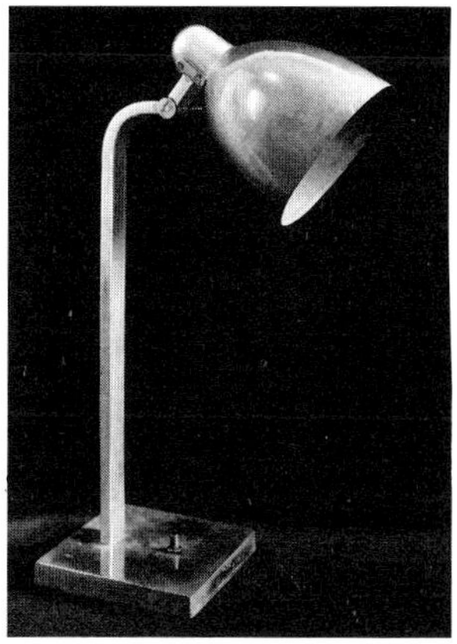

18 Philips-Werbung in Budapest, um 1936

19 Rundfunkempfänger 540-V für Telefunken Dezső Bozzay, 1939

20 Orion-Emblem József Bottlik, 1924

21 Tischleuchte „Atelier", um 1935

ausführte; er mischte in die moderne Architektur archaisierende Elemente und schuf mit geschmacklicher Sicherheit Entwürfe, deren Reife und Zeitlosigkeit unerreicht blieb und in ihrer Konsequenz als eine Ausnahme gelten müssen.[16]

So unbestreitbar das Wirken des Werkbundes in Ungarn war, muß doch gesagt werden, daß er nie jene Kraft und resolute Schärfe hatte – auch nicht auf der Ebene seines Programms –, die nötig gewesen wäre, um einen wirklich tiefgehenden und umfassenden Einfluß auf die Entwicklung im Lande zu sichern. 1934, zwei Jahre nach der Gründung, wählte die Vollversammlung den Architekten Róbert K. Kertész – er war damals Leiter der Sektion für Kunstwesen im Kulturministerium und stellvertretender Staatssekretär – zum Vorsitzenden des Werkbundes.[17] Doch auch Kertész, ein sehr kultivierter Mann, der dank seiner guten Beziehungen und seiner hohen Stellung viel zur Förderung moderner Gedanken innerhalb der Umweltkultur in Ungarn geleistet hat, vermochte dem sehr heterogen zusammengesetzten und organisatorisch schwerfälligen Bund keinen neuen Schwung zu geben.[18]

Dennoch atmen die Erfolge der in den dreißiger Jahren einsetzenden Produktentwicklung bestimmt auch den Geist des Werkbundes und ist sein Einfluß spürbar – über den Bereich der Wohnkultur hinaus und ganz besonders innerhalb der Verkehrstechnik und der Nachrichtentechnik sowie auf dem Gebiet der kommerziellen Grafik.

Besitzen wir bei den in den zwanziger Jahren erzeugten Motorwagen von GANZ keine Kenntnis von einer ausdrücklich künstlerischen Mitwirkung, so ist dagegen für den Mitte der dreißiger Jahre produzierten Schienenbus eine solche Mitwirkung verbürgt. Der Maler und später in erster Linie als Professor für Innenarchitektur an der Kunstgewerbeschule bekannt gewordene Ferenc Szablya-Frischauf[19] und sein Mitarbeiter, der Innenarchitekt Pál Mináry, waren maßgeblich an der Projektierung des aus Leichtstahl gebauten Fahrzeuges beteiligt. Der Wagenkasten, auf ein modernes Drehgestell montiert, besaß zwei Fahrerstände, Gepäckraum und Toilette. Das Wagengerüst bestand aus geschweißtem Chromstahl und war mit Stahlblechplatten belegt. Um den Luftwiderstand herabzusetzen, war die Frontwand abgeschrägt, waren alle Kanten nach allen Richtungen gleichermaßen gerundet. Der kühn gefärbte Wagenkörper – oben zitronengelb, unten morellenrot – wies auch im Innern eine sorgfältige Gestaltung auf. Der Fußboden war mit grauem Linoleum, die Wände waren mit warm gefärbten Furnierplatten belegt, die Decke hatte einen weißen Anstrich. Die gefederten Sitze besaßen Armlehnen aus Holz und Überzüge aus blau gestreiftem Mokett. Die Fenster aus speziellem Glas waren mit elektrischen Fensterwischern versehen. Zum Heizen diente das Kühlwasser des Motors. Infolge der ausgezeichneten technischen Eigenschaften des Schienenbusses und seines Reisekomforts sowie nicht zuletzt infolge der elastischen Geschäftspolitik von GANZ (kurze Lieferzeit, kleine Stückzahl, Inbetriebsetzung am Ort, garantierte Nachlieferung von Ersatzteilen usw.) war dieser Typ eines motorbetriebenen Zuges in kurzer Zeit von Ägypten bis Argentinien bekannt und bildete die Grundlage für eine lang anhaltende Erfolgsserie von GANZ.

Im Jahre 1925 hatte es in Ungarn 17000 Rundfunkempfänger gegeben, auf 10000 Einwohner entfielen 21 Geräte; 1938 waren es insgesamt 420000 Empfänger, auf 10000 Einwohner kamen nun 462 Geräte. Die Produktion wurde sowohl durch die ständig steigende Nachfrage im Lande als auch durch einen sich anbahnenden Export gleichermaßen angespornt.

den offiziellen Kriterien, kaum vorwärtsweisende Ziele formulierte. Siehe auch: Földes, Róbert: Mühely és Müvészet (Werkstatt und Kunst), in: Pesti Napló, 17. Juni 1934

[19] Dabei ist sicherlich nicht unwesentlich, daß János Szablya (1880–1966), der Bruder von Ferenc Szablya-Frischauf, von 1910 bis 1932 administrativer und kommerzieller Leiter der Firma GANZ Rt. war; János Szablya war außerdem geschäftsführender Sekretär von KÉVE und ab 1932 auch geschäftsführender Vorsitzender der Ungarischen Landesgesellschaft für Gewerbekunst.

[20] Jenei, Károly; Szilágyi, Gábor; Várkonyi, György: Az Orion Rádió és Villamossági Vállalat története 1913–1963. (Die Geschichte der Orion Radio- und Elektrizitäts-Gesellschaft), Budapest 1963, S. 14

[21] siehe auch Ernyey, Gyula: Bozzay Dezső alkotóutja (Dezső Bozzay und sein Schaffensweg), in: Müvészet, 9/1974

Von Anfang an bildete der Rundfunkempfänger ein Zentrum gestalterischen Bemühens und spielte eine große Rolle im Konkurrenzkampf zwischen den heimischen Herstellern und den auf dem ungarischen Markt anwesenden Tochterunternehmungen verschiedener Weltfirmen. Die ungarische Fabrik „Orion", die bereits 1934 90 Prozent ihrer Produktion ins Ausland verkaufte[20], hatte schon 1923 einen Grafiker eingestellt, um dem Image des Unternehmens eine besondere Note zu geben. Das bis heute benutzte bekannte Schutzzeichen mit den drei Köpfen geht auf einen Entwurf von József Bottlik, 1924, zurück. Wurden zunächst – in den zwanziger und in den frühen dreißiger Jahren – künstlerische Mitarbeiter nur zur grafischen Gestaltung und Ausstellungsgestaltung herangezogen, legte man ab 1935/36 größten Wert auf die Gestaltung der Gehäuse. Resultate solcherart gestalterischer Arbeit waren der Empfänger „Orion 55" (1936) und die Musiktruhe „Orion 99" (1937).

Mitte der dreißiger Jahre schaltete sich in die Firma Philips, die auf dem ungarischen Markt eine große Rolle spielte, einer der bekanntesten ungarischen Gestalter ein: Dezső Bozzay, dessen Wirken mit dem von Peter Behrens ein viertel Jahrhundert früher bei AEG verglichen werden kann. Bozzay gestaltete für Philips – später auch für Siemens und Telefunken – nicht nur verschiedene Rundfunkempfänger und Musikapparate, sondern stattete auch Ausstellungen aus, arbeitete als Grafiker und entwarf selbst Ausstellungsgebäude.[21] Als erster angestellter, nur für Gestaltungsarbeiten zuständiger Künstler besaß er großen Einfluß und bestimmte noch das Wirken seiner Nachfolger.

Um den Aufschwung der ungarischen Industrie als nationalen Wert – oft hemmend mit nationalistischen Bestrebungen verbunden – zu propagieren und als solchen gegen die sich ausbreitende, immer deutlicher in Erscheinung tretende deutsche faschistische Politik zu schützen, führte der Landesverband für Industrie und Gewerbe das Signet „Ungarisches Erzeugnis" ein. Doch erwies sich dieser Widerstand als zu schwach. Es fehlte ihm eine breite Grundlage und eine kontinuierliche Unterstützung, er beruhte mehr oder weniger auf individuellen Bemühungen und auf einer sich nur schüchtern offenbarenden, unregelmäßigen behördlichen Unterstützung.

Am Ende der dreißiger Jahre stieß die Entwicklung der ungarischen Gewerbekultur, die ohnehin stets den Weltströmungen nachgehinkt war, auf unüberwindbare Hindernisse. Die Arbeit des Ungarischen Werkbundes verkümmerte, 1938 löste sich die CIAM-Gruppe auf, die keine bedeutenden Kräfte mehr hatte gewinnen können; „Műhely", die Schule von Sándor Bortnyik, und das „Atelier" von Dezső Orbán schlossen ihre Pforten. Zahlreiche Künstler waren gezwungen zu emigrieren. Die von Zeit zu Zeit aufflackernden Versuche der Daheimgebliebenen konnten nichts ausrichten und wurden immer hoffnungsloser. Die auf die Schaffung der industriellen Gegenstandskultur gerichteten, bahnbrechenden Versuche strandeten, noch bevor sie ausreifen konnten; erst nach grundlegenden Veränderungen der gesellschaftlichen Verhältnisse wurden sie wieder aufgenommen, konnten sich entfalten und weiterentwickeln.

22 Straßenleuchte (Entwurf)
Dénes Györgyi, 1937

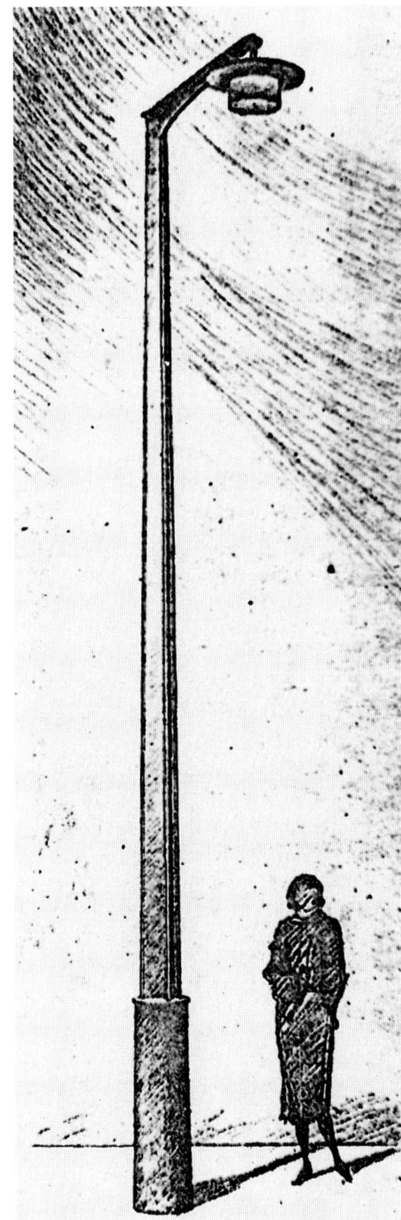

Neues Bauen in Ungarn

Gábor Preisich

1 Miets- und Geschäftshaus, Budapest, Martinelli-Platz, 1912 Architekt: Béla Lajta

Jede Architekturperiode ist eng verknüpft mit den gesellschaftlich-politischen Verhältnissen ihrer Zeit. Die Tatsache, daß zwischen den Architekten und sein Schaffen die Gestalt des Bauherrn tritt, stellt die Architektur mehr als andere Bereiche der Kunst in den Dienst der herrschenden Klasse, so daß revolutionierende Ideen fast immer nur über Umwege und nie kompromißlos geltend gemacht werden können.

Für das Verständnis der Architekturentwicklung im Ungarn der zwanziger und dreißiger Jahre ist vor allem wichtig zu wissen, daß nach dem Sturz der Räterepublik 1919 die reaktionäre Regierung Horthy an die Macht kam. Und es ist kein Zufall, daß die mit demokratischen Grundsätzen verbundene moderne Architektur in Ungarn nur langsam und nur durch harte Kämpfe, die den Kompromiß und das Zurückweichen einschließen, Raum gewinnen konnte.

Die Mehrheit der Auftraggeber kommt, entsprechend dem kapitalistischen Wirtschaftssystem, aus den Reihen der privaten Bauherren. Zu ihnen gehören außer dem recht engen Kreis der Intelligenz und der besser als diese verdienenden Kaufleute die Leiter von Unternehmungen und die Unternehmungen selbst – Betriebe, Banken, Aktiengesellschaften. Bauern, Arbeiter, Kleinbürger wenden sich nicht an Architekten, ihre kleinen Einfamilienhäuser planen und bauen zumeist Maurermeister.

Etwa die Hälfte aller neugebauten Wohnungen entstehen in Form von Mietshäusern und „Mietvillen", sie dienen als Kapitalanlage. Insofern ist die Rentabilität das wichtigste Kriterium: derjenige Architekt erhält den Auftrag, der das Grundstück bzw. die durch die Bauvorschriften gegebenen Möglichkeiten am besten auszunutzen vermag. Die architektonische Qualität spielt für den Bauherrn nur eine Nebenrolle, besser gesagt kommt sie lediglich in demselben Maße zur Geltung, wie eine schöne Packung die Ware besser absetzbar macht. Ausnahmen bilden die Bauten der Großbetriebe bzw. ihrer Pensionsanstalten. Hier ist eine repräsentative Erscheinung der Bauten gleichzeitig das Symbol der Zahlungsfähigkeit des Betriebes, eine Art Geschäftsreklame.

Die damals durch die öffentliche Hand gebauten Wohnungen bildeten nur einen Bruchteil des gesamten Wohnungsbaus. Die Stadt Budapest errichtete einige kleine Wohnsiedlungen als „Sozialbauten" mit bescheidenen Kleinwohnungen, zum Teil ohne Badezimmer. Dagegen wurden in dieser Zeit ziemlich viele Kirchen gebaut. Auch entstanden einige Schulen, Krankenhäuser und Bürobauten in besserer Ausführung.

Staatliche Organe, Ministerien, Versicherungsanstalten und die Kirche beauftragten in der Regel die bekannten Architekten, solche, denen aufgrund ihrer persönlichen Beziehungen immer wieder der Großteil aller öffentlichen Aufträge zufiel. Während die Professoren an der Technischen Universität große Büros unterhielten, stand die Mehrheit der Architekten ohne Arbeit da. Gegen diese Situation traten die Architekten-Organisationen solange auf,

bis sie durchgesetzt hatten, daß größere öffentliche Arbeiten in Form von Wettbewerben vergeben werden mußten. Doch waren diese Wettbewerbe nicht anonym, so daß neben der Qualität der Arbeiten doch auch wieder Beziehungen und darüber hinaus politische Erwägungen eine Rolle spielten, besonders in den späteren dreißiger Jahren.

Junge Architekten, die weder Vermögen besaßen noch über politische oder wirtschaftliche Beziehungen verfügten, konnten selten zu einem Auftrag kommen. Nur Mitglieder der Ingenieurkammer hatten überhaupt das Recht, als Architekten zu arbeiten bzw. an Wettbewerben teilzunehmen. Zur Aufnahme in die Kammer war jedoch eine mindestens dreijährige Tätigkeit bei einem Architekten notwendig, außerdem ein „moralisch und politisch einwandfreies Verhalten". Daher bemühten sich die meisten der jungen Architekten um eine Anstellung in einem der größeren Büros. Wenn dies gelang, arbeiteten sie in der Regel für ein sehr geringes Gehalt, teils sogar als „Volontäre" – ganz ohne Bezahlung. Die von ihnen entworfenen Pläne unterschrieb der Chef. Viele ungarische Architekten wanderten damals aus, es seien nur die Namen Marcel Breuer, Alfréd Forbát und Pierre Vago erwähnt.

Im gesellschaftlichen Leben der Architekten spielte der „Ingenieur- und Architektenverband" eine wichtige Rolle. Hier konnten aktuelle architektonische, künstlerische und wirtschaftliche Probleme besprochen werden, bis dann in den vierziger Jahren der faschistische Teil der Architektenschaft auch in diesem Verband die Oberhand bekam. Es existierten noch andere Architekten-Gruppierungen, von denen jedoch die ungarische CIAM-Gruppe die einzige war, die sich prinzipielle architektonische Ziele setzte und sich kompromißlos zur modernen Architektur bekannte.* Ihre Mitglieder, die sich um den ungarischen Delegierten des CIAM József Fischer und den ehemaligen Bauhaus-Schüler Farkas Molnár gruppierten, erhielten jedoch – vor allem wegen ihrer fortschrittlichen politischen Einstellung – keine öffentlichen

2 Einfamilienhaus, Budapest, 1934
Architekt: Zoltán Kósa

3 Einfamilienhaus, Budapest, 1934
Architekt: József Fischer

4 Mehrfamilienhaus, Budapest, 1933
Architekt: Farkas Molnár

5 Wochenendhaus an der Donau, 1938
Architekt: Lajos Kozma

6 Mehrfamilienhaus,
Budapest, Pasaréti-Straße, 1937
Architekt: Farkas Molnár

* Gábor Preisich war selbst Mitglied der ungarischen CIAM-Gruppe, siehe auch Ernyey, Gyula: Der Ungarische Werkbund, in dieser Ausgabe S. 245, insbesondere Anm. 7 – Anm. Hrg.

Arbeiten, daher bauten sie fast ausschließlich einzelne Wohnhäuser. Ihre Wirkung auf die ungarische Architektur gründet sich eher auf ihre Publikationen, Ausstellungen und Debatten als auf die von ihnen ausgeführten Bauten. Eine ihrer Ausstellungen, in der sie die sozialen Gegensätze der Großstadt beleuchteten, wurde als „bolschewistische Propaganda" von der Polizei verboten, das Material beschlagnahmt.

Eine wichtige Rolle für die Entwicklung der ungarischen Architektur spielten die Fachzeitschriften. Hervorgehoben werden soll die Zeitschrift „Tér és Forma" („Raum und Form"), die – unter der Leitung Virgil Bierbauers – die eklektische und magyarisierende Architektur angriff und die neuesten Schöpfungen der heimischen und ausländischen modernen Architektur veröffentlichte. Jedes Jahr widmete „Tér és Forma" eine Nummer den Arbeiten und Gedanken der ungarischen CIAM-Gruppe.

Die Ausbildung von Architekten vollzog sich an der „Königlichen Technischen Universität" in Budapest. Einem Jahrgang gehörten 30 bis 40 Studenten an. Viele Anwärter auf ein Architekturstudium, die wegen des „Numerus-Clausus-Gesetzes" von 1921 – nur fünf Prozent aller Studenten durften Juden sein – nicht aufgenommen wurden, studierten an ausländischen Universitäten (Brünn, Prag, München usw.).

Der Architekturunterricht an der Universität stand im Zeichen der historischen Stile. Für ihre Diplomarbeit hatten die Studenten die Wahl zwischen den Lehrstühlen Architektur des Altertums, des Mittelalters und der Neuzeit (einschließlich Renaissance und Barock). Mit dem Ende der zwanziger Jahre wurde es möglich – dank des fortschrittlich denkenden Professors Iván Kotsis –, am Lehrstuhl auch „moderne" Entwürfe einzureichen.

Einen Lehrstuhl für Innenarchitektur gab es an der Technischen Universität nicht, und auch in den Vorlesungen wurden Probleme der Innenarchitektur kaum behandelt. Lediglich an der „Ungarischen Königlichen Landes-

Kunstgewerbeschule" (keine Hochschule) in Budapest, die seit 1880 existierte, gab es ein Fach für „Baukunstgewerbe", in dem Möbelentwurf, Innenausstattung und Entwurf von Einfamilienhäusern – unter der Bezeichnung „Ungarisches Heim" – gelehrt wurden. Ab 1930 unterrichtete an dieser Schule der namhafte Innenarchitekt Gyula Kaesz, ein ehemaliges Mitglied der „Wiener Werkstätte", der sich sehr für moderne Gestaltung und Architektur einsetzte. Auch entstand für einige Jahre eine Privatschule für Kunstgewerbe mit dem Namen „Atelier", gegründet von dem Kunstmaler Dezső Orbán, an der progressive Künstler, unter anderen der Architekt Lajos Kozma, unterrichteten. Künstlerwerkstätten für Design – wie etwa die „Deutschen Werkstätten" – gab es während der Zwischenkriegszeit in Ungarn nicht.

Die reaktionäre Regierung der Jahre nach dem ersten Weltkrieg war gegen alles Fortschrittliche, auch in der Kunst, sie propagierte die historischen Stile, vor allem den „Neobarock", der sozusagen der offizielle Stil von Regierung und Kirche wurde. Der Druck auf die Architekten war so groß, daß sogar talentierte Vorläufer der modernen Architektur sich dieser Bewegung beugten.

Die bekanntesten Vertreter des Neobarocks und überhaupt des Historismus waren die Professoren an der Technischen Hochschule und die Mitglieder des Hauptstädtischen Bauamtes. Die wenigen ungarischen Kommunalbauten der zwanziger Jahre, unter diesen Kleinwohnungsbauten der Stadt Budapest, entstanden im Zeichen der „barocken" Auffassung. Vereinzelt entstanden auch Bauten, denen andere „Stile" zugrunde lagen. Zum Beispiel eine neoklassizistische Wohnhausgruppe in der Budapester Bécsi ut (Architekt R. Hikisch), sie diente in den fünfziger Jahren als Vorbild für die klassizisierende Architektur dieser Zeit. Auch die Romanik hatte einige nicht unbegabte Vertreter. Erwähnt sei hier die Bebauung des Domplatzes in Szegedin,

7 Lesestuhl mit Leselampe, vor 1930
Architekt: Lajos Kozma

8 Arbeitsecke in einem Wohnraum, vor 1930
Architekt: Lajos Kozma

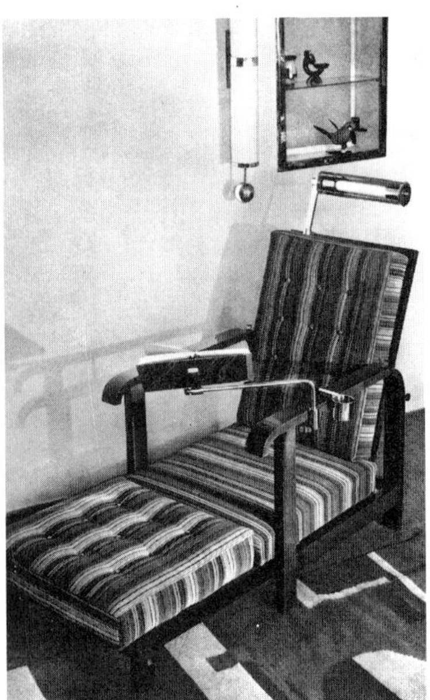

9 Kino (Bartók-Kino) in einem Mietshaus, Budapest, Bartók-Béla-Straße, 1933
Architekten: Gábor Preisich, Mihály Vadász

ein Rohziegelbau mit Arkaden (Architekt B. Rerrich) sowie der jüdische Heldentempel in der Budapester Dohány utca (Architekten F. Faragó, L. Vágó). Und selbst der Jugendstil wurde wieder aufgenommen, seine Verfechter schmückten die Fassaden ihrer Häuser mit historischen und volkstümlichen Motiven, darunter Nachfolger von Ödön Lechner, dem berühmten Architekten der Jahrhundertwende, und des aus Siebenbürgen stammenden Károly Koós, der architektonische Motive der Szekler Bauernhäuser und Kirchen verwendet hatte. Ein Beispiel dieser Architekturrichtung ist eine Kapelle im Városmajor-Park in Budapest (Architekt B. Árkay).

Wie überall in Europa nahm auch in Ungarn die moderne Architektur den Kampf gegen all diese Architekturrichtungen auf. Ihre Prinzipien: Vermeiden von falscher Repräsentation, Befriedigung der funktionalen Ansprüche der Nutzer, hygienische Gesichtspunkte usw. spiegeln demokratische, humanistische Ziele wider, deswegen auch steht die moderne Architektur dieser Zeit grundsätzlich im Dienste fortschrittlicher gesellschaftlicher Bestrebungen. Das ist der wesentliche Grund dafür, daß die moderne Architektur in der Horthy-Periode – die Regierung schreckte vor demokratischen Reformen zurück bzw. unterdrückte sie – nur langsam und verspätet Raum gewinnen konnte. Es gab noch einen anderen Grund, der jedoch mit dem ersten im Zusammenhang steht: das war der Neid der Architekten, die der Regierung, der Kirche oder dem Bankkapital nahestanden.

Daß trotz dieser Situation die moderne Architektur in Ungarn Fuß fassen konnte, läßt sich wiederum mit Momenten der wirtschaftlichen und gesellschaftlichen Bedingungen erklären. In den Jahren nach dem ersten Weltkrieg war Ungarn arm an Kapital, die Arbeitskraft war billig, das technische Niveau niedrig. Bei den wenigen Bauten, die meist mit herkömmlichen Baumethoden bewerkstelligt wurden, spielten die Kosten für Arbeitskräfte kaum eine Rolle. Die repräsentative Erscheinung der Bauten verdeckte den Mangel

10 Wohnhausgruppe,
Budapest, Köztársaság-Platz, 1934
Architekten: Bertalan Árkay, F. Faragó, József Fischer, K. Heysa, Pál Ligeti, Farkas Molnár, M. Pogány, Gábor Preisich, Mihály Vadász

11 OTI-Krankenhaus,
Budapest, 1939
Architekt: Gedeon Gerlóczy

12 Ministerium,
Budapest, Szabadsag-Platz, 1938
Architekten: László Lauben,
István Nyiri

13 Kirche,
Budapest, Városmajor, 1932
Architekt: Bertalan Árkay

14 Kirche,
Budapest, Pasaréti-Platz, 1934
Architekt: Gyula Rimanóczy

an Qualität. Diese Praxis gab zunächst der Entwicklung der modernen Architektur keine Chancen. Als man jedoch immer mehr auf kapitalistische Weise zu produzieren begann, stieg auch das technische Niveau der Produktionsanlagen und Bauten. Es bildete sich eine bürgerliche Schicht heraus, die, in der Regel mit ausländischen Erfahrungen versehen, höhere funktionelle und wirtschaftliche Forderungen stellte. Forderungen, denen man auf dem Gebiet des Bauens nur mit Hilfe der modernen Architektur nachkommen konnte.

Zu den ersten Anhängern der modernen Architektur gehörte Lajos Kozma, ein Schüler von Béla Lajta, welcher vor dem ersten Weltkrieg einige Bauten von hervorragender Qualität entworfen und sozusagen einen Übergang vom Jugendstil zur modernen Architektur geschaffen hatte. Kozma entwickelte sich vom Grafiker, Möbelentwerfer und Innenarchitekten zu einem Meister der modernen Architektur. Gyula Kaesz trat mit schön geformten Möbeln, Inneneinrichtungen und mit dem wohlerwogenen Umbau einiger Banken hervor.

Moderne Formen zeigten sich zuerst beim Bau von Einfamilienhäusern für die Intelligenz; des weiteren beim Bau von Portalen und Schaufenstern: der sich entwickelnde Handel wünschte sie aus Gründen der Reklame – Portale und Schaufenster mit großer Glasfläche, die die Aufmerksamkeit auf die Ware lenken. Hier zuerst durften zeitgemäße baukünstlerische Ansichten zur Geltung kommen. Ein großer Teil der Architekten lernte durch das Entwerfen von Ladenfronten die formgebenden Möglichkeiten des Neuen Bauens kennen.

Mit zunehmender Erkenntnis der Hygieneansprüche an die Wohnung drang die moderne Architektur auch zum Mietshausbau vor. Das Bestreben, die Straßenfront besser auszunutzen, brachte den Dreitraktenbau und die Mittelhalle mit sich, Forderungen nach mehr Licht führten zu größeren Fen-

15–17 Mietshaus,
Budapest, Mártirok-Straße, 1938
Straßenfront und Innenhof
Architekt: Imre Platschek

stern. Für eine moderne Wohnung konnte man selbst bei kleinerer Wohnfläche höhere Mieten verlangen als für eine Altbauwohnung. Der Kampf um eingesparte Zentimeter fand seine Entsprechung im Skelettbau. Für die einfachen Fassaden verwendete man den gerade erfundenen „Edelputz" oder Verkleidungen aus dünnen Steinplatten. Die Tischler- und Schlossermeister wetteiferten um die Lösung von sparsameren und gleichzeitig mehr Licht spendenden Fensterkonstruktionen. Nach deutschem Muster verwendete man konstruierte Sperrholztüren mit Metallzargen usw. Es muß hier bemerkt werden, daß bis zum Ende der beschriebenen Periode in Ungarn eine qualitätvolle Serienherstellung für Beschläge, Beleuchtungskörper, Möbel usw. fehlte. In ihrer Form hochwertige Einrichtungsgegenstände wurden aus dem Ausland eingeführt oder von Architekten bzw. Innenarchitekten als Einzelstücke entworfen.

Ein bedeutendes Ereignis für die moderne Architektur Ungarns war eine Mustersiedlung von Einfamilienhäusern in Budapest, in der Napraforgó utca, finanziert von einer Baufirma. Ähnlich wie bei der Weißenhofsiedlung Stuttgart sind die Häuser der Siedlung von verschiedenen Architekten entworfen. Hier konnten auch die CIAM-Mitglieder, genau wie andere modern denkende Architekten, ihre Vorstellungen an verwirklichten Beispielen zeigen. Dem Bau der Siedlung folgte eine Reihe von modernen Einfamilienhäusern und freistehenden kleinen Mehrfamilienhäusern in den dreißiger Jahren. Von den Architekten sollen nur Farkas Molnár und József Fischer genannt werden; der letztere wurde nach dem zweiten Weltkrieg Leiter des „Hauptstädtischen Bauamtes" in Budapest.

Auch im Mietshausbau verbreitete sich jetzt die neue Architektur schnell. Man kann sogar von einem speziellen ungarischen Typ des Budapester modernen Mietshauses sprechen (Zwei-Zimmer-Halle-, Drei-Zimmer-Halle- und Garcon-Wohnungen) mit geschlossenen und offenen Erkern sowie pompös gestalteten, meist mit Marmor verkleideten Hausfluren. Ganze Stadtteile wurden mit solchen, meistens vier- bis sechsstöckigen Häusern bebaut. Einen vorwärtsweisenden Versuch bedeutet die Bebauung der Südseite des Köztársaság-Platzes in Budapest: Drei achtstöckige Zeilen stehen quer zur Straßenfront. Sie wurden im Auftrage der staatlichen Versicherungsgesellschaft von verschiedenen Architekten gemeinsam entworfen.

Bei den Kommunalbauten hatte die moderne Architektur vor allem da eine Chance, wo durch funktionelle Eigenart neuartige Konstruktionen geradezu erforderlich waren, ein Beispiel ist die Schwimmhalle auf der Margaretenin-sel in Budapest (Architekt A. Hajós). Auch drei Kirchen halfen, die moderne Architektur „salonfähig" zu machen. Zwei davon in Budapest (Architekt B. Árkay sowie Architekt Gy. Rimanóczy), die dritte in Balatonboglár (Architekt I. Kotsis).

Die Zahl der Kommunalbauten zwischen den zwei Weltkriegen ist verhältnismäßig niedrig, ihre Stilentwicklung zeigt sich keineswegs so gleichmäßig wie beim Wohnungsbau. Bis Ende der dreißiger Jahre finden wir neben den modernen auch zahlreiche eklektische oder magyarisierende Schöpfungen.

Zu den gelungenen Bauten gehören außer den erwähnten Kirchen einige Krankenhäuser, einige Hotels und auch einige Büro- und Industriebauten, wie das Gebäude der Ingenieurkammer, das des heutigen Ministeriums für Leichtindustrie (Architekt: J. Wanner) und die ehemalige Fabrik Stühmer mit ihren die Funktion des Gebäudes widerspiegelnden Fassaden (Architekten: A. und V. Olgyay).

18/19 Mietshaus,
Budapest, Régi-Posta-Gasse, 1938
Gesamtansicht und Portal
Architekt: Lajos Kozma

Blicken wir auf die ungarische Architektur der Zeit zwischen den beiden Weltkriegen zurück, zeigt sich deutlich ein Einschnitt: War um die Jahrhundertwende ein Anschluß an das europäische Niveau erreicht und gab es in den Jahren bis zum ersten Weltkrieg noch eine Steigerung um einige fortschrittliche und wegweisende Schöpfungen, so fiel die Entwicklung nach dem Kriege auf ein vergleichsweise provinzialisches Niveau zurück. Nur sehr langsam dann konnte sich die moderne Architektur Bahn brechen, doch vermochte sie trotz ihrer musterhaften Bauten die Entwicklung der europäischen Architektur kaum zu beeinflussen. Wir wären jedoch ungerecht, wenn wir den Verdienst derjenigen leugnen würden, die den besonderen Schwierigkeiten trotzten und treu ihren Prinzipien die moderne Architektur als Hauptziel ihres Schaffens ansahen. Ihr Kampf lief parallel mit dem Kampfe für die fortschrittliche Literatur und Kunst. Die Architekten, die – damals noch jung – daran teilnahmen, standen, wenn auch an der Zahl durch Krieg und faschistischen Terror sehr vermindert – zum Schaffen bereit, als 1945 unser neues Leben begann.

Dokumentation eines Fachbereichs

Steffen Bräuning, Rudolf Horn

Die „Hochschule für industrielle Formgestaltung Burg Giebichenstein" in Halle ist das Resultat eines langen Weges. An dessen Anfang stand eine auf das Kunsthandwerk und auf elementare Baugewerke orientierte Bildungsstätte. Im Verlauf der Entwicklung haben sich die ehemaligen Ausbildungsbereiche Architektur, Raumausstattung und Möbelbau der „alten" Burg zum heutigen Fachbereich „Möbel- und Ausbaugestaltung" gewandelt. Die Etappen dieser Wandlung sind im folgenden skizziert.[1]

1915–1920

Die „Handwerkerschule" in Halle sucht einen neuen Direktor, unter 75 Bewerbern fällt die Wahl auf den Architekten Paul Thiersch, der am 1. 7. 1915 sein Amt antritt. Thiersch werden besondere organisatorische Fähigkeiten nachgesagt, was sich bald bestätigen soll. Inhalt und Struktur der Schule verändern sich. In einer Denkschrift („Entwurf zur Neuorganisierung der staatlich-städtischen Handwerkerschule in Halle a. S. in eine Kunstgewerbe- und Handwerkerschule") an den Magistrat von Halle wird die Bildung einer „Fachklasse für Architektur und Raumausstattung" bekanntgegeben. Im Lehrplan des Sommerhalbjahres 1916 ist erstmals ein „Meisteratelier für Architektur" als Teil der „Abteilung Kunstgewerbe" erwähnt. Leiter des Meisterateliers sowie der Fachklasse ist Paul Thiersch. Aus diesen Jahren des Beginns sind keine architektur- und raumgebundenen Arbeiten überliefert.

1/2 Ausstattung im Haus Peter Behrens, Weißenhof-Siedlung Stuttgart (Ausstellung „Die Wohnung"), gestaltet von Paul Thiersch, 1927

[1] vgl. auch Bräunig, Steffen: Die Geschichte des Fachbereichs Möbel- und Ausbaugestaltung von den Anfängen der künstlerischen Lehreinrichtung Burg Giebichenstein bis zur Gegenwart, in: Zur Geschichte der industriellen Formgestaltung. 5. Kolloquium zu Fragen der Theorie und Methodik der industriellen Formgestaltung, Halle 1982.
Zur Geschichte der Schule als Ganzes siehe Nauhaus, Wilhelm: Die Burg Giebichenstein. Geschichte einer deutschen Kunstschule 1915–1933, Leipzig 1981

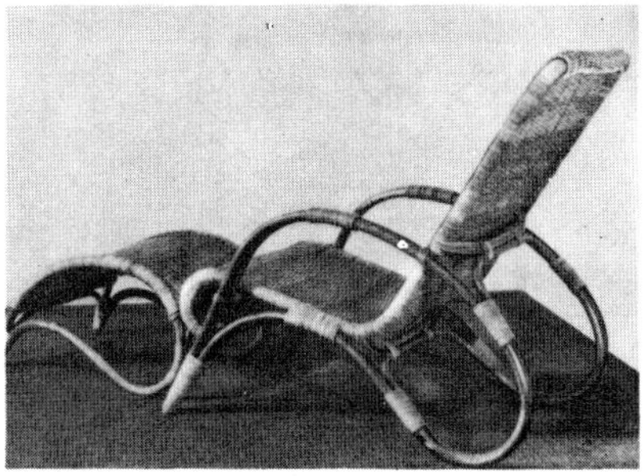

3–8 Möbel von Erich Dieckmann, 1931 bis 1933

Als Aufgaben wurden in der genannten Denkschrift ausgeführt: „Entwerfen von Raumausstattungen größeren Umfangs: Geschäftsräume, Gesellschaftsräume ... Entwerfen von Gartenarchitekturen, Grabmalen, Wohn- und kleineren Amtsgebäuden mit vollständiger Innenausstattung; Darstellen in verschiedenen Techniken."[2]

1918 erhielt die Schule auf Betreiben von Thiersch die Bezeichnung „Handwerker- und Kunstgewerbeschule".

Um 1920 bestehen an der Schule unter anderem Klassen für Architektur, Raumausstattung, Plastik, Malerei, Graphik, Schrift, Photographie, Bühnenausstattung sowie Werkstätten für Emaille, Metall, Buchdruck, Keramik, Buchbinderei, Handweberei.

1921–1926

Johannes Niemeyer wird 1921 als Lehrer für Raumausstattung berufen. Das Meisteratelier wird weiterhin von Paul Thiersch geleitet, die Tischlerwerkstatt von Meister Eduard Schimpf. Johannes Niemeyer war Architekt. Nach seinem Studium an der Technischen Hochschule in München hatte er in den Deutschen Werkstätten Hellerau noch eine Lehre als Tischler abgeschlossen. Während seines kurzen Wirkens an der Schule entsteht das „Haus Niemeyer" in Halle-Kröllwitz (1924) und der Entwurf für die Gewerkschaftsschule in Leipzig-Schleusig, der 1928 verwirklicht wird. Es kann angenommen werden, daß in derartige Projekte die Lehrer ihre Schüler (der Fachklassen) einbezogen, weil man in dieser Art Mitwirkung einen erheblichen Lehrgewinn sah. Schülerarbeiten als solche sind aus dieser Zeit nicht nachzuweisen.

Im Sommer 1921 wird die Kunstgewerbeabteilung aus der „Handwerker- und Kunstgewerbeschule" herausgelöst, ein Jahr später wird sie in die Unterburg Giebichenstein verlegt. Seitdem spricht man von der „Burg". Sie erhält eine eigene Verwaltung mit eigenem Etat und eigenem Haushaltsplan. Bis

[2] zitiert nach Nauhaus, Wilhelm: Die Burg Giebichenstein, a. a. O., S. 20

9 Gaststätte des Flughafens Halle–Leipzig, 1930/31
Architekt: Hans Wittwer

10 Haus Niemeyer in Halle-Kröllwitz
Architekt: Johannes Niemeyer, 1924

11 Entwurf zu einem Wohnhaus von Johannes Niemeyer, um 1924

12 Teil der Ausstattung für die Kunstschule Burg Giebichenstein, um 1950

13/14 „Umsiedlerschrank", um 1947

1928 erfolgt keine Änderung der Struktur in den Bereichen Architektur und Raumausstattung.

1927/28

Teilnahme der „Burg" an der Werkbundausstellung „Die Wohnung" in Stuttgart. Peter Behrens hatte Paul Thiersch aufgefordert, zwei Wohnräume des von ihm projektierten Hauses in der Werkbund-Siedlung auf dem Weißenhof vollständig auszustatten.

Der Beitrag der „Burg" für diese Ausstellung – er umfaßte Möbel, Textilien, Keramiken und Metallgestaltungen – zeigt eine gestalterische Leistung, die dem Bauhütten-Ideal Paul Thierschs entspricht, „... in der organisatorischen Zusammenfassung aller Kräfte ein gemeinsames, lebendiges Werkzeug für die neuen Aufgaben der Architektur aufzubauen".[3]

1927 entstanden auch die Großflugzeughalle auf dem Flughafen Halle–Leipzig (1927) und die Giebichensteinbrücke in Halle (1928), beide nach Entwürfen von Paul Thiersch.

1929–1931

Hans Wittwer, ein Schweizer Architekt, vom Bauhaus Dessau kommend, übernimmt die Leitung der Fachklasse für Architektur. Die Klasse für Raumausstattung führt ab 1931 Erich Dieckmann, Absolvent des Bauhauses. Die Tischlerwerkstatt untersteht Meister Friedrich Brunner. Die Berufungen von Hans Wittwer und Erich Dieckmann waren für das gestalterische Profil der Architektur sowie der Möbel- und Innenraumgestaltung von großer Bedeutung.

Hans Wittwer hatte seit 1926 mit Hannes Meyer zusammengearbeitet. Beide hatten überzeugende Beispiele moderner Architektur (Wettbewerbsentwürfe für die Petersschule in Basel 1926, für den Völkerbundpalast in Genf 1926/27 sowie für die Gewerkschaftsschule in Bernau 1927) geschaffen.

[3] zitiert nach Nauhaus, Wilhelm: Die Burg Giebichenstein, a. a. O., S. 25

15/16 Biegeholzmöbel
von Friedrich Engemann, um 1950

Während seiner „Burg"-Zeit projektierte Hans Wittwer unter anderem 1932 das Gebäude des Restaurants auf dem Flughafen Halle–Leipzig. Dieses Bauwerk bezeugt eine Gestaltungskonzeption, die, neben ihrer konsequenten Funktionalität, durch die Werkstoffe Stahl und Glas bestimmt ist. Die beeindruckend konsequenten Konstruktionen sind von außen und innen gleichermaßen erlebbar. Zur Ausstattung des Baues werden verschiedene Werkstätten und Klassen der „Burg" herangezogen: die Fachklasse für Malerei stellt unter Leitung von Erwin Hahs farbig getönte Glasscheiben her, aus der Weberei – sie wird von Benita Otte, einer ehemaligen Angehörigen des Bauhauses, geleitet – kommen Textilien, Marguerite Friedlaender, die ebenfalls vom Bauhaus übergesiedelt ist, schafft in Zusammenarbeit mit der Staatlichen Porzellanmanufaktur Berlin ein industriell herstellbares Service. Karl Müller, ehemaliger Mitarbeiter der „Vereinigten Werkstätten Berlin", entwirft Leuchten und Beschläge.

Die Möbel von Erich Dieckmann entsprechen den Erfordernissen serieller Fertigung und formbarer Werkstoffe, wie Stahl, Naturrohr oder Holz. Er orientiert seine Schüler darauf, daß gestalterisches Wirken „nur durch eine sinnvolle Breitenarbeit in der herstellenden Industrie einen dauernden Erfolg" bringen könnte.

1933

Wenige Monate nach Beginn der faschistischen Diktatur in Deutschland werden im Sommer 1933 die Fachklassen für Architektur und für Raumausstattung geschlossen und ihre Lehrer entlassen.

1945

Bald nach Kriegsende beginnt an der „Burg" – ihr offizieller Name ist jetzt „Kunstschule Burg Giebichenstein-Werkstätten der Stadt Halle" – der Lehrbetrieb. Am 15. 8. 1946 wird der Architekt Hanns Hopp Direktor, er leitet bis

Fortsetzung Seite 277

17 Montageschrank
von Friedrich Engemann, gestaltet
für den Experimentalbau P 2/12,
Berlin/Fennpfuhl, 1962

18 MDW-Programm: Ecklösung
mit Arbeitsplatz, 1966
Gestalter: Rudolf Horn,
Eberhard Wüstner

19 Kombinationsmöbelprogramm
„Themasett",
Variante mit Arbeitsplatz, 1968
Gestalter: Rudolf Horn, Erich Schubert,
Eberhard Wüstner

20/21 SIMPLEX-Möbel (Varianten), 1973
Gestalter: Ute Geißler, Diplomarbeit
Betreuer: Rudolf Horn

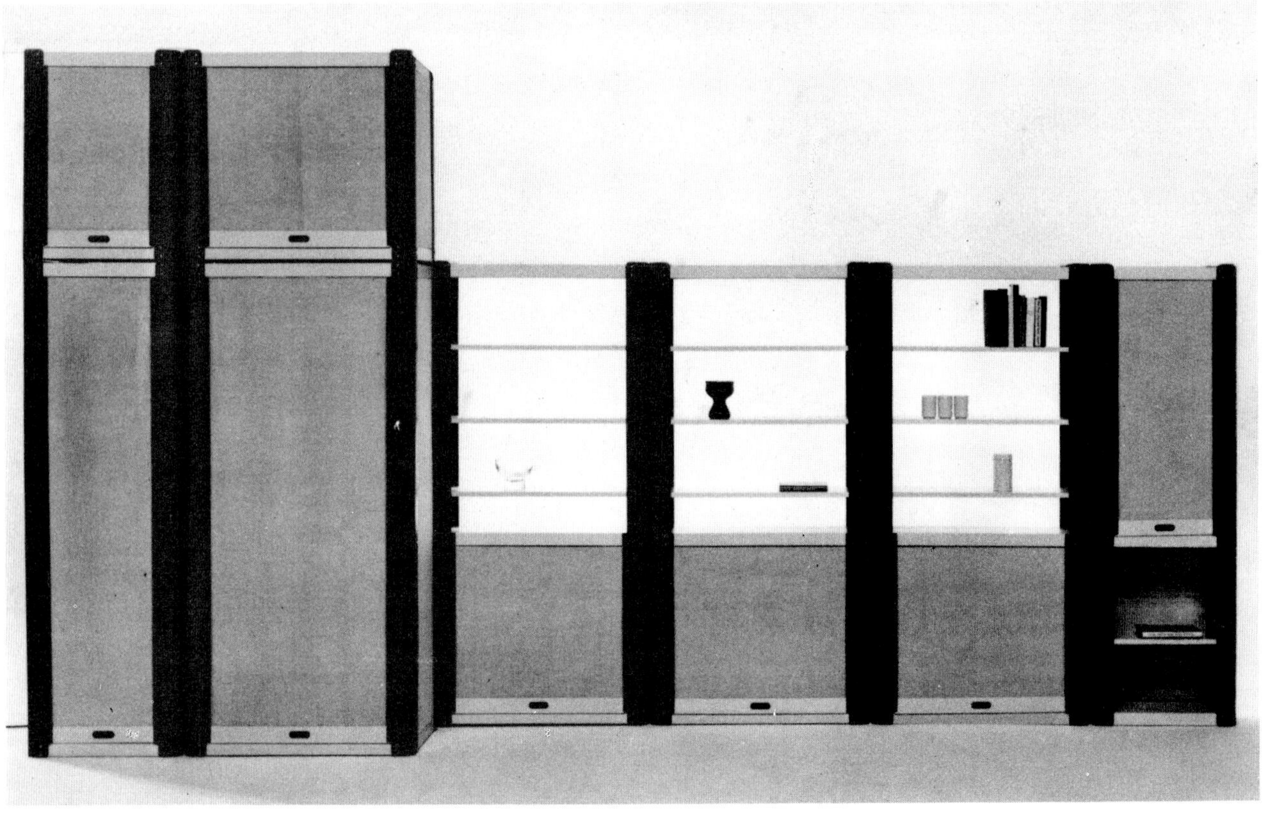

22 Möbelprogramm „Schwerin", 1975
Gestalter: Karin Gewinger, Diplomarbeit
Betreuer: Rudolf Horn

23 Einfachmöbel für den Wohnbereich, 1977
Gestalter: Rudolf Horn, Erich Schubert, Horst Städtner

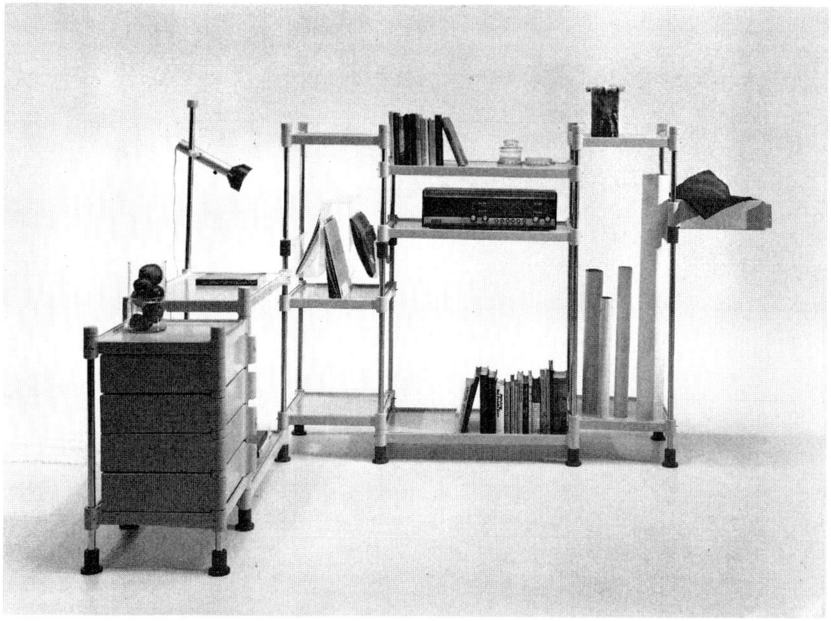

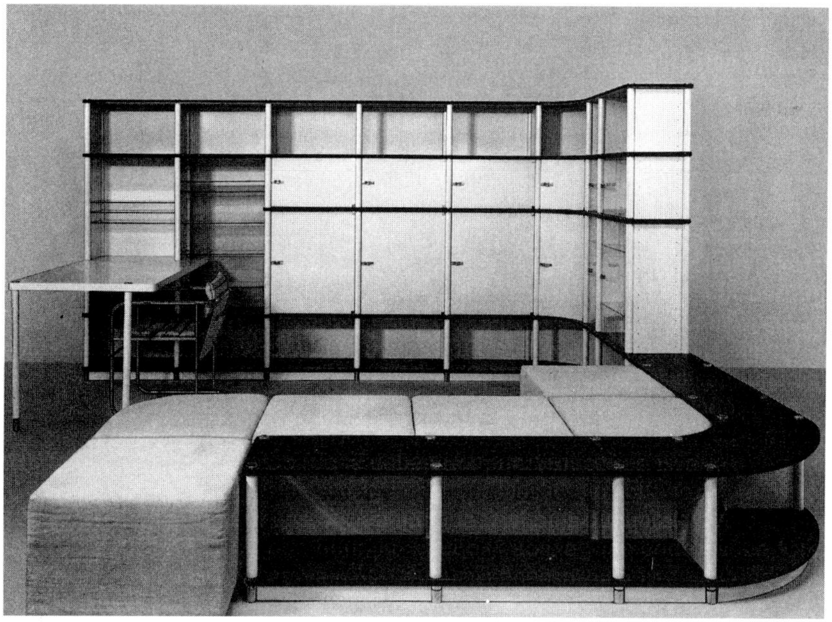

24 Tisch-Stuhl-Ensemble, 1973/74
Gestalter: Wolfgang Raimann,
3. Studienjahr
Betreuer: Rudolf Horn

25 Tisch-Stuhl-Gruppe
für den Mehrzweckraum
eines Kindergartens, 1975
Gestalter: Horst Stäudtner
Betreuer: Rudolf Horn

Fortsetzung von Seite 272
zu seinem Weggang 1949 zugleich die Architekturklasse. Die Klasse für Möbel- und Innenausbau bleibt zunächst unbesetzt. Hopp stellt sich mit seinen wenigen Schülern den dringenden Aufgaben dieser Jahre. Projekte für den Aufbau von Kulturhäusern der Maschinen-Ausleih-Stationen sowie Entwürfe für einfache Möbel entstehen. Doch man denkt auch an die Zukunft; Projekte für das Stadtzentrum Halle sowie für Siedlungs- und Verkehrsbauten der Stadt belegen das nachdrücklich.

1948

Friedrich Engemann kommt an die „Burg". Er hatte am Bauhaus Dessau studiert und dort zuletzt die Versuchs- und Entwicklungswerkstatt geleitet. Engemann übernimmt nach dem Weggang von Hanns Hopp 1949 die Architekturklasse. Er orientiert die Ausbildung und ihre Inhalte am „großen Bau". Die Tischlerwerkstatt – bis dahin noch handwerkliche Ausbildungsstätte – wird in eine Versuchs- und Modellwerkstatt umgewandelt.

1949

Die Gründung der Deutschen Demokratischen Republik leitet eine neue Etappe der Entwicklung für die „Burg" ein. Sie gewinnt im folgenden Jahrzehnt unter dem Einfluß tiefgreifender gesellschaftlicher Veränderungen ihr neues Profil. Neben den künstlerischen und kunsthandwerklichen Disziplinen entwickelt sich die gestaltende Arbeit für die Industrie nicht nur als „Teilleistung" des Kunsthandwerks, sondern als selbständige Disziplin.

26 Stahlrohrstuhl für Kulturhäuser (Variante), 1978
Gestalter: Christine Groh, Diplomarbeit
Betreuer: Rudolf Horn

27 Produkt- und Ausbaugestaltung für einen Kindergarten, 1974
Gestalter: Angelika Christina Brzóska, Diplomarbeit
Betreuer: Rudolf Horn

1950
Die Architekturklasse wird zur Abteilung „Bau und Raum" umgewandelt. Es ist der Versuch einer Synthese von Architektur, Innenarchitektur und Produktgestaltung in der Ausbildung, wobei Architektur der eigentliche Gegenstand bleibt.

1958
Die „Burg" erhält den Status einer „Hochschule für industrielle Formgestaltung". In der Abteilung „Bau und Raum" gewinnen Gestaltungsaufgaben für die Industrie an Bedeutung. Die Abteilung beteiligt sich 1962 an einem Wettbewerb zur Ausstattung von Wohnungen des neuen Wohnungstyps P 2/12.

1966 bis heute
Um den Erfordernissen der Industrie auf den Gebieten der Möbel- und Ausbaugestaltung durch eine adäquate Ausbildung zu entsprechen, wird 1966 das „Institut für Möbel und Ausbaugestaltung" gegründet. Im Ergebnis der Beschlüsse zur dritten Hochschulreform gehen 1970 aus diesem Institut der Fachbereich „Möbel-Ausbaugestaltung" sowie die „Forschungs- und Entwicklungsgruppe der Sektion Wohnen, Bildung und Erholung"[4] hervor. Ausbildung und Erziehung sind jetzt eng mit der Forschung und praktisch-gestalterischen Arbeit für die gesellschaftliche Praxis verbunden. Das Produkt der großen Serie ist das zentrierende Anliegen aller Forschung, Entwicklung und Lehre.

Die Ergebnisse zeigen eine programmatische Entwicklung: vom individuellen zum gesellschaftlichen Raum.

Zunächst wurden die Dinge im Bereich der Wohnung zum Gegenstand der Gestaltungsarbeit. Es entstanden unter anderem das „MDW-Programm" für den VEB Deutsche Werkstätten Hellerau (1967) und das Möbelprogramm „Themasett" (1968). Der Entwicklung neuer Formen des Wohnens galt der Aufgabenkomplex „Variables Wohnen" (1973).

Über einen längeren Zeitraum (1968–1975) wurden gemeinsam mit der Bauakademie der DDR in Neubauten der Städte Rostock, Berlin, Dresden und Niesky unter aktiver Mitarbeit der künftigen Wohnungsnutzer Prinziplösungen für eine disponible Gliederung innenwandfreier Wohnhüllen mit Hilfe eines komplexen Ausbau- und Ausstattungssystems erprobt. Studierende waren mit zahlreichen Diplom- und Studienaufgaben an diesen Arbeiten beteiligt.

Die zunehmende Komplexität der Gestaltungsthemen erfordert Gemeinschaftsarbeit mit anderen Fachbereichen und Sektionen der Hochschule. Das ist ein grundlegendes Arbeitsprinzip. Beispielhaft hierfür ist die „Komplexe Gestaltung Kindergarten-Doppelgruppe" (1974), an der Lehrer und Studenten aus vier Fachbereichen beteiligt waren. Spielzeuge und Spielgeräte kamen aus dem Bereich Spielmittel, die Raumtextilien aus dem Bereich Flächengestaltung, Möbel aus dem Bereich Möbel- und Ausbaugestaltung, die Abteilung Gefäßgestaltung formte nicht nur das Geschirr, sondern auch transparente Spielmittel aus Kunststoff.

Die Gestaltung gesellschaftlich genutzter Räume bedingte die produktive Zusammenarbeit mit den Fachbereichen Malerei und Bildteppichgestaltung der Sektion „Bildende und Angewandte Kunst". Interessante Ergebnisse dieses Zusammenwirkens zeigen die Projekte „Hausgemeinschaftsraum" (1975), „Ausstattung von Jugendklubeinrichtungen" (1979), „Komplexe Ausstattung kultureller Einrichtungen" (1980) und „Mehrzwecksaal der Akademie der Wissenschaften Leipzig" (1981).

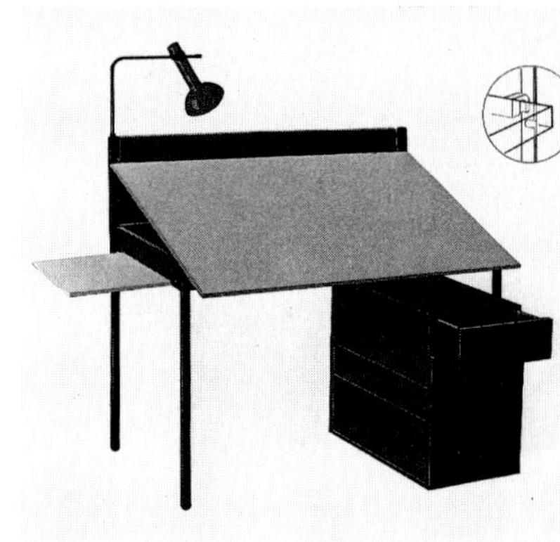

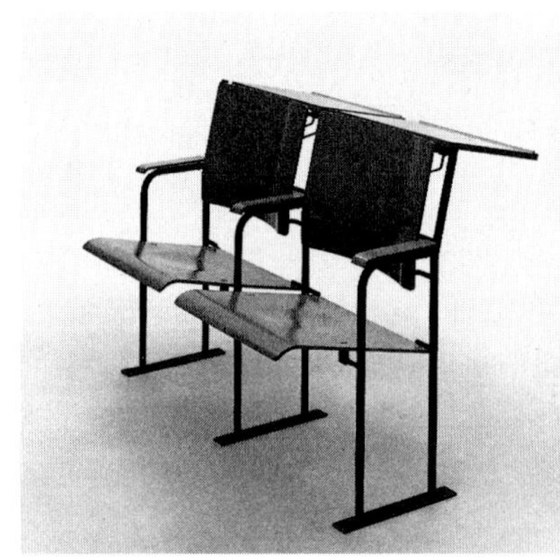

[4] vgl. für die Etappe 1966 bis 1976 Köster, Hein: Zehn Jahre Entwicklungsarbeit, in: form+zweck 4/76, S. 13–22

[5] Horn, Rudolf: Thesen zum Verhältnis von Formgestaltung und Ökonomie, in: 2. Kolloquium zu Fragen der Theorie und Methodik der industriellen Formgestaltung, Halle 1979, S. 78

28/29 Ausstattung für schulische Einrichtungen, 1980
Zeichenarbeitsplatz
Gestaltung: Studentenkollektiv, 3. Studienjahr
Betreuer: Hedwig Jaeckel, Horst Städtner

30 Baudesign: Ergänzungssortiment für Bauelemente der WBS 70, 1982
Gestalter: Jörg Grasemann, Kerstin Maciaszek, Diplomarbeit
Betreuer: Dieter Schaller

Die Auseinandersetzung mit neuen Werkstoffen, Konstruktionen und Technologien im Auftrag der Industrie ist seit Gründung des Fachbereiches immer wiederkehrendes Gestaltungsthema. „Es ist nicht eine vorgefaßte ‚Formidee', die über die Effektivität der Verwertung von Werkstoff, Technologie und Konstruktion gebietet, sondern sie gebieten über die Effektivität der Form."[5] In diesem Sinne kennzeichnen die Arbeiten SIMPLEX-Möbel (1973), Funktionselemente aus PUR (1974), Standardleuchtenprogramm aus dem Baukasten (1975), Einfachmöbel (1977), PUR-Möbel für Schwedt (1978) und Mitnahmemöbel (1980) charakteristische Arbeitsergebnisse.

Die enge Verbindung des Fachbereiches mit der Praxis führte auch auf den Gebieten der Ausbaugestaltung und der baugebundenen Gestaltung zu wesentlichen Ergebnissen. Die Gestaltung von Hauseingängen für die WBS 70 (1974) und von Hauseingangszonen (1980), die Entwicklung von Straßenmöbeln und Elementen zur Freiraumgestaltung in städtischen Wohngebieten (1981) sowie „Baudesign" (1982) und Gestaltungsarbeiten wie die Ausstattung des Informations- und Bildungszentrums Magdeburg (1980) sind dafür Belege. Lehre, Forschung und Entwicklung sind seit Bestehen des Fachbereiches Möbel- und Ausbaugestaltung eng mit der gesellschaftlichen Praxis verbunden und an ihren gegenwärtigen und zukünftigen Erfordernissen orientiert.

Tafelgeräte und neues Leben

Dagmar Lüder

Arme und Unbedeutende essen, Standespersonen, Helden und Autoritäten tafeln. Der Begriff „Tafelgeräte" verweist historisch auf den repräsentativen und exhibitionistischen Aspekt des Speisens, auf den Schauwert gedeckter Tische. Blütenweißer Damast, hauchdünnes Porzellan, edel geschliffene Gläser und Karaffen, funkelnde Kristallschalen, auserlesene Blumenarrangements sind die obligaten Bestandteile der gehobenen Tafelszenerie, dazu das Gerät aus Silber: spiegelblank und blitzend, gediegen, schwer und massig – Symbole des Kostbaren. Kostbar ist, was nicht jeder hat.

Die in Szene gesetzte Gegenständlichkeit erfüllt eine Zeichenfunktion, sie demonstriert Besitz, Wohlstand, Auserwähltheit. Die zum Mahl Geladenen sind gehalten, über Speise und Trank hinaus den augenscheinlichen Beweis von Glanz, Größe und Adel des Gastgebers zu konsumieren.

Die Statussymbolik des gedeckten Tisches geht auf Zeiten zurück, da feingearbeitetes Gold und Silber sowie andere ins Auge stechende Reichtümer den Ruhm von Recken, Rittern und Fürsten zu begründen, zu befestigen und zu befördern hatten. Zu diesem Zwecke mußten die Schätze zur Schau gestellt werden, was aber war dazu besser geeignet, als jene prächtigen Gelage, von denen alle auf uns gekommenen Helden- und Ritterepen zu berichten wissen?

Übrigens solltet ihr nie vergessen, daß ihr bloß darum eine so glänzende Figur in den Städten macht, weil ihr so viele arme Miteinwohner habt und Zehntausende für eure Vergnügen in Bewegung sind; und daß ihr niemand habt, der euern Reichtum bewundert, wenn ihr so für euch allein im Dunkeln reich seid. Gebt also dem großen Haufen Gelegenheit, euer Silber und eure kostbaren Möbel anzustaunen; laßt den großen Freundschaftsbecher auch unter ihnen herumgehen, wäre es auch nur, damit sie unterm Trinken den massiv goldenen Pokal betrachten, seine mächtige Schwere in der Hand wägen und, indem sie die Schönheit der Figuren bewundern, die Kunst der Arbeit beinahe dem Wert des Goldes selbst gleichschätzen.

(Lukian: Saturnalische Verhandlungen, 2. Jahrhundert)

Wandlungen

Über Jahrhunderte gehörten Tafelsilber und lückenlose Ahnenreihe zusammen. Das neunzehnte Jahrhundert ersetzte vornehme Herkunft durch Kapital. Wer keinen Stammbaum hatte, dafür aber Geld, erwarb mittels desselben das für eine repräsentative Tafel unentbehrliche Silber, ein paar Palmen, ein eichenes Speisezimmer und bat zu Tisch. Ausstattung und Interieur vermeldeten unmißverständlich – im Sinne der alten Bedeutungsmuster – den Anspruch auf Ehre und Achtung, wie sie einer Crême der Gesellschaft gebühren.

Das neunzehnte Jahrhundert ersetzte aber nicht nur die vornehme Herkunft, sondern auch das echte Silber. Das Neusilber, Alpacca genannt, wurde erfunden, eine Legierung aus Kupfer, Nickel und Zink, die, mit einer hauchdünnen Silberschicht überzogen, so fein tat, wie man vom alten Silber gewohnt war. Sie glänzte ganz ebenso.

Tafelgerät aus Neusilber entstammte keiner Werkstatt eines Silberschmiedes mehr, sondern den Produktionshallen industrieller Unternehmen. Es konnte mit Hilfe maschineller Technik massenhaft und wohlfeil hergestellt werden: Die Insignien des Reichtums wurden verbilligt und damit tendentiell erschwinglich für die Vielen, ein Antagonismus, der allmählich die an das alte Tafelsilber gebundenen Wertvorstellungen zersetzte. Eine Tafelsilber herstellende Industrie blühte auf.

Das neunzehnte Jahrhundert tat noch ein übriges: Es schuf der Tafel neue Orte, neue Paläste, neue Einkehrstätten der „überfütterten Luxusgesell-

[1] Thomas Mann: Bekenntnisse des Hochstaplers Felix Krull, Leipzig 1977, S. 73

[2] Thomas Mann: Buddenbrooks, Berlin o. J., S. 30

[3] Thomas Mann: Wälsungenblut, in: Erzählungen, Berlin und Weimar 1980, S. 162

1–8 (S. 281/282) aus dem Haupt-Musterbuch 270
der August Wellner Söhne AG, um 1925/26:
Tafelgeräte, Alpacca, versilbert
für den Hotelgebrauch
1 Tafelaufsatz

schaft"[1]: die Hotels. Sie meldeten einen beachtlichen Bedarf an, was das Instrumentarium der Tafel betraf, sie benötigten die Aura des Silbers als Bestandteil eines standardisierten Luxus, und sie benötigten sie massenhaft: Die neuen Potenzen der Produktion fanden ihre Entsprechung in den neuen Potenzen der Konsumtion.

Die industriellen Produzenten von Tafelgeräten unterschieden zwei Kategorien: Tafelgeräte für den privaten Gebrauch und Tafelgeräte für den Hotelgebrauch. Für letzteres kam der Begriff Hotelsilber in Umlauf. Nicht, daß die Hotels die einzigen Abnehmer gewesen wären, auch andere Etablissements von Distinktion – Sanatorien, Kaffeehäuser, Restaurants – legten Wert auf die augenfälligen Reize silberner Platten und Schüsseln – das Hotel vertrat aber gewissermaßen die *höchste* Art der gastronomischen Gattung. Was sich bis in die heutige Zeit erhalten hat.

Im Kreise der Noblesse

Der Gebrauch des herkömmlichen Tafelsilbers war nicht denkbar ohne den Sachverhalt der Bedienung. Wer mit Silber und venezianischen Gläsern speist, darf sich um das Säubern und Putzen dieser Dinge nicht kümmern. Das Vergnügen, bei Tafel zu sitzen und etliche Gänge unter Einsatz immer neuen Geschirrs zu konsumieren, verschwendet keinen Gedanken an die Arbeit, die das macht. Luxus ist so bestimmt.

„Man saß auf hochlehnigen schweren Stühlen, speiste mit schwerem Silbergerät schwere, gute Sachen, trank schwere gute Weine dazu und sagte seine Meinung."[2] Man ist umgeben von einer lautlos aktiven Dienerschaft. Sie eilt beflissen, „mit einer Art Leidenschaft des Dienens"[3] und eingeweiht in die normativen Erfordernisse einer noblen Tafel, mit den Speisen zum Tisch, sie reicht die Schüsseln und Platten, wechselt die Teller und Gläser, schenkt Wein, Champagner oder Likör ein und trägt dezent das beschmutzte Geschirr aus dem Blickfeld der Tafelnden, um es im Jenseits des Wirtschaftsbereiches dem dort tätigen Personal zur Säuberung und Wiederherstellung seiner glanzvollen Eigenschaften zu überantworten.

Das Hotel nahm diesen Gestus des Hauses von Stand und Rang auf; nicht nur Raum und Gegenstand sind dem verpflichtet, sondern auch die ständige Präsenz eines Personals, das gehalten ist, das Bedienen als die höchste und glückseligste Berufung anzusehen und die eigene Individualität ganz im Habitus des Domestiken eines großen Herrn verschwinden zu lassen.

Ein Hotel ist kein Gasthaus. Das Kriterium dafür, ob ein Mensch als hotelfähig anerkannt wird, ist die gehobene Zahlungsfähigkeit. Man bezahlt zum wenigsten das Dach über dem Kopf, die Versorgtheit, die Unterkunft, sondern man bezahlt das Zugelassensein und die Anwesenheit im Kreise der Noblesse, man bezahlt die untadelige Bedienung und die exklusive Gegenständlichkeit. Für die Dauer des Aufenthaltes ist man Herrschaft, ganz gleich, was man sonst ist. Geld sowie eine Aufmachung, die dem Klima des Aristokratischen nicht widerspricht, sind die Voraussetzung für den Eintritt in diese Sphäre, den ein geschultes Personal überwacht.

Alles, was zur Tafel gehört, muß diesen Anspruch zur Geltung bringen. Das alte Hotelsilber ist dem in seinem Gestaltausdruck verpflichtet. Es widerspiegelt den Konflikt zwischen Luxus und Rentabilität. Die zur Anwendung kommenden Dinge haben zwar den atmosphärischen Gebrauch einer privilegierten Tafel zu sichern, unterliegen dabei aber den Kriterien einer rationellen Betriebswirtschaft. Die Aufgabe, das gehobene Tafeln sinnlich präsent zu

Unter schattenspendenden Bäumen standen Tische und Stühle, so kunstvoll gearbeitet, daß sie nur einem Kaiser gehören konnten. Auf den Tischen aber dampften leckere Speisen in Hülle und Fülle, angerichtet in silbernen Schüsseln, und Becher aus reinem Gold waren mit köstlichem Wein gefüllt.

(Herzog Ernst, vermutlich 12. Jahrhundert)

Das Mädchen ... ging sogleich zum König und sprach: „Lieber Vater, ich weiß nicht, wozu ein Fürst überhaupt da ist, wenn er nicht von Zeit zu Zeit ein Fest gibt. Ihr solltet zu Pfingsten die Herzöge, Grafen und Ritter sowie alle Edlen des Landes einladen und ihnen zeigen, wie reich und mächtig Ihr seid."

(König Rother, vermutlich 12. Jahrhundert)

2–4 Suppenterrinen
5–7 Teekannen
8 Gemüseschüssel

9–14 (S. 283) aus dem Haupt-Musterbuch 340
der August Wellner Söhne AG, um 1931/32:
Tafelgeräte, Alpacca, versilbert
für den Privatgebrauch
9/10 Teekanne und Kaffeekanne
11–14 Rahmservice

machen, schlägt sich in stilistischen Zitaten des alten Tafelsilbers nieder, die Bestimmung, im Rahmen gastronomischer Dienstleistung ökonomisch zu funktionieren, macht einen glättenden und klärenden Einfluß, ein Streben nach zeitloser Gediegenheit und Dauerhaftigkeit der Form geltend.

Moderne Eleganz

In den zwanziger Jahren dieses Jahrhunderts wurde eine neue Ära eingeleitet. Der nichtrostende Stahl eroberte die metallverarbeitende Industrie. Mit ihm war ein Material gefunden, das Gelegenheit bot, das „teure Silbergeschirr für die Tafel" zu ersetzen, und zwar „vollkommen" zu ersetzen[4], denn nunmehr erübrigte sich auch der silbrige Überzug, wie er beim Alpacca noch notwendig gewesen war.

Ähnlich wie bei Einführung des Neusilbers gingen die neuen Möglichkeiten der Industrie mit einem Wandel im sozialen Gefüge der Gesellschaft zusammen. Diese hielt inzwischen zahllose bürgerliche Mittelstandshaushalte bereit, deren gesellschaftlicher Ehrgeiz darauf gerichtet war, eine renommierte Tafel zu halten, wenn diese sich mit erträglichem finanziellen und auch personellen Aufwand realisieren ließ. Die kulturellen Wertvorstellungen dieser Schichten zeigten sich den Verheißungen der Industrie ausreichend gewachsen; sie fühlten sich jedenfalls imstande, der einst so verbindlichen Norm des Tafelsilbers unter der Ägide moderner Eleganz die Stirn zu bieten.

„Elegante Schüsseln und Platten" aus rostfreiem Stahl erhoben nicht mehr den Anspruch, als Silberzeug zu erscheinen. Insofern waren sie auch nicht mehr an die Stilistik des alten Silbergeschirrs gebunden. Der Symbolik des Vornehmen wurde durch den metallischen Glanz Genüge getan. Das „silberähnliche Aussehen"[5] des neuen Materials schlug gleichsam die Brücke zwischen alteingestammtem und modernem Renommee.

[4] Clara Ebert-Stockinger: Das Buch der Hausfrau. Eine neuzeitliche Haushaltskunde, Basel–Leipzig–Wien 1929, S. 81
[5] ebenda

15–17 (S. 284) aus dem Katalog „Hotel- und Tafelgeräte" des VEB Auer Besteck- und Silberwarenwerke 1958:
Tafelgeräte, Alpacca, versilbert
Die Formen sind aus der Produktion von August Wellner Söhne AG übernommen und dabei entsprechend den Herstellungsbedingungen abgewandelt worden.
15/16 Suppentopfgarnitur und Schwedentopf
Beide Formen sind im Haupt-Musterbuch 340 der August Wellner Söhne AG verzeichnet und wurden bei der Übernahme geringfügig vereinfacht.
17 Gemüseschüsseln
Die Form ist schon im Haupt-Musterbuch 270 zu finden; sie wurde in Etappen modifiziert und wird noch heute – mit und ohne Griff – in verschiedenen Größen hergestellt
(vgl. Abb. 8 sowie 35 und 36)

Stahl wies gegenüber dem Neusilber eine beträchtlich höhere Festigkeit auf. Die industrielle Fertigung mußte sich darauf einstellen. Das wiederum blieb nicht ohne Einfluß auf die Gestaltung. Beim Entwurf der Formen mußte der Widerstand, den das Material dem Akt der Verformung entgegensetzte, in Rechnung gestellt werden: „Die durchweg schmucklose, streng sachliche Gestalt ist hier eine unabdingbare Forderung des Werkstoffs. Schliff und Politur der großen Flächen ... dem Stahl mühsam abgerungen, ist die einzige den Dingen angemessene ‚Verschönerung'."[6]

Die Neuheit fand Eingang zunächst in die individuellen *Haushalte* und fungierte nun nicht unwesentlich als Protagonist eines Formwandels auch beim Hotelsilber.

August Wellner Söhne

Drei Heinzelmännchen im Profil, die sich mit Messer, Gabel und Löffel abschleppen, bildeten bis zu ihrem Ende das Wahrzeichen der Sächsischen Metallwarenfabrik August Wellner Söhne AG – kurz AWS genannt – im erzgebirgischen Aue. Die Fabrik war 1854 von Christian Wellner gegründet worden, hatte zunächst Löffel aus Neusilber hergestellt, später sodann auch Gabeln, Messer und Besteckzubehör. Noch vor der Jahrhundertwende lief auch die Produktion von Tafelgeräten an.

Wellner, der Gründer, soll, wie überliefert ist, von Anfang an größten Wert auf Qualität seiner Erzeugnisse gelegt und damit ihren regen Absatz be-

[6] Wilhelm Braun–Feldweg: Metall, Werkformen und Arbeitsweisen, Ravensburg 1950, S. 28

[7] Geschichte der Besteckfertigung im Erzgebirge, Lehrbrief 5/58, VEB Auer Besteck- und Silberwarenwerke

[8] ebenda

[9] „Tafelgeräte", Haupt-Musterbuch 340 der Sächsischen Metallwarenfabrik August Wellner Söhne AG Aue i. S. (AWS), um 1931/32, S. 2

[10] ebenda, S. 4

[11] Alpacca. Versilberte und unversilberte Bestecke, Hotel- und Tafelgeräte, Haupt-Musterbuch 270 AWS, um 1925/26, S. IV

18–29 (S. 285–287) Teile aus dem Programm „Hotel- und Tafelgeräte", entstanden in den Jahren 1957 bis 1961
Gestalter: Christa Petroff-Bohne
Hersteller: VEB Auer Besteck- und Silberwarenwerke
18 Teekanne (hergestellt in 2 Größen)
19 Milch- und Heißwasserkannen
20 Eiskaffeebecher und Eisbecher
21 Suppentasse

wirkt und der Firma einen raschen Aufstieg gesichert haben.[7] Offenbar stellte sich das Unternehmen auch rechtzeitig auf die zahllosen Hotelgründungen ein, und nicht nur auf diese: in die Wellnersche Glanzzeit fielen die triumphalen Erfolge der großen Schiffahrtsgesellschaften – es war die Zeit der spektakulären Ozeandampfer, von denen zahlreiche mit Silberzeug auszustatten sich August Wellner Söhne zur Ehre anrechnete.[8] Zu Beginn der dreißiger Jahre inserierte sich die Firma als die „größte Spezialfabrik von Hotel- und Tafelgeräten"[9]. Hauptmusterbücher aus dieser Zeit preisen die „Original-Wellner-Tafelgeräte" als „schön – zweckmäßig – unverwüstlich"[10] und versichern einen diesen Attributen verpflichteten Produktionsethos; sie heben die hervorragende Schwere der Hotel- und Tafelgeräte hervor, die geeignet sei, „selbst in Massenbetrieben, wo die Pfleglichkeit der Behandlung zu wünschen übrig läßt, die sichere Gewähr für gediegenste Widerstandsfähigkeit gegen Verbiegen, Verbeulen oder gar Zerbrechen"[11] zu bieten.

Die Bücher verzeichnen jene Vielzahl von Gegenständen, die den genüßlichen Aufenthalt bei Tafel sicherten: Platten, Schalen, Schüsseln, Dosen, Ta-

22 Beilagenschale
(hergestellt in 3 Größen)
23 Gemüseschüssel mit Deckel

bletts, Untersetzer, Becher, Kannen, Töpfe, Terrinen, Menagen, Ständer und Gestelle aller Art und für die unterschiedlichsten Bestimmungen, dazu Bowlen, Sekt- und Weinkübel, Ascher, Leuchter, Vasen, Tafelaufsätze, und was dergleichen mehr ist. Das stilistische Repertoire reicht von schwülstigem Historismus bis zur unprätentiösen Schlichtheit, insbesondere bei den Schüsseln und Töpfen findet man schöne, klare und gediegene Formen, Tafelaufsätze hingegen – um das andere Extrem zu nennen – bieten sich in einer angestrengten Formbewegtheit und Ornamentik dar, was nicht verwundert, da ihr Dasein fast ausschließlich in Repräsentation aufgeht.

Neubeginn

Die Reste der Sächsischen Metallwarenfabrik August Wellner Söhne AG bildeten nach 1945 den Grundstock für einen neuen Betrieb. Er nannte sich VEB Auer Besteck- und Silberwarenwerke (ABS).

Ein wesentlicher Teil der Produktionskapazität konzentrierte sich auf die Besteckfertigung. Es galt, einen akuten Mangel zu beheben. Zugleich wurde auch die Produktion von Hotel- und Tafelgeräten wieder aufgenommen. Das umfangreiche Sortiment von Wellner wurde einer kritischen Sichtung unterzogen. Ausgewählt wurde, was die begrenzten Mittel des Betriebes erlaubten herzustellen und was den Vorstellungen von einer neuzeitlichen Tischkultur standhielt: Kannen für Tee, Kaffee, Milch und Sahne, Schüsseln und Töpfe mit und ohne Deckel, Schalen, Becher, Menagen, Ascher, Saucieren, Platten, Tabletts. Sie wurden unter der alten Bezeichnung „Hotel- und Tafelgeräte" geführt.

Als Material wurde zunächst Alpacca mit und ohne Silberüberzug verwendet. Zwar hatte das alte Unternehmen noch in den zwanziger Jahren begonnen, rostfreien Stahl zu verarbeiten, doch vorzugsweise im Bereich der Be-

24 Teeglas
25 Senftopf
26 Zuckerdose
rechts: der Griff des Deckels ist zugleich Halterung für die Zuckerzange
27 Leuchter
28 Mixbecher
29 Menage für Öl und Essig

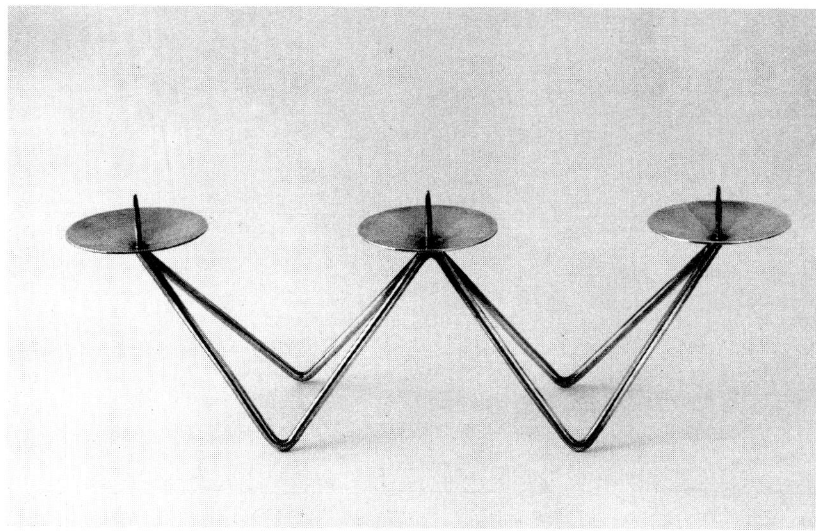

Der Diener erschien jetzt und bat zur Tafel. Der Kammerherr v. Kr. verneigte sich kurz vor mir: „Würden Königliche Hoheit die Gnade haben, meine Gattin zu Tisch zu führen." Ich dankte und bot der Frau Kammerherr mit einer Verbeugung den Arm und schritt den anderen voraus. Die Flügeltüren zum Speisesaal wurden aufgerissen.

Trotz der späten Jahreszeit waren die großen silbernen Tafelaufsätze mit stark duftenden Blumen und verschiedenen Früchten gefüllt. Ein Überfluß an Gläsern, Karaffen, Kristallschalen und Desserttellerchen. Man sah, daß es altes Familiengut war und daß man mit den Schätzen des Hauses gern ein bißchen prunkte. In dunkelgrüner Livree standen die Diener im Hintergrund ...

(Harry Domela: Der falsche Prinz, 1927)

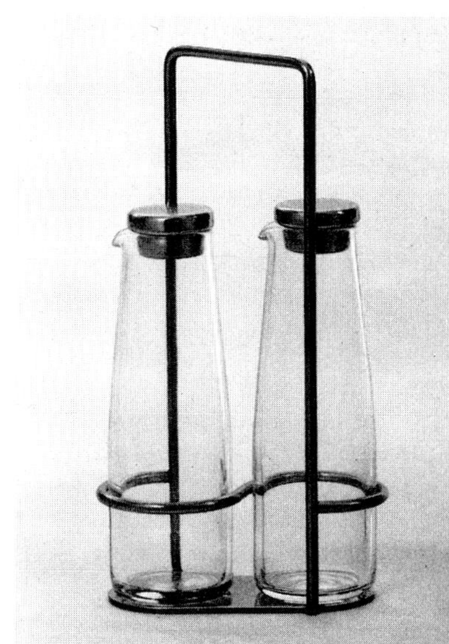

steckfertigung. Tafelgeräte wurden bis in die sechziger Jahre hinein sowohl in Alpacca als auch in Edelstahl angeboten.

Es waren fast ausnahmslos die gediegenen und schnörkellosen Formen, die aus der alten in die neue Zeit hinübergeholt worden sind, Formen, von denen einige schon Jahrzehnte Bestand hatten und die in ihrer stillen Einfachheit prädestiniert waren, noch weitere Jahrzehnte zu überdauern. Doch die Zeit drängte auf Neugestaltung, auf Vergegenständlichung solcher Wertvorstellungen, die man als die eigenen verstand, und zugleich auf Vereinfachung der Produktion. Man strebte nach neuen Formen, die, im Einklang mit der Notwendigkeit fertigungstechnischer Rationalisierung, die neue Weise des gesellschaftlichen Lebens zum Ausdruck bringen sollten. Eingeschlossen in diese Vorstellung war die Erwartung auf eine demokratische Öffnung der Orte gehobenen Tafelns. Das oft beschworene Bild von den neuen Herren, die die Plätze der alten einnehmen, spielt mit hinein. Die historische Differenzierung nach Stand, Finanzlage und Protektion sollte nicht mehr zählen, das Speisen in der Atmosphäre eines geschichtlich erworbenen gediegenen Standards wurde als Bedürfnis gedeutet, das jedem zuzubilligen sei. Angestrebt wurde also ein Tafelgerät, das nicht mehr exklusiv ist.

Neuzeitgestaltung

Im Oktober 1956 beginnt die Zusammenarbeit zwischen dem VEB Auer Besteck- und Silberwarenwerke und der zweiundzwanzigjährigen Aspirantin der Hochschule für bildende und angewandte Kunst Berlin Christa Bohne. Die Intentionen der auftraggebenden Betriebsleitung treffen sich mit denen der vom Ethos einer Moderne, die der gesellschaftlichen und kulturellen Erneuerung verpflichtet ist, erfüllten Gestalterin. Der Betrieb beabsichtigte, bereits im Frühjahr 1957 mit einigen Neuentwicklungen auf der Messe in Leipzig vorstellig zu werden. Man plante eine Reihe von neuen Tafelgeräten, die

Der maitre d'hotel, Herr Reve, ließ beim heutigen Kapitänsdinner all seine Künste spielen. Der Speisesaal war mit Bäumen von Glyzinen geschmückt, deren blaublühende Trauben bis auf die Tafel herabsanken. Die Tische waren mit wahren Bergen von roten und gelben Rosen bedeckt, die einen berauschenden, frischen Duft ausströmten, wie ein beglückender Morgen. Jede Platte war auf das herrlichste garniert, die Fische erschienen wie kostbare Kunstwerke barocker Meister, man wagte es kaum, sie anzuschneiden. Reve, der in tadellosem Frack Regie führte, hatte aus Früchten, Weintrauben, Orangen, Äpfeln, Bananen riesige Trauben und Festons binden lassen, die die Stewards an Stangen auf den Schultern in den Speisesaal trugen, ähnlich wie die biblischen Kundschafter, die aus dem Gelobten Land Kanaan wiederkehrten.

Zuletzt tanzten lebendige blaue Flammen in den Saal, der sich auf Augenblicke verdunkelte. Das war der Pudding. Er sah aus wie ein Ballett von blauen Fackeln, wenn sich die Stewards bewegten …

(Bernhard Kellermann: Das blaue Band, 1938)

30–33 Kaffeekanne
Formenabwandlungen bei Deckel und Schnaupe

Teile sollten „unabhängig voneinander verkauft werden können" und „im Laufe der Zeit eine komplette Kollektion" ergeben.[12]

Protokolle von damals, die die jeweiligen Teilentwicklungen festlegen, formulieren unter der Rubrik „Besonderheiten der Formgebung" häufig die Forderung: „Neuzeitgestaltung unter Berücksichtigung des Materialeinsatzes".[13] Die neuen Formen sollten einfach und schlicht sein: passend zu der um die Tafel versammelten Gesellschaft tätiger Neuzeitmenschen, die arbeiten, ehe sie essen.

Im Verlauf von etwa vier Jahren entstand das gesamte Tafelgeräte-Sortiment. Die meisten Teile werden noch heute produziert. Einige indes sind verschwunden, unter anderem das Teeglas, der Senfbehälter, die Menagen für Öl und Essig, Salz und Pfeffer.

Die Formensprache ist nicht einheitlich. Am weitesten sind wohl Teeglas und Leuchter voneinander entfernt. Tee wird gewöhnlich heiß genossen. Demzufolge gehörte es zu den obersten Prämissen der Gestalterin, dem Teeglas eine Form zu geben, die das Zugreifen erlaubt, auch wenn der Inhalt noch dampft. Der metallische Ring, der das Glas umfaßt, ist im Profil rund gehalten, er berührt die Wandung nur punktuell, womit die Wärmeübertragung auf ein Minimum reduziert wird. Die Ausformung des Griffs gewährleistet, daß die Finger zufassen können, ohne an das heiße Glas zu geraten. Das eigentliche Glasgefäß zeigt eine behagliche, unprätentiöse Form.

Von ganz anderem Charakter sind die Leuchter. In ihnen ist die Gebärde der Moderne deutlich. Der Betrieb hatte „eine Neuzeitform" gefordert, „die die bisherige konservative Gestaltung der Leuchter durchbricht".[14] Ein Leuchter ist kein Nutzding, Kerzenlicht bei Tafel bedeutete, daß das Gemüt seine aktive Stunde hat. Insofern war der betont rationale Habitus der Leuchter genießbar nur zu einer Zeit, da solche Formen wesentlich die Lust der Gesinnung vermittelten.

Geradezu ein Symbol für die damaligen Aufbruchsintentionen gibt die Suppentasse ab – jenes Behältnis, mit dessen Hilfe die Suppe vom Herd durch die gastronomische Öffentlichkeit zum Tisch transportiert wird. Nur das Personal, nicht der Gast, hantiert damit. Ergonomie bestimmte deshalb wesentlich die Form, Ergonomie im menschenfreundlichen Sinne. Denn der Begriff „Personal" bezeichnet ja nichts anderes als eine Gruppe von arbeitenden Menschen, denen die vernünftige Beschaffenheit von Suppentassen das Leben wesentlich zu erleichtern vermag. Das neuzeitliche Gefäß proklamierte deutlich die Entgegensetzung zum Bisherigen. Seine Form ist gewissermaßen demonstrativ dem Gebrauch verpflichtet. Die Tasse ist leicht und handlich, ohne Ecken, Kanten und was sonst den Schmutz fängt und speichert, sie gewährleistet, daß der Kellner sich nicht, wenn er unter den Augen des Gastes die Suppe auf den Teller füllt, die Finger verbrennt. Die Ausbildung des Henkels stand im Zentrum des gestalterischen Bemühens: um ein sicheres Hantieren und Greifen zu garantieren, schwingt er weit aus, ist er breiter als üblich und zudem etwas konkav gehalten; um die Wärmeübertragung zu reduzieren, schließt er unten nicht ab – was zugleich ermöglicht, die Tassen ineinander zu stapeln.

Gefährdungen

Einige Teile des Sortiments haben im Verlauf der Zeit aus fertigungstechnischen Gründen Formabwandlungen erfahren. Das betrifft vor allem die Kannen und Kännchen für Kaffee und Mokka.

[12] Protokoll einer Besprechung im VEB ABS über die zukünftige Entwicklung von neuen Bestecken, Besteckeinzelteilen sowie Tafelgeräten vom 8. 1. 57

[13] Zum Beispiel: Schreiben des VEB Zentrale Entwicklung-Konstruktion für EBM, Karl-Marx-Stadt, an Christa Bohne vom 27. 4. 1959

[14] Protokoll einer Besprechung über Fragen der Formgebung vom 14. 4. 1959

34/35 Tafelgeräte im Restaurant „Moskau", Berlin 1984

Ursprünglich waren deren Deckel so ausgebildet, daß sie mit dem Gefäß zusammen eine geschlossene Zylinderform ergaben (Abb. 31). Der Produktion war damit aufgegeben, höchst formgetreu und präzise zu arbeiten. Aus Gründen der rationelleren Fertigung wurde der Deckel um 1968 dahingehend modifiziert, daß er aufliegt (Abb. 32). Ein Kompromiß, der das Einsehen der Gestalterin fand. Der nächste Schritt im Sinne fertigungstechnischer Erleichterung beeinträchtigte jedoch nicht mehr nur die formale Geschlossenheit der Kannen, sondern er mindert bereits ihre funktionale Qualität: indem der Deckel zurückgenommen ist und nur noch die zylindrische Öffnung, nicht aber die Schnaupe bedeckt (Abb. 33), wird von der Kanne mehr offengelassen, als für ihren Inhalt – sofern er dampfen soll – erwünscht sein kann.

Die Metamorphose des Deckels geht einher mit einer Verunklärung – im Sinne des Entwurfs – der Schnaupenform. Für diese schreibt die Gestaltung eine definitiv spitzwinklige Ausfaltung vor, in der frontalen Ansicht als Dreieck erkennbar (Abb. 30 links). Die Schnaupe ist oben schräg abgeschnitten, im Profil ergibt das eine absichtsvoll stenge Form (Abb. 31). Heute entfällt sowohl diese Dreieck-Geometrie der Schnaupe als auch der sie akzentuierende Schnitt (Abb. 30 rechts), und die Gestalterin errötet bei dem Gedanken, daß jemand ihr Formvermögen anhand der heutigen Kannen und Kännchen beurteilen könnte – die schrittweisen Eingriffe haben zu Formen geführt, die ihrer ästhetischen Position zuwiderlaufen. Von seiten des Herstellers war dies nicht beabsichtigt. Die Formabwandlungen sind keinem ästhetischen Streben geschuldet, sondern dem Gebot der Einsparung. Doch kontinuierliche Einsparung, vollzogen an immer demselben Produkt, führt mit Notwendigkeit zu einem Moment, da der betriebswirtschaftlich abrechenbare Gewinn einen Verlust an formaler und funktioneller, das heißt letztlich an kultureller Substanz zur Folge haben muß. Und dieser Moment wird je eher

Nun organisierte Seine Exzellenz höchstpersönlich den Umzug aus dem Salon ins Speisezimmer, indem er jedem seinen Platz sowie die Dame anwies, die er zu führen hatte. Die gleiche Etikette wurde auch bei Tische beobachtet. Seine Exzellenz saß am oberen Ende der Tafel, zur Rechten eine Dame, zur Linken der Mann mit den höchsten Titeln. Die Ränge wurden immer niedriger, je weiter sie von diesem Zentrum entfernt waren, dergestalt, daß das Kroppzeug (la canaille) der Klassen 12, 13 und 14 am unteren Ende saß. Und falls diese Rangfolge durch einen Zufall gestört war, durfte sich der servierende Dienstbote doch niemals irren, und wehe dem, der einen Titularrat vor einem Assessor oder einem Oberleutnant vor einem Kapitän die Speisen vorgelegt hätte. Manchmal richtete ein Diener, der den Rang einer Person nicht ganz genau kannte, verstört die Augen auf seinen Herrn; dann zeigte ihm dieser mit einem einzigen Blick, was er zu tun hatte. Bei Gleichrangigen hatte der Offizier den Vorzug vor dem Zivilisten, der ordensgeschmückte Beamte vor jenem, welcher nur die prachtvolle Auszeichnung, die unser großzügiger Monarch dem russischen Adel für patriotische Opfertaten verleiht, im Knopfloch trug; und schließlich galt derjenige, der in einer Kutsche vorgefahren war, mehr als einer, der sich zu Fuß eingestellt hatte.

(Alexander Ulybyschew: Brief an einen Freund in Deutschland über die Petersburger Gesellschaft, um 1820)

erreicht werden, desto mehr bereits der Entwurf das Bedürfnis des Produzenten nach Fertigungsrationalität und Materialökonomie zu berücksichtigen bestrebt war.

36 in der Küche des Restaurant „Moskau", 1984

Nutzung und Nutzer

Die abschließende Betrachtung gilt zwei Prospekten des VEB Auer Besteck- und Silberwarenwerke. Beide stellen Tafelgeräte aus Aue vor. Der erste stammt aus den frühen sechziger Jahren, der andere vertritt die siebziger Jahre und hat Gültigkeit bis heute. Beide geben Auskunft darüber, mit welchen Vorstellungen vom Gebrauch der einzelnen Teile und vom Milieu ihrer Anwendung die Produktion verbunden war und ist.

Der Prospekt vom Anfang der sechziger Jahre mutet heute schon ganz und gar geschichtlich an. Vignetten thematisieren die angestrebten Nutzungsbereiche: eine Hausfrau am Herd, ein Großvater im Schaukelstuhl, ein Mann am Stehtisch – die Stereotype Stehtisch, Bier und Bockwurst zeigen an, daß der Mann einen Imbiß zu sich nimmt, möglicherweise in einer Bockwurstbude, die er zehn Minuten später wieder verlassen wird – und auf den Tischen stehen ganz selbstverständlich Hotel- und Tafelgeräte aus Aue. Der Standardgedanke, der den neuen Entwicklungen zugrunde gelegen hatte, tritt deutlich hervor: der Gedanke an ein Edelstahlgeschirr, das wohl „modern", „zweckmäßig" und „formschön", diese stereotypen Wendungen kamen damals in Gebrauch, gestaltet ist, aber nicht exklusiv, das allenthalben

im Milieu des Alltäglichen anzutreffen ist und somit Alltagskultur prägt, ein „demokratisches" Tafelgerät also, das seine historisch entstandene Bestimmung sprengt.

Der zweite Prospekt ist in Farbe gehalten und zeigt die einzelnen Teile des Tafelgeräteprogramms jeweils in Gesellschaft von allerlei Beigaben: rustikale Deckchen in leuchtenden Farben, mit derber Struktur und folkloristischen Mustern, barockisch ornamentierte Sammeltassen und Silberlöffel, kunstgewerbliche Holzlöffel, Tee- und Weingläser mit reichem Goldschmuck sowie Zwiebelmustergeschirr aller Art. Es ist, als sollten diese Dinge das metallische Geschirr aufwerten, als könnte es aufgrund seiner Schlichtheit sonst nicht bestehen. Auf jeden Fall aber soll gehobene Stimmung und außergewöhnliches Ambiente als angemessenes Aktionsfeld der inserierten Erzeugnisse vermittelt werden.

Die Hotel- und Tafelgeräte des VEB Auer Besteck- und Silberwarenwerke stehen nicht in ausreichender Menge zur Verfügung. Infolgedessen gibt es eine Rangordnung der Bezieher. An oberster Stelle rangieren jene gastronomischen Einrichtungen, die gemäß ihrer Preisklasse das Äußerste an Komfort und Aura zu bieten haben: Hotels, die der Vereinigung „Interhotel" unterstellt sind. Doch die Aufnahme der Tafelgeräte in die Sphäre des Nichtalltäglichen läuft den in ihnen vergegenständlichten Intentionen zuwider. Die heutige Erkundung ergibt, daß das Edelstahlgeschirr Anforderungen der Spitzengastronomie nicht gerecht wird, weil man hier jene dinglichen Aus-

37–39 Tafelgeräte-Produktion
VEB Auer Besteck- und Silberwarenwerke, 1984
37 Schleifen
38 Stanzen
39 Ziehen

40 Frühstücks-Stilleben
VEB Auer Besteck- und Silberwarenwerke, 1984

druckswerte bevorzugt, wie sie im zweiten Prospekt herangezogen wurden, um die schmucklos kühlen Formen aus Metall etwas höher zu temperieren.

So ist gegenwärtig das Paradoxon zu verzeichnen, daß die bevorzugten Benutzer der Tafelgeräte ihr Vorrecht kaum genießen und daß die restlichen in Frage kommenden Bezieher verstimmt sind, weil sie, obgleich sie größten Wert auf das Edelstahlgeschirr legen, hintenan stehen müssen. Ein Problem der Verteilung, dem der Irrtum zugrundeliegt, Dinge, nur weil sie rar sind, für exklusiv zu halten.

Doch die Kannen, Schüsseln, Tabletts, Platten usw. aus Edelstahl wollen das Besondere nicht sein, auch wenn der überlieferte Begriff des „Tafelgeräts" und die Umstände ihrer Nutzung dies nahelegen.

Die Hochschule für Gestaltung Ulm

Norbert Korrek

1 das Gebäude der Hochschule für Gestaltung Ulm (HfG)
Architekt: Max Bill, 1955

Im Jahre 1968 wurde im Stuttgarter Kunstgebäude eine Ausstellung eröffnet, die dem Wirken des Bauhauses gewidmet war und insbesondere seine künstlerische Ausstrahlung – bis in die Gegenwart der sechziger Jahre hinein – verdeutlichen sollte. Die Festrede hielt der Gründer des Bauhauses Walter Gropius.

Dreizehn Jahre zuvor hatte Gropius ebenfalls eine Festrede gehalten: anläßlich der Eröffnung der „Hochschule für Gestaltung Ulm", kurz HfG Ulm genannt. Gropius hatte damals seine Zuversicht geäußert, daß die einst im

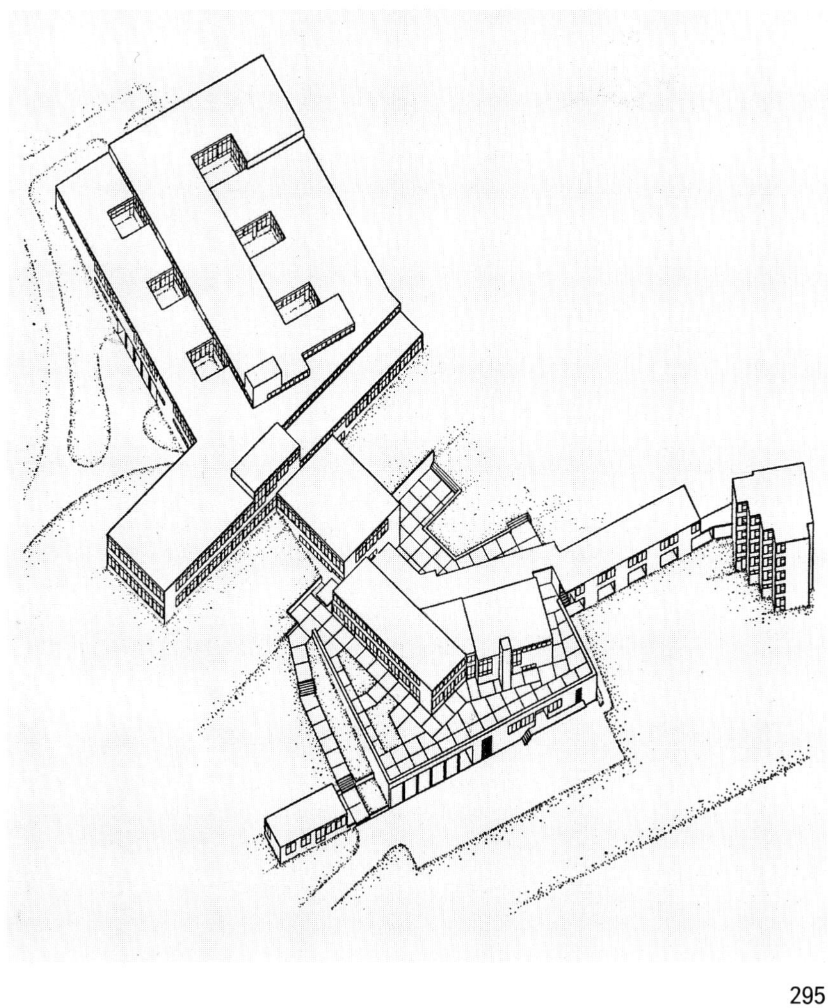

Bauhaus begonnene Arbeit nunmehr in Ulm eine „neue deutsche Heimat" gefunden habe und ihr somit die Chance für eine Weiterentwicklung gegeben sei. Und er hatte der Ulmer Schule eine im Vergleich zum Bauhaus „stabilere politische Entwicklung und weniger innere Zerwürfnisse" gewünscht.[1]

Die Stuttgarter Bauhaus-Ausstellung fand zu einem Zeitpunkt statt, da die HfG um ihr Überleben kämpfte. Zwar nahmen Studenten der HfG die Ausstellung noch zum Anlaß, gegen die drohende Auflösung zu demonstrieren und die Teilnehmer zu veranlassen, eine Erklärung an das Parlament und an die Regierung des Landes Baden-Württemberg zu unterzeichnen, in der ein Weiterbestehen der Ulmer Schule gefordert wurde[2] – doch war das Schicksal der HfG längst besiegelt: am 31. 12. 1968 schloß sie für immer ihre Tore. Handelnde Autorität dieses letzten Aktes war der Ministerpräsident von Baden-Württemberg Filbinger.

Danach war die HfG Ulm lange Zeit aus dem kulturpolitischen Bewußtsein der BRD ausgeblendet. Ihre historische Leistung ist bis heute kaum geklärt und wenig gewürdigt. Anliegen und Entwicklung sind weitgehend unbekannt geblieben oder mangels Kenntnis der Sachverhalte und ihrer Zusammenhänge verzerrt dargestellt worden.

In jüngster Zeit jedoch zeichnet sich international in Publikationen und vorrangig auf Designerforen eine verstärkte Bezugnahme auf die HfG Ulm ab. Die kontroverse Diskussion um die Moderne hat auch die Frage nach Geschichte und Bedeutung der Schule aufgeworfen und die Auseinandersetzung mit ihren Inhalten eingeleitet. Der inzwischen gewonnene zeitliche Abstand kommt dem entgegen. Der Ruf des letzten Ulmer Rektors Herbert Ohl nach einer vollständigen und sachlichen Dokumentation der Arbeitsweise und der Arbeitsergebnisse, einschließlich deren Veröffentlichung, erhält so einen aktuellen und dringlichen Bezug.[3]

Die HfG verstand sich auf dem Höhepunkt ihrer Entwicklung als internationales Zentrum für Lehre, Entwicklung und Forschung auf dem Gebiet der komplexen Gestaltung der räumlichen und gegenständlichen Umwelt des Menschen. Ihre Arbeit zielte vor allem auf die Lösung der Probleme, die durch den Fortschritt von Wissenschaften und Technik sowie dessen technologische Umsetzung im Bereich der Produktion für die Gestaltung industrieller Erzeugnisse entstanden waren. Ihr als „Ulmer Modell" bezeichnetes Ausbildungskonzept verband die Vermittlung von technologischen und wissenschaftlichen Fachkenntnissen mit der Erziehung zu sozialer und kultureller Verantwortung.

Die HfG Ulm bildete Gestalter aus für alle wesentlichen Bereiche der industriellen Produktion und der Massenkommunikation. Ihre Aufgabenbereiche umfaßten das industrialisierte Bauen, den Sektor Gebrauchs- und Investitionsgüter sowie die visuelle Kommunikation, eingeschlossen deren verbale Problematik. Sie verstand sich zugleich als Experimentierstätte. Ihre Entwicklung wurde durch oft radikale Veränderungen geprägt. Die Symptome dieser Entwicklung – personelle Auseinandersetzungen und öffentliche Kontroversen – werden noch heute gern zitiert und zu spekulativen Begründungen tatsächlicher Entwicklungsschritte der Schule herangezogen. Gegenüber derartigen Auslegungen ist zu sagen, daß es der gesellschaftliche Charakter der Zielstellung, also der Umweltgestaltung, war, der die besondere Dynamik der HfG Ulm in ihren drei Entwicklungsetappen hervorbrachte.

[1] Gropius, Walter: Dynamische Tradition in der Architektur. Zur Eröffnung der neuen Gebäude der „Hochschule für Gestaltung" in Ulm, in: Perspektiven (Frankfurt/Main) 15/1956, S. 100–105

[2] vgl. Schnaidt, Claude: Fünfzig Jahre Bauhaus. Gedanken zur Ausstellungseröffnung am 4. Mai in Stuttgart, in: Deutsche Volkszeitung (Düsseldorf) vom 17. 5. 1968

[3] vgl. Ohl, Herbert: Das Bewußtsein, das Ulm geschaffen hat, in: archithese, Niederteufen 15/1975, S. 19–25

[4] Schnaidt, Claude: Das Was und das Wie der Erfindungen, Vortrag, gehalten auf dem Symposium der Universität Gesamthochschule Essen „Ist die Bauhaus-Pädagogik aktuell?", Bottcrop, 9. 11. 1983

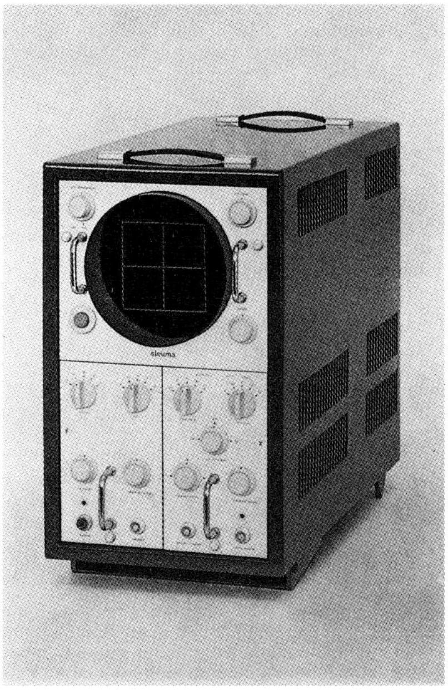

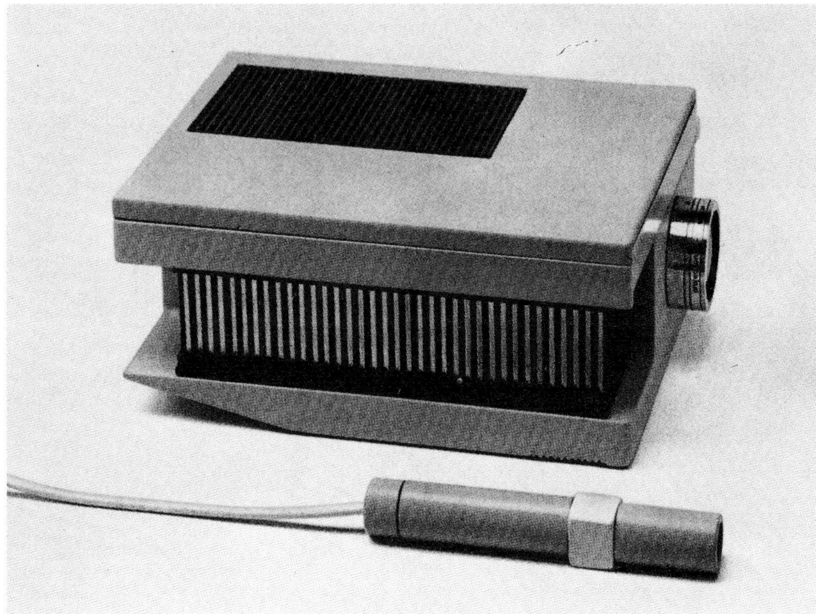

2 Breitwand-Oszillograph
Entwurf: Hans von Klier
Diplomarbeit 1959
Auftraggeber: Telefunken Ulm

3 Dia-Projektor
Entwurf: Andries van Onck
Diplomarbeit 1959

Die Konstituierungsphase der Schule Anfang der fünfziger Jahre geht zusammen mit der Restauration der kapitalistischen Produktionsverhältnisse in der BRD. Sie vereinte, wenn auch auf widersprüchliche Weise, noch die Interessen unterschiedlicher gesellschaftlicher Kreise. Ihre weitere Entwicklung stand unter dem Einfluß der wachsenden wissenschaftlichen Durchdringung des gesamten Produktions- und Reproduktionsprozesses der Wirtschaft der BRD. Gerade in der Vermittlung zwischen „Wissenschaft und Gestaltung" oder – wie Claude Schnaidt es ausdrückt – im Versuch der „Verwissenschaftlichung der Gestaltung" ist die eigentliche Bedeutung der HfG Ulm zu sehen.[4] Einer solchen Entwicklung waren Grenzen gesetzt. Die Anpassung der Designpädagogik an den wissenschaftlich-technischen Fortschritt mit dem Ziel einer sozial determinierten Gestaltung ganzer Umweltbereiche mußte mit dem Vermarktungsinteresse der Industrie kollidieren. Und so ging ihr Ende auf das Wirken genau derselben Interessen, die an ihrer Gründung einen so regen Anteil genommen hatten, zurück. Die Schließung, oder richtiger: die erzwungene Selbstauflösung, der HfG Ulm Ende 1968 war das Resultat der die einsetzende wirtschaftliche Rezession begleitenden wachsenden Politisierung in der BRD und bezog sich auf ihr soziales Engagement.

Die Anfänge der HfG Ulm gehen auf das Jahr 1947 und auf die Arbeit der Ulmer Volkshochschule, die damals von Inge Scholl, der Schwester von Hans und Sophie Scholl, geleitet wurde, zurück. Das Andenken an den antifaschistischen Widerstandskampf der Geschwister Scholl vereinte in den Nachkriegsjahren einen Kreis von Förderern um die Volkshochschule, der bestrebt war, an die humanistischen Traditionen der Weimarer Republik anzuknüpfen. Der Schriftsteller Carl Zuckmayer, der Theologe Romano Guardini und der Chef der Gruppe 47 Hans Werner Richter gehörten zu den Aktiven dieses Kreises. Der Kreis verband mit dem Wiederaufbau die Hoffnung auf eine neue kulturelle Gestaltung aller sozialen Lebensprozesse in der bür-

4 Winkelplatten-Bauweise für den Wohnungsbau
Entwurf: Ernest Muchenberger, Rudi Dahlmann, Eberhard Köster
3. Studienjahr 1961/62
Abteilung Bauen
Dozent: Herbert Ohl

5 integrale Baukonstruktion, 1957–1963
Entwurf: Institut für Industrialisiertes Bauen der HfG in Zusammenarbeit mit der Abteilung Bauen der Schule (Edgar Decurtins, Klaus Frank, Dominique Gillard, Gil Hirt, Günter Schmitz, Claude Schnaidt, Rupert Urban, Rolf Winkler)
Dozent: Herbert Ohl

gerlichen Gesellschaft. Aber allein mit dem Erbe des deutschen Bildungsbürgertums konnten die Fragen des Neubeginns, konnten die Fragen nach notwendigen gesellschaftlichen Veränderungen nicht beantwortet werden. So entstand der Plan eines Institutes, das die kulturellen, gesellschaftlichen und politischen Aufgaben der Nachkriegsjahre in ihren Zusammenhängen erkunden und deren Bewältigung durch eine antifaschistisch-demokratisch ausgebildete Jugend unterstützen sollte. Diese Initiative fand einflußreiche Unterstützung. Unter anderem griff der damalige amerikanische Hohe Kommissar John J. McCloy Ende 1949 den Gedanken auf.

Die amerikanische Europapolitik verfolgte in jenen Jahren das Ziel, die BRD in alle bestehenden und zukünftigen westeuropäischen Zusammenschlüsse fest einzubinden. McCloy oblag die Verwaltung des „Special Projects Fund of the U.S. High Commissioner", eines Fonds, den amerikanische Industrielle zur Verfügung gestellt hatten und der dazu bestimmt war, westdeutsche Vorhaben auf dem Gebiet des Sozialwesens, des kulturellen Lebens und der Erziehung, also Vorhaben, die für die amerikanische Politik von Interesse sein könnten, zu fördern. Aus diesem Fonds stellte er die Hälfte der zur Gründung des angestrebten Instituts notwendigen Summe (eine Million DM) unter der Bedingung in Aussicht, daß die andere Hälfte durch die westdeutsche Industrie und den Staat beigesteuert würde. Das eröffnete Inge Scholl die Möglichkeit, das Institut in einem größeren Umfang, als sie und ihre Freunde es planen konnten, zu realisieren.

Die Unterstützung war an die inhaltliche Konzeption der geplanten Institution gebunden. Anfang 1950 legte Inge Scholl das Projekt einer Geschwister-Scholl-Hochschule vor. Das Bestreben der verantwortlichen Mitarbeiter der Ulmer Volkshochschule, ein alle gesellschaftlichen Bereiche berührendes „kulturelles Reformprogramm"[5] aufzustellen, schlug sich in sieben Disziplinen nieder: Politik, Journalismus, Runfunk, Fotografie, Reklame, Industrie-

Entwurf (industrial design) und Stadtplanung. Diese Auswahl und ihre inhaltliche Ausrichtung waren stark geprägt durch die Initiatoren des Aufbaukomitees – Vertreter der Gruppe 47 und der Ulmer Volkshochschule.

Geht die Beschäftigung mit Politik an der geplanten Schule wie an der Ulmer Volkshochschule auf das ehrliche Bemühen bürgerlich-demokratischer Kreise um eine Auseinandersetzung mit dem geistigen Erbe der faschistischen Diktatur zurück und entsprach die Orientierung auf Journalismus und Rundfunk zwei unmittelbaren Arbeitsgebieten der Gruppe 47, so steht für die Verankerung von Fotografie und Reklame im Programmentwurf der Name Otl Aicher, dessen Plakate für die Ulmer Volkshochschule internationale Anerkennung gefunden hatten. Unmittelbar aus dem Schicksal der stark zerstörten Stadt Ulm läßt sich die Notwendigkeit der Beschäftigung mit Stadtplanungsproblemen ableiten, ein Thema, das in den Arbeitsgruppen der Ulmer Volkshochschule starke Beachtung fand.

Die Formgebung von Industrieprodukten als Ausbildungsfach stellt gegenüber dem Programm der Volkshochschule eine neue Qualität dar. Unter den Industriellen der BRD begann sich Anfang der fünfziger Jahre ein vitales Interesse an der Formgestaltung bemerkbar zu machen. Im Klima eines allgemeinen Mangels und eines ungesättigten Binnenmarktes hatte man sich bis dahin kaum zur Entwicklung qualitativ oder ästhetisch neuwertiger Erzeugnisse veranlaßt gefühlt.

Anders lagen die Dinge in bezug auf die Außenmärkte, auf die die BRD-Industrie entscheidend angewiesen war. Der Strukturwandel im internationalen Handel, die Wendung zum Fertigwaren-Austausch zwischen den entwickelten kapitalistischen Industrieländern, kam zwar dem immer noch bedeutenden wirtschaftlichen Potential der westdeutschen Industrie entgegen, doch zeigte sich gerade zu Anfang der fünfziger Jahre, daß der technologische Entwicklungsstand dem angestrebten Wirtschaftswachstum nicht entsprach. Neue Technologien mußten eingeführt werden, sie zogen wahrnehmbare Veränderungen auf dem Gebiet der Produktionsgestaltung nach sich. Der internationale Konkurrenzkampf wurde nicht mehr nur über die Preise, sondern auch über die Gebrauchswertqualitäten ausgetragen.[6] Das Design begann auch ökonomisch eine wesentlichere Rolle zu spielen als bis zu diesem Zeitpunkt.

Der Mißerfolg einer westdeutschen Industrieausstellung Anfang 1949 in New York hatte Politiker und Industrielle alarmiert. Die Exponate waren schlechthin als „museal" bezeichnet worden. Unter der Überschrift „Schmücke-Dein-Heim-Export" berichtete die Presse: „Die ganze Atmosphäre, die mit diesem verstaubten Wert heraufbeschworen wird, umgab den Besucher der Deutschen Exportschau in New York ... Eine solche Anhäufung von Kitsch und Ramsch, wie die deutsche Ausstellung sie zusammenbrachte, hat New York wohl seit langem nicht gesehen ..."[7]

Der Konkurrenzkampf verstärkte bei den Industriellen die Einsicht in die Bedeutung der Produktgestaltung für die effektive Organisation technologischer Prozesse und die Verwertbarkeit der Produkte auf dem Kapitalmarkt. Die fundierte berufliche Qualifizierung von Formgestaltern wurde als eine dafür notwendige Voraussetzung begriffen.

So verwundert es nicht, daß eine Spendenaktion innerhalb der BRD-Industrie, um die sich Hermann Josef Abs, damals Leiter der westdeutschen „Kreditanstalt für Wiederaufbau", bemühte, jene Summe zur Finanzierung der Geschwister-Scholl-Schule aufbrachte, die McCloy gefordert hatte. Auch

[5] Krug, Karl-Heinz: hochschule für gestaltung in ulm, in: Form und Zweck, Jahrbuch 1962, S. 43

[6] vgl. Selle, Gert: Die Geschichte des Design in Deutschland von 1870 bis heute, Köln 1978, bes. S. 173f.

[7] Schäfer, Erwin: Schmücke-Dein-Heim-Export, in: Werk und Zeit, Sondernummer 1949, zitiert nach: Meisner, Else: Qualität und Form in Wirtschaft und Leben, München, 1950, S. 35f.

der Staat half. Es kam zur Gründung einer Geschwister-Scholl-Stiftung; sie wurde die finanzielle und juristische Trägerin der HfG und war – nach der staatlichen Anerkennung als besonders förderungswürdiges Unternehmen durch die Bundesregierung – berechtigt, steuerabzugsfähige Spenden der Wirtschaft und staatliche Förderungsbeiträge entgegenzunehmen.

Die Arbeitsgruppe um Inge Scholl vermochte von sich aus das Programm der Geschwister-Scholl-Hochschule, vor allem in seiner Ausrichtung auf die Bedürfnisse der Wirtschaft, nicht weiter zu profilieren. Anfang 1950 gewann Inge Scholl den Schweizer Maler, Grafiker, Bildhauer, Architekten und Designer Max Bill zur Mitarbeit am Programm der Hochschule. Bill, Schüler des Dessauer Bauhauses, verkörperte durch seine Vielseitigkeit den modernen Typ des „totalen Künstlers" seiner Zeit.[8] Er selbst bezeichnete sein Wirken als „Umweltgestaltung". Schon 1948 hatte Bill auf sich aufmerksam gemacht, als er die Notwendigkeit einer neuen koordinierten Leistung auf dem Gebiet der Umweltgestaltung forderte. Er hatte verkündet, daß die Massenkonsumgüter in Zukunft der Maßstab für das kulturelle Niveau eines Landes sein würden. Diese Vorstellung schloß die Einsicht in die Notwendigkeit der Ausbildung von „Industrieentwerfern" ein, eine Notwendigkeit, der nach Bills Auffassung nicht mehr nachgekommen wurde, seit 1933 das Bauhaus geschlossen worden war.[9]

Bill konsultierte sich mit Walter Gropius und Henry van de Velde und legte ein neues Programm vor, das am Institute of Design in Chicago orientiert

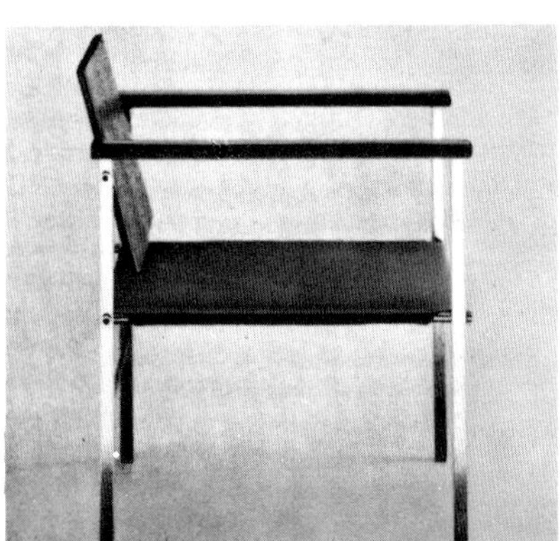

6 Präzisionswaage
Entwurf: Gerda Krauspe
2. Studienjahr 1959/60
Dozent: Hans Gugelot, Walter Zeischegg

7/8 Tisch und Stuhl, zerlegbar
Entwurf: Carl-Heinz Bergmiller,
Ernst Möckl, 1958
Hersteller: Wilde & Spleth, Eßlingen/N.

9 Bleistiftspitzer
Entwurf: Alexander Neumeister,
Edith Ross
1. Studienjahr 1963/64
Dozent: Tomás Maldonado

10 Aschenbecher
Entwurf: Otto Schild, 1955
Auftraggeber: Gralglas Göppingen

11 Küchenuhr
Entwurf: Max Bill, Ernst Möckl, 1957
Auftraggeber: Gebr. Junghans
AG Schramberg

12 Stapelgeschirr TC 100
Entwurf: Hans Roericht
Diplomarbeit 1959
Auftraggeber: Porzellanfabrik
Waldersdorf (Rosenthal AG)

war. Es sah eine einheitliche Grundlehre für alle Disziplinen zu Beginn des Studiums vor, fügte den Bereich Architektur hinzu, bezog das industrial design stärker auf die industrielle Produktion und favorisierte im kommunikativen Bereich der Schule die visuelle Komponente, ohne dabei die verbale Kommunikation fallenzulassen.

Die Betonung der visuellen Komponente durch Bill veranlaßte Hans Werner Richter und Carl Zuckmayer, sich aus dem Ulmer Kreis zurückzuziehen. Die Beschäftigung mit der Sprache, auf die sie großen Wert gelegt hatten, blieb aber in Verbindung mit den visuellen Elementen der modernen Massenkommunikation ein untrennbarer Bestandteil des Programms.

Bill bewirkte auch eine Namensänderung der geplanten Schule: aus der Geschwister-Scholl-Hochschule wurde die Hochschule für Gestaltung. Ihr Name verwies auf die Anknüpfung an das Erbe des Dessauer Bauhauses.

Der reguläre Unterricht begann im August 1953. Walter Peterhans, Josef Albers und danach Helene Nonné-Schmidt leiteten den ersten Vorkurs mit 15 Studenten. Der fand noch in gemieteten Räumen der Stadt Ulm statt. Eine offizielle Eröffnung der HfG Ulm gab es erst zwei Jahre später, am 2. 10. 1955. Da hatte man bereits ein eigenes Gebäude. Architekt war der erste Rektor der Schule Max Bill. In einem campusartigen Komplex hatte er Unterrichtsräume, Werkstätten und soziale Einrichtungen konzentriert. Seiner pädagogischen Absicht entsprechend, erreichte er eine enge organisatorische Verbindung von Lehr- und Forschungsstätten.

Die HfG Ulm gliederte sich in vier Abteilungen: Produktgestaltung, Bauen, Visuelle Kommunikation und Information. Sie war auf die Ausbildung von etwa 150 Studenten eingerichtet, und sie hatte ein ausgeprägt internationales Profil: die Ulmer Schule besaß den größten Anteil ausländischer Studenten unter allen westdeutschen Hochschulen. Die Ausbildung dauerte vier Jahre und konnte mit einem Diplom der HfG Ulm abgeschlossen werden. Für eine Zulassung zum Studium waren neben dem Abitur und einer nachzuweisenden Begabung umfangreiche praktische, berufsorientierte Kenntnisse oder ein absolviertes Teilstudium erforderlich.

Der Ausbildung in einer der Abteilungen ging bis 1961 eine gemeinsame einjährige Grundlehre nach dem Vorbild des Bauhauses voraus. Der danach folgende Unterricht bestand am Vormittag aus der Abteilungsarbeit, die der praktischen Entwurfstätigkeit gewidmet war, sowie am Nachmittag aus Vorlesungen und Seminaren in den theoretischen Fächern. Neben dem pädagogischen Sektor gab es an der HfG Ulm die Institute, die Forschungs- und Entwicklungsarbeit nach kommerziellem Auftrag im Bereich der Produktgestaltung, des Bauens und der Massenkommunikation leisteten; die Ergebnisse dieser Arbeit wurden zur Lehre herangezogen.

Der Ulmer Lehrplan der ersten Jahre war durch Max Bills Auffassung geprägt, „daß der künstlerisch befähigte Mensch, auf Grund und unter Ausnützung der technischen und ökonomischen Gegebenheiten, zum Nutzen der menschlichen Gesellschaft sinnvolle, zweckmäßige und zudem schöne Geräte formen soll bis zur fertigen Architektur".[10] Bill proklamierte die HfG als Nachfolgerin des Bauhauses. Er begründete das mit dem Einfluß, den das Bauhaus auf die formale Gestaltung seriell hergestellter Gebrauchsgegenstände genommen hatte und den die HfG erweitert auszuüben habe.

Es wäre verfehlt, heute zu behaupten, daß die HfG Ulm ohne ihren Bauhaus-Anspruch, das heißt ohne die dadurch ausgelösten Kontroversen, effektiver und möglicherweise dauerhafter hätte bestehen können. Das Erbe des

[8] Maldonado, Tomás: Max Bill, Buenos Aires, 1955, S. 19

[9] vgl. Bill, Max: Schönheit aus Funktion und als Funktion, in: werk 36 (1949) 8, S. 272–274

[10] Bill, Max: Bauhaus-Chronik. Vom Bauhaus in Weimar zur Hochschule für Gestaltung in Ulm, in: Deutsche Universitätszeitung 7 (1952) 23/24, S. 14f.

Bauhauses mußte erst einmal angenommen werden. Nur so war eine Auseinandersetzung damit möglich, und nur so konnte die HfG ihre eigene Identität finden. Doch besteht kein Zweifel, daß der Stand der Produktivkräfte Mitte der fünfziger Jahre bereits Fähigkeiten verlangte, die unmöglich im Rahmen der Bauhaustraditionen zu erwerben waren.[11]

Die – meist jungen – Mitarbeiter der Schule hatten eine Abneigung gegenüber allen traditionellen Ausbildungsformen. Sie waren überzeugt, daß die Entwicklung neuer Fabrikationsmethoden und die wissenschaftlich gesteuerten operativen Vorgänge der Produktion die Fragen der Gestaltung entscheidend beherrschten. Die kontroversen Auffassungen kamen vor allem in den Auseinandersetzungen zwischen Max Bill und Tomás Maldonado zum Ausdruck. Maldonado, ein Argentinier, war 1954 durch Max Bill an die HfG berufen worden. Sein hauptsächliches Wirken an der Schule galt der visuellen Methodik und Semiotik im Rahmen der Ausbildung von Produktgestaltern. Maldonado verlangte schon bald eine Revision der Ausbildung an der HfG. Dabei wandte er sich gegen die öffentliche, von Bill initiierte und von einem Teil der Ulmer Dozenten mitgetragene Meinung, die HfG sei das wiedererstandene Bauhaus. Die Prinzipien der alten Didaktik (des Bauhauses), so polemisierte er, seien nicht mehr aktuell. Er setzte dem vom Bauhaus übernommenen Vorkurs das Konzept für eine neue Grundlehre entgegen. Seine Haltung begründete er mit der Notwendigkeit für den Gestalter, in der Industrie zu bestehen; um dies zu können, müsse er über die zeitgemäßen technologischen und wissenschaftlichen Fachkenntnisse verfügen. Die Verherrlichung der expressiven und emotionalen Elemente im Rahmen der traditionellen Ausbildung hätte zu Gestaltern geführt, „die ein hohes Bewußtsein ihrer eigenen schöpferischen Veranlagung besitzen, die aber kaum die reale Möglichkeit haben, die vermuteten Veranlagungen in der Praxis zu bewähren".[12]

Zugleich warnte Maldonado davor, die Frage nach der geeigneten Pädagogik für Industriedesigner zu einem Problem für oder wider das Bauhaus zu machen. Denn einen Teil des Bauhauserbes – nur eben seine Pädagogik nicht – begriff er als noch zu realisierendes Programm: die Forderung, die gesamte menschliche Umwelt als konkretes Entwurfsfeld zu betrachten.[13] Ähnlich wie Hannes Meyer versuchte Maldonado, die Förderung potentiell schöpferischer Veranlagungen der Gestalter durch die Vermittlung operativ schöpferischer Fähigkeiten zu ergänzen. Unter „operativen Fähigkeiten" ver-

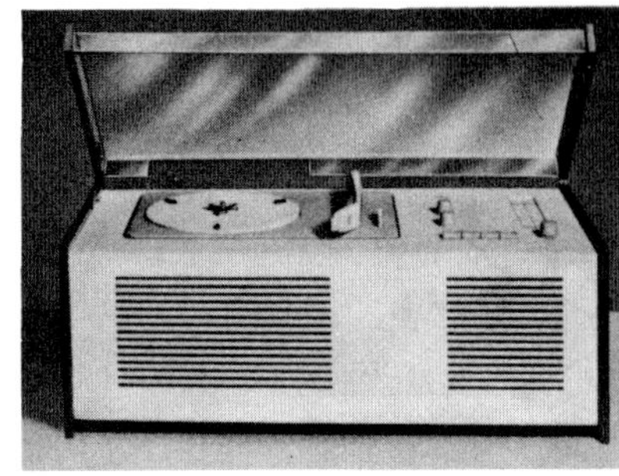

13 Radio-Phono-Gerät SK 4
Entwurf: Hans Gugelot, 1954/56
Auftraggeber: Max Braun AG, Frankfurt/Main

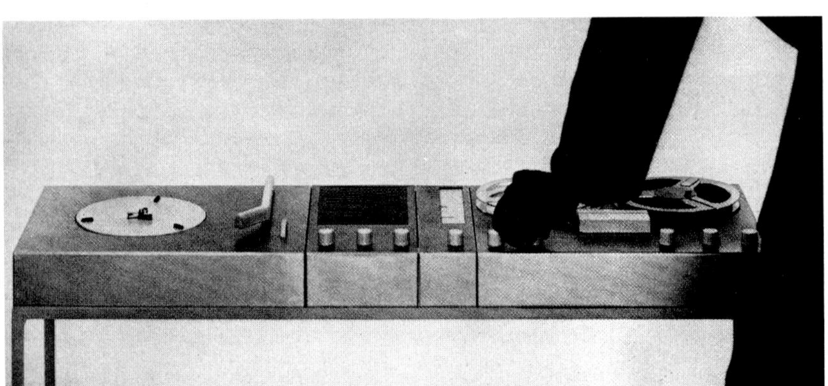

14 Radio-Phono-Tonband-Baukastensystem
Entwurf: Herbert Lindinger
Diplomarbeit 1958
Auftraggeber: Max Braun AG, Frankfurt/Main

stand er die Verwendung von wissenschaftlichen Methoden, die Informationen als objektive Grundlage von Entscheidungsfindungen verarbeiten konnten. Dabei sah Maldonado bereits die Gefahr einer technizistischen Verwertung des wissenschaftlichen Fortschritts und warnte vor einem naiven Methodenfetischismus. Dennoch kam die HfG Ulm nicht umhin, der, wie Maldonado es ausdrückte, „Tabellomanie" zu verfallen.

Als Ende der fünfziger Jahre der wissenschaftlich-technische Fortschritt alle Bereiche der Industrie gewissermaßen vereinnahmte, spitzten sich die internen pädagogischen Probleme an der HfG zu. Die theoretischen Fächer, ihr Wert für die praktische Gestaltungsarbeit wurden nunmehr zum Gegenstand heftiger Auseinandersetzungen. Diese hatten ihr Zentrum im Streit um den Rang der analytischen Methoden innerhalb der Entwurfsarbeit. Die Fortschritte der mathematischen und wahrnehmungstheoretischen Wissenschaften hatten damals die übersteigerte Hoffnung geweckt, daß eine strenge Methodologie notwendig zu schöpferischen und perfekten Erzeugnissen führen müsse. Die allgemeine Tendenz zur Versachlichung schloß die Abneigung gegen alles Künstlerische ein.

Dieser Entwicklung fiel der Vorkurs als letztes Element der Bauhaus-Pädagogik zum Opfer. Die einjährige, dem Studium vorgelagerte Grundlehre wurde aufgelöst und durch ein Grundlagenstudium ersetzt, das vertikal durch alle vier Studienjahre geführt wurde. Das für den traditionellen Vorkurs typische ästhetische Training in Form von Übungen und Experimenten auf den Gebieten der visuellen Wahrnehmung und der elementaren Darstellungstechniken wurde durch theoretische Unterweisungen ersetzt.

Um 1962 setzte erneut ein Klärungsprozeß ein. Zur Eröffnung des Studienjahres 1963/64 verdammte der damalige Rektor Otl Aicher zwar die „unkritische Wissenschaftsgläubigkeit mit ihrem aufgeblähten Trieb zur Analyse und ihrer fortschreitenden Impotenz des Machens", doch war dies Urteil bereits retrospektiv ausgesprochen. Durch die Erfolge der kybernetischen Wissenschaften sei man, sagte Aicher, einem „Methodenoptimismus" verfallen gewesen, der davon ausgegangen war, „daß sich die Resultate ... von selbst ergeben, sobald nur die Daten zur Programmierung eines Problems vorlägen."[14]

Man bemühte sich fortan um eine Synthese von intuitiven und rationalen Elementen im Ausbildungsprozeß oder, wie Maldonado es ausdrückte, um eine „objektivierte Intuition".[15] Das von diesem Zeitpunkt an beibehaltene Konzept einer versachlichten Gestaltung sprach den theoretischen Fächern einen instrumentalen Charakter zu und beurteilte die praktische Gestaltungsarbeit von der experimentellen Seite her.[16] Die mögliche Zahl an theoretischen Fächern wurde zugunsten des Stoffes, der die Gestaltungsprobleme direkt betraf, reduziert, um eine Anhäufung von Wissenschaft zu vermeiden und die Fächer wieder in ein ausgewogenes Verhältnis zueinander zu bringen.

Die Abteilung Produktgestaltung

Diese Abteilung – sie trug bis 1959 die Bezeichnung „Produktform" – bildete erklärtermaßen von Anfang an Gestalter für die industrielle Produktion aus.[17] Zu ihren Leitsätzen gehörte, daß die Leistungs- und Konkurrenzfähigkeit der Wirtschaft durch das Erscheinungsbild der Produkte beeinflußt werde und daß Form, Funktion und technische Ausführung miteinander in Einklang stehen müssen. Größten Wert legte man auf die Ausbildung wissenschaftlicher

[11] vgl. Schnaidt, Claude: Aktualna li segoduja pedagogitscheskaja sistema bauchausa? In: Technitscheskaja estetika, Moskwa 10/1965, S. 26–32 und 11/1965, S. 25–29

[12] Maldonado, Tomás: Design Education. Vortrag auf der World Design Conferenz am 14. Mai 1960 in Tokio, in: form (Obladen) 12/1960, S. 36–39

[13] vgl. Maldonado, Tomás: Ist das Bauhaus aktuell? In: Ulm 8–9/1963, S. 6

[14] Eröffnungsrede des Rektors der HfG Ulm Otl Aicher vom 1. 10. 1963 (Kopie Hochschule für Architektur und Bauwesen Weimar)

[15] ebenda

[16] vgl. Schnaidt, Claude: Ulm, letzte Episode in einem Rückfallverfahren, in: Umweltbürger und Umweltmacher, Dresden 1982, S. 277–287. Schnaidt gibt ein Jahr nach der Schließung eine Periodisierung der Entwicklung der HfG, diese liegt meiner Beschreibung zugrunde (N. K.). Der Aufsatz erschien 1969 unter dem Titel: Ulm (Dernier épisode d'une affaire de récidives), in: L'Architecture D'Augourd'hui, Boulogne-sur-Seine, 40/1969 143, S. 61–66

[17] Flugblatt der Geschwister-Scholl-Stiftung vom Juni 1951 (Kopie Hochschule für Architektur und Bauwesen Weimar)

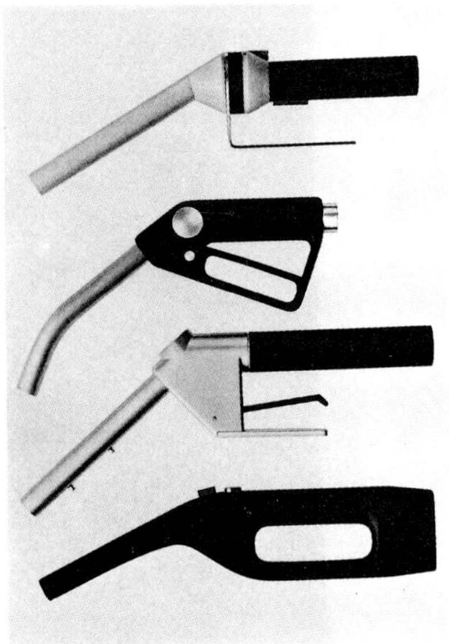

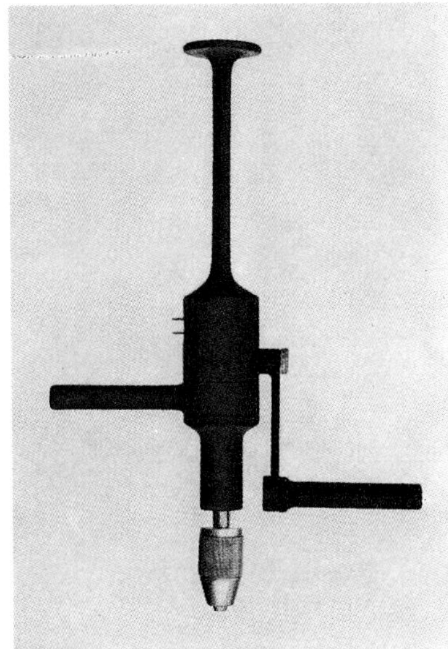

15 Zapfpistolen
Entwurf: Franco Clivia, Horst Emudts, Peter Hofmeister, Verena Laibl, Edith Ross, Werner Zemp
2. Studienjahr 1964/65
Dozenten: Gui Bonsiepe, Peter Raacke

16 Handbohrer
Entwurf: Takeshi Nischizawa
2. Studienjahr 1964/65
Dozent: Hans Gugelot

und technologischer Kenntnisse. Der Gestalter sollte befähigt werden, auf der Grundlage fachlich fundierter Kenntnisse und in unmittelbarer Zusammenarbeit mit Konstrukteuren, Fertigungsingenieuren und Wirtschaftlern zu arbeiten. Zugleich aber sollte er übergreifende kulturelle und gesellschaftliche Zusammenhänge erkennen können. Später wurde diese Aufgabenstellung um die Forderung erweitert, daß neben der Integration der funktionellen, kulturellen, technologischen und wirtschaftlichen Faktoren des Gestaltungsprozesses mit den Produkten neue und sinnvolle Gebrauchsweisen zu konzipieren seien. Man konzentrierte die Arbeit der Abteilung nachdrücklich auf solche Produktbereiche, die von der kunsthandwerklichen Tradition wenig oder gar nicht berührt worden waren.

Gegenstand der Entwurfsarbeit waren vor allem Geräte, Maschinen, Instrumente, also Erzeugnisse für den alltäglichen, den verwaltungs- und produktionstechnischen Gebrauch sowie für die wissenschaftliche Arbeit. Die Gestaltungsaufgaben waren nicht auf Einzelobjekte, sondern auf Produktsysteme ausgerichtet, für die ein geschlossenes Erscheinungsbild angestrebt wurde. Die Gestaltung von Geschmacks- und Luxusgütern – was immer man damals darunter verstehen mochte – wurde abgelehnt. Versachlichung durch klare geometrische Formen, betonte Horizontale und Vertikale, ebene statt bauchiger Flächen, die Hervorhebung des Konstruktiven durch die Anordnung aller Teile, Fugen, Bedienungselemente gemäß einem zugrundegelegten Raster, die forcierte Integration von Design und Ergonomie (Arbeitsphysiologie) – das waren Prämissen, die die Entwurfsarbeit bestimmten.[18] Sie äußerten sich bereits sehr früh, zum Beispiel in den Arbeiten von Hans Gugelot[19], und wurden besonders auffällig in Gestalt von Radiogeräten für die Max Braun AG, die auf der Funk-, Fernseh- und Phonoausstellung in Düsseldorf 1955 zu sehen waren.

[18] Lindinger, Herbert (Hrg.): Geschichte des Industrial Design, Berlin (W), 1979, S. 27

[19] vgl. Aicher, Otl: „ein designer ist moralist, er lebt nicht leicht", in: form (Obladen) 105/1984 S. 9–11, sowie derselbe: „Hans Gugelot" 1920–1965, ebenda S. 12–15

[20] Brief von Max Bill an Walter Gropius vom 2. 5. 1950 (Kopie Hochschule für Architektur und Bauwesen Weimar)

[21] vgl. Conrads, Ulrich: Programme und Manifeste zur Architektur des 20. Jahrhunderts, Frankfurt/Main, Wien, 1964, S. 148

[22] vgl. Wachsman, Konrad: Wendepunkt im Bauen, Wiesbaden 1959

[23] Lehrprogramm der HfG Ulm, 1958/59, Abteilung Bauen (Kopie Hochschule für Architektur und Bauwesen Weimar)

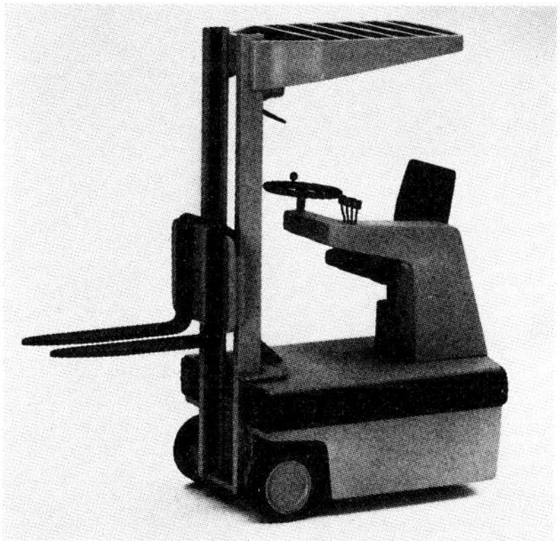

17 Gabelstapler
Entwurf: Ulrich Federl, Thomas Kuby, Michael Weiss
2. Studienjahr 1965/66
Dozent: Peter Raacke

18 Kreiselzettwender
Entwurf: Eberhard Wahl
Diplomarbeit 1966

Die Abteilung Bauen

Der erste Leiter dieses bereits für die Projektierung und den Bau der Hochschulgebäude gegründeten und zunächst als „Abteilung Architektur" ausgewiesenen Bereichs war Max Bill, damals zugleich Rektor der Schule.

Bill war überzeugt von der Notwendigkeit, nach den Jahren der faschistischen Diktatur „auf dem Gebiet der Architektur neue Wege zu finden".[20] Der Entwurf des Schulkomplexes, der eine vergleichende Betrachtung zur Bundesschule des Allgemeinen Deutschen Gewerkschaftsbundes (ADGB) in Bernau bei Berlin von Hannes Meyer zuläßt, verweist auf seine von der Bewegung des Neuen Bauens geprägte Architekturauffassung.

Nach Bill lehrte 1956/57 Konrad Wachsmann Architektur an der Schule. Wachsmann war 1933 in die USA emigriert und kam 1954 zum ersten Mal wieder nach Europa. Er äußerte damals seine Verwunderung darüber, daß – im Gegensatz zu den USA – der Standardisierung für die Massenproduktion industriell hergestellter Bauteile noch so gut wie gar keine Aufmerksamkeit geschenkt wurde.[21] Wachsmann galt zu dieser Zeit aufgrund der von ihm in Zusammenarbeit mit Buckminster Fuller entwickelten neuen Konstruktionsprinzipien als Pionier des industriellen, seriellen und vorfabrizierten Bauens. Sein Hauptinteresse galt der Entwicklung von universellen Modulen, mit denen es möglich war, bauliche Strukturen von nahezu unbegrenzter Ausdehnung zu schaffen.[22] Obgleich er nur ein Jahr an der Schule arbeitete, hat er die Abteilung Architektur nachhaltig in die Richtung des industrialisierten Bauens gelenkt. Herbert Ohl, der Nachfolger von Wachsmann, propagierte, auf dessen Arbeit aufbauend, die Zielsetzung, „den Bedarf an Hochbauten aller Art nicht mit traditionellen Baumethoden decken zu helfen, sondern durch Technifizierung und Industrialisierung der Baumethoden"[23] zu befriedigen. Unter Ohls Leitung kam die Abteilung zu ihrer programmatischen Bezeichnung „Industrialisiertes Bauen". Mit ihrem Ausbildungskonzept, das

19 U-Bahn
Entwicklung: Hans Gugelot, Herbert Lindinger, Helmut Müller-Kühn; Farbgebung: Otl Aicher, Peter Croy, 1962

sich an der Produktivkraftentwicklung orientierte und das nach Ohl Claude Schnaidt weiterführte, hob sich die HfG von den traditionellen Ausbildungsstätten für Architektur, die zu jener Zeit die wesenhaften Auswirkungen der modernen Industrie auf die Architektur und die Bauwirtschaft weder aus wirtschaftlicher noch aus sozialer Sicht hinreichend erkannt bzw. beachtet hatten, ab. Der Komplexität der Aufgaben trug die Abteilung Rechnung, indem sie sich mit allen durch die Industrialisierung des Bauens entstandenen Problemen beschäftigte.

Die Abteilung Visuelle Kommunikation
Sie nahm den kompliziertesten Entwicklungsweg. Die unterschiedlichsten Gestaltungsaufgaben, die im Bereich der Massenkommunikation anfallen, wurden in zwei Sektoren erfaßt. Der erste Sektor – Typografie – beschäftigte sich mit der Gestaltung von bildhaften Mitteilungen. Zu den traditionellen Gebieten Grafik, Fotografie, Typografie, Ausstellung, Verpackung kam das Gebiet der technischen Kommunikation hinzu. Es beinhaltete die Gestaltung von Anzeigevorrichtungen an Maschinen und Geräten, von technischen Zeichensystemen und von Darstellungen wissenschaftlicher Sachverhalte. Die Arbeit des zweiten Sektors war zunächst auf die Entwicklung von Methoden zur Vermittlung von Informationen gerichtet, wandte sich aber bald den Massenkommunikationsmitteln Film und Fernsehen zu. Unter Alexander Kluge, dem Vater des „Jungen Deutschen Films", entwickelte sich dieser Sektor zu einem eigenständigen Institut für Filmgestaltung, das noch heute besteht.[24]

Die Abteilung Information
Diese Abteilung arbeitete eng mit der Abteilung Visuelle Kommunikation zusammen. Die Zielsetzung bestand in der Gestaltung der Sprache nach den

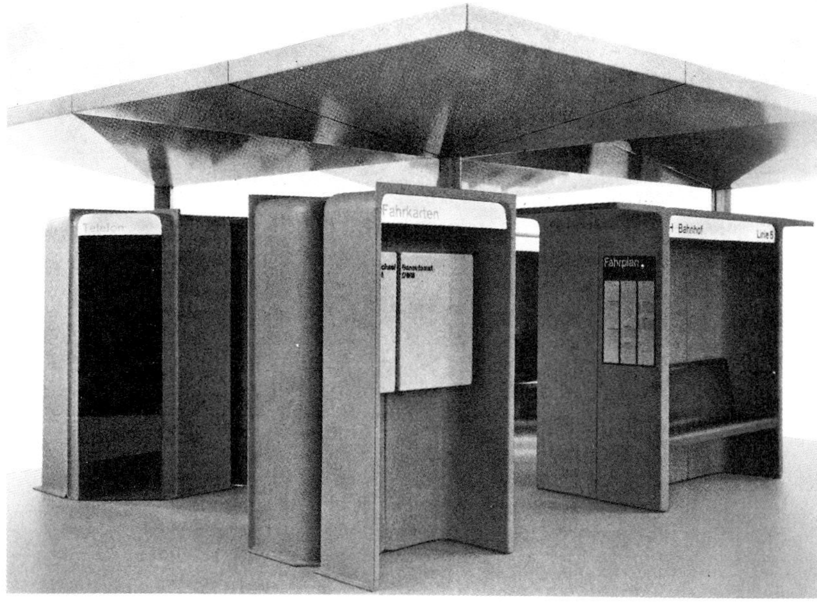

20 Bushaltestelle
Entwurf: Karl Gröbli, Jean-Claude Ludi, Richard Schärer, Michael Weiss
Wettbewerbsarbeit 1968
Dozenten: Herbert Lindinger, Claude Schnaidt

Erfordernissen moderner Kommunikation. Man trainierte die Möglichkeiten eindeutiger und verständlicher Mitteilungen im Rahmen von Meldungen, Werbetexten und wissenschaftlichen Ausführungen. Die Absolventen waren gewissermaßen Gestalter im Bereich der Massenmedien – Publizisten, die alle diesbezüglichen Probleme, Methoden und Techniken zu beherrschen hatten.

Solange die HfG Ulm bestanden hatte, solange war sie auch Angriffen und Verleumdungen ausgesetzt gewesen. Bereits 1957, also nur zwei Jahre nach ihrer offiziellen Eröffnung, kam es zu einer lokalen Pressekampagne, die sich gegen die geringe, aber überaus notwendige Subventionierung der Schule aus staatlichen Mitteln richtete. Eine Sendung im Süddeutschen Rundfunk über die Interna der HfG entfesselte eine erste öffentliche Kontroverse. Anlaß war damals jener Streit innerhalb der HfG um die Bauhaus-Pädagogik, der mit dem Ausscheiden Max Bills aus der Schule geendet hatte.[25]

„Opponierende Dozenten und Studenten", „ausnahmslos Theoretiker" – wie es hieß – lieferten 1963 nach wiederholten Auseinandersetzungen im pädagogischen Bereich mit den „Praktikern" der HfG den Stoff für einen Spiegel-Artikel, der sich gegen die Unabhängigkeit der Struktur und der Arbeitsweise der HfG Ulm richtete.[26]

Über solcherart Angriff hinaus war es jedoch ganz allgemein das von staatlichem Einfluß unabhängige Programm der Schule – die sich inzwischen zu einer der wegweisenden kulturellen Institutionen der BRD entwickelt hatte –, das den Antrag der SPD-Fraktion im Parlament von Baden-Württemberg auf Überprüfung ihrer Förderungswürdigkeit herbeiführte. Damals, 1963, sah sich die HfG Ulm – ähnlich wie das Bauhaus 1923 – gezwungen, ihre Zielsetzungen, pädagogischen Prinzipien und die praktischen Leistungen der Dozenten und Studenten durch eine Ausstellung der Öffentlichkeit vorzustellen.

[24] vgl.: Herzog, Kluge, Straub (Reihe Film 9), München, Wien 1976, S. 229f.
[25] Heißenbüttel, Helmut: Die Zukunft des Bauhausgedankens, Radio-Essay vom 20. 9. 1957 im Süddeutschen Rundfunk
[26] vgl. Auf dem Kuhberg, in: Der Spiegel Nr. 12/1963, S. 71–75

Daß die HfG Ulm letztendlich scheiterte, lag nicht an ihrem pädagogischen Modell. Im Gegenteil. Die Absolventen der HfG sind noch heute geschätzte Gestalter in der Industrie oder Lehrende heutiger Ausbildungsstätten.

Die HfG scheiterte am Widerspruch, der sich auftat zwischen ihrem Streben nach einer nach humanistischen, sozialen, kulturellen Grundsätzen gestalteten Umwelt und der notwendigen Anpassung an die Gesetze der kapitalistischen Wirtschaft. Auf der einen Seite wollte sich die Schule ihre Unabhängigkeit vom Vermarktungsinteresse der Industrie bewahren, auf der anderen Seite konnte sie nur über dieses Interesse die Industrie für ihre Entwürfe und die in ihnen fixierten kulturellen Vorstellungen gewinnen. Die von der HfG angestrebte Harmonisierung der gegenständlichen Bedingungen der menschlichen Umwelt erforderte eine radikale Überprüfung eines Teils der industriellen Produktion und überschritt dort, wo neben produktions- und konsumtionsgerechten auch ausschließlich sozial bestimmte Veränderungen angestrebt wurden, die Grenzen des marktwirtschaftlich orientierten Systems. Die Schule stellte sich damit gegen eine Formgebung, die umsatzorientiert ausschließlich auf die Tauschwertfunktion der Ware, nicht aber auf die Optimierung von Gebrauchswerten ausgerichtet war.

Daneben geriet auch ihr unabhängiges Hochschulmodell zunehmend in Widerspruch zur offiziellen Hochschulpolitik. In Baden-Württemberg wurde 1966 der Gedanke des Gesamthochschulkonzeptes entwickelt und – vor seiner bundesweiten Einführung – getestet.[27] Für die HfG Ulm bedeutete das Verstaatlichung und Angliederung an die Ulmer Ingenieurschule, später fanden Verhandlungen mit der Universität Stuttgart statt. Alle damit verbundenen Forderungen, aber auch die ihre eigenen Interessen vertretende und eigene Wege gehende Geschwister-Scholl-Stiftung, ließen keine Lösung mehr im Sinne der Zielsetzung der HfG Ulm zu.

Alle Nachfolgeinstitutionen, die zwischen 1969 und 1972 die Gebäude der HfG Ulm nutzten, besonders das „Institut für Umweltplanung an der Universität Stuttgart", haben nichts gemeinsam mit der HfG, auch wenn man bemüht war, nachdem eines „der schamlosesten Killingmanöver in der Bundesrepublik Deutschland"[28] vollendet war, diesen Anschein zu erwecken.

[27] vgl. Dahrendorf, Ralf: Zur Entstehung des Hochschulgesamtplanes für Baden-Württemberg 1966/67, in: Bildungspolitik mit Ziel und Maß. Wilhelm Hahn zu seinem zehnjährigen Wirken gewidmet, Stuttgart 1974, S. 138ff., bes. S. 142

[28] „Flugblatt der Studentenschaft v. 17. 2. 1968, 14 Jahre nach der Gründung der HfG Ulm, 25 Jahre nach der Ermordung der Geschwister Scholl" (Kopie Hochschule für Architektur und Bauwesen Weimar)

Design für die Unidad Popular*

Eva Fritzsche

Es sind die Völker, alle Völker südlich
des Rio Bravo, die sich erheben, um zu sagen:
Schluß!
Schluß mit der Abhängigkeit!
Schluß mit den Pressionen!
Schluß mit der Intervention!

Dieses Zitat von Salvador Allende steht dem Bericht Bonsiepes als Motto voran – und der Dank an chilenische Freunde, Staatsfunktionäre der UP: Fernando Flores, zur Zeit gefangen gehalten auf der Insel Dawson ...

Von den Abbildungen existiert kein Negativmaterial mehr. Fotos und Manuskripte stellte der Autor wenige Wochen nach seiner Ausreise aus Chile in das Exil – datiert: Buenos Aires Januar 1974 – zum Abdruck zur Verfügung. Chile – kein vergleichbarer Begriff, der heute wie gestern und immer seit jenem 11. September 1973 so vehement Parteilichkeit herausforderte, Assoziationen beschwört und weiterwirkt im Wägen und Handeln der antiimperialistischen Befreiungsbewegung aller Völker. Chile bleibt Stachel im Weltgewissen – ein offenes Geschwür. Man kennt den Erreger, natürlich, Ursache und Wirkung gesellschaftlicher Machtproportionen. Aber den komplizierten widersprüchlichen Prozeß in seinem konkreten Ablauf, den ganzen Umfang und die Dramatik der sozialen und nationalen Erhebung, ihre Wirkung und Widerwirkung auf das Bewußtsein der handelnden sozialen Kräfte, Klassen und Schichten während „des fast drei Jahre währenden Versuchs, im Rahmen einer formalen Demokratie die Basis für den Übergang zu einem Sozialismus eigener Prägung zu legen" (Bonsiepe in seiner Vorbemerkung); den ständigen, mählich sich koordinierenden wirtschaftlichen und politischen Druck der Reaktion, die materielle und moralische Komplizenschaft internationaler und einheimischer Monopolisten in Vorbereitung des Putsches, bis hin zu dem Zeitpunkt, da systematisch betriebene sukzessive Unterwanderung der auf USA-Mitteln fundierten Streitkräfte den endlichen Gewaltstreich ermöglichte und – alle Gesetzlichkeit und demokratische Konvention über den Haufen werfend – zügellosen Terror gegen das Volk und seine gewählte Regierung freisetzte; diesen kaum vergleichbar dichten Prozeß auch nur annähernd durchschaubar zu machen, braucht es vielfältiger Zeugenschaft.

Gui Bonsiepe war Zeuge, einer von vielen, und trägt bei zum Verständnis – aus seiner Warte und begrenzt auf sein Thema. Er nennt seinen Text „Überlegungen und Dokumente zum Thema ‚Unterentwicklung und Design'" und gliedert ihn in zwei Teile: „einen Vorspann informativen und theoretischen Charakters, samt einer Extrapolation der Erfahrungen in Chile auf die Rolle, die das Industrial Design in der Unterentwicklung spielen kann; einen Anhang dokumentarischen Charakters mit der Beschreibung der Projekte."

* Bei diesem Beitrag handelt es sich um die Besprechung eines Berichtes, der im Jahre 1974 der Öffentlichkeit vorgelegt worden war, siehe Bonsiepe, Gui: Design im Übergang zum Sozialismus. Ein technisch-politischer Erfahrungsbericht aus dem Chile der Unidad Popular (1971–73), erschienen als Band I der Reihe: Designtheorie. Beiträge zur Entwicklung von Theorie und Praxis des Industrial Design, Hamburg 1974

Der Designer Gui Bonsiepe, geboren 1934, hat an der Hochschule für Gestaltung Ulm (siehe dazu den vorangegangenen Beitrag S. 295) studiert und gelehrt. Von 1971 bis 1973 verantwortete er den Aufbau eines Fachbereichs für Industrial Design in Chile. – Anm. Hrg.

1/2 kombinierte Sämaschine, 1972
1 Prototyp
„Die Struktur der Maschine – eine selbsttragende Karosserie – besteht aus homogenen Seitenteilen, die mittels der Wandung des unterteilten Saatgut- und Düngemittelbehälters miteinander verbunden sind."

Damit wird der politische Anspruch des Buchtitels eingeschränkt, und das erscheint berechtigt. Denn obwohl hinter allen auf Verallgemeinerung zielenden Überlegungen des ersten Teils, vor allem aber im dokumentarischen zweiten Teil, das vibrierende politische Klima spürbar wird, vor dem eben diese – und nicht irgendwelche – Probleme und Projekte sich entwickelten oder starben, bleiben es Teilaspekte, die eine exakte, zu Schlußfolgerungen führende politische Einordnung kaum ermöglichen. Bonsiepe selbst verwahrt sich gleich im ersten Abschnitt „Terminologische Varianten" gegen eine verbalistische Festlegung auf seinen Terminus „Unterentwicklung" und gebraucht „in Ermangelung einer einheitlichen Terminologie" im folgenden je nach Kontext unter anderem auch Beziehungen, wie „Abhängigkeit", „Dritte Welt" oder „das binomische Paar ‚Metropole/Peripherie'" – der Ideologieträchtigkeit all dieser „Varianten" sich wohl bewußt und vielleicht seit Chile besonders hellhörig ihnen gegenüber. Seine Sympathien sind eindeutig auf Seiten der um Freiheit und Selbstbestimmung ringenden Völker; seine Haltung zu Kapitalismus und Neokolonialismus erscheint unversöhnlich. Er handelt engagiert: Gui Bonsiepe, Vizepräsident des ICSID, ehemaliger „Ulmer", der nach dem spektakulären „Exodus" der Hochschule für Gestaltung Ulm (1968) im Auftrag der UNO ab 1969 in Lateinamerika wirkte und während der Regierung Allendes in Chile mit einer Industrial Design Gruppe für das Programm der Unidad Popular arbeitete. Der Gruppe gehörten Chilenen und ehemalige „Ulmer" an. Der Fall Ulm erfuhr damit übrigens eine weitere Parallele zum historischen Bauhaus, von wo prominente Mitarbeiter, Architekten und Planer, Anfang der 30er Jahre aus dem Kapitalismus exilierten und ihre Tätigkeit dem sozialistischen Aufbau in der Sowjetunion zur Verfügung stellten.

Einem Interview des kubanischen Architekten-Dozenten Roberto Segre mit Gui Bonsiepe Anfang 1970 stellt „form 49" eine Replik voran, die so beginnt:

2 Versuchsvorrichtung
Mittels dieser Vorrichtung wurde eine Reihe von Varianten geprüft. Dabei ging es einmal um die Lagezuordnung von Saatgut und Düngemittel im Boden und zum anderen um den Dosifizierungsmechanismus für das Düngemittel.

„‚Design für unterentwickelte Länder' – immer mehr wird dieser Aufgabenbereich gerade von Designern der westlichen Welt als ein Tätigkeitsfeld gesehen, auf dem zu arbeiten ‚es sich noch lohnt'. Frei von den Zwängen technisch hochentwickelter, wettbewerbs-wirtschaftlich orientierter Gesellschaften werden sie gleichsam als Oasen betrachtet, wo sich die ethische Maxime des Designs – die soziale Funktion – noch mit Glaubwürdigkeit und Gehalt füllen lasse."

Bonsiepes Arbeitsbericht aus Chile, vier Jahre danach, gibt wie immer gearteten Missionarsgelüsten von Anfang an wenig Nahrung. „Im Januar 1971, also 2 Monate nach dem offiziellen Regierungsantritt der Unidad Popular in Chile, wurde am staatlichen Technologischen Forschungsinstitut in Santiago der Fachbereich Industrial Design eingerichtet. Dessen Aufgaben waren anfangs grob umrissen, da es zu jenem Zeitpunkt weder eine Technologiepolitik gab noch geben konnte, in die das Industrial Design hätte eingepaßt werden können. Schließlich waren vorerst grundlegende Probleme zu lösen, vor allem *die Ordnung und Strukturierung eines anarchistischen Produktionssystems* sowie die Ausrichtung der Industrieproduktion nach rationalen gesamtwirtschaftlichen Kriterien, wobei die Befriedigung der *Bedürfnisse des Proletariats* Vorrang genießen sollte." So unprätentiös leitet der Autor den Abschnitt über die Zielsetzung des Industrial Design in Chile ein und stellt sogleich die Proportionen klar: „Allgemein sollte die Gruppe ihren Beitrag zur *Überwindung der technologischen Abhängigkeit* im Bereich der verarbeitenden Industrie leisten. Konkret gefaßt, sollte eine systematische Produktentwicklung mitwirken, folgende Teilziele zu erreichen:

1. *Einsparen von Devisen* durch Importsubstitution, um die kritische Außenhandelsbilanz zu entlasten.
2. *Einsparen von Devisen* für die Zahlung von Patenten, Gebrauchsmustern und ‚Marken'.

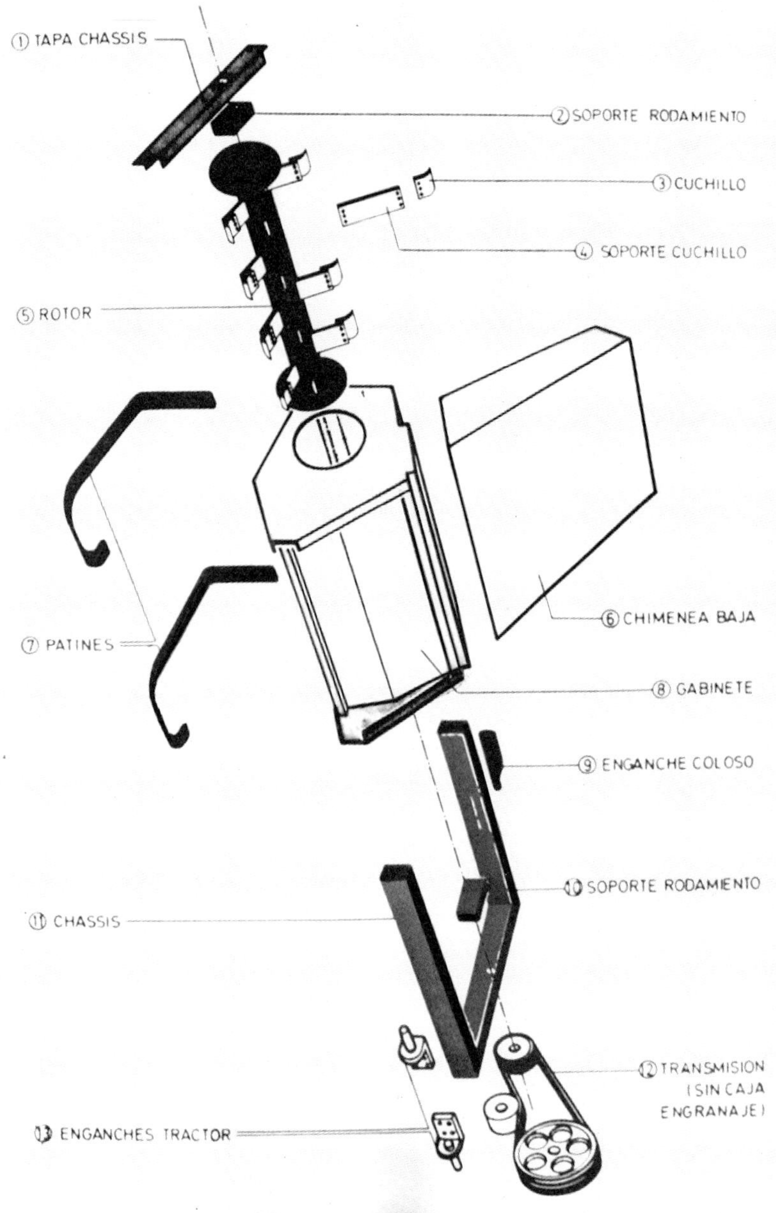

3/4 Häckselmaschine
für die Grünfutterernte, 1973
3 die Struktur der Maschine

Struktur der Häckselmaschine
1 Verschlußprofil für das Chassis
2 Lagerung für das Kugellager
3 Messer
4 Messerhalter (aus Gummi)
5 Messerwelle
6 Kurzer Auswerferaufsatz
7 Gleiter
8 Gehäuse
9 Anschluß für Anhänger
10 Lagerung für Kugellager
11 Chassis
12 Transmission (ohne Getriebe)
13 Anschluß für Traktor

4 die neue Maschine mit langem Auswerfer

3. *Befriedigung der realen Bedürfnisse des Proletariats* durch Entwicklung von gebrauchswertintensiven Produkten bei relativ niedrigem Tauschwert.

4. Rationale Nutzung der industriellen Kapazität, um die *Produktivität zu steigern.*

5. *Standardisierung* von Komponenten, Baugruppen und Produkten und/oder Produktsystemen, um die Fertigung zu vereinfachen, Kosten zu senken und gebrauchstechnische Verbesserungen zu erzielen.

6. Rationalisierung des Warensortiments von Produkttypen (Typenreduktion).

7. Schaffung von Ansätzen zu einer eigenen *materiellen Kultur.*"

Zur Situation heißt es: „Der schwerfällige staatliche Verwaltungsapparat, der jahrzehntelang darauf eingeschliffen war, als Erfüllungsgehilfe für private Kapitalinteressen zu dienen, mußte für sozialistische Ziele aktiviert und reorganisiert werden – ein ungemein schwieriges Unterfangen, zumal das Personal zu überwiegendem Teil dem Experiment der Unidad Popular mit Feindseligkeit begegnete, was sich in der Verschleppung von Entscheidungen, Obstruktionismus und Sabotage bekundete. Die Unidad Popular bot da eine ungeschützte Flanke wegen des Mangels an politisch verläßlichen technischen Kadern. Die Berufsverbände, z. B. Ingenieurverein, Ärztekammer u. ä., wurden von der Opposition, und zwar von deren extrem rechts stehenden Flügel, kontrolliert; wie sich später zeigte, verwandelten sich diese ständischen Berufsgenossenschaften in die Vorhut der Konterrevolution."

Der dokumentarische Teil der Broschüre – mehr als Dreiviertel des Umfangs – legt mit 83 Abbildungen Rechenschaft ab über rund 20 Projekte, von denen nur ein Teil bis zur Prototyp- bzw. Produktionsreife gelangen konnte. Und wieder beeindruckt die sachliche Strenge, die bis ins letzte technologische Detail vordringende offensive Verantwortungsbereitschaft des Gestalterkollektivs gegenüber dem Auftraggeber, der Unidad Popular, die vom

5 Schälmaschine für hartfaserige Blätter, 1971 – Zwischenmodell zur Veranschaulichung des Aufbaus „Dieses Projekt wurde in der Phase der Alternativvorschläge abgebrochen, da der interdisziplinäre Ansatz an der dominierenden monodisziplinären Denkweise scheiterte ...
Die prekäre Beziehung zwischen Konstruktion und Industrial Design konnte sich erst verbessern, als die anfänglich diffuse Rolle des Industrial Design bei der Entwicklung von Investitionsgütern im Laufe der Zeit geklärt wurde."

Autor rückhaltlos als Einheit von Volk und gewählter Regierung begriffen wird.

Die Dokumentation beginnt mit landschaftlichen Maschinen: „Diese Produkte gehörten zur Prioritätsklasse 1. Die UP versuchte auf diese Weise, die ruinöse Abhängigkeit in Form des Nahrungsmittelimports ... einzudämmen. Nach Angaben von Spezialisten kann Chile hinreichend Nahrungsmittel für 30 Millionen Einwohner produzieren, d. h. für dreimal soviel wie die jetzige Bevölkerung ausmacht, wenn die landwirtschaftlichen und maritimen Ressourcen rationell genutzt werden ...“ Zur Darstellung gelangen vier Projekte, von denen zwei realisiert wurden. Diese zwei sind:

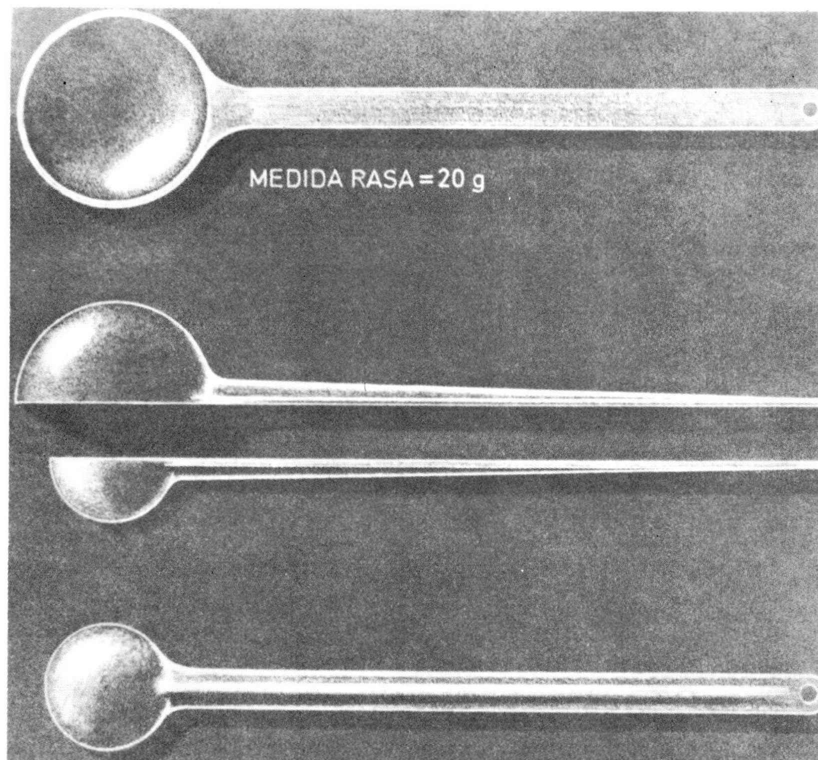

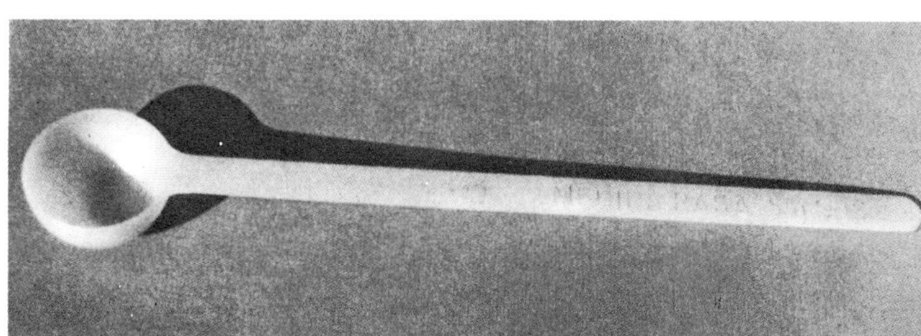

6/7 Meßlöffel für Milchpulver, 1973
„Aus einer Untersuchung des Nationalen Gesundheitsdienstes ... ging hervor, daß 12 % der im Rahmen des nationalen Milchprogramms versorgten Kinder und Frauen, d. h. rund 350 000 Personen, physiologisch nicht einwandfreie Milch trinken. Die Mischung war entweder zu dünn oder zu fett, und zwar hauptsächlich deshalb, weil die Dosierungsangaben für das Milchpulver ... zu ungenau waren. Es sollte deshalb ein Meßlöffel gestaltet oder eine ... Dosifiziervorrichtung entwickelt werden. Man hätte beispielsweise das Milchpulver bereits in Portionspackungen zu 5 und 20 Gramm verteilen können, statt in Polyäthylenbeuteln mit 1 kg Fassungsvermögen. Dies aber hätte die Einfuhr einer neuen Abfüllmaschine erfordert, was unter den gegebenen Umständen nicht möglich war. Unter Anwendung der Methode ‚Suche nach Analogien' wurden mehrere Alternativen ausgearbeitet ...“
6 Meßlöffel für 5 Gramm und 20 Gramm Darstellung in rendering Technik
7 Produktion aus der Nullserie

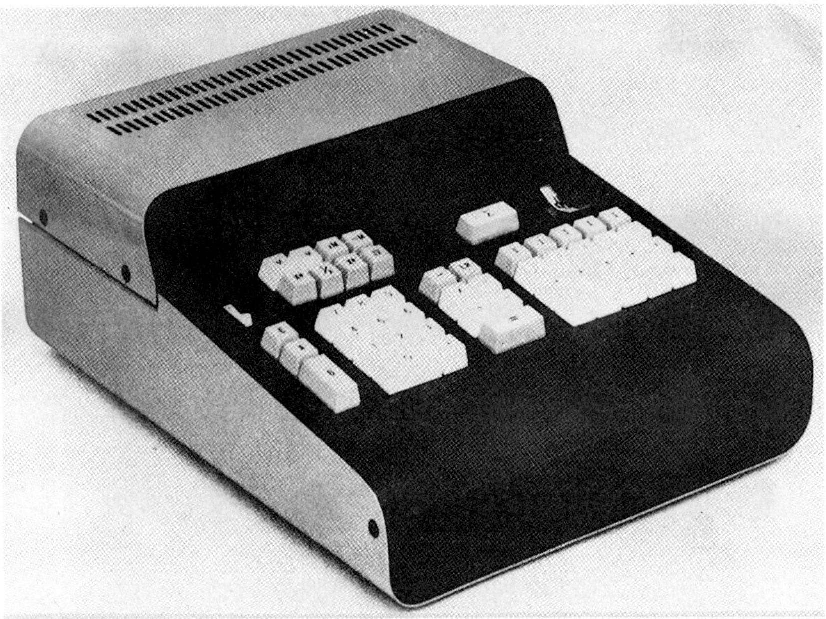

8 Gehäuse für einen Tischrechner, 1971
Wegen der Kleinheit der Serie (1000 Stück pro Jahr) wurde die Verwendung kostspieliger Umformwerkzeuge von vornherein verworfen.

Kombinierte Sämaschine, 1982:

„Das Problem bewegte sich anfangs in engem Rahmen: eine importierte Maschine sollte an die industriellen Reproduktionsmöglichkeiten in Chile angepaßt werden, um auf diese Weise jährlich 800000 US Dollar zu sparen, die andernfalls für den Import dieser Getreidesämaschine hätten aufgebracht werden müssen. Allein, die Analyse des ausländischen Produkts förderte eine Menge konstruktiv mangelhaft gelöster Details zutage, so daß ein Redesign der Maschine sich als unumgänglich erwies. Die einmal geweckten Zweifel an der Qualität der angeblich unübertrefflichen Maschine dehnten sich dann auch auf die funktionellen Eigenschaften der Maschine aus, d. h. ihre Spezifikationen wurden in Frage gestellt ..."

Also beginnt das Team der Designer, ausgehend vom geforderten Gebrauchswert des Produkts, die Subsysteme des Gerätes zu analysieren und in Abstimmung mit örtlichen Agronomen neu zu fixieren und zu entwerfen. Designfetischisten mag wenig attraktiv anmuten, was hier mit nüchterner Akribie aufgezeichnet wird: wie Formgestalter sich in Strukturen der Ackerfurche vertieften und über Beschaffenheit von Düngemitteln nachdachten, um schließlich den Erfolg aller Mühen mit der Vorstellung der fertigen Maschine und der Feststellung zu krönen: „Der Wert der importierten Teile ... beläuft sich auf 5% des Gesamtwerts der Maschine." Daraus spricht Genugtuung, die den so erzielten wirtschaftlichen Erfolg für die UP mit Fug und Recht als individuelle Selbstbestätigung begreift.

Häckselmaschine (chopper) für Grünfutterernte, 1973:

„Im Rahmen des Nationalen Milchplans wurde während der Regierung der Unidad Popular täglich an jedes Kind durchschnittlich $^1/_2$ Liter Milch in Form von Milchpulver kostenlos verteilt, um auf diese Weise zu gewährleisten, daß die Kinder während der entscheidenden Entwicklungsphase eine hinreichende Menge an Proteinen erhalten. Um die Milchimporte zu senken, sollte

9/10 Plattenspieler, 1972
„Die Entwicklung dieses Konsumgutes erschien unter den bereits 1972 auftretenden Versorgungsschwierigkeiten ungerechtfertigt und gegen das sozialpolitische Programm der Unidad Popular zu verstoßen. Doch sollte dieses Produkt im Rahmen wirtschaftspolitischer Maßnahmen dazu eingesetzt werden, zirkulierende Geldmassen der Bourgeoisie abzuschöpfen, die anderweitig keine Niederschlagsmöglichkeiten fanden und einen inflationären Druck ausübten."
9 Holzmodell
10 das geöffnete Gerät
(der Tonabnehmer ist übernommen)

die Eigenproduktion drastisch erhöht werden, unter anderem durch einen planmäßigen Futteranbau für Kühe ... Von der ausländischen Maschine, die als Ausgangspunkt diente, wurde die allgemeine Geometrie übernommen, das gesamte konstruktive und formale Konzept hingegen geändert. Statt einer selbsttragenden schweren Karosserie mit Plattendicken bis zu 10 mm wurde eine Rahmenkonstruktion aus U-Profilen entworfen, die alle Kräfte aufnimmt. Auf diese Weise konnten die Blechstärken des Gehäuses erheblich verringert und ihre Vielfalt auf zwei Einheitsstärken reduziert werden, so daß die neue Maschine ⅓ weniger wiegt wie das importierte Produkt ... Die strukturelle Komplexität der Maschine wurde um etwa 40% gesenkt."

Bonsiepe gliedert die mit seiner Gruppe entwickelten Projekte „von einelementigen Produkten bis zu Maschinen mittlerer Komplexität" nach Abschnitten: Landmaschinen, Güter für den Basiskonsum, leichte Investitionsgüter, Komponenten für das Bauwesen, Verpackungen und Distributionsmittel, Spezialprojekte – mit je einer Präambel, die von der konkreten sozialen und wirtschaftspolitischen Motivation des Auftrags ausgeht, und von daher auf verallgemeinernde Aussagen zielt hinsichtlich der angestrebten bzw. realisierten Lösungswege, die dann am abgebildeten Objekt demonstriert werden. Für ästhetischen Subjektivismus – „Selbstinterpretation" – ist weder Zeit noch Raum. Trotzdem – oder gerade deshalb? – ist den abgebildeten Objekten gemeinsam, was man als „erlesen" bezeichnet. Die Broschüre nennt keine einzelnen Namen bei den Projekten. So bleibt Vermutung, ob der eine oder andere der zeitweilig oder auch von Anfang bis Ende im Team für die UP tätigen Designer erst unter dem Druck der als sinnvoll erkannten mühevollen Aufgaben – der großen wie der „kleinen" – zu so produktiver Ernüchterung fand.

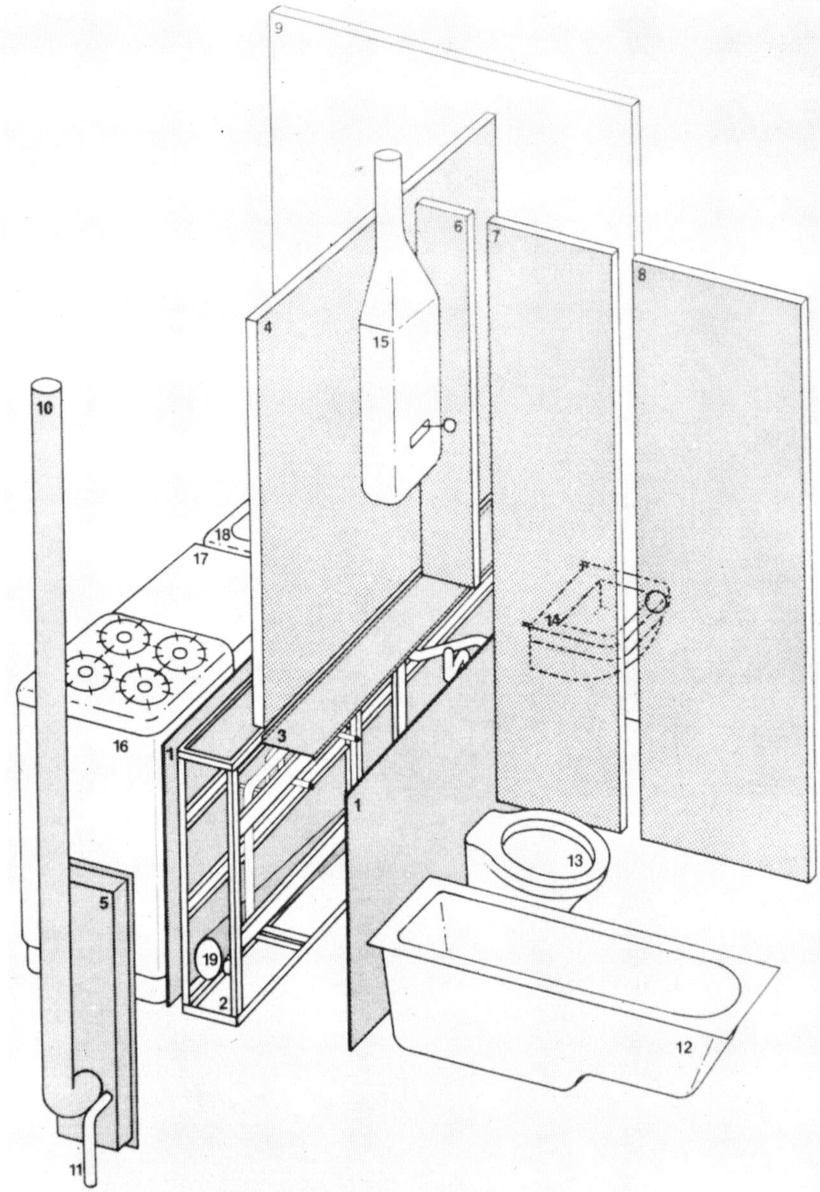

11 Installationswand
für Standardhäuser, 1971
Die vorfabrizierte Wand sollte ohne zusätzliche Montagemittel, zum Beispiel Kräne, an Ort und Stelle eingesetzt werden können. Sie sollte so unterteilt bzw. so bemessen sein, daß sie nach Fertigstellung des Rohbaues eingefügt werden könnte, ihre Abmessungen durften also nicht die lichte Höhe der Türöffnungen überschreiten.

Schematischer Aufbau der vorfabrizierten Wand:
1 Abdeckung der unteren Hälfte
2 Metallrahmen
3 Metallabdeckung
4 Obere Trennwand
5 Abdeckkasten einer Stirnseite (eingelassen in die Wand)
6 Teil der Trennwand Bad/Waschbecken
7 Teil der Trennwand Bad/Waschbecken
8 Tür
9 Küchenwand
10 Entlüftung
11 Wasserzuleitung
12 Badewanne
13 WC
14 Waschbecken
15 Durchlauferhitzer
16 Küchenherd
17 Arbeitsfläche
18 Spüle
19 Entsorgungsleitung

12/13 aus der Einrichtung
für Kindergärten, 1972
12 Stühle in zwei Höhen
13 Maltafel mit Klappgestell

Bonsiepe gelangt in der Interpretation seines Themas auf Grund der chilenischen Erfahrungen zu wesentlich präziseren Formulierungen als vier Jahre zuvor in Kuba, wo er – um seine Meinung zu dort eingeschlagenen Wegen und Möglichkeiten des Designs befragt – in dem vorerwähnten Interview unter anderem geäußert hatte: „Befremdlicherweise bewahrt ein Teil des in der Revolution geschaffenen Designs noch die Züge prärevolutionärer Einflüsse. Zum Beispiel des Styling und Kitsch ..., übernommen von nordamerikanischen Modellen. Offensichtlich geht ein kultureller Wandel langsamer vor sich als der Bruch im sozio-ökonomischen und politischen Bereich ..." Von diesem Befremden her führte gewiß kein leichter Weg zur seitdem gewonnenen Erkenntnis: „... Der langwährende Einfluß ausländischer Konsummuster – verbreitet mittels Fernsehen, Film und Zeitschriften – hat das Bewußtsein der Verbraucher geformt und verformt. Die Unterscheidung zwischen wahren und falschen Bedürfnissen mag in der Theorie einfach sein, in der Praxis erweist sie sich als weniger simpel, zumal wenn man annimmt, daß jedes falsche Bedürfnis Indiz eines wahren ist ...", und an anderer Stelle: „... da diese Verhaltensmuster historisch geformt sind und keine anthropologische Konstante darstellen, sind sie auch historisch änderbar ..." und „... Ein Bedürfnis ist zudem immer kulturell vermittelt, und läßt sich nur auf diese vermittelte Weise befriedigen. Was Basiskonsum ist, läßt sich deshalb nicht ohne Bezugnahme auf eine konkrete geschichtliche Situation festlegen; auch nicht als eine Konstante definieren ..."

Bonsiepes Einsicht in einen der erregendsten Prozesse unserer Zeitgeschichte macht seine Zurückhaltung gegenüber Fragen nach der Perspektive des Industrial Design an der sogenannten „Peripherie" nur zu verständlich: „Das Volumen der Bedürfnisse überragt in astronomischem Ausmaß das Volumen der Mittel ... Die Mehrheit der Bevölkerung ... vegetiert in einem Zustand *permanenter Unterernährung*. Die Entwurfsphantasie und die Entwurfsanstrengungen wären deshalb auf die Produktion, Konservierung und Verteilung von Nahrungsmitteln zu richten, soweit dieses Problem ein technisches, und nicht vielmehr ein politisches Problem darstellt. – Andere Bedürfnisse, andere Prioritäten, andere kulturelle Traditionen, ein anderer Stand der Produktivkräfte ... prägen den Kontext des Industrial Design ... mit entsprechenden Implikationen für den dieser Entwurfsdisziplin zukommenden gesamtgesellschaftlichen Stellenwert." *„Deskolonialisierung* – wirtschaftliche, technologische, kulturelle – mit diesem Wort wäre die Zielrichtung der Entwurfstätigkeit in der Peripherie kurzformelhaft zu benennen. Das deskolonialisierende Potential des Industrial Design kann aber nur im Rahmen einschneidender gesamtgesellschaftlicher Änderungen sich entfalten, die in technokratisch-verschleierndem Jargon ‚struktureller Wandel', in politisch klarer Sprache ‚Revolution' oder ‚revolutionärer Prozeß' heißen."

In der Zusammenfassung seiner Erfahrungen in Lateinamerika distanziert sich der Autor mit Schärfe von der „bildungsbürgerlichen Bewegung der ‚Guten Form' oder des ‚Guten Design'", „deren Propagierung (in den betreffenden Ländern) als ein Indiz für kulturellen Imperialismus" erkannt werde. Andererseits warnte er auch mit Nachdruck vor jeglichem „Revolutionstourismus", den es „voll guten Willens und voll schlechter Ungeduld" zu den jeweiligen Brennpunkten zieht, ohne Kenntnis und Verständnis gegenüber den vorrangig auf Emanzipation drängenden Interessen des betreffenden Landes und seiner Bevölkerung.

Bonsiepes Auftrag und Anliegen richtet sich darauf, in diesen Ländern die Möglichkeiten zur Entwicklung eigener Ausbildungsstätten für die Designer zu untersuchen und gegebenenfalls vorhandene Bestrebungen methodisch zu unterstützen. „Der Transfer ... *methodologischer Kenntnisse* wurde behutsam vorgenommen ... Von den 36 Methoden, die C. Jones in seinem Buch über Entwurfsverfahren aufzählt ... besaßen nachweislich nicht mehr als zwei instrumentellen Wert für die Entwurfsarbeit ... Als unerläßlich stellten sich aber die *Kommunikationstechniken des Industrial Designers* heraus, von der Freihandskizze über die schematische Darstellung bis zum Modellbau (und sei es aus Pappe, Blech und Draht), wenngleich in den bisherigen Abhandlungen über Entwurfsmethoden diese Fähigkeiten mit souveränem Schweigen übergangen werden, wie denn überhaupt das alltägliche Handwerkszeug des Entwerfers in den Designmethodologien bislang recht stiefmütterlich abgetan worden ist, als ob sich der Entwerfer des Umgangs mit nichtdiskursiven Codes zu schämen hätte."

Ein längerer Abschnitt entwickelt Gedanken über die Perspektive einer „Vergesellschaftung des Entwurfsprozesses" anhand von Bestrebungen der Designergruppe in Chile, Produktionsarbeiter in die Produktgestaltung einzubeziehen – Anfänge, die den „esoterischen Kasten" einer „akademisch akkreditierten Spezialistengruppe" sprengen sollten und die wie alle fortschrittlichen Bestrebungen in Chile mit dem Ausbruch der Konterrevolution ihr vorläufiges Ende fanden.

Bonsiepes Erfahrungsbericht zeugt von Anfang bis Ende von der Übereinstimmung des Autors mit dem Programm der Unidad Popular. Wo er in Verbindung mit seinem Tätigkeitsbereich bestimmte Maßnahmen kritisiert, geschieht es um der Sache willen und berührt übrigens nur Erscheinungen, nicht den Kern. Zwar wird die Frage der Macht mehrmals gestreift, widerspiegelt die Sicht des Autors deutlich die einander überschneidenden Aspekte der komplizierten Klassensituation dieser Zeit, aber die Realität des politischen Kampfes dort, die sich besonders und bis zuletzt in dem permanenten Spannungsverhältnis zwischen Legislative und Exekutive äußerte, diese Dialektik von Ursache und Wirkung also wird verwischt, wenn der Autor zum Beispiel von einer „Taktik der Klassenallianz" mit dem „Kleinbürgertum" spricht, als von einem „Entgegenkommen", das sich letztlich „nicht bezahlt" machte; zugleich aber bitter gegen linkssektiererischen Dogmatismus und „Revolutionspurismus" polemisiert, gegen „die selbsternannten Richtmeister, die mit souveräner Ignoranz schematische Prädikate wie ‚Reformismus' oder ‚Revolution' verleihen."

Man sollte solche Äußerungen nicht überbewerten. Ihre Widersprüchlichkeit – zumal sie undifferenziert und ohne Namensnennung eingestreut bleiben – führt uns ein übriges Mal Ort und Zeitpunkt der Niederschrift des Manuskripts vor Augen; wem wäre unter solchen Umständen schon eine bis ins letzte gründliche Verarbeitung aller Ereignisse abzuverlangen? Eindeutig lesbar ist jedenfalls die Adresse, an die sich folgende Replik aus dem Abschluß der Broschüre wendet: „Man hat diesem Versuch des Aufbaus eines Sozialismus in Chile gelegentlich wohlwollend-interessiert ein ‚menschliches Gesicht' attestiert; dabei wäre zu fragen, ob nicht jede Form des Sozialismus bereits ein menschlicheres Antlitz aufweist als die erstarrte Maske des Kapitalismus, der – den Faschismus in sich bergend – am allerwenigsten Grund hat, sich zum Richter über Erscheinungsformen des Sozialismus aufzuschwingen ..."

Mut und Mühe für das Neue

Hein Köster

Würde Erich Müller eine Selbstbiographie schreiben, sie konfrontierte uns mit einer gemeinhin unbekannten Geschichte der Gestaltung: Wenn hier Biographisches gegeben wird, so kann das nicht ersetzen, was Müllers eigenes Berichten auszeichnet: geprüfte Erfahrungen, an Ereignissen gewonnen und durch sein Leben gefiltert. Durch seine Konsequenz, sagt Müller heute, sei ihm vieles vor die Hunde gegangen.

Müller begann 1921 – vierzehnjährig – seine Ausbildung als Beleuchtungsglasmaler im damaligen Fürstenberg (heute Eisenhüttenstadt). Er mußte, wie er sagt, Fuchsien zeichnen bis zum Erbrechen. Eigentlich hatte er zur See gewollt. Den Wunsch äußerten damals viele Jungen seines Alters, sie meinten gewöhnlich die Kaiserliche Marine. Müller meinte diese nicht. Sein Vater war Binnenschiffer gewesen, der Sohn aber wollte, wie das bei Söhnen vorkommt, weiter, wollte aufs Meer und in die Welt – es wurde nichts daraus.

1 Stühle und Hocker, Ende der zwanziger Jahre von Erich Müller entworfen

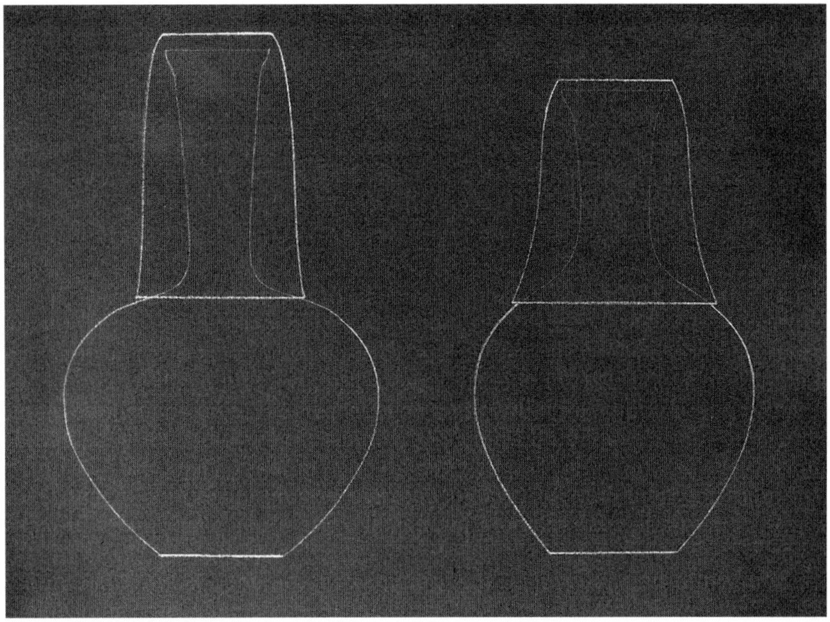

2–8 Entwürfe für die „Alte Hütte" in Eisenhüttenstadt 1946–1952
2 Karaffe
3 Leuchte
4/5 Teller, Preßglas

Müller blieb nicht bei der Glasmalerei. Das Glas als Ganzes interessierte ihn, das Material, seine Formbarkeit, die Technologien. Er lernte nach Art der Handwerksburschen: Er verdingte sich in unterschiedlichen Hütten und lernte und fragte sich allmählich zu den vielfältigen Möglichkeiten des Gestaltens von Glas durch. In der Fürstenberger „Alten Hütte" zum Beispiel führte ihn der Leiter der Zeichenstube Max Böhme, ein Wissenschaftsgrafiker und Lithograph, in die unerbittliche Genauigkeit des 8-H-Graphitstiftes ein, des härtesten also, und vermittelte ihm den Ordnungssinn der Normschrift, der er sich seither bedient. Müller sah sich auch in verwandten Bereichen um. So hospitierte er bei Puhl & Wagner in Berlin, um seine Kenntnisse in der Gestaltung von Glasmosaiken zu vertiefen. Oder er wechselte gleich ganz das Metier. In der Töpferwerkstatt von Josef Lachmann sah er den Zusammenhang von elementaren, aus dem Material abgeleiteten Formen und einer Gestaltungsauffassung, die jahrtausendealte Erfahrungen und Techniken zu nutzen wußte.

Aber es interessierte ihn nie das bloß Handwerkliche der Gestaltung, vielmehr ging es ihm stets auch um das Ästhetische und um die Welthaltigkeit des Ästhetischen, gleich, ob es sich als Architektur, Literatur, Kunst oder Formgestaltung artikulierte. Von dem, was ihn damals prägte, ist ihm unter anderem heute erinnerlich: die Kulturseiten der Arbeiterpresse und die Bücher der KOSMOS-Reihe, Le Corbusier und das Bauhaus, die „Kunst des 19. Jahrhunderts" von Cornelius Gurlitt, desweiteren Käthe Kollwitz und Franz Masereel, eine Aufführung des „Urfaust" in Weimar und der Film „Der fünfte Stand", das „Schwalbenbuch" von Ernst Toller sowie „Ditte Menschenkind" von Martin Andersen Nexö. Erich Müller lebte abseits von den kulturellen Zentren. Bildung wurde für ihn ganz eigentlich in dem Sinne, wie es Pestalozzi einst formuliert hatte, zur Hintertreppe im Haus der Ungerechtigkeit.

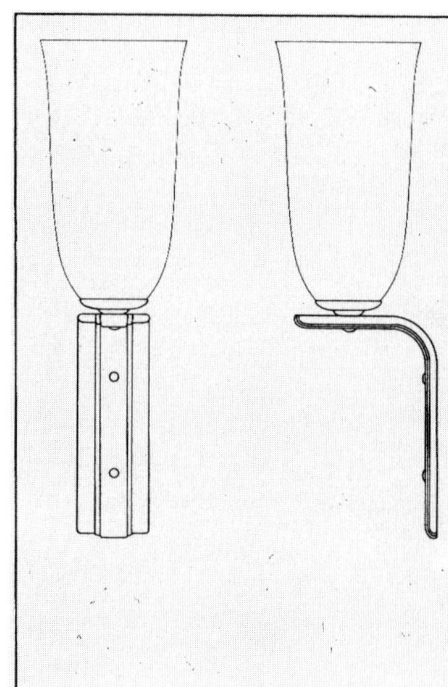

Das Gestalten einer neuen Form, nur um der bloßen Veränderung willen, trägt zwangsläufig den Keim der Halbheit und Kurzlebigkeit in sich. Eine Form, unter solchen Voraussetzungen geschaffen, würde sich kaum von dem bereits in großer Menge vorhandenen Zufälligen, Modischen und Schlechten unterscheiden. Gestaltung im positiven Sinne ist mehr: gute Produktionsmöglichkeit, Wirtschaftlichkeit und Zweckmäßigkeit; das Vorwärtsweisende, die funktionelle und ästhetische Priorität des gestalteten Produktes sind ihre hervorstechendsten Merkmale, die eine gewisse Langlebigkeit mit einschließen, den technischen Fortschritt fördern und die Wettbewerbsfähigkeit erhöhen. Wird die Formgestaltung, in engem Kontakt mit Wissenschaft und Technik, bereits im frühestmöglichen Stadium mit einbezogen, dann ist sie am erfolgversprechendsten. Die optimale Nutzung aller Überlegungen der an der gemeinsamen Entwicklung eines Erzeugnisses Beteiligten sollte für eine zeitbedingte vollkommene Gestaltung immer vorausgesetzt werden …

(Erich Müller: Neue Formen aus feuerfestem Glas, form+zweck 1/64)

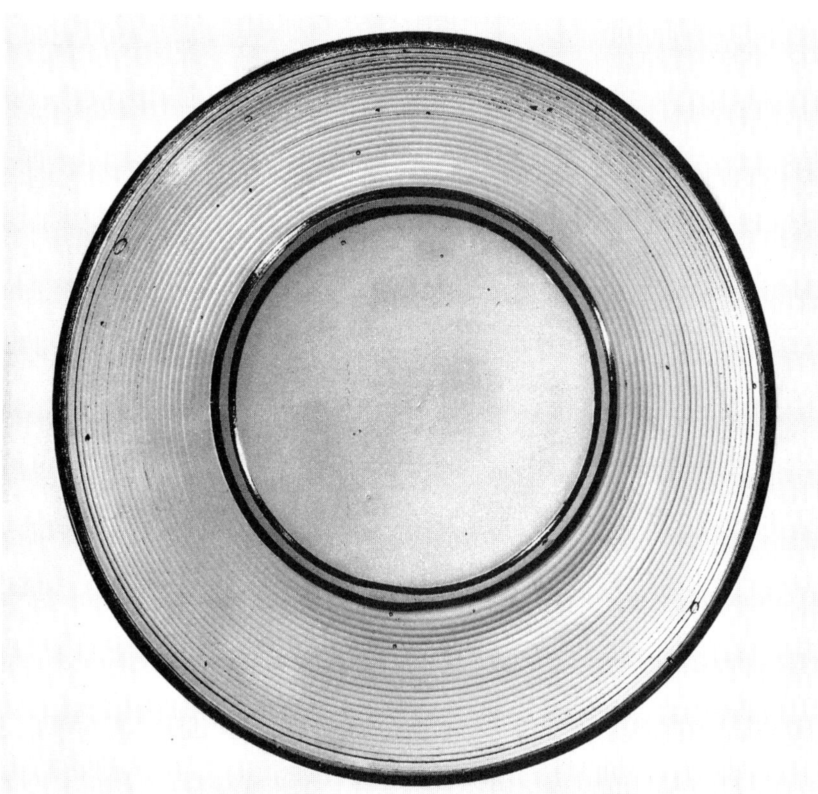

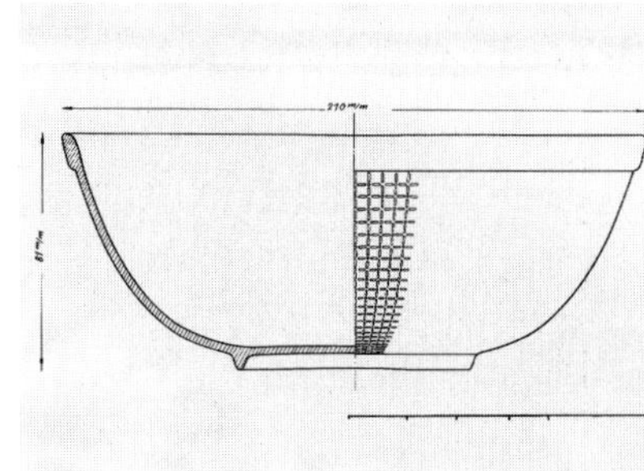

6 Schüssel und Bowle, Preßglas
7 Schüssel, Preßglas
8 Schüssel, Preßglas

9–12 Schälchen, stapelbar, Preßglas, um 1958

13 Teile des Preßglassortiments EUROPA, gestaltet zusammen mit Margarete Jahny, 1965

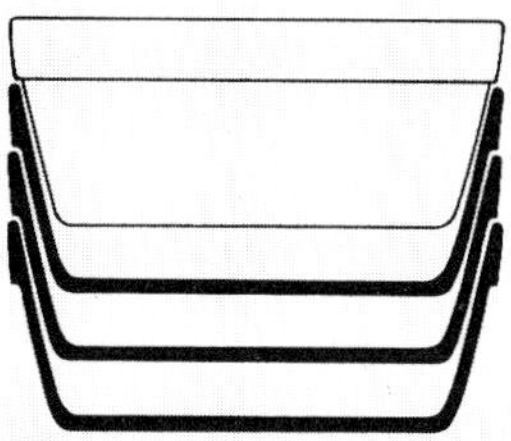

Müller suchte alles Angeeignete produktiv zu machen. Zum Beispiel das Bauhaus. Was er darüber erfuhr, faszinierte ihn derartig, daß er die Probe machte. Er entwarf Tisch, Stuhl und Hocker im Sinne des Bauhauses (Abb. 1). Dann sah er sich nach einem Tischler um, der bereit war, die Entwürfe zu realisieren, was nicht einfach war, da die älteren Vertreter dieses ehrwürdigen Gewerbes es ablehnten, so kunstlose Möbel herzustellen; die einfachen, unverschnörkelten Formen verlangten neue konstruktive Fügeprinzipe, sie mußten unerbittlich genau sein. Fortan lebte Müller mit seinen „Bauhausmöbeln" – die originalen hätte er nie bezahlen können.

In jeder Biographie kommt es zu glücklichen Begegnungen, sie regen zu Spekulationen an, was gewesen wäre, hätten sie nicht stattgefunden. Für Müllers Leben war die Begegnung mit Richard Süssmuth bestimmend. Er lernte ihn in den zwanziger Jahren kennen, als er in Penzig bei den Gebr. Putzler, einem bedeutenden Hersteller von Beleuchtungsglas, angestellt war. Süssmuth war damals bereits ein profilierter Glasgestalter und unterhielt in Penzig eine kleine Werkstatt, die Glasmalerei, Glasmosaik und Glasgestaltung betrieb. 1929 wurde Müller – wie so viele – arbeitslos. Er lebte, inzwischen verheiratet, in Fürstenberg; der eigene Garten, Souvenirs und Gelegenheitsarbeiten hielten ihn über Wasser. 1934 kam ihm zu Ohren, daß Richard Süssmuth reichlich Arbeit habe, er fragte um Beschäftigung nach, und Süssmuth hieß ihn als einen in vielerlei Techniken versierten und experimentierfreudigen Glasmaler willkommen.

Zwischen beiden bildet sich ein partnerschaftliches Verhältnis heraus. Durch Süssmuth wird Müller an die moderne, dem Funktionalismus verpflichtete Glasgestaltung herangeführt. Die Zusammenarbeit endet abrupt: Müller wird 1942 einberufen.

Erich Müller war frühzeitig mit Verhältnissen konfrontiert worden, die seine Weltanschauung zu einer proletarischen Bewußtheit hin geformt hatten. Sein Vater war aktiv in der Gewerkschaft tätig und schließlich Gewerkschaftsfunktionär der Sektion Binnenschiffahrt. Müller sah die Not der Kriegs- und Nachkriegsjahre, die Kriegsheimkehrer und Kriegskrüppel. In der Schule hatte er zu den Besten gehört, dennoch durfte er an einen über die Volksschule hinausgehenden Bildungsweg nicht denken. Sein Vater gestattete es nicht, er wollte keinen Stehkragenproletarier heranziehen, vielleicht aber wollte er auch nur seinem Sohn einen Spießrutenlauf unter den Kindern der „Bessergestellten" ersparen.

Müller gehörte zu den ersten, die im damaligen Fürstenberg die Jugendweihe erhielten, drei Jahre später trat er aus der Kirche aus. Er schloß sich zunächst der Sozialistischen Arbeiterjugend an und trat später in die Sozialdemokratische Partei ein, der er bis zu ihrem Verbot im Jahre 1933 angehörte.

1946 begann Müller als Zeichner in der „Alten Hütte" in Fürstenberg. Die „Alte Hütte" produzierte vornehmlich Beleuchtungsglas und stellte – um die größte Not der Menschen in den ersten Nachkriegsjahren zu lindern – Gebrauchsgeschirr aus Preßglas und aus mundgeblasenem Glas her. Müller entwarf die Formen und Dekors der Beleuchtungskörper und zeichnete Entwürfe für Schüsseln, Teller und Terrinen (Abb. 2–8). Die technischen Mängel, Blasen und eine bläuliche oder grünliche Färbung, mindern die elementare Nützlichkeit dieser Geschirre nicht und auch nicht ihre Ästhetik, wir empfinden noch heute – oder besser: heute mehr denn je – ihre Harmonie.

14 Erich Müller, 1983

Vor ungefähr 30 Jahren hat Prof. Wilhelm Wagenfeld unter Beweis gestellt, daß gepreßtes Wirtschaftsglas nicht nur anders, sondern auch besser sein kann. Im Rahmen seiner umfassenden, gestalterischen Arbeit am mundgeblasenen und gepreßten Wirtschaftsglas entstanden Formen und Dekors, die, des bis dahin üblichen Schwülstigen und Unverstandenen entkleidet, den Beginn einer sauberen sowie qualifizierten Auffassung vom serienmäßig erzeugten Produkt der Glasindustrie darstellten …

Die gesellschaftliche Neuordnung mit ihren günstigen Voraussetzungen bot Anknüpfungspunkte, die leider nicht immer aufgegriffen wurden. Schon einmal beiseite Geräumtes, Schlechtes, machte sich erneut breit und protzte mit seiner geborgten Pracht. Es verbreitete sich in einer Vielzahl und Dichte, daß nur noch der um die Entwicklung Wissende den ehemals guten Anfang nachweisen konnte und seine noch vorhandenen Spuren zu belegen vermochte. Viel Kraft und nicht weniger Geld, viel Mut und ebensoviel Beharrlichkeit waren notwendig, um den Grundstein für ein neues, sinn-

Diese schlichten und schönen Alltagsdinge wurden damals begrüßt als Teil der neuen Kultur.

1952 wird die „Alte Hütte" geschlossen, und Müller wird im Eisenhüttenkombinat Ost technischer Zeichner. In jenen Jahren zeichnet und aquarelliert er viel, seine Motive sind Pflanzen und Landschaften.

1957 wird Erich Müller Mitarbeiter des damaligen Instituts für angewandte Kunst in Berlin. Er ist fünzig Jahre alt, nicht eben mehr der jüngste, wenn man bedenkt, daß nun seine eigentliche Laufbahn erst beginnt und damit auch seine Legende. Er wird „Glas-Müller", wird Gestalter, Organisator, Fotograf, Kritiker, Lehrer.

Gestalter: Das erste Stapelgeschirr wird entworfen (Abb. 9–12), Zusammenarbeit mit Margarete Jahny; es entstehen die „Klassiker" EUROPA, RATIONELL und schließlich die Wirtegläser – alle stapelbar: Stapeln ist ökonomisch (Abb. 13 sowie Seite 331 Abb. 8).

Organisator: Wer damals in Sachen Formgestaltung die Industrie unterstützen wollte, konnte nicht mit Gesetzen allein kommen. Er mußte überzeugen – das Instrumentarium waren fachliches Können, politisch-ökonomische Weitsicht und Stehvermögen – Eigenschaften, die ihm seine Partner bescheinigten.

Fotograf: Aus Verdruß über den romantisierenden Stilleben-Horizont der professionellen Fotografen kaufte sich Müller eine Fotoausrüstung. Wir kennen von ihm beispielhafte Sachfotos. Er war es auch, der den damaligen Foto-Absolventen und heutigen Designfotografen Georg Eckelt in die Sachfotografie einführte.

Kritiker: Müller vertrat seine Standpunkte nicht nur im Gespräch, er argumentierte auch publizistisch. Es sind aufklärende, Verstehen bewirkende Texte; kritische Einlassungen werden nicht gescheut.

Lehrer: Daß er Lehrer wurde, veranlaßte Ilse Decho. Mitte der sechziger Jahre holte sie ihn für Vorlesungen an die Hochschule für industrielle Formgestaltung nach Halle. Von da ab „las" er regelmäßig vor Studenten der Gefäßgestaltung zur Geschichte des Glases. Das heißt, er las mitnichten: Er erzählte, berichtete, vermittelte durch Erfahrung gesiebtes Wissen, zog vom Leder ... Ablesen, wenn man vortragen will, ist das Schlimmste, sagt Müller. Auf den Mund gefallen war er nie. Somit existieren auch keine Vorlesungstexte.

1972 scheidet Müller aus dem Berufsleben aus. Müller lebt heute in Neuzelle und hat Haus und Hof. Er machte ein Erlenbruch urbar. Er baut Gemüse, Mais, Kartoffeln an und hält Schafe und Hühner. Müller sagt, es dürfe nichts ungenutzt bleiben und nichts verkommen. Seit seiner Kindheit achtet er alles Eßbare und Natürliche. Seine „Bauhausmöbel" sind so fest und stabil und auch so schön wie vor sechzig Jahren. Die Welt und das Glas interessieren ihn immer noch: Zweimal im Jahr reist er nach Leipzig, zur Messe. Er ließ sich von einem technisch versierten Nachbarn einen Kleintraktor bauen – und enthielt sich bewußt jedweden gestalterischen Eingriffs.

volles Beginnen zu legen. Das Stadium des Anfangs ist nun wieder überwunden. Trotzdem läßt sich noch nicht sagen, daß der Bestand des Besseren so groß und so gut ist, um ihn sich selbst überlassen zu können. Noch ist die Gefahr des Rückfalls zu groß und der Druck durch die Masse des Schlechtgeformten zu mächtig.

Nicht immer kompromißlos, aber dennoch positiv zeichnet sich in der volkseigenen Preßglasindustrie eine bewußt durchgeführte Entwicklung ab. Entwürfe der Werkstatt für Glasgestaltung in Weißwasser und solche der Preßglaswerke gelangen zur Durchführung. Schlichte, sachliche Formen entstehen; Dekor, wenn vorhanden, ist an ihnen nicht mehr Selbstzweck. Er ordnet sich unter und unterstützt die Form. Form und Dekor wollen nicht mehr Techniken vortäuschen, die nicht preßgerecht sind. So entsprechen die unter diesen Voraussetzungen gestalteten Gegenstände auch der schlichten Sachlichkeit, die unserem heutigen Wohnen gemäß ist.

(Erich Müller: Gepreßtes Wirtschaftsglas, Form und Zweck, Jahrbuch 1961)

Auf der Suche nach der Vermittlung

Dagmar Lüder

Vermittlung ist im Begriff des Formgestalters angelegt, Vermittlung von gesellschaftlichen Zielsetzungen, den Bedingungen der Industrie und den Bedürfnissen der Nutzer: der Formgestalter gibt den Dingen im Auftrag der Allgemeinheit die zwar konkrete, doch allgemeingültige Form.

Wie aber bestimmt sich die allgemeingültige Form?

Als Margarete Jahny Anfang der fünfziger Jahre in die Sphäre der Formgestaltung eintrat, wurde im Kontext des gesellschaftlichen Aufbruchs um diese Frage erbittert gerungen. Es war die Zeit der Gebote, die Zeit, da der Formgestaltung die Bürde des Ausdrucks auferlegt war, da die Produkte – Tassen wie Autos – darauf verpflichtet werden sollten zu künden vom „neuen Verhältnis des Menschen zu den Ergebnissen seiner Arbeit", von der „Vermenschlichung der Technik und der Formen".

Formgestaltung zu studieren hatte ursprünglich nicht in ihrer Absicht gelegen: Margarete Jahny bewarb sich 1947 an der Hochschule für Bildende Künste in Dresden, machte ihre Aufnahmeprüfung bei Hans Grundig, wurde zum Studium der Graphik zugelassen und bezog 1948 die Hochschule. Ihr erster Lehrer war Josef Hegenbarth.

Im dritten Studienjahr wechselte sie zur Formgestaltung über. Der Anlaß war die Begegnung mit Mart Stam, der bis 1952 der Hochschule als Rektor vorstand, und zu der Begegnung war es aus existentiellen Nöten gekommen. Damals fehlte vielen Studenten das Geld für Lebensunterhalt und Bücher, das veranlaßte Mart Stam, die Produktion und den Verkauf von keramischen Großgefäßen in den Werkstätten und mit dem Material der Hochschule zu organisieren und damit den Studenten bezahlte Arbeit in den Werkstätten zu verschaffen. Auf diese Weise hatte Margarete Jahny ihren ersten Kontakt mit

Auszug aus dem Faltblatt der Hochschule für Bildende Künste Dresden von 1951

Wir haben eine gesellschaftliche Produktion und die Maschine ist heute das gesellschaftliche Produktionsinstrument. Dieser Zustand besteht an sich schon seit fast 100 Jahren, aber das Verhältnis zu den Produktionsmitteln hat sich geändert, deshalb bekommt die Maschine in einer neuen Gesellschaftsordnung einen anderen Charakter. Es ist mehr als augenfällig, daß sich die Einstellung des Arbeiters zur Maschine wesentlich geändert hat. Heute und in der Zukunft ist es seine Maschine, die für ihn arbeitet, die Arbeit erleichtert und seinen Lebensstandard mit hebt. Die Maschine hat ihre Dämonie verloren und es wäre unsinnig, in einer Zeit, in der Lyriker die Maschine als Freund des Menschen preisen, ihren Einsatz in der industriellen Fertigung verbergen zu wollen. Man soll deshalb unter anderem endlich aufhören, mit dem Industrieerzeugnis Handarbeit zu imitieren. Die wirkliche Handarbeit wird ja in ihrer Gestaltung durch ihre Produktionsweise mit bestimmt, die bei der Maschine eine ganz andere ist. Die Konsequenz daraus heißt: die Eigenart der Maschine im Sinne der Aufgabenstellung gestalterisch auszunutzen, und zwar von der Produktionseigenart her. Dieser Nachsatz ist wesentlich, da man bisher ihre Möglichkeiten meistens nur zu virtuosen technischen, künstlerisch unqualifizierten Spielereien benutzte, die oft noch die Materialqualität der Erzeugnisse beeinträchtigte.

1/2 Abbildungen aus dem Faltblatt von 1951 der Hochschule für Bildende Künste in Dresden
1 Tassen und Kanne für den Kindergarten, gestaltet von Margarete Jahny Hersteller: VEB Steingutwerk Dresden
2 Arbeiten der Formgestaltungsstudenten des 3. Studienjahres 1951 und ihres Mentors Rudolf Kaiser

der Keramik. Nicht nur das plastische Formen begann sie zu interessieren, sondern auch die Vorlesungen von Mart Stam. Hier hörte sie zum ersten Mal von einer sozialen und kulturellen Mission gestalterischer Arbeit für die Industrie. Die Anziehungskraft des Idealischen, das allem gesellschaftlichen Erneuerungsbestreben immanent ist, gab nicht zuletzt den Ausschlag für das Hinüberwechseln zur Formgestaltung und für ihren Verbleib darin.

„Gestaltung hat Ausdruck der Gesellschaftsordnung zu sein" – dieses Gebot findet sich auf einem Faltblatt, mit dem 1951 die Hochschule für Bildende Künste Dresden erste Ergebnisse des Bereichs Formgestaltung propagierte. Das Blatt zeigt auch zwei Arbeiten von Margarete Jahny aus ihrem ersten Formgestaltungsjahr, davon die eine – was das Bedingungsgefüge ihres Entstehens betrifft – so ganz und gar geeignet war, ihren Enthusiasmus zu bestärken: ein Geschirr aus Steingut, angelegt als industrielles Massenprodukt, bestimmt für den Gebrauch in Kindergärten, bestehend aus einer robusten Kanne mit einem Henkel zum Tragen und einem für die Handhabung beim Gießen sowie Tassen, die ebenfalls mit zwei Henkeln ausgerüstet sind, zum Greifen also mit beiden Händen. Die Entwicklung verläuft fast im Sinne der Ideale: Zusammenarbeit mit den Nutzern, Zusammenarbeit mit dem Hersteller, Vermittlung der Bedürfnisse beider nach der Forderung, mit der jenes Faltblatt überschrieben ist: „Das Beste für den Werktätigen". Es kommt zur Nullserie im VEB Steingutwerk Dresden und zur Premiere im Kindergarten. Der Erfolg scheint alle Zukunftsvorstellungen zu bestätigen. Eine Enttäuschung muß allerdings hingenommen werden: Der Hersteller setzt für die Serienproduktion ein anderes Material als vorgesehen, als geplant war ein – Halbporzellan statt Hartsteingut. Das bedeutet Einbußen für die Formen im Verlauf des fertigungstechnischen Prozesses, denn die Formen waren auf das spezifische Verhalten von Hartsteingut hin berechnet; das bedeutet zugleich auch den Bruch einer Abmachung, der Abmachung zwischen Hersteller und Gestalter – kein einmaliger Vorfall, wie die spätere Praxis zeigen sollte: ein permanenter Konflikt wirft seine Schatten voraus.

Im Studienjahr darauf entwirft Margarete Jahny ein Geschirr von ganz anderer Art – durchaus aber mit demselben Anspruch auf Allgemeingültigkeit

Fortsetzung Seite 332

3 Teeservice, Porzellan, Arbeit aus dem 4. Studienjahr, 1952

4 Service, Steingut, 1957 konzipiert für die Großserie (nach der erfolgreichen Nullserie nicht weitergeführt, der Hersteller wünschte damals einen mehr porzellanähnlichen Charakter)

5 Teile aus dem Glassatz LUZERN, rauchtopas, gepreßt, 1961
Hersteller: VEB Glaswerk Schwepnitz

6 Windschutzascher (Modell), Porzellan, um 1962, entworfen für die Serienproduktion, erste Zusammenarbeit mit Erich Müller

7 Vielseitigkeitsgeschirr, Keramik, verschiedene Glasuroberflächen: Teile aus einem umfänglichen Versuchsprogramm für handwerkliche Serienherstellung, Auftrag des VEB Rhömhild, 1975/76

8 Hotelgeschirr RATIONELL, gestaltet zusammen mit Erich Müller, 1969/70
Hersteller: VEB Vereinigte Porzellanwerke Colditz

9 keramisches Kochgeschirr, 1974
Hersteller: VEB Lausitzer Keramik, Werk III Königsbrück

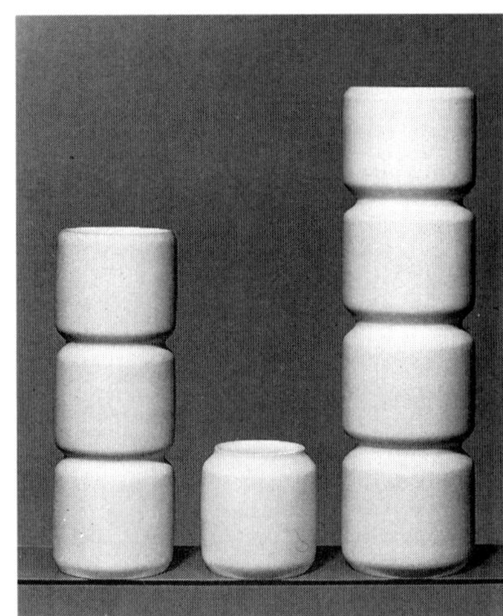

Fortsetzung von Seite 329

der Form: ein Teeservice, konzipiert für die Technologie eines Manufakturbetriebes, bestimmt vom Streben nach der zeitgemäßen kultivierten Form, alternativ gesetzt gegen die übliche manufakturelle Stilproduktion, charakterisiert durch eine geläuterte Modernität. Es findet sich kein Hersteller, der nächste Konflikt kündigt sich an: Die Meinungen, was „das Beste für den Werktätigen" sei, gehen auseinander. Die Mittlerrolle des Formgestalters erweist sich zunehmend als problematisch.

Als Margarete Jahny 1953 das Studium abschließt, teilt sie mit anderen die zeitgemäße Überzeugung, daß es, um die formende Arbeit im Sinne des gesellschaftlichen Auftrages zu sichern, erst einmal gilt, Formgestaltung in der Industrie umfassend durchzusetzen, die Betriebe aufzuschließen für die Möglichkeiten, aber auch für die Notwendigkeit dieser Disziplin innerhalb des arbeitsteiligen Produktionsprozesses. Ein Angebot vom Institut für angewandte Kunst in Berlin kommt ihren Vorstellungen entgegen, doch hält sie es, motiviert durch Mart Stam, für angebracht, zunächst einmal die realen Bedingungen für das gestalterische Schaffen in der Industrie anhand eigener Praxis kennenzulernen.

Margarete Jahny geht für ein Jahr ins Porzellanwerk Weißwasser. Sie ist die erste Absolventin einer Kunsthochschule, die in diesen Industriezweig eindringt.

1954 folgt sie dem Ruf an das Institut. Von da ab sind ihre beruflichen Aufgaben verwoben mit denen des Instituts und seiner Entwicklung bis hin zum Amt für industrielle Formgestaltung.

Mit Eintritt in das Institut beginnt für Margarete Jahny eine Zeit der intensiven Auseinandersetzung mit den Aufgaben, Zielen, Methoden und Qualitätskriterien der Formgestaltung. Ihr Ressort ist die keramische Industrie. Es gehört zu ihrer Arbeit, daß sie als Gutachter herumreist, daß sie mit

* vgl. den vorangegangenen Beitrag, Seite 321, insbesondere Seite 325, Abb. 13 – Anm. Hrg.

10 vier Vasen, verschiedene Glasuroberflächen, aus der Studienzeit, vermutlich 1952

11 Vase in verschiedenen Höhen, Porzellan, weiß, 1958

12 Gliedervasen, Porzellan, weiß, 1960
Hersteller: VEB Zierporzellan Wallendorf (ab 1963)

13/14 zwei Vasen in Töpfertechnik, Steinzeugton, 1971/72

15 Vasengruppe, Porzellan, weiß, 1963
Hersteller: VEB Zierporzellan Wallendorf

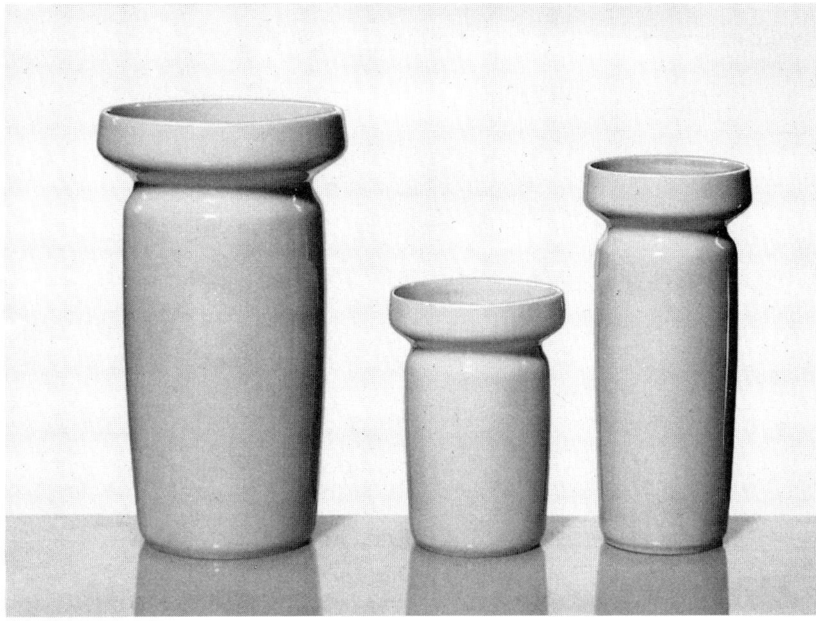

Produktionsverantwortlichen wie mit Gestaltern und Modelleuren spricht, daß sie Vorschläge macht, zu Rate gezogen wird und Rat erteilt, selbst da, wo er gar nicht gefragt ist: daß sie Überzeugungsarbeit im Dienste der Formgestaltung leistet und Urteile fällt, fällen muß – Lob und Tadel, Bejahung und Ablehnung der Arbeiten und Auffassungen anderer. Dieser Punkt bereitet ihr die meisten Schwierigkeiten, weil sie die Gefahren spürt, die in solchen Befugnissen liegen. Doch kommt ihr eine Erfahrung zugute, die sie ihrem ersten Lehrer Josef Hegenbarth verdankt, seinem einfühlsamen, Absichten ermittelnden, behutsamen Eingreifen in die Arbeiten der Studenten. Jedem Urteil, das wird ihr Grundsatz, muß die eindringliche Erkundung „Was hat einer gewollt, was hat ihn geleitet?" vorausgehen. Zugleich hat man sich selbst dem Urteil anderer auszusetzen: durch eigne Arbeiten. Es gehörte damals zum Profil des Instituts, daß seine Mitarbeiter mit Beispielentwicklungen an die Industrie herantraten bzw. ihr durch gestalterische Dienstleistungen entgegenkamen.

Margarete Jahny entwirft eine Vielzahl von Erzeugnissen, darunter solche, die inzwischen zu den klassischen Beispielen unserer Designgeschichte gehören: den Glassatz „Luzern", die Topfserie „Vom Herd zum Tisch" sowie – zusammen mit Erich Müller – das Preßglassortiment EUROPA, das Hotelgeschirr RATIONELL und das sogenannte Werteglas*. Sie entwirft Service und Geschirre für viele Zwecke, Vasen, Vasengruppen und Thermoskannen.

Vasen und Thermoskannen – die Paarung hat etwas Gegensätzliches: die Thermoskanne als Produkt unverfänglicher, genau abgegrenzter Zweckbestimmung und eindeutiger industrieller Fertigung scheint einer ganz anderen Gesinnung zu entspringen als die Vase, dieses Symbol des gepflegten Heims und des Sinns für alles Gute und Schöne, im Verlauf der Kulturgeschichte durch alle Stile geschleppt. Wie mußten Vasen beschaffen sein, die, wie gefordert war, den Ausdruck des neuen Lebens trugen – für jedermann ver-

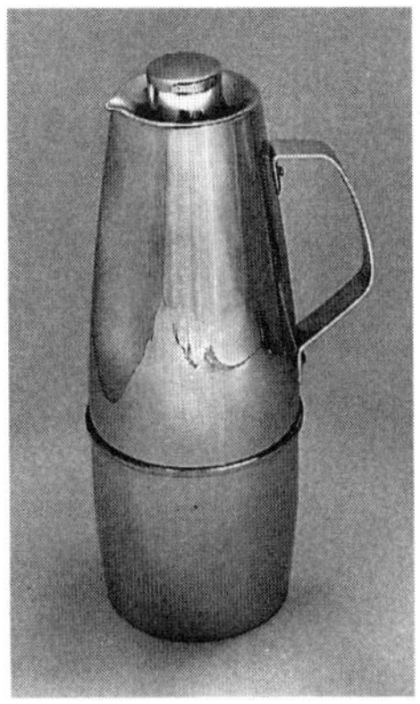

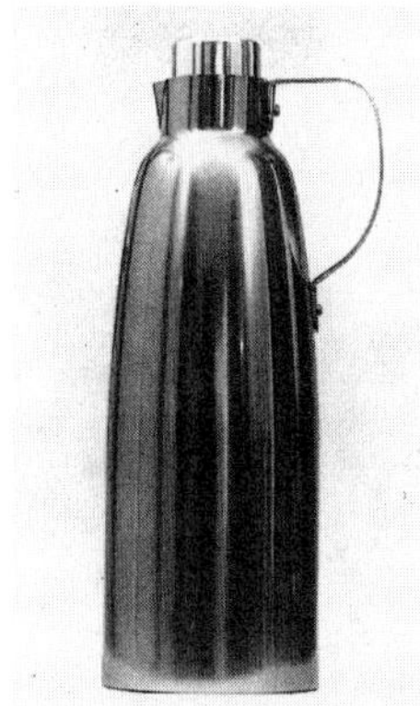

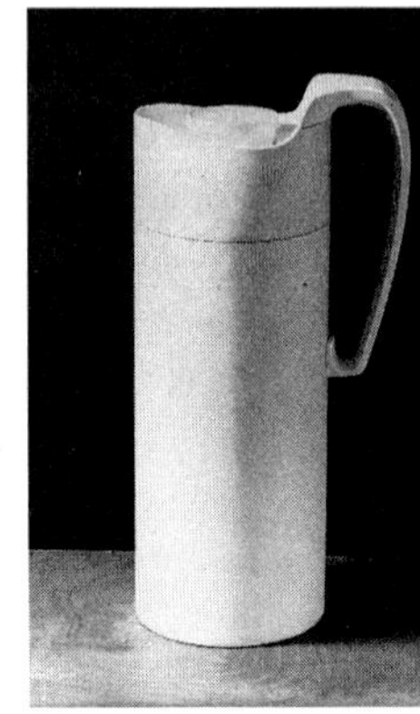

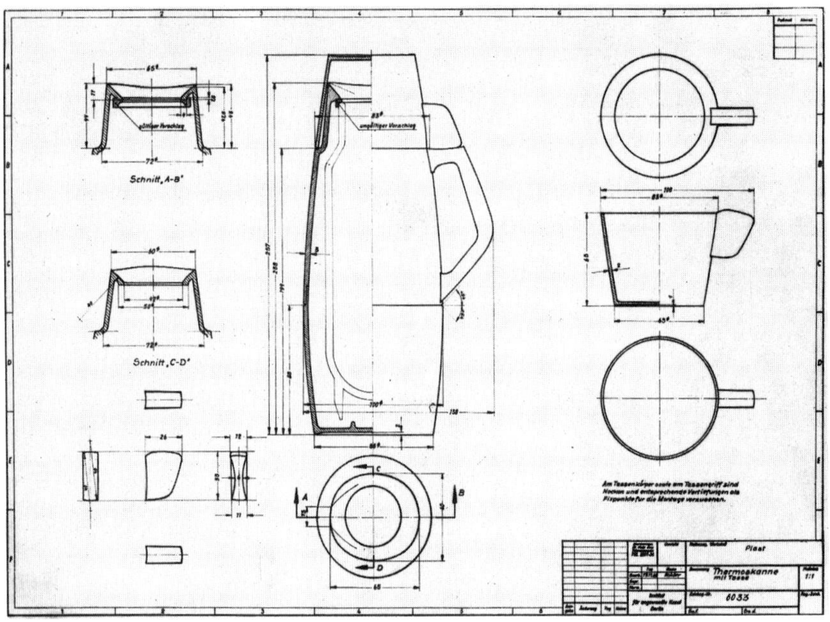

16–21 Thermoskannen
16 Plaste, 1962
Hersteller: VEB Glaswerk Dermbach/Rhön
17 Aluminium, poliert, 1964
Hersteller: VEB Alfi Fischbach/Röhn
18 Aluminium, farbig eloxiert, 1964
Hersteller: VEB Alfi Fischbach/Rhön
19 Plaste, 1963/64
Hersteller: VEB Isola Rudolstadt/Thür.
20 Plaste (Oberteil)
und Aluminium, 1965
21 technische Zeichnung
zur Thermoskanne Abb. 17

22/23 Topfserie „Vom Herd zum Tisch“, Aluminium eloxiert, 1958
Hersteller: VEB Alfi Fischbach/Rhön
22 von oben nach unten: Soßentopf, Gemüsetopf mit Wasserbad, Kartoffeltopf mit Dämpfer, Fleischtopf, Suppentopf
23 Gemüsetopf mit Wasserbad: der Steckgriff erleichtert die Handhabung
24 Wasserkessel, Aluminium eloxiert, Griff aus Plaste, 1962
Hersteller: VEB Alfi Fischbach/Rhön

ständlich? Nicht zufällig kulminierte zu Beginn der sechziger Jahre der Kampf der Richtungen im Streit um die weiße Vase, wenngleich diese nichts anderes war als die Antithese zu den charakterlosen Dekorationen herkömmlicher Produktion – ohne den Anspruch auf Ausschließlichkeit, der ihr unterstellt wurde. Es herrschte ein Mangel an schlichten, unprätentiösen, ungeschmückten nichtsdestoweniger formvollendeten Dingen, aber wer weißen Vasen huldigte, lief Gefahr, als Protagonist einer Welt, in der das Funktionale asketische Feste feiert und alles Schöne ausgemerzt ist, verurteilt zu werden. Das Dekorative und das Funktionale standen sich als Antipoden gegenüber, Freund und Feind wurden daran festgemacht.

Margarete Jahny suchte die Vermittlung zwischen beiden. Die von ihr geschaffenen Formen zeugen von einem stillen, sich apodiktischen Urteilen widersetzenden Suchen nach dem Ausgleich. Sie suchte das Funktionale im Dekorativen und das Dekorative im Funktionalen. Sie experimentiert viel –

bemüht, dem Zug der Zeit folgend, Anregungen aus der Welt der Technik in dekorative Formen umzusetzen und technologische Zwänge in einen Gewinn an Funktionalität.

Experimentieren heißt, sich Versuch und Irrtum zu erlauben, um zu Klärungen zu gelangen. Die Suche nach der Angemessenheit der Form führt zur Frage nach der Angemessenheit der Produktion. Denn eine Form ist unangemessen, wenn sie mit unangemessenen Mitteln hervorgebracht wird: eine Form, die, handwerklich oder manufakturell hergestellt, Insignien der großen Serie zur Schau stellt, erscheint ebenso unangemessen wie eine Form, die sich handwerklich oder unikatisch gibt, obgleich sie der Massenproduktion entstammt.

Margarete Jahny bejahte die große Serie, und der Hauptteil ihrer Arbeit galt Formen, die in Detail und Ganzem der maschinellen Herstellung angepaßt sind, aber sie verwarf damit nicht alle anderen im Verlauf der Geschichte erworbenen Möglichkeiten menschlicher Produktivität. Um beim Beispiel zu bleiben: Warum sollten Vasen – vom Standpunkt elementarer Lebenserhaltung eine Nebensächlichkeit – aufwendige Verfahren herausfordern, unbedingt maschinellen Habitus annehmen und mit derselben unermüdlichen Produktivität hergestellt werden, wie das zum Erhalt der menschlichen Existenz und des gesellschaftlichen Lebens Unablässige?

In den siebziger Jahren beginnt Margarete Jahny verstärkt mit handwerklichen Techniken zu experimentieren und für handwerkliche Produktionen zu entwerfen. An ihren Grundsätzen ändert sich damit nichts. Nach wie vor strebt sie danach, unter der Priorität der Angemessenheit und des Sinnvollen aus den jeweils besonderen Bedingungen, die durch Material und Herstellung gesetzt sind, Vorteile für die Formfindung zu gewinnen.

Im Herbst 1979 wird sie Mitarbeiterin der Kunsthochschule Berlin und hat wesentlichen Anteil am Aufbau des Fachgebiets Gefäßdesign. Hier sucht sie auch der Baukeramik die Richtung zum Gefäß hin zu geben. Die Studenten sollen lernen, Material, Arbeitstechniken, exakte Formgebung und vor allem den Brennprozeß zu beherrschen, dann – davon ist Margarete Jahny überzeugt – werden sie auch in der Lage sein, freiere Formen zu bearbeiten, falls ihnen der Sinn danach steht.

Bürotiere

Andries van Onck

Anläßlich einer retrospektiven Schau zum Olivetti-Image in Architektur, Design und Grafik, die 1979 in der UCLA Universität, Los Angeles, abgehalten wurde, erschien auch ein stattlicher Katalog: „Design Process Olivetti 1908–1978", herausgegeben von Olivetti 1979, Italien. Dieser Katalog ist vielleicht bis jetzt die umfassendste Dokumentation der Olivetti-Produktion und deswegen ein kulturelles Ereignis in der Designwelt. Das ist für den Designer – und nicht nur für ihn – Anlaß zur kritischen Betrachtung von Olivettis unentwegter und beispielhafter Designaktivität, seiner Produktion von Formen und Inhalten im Bürosektor, die im Zusammenspiel mit der Grafik und der Architektur Ausdruck ist eines fast beseelten Managements des Olivetti-Images. Einleuchtend, was Renzo Zorsi in der Einleitung sagt zu dem Anliegen „jenseits von Macht, Profit und Wohlsein ... die Konstruktion eines Kodes von sinnvollen Formen" als Ziel eines Unternehmens zu setzen. Produkte könne man auch betrachten als Ausdruck eines „soliden Respektes für die Arbeit ... nicht durch irgendwelche oberflächliche Erscheinung oder durch einen linguistischen Sophismus, sondern durch die Art, in der sie (die Produkte, A. v. O.) der menschlichen Physiologie angepaßt werden, ohne Verzerrung von deren Eigenart oder Begrenzungen ..."

Ausstellung und Katalog sind für uns Ausgangspunkte einiger Betrachtungen zu Designaktivität und Designmethodologie überhaupt. Wir können nämlich anhand des Designs der Olivetti-Geräte nachvollziehen, wie bestimmte Vorhaben und Ansätze sich weiterentwickeln, sich abwandeln oder wie sie negiert werden. Die Frage nach dem Was und dem Wie des Designs wird hier also ganz konkret gestellt und beantwortet. Wenngleich freilich unsere Analyse einiger Aspekte des Designprozesses oberflächlich bleiben muß, so zeigt sie doch immerhin, wie sehr die Funktionsanalyse und das Marketing nur grobmaschige Annäherungen sind, die das Designproblem kaum berühren. Wir können voraussetzen, daß alle Olivetti-Büromaschinen funktionstüchtig und ergonomisch verantwortet sind, um aber ihre Eigenart zu klären und um zu beschreiben, warum sie für den Designer interessant sind, müssen wir andere Terminologien hinzuziehen.

Die Designstory Olivettis (und des italienischen Designs) fängt mit Nizzoli an. Schon 1940 finden wir mit der MC 4S Summa (Abb. 2) später, 1948, mit der Lexicon 80 (Abb. 4) und der Divisumma 48, Design als eine „Art Verkleidung eines Mechanismus", ein Design, das sich entschieden abhebt von dem der Vorgänger Nizzolis Schawinsky, Figini und Pollini sowie Magnelli, ablesbar beispielsweise an der Studio 42 und der MP 1. Während die letzten eine geradlinige Formgebung vertreten, die, aufgelockert durch das Spiel der Kreisbogen im Bereich des Buchstabenbettes, die Formel „form follows function" suggerieren (Abb. 1), ist Nizzoli eher auf der Suche nach Möglichkeiten der freien Formgebung – im Bereich des Apparates. Er bezieht das unzergliederte Gehäuse als Ganzheit in die Gestaltung ein, er stülpt es in Druckgußform – mit weichen Übergängen zwischen den nicht unbedingt

1 Studio 42
Gestalter: Alexander (Xanti) Schawinsky, Luigi Figini und Gino Pollini, 1935

2 MC 4S Summa
Gestalter: Marcello Nizzoli, 1940

3 Divisumma 14
Gestalter: Marcello Nizzoli, 1948

funktionsbestimmten tangentialen Flächen – über den Mechanismus. Aus diesem dreidimensionalen Spiel werden ganz bewußt einige Elemente abgesondert, mit Vorliebe die Hebel, ihr apartes Schicksal unterstützt die freie Interpretierung der mechanisch-ergonomischen Bedeutungsprägung. Das Gehäuse wird zur morphologischen Schale, manchmal eine Oberschale und eine Unterschale wie bei der Schildkröte; die Bedienungs- und Ableseorgane werden zu Gebilden, die zum Kontakt mit dem Menschen einladen. Deutlich wird dieser metaphorische Inhalt zum Beispiel an der augenähnlichen Ausstülpung der Stellenanzeiger bei sämtlichen Geräten der Summa- und Audit-Familien. Solche Erhabenheiten haben keine funktionellen, technischen oder ergonomischen Grund, sie sind Folge einer ästhetischen Ideologie.

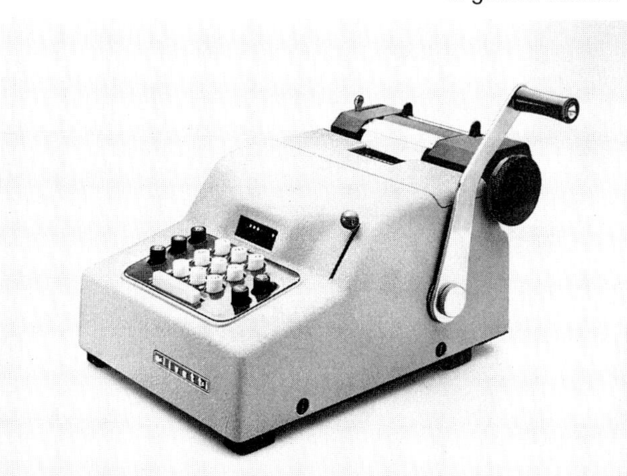

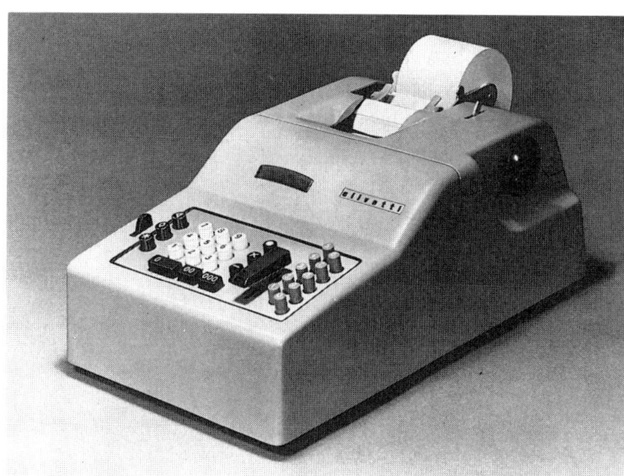

Das Design Nizzolis leitete eine Auffassung ein, wonach der architektonische Zusammenhang von Tragendem und Getragenem, von Aktivem und Passivem Platz machte dem umhüllenden Gehäuse. Auch auf diese Weise wird die Individualität der Maschinen betont, sie heben sich von der Umgebung ab wie Lebewesen: Bürotiere.

Eine geniale Lösung findet Nizzoli bei der Divisumma 14 (1948), indem er die Gesamtform des Gehäuses da, wo ein Drehknopf aus dem Inneren herausragt, einfach mit einer Durchschneidung (Durchdringung einer massiven Form mit einer hohlen Form) unterbricht (Abb. 3). Der elektrische Rechner – prinzipiell ohne Handgriff für den Vorschub der Papierrolle und für den Ablauf des Rechenvorganges – stellt sich so nicht mehr als Handwerkszeug, sondern als Maschine dar, der Drehknopf ist da als Kompromiß innerhalb einer Unterbrechung der kontinuierlichen Gehäuseform. Diese Lösung sollte später in das Vademekum der Designer aufgenommen werden, es erscheint zum Beispiel bei Bellinis Programma 101 (1965) und in der Memor 1 von SOLARI (1976). Insbesondere das so entstehende Zusammenspiel von zwei Radien, von „hard" und „soft", wird häufig kennzeichnend für italienisches Design. Der Trend zeigt sich unter anderem in Arbeiten von Bruno Munari, Rodolfo Bonetto, Marco Zanuso und bei den beiden Castiglionis Achille und Pier Giacomo. Nehmen wir zum Beispiel den Bierspender von den Castiglionis (1964). Auch hier wird die Beziehung Mensch-Maschine auf der semantischen Ebene in Betracht gezogen, bleibt aber entschieden außerhalb der ergonomischen Sphäre. Der Bierspender hat nämlich eine ironische Bedeutung mitbekommen, erscheint gewissermaßen als Roboter ohne Arme, den „Kopf" bildet ein drehbares ovales Reklameschild (Abb. 11). Weiche Radien (körperähnliche Gebilde) wechseln ab mit scharfen Kanten (maschinenähnliche Gebilde). Sowohl die Castiglionis wie Nizzoli betonen auch in ihren verbalen Aussagen, daß es im Design darum geht, innerhalb der technischen und ergonomischen Bedingungen Zonen der Freiheit für die Formgebung abzustecken: Sie suchen „Formen, die nicht unbedingt notwendig sein müssen" und „Besonderheiten in Körper und Kontur, (die) der Phantasie außerordentlich viel Raum lassen" (Nizzoli), sie spielen sogar mit dem „Schein, ursprüngliche Zweckmäßigkeit bestimmter Formen wieder herzustellen" (Castiglioni).

4 Lexicon 80
Gestalter: Marcello Nizzoli, 1948

5 Lettera 22
Gestalter: Marcello Nizzoli, 1950

6 Schnelldruckmaschine
Gestalter: Ettore Sottsass, Andries van Onck, 1960

7 Elea 9000
Gestalter: Ettore Sottsass, Hans von Klier, Andries van Onck, 1960

8 Divisumma 24
Gestalter: Marcello Nizzoli, 1956

9 Tekne 3
Gestalter: Ettore Sottsass, 1964

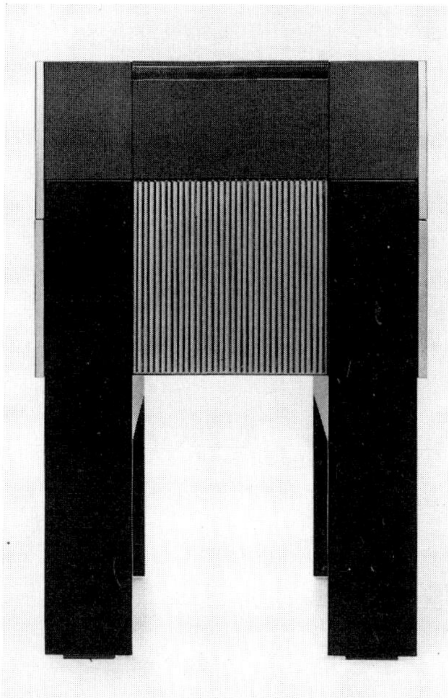

Offensichtlich wird hier mit wenigen Worten und vielen praktischen Beispielen eine Designauffassung dargelegt, die Formgebung als Sinngebung versteht, in der Annahme, daß der Sinn der mechanisierten Welt immer weniger deutlich und zunehmend komplexer wird.

Dieser Bedeutungsinhalt entwickelt sich in einer neuen Richtung seit 1959 mit der Elea 9003 von Ettore Sottsass. Auch Sottsass war es darum zu tun, den Freiheitsgrad des Designs möglichst groß zu halten und innerhalb der technologischen und ergonomischen Bedingungen die Bedeutungsdimension hervorzuheben. Sottsass versucht aber nicht etwa, uns mit den Maschinen zu versöhnen, indem er ihnen ein menschliches Antlitz gibt oder sie zoomorphisch verkleidet. Er steigert eher das Unheimliche und Mysteriöse

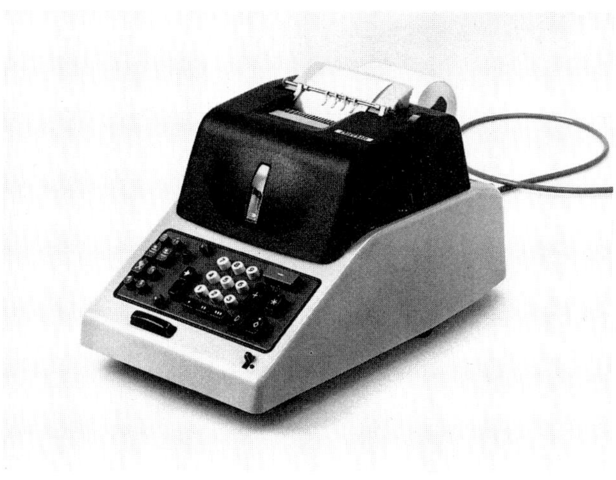

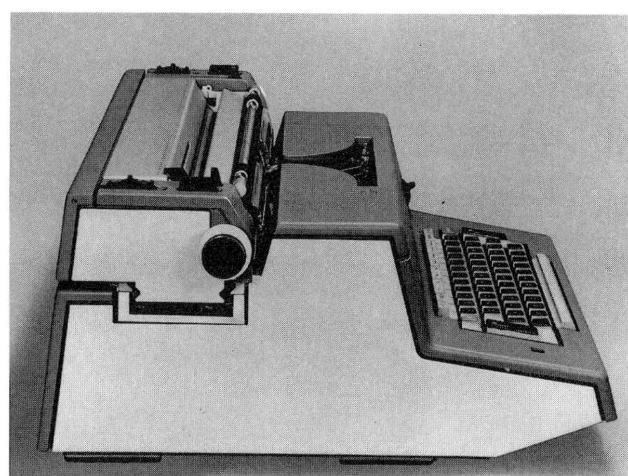

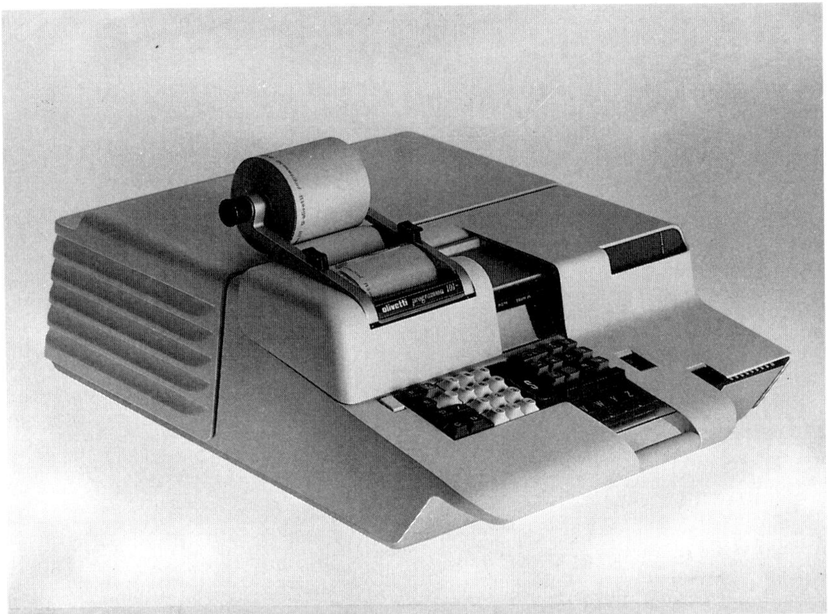

10 Programma 101
Gestalter: Mario Bellini, 1965

11 Bierspender für Splügen Bräu
Gestalter: Achille und Pier Giacomo Castiglioni, 1964

dadurch, daß er seine Maschinen als glänzende metallische oder als grell gefärbte Quader gestaltet, als eckige Blöcke, deren mondriansche Farbgebung weniger etwas sagt über die Funktionalität beispielsweise von elektronischen Rechenanlagen als vielmehr über die relative Unmöglichkeit, diese Funktionen zu verstehen und mit der Maschine zu kommunizieren (Abb. 6, 7). Der Mensch umhängt diese Sinnbilder des Unheimlichen mit reichen Verkleidungen, in der Hoffnung, den Abgott günstig zu stimmen oder seinen Zorn zu mildern. So baut Sottsass den Tekne 3 von 1964 als ein modernes, kantiges, dreidimensionales Runenzeichen, oder, wie er sagt, als „ein mysteriöses Gebilde, in dem sich das Ritual des Alltags verdichtet" (Abb. 9). Ist das der Gegenpol zum „guten Design"? – „Der Glaube an den Fortschritt", warnt Sottsass, „ist ein kolossales Alibi." Es wäre falsch, Sottsass deswegen für einen Reaktionär zu halten, er versucht eben, den irrationalen Aspekt der Mechanisierung hervorzuheben: als das, was der Mensch bis jetzt nicht bewältigen konnte. Dergleichen ist vielleicht weniger einfach als die bloße Annahme, daß die Menschen ihr Schicksal wissenschaftlich lenken können. Der Widerspruch liegt indessen darin, daß auch Sottsass die mechanische Umwelt mit (prämierten) Designobjekten „verschönert" und sie so annehmbar macht.

Eine andere Richtung der Designsemiotik vertritt Mario Bellini, der im Sog Nizzolis versucht, die morphologische Sprache weiterzuentwickeln. Er sucht, wie er sagt, mit „der organischen, zoomorphischen Form ... den Operateur zu schützen vor dem drohenden Einbruch der Mechanismen und Komplexitäten". Seine Programma 101 hält dem Operateur eine große weiche „Unterlippe" oder „Zunge" als Handstütze entgegen und „atmet" durch „Kiemen" an den Seiten und an der Rückseite. Gewölbte Schalen schützen das mechanische und elektronische Innere (Abb. 10). Ein Auge als Bildschirm blickt im TVC 250 aus den d'Arcy-Thompsonschen Minimalflächen den Programmierer an (Abb. 12), und eine Form, die wie eine gespreizte Hand

12 TVC 250
Gestalter: Mario Bellini, 1967

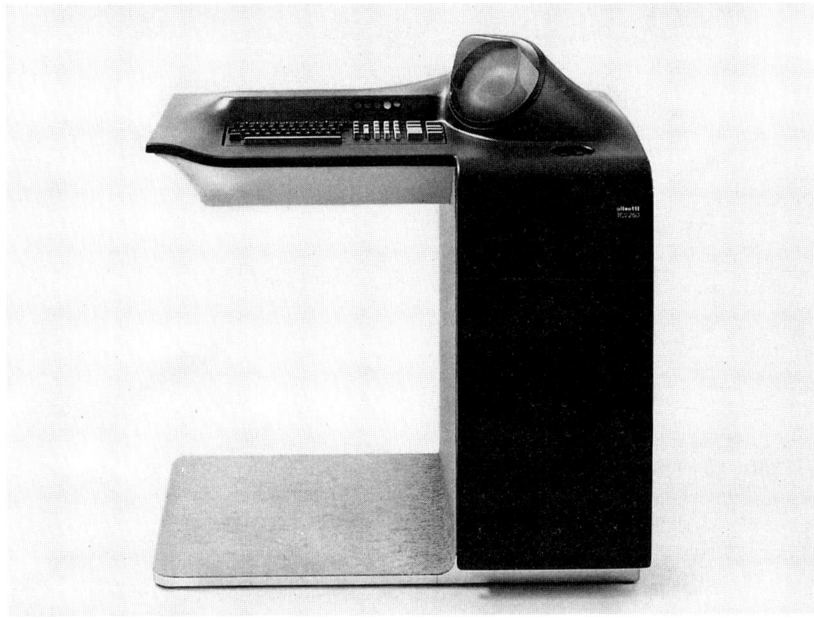

anmutet, trägt bei der Buchungsmaschine A 4 die Papierrollen (Abb. 18).

Allmählich setzt aber eine Veränderung ein. Das zeigt sich schon an der Logos 270 und der P 652 von 1970. Beide Geräte sind gekennzeichnet durch eine visuelle Betonung der Teilung in Funktionsgruppen (eingeleitet schon 1956 durch Nizzoli mit der Divisumma 24). Bei der Logos 270 sind die Teile in separaten Gehäusen locker aneinandergegliedert (Abb. 14). Das ist keineswegs technologisch bedingt, etwa indem es modulare Austauschbarkeit der Teile gewährt, es ist vielmehr ein Spiel mit der Ergonomie und eine bewußte Auflösung der Gesamtform in einzelne Teile; sie setzt sich dann später durch in der schon genannten A 4 von 1975, in der Logos 42a von 1977 und in der TES 401 von 1978 (Abb. 19, 20). Bei diesen Geräten werden die weichen Radien der früheren Formgebung aufgegeben: An deren Stelle treten nun einfache, prismatische und kubische Gebilde. Die zoomorphe Welt ist durch eine mechanische, vom Quader beherrschte abgelöst. Insbesondere mit der Logos 50-60 verzichtet Bellini auf jegliche Verwendung von Detailfunktionen für eine differenzierte Formgebung und beschränkt sich nunmehr auf einen minimalen Quader, der sich mit einer 15-Grad-Steigung ergonomisch korrekt aus der Tischebene emporhebt. Alle Funktionen sind so der Gesamtbedeutung einer einfachen geometrischen Form unterworfen. Daß es sich dabei um Design und nicht etwa um eine konstruktivistische Architektur handelt, erkennt man an der gelegentlich auffälligen Abwesenheit von Sokkeln oder Standflächen. Der Quader steht scheinbar auf seinen Ecken (Logos 42a, TES 401).

Die Divisumma 18 und 28 zeigen erstaunliche Silikonhäute. Zylinder und Tangentenebenen kennzeichnen die Formen (Abb. 16, 17). Zylinder deuten auf rotierende Elektromotore, Tangentenflächen auf Tastenfelder und gedruckte Schaltungen hin, „komische Formen, die ein angenehmes Gefühl erzeugen", sagt Bellini dazu.

13 Valentine
Gestalter: Ettore Sottsass, 1969

14 Logos 270
Gestalter: Mario Bellini, 1970

Eine Besonderheit der Divisumma von Bellini wie auch der Reiseschreibmaschine Valentine (1969) von Sottsass ist, daß sie Ausdruck eines radikal umgepolten Verhältnisses von Maschine und Mensch sind. Material, Form und Farbe schützen eher die Maschine vor den Menschen als umgekehrt. Die kleinen Geräte fürchten nunmehr Stöße, Feuchtigkeit und Staub weniger und eignen sich deswegen für den Gebrauch in sonst maschinenfeindlichen Umgebungen, zum Beispiel in der freien Natur oder auf dem Marktplatz.

Alle gezeigten Designtendenzen verweisen auf die Hauptrolle, die Design in der Marktstrategie zu spielen hat: Olivetti wird zunehmend bedroht durch die amerikanische und vor allem durch die japanische Konkurrenz auf dem Gebiet der kleinen Rechner. Die „kleinen Japaner" schaffen immer mehr für immer weniger Geld. Ein Ausweg bietet sich den Italienern durch das Design. Das gilt auch für Radios und Fernseher der Brion-Vega, für Möbel der B und B: überraschende Formgebung als Kompensation für mangelndes Knowhow und nicht länger konkurrenzfähige Preise.

Dieser Panoramaflug über fast ein halbes Jahrhundert Olivetti-Design gibt uns die Gelegenheit festzustellen, wie wenig die ursprüngliche Maxime von den drei f (form follows function) noch mit der hiesigen Formgebung zu tun hat. Es zeigt sich vielmehr, daß das Formgeben sich abspielt als semiotischer Prozeß innerhalb weitgesteckter funktioneller Randbedingungen. Die Formen werden in diesem Prozeß mehr oder weniger bewußt bestimmt durch die impliziten Bedeutungen, die ihnen unabweislich anhaften. In der Tat können wir beobachten, daß jegliche technologische Entwicklung nicht nur neue und erweiterte Funktionen möglich macht, sondern auch die Freiheit der Formgebung vergrößert. Damit wird die Bindung zwischen Formen und Funktionen schwächer und die Gestaltung von Formensprachen, die kom-

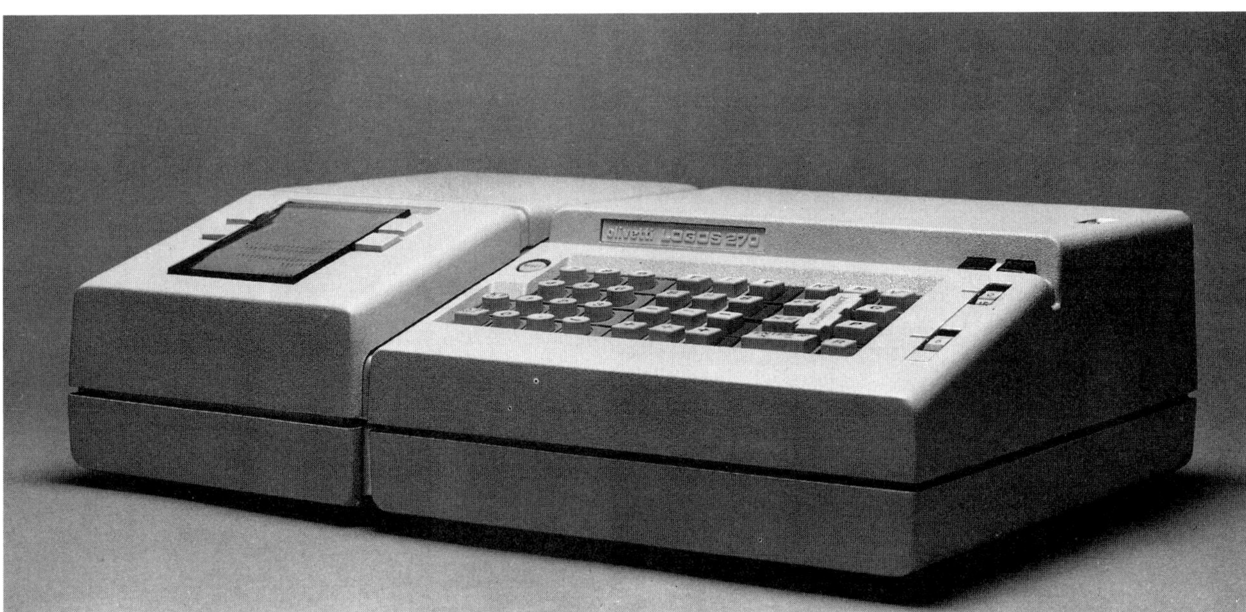

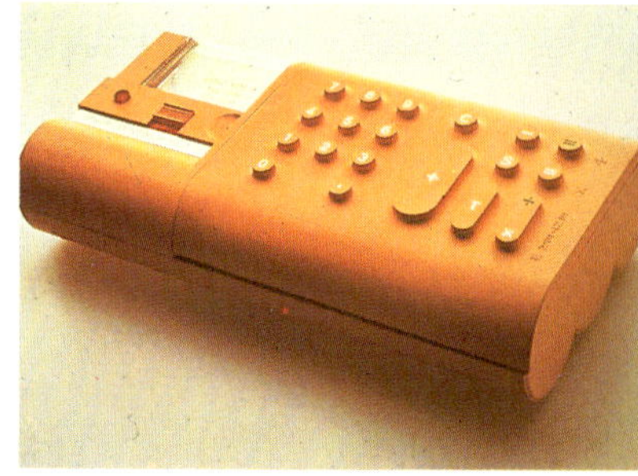

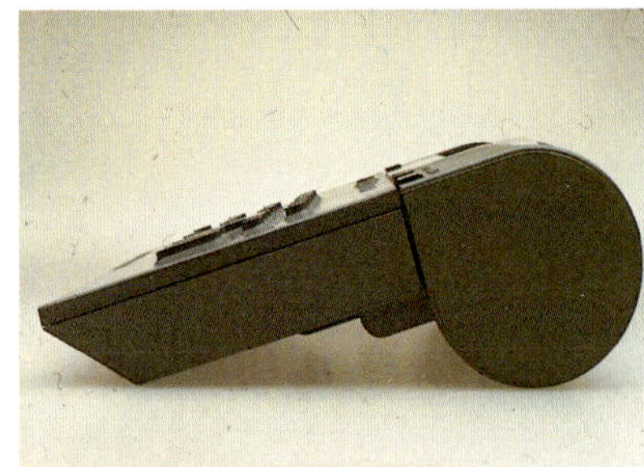

15 Logos 68
Gestalter: Mario Bellini, 1973

16 Divisumma 18
Gestalter: Mario Bellini, 1973

17 Divisumma 28
Gestalter: Mario Bellini, 1973

plexe Sachverhalte zu vermitteln imstande sind, immer mehr möglich und notwendig.

Es stellt sich aber die Frage, ob eine solche Betrachtung des Designprozesses als semiotischer Prozeß wissenschaftlich unterbaut werden kann. Eine solche Theorie würde vielleicht lernbar machen, was bisher intuitiv vorhanden war.

Die Ausgangshypothese ist, daß eine Produktform, ähnlich wie ein Text, betrachtet werden kann als Informationspaket mit verschiedenen Ebenen der Ablesbarkeit: erstens in seinem globalen Aspekt, der uns auf den allgemeinen Zweck, auf den Sinn und Zusammenhang mit der Umwelt, auf seinen Umfang hinweist – der Text im Kontext –; zweitens in bezug auf seine Aufgliederung in Teilgebiete topologisch und funktionell gesehen, wie: oben, unten, innen, vorn usw. und: Bedienteil, Deckel, Funktionsfläche usw. – der Satz –; drittens als Wahrnehmung von Details, wie: Rundungen, Kanten, durchsichtige Teile, Farben, Texturen usw. – Wörter als Lautgebilde (Phoneme), als Bedeutungsträger (Moneme) oder als formale Einheiten (Morpheme).

In Produktformen, ähnlich wie in Sprachen, werden Bedeutungen auf verschiedenen Ebenen vermittelt, und je feiner das Betrachtungsfeld aufgegliedert wird, desto weniger deutlich kann man die Bedeutung erkennen. Das heißt allerdings nicht, daß die Information, die in den Details übermittelt wird, weniger wichtig wäre. Im Gegenteil, auf dieser Ebene werden, fast unterschwellig, die emotionalen Zonen berührt.

Die schichtenweise Analyse einer Produktform entspricht den verschiedenen Phasen des Designprozesses: Das kreative Machen entspricht dem Ablesen des Gemachten. So gibt es einen direkten Zusammenhang zwischen der eingebauten Funktionalität in einem Gegenstand (zum Beispiel einer ergonomisch gestalteten Sitzfläche) und der wahrgenommenen Funktionalität (op-

18 Buchungsmaschine A 4
Gestalter: Mario Bellini, 1975

19 Logos 42a
Gestalter: Mario Bellini, 1977

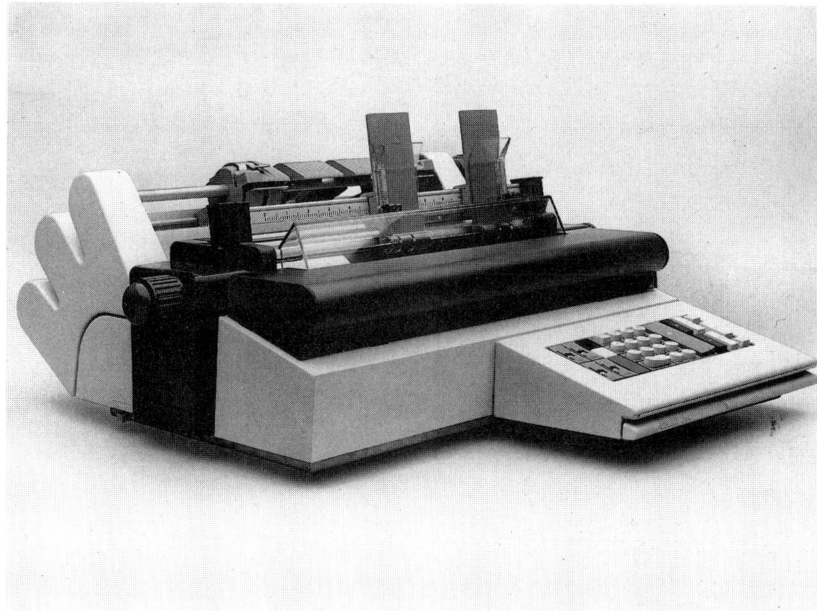

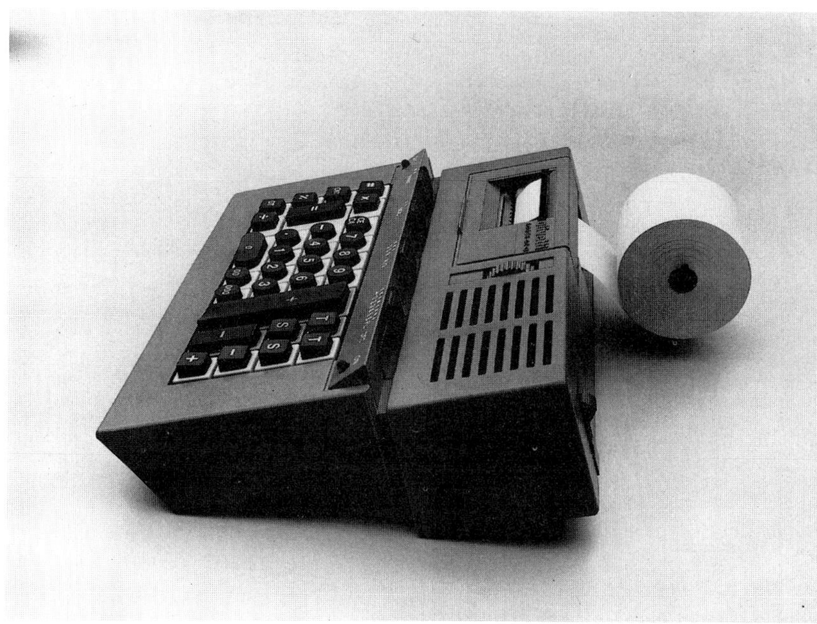

20 TES 401
Gestalter: Mario Bellini, 1978

tisch und haptisch). Dieser Zusammenhang ist manchmal weniger linear, als man glauben möchte: Designgegenstände werden oft anders gebraucht und erfahren, als sich der Designer oder Produzent vorstellt. Das hängt auch zusammen mit der offensichtlichen Vieldeutigkeit von Gegenständen, die möglicherweise die der Sprache überbietet, schon deswegen, weil sie kaum an Nationen gebunden ist.

Der Freiheit der Interpretation von der Seite des Benutzers entspricht eine Freiheit des Designers in der Auswahl der Bedeutungen und der Weise, wie diese durch das Designprodukt übermittelt werden. Wir haben am Beispiel Olivetti gesehen, wie auch widersprüchliche Bedeutungen in Gegenständen vorhanden sein können: Ironie, Zweifel an der industriellen Gesellschaft, Angst vor der Gewalt der Maschine, aber auch Hoffnung oder Zuversicht auf eine bessere Welt für alle, Ophelimität.[1]

Die obengenannte Hierarchie der Informationsebenen ist insbesondere von Bedeutung in diesem komplexen Spiel mit Formen und Formeninhalten. In der Semiotik werden die Verbindungen von Zeichen und auswechselbaren Bedeutungen als Paradigmen bezeichnet, solche mit logischen Kettenverknüpfungen als Syntagmen.[2] Diese Unterscheidung gilt grundsätzlich für die Aufteilung des semiotischen Bereichs der Beziehung zwischen Zeichenträger und Zeicheninhalten in metaphorische (bildliche) und metonymische (logische und funktionale) Zusammenhänge.[3] In unseren Beispielen finden wir die metaphorische Verknüpfung beim Bierspender von Castiglioni und die metonymische in so ergonomisch bedingten Formen wie den Tastenfeldern der Logos-Geräte von Bellini. Detailformen wie die Augen der Divisumma von Nizzoli und des TVC Terminals von Bellini sind als Metapher zu betrachten. Sottsass arbeitet hauptsächlich mit solchen Metaphern, die ihrerseits mitunter nicht unerhebliche produktionstechnische Forderungen stellen.

[1] Der Begriff Ophelimität wurde von Pareto geprägt, er beschreibt das soziologische Phänomen der Anpassung an Soziales, an die „große Nummer". Siehe auch A. Moles: Psycologie du Kitsch, Paris 1977

[2] siehe auch Louis Hjelmslev: Prolegómènes à une théorie du language, Paris 1976, S. 55; Paradigmen sind nach Hjelmslev die Klassen von auswechselbaren Elementen in einem semiotischen System, Syntagmen sind die Klassen von geordneten Elementen in einem semiotischen Prozeß.

[3] siehe auch Roman Jakobson: Essais de linguistique générale, Paris 1963. Jakobson definiert die beiden Bereiche der Semiotik (den paradigmatischen und den syntagmatischen) nach der Beziehung zwischen Form und Inhalt der Zeichen: Dem paradigmatischen Bereich sind die Metapher zugeordnet, die im Gegensatz zu den Mentonymen keinen reinen logischen oder materiellen Zusammenhang aufweisen, eher einen künstlichen wie zum Beispiel die Symbole. Siehe auch Michael Franz: Designsemantik, in: form +zweck 2/80, S. 27.

[4] Grundsätzliches dazu wurde von Max Bense geleistet, unter anderem in seinen Mailänder Vorlesungen „Sémiatique, Esthéthique et Design", Juni 1974. Bense analysiert unter anderem den Begriff der Ikonizität in Verbindung mit sozialer (und ergonomischer) Anpassung.

[5] Insbesondere weist darauf hin Georges Mounin: Introduction à la Sémiologie, Paris 1970, S. 72.

21 Etappen der Produktentwicklung von 1948 bis 1978

Damit ist allerdings wenig ausgesagt über die Verwendbarkeit der semiotischen Erkenntnisse für die Designtheorie.[4] Es muß insofern darauf hingewiesen werden, daß eine Produktform wesentlich verschieden ist von einem Text: Das Sehen eines Gegenstandes ist zum Beispiel in erster Linie ein simultanes Geschehen, während der Text weitgehend diachronisch wahrgenommen wird.[5] Das hat weittragende Folgen für die Analyse – die im Falle der Produktformen nicht auf eine Klassifikation der vielfältigen komplexen Verknüpfungsarten verzichten kann. Es stellt sich sowieso die (erkenntnistheoretische) Frage, ob nicht auch in der visuellen Wahrnehmung von Gegenständen (Zeichenträgern) und folglich in deren Interpretation ein verbaler Prozeß stattfindet, eine „Übersetzung" von Morphemen in Worte oder von logischen Zusammenhängen zwischen Formen und Funktionen in abstrakte wörtliche Begriffe und logische Verknüpfungen. Wenn das der Fall wäre, hätten wir es zu tun mit einem breiten parasemiotischen Gebiet – dem Gebiet der sichtbaren, fühlbaren Realität –, in dem der Bereich der eigentlichen Semiotik eingebettet liegt.

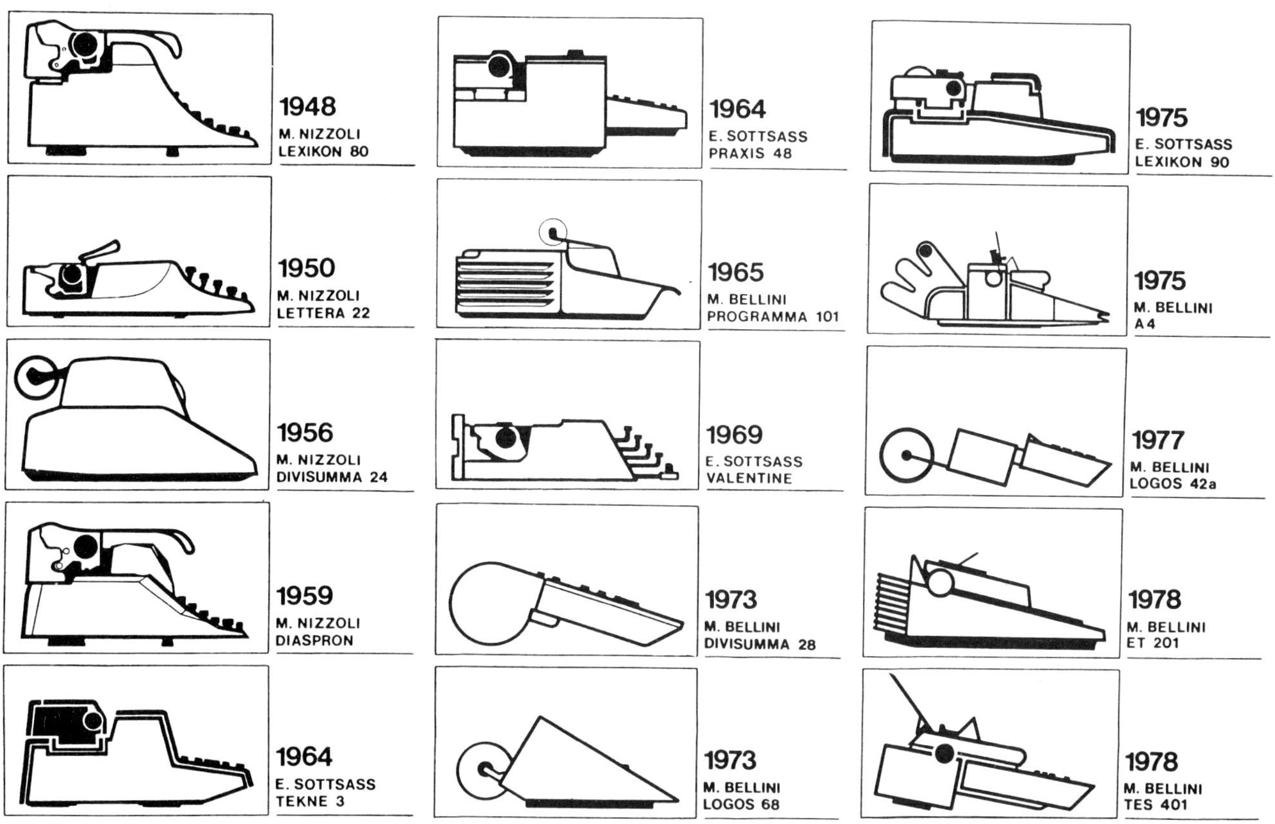

Versuch über ein Glas

Gábor Pogány

Auf einem hyperrealistischen Bild des Malers Gyula Balogh (für das er 1981 auf der Alförder Kunstausstellung einen Preis erhielt) ist das Interieur einer bescheidenen dörflichen Küche dargestellt, inmitten des Bildes zwischen Töpfen und Schüsseln steht ein unauffälliges Trinkgefäß, ein kleines Glas. Dieses Glas trifft man in Ungarn von Hedyeshalom bis Zaheny allenthalben an: in Haushalten, Espressos, Restaurants, Büros, Arbeitsstätten. Ein Volksglas gewissermaßen, aus dem die Ungarn ihr Volksgetränk – jenen mit Hilfe von Dampf zubereiteten starken Kaffee, der nur mit viel Zucker verrührt genießbar ist – in kleinen Schlucken zu sich nehmen.

1 Interieur mit kleinem Glas, gemalt von Gyula Balogh

2 Formwandlung: das neue ungarische Kaffeeglas in zwei Größen, mit und ohne Goldrand

3 nationale Varianten: französisch, ungarisch, polnisch, tschechoslowakisch

Die Form ist reizvoll und alltäglich zugleich. Sie weitet sich, heiter und behäbig, nach oben hin, bereit, den Trinkenden zu empfangen. Nüchtern gesagt: Das Glas ist handlich, und man kann bequem daraus trinken. Zudem läßt es sich leicht abwaschen, ist weitgehend bruchfest und billig. Es existiert in zwei Größen für unterschiedliche Portionen: das Kleine (1/12 l) für den „Einfachen", das Große (1/5 l) für den „Doppelten".

Die Anfänge des ungarischen Kaffeeglases liegen über dreißig Jahre zurück. Damals wurden, soviel weiß man, Form und Werkzeuge von einer französischen Firma übernommen. Hersteller in Ungarn war – und ist es noch immer – der Hohlglasbetrieb in Salgotarjan. Ursprünglich war mit dem Glas der Name „Engelmann" verbunden, aber niemend weiß heute noch, was das zu bedeuten hatte.

Die Gläser kamen zeitlich nur um ein weniges der aus Italien eingeführten Espressomaschine zuvor, die das Zubereiten von starkem Kaffe in großen Mengen erleichterte. Kaffeemaschine und Kaffeeglas tauchten nun überall in Ungarn auf, und bald gehörte das Glas zum selbstverständlichen Teil jeder Einrichtung, in der Kaffee getrunken wurde, es wurde zum Bestandteil der

nationalen Kultur. Aber nicht nur der ungarischen: Man findet die Form sowohl in Polen als auch in der ČSSR; und in Frankreich, von wo es ja einstmals gekommen war, ist es ebenfalls noch anzutreffen als Trinkgefäß einfacher Leute, die Bauern der Provinz kaufen es beim Drogisten, um ihren Wein daraus zu trinken.

Erstaunlich ist, daß unser Kaffeeglas in den siebziger Jahren ein zweites Mal von Frankreich nach Ungarn kam: Als Exportglas ergänzte es unter dem Namen „Duralex" die einheimische Produktion, sich von dieser nur in Feinheiten unterscheidend. Der auffälligste Unterschied bestand in der Anzahl der die Form charakterisierenden emporstrebenden schmalen Flächen, das ungarische Glas ist zehnfach, das französische neunfach unterteilt. „Duralex"-Gläser werden aus wärmebehandeltem, gehärtetem Glas hergestellt, was ihre Bruchfestigkeit wesentlich erhöht.

Hatten jahrelang in den ungarischen Haushalten die kleinen Kinder ihre ersten selbständigen Trinkversuche mit Hilfe des Kaffeeglases gemacht, so entschlossen sich angesichts der erhöhten Bruchfestigkeit des „Duralex"-Glases auch die Kinderkrippen und Kindergärten, es zu gebrauchen. Zumal es nicht wenig Kinderärzte gab, die empfahlen, den Kindern diese Form aus Glas in die Hand zu geben, weil Dicke, Rundung und Umfang der kindlichen Entwicklung förderlich seien. Denn es ist ein Unterschied, der sich allerdings kaum wissenschaftlich-statistisch belegen läßt, ob Kinder mit Plastebechern

4–6 Kaffeeglas und Kaffeemaschine im Espresso

oder mit, beispielsweise, Bechern aus Glas aufwachsen. Ein gutes Trinkgefäß vermag durchaus, die Kultur einer Nation zu beeinflussen.

Das Verhältnis der Ungarn zu ihrem Kaffeeglas ist noch weitgehend sorglos. Das erkennt man daran, daß über seine Herkunft, seine Gegenwart und seine Zukunft – wird es eine haben? – niemand nachdenkt, nicht einmal die Designer. Dabei hat es unlängst eine Zäsur gegeben. Die Kindereinrichtungen sind zu Plast übergegangen, und die meisten Budapester Espressos führen heute statt des Kaffeeglases winzige Porzellantäßchen, wie sie in den vornehmeren Cafés schon lange üblich waren. Auch in vielen Haushalten pflegt man andere – feinere – Formen. Ein Gang ins Fachgeschäft zeigt: kein Kaffeeglas, dafür neununddreißig oder dreiundvierzig oder siebenundfünfzig Varianten Puppentassen, Form und Dekor in hemmungsloser Stilausbreitung. Ab und zu entdeckt man ein Glas, das dem gesuchten ähnelt, dieselbe Unterteilung, dieselbe kelchartige Aufweitung, jedoch die Wandung ist dicker, der Boden massiger, die Form starrer, der Preis höher. Der Betrieb in Salgotarjan ist zu einer neuen Technologie und zur Automatenfertigung übergegangen, eine Erhöhung der Bruchfestigkeit des Glases und der Ausstoß riesiger Mengen sind damit garantiert – die Heiterkeit der alten Form aber ist verloren gegangen. Dieses neue Glas wird bald ausreichend zur Verfügung stehen, das alte allmählich verschwinden. Spätestens dann aber, so ist zu vermuten, werden die Avantgardisten der gegenständlichen Kultur, die ihre Liebe zu den unscheinbaren Dingen des Alltags meist erst dann entdecken, wenn diese selten geworden sind, die Jagd aufnehmen nach den letzten Originalen, um sie in ihre Kollektion schöner Kostbarkeiten einzureihen.

Und nur noch ein paar rückständige Bauern irgendwo in der ungarischen Tiefebene werden ihren Kaffee aus den originalen Gläsern schlürfen und darauf achten, daß sie nicht entzwei gehen, weil man nicht verschwendet, was Menschen sich mühten herzustellen.

Nur echt mit Siegel

Hein Köster

Handelsübliche Verpackungen und Etiketten, zusammengetragen zwischen 1982 und 1983.
Sie umhüllen durchweg Nützliches für den Alltag und verweisen auf eine Tradition, über die nachzudenken es im Sinne vernünftigen Wirtschaftens lohnt.

Die Verpackungen, um die es hier geht, haben eines gemeinsam: Sie wenden sich an einen begrenzten Kreis von Käufern, an ein definiertes Publikum, das seine Gründe hat, wenn es beispielsweise „Luvos Heilerde" oder Rostokker „Lehment Doppelkümmel" kauft. Wer Luvos Heilerde nicht benötigt, ist besser dran, da gehört sich eine schickliche Zurückhaltung für den, der sie vertreibt, eine gewisse Dezenz, mit der Bedürftige darüber informiert werden, welche Erfolge sie bei Anwendung des Präparates zu erwarten haben. Aber niemandem soll eingeredet werden, daß ohne Luvos Heilerde das Leben nur noch halb so schön ist – oder auch, daß jede Suppe um so besser schmeckt, je mehr Salz man in sie hineintut.

Die verpackten Erzeugnisse beanspruchen nicht mehr Geltung, als ihrer partiellen oder elementaren Bestimmung angemessen ist. Ihr Gütesiegel, ihr Versprechen beruft sich eher auf einen Erfolg, den man bereits hatte, als auf einen, den man erst in Aussicht stellt: mit verbalen Spitzlichtern, wie

„fix", „soft", „pikant", „neu", „instand" und so weiter, mit verheißenden Abbildungen, mit knallbuntem Talmiglanz. Der Aufwand, der für die Herstellung von dergleichen betrieben werden muß – das Bunte und Glänzende kostet! –, ist ein erheblicher und relativiert das Bemühen, die Preise für unsere Grundnahrungsmittel nicht nur konstant, sondern konstant niedrig zu halten.[1]

Aus unserer Kindheit kennen wir noch die alte Verpackung für Traubenzucker. Traubenzucker war etwas besonderes, er wurde, wie alles Zuckerzeug, zugeteilt, und wir erhielten ihn, wenn wir der besonderen Stärkung bedurften; die Packung entsprach dem Ernst der Situation – ein hygienisches Weiß und Blau, klare Typographie mit gewichtigen Informationen, eine klare freundliche Zeichnung. Auf der heutigen Hülle springt uns gleich von allen Seiten die Lebensfreude an, ein seilhüpfendes Mädchen jubelt: SCHAFFT AUSDAUER, eine bänderschwingende Turnerin versichert: GEHT INS BLUT, SPENDET KRAFT und ein ballköpfender Fußballer: ERHÖHT ENERGIE.

Die alten Verpackungen verschwinden und mit ihnen ein gut Teil jenes schlichten Funktionalismus', der in jeder nationalen Kultur verankert ist. Der Optimismus, daß die Sache des Funktionalismus im Volke nicht totzukriegen ist[2], ist da Bewährungen ausgesetzt.

In den simplen Hüllen sprach sich ein Zutrauen aus: ein Zutrauen zu einfachen, stabilen Materialien, zu elementaren Gestaltungsmitteln, ein Zutrauen zur Langlebigkeit nicht nur dieser Mittel, sondern auch zur Langlebigkeit bzw. Qualität der umhüllten Erzeugnisse. Im Visuellen herrschte, wenn auch nicht selten ungelenk und naiv, der Grundsatz der Angemessenheit.

Überhaupt dominieren Typographie und das eindeutig verwendete Wort sowie Angaben, die sich in Zahlen ausdrücken lassen: Man spricht ja nicht zu Analphabeten. Einfache geometrische Formen (Linie, Kreis, Rechteck) und Farben betonen Wortmarken oder Hinweise, ebenso die Diagonale (auch

[1] siehe Bertram, Axel: Etikett & Schachtel, in: Wochenpost Nr. 47/1983, S. 15

[2] siehe Schnaidt, Claude: Über Formen reden ..., in: form+zweck 5/80, S. 27

Schräge) oder gesperrte Schriften als besondere Hervorhebung. Denn die Hervorhebung wird keinesfalls abgelehnt, man hält nur nicht das Laute für die einzige Möglichkeit, sich in der Masse bemerkbar zu machen. Die Gestaltung inseriert das umhüllte Produkt und erläutert es; sie redet eine allgemein verständliche Sprache, die in der Tradition des „kollektiven, anonymen Kunsthandwerks" beheimatet ist.[3] Die Praxis der buntfarbigen, lackierten bildhaften Verlockungen ficht sie nicht an, ebensowenig wie der konstruktivistische Barock aus Linie, Punkt, Balken und Raster. Sie zielt auf eine „synoptische Wirkung" von „Lesen und Schauen".[4]

Dieser Art von Gestaltung geraten produktionstechnische Unzulänglichkeiten nahezu zum Vorzug: eine gewisse Unschärfe des Druckes und Mängel der Type fügen sich stochastisch zu einer durchaus harmonischen Einheit.

Ob man die Lösung nun im einzelnen als „gute" oder „schlechte" beurteilt, so wird man doch jeder eine gewisse Ordnung zubilligen; diese wird nie aufgegeben, das visuelle Bild leitet sich – auch bei gezeichneten Schriften – aus drucktechnischen Ordnungen ab, Ordnungen somit, die uns seit Generationen vertraut sind. Heutigen Auffassungen von werbepsychologischer Anmutung werden sie kaum gerecht, ihr Charme ist mehr hausbacken, und ein biederes Handbuch für Ingenieure darf man sich eher im Hintergrund denken als das Rüstzeug des modernen Gebrauchswerbers.

Der besondere Stellenwert gerade der Verpackungsgestaltung innerhalb der umweltgestaltenden ästhetischen Disziplinen wird im allgemeinen nicht

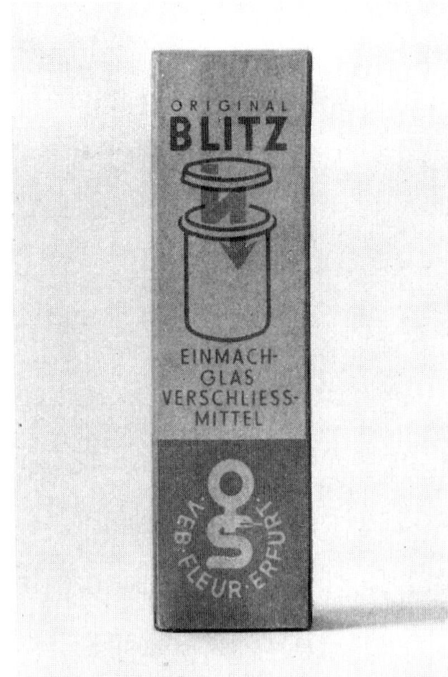

[3] A. M. Cassandre führte in einem Interview 1926 diesen Gedanken im Zusammenhang mit seiner Begründung der modernen Plakatgestaltung aus.

[4] van Doesburg, Theo: Das Buch und seine Gestaltung, in: DIE FORM. ZEITSCHRIFT FÜR GESTALTENDE ARBEIT 21/1929, S. 568

Man hat die Präzision und den Hochglanz zum Fetisch erhoben, präsentiert Scheinwerte in einer nie gesehenen Pracht und verwechselt Schönheit mit Reichtum oder Ungewöhnlichkeit. Nein. Was wir wünschen, sind edle Proportionen und vollendeter Rhythmus, gute Maßverhältnisse des Blattformats, eine vernünftige Satzbreite, leserliche, passend durchschossene Schriftgrößen und gute Schriftschnitte, eine rhythmische Verteilung der Gruppen, Formensinn und Verständnis des Textes beim Entwerfer. Alle Teile eines Druckwerkes sollen zueinander passen und den ungeschriebenen Gesetzen der Schicklichkeit folgen. Beide Qualitäten: Schicklichkeit und gute Proportionen, dürfen einander nicht ins Gehege kommen. Die fertige Arbeit soll den Anschein des Notwendigen erwecken ... Man sollte keinen gundsätzlichen Unterschied zwischen der Typographie der Bücher und der anderer Drucksachen machen. Diese unnatürliche Scheidung ist mitschuldig an der oft miserablen Typographie der Werbedrucksachen. Denn alle gute Typographie, auch die werbende, bezieht ihre Regeln aus der typographischen Logik des Buches.

(Jan Tschichold: Vorzüge und Mängel älterer und heutiger Typographie, in: Leben und Werk des Typographen Jan Tschichold, mit einer Einleitung von Werner Klemke, Dresden 1977)

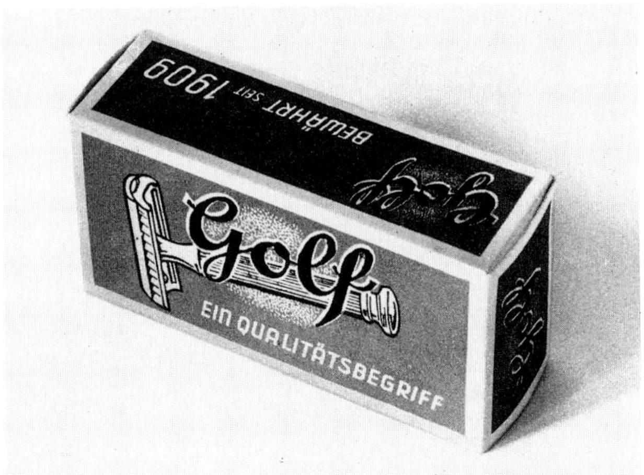

bezweifelt.[5] Er ergibt sich aus der Potenz, die der Verpackungsgestaltung immanent ist: der Potenz nämlich, ästhetisch-gestalterische Sensibilität im Alltag zu befördern – oder zu amputieren. Verpackungen sind massenhaft genug, um die Kultur des Sehens und des Umgangs mit den Dingen nachhaltig und in gesellschaftlicher Dimension zu beeinflussen.

Warum sehen wir uns allzuoft gezwungen, verpackte Ware wegen der beleidigenden Häßlichkeit und funktionellen Unzulänglichkeit der Hülle in Vorratsbehälter – gegebenenfalls unserer Vorfahren – umzufüllen? Warum mangelt es an Verpackungen, die es uns ermöglichen, schnell und sicher im Haushalt zu hantieren, die uns zu einem vergnüglichen Benutzen veranlassen? – Verpackungen könnten schließlich mithelfen, daß wir uns in den Kaufhallen besser orientieren und nichts vergessen. Stattdessen sind wir genötigt, uns in endlosen schlechten Stilleben zurechtzufinden.

Etwas verbindet die geschichtlich gewordenen alltäglichen Verpackungen mit den höchst artifiziellen grafischen Gestaltungen der Avantgarde der zwanziger Jahre: Es ist dies das ethische Prinzip der Angemessenheit der ästhetischen Mittel.

Damals wurde gefordert, was heute mehr denn je gelten sollte: daß Text, Farbe und Form zu organisieren seien zu einer „funktionellen Kraft".[6]

[5] vgl. u. a. Voigt, Gerhard: Zum Geleit, in: Zielstellung, Juryergebnisse, Tendenzen, 1. Verpackungswettbewerb 1981, 2. Verpackungswettbewerb 1983, hrg. vom Zentralvorstand des VBK-DDR in Zusammenarbeit mit dem AIF und dem Kombinat Verpackung, o. O. und o. J.

[6] Stam, Mart und El Lissitzky: Die Reklame, in: typographische mitteilungen, sonderheft: elementare gestaltung, Leipzig 1925, S. 207

Der Funktionalismus und seine Kritiker

Karin Hirdina

Die Abbildungen auf den folgenden Seiten sind einer Typologie „Neues Bauen – Neues Gestalten" von Klaus-Jürgen Winkler entnommen, die als Beilage in form+zweck 2/1983 veröffentlicht worden war.
In den fünf Feldern sind von oben nach unten jeweils dargestellt:
1. Gebäudekorpus, 2. Ansicht,
3. Innenraum, 4. Details,
5. Möbel und Hausrat

„Wir haben den Funktionalismus satt!"[1] – seit Anfang der sechziger Jahre immer wiederkehrendes Credo bürgerlicher Architekten und Designer. Wer hat da eigentlich was satt? So umstritten und vieldeutig der Begriff „Funktionalismus", so vielfältig sind die Argumente und Konzepte gegen ihn. In These und Antithese verbergen sich soziales Programm, ästhetische Konzeption, politische Standpunkte. Mir scheint der Versuch lohnend, über die radikale Abwehr vom Funktionalismus zu einem Begriff desselben zu kommen, der ihn historisch und sozial einordnet und von dem aus unser eigenes Verhältnis zur Sache zu entwickeln wäre.

Übereinstimmung gibt es in den Aussagen zum Funktionalismus wohl nur in zwei Punkten: Sullivans Formel „Form folgt Funktion" ist zu simpel, um die historische Erscheinung zu fassen, die Anfang der dreißiger Jahre mit dem Wort „Funktionalismus" bezeichnet wurde[2], aber mindestens zehn Jahre älter ist. Und: Als Höhepunkt, weil konzentrierte und institutionalisierte Form des Funktionalismus, wird das Bauhaus angesehen. In der Kritik – und deshalb auch in der folgenden Darstellung – wird „das Bauhaus" im wesentlichen als eine Einheit behandelt. Dies ist allerdings nur legitim in bezug auf eine programmatisch-methodische Grundorientierung und erfaßt nicht die politischen und sozialen Differenzierungen und Differenzen, vor allem ab 1930.

Die Kritiker gehen verschiedene Wege. Grob systematisiert, sehe ich vor allem drei Varianten von Einwänden, die zugleich drei Varianten der Interpretation für den kritisierten Gegenstand sind:

1. Funktionalismus, also auch Bauhaus-Funktionalismus, ist ein Stil, der historisch – vor allem in Polemik gegen den historisierenden Stil – entstanden und damit auch vergänglich ist. Als bloß formale Erneuerung ist er eigentlich Formalismus, nämlich Verabsolutierung geometrischer Gestaltungsprinzipien: „Das höchste der Bauhausgefühle: Das individuelle Quadrat".[3]

2. Funktionalismus ist Fetischisierung von Technik, Material, Konstruktion, ist also Technizismus, Konstruktivismus. Automatisch die Form der Architektur und des Produkts aus deren technologischer und Materialbasis ableitend, hat der Funktionalismus die schöpferische Phantasie und das ästhetische Formieren negiert. Funktion ist die bloße Nützlichkeit, Funktionalismus ist Utilitarismus: „... so bleibt sein Ausdrucksniveau beschränkt auf das architektonische Niveau von Kasernen, Scheunen, Silos und anderen reinen Nutzbauten, die bloß als eine Hülse für einen bestimmten Zweck fungieren."[4]

3. Der Zweckrationalität huldigend, ist der Funktionalismus im eigentlichen Sinne Herrschaftsarchitektur, Herrschaftsdesign geworden: „Eine glatte Fassade soll darüber hinwegtäuschen, daß nicht alles in Ordung ist."[5] Funktionalismus bestätigt kapitalistische Herrschaftsformen, indem er sie hinter einem glättenden Schleier verbirgt.

Drei Varianten, die in sich bei den einzelnen Autoren wiederum außerordentlich variiert werden und oft ineinander übergehen. Es gibt schließlich noch ein viertes Argumentationsmuster, das – historisch als erstes entstan-

[1] Zitat Mathias Goeritz in: Ragon, Michel: Wo leben wir morgen? München 1967, S. 76
[2] wahrscheinlich erste konsequente Anwendung des Begriffs in: Sartoris, Alberto: Gli Elementi dell'Architettura Funzionale, Mailand 1982
[3] Westheim, Paul: Bemerkungen zur Quadratur des Bauhauses, in: Wingler, Hans M.: Das Bauhaus, Köln 1968, S. 82
[4] Berndt, H.; Lorenzer, A.; Horn, K.: Architektur als Ideologie, Frankfurt a. M. 1968, S. 18f.
[5] ebenda, S. 113

den – im Laufe der Jahrzehnte seltener gebraucht wurde. Ausgerechnet dieses aber trifft, mit bösartiger Scharfsicht, eher ins Zentrum als die anderen: „Das Bauhaus ist, wie erinnerlich, als Revolutionsschöpfung gegründet worden. Der Bauhausstil, der keinen Fortschritt, sondern eine Rückkehr zum Primitiven bedeutet, fand in weiten Kreisen schärfsten Widerspruch. Dazu kam eine betont marxistische und kommunistische Einstellung der Leiter des Bauhauses. Wenn die Rechtsmehrheit jetzt mit diesem Kunstbolschewismus Schluß macht, so hat den Vorteil davon nur die Kunst."[6] Und: „Wir sind dafür, daß das Bauhaus dahin übersiedelt, wohin es allein nach Art und Wesen von Anbeginn an gehört hätte: Nach Moskau."[7]

Diese Gegner hatten tatsächlich etwas begriffen. Oskar Schlemmer bekannte 1923: „Das Staatliche Bauhaus ... wird zunächst zum Sammelpunkt derer, die zukunftsgläubig-himmelstürmend die Kathedrale des Sozialismus bauen wollen."[8] Das Bauhaus trat an mit deutlich sozial-utopischen Impulsen. Ihm liegt als Gesellschaftsmodell eine Vorstellung zugrunde, die – aufgrund der historischen Konstellation, der objektiv revolutionären Situation und der verbreiteten subjektiv revolutionären Stimmung nach der Oktoberrevolution – auf eine neue „menschliche" Ordnung zielte. Ein Modell, das bürgerlich blieb, ohne restaurativ zu sein, verschwommen genug war, um nicht konkret-sozialistisch zu werden und doch so konkret war, um als kritischer Stachel der bürgerlichen Reaktion ein Ärgernis zu sein und Fragen zu stellen, die über die bestehende Gesellschaft hinauswiesen.

Was die Bemühungen, die im Bauhaus ihre konkreteste und reifste Ausprägung fanden, vor bloß illusionistischer Schwärmerei und kraftloser Beschwörung einer imaginären Zukunft bewahrte, ist die Orientierung auf zwei reale Prozesse: auf die Industriealisierung, den technischen Fortschritt überhaupt, und auf die Urbanisierung und damit die Notwendigkeit, den Massenwohnungsbau zu intensivieren. Gropius formulierte 1925 als Ziel und Ergebnis rationalisierten Bauens, „daß nun jeder arbeitende Mensch die Möglichkeit fände, für seine Familie eine gute, gesunde Wohnung zu beschaffen".[9]

Ähnlich wie Bruno Tauts ästhetisch akzentuierte Utopie einer gläsernen Weltarchitektur, phantastisches Bild einer strahlend schönen Zukunft ohne Ungerechtigkeit und soziale Widersprüche („Der Bettler geht neben dem König."), verweist das Bauhaus-Programm auf zwei wesentliche Zielstellungen: Die neuen Möglichkeiten von Technik, Konstruktion und Materialien sind zu nutzen, und den bisher sozial Unterprivilegierten ist eine menschenwürdigere Umwelt zu schaffen. Der Vorwurf des Technizismus, der gegen das Bauhaus erhoben wurde und wird, unterschlägt nicht allein die zweite Seite, ohne die allerdings das Bauhausprogramm nur noch verfälscht wiederzugeben ist. Vor allem reproduziert dieser Vorwurf ein typisches Entfremdungsmodell der bürgerlichen Ideologie, nach dem die Sphäre der Produktion ausschließlich nach dem Kriterium der Nützlichkeit und profitablen Verwertung zu bewerten, das Kriterium der Schönheit dagegen der Sphäre des Luxus und der Freizeit vorbehalten sei.

Die Bauhaus-Funktionalisten begriffen demgegenüber die moderne Technik zunächst als vergegenständlichte Beherrschung der Natur durch den Menschen, als Produkt menschlicher Produktivität und Mittel zu ihrer Weiterentwicklung. Deshalb sahen sie in neuen Techniken und Materialien auch neue ästhetische Möglichkeiten. Im Bekenntnis zur Technik selbst kommt also bereits das sozial bestimmte Bekenntnis zur unlösbaren Verknüpfung

Wohnhaus May
bei Frankfurt am Main, 1926
Architekt: Ernst May

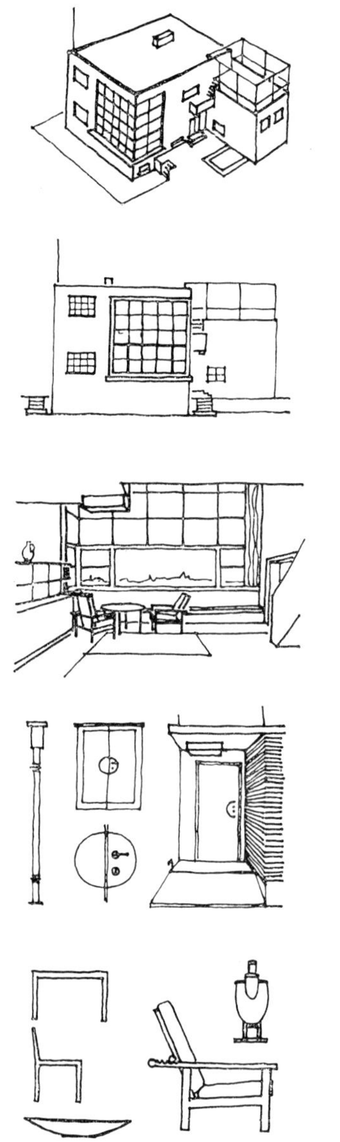

[6] Dresdener Nachrichten vom 13. 7. 1932

[7] Berliner Lokalanzeiger vom 24. 8. 1932

[8] Schlemmer, Oskar: Das Staatliche Bauhaus in Weimar, zitiert in: Lang, Lothar: Das Bauhaus 1919–1933. Idee und Wirklichkeit, Berlin 1965, S. 22

Musterhaus in der Weißenhof-Siedlung Stuttgart, 1927
Architekten: Le Corbusier und Pierre Jeanneret

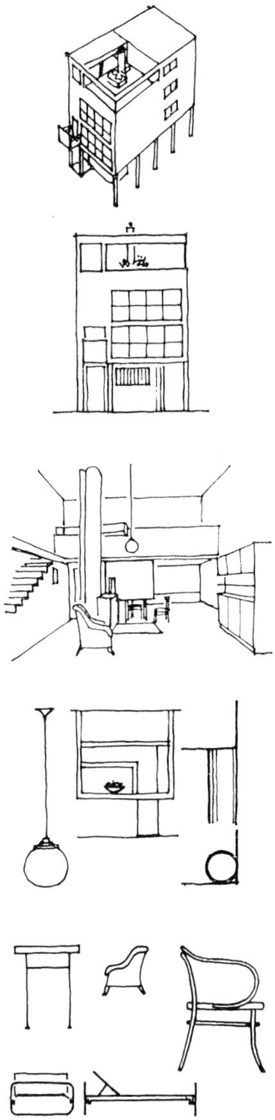

von Nützlichkeit und Schönheit, von Funktion und Form zum Ausdruck, als Bekenntnis zur industriellen Massenproduktion, zur sozialen Aufgabe, ästhetisch hochwertige Produkte für den massenhaften Bedarf zu entwickeln. Funktionalismus hieß zunächst: Primat der Bau- und Gestaltungsaufgabe, und diese war eine soziale.

Die tatsächliche Einseitigkeit liegt nicht in einer Verabsolutierung der Funktion, sondern in einer relativen Begrenzung derselben. Aber auch diese Begrenzung ist dem sozialen Programm geschuldet: Es wurde bezogen auf die eklatantesten Mißstände in der vorgefundenen kapitalistischen Umwelt – die unhygienischen, ungesunden, lichtlosen Elendsquartiere, die chaotische Verdichtung von Mietskasernen für Proletarier als Ergebnis kapitalistischen Profitstrebens. Nicht mehr exquisite Sonderbauten wollte man bauen, sondern vorwiegend „Wohnungen für des Existenzminimum". Insofern man diese Bauaufgabe als Aufgabe für „das Volk" verstand, begriff man Bauen als „soziale, technische, ökonomische, psychische Organisation" (Hannes Meyer).

Der utopische Impuls findet sich direkt in der ästhetischen Auffassung: Weil eine von sozialen Grundwidersprüchen befreite, geordnete Gesellschaft vorwegnehmend angestrebt wird, ästhetisches Formieren aus ihr seine Ziele bezieht, wird die Harmonie von Funktion und Form als selbstverständlich angenommen. Bei aller zum Teil vorhandenen Ablehnung des Begriffs „ästhetisch" durch Gropius, Meyer, Mies van der Rohe hieß der reale Funktionalismus keineswegs ästhetische Abstinenz, sondern Orientierung auf das ästhetische Ordnen als „Organisation" von Lebensabläufen.

Angesichts dieses sozialen Programms erweist sich, daß die zitierten „antifunktionalistischen" Argumente wesentlich auf einem Mißverständnis bzw. einer Verfälschung ihres Gegenstandes beruhen. Die am weitesten verbreitete Rezeption des Bauhauses läßt wohl die Ergebnisse der Bauhausproduktion gelten – vor allem als wertvolle Tradition und heute zum Luxusgegenstand gewordene Ergebnisse des Industrial Design –, leugnet jedoch sozialutopischen Impuls und gesellschaftskritischen Stachel oder denunziert sie als „Utopismus".

Letzteres Argumentationsmuster finden wir „klassisch" rein bei Herbert Hübner, einem Vertreter der konservativen Schelsky-Schule[10]. Seine Hauptthese: Utopie strebe stets nach Verwirklichung, dafür muß sie sich wirklichkeitsadäquater Mittel bedienen, damit aber setzt ein Prozeß ein, in dessen Verlauf sich die Mittel verselbständigen und sich das Ziel verflüchtigt. Nach dieser These periodisiert Hübner das Bauhaus: Es begann unter Gropius mit dem utopischen Programm des Gesamtkunstwerks. Diese Idee erwies sich als nicht realisierbar. Schon Gropius, stärker noch Meyer, suchten die „wirklichkeitsadäquaten Mittel" zur Realisierung in der Technik. Ergebnis: „Auflösung der Utopie in dem Augenblick, von dem an die Technik, mit der man sie realisieren wollte, um ihrer selbst willen getrieben wurde."[11] – Nicht bewiesene Verselbständigung der Technik wird behauptet, um die aufgestellte These belegen zu können. – Die nächste Etappe des Bauhauses sieht Hübner im Zeichen des „politischen Materialismus" von Hannes Meyer, dem er das Streben nach „sozialistischer Nivellierung der Gesellschaft"[12] unterstellt. Das Ende schließlich unter Mies van der Rohe interpretiert er als rein wissenschaftlich orientierte Designschule, der jedes programmatische Ziel fehlte. Selbstverständlich ordnet Hübner den Funktionalismus der „technizistischen", schon nicht mehr programmatischen Phase zu.

[9] Gropius, Walter: Wohnhaus–Industrie, in: Ein Versuchshaus des Bauhauses, Bauhaus-Buch 3, München 1925, S. 7
[10] Hübner, Herbert: Die soziale Utopie des Bauhauses, Diss., Münster 1963
[11] Hübner, Herbert: a. a. O., S. 88
[12] ebenda, S. 17

Zum ersten: Die utopische Intention des Bauhauses, vor allem die von Gropius, ist nicht auf das Streben nach dem „Gesamtkunstwerk" zu reduzieren, und schon gar nicht auf das Hübnersche Verständnis desselben als Synthese der Künste. Hinter der Forderung nach einer Synthese der Künste nämlich stand eine viel grundsätzlichere, weil sozial gerichtete Vorstellung von Synthese: der von Kunst und Volk. Weil es um eine neue Funktion der Kunst ging, um die Abkehr von l'art pour l'art, deshalb sollten sich Künste und Technik zur Gestaltung einer neuen, harmonischen Umwelt vereinigen, eben deshalb stand „der Bau" im Mittelpunkt der Bemühungen.

Zum zweiten: Die Behauptung, die Verbindung mit der Technik und Industrie habe zur Liquidation des utopischen Ziels geführt, ist, wie bereits dargelegt, ein prinzipielles Mißverstehen des Technikverständnisses, das die Bauhaus-Künstler hatten. Denn gerade in dem Bekenntnis zu den produktiven Gestaltungsmöglichkeiten neuer Produktionstechniken und Materialien, damit zur industriellen Massenproduktion, lag ein entscheidendes Moment der Bauhaus-Utopie.

Nachdem er die soziale Zielstellung des Bauhauses eliminiert hat, bereitet es Hübner keine Schwierigkeiten mehr, Technizismus und Formalismus festzustellen, im Haus am Horn nur die „Bewältigung eines formalen Anliegens" zu sehen, in den Dessauer Bauten vorrangig die Plastik des Kubismus zu finden und schließlich den Totalitarismus-Verdacht auszusprechen: „Gropius wollte die Abläufe des sozialen Geschehens in ihren äußeren Formen manipulieren, Meyer wollte Manipulation bis ins Denken des einzelnen Teilnehmers hinein."[13]

Die Kritik am Bauhaus-Funktionalismus versucht seine, die bürgerliche Gesellschaft überschreitende, Zielstellung zu treffen. Sie reproduziert fast alle Thesen, gegen die damals schon das Bauhaus verbal und praktisch zu Felde gezogen war: die Trennung von Kunst und Leben, von Kunst und Technik, von Nutzen und Schönheit, von sozialer Verantwortung und ästhetischer Gestaltung.

Und sie interpretiert den Bauhaus-Funktionalismus zu einer rein ästhetischen Bewegung um. Ein typisches Argument findet sich bei Michel Ragon: „Der Suprematismus von Malevitch, der Neoplastizismus von Mondrian, der Stijl, das Bauhaus, alle diese Strömungen, die dazu beigetragen haben, den Stil der Architektur der ersten Hälfte des 20. Jahrhunderts zu formen, haben den rechten Winkel zum Glaubensbekenntnis erhoben."[14] Ragon stellt dem die lyrische Bauweise entgegen (barocke Formen, Eihäuser, Kugelhäuser usw.). Dieses Argument gegen den Funktionalismus ist wiederum wesentlich Amputation seines sozialen Gehalts. Die „Diktatur des rechten Winkels" entstammte nämlich vor allem der zitierten Bauaufgabe, Wohnungsbau zu standardisieren und Serienprodukte herzustellen statt handwerklicher Unikate. Eihäuser und Kugelhäuser lassen sich nicht stapeln und reihen zur Arbeitersiedlung. Serienmäßige Produktion verlangte zunächst Elementarisierung der Form und Standardisierung. So erklärte Gropius 1925: „Die Schaffung von Typen für die nützlichen Gegenstände des täglichen Gebrauchs ist eine soziale Notwendigkeit."[15] Und: Die utopische Hoffnung auf eine nahe, menschlichere Gesellschaft rückte die klaren und einfachen Grundformen in den Mittelpunkt des Interesses an einer harmonisch gestalteten, „funktionierenden" gegenständlichen Umwelt.

Es bleibt ein letztes Argument, das anscheinend am schwersten wiegt: Der Bauhaus-Funktionalismus ist in der kapitalistischen Welt ja mit der Schlie-

Siedlung Dessau-Törten I,
1926–28 (Typ 1927)
Architekt: Walter Gropius
Ausstattung der Musterwohnung:
Werkstätten des Bauhauses

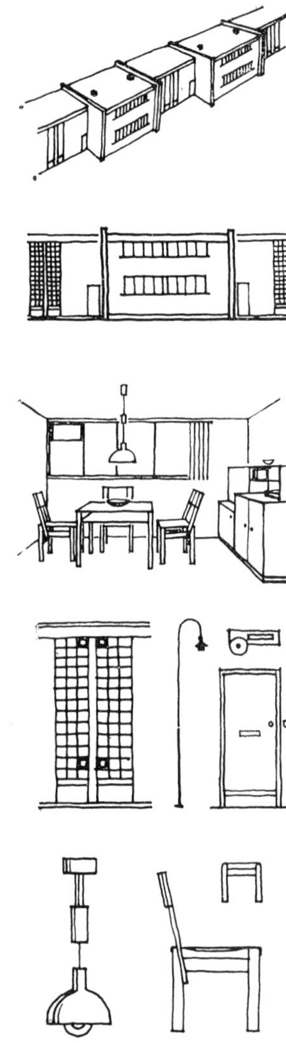

[13] ebenda, S. 116

[14] Ragon, Michel: Wo leben wir morgen? München 1967, S. 74

[15] Gropius, Walter: Neue Arbeiten der Bauhauswerkstätten, Bauhaus-Buch 7, München 1925, S. 8

[16] Bloch, Ernst: Das Prinzip Hoffnung, Band 1–3, Berlin 1955, Bd. 2, S. 318

[17] in: Conrads, Ulrich (Hrg.): Pro-

Siedlung Friedrich-Ebert-Ring
Rathenow, 1928/29
Architekt: Otto Haesler

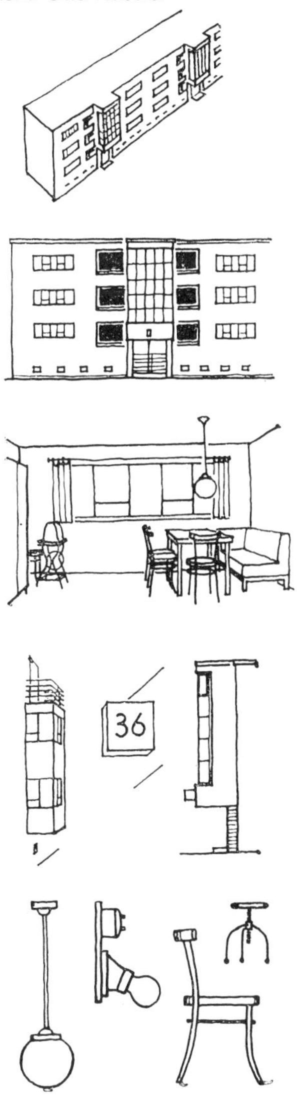

ßung der Bauhaus-Institution 1933 offensichtlich nicht zu Ende gewesen. Er wirkte, wurde sogar zur Design- und Architektur-„Doktrin", war also integrierbar in das staatsmonopolistische Herrschaftssystem. Diese Tatsache veranlaßte Ernst Bloch zu der Einschätzung: Der Funktionalismus „reflektiert und verdoppelt ja ohnehin die eiskalte Automatenwelt der Warengesellschaft, ihrer Entfremdung, ihrer arbeitsgeteilten Menschen, ihrer abstrakten Technik".[16] Funktionalismus also unterwerfe Gestaltung und Architektur dem Primat der Ökonomie, damit der Zweckrationalität, die einst verknüpft war mit der Emanzipation der Bourgeoisie, heute aber als Produktionsorganisation in gesellschaftliche Herrschaftsverhältnisse verstrickt ist. Der Zweckrationalität werden individuelle Differenziertheit, Emotionalität, Spontaneität gegenübergestellt. Der einzige Ausweg liegt dann im Verzicht auf die ästhetische „Vorgabe", im individualistisch gefaßten Befreiungsakt, programmatisch ausgedrückt im anarchistischen „Verschimmelungsmanifest" von Hundertwasser: „Jeder soll bauen können und müssen ... Und man muß das Risiko mit in Kauf nehmen, daß so ein tolles Gebilde nachher zusammenfällt, und man soll und darf sich vor Menschenopfern nicht scheuen ..."[17] Damit verbunden ist eine ihrerseits fetischisierte Auffassung der „Zweckrationalität". Da sie an keiner Stelle bezogen wird auf die Entwicklung der Produktivkräfte, sondern allein als Ausdruck des kapitalistischen Herrschaftsverhältnisses gefaßt wird, können die dem Funktionalismus zugrunde liegenden realen Probleme ausgeklammert werden: die Erfordernisse industrieller Bauweise, maschineller Serienproduktion, der Vergesellschaftung der Arbeit. Damit aber wird die einheitliche Aufgabe eliminiert: Statt sich der Anforderung zu stellen, innerhalb der sachlichen Notwendigkeiten industrieller Produktion, vergesellschafteter Arbeit und universeller Arbeitsteilung ästhetischen Spielraum aufzufinden und auszuschöpfen, rationale Beherrschung der Sachprozesse sinnlich erlebbar zu machen, werden individuelle Freiheit, individuelle Selbstverwirklichung und das ästhetisch Befreiende außerhalb der Sachprozesse gefordert bzw. die radikale, aber unfruchtbare Geste der „Verweigerung" proklamiert. Die Kritik am Funktionalismus ist belastet durch die absolute Gegenüberstellung von Funktion und Form, positive ästhetische Werte werden ausschließlich außerhalb der Funktion gesucht. Auch hier bleibt die Kritik am Funktionalismus hinter ihrem Gegenstand zurück. Dessen Programm besagte, jedes Ding solle „seinem Zweck vollendet dienen, d. h. seine Funktion praktisch erfüllen, dauerhaft, billig und ‚schön' sein".[18]

In dem Maße, wie die „Gunst der historischen Stunde" verlorenging, die alte kapitalistische Ordnung sich stabilisierte, die „Zukunftskathedrale" unerfüllter Traum blieb, wurde die mit dem einstigen Traum verbundene Geschlossenheit des ästhetischen Programms zerstört. Nun erst wurden Material, Technologie, einzelne Formelemente verabsolutiert bzw. zum Stil „stabilisiert". Diese Veränderung – und das erleichtert die spätere, undifferenzierte Kritik – vollzog sich zum Teil in denselben Personen. Hatte Mies van der Rohe noch 1927 erklärt „Alles Wie wird getragen von einem Was"[19], so erfolgte nur drei Jahre später die resignierte Umkehrung: „Nicht auf das ‚Was', sondern einzig und allein auf das ‚Wie' kommt es an."[20] Gegen vergleichbare Konzeptionen war das Bauhaus zehn Jahre zuvor angetreten, die Rückkehr Mies van der Rohes zu ihr weist auf eine soziale Praxis, der nicht der Bauhaus-Funktionalismus adäquat war, wohl aber die ganze Palette der „Bauhaus-Nachfolge" – vom Funktionalismus als Stil bis zum Anti-Funktionalismus.

gramme und Manifeste zur Architektur des 20. Jahrhunderts, Berlin, Frankfurt a. M., Wien 1964, S. 149

[18] Gropius, Walter: Neue Arbeiten der Bauhauswerkstätten, a. a. O., S. 5

[19] zitiert nach: Die Form. Stimme des Deutschen Werkbundes 1925–1934, Gütersloh 1969, S. 22

[20] in: Conrads, Ulrich, a. a. O., S. 114

Im Zeichen des Kampfes gegen ein „ästhetisches Dogma" traten Theorie und Praxis des Anti-Funktionalismus in den sechziger Jahren, den Jahren der stärksten Wirtschaftskonjunktur in Westeuropa, auf den Plan. Was war wirklich gemeint, wenn aufgefordert wurde: „Die Heiligen Kühe des Funktionalismus müssen geopfert werden"?[21] Abraham Moles sprach deutlich aus, was Werner Nehls oder Reyner Banham meinten: „Doch ist der Funktionalismus in der jüngsten Periode der westlichen Zivilisation in das Kräftefeld der Überflußgesellschaft gerückt ... Der Funktionalismus widersetzt sich notwendig der Philosophie der Überflußgesellschaft, die rücksichtslos produzieren und verkaufen will."[22] Dies eigentlich ist der Kern der Funktionalismus-Kritik, die nun nicht mehr auf einem Mißverständnis ihres Gegenstandes beruht. Tatsächlich bedeutete der Funktionalismus – als Programm und Methode, nicht als Stil gefaßt – utopische Vorwegnahme einer nichtkapitalistischen Ordnung der Beziehung zwischen Mensch und gegenständlicher Umwelt. Richtig verstanden, geht der Funktionalismus nicht auf im kapitalistischen System, bestätigt dieses nicht, sondern überschreitet es. Bei Banham, Nehls und anderen wird es deutlich: Adäquate ästhetische Gestaltungsmethode im staatsmonopolistischen Kapitalismus – zumindest in seinen relativ stabilen Phasen – ist die Vermodung der gegenständlichen Umwelt, ist Styling, nicht aber funktionale Gestaltung. „Schließlich geht der Funktionalismus darauf aus, die Zahl der Gegenstände zu reduzieren und eine optimale Anpassung an die Bedürfnisse zu erreichen. Der Produktionsapparat der Überflußgesellschaft jedoch verfolgt eine entgegengesetzte Richtung."[23]

Die auf den Gebrauchswert orientierte sozialistische Produktion wird sehr viel eher eine Tradition aufnehmen und weiterentwickeln können, die, vom Primat des „Was" ausgehend, komplexe Umweltgestaltung anstrebend, schließlich in keinem Ismus aufgeht und deshalb auch noch von keiner Ismus-Kritik in ihrer tatsächlichen Bedeutung erfaßt wurde.

Produktion um der Produktion willen – genauer um des Profits willen – stimuliert die wechselnde Mode in immer weiteren Bereichen: Funktionalismus kann als modischer Stil hier integriert werden, wie alle Stile. Eine Produktion zur Verbesserung der Lebensbedingungen aller Gesellschaftsmitglieder stimuliert rationelle Verwendung von Materialien, sinnvolle Lebensdauer der Produkte, differenzierte Bedürfnisbefriedigung, damit schließlich funktionale, auf den Gebrauchswert orientierte Gestaltung.

[21] Nehls, Werner: Thesen, in: form 43, Zeitschrift für Gestaltung, Opladen, September 1968, S. 4

[22] Moles, A.: Die Krise des Funktionalismus, in: form 41, Zeitschrift für Gestaltung, Opladen, März 1968, S. 36

[23] ebenda

Das Schicksal des Funktionalen

Enzo Frateili

1 Kutschenmodelle,
England 18. Jahrhundert
Eleganz fällt mit funktionaler Vollkommenheit zusammen.

Die Erörterungen über Fragen des Designs – zusammen mit jenen über die moderne Architektur – sind seit mehr als einem Jahrzehnt wiederholt und zunehmend in eine Krise geraten. Besonders der Begriff der Funktion als formbestimmende Nützlichkeitsmatrix hat dabei immer mehr seinen Wert verloren. Deshalb lohnt es die Mühe, das wechselvolle Schicksal, das diesem Hauptpunkt des produktgestalterischen Schaffens im Verlauf der Geschichte widerfahren ist, kurz zu resümieren – zumal, stellte man sich naiv, man meinen sollte, daß in einer Situation ernster Schwierigkeiten der Wirtschaft auf die Zweckmäßigkeit der produzierten Erzeugnisse der allergrößte Wert gelegt werden müßte. Was aber nicht der Fall ist.

Die funktionalistische Periode

Der Begriff „Funktion" bezieht sich ganz zum ersten auf den Gebrauch und auf die Nützlichkeit eines Gegenstandes. Ein Gegenstand erlaubt genau das mit ihm zu tun, wozu er da ist, wozu er geschaffen wurde – dies ist das zunächst wenig komplizierte, den Gebrauchsgegenständen im allgemeinen innewohnende Prinzip der Funktionalität. Es liegt der Arbeit an der Form zugrunde. Diese Erkenntnis hat sich im neunzehnten Jahrhundert unter anderem zweimal historisch bedeutsam manifestiert: einmal in der gegenständlichen Welt der Shaker-Kommunen und zum anderen in den frühen

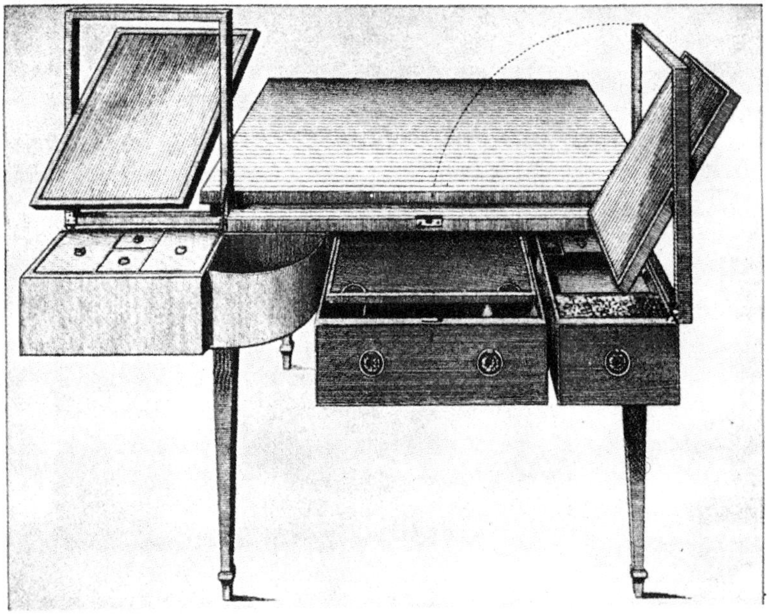

englischen Industrieerzeugnissen[1], unter anderem in jenen Maschinen und Geräten, die für die Bedürfnisse der Produktion bestimmt waren. Hier offenbart sich ein weiterer Aspekt des Bezuges auf Funktionalität; wenn nämlich ganz auf die Funktion hin, die ein Gegenstand zu erfüllen hat, entworfen wird, wird zugleich alles vom Standpunkt der Funktionalität Überflüssige weggelassen – damit aber sind zugleich die Erfordernisse einer rationellen wirtschaftlichen Herstellung berücksichtigt und ist das unmittelbare ökonomische Interesse des Produzenten realisiert.

Das theoretische Bewußtsein darüber entwickelte und vervollständigte sich mit dem Deutschen Werkbund und mit dem Österreicher Adolf Loos. Für letzteren bildete die Anerkennung der Funktion als zentrale formbildende Kategorie die Alternative zum Ornament; das Ornament, so hatte Loos gesagt, sei in Ländern der Zivilisation und des technischen Fortschritts untragbar und unzeitgemäß, ein vielzitierter Ausspruch von Loos lautet: „Ornament ist Verbrechen".

Das Bauhaus erhob das funktionalistische Bekenntnis zur leitenden Doktrin, doch war diese von verschiedenen anderen zeitgenössischen Stilbewegungen (zum Beispiel Konstruktivismus, de Stijl, Kubismus), die alle einer rationalistischen Gegenstandsästhetik huldigten[2], so flankiert und teilweise mit diesen verquickt, daß im Grunde nur selten die strenge Gebundenheit an die Funktion verwirklicht wurde, zugespitzt kann man auch sagen: Die Funktionserfüllung wurde oftmals einer funktionalistischen Stilisierung geopfert oder zumindest in diesem Sinne überzogen.

Was vom Bauhaus dann sich ausbreiten und allgemein etablieren konnte, war nur ein diffuses und reduziertes Abbild seines Rationalismus, publik geworden unter der Bezeichnung „internationaler Stil" und gewöhnlich mit dem Funktionalismus gleichgesetzt. Auf seiner Grundlage entwickelten sich in den dreißiger Jahren (in Wechselbeziehung mit der Herausbildung des In-

2 Toilettentisch, England 1788
vielfältige Funktionen durch Schubfächer, Klapp- und Schwenkvorrichtungen

3 Toilettentisch für das Haus am Horr von Marcel Breuer, 1923
deutliche Anlehnung an de Stijl

4 Ofen, um 1840/50, sowie Kohlenzange und Kohlenschaufel, um 1860, aus der Produktion der Shaker

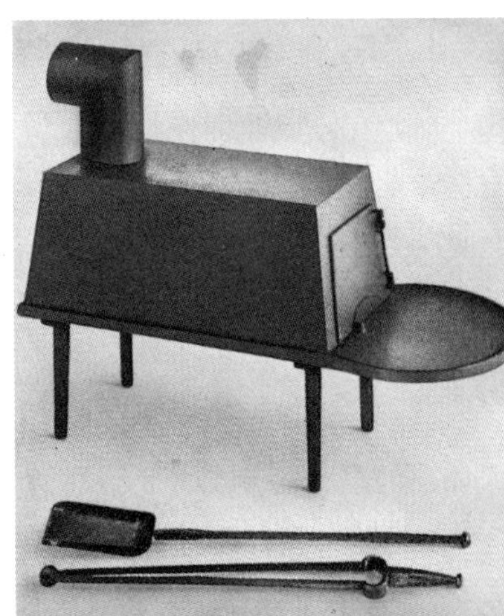

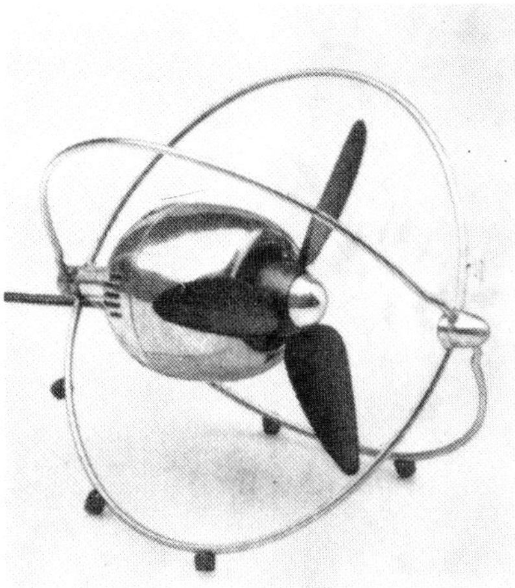

5 Ventillator von Ezio Pirali, 1953 (ausgezeichnet mit dem Compasso d'Oro 1954)

6 Motorroller VESPA 80, Werksentwurf der Firma Piaggio, 1949 ein Klassiker der frühen italienischen Produktion

dustrial Designers als Beruf) die Anfänge des Stylings – jener Kompromiß zwischen funktionaler Gebrauchsfähigkeit eines Produktes und einer modischen, schnell veraltenden, absatzfördernden Kosmetik wie er erstmals in Form des amerikanischen Stromlinien-Designs kreiert wurde; das Aufkommen des Stylings ist ein vom point of sale – vom Standpunkt des Verkaufs – notwendiger Prozeß, er trägt der grimmigen Konkurrenz der Produzenten um den Absatz Rechnung. Ausgelöst wurde er durch die amerikanische Überproduktionskrise 1929.

In der Nachkriegszeit, das heißt in der Zeit des Mangels und des wirtschaftlichen Aufschwungs, kam der Funktionalismus zu neuen Ehren. Seine Prämissen gingen ein in die These von der Esthétique industrielle und wurden – unter anderen – fest vertreten von Max Bill, dem ehemaligen Schüler des Bauhauses und ersten Leiter der 1954 gegründeten Hochschule für Gestaltung Ulm. Sie fanden Aufnahme in der rechtschaffenen Designmethodologie dieser Schule; hier wurde nach funktionalistischen Grundsätzen nicht nur gelehrt, sondern wurden auch beispielhafte Produkte geschaffen – nachdem vorübergehend ein neorationalistischer Formalismus die Formensprache bestimmt hatte, dann aber allgemeingültige Grundsätze des Designs, in die soziologische, semiotische, psychologische, ergonomische und andere Faktoren integriert waren, entwickelt wurden.

Krise des Funktionalismus

Mit der Herausbildung der sogenannten Überflußgesellschaft in den sechziger Jahren in Westeuropa setzte eine kritische Ideologie gegen den Funktionalismus ein – radikalisiert noch durch die studentischen Proteste 1968. In der Funktionalität der Erzeugnisse wurde der Ausdruck der Rationalität des „Systems", des „Establishments" und der entfremdenden, das heißt Entfremdung bewirkenden technologischen Zivilisation gesehen.[3]

[1] vgl. Löbach, Bernd: Industrial Design. Grundlagen der Produktgestaltung, München 1976, und besonders für den Funktionalismus in Großbritannien Schäfer, Herwin: Nineteenth Century Modern. The functional tradition in Victorian Design, New York 1970

[2] So wurde u.a. von der Zerlegbarkeit der Gesamtfunktion des Gegenstandes in verschiedene Teilfunktionen ausgegangen, alle Teilfunktionen fanden in deutlicher Scheidung voneinander und ebenso im deutlichen Bezug aufeinander ihre gestalterische Entsprechung; das alles im Gegensatz zu dem Stil, den wir als organisch bezeichnen.

[3] Dem entspricht die Grundthese des Buches von Herbert Marcuse „Der dreidimensionale Mensch".

Man kann den in jenen Jahren einsetzenden Prozeß der Disqualifizierung des historischen Funktionalismus, verbunden mit der Formierung und Etablierung neuer Designphilosophien, exemplarisch in der Zeitschrift „form“ verfolgen. 1968 konstatierte hier Abraham A. Moles in einem symptomatischen Beitrag die Krise des Funktionalismus.[4] Moles forderte den Funktionalismus und insbesondere die sich zu ihm bekennenden Design-Institutionen auf, sich an die Realität der Überflußgesellschaft, die durch die Vorstellung bestimmt sei, „daß die industrielle Produktionsmaschinerie permanent laufen muß, das heißt, daß der Konsument zu permanentem Konsum stimuliert wird“, anzupassen. Ebenfalls 1968 erschienen die Thesen des militanten Antifunktionalisten Werner Nehls unter der programmatischen Überschrift: „Die heiligen Kühe des Funktionalismus müssen geopfert werden.“[5] Nehls deklarierte den Schlachtruf „Sachlichkeit ist Verbrechen“ und spielt damit auf den Satz von Adolf Loos „Ornament ist Verbrechen“ an. Nehls machte den Funk-

7 Drehbank „Gallic“ von Roger Tallon, zweite Hälfte der fünfziger Jahre
Die technischen Funktionen sind in eine ästhetische, ruhige Ordnung gebracht.

8 Hocker „Mezzadro“ von Achille und Pier Giacomo Castiglioni, 1957
ein „Traktorsitz“ aus orangefarbenem Blech auf einer Stütze aus verchromtem Stahl, deren Enden in eine Form aus Buchenholz münden

9 Espresso-Kaffeemaschine von Alberto Rosselli, fünfziger Jahre
ein Beispiel für funktionale und organische Formauffassung

10 Stuhl aus Plast (der sogenannte „Panton chair“) von Verner Panton, 1968
Funktionserfüllung ist in einer plastischen Formensprache verwirklicht, die gleichsam einen emotionalen Faden spinnt zwischen dem Designer und dem Benutzer des Stuhles.

11 Sessel „Sacco“ von Gatti, Paolini und Teodori, 1969
Die Haltung des Sitzenden bestimmt die Form der Sitzgelegenheit.

12 „Gelbes Herz“ der Wiener Gruppe „Haus-Rucker-Co“, 1968
Eine pneumatische, pulsierende, mit vielerlei Technik ausgestattete Raumkapsel zum Hineinschlüpfen für zwei Personen; der Aufenthalt darin soll das Bewußtsein erweitern. Der davor stehende Mann trägt einen „Fliegenkopf“ – ein Helm, versehen mit „Sehfilter“ und Kopfhörer, der ähnliches bewirken soll wie das „Gelbe Herz“.

[4] Moles, Abraham A.: Die Krise des Funktionalismus, in: form 41/1968

[5] Nehls, Werner: „Die Heiligen Kühe des Funktionalismus müssen geopfert werden“ (Thesen), sowie: Revolution im Design? (Gespräch mit Werner Nehls), in: form 43/1968

[6] Seeger, Hartmut: Syntaktik und Semantik, in: form 46/1969

[7] Müller-Krauspe, Gerda: Opas Funktionalismus ist tot, in: form 46/1969

[8] Schmitt-Siegel, Helmut: Bekenntnisse zur Sinnlichkeit, in: form 73/1976. Schmitt-Siegel empfiehlt eine „Mixtur von Funktionalität und Sinnlichkeit“ für die gute Gestaltung der Gegenstände, un-

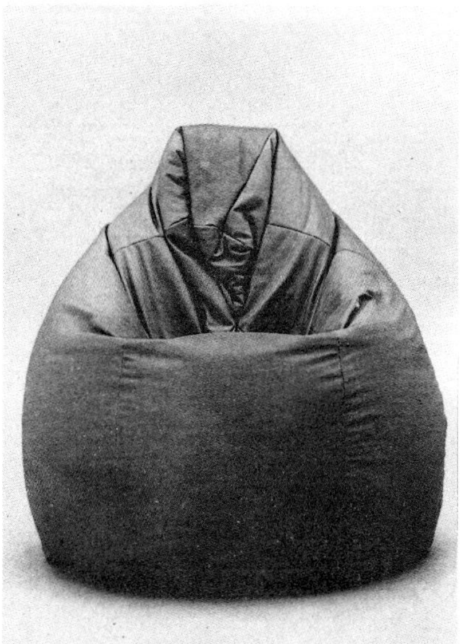

ter Sinnlichkeit ist gefaßt: Ästhetik, Spiel, Erotik.
Daß die Aufladung der Gegenstände mit Bedeutungs- und Reizwerten – im Sinne gesteigerten Konsums – die Produktionsstrategie der Industrie längst bestimmt, stellte Wolfgang Fritz Haug in seinem Buch „Kritik der Warenästhetik" (1971) dar. Mit Hilfe des Designs (vermittelt durch Werbung und Verkaufspraktiken) wird eine Scheinwelt geschaffen, die imstande ist, den Bürger zum Kaufen zu verführen – indem ihm Gebrauchswerte, d. h. funktionelle Leistungen der Produkte, versprochen werden – durch den Trick ihrer Ästhetisierung.

tionalismus für alle Häßlichkeiten und Monotonien der gegenwärtigen Welt verantwortlich und prophezeite eine Revolution, die eine ganz neugeartete Umwelt hervorbringen würde: emotional, irrational, mystisch, verspielt, ornamental. 1969 bescheinigte Hartmut Seeger dem funktionalistischen Design eine „negative Semantizität"[6], und Gerda Müller-Krauspe diagnostizierte: „Opas Funktionalismus ist tot" – überdauert habe lediglich der „erweiterte Funktionalismus", dessen Vertreter bemüht seien, „möglichst viele produktbestimmende Faktoren ausfindig zu machen und zu berücksichtigen".[7]

Anfang der siebziger Jahre finden Umweltverschmutzung und Energieknappheit Eingang in das Denken der Designer, dem Funktionalismus scheint damit wieder eine Chance gegeben. In den theoretischen Auseinandersetzungen ist aber die Negation unaufhaltsam. 1976 ertönt die Forderung nach der „neuen Sinnlichkeit" und der „neuen Sensibilität"[8]; man spricht von sinnlichen Funktionen und unterscheidet dabei Anzeichenfunktionen, formal-ästhetische sowie symbolische Funktionen.[9] Im sogenannten „Military-Look" und seiner Variante, dem „Profi-Look", findet man nunmehr Momente des Funktionalismus symbolhaft vorgetragen, Radioapparate, Uhren und anderes sind demonstrativ sachlich, robust, zweckmäßig, unrepräsentativ, sie versprechen so, daß sie funktionieren. 1977 stellt sich die erste „Produktionsgruppe für alternative Produktionsformen und alternatives Design" („des-in", Offenbach) vor.[10] 1979 scheint mit der von Amerika herkommenden High-Tech-Welle eine Renaissance des Funktionalismus in Aussicht gestellt.[11] „High-Tech" ist eine Wortkombination von High Style und Technology, hinter diesem Begriff verbirgt sich die improvisierende Übernahme von Gegenständen des professionellen Gebrauchs in die Sphäre individueller Einrichtungen – ursprünglich in bewußter Ablehnung der perfekten Konsumgüter-Welt.

13 Geschirrspülautomat, siebziger Jahre
Eine fleischlose Funktionalität hat in einer bedeutungslosen Form ihre Entsprechung („negative Semantizität").

14 Fernsehgerät, experimenteller Beitrag, entstanden an der Hochschule für Gestaltung Offenbach, zum „Profi-Look", 1975
Blechgehäuse, unverdeckte Schrauben, extrem einfacher Aufbau, Zuganker usw. stehen zeichenhaft für eine gebrauchsfunktionelle Bezogenheit des Designs.

15 HiFi-Kassettengerät von Mario Bellini, 1976
Ein Beispiel für die Formcharakteristik des „Military-Look"; dem Ernst der Linie entspricht die Farbe – Schwarz, alles versichert Dauerhaftigkeit.

16 Sessel „Joe" von De Pas, D'Urbino und Lomazzi, 1970
ein Gag in Leder (genannt die „Superhand"), der von sich reden machte

Während durch das Hereinbrechen des High-Tech-Fiebers manche Hoffnung auf „Wiederentdeckung des Wesentlichen"[12] genährt wird, ist das große Design-Ereignis in Linz schon in Vorbereitung: die 100-Tage-Ausstellung FORUM DESIGN[13], die den Verzicht auf den Funktionalismus kategorisch artikuliert und überwiegend eine als „postmodern" oder auch als „neomodern" bezeichnete Objekt-Welt zeigt – eine kulturelle Polemik gegenüber den festgesetzten Werten des Designs, die Fragen aufwirft und Verwirrung stiftet. Witz und Ironie, historisches Zitat, das Vergängliche und Banale werden zum Thema von Tischen, Stühlen und Schränken, der funktionalistische Leitsatz „form follows function" wird umgekehrt: „function follows form".[14] Die Italiener geben dabei den Ton an.

Der Antifunktionalismus im italienischen Design

Auf die vorwiegend rationalistische Ästhetik der Nachkriegszeit folgte im Italien der fünfziger Jahre eine Phase, da „organische" Tendenzen das Design bestimmten. Sie leiteten die Loslösung vom funktionalistischen Ausdrucks-Diktat ein. Im Ergebnis dieses Prozesses entstanden Produkte von formaler Redseligkeit und launiger Extravaganz, der sogenannte „Italian-Style" wurde zum Begriff mit internationaler Resonanz. Diese sollte 1972 in der Ausstellung „Italy: The New Domestic Landscape" kulminieren, organisiert vom Museum of Modern Art in New York, eine Ausstellung, die ausschließlich dem italienischen Design gewidmet war und die in einer repräsentativen Abteilung spekulative Vorstellungen, Programmatiken und Provokationen der italienischen Design-Avantgarde zum Thema „Wohnlandschaften von Morgen" vorführte.

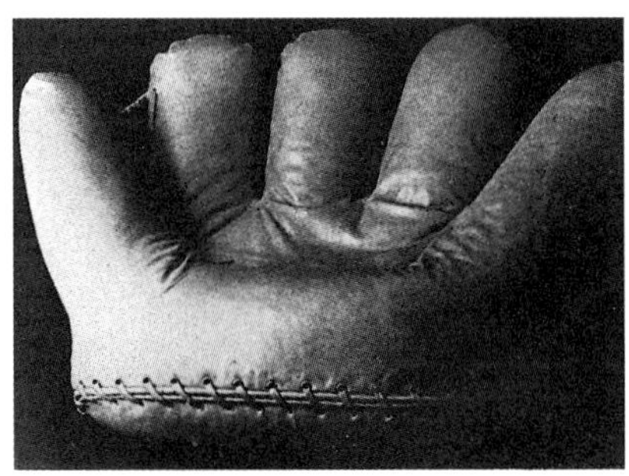

1968 begann sich das „Radikal-Design" als selbständiges Phänomen herauszubilden. Es entnimmt seine Anregungen der Bildwelt der „Pop-Art" und teilt mit dieser den Protest gegen die Konsumgesellschaft.[15] Seine Sezession

17 Sofa „Kandissa"
von Alessandro Mendini, 1973 für
das Studio „Alchymia"
böhmischer Kubismus mit Motiven
von Kandinsky dekoriert

18 Wohn-Zelle von Joe Colombo,
vorgeführt auf der Ausstellung „Italy:
The New Domestic Landscape",
1972 in New York
maximale Ausnutzung des Raumes und
der Einrichtung – eine Attacke gegen
das Ideal der Wohnlichkeit

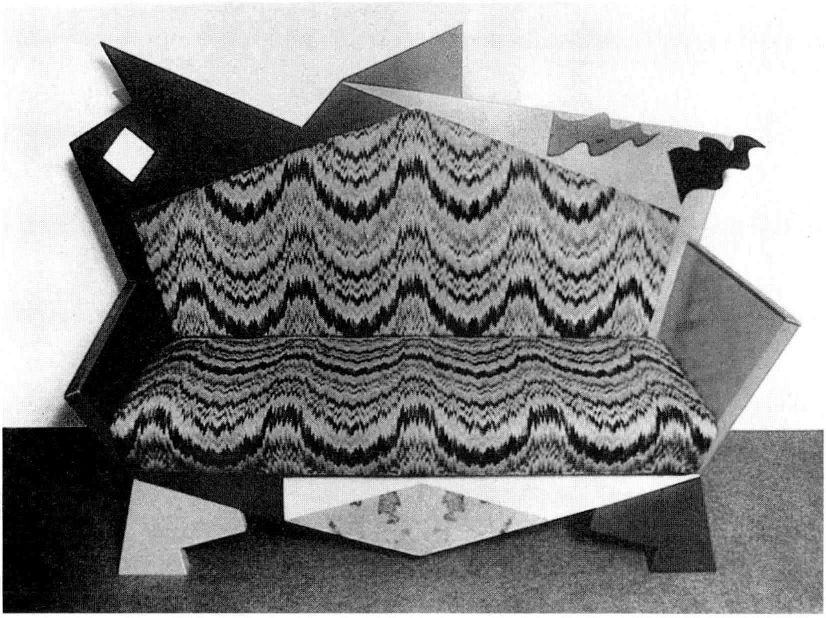

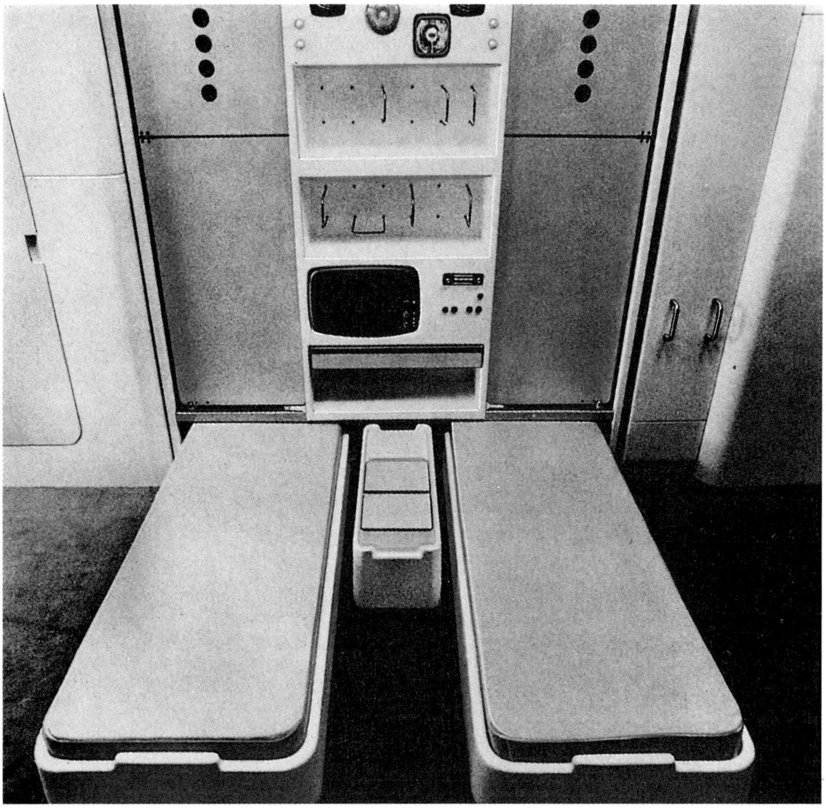

[9] Gros, Jochen: Sinn-liche Funktionen im Design (2); in: form 75/1976

[10] in: form 79/1977, der Beitrag ist überschrieben mit: Jochen Gros über die bei uns erste Produktionsgruppe für alternative Produktionsformen

[11] vgl.: Eine Renaissance der Funktionalität? – : High Tech, in: form 89/1980

[12] ebenda

[13] vgl. Brackert, Gisela: Die 100 Tage des Design in Linz: Plädoyer für ein postmodernes Design, in: form 90/1980 und 91/1980

[14] Burckhardt, Francois: Das andere Design. Das neue Design (?) in: form 96/1981, 82

[15] Im „Radikal-Design" werden Ideologie und gesellschaftliche Verhältnisse zu Designthemen. Mit dieser sehr weitgefaßten Deutung der Entwurfstätigkeit als „radikale" Verhaltensform werden alle Medien und Darstellungsmittel, werden mündlich vorgetragene Beiträge und schriftlich formulierte Programme, werden schließlich sogar die Beziehungen zum Auftraggeber zu Mitteln des Ausdrucks von Objekten.

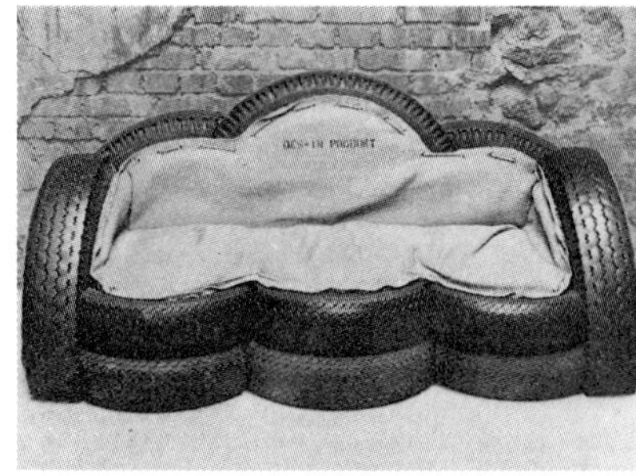

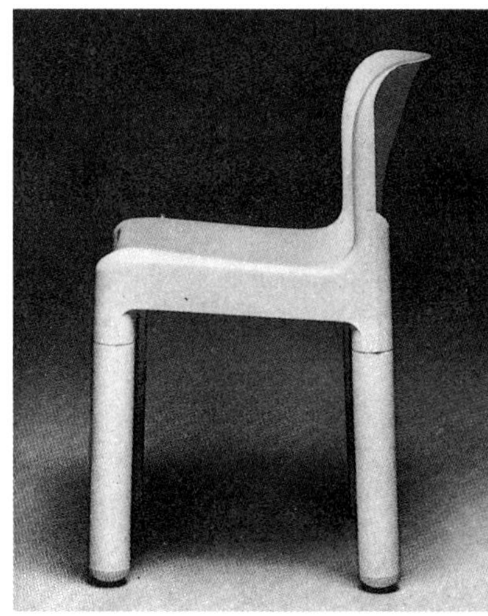

vollzieht sich in Parallele zu den verbalen Auseinandersetzungen in der Zeitschrift „form" und in Parallele zu den Experimenten der antifunktionalistisch gesinnten Gruppe „Haus-Rucker-Co" in Österreich, die seit Ende der sechziger Jahre als „Wiener Progressive" in Erscheinung tritt und die Möglichkeiten spielerischer Bewußtseinserweiterung vermittels phantastischer, psychodelischer Objekte und Apparate, mit denen man sich zeitweilig räumlich und sphärisch von der Umwelt absondern kann, proklamiert.

Das Programm des „Radikal-Design" artikuliert in vielfältigen Äußerungen die Ablehnung des orthodoxen funktionalistischen Designs als der dem herrschenden System adäquaten dinglichen Ausdrucksweise. Man muß dieser Bewegung zugestehen, daß sie mit ihren Objekten und Manifesten einen bedeutenden kulturellen Beitrag, insbesondere was die Freisetzung kreativer Phantasien betrifft, geleistet hat, man muß zugleich aber auch einen Widerspruch konstatieren. Sie bekämpft die funktionalistische Basis der modernen Formgestaltung, weil diese – sogar auf Kosten einer ihrer besten Prämissen, des Prinzips der Funktionalität – sich im Sinne der Profitmaximierung vom Kapital hatte vereinnahmen lassen, aber sie mißachtet und negiert die sozialen Dimensionen, die sozialen Aspekte, die der Funktionalismus im Rahmen seiner linksorientierten Ideologie immer hatte. Jedenfalls: Neben dem von den Arbeitermassen politisch und gewerkschaftlich geführten Kampf veranstalteten diese „Entwurfstäter" ihre eigene Art von Kampf in Form von illustrierten Protesten und utopischen Visionen, aber auch in Form von Objekt-Vorschlägen für die industrielle Fertigung.[16]

Die wirtschaftliche Prosperität hatte den Hintergrund abgegeben für den „Italian Style"; mit ihrem Rückgang war eine gewisse Einschränkung der formensprachlichen Fülle verbunden, es sah so aus, als würde die Situation eine Rückkehr zur funktionalen Linie im Rahmen eines „postkonsumistischen Designs" erzwingen, das heißt es entstand eine Reihe von Produkten, die dies

19 High-Tech-Interieur, 1979
Möbel und Gerätschaften sind professionellem Interieur, bei dem noch den Belangen der Funktionalität Rechnung getragen wird, nachempfunden.

20 „Reifensofa" der Gruppe „des-in" (Hochschule für Gestaltung Offenbach), 1977
ein demonstratives Recycling-Design, das nicht nur als Sitzgelegenheit gemeint ist, sondern auch als provokative Befragung der Zukunft

21/22 Tisch von Claudio Salecchi und Stuhl von Carlo Bartoli, 1978 (ausgezeichnet mit dem Compasso d'Oro 1979)
Der Verzicht auf formensprachliche Eskapaden scheint eine Rückkehr zum Funktionalismus anzuzeigen.

23 kleiner Tisch von Ettore Sottsass für das Studio „Alchymia", 1979
ein Beispiel für „Postradikal-Design"

24 Bügeleisen von Michele De Lucchi, 1979 (Modell, Holz, lackiert)
Weitgehende Abkehr von der „Bügeleisensemantik", die Handhabbarkeit spielt eine untergeordnete Rolle.

25 Keramik-Kanne von Matteo Thun, 1982
Es gilt nicht mehr „form follows function" (die Form folgt der Funktion), sondern die Umkehrung: „function follows form".

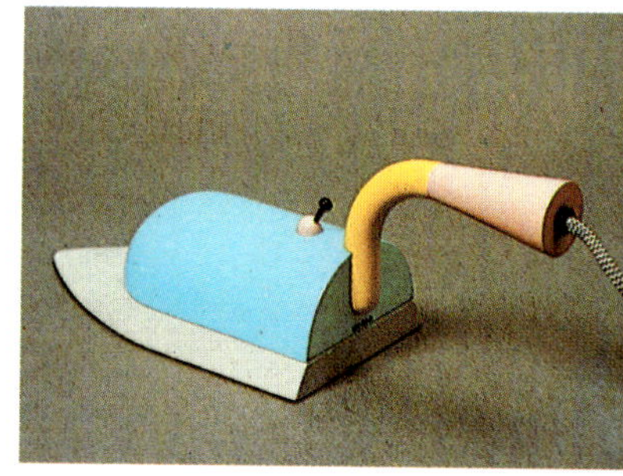

anzuzeigen schienen (und von denen einige mit dem Premio Compasso d'Oro ausgezeichnet wurden[17]). Die kulturellen und ikonischen Werte wurden im Vergleich mit den goldenen Erfolgsjahren sparsamer gesetzt. Gleichzeitig bildete sich ein für die Restauration vergangener und überholter Kulturstile empfängliches Klima heraus, was konformistische Designer und Designkritiker als Konsequenz, die sich notwendig aus der produktiven Wirklichkeit ergäbe, rechtfertigten.

1977 löste sich die Radikal-Bewegung wegen des Fehlschlagens ihrer Ziele auf; die Attacken gegen den Konsumismus, gegen die Wirkungen der inflationären Produktwerbung und der durch diese wie durch die ihr ergebenen Massenmedien eskalierenden konsumtiven Bedürfnisse hatten sich als aussichtslos erwiesen. Zugleich kam es zur Entstehung des „Postradikal-Designs" als dessen erste Verlautbarung der Beitrag des Studios „Alchymia" auf der 16. Triennale in Mailand 1980 zu werten ist. Die ihm angehörigen Gruppierungen stilisieren eine eklektizistische Formensprache, spielen dabei gern auf den Geschmack der fünfziger Jahre an und kokettieren ziemlich gewagt mit dem Kitsch. In polemischer Entgegensetzung zum Funktionalismus verleugnen die postradikalen Objekte alles, was einer rationalen Beziehung von Form und Funktion auch nur ähneln könnte, die Formen dürfen nicht einmal versehentlich auf Funktionen verweisen. Zugleich ist man mit Sympathie bemüht um die Welt der banalen Objekte, deren „ästhetische Neutralität", das heißt Ungestaltetheit, diese Beziehung oftmals geradezu dominant erscheinen läßt.

Im Rahmen der Biennale in Venedig 1980 findet eine Ausstellung unter dem Titel „Das banale Objekt" statt. Die Polemik gegen die formale Qualifizierung des Objekts arbeitet soziologischen Begründungen für die kulturelle Herauslösung der Alltagsgegenstände zu.

[16] Eine Haltung, die jener von Tomás Maldonado als „Ästhetisierung der politischen Revolte" vertretenen These entspricht (in: La speranza pro gettuale, Einaudi, 1970).

[17] Premio Compasso d'Oro – ein Preis für Designleistungen in Italien, der seit 1954 jährlich vergeben wird – Anm. Hrg.

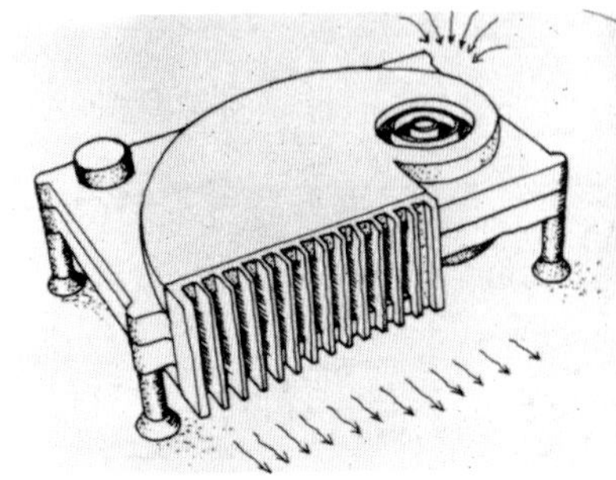

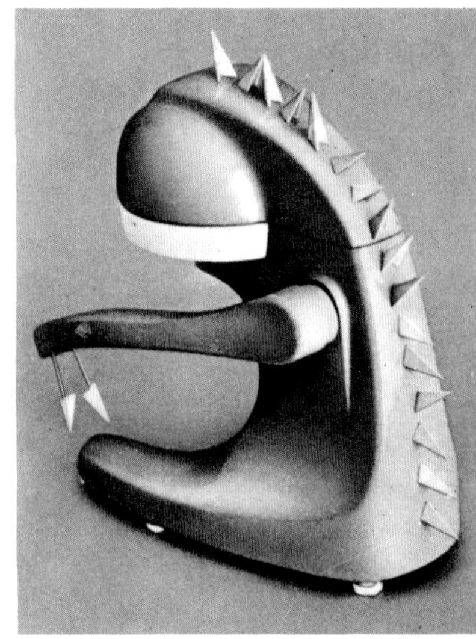

Die Form eines Gebrauchsgegenstandes (als output) widerspiegelt das Kräftespiel aller Prämissen, denen bei seinem Entwurf Bedeutung zugemessen wurde und die in ihn eingegangen sind (input): von den funktionalen und praktischen Voraussetzungen über die Art des Gebrauchs[18] – gebunden an Verhaltensweisen und Konventionen – bis zur Art der technologischen Verfahren im Rahmen der Produktion. Letztere können die Erzeugnistypik völlig verändern, als eines von vielen Beispielen soll die funktionale Struktur des Stuhles angeführt werden, wie sie sich in den letzten fünfzig Jahren unter dem Einfluß der technologischen Entwicklung gewandelt hat. Zwei Prototypen belegen das exemplarisch. Erstens: Die berühmten Stahlrohrstühle aus den zwanziger Jahren, bei denen Sitzelastizität durch Verwendung von Stahlrohr erreicht wurde – das bestimmte ihre Form. Begeistert von dieser Errungenschaft, erträumte man damals eine Zukunft, in welcher der Mensch wie auf Luftkissen sitzen würde. Zweitens: Der Sessel „Sacco", er realisiert die absolute Anpassung an die Haltung des Sitzenden und entspricht damit dem Postulat der Funktionalität. Ermöglicht wird dies durch eine neue Technologie – die Hülle ist mit gleitenden Polysterolkügelchen gefüllt.

Danach, welche Eingangsgrößen eine Form erkennen läßt, bestimmen sich die polaren Designstrategien. Im Optimalfall wird das berühmte Motto von Sullivan „form follows function" bekräftigt, und das Design folgt einer funktionellen Ästhetik, im Gegenfall ist die Form von jeglicher Bindung an Funktionen frei, was man als einen Gewinn hinsichtlich der Phantasie werten kann, was aber ein Verlust hinsichtlich der praktischen Leistung des Gegenstandes bedeutet.

Perioden des wirtschaftlichen Rückgangs und der ideologischen Krise verursachen Unsicherheit bezüglich der Entwurfsfähigkeit und der Entwurfsziele. Diese Unsicherheit weckt einerseits das Bedürfnis nach Formensprachen der Vergangenheit und bewirkt andererseits die Flucht aus der Realität,

[18] Das Schicksal eines Gegenstandes kann schon besiegelt sein, wenn nicht von vornherein eine vielfache Funktionalität angelegt ist, realisierbar entweder durch die „feste" Lösung eines Mehrzweckobjektes oder durch die im Objekt angelegte Fähigkeit seiner Umgestaltbarkeit für verschiedene Funktionen.

26 Schaukelstuhl von Andrea Branzi
(Gruppe „Memphis"), 1980
Er entstammt postradikalen Intentionen und spielt mit konstruktivistischer Stilistik, der Absturz aus dem Möbel ist eingeplant.

27 Heizlüfter von Winfried Scheuer, 1981
ein erklärtermaßen „stil-orientierter Beitrag", polemisch gerichtet gegen das übliche „Box-Design"

28 Zitronenpresse, präsentiert auf der Ausstellung „Das banale Objekt" in Venedig 1980
Monsterform und Stacheldekor sollen den Gegenstand der Sphäre des Gewöhnlichen entrücken.

29 Möbel von Michele De Lucchi, Nathalie du Pasquier, Ettore Sottsass Javier Mariscal (Gruppe „Memphis") für das Appartement des Modeschöpfers Karl Lagerfeld in Montecarlo, 1981
ein postradikales Gesamtkunstwerk, das auf den Bruch mit allem Bisherigen insistiert

verbunden oft mit dem Versuch einer Revanche; man rächt sich an der ungeliebten, doch als rational begriffenen Realität, indem man individuell die romantische Position eines extremen Irrationalismus einnimmt. Das ungefähr ist die Position der erklärten Antifunktionalisten, sie läßt sich jenseits aller theoretischen, auch der plausibelsten, Konstruktionen als ein instinktives Abwehren der Wirklichkeit begreifen.

Sinn und Sinnlichkeit des Einfachen

Hein Köster

Walter Benjamin schrieb 1928: „Man weiß, wie primitiv das Arbeitszimmer Goethes gewesen ist. Es ist niedrig, es hat keinen Teppich, keine Doppelfenster. Die Möbel sind unansehnlich. Leicht hätte er es anders haben können. Lederne Sessel und Polster gab es auch damals. Dies Zimmer ist in nichts seiner Zeit voraus. Ein Wille hat Figur und Formen in Schranken gehalten ..."[1]

Als Goethe sich im Alter von zweiundachtzig Jahren einen „eleganten grünen Lehnstuhl" zulegte, fühlte er sich veranlaßt, Eckermann gegenüber zu äußern: „Ich werde ihn jedoch wenig oder gar nicht gebrauchen, denn alle Arten von Bequemlichkeit sind eigentlich ganz gegen meine Natur. Sie sehen in meinem Zimmer kein Sofa; ich sitze immer in meinem alten hölzernen Stuhl und habe erst seit einigen Wochen eine Art von Lehne für den Kopf anfügen lassen. Eine Umgebung von bequemen geschmackvollen Möbeln hebt mein Denken auf und versetzt mich in einen behaglichen passiven Zustand ... prächtige Zimmer und elegante Hausgeräte sind etwas für Leute, die keine Gedanken haben und haben mögen."[2]

Die Attitüde eines Genies mit etwas Affront gegen Hof und Bürgerspießigkeit, ausgerichtet auf einen Memorialtempel? Oder eine gestaltete Realutopie von Lebensform, Alltag und Arbeit, der gegenständliche Entwurf für ein tätig-gemeinschaftliches Leben? Wie wir die cella deuten, liegt an uns; Walter Benjamin nahm sie perspektivisch: „Hier hat der Greis mit der Sorge, der Schuld, der Not die ungeheuren Nächte gefeiert, ehe das höllische Frührot des bürgerlichen Komforts zum Fenster hineinschien. Noch warten wir auf eine Philologie, die diese nächste, bestimmendste Umwelt – die wahrhafte Antike des Dichters – vor uns eröffne".[3]

Wir Heutigen warten noch immer, indes wir benötigen mehr, wir benötigen nicht nur eine Philologie der Gegenständlichkeit *dieses* Raumes, wir bedürfen einer Philologie der Gegenstände und ihrer Beziehungen überhaupt. Marx ging so weit zu sagen: „Die einzig verständliche Sprache, die wir zueinander reden, sind unsre Gegenstände in ihrer Beziehung aufeinander."[4] Das allerdings ist bezogen auf die Welt des Kapitals, in der die „allgemeine Verwechslung und Vertauschung aller Dinge" als „Verwechslung und Vertauschung aller natürlichen und menschlichen Qualitäten"[5] stattfindet.

Dieser „verkehrten" Welt wird *eine* Dingsprache immer unverständlich bleiben: die Sprache der Einfachheit. Sie wird begriffen bestenfalls als Jargon der Depravierten – ein Jargon, dem es lediglich in der Form der Mode gelingen kann, als verständliche Sprache von der sogenannten Hochkultur akzepiert zu werden. Der Anspruch der Einfachheit ist perspektivisch, denn sein Pathos ist die soziale Egalité.

Zur Ästhetik des Gebrauchswertes

Marx charakterisiert die Arbeit auf der Stufe der einfachen Warenproduktion – etwa die mittelalterliche Handwerksarbeit – als „besondere Form des Kunstfleißes"[6], als „noch halb künstlerisch, halb Selbstzweck etc. Meister-

Goethes Arbeitszimmer
(Foto 1985)

schaft"[7]. Diese Form der Verausgabung von Arbeitskraft setzt voraus, daß der Arbeiter im Besitz des Arbeitsinstrumentes ist, daß er als „Eigentümer des Instruments arbeitet"[8], und in der Ware ein Bedürfnis objektiviert für einen anderen ebensolchen Arbeiter. Der eine wie der andere ist Produzent. Die verschiedenen Produzenten stehen in einem Wechselverhältnis zueinander, darin jeder „als *Mensch* über sein eigenes besondres Verhältnis etc. übergreift, und ... sie sich als Menschen zueinander verhalten, ... ihr gemeinschaftliches Gattungswesen von allen gewußt ist."[9] So erscheint „die Kunst, sich das Instrument wirklich anzueignen, es als Arbeitsmittel zu handhaben, als eine besondre Fertigkeit des Arbeiters"[10]. Letztlich entscheidet die individuelle Geschicklichkeit darüber, wie gut oder wie schlecht das einzelne Erzeugnis ausfällt.

Der eigentümliche „Kunstcharakter"[11] des Arbeitens resultiert nicht nur aus der individuellen und ganzheitlichen Arbeitsweise, er besitzt seine übergreifende Bestimmung in der gesellschaftlichen Zwecksetzung der Produktion; Arbeit wird zum „Nutzen", als „gebrauchswertschaffende Tätigkeit"[12] verausgabt. Der Arbeiter schafft „einen zu seiner Konsumtion bestimmten Gebrauchswert"[13], was getauscht wird, sind Gebrauchswerte. Das Produkt erhält seine Gestaltbestimmtheit als „mitgeteilte Form der Nutzbarkeit"[14]. Der Anlaß zum Austauschen ergibt sich aus der Verschiedenheit der Bedürfnisse und der Produktionen, der Inhalt dieses Austauschverhältnisses liegt „ganz außerhalb seiner ökonomischen Bestimmung"[15], denn die Produkte werden primär noch nicht als Werte, sondern als Gebrauchswerte, sozusagen als Dienste, die man sich wechselseitig erweist, ausgetauscht.[16] Was und wieviel produziert wird, bestimmt sich aus „vorhergehender Nachfrage", man arbeitet vielfach auf Bestellung.

Freilich, diese Form des Produzierens war im wesentlichen konservativ, stellte eine „bornierte Entwicklungsstufe der Produktivkraft" der Arbeit[17] dar,

[1] Benjamin, W.: Weimar, in: Lesezeichen, Leipzig 1970, S. 41
[2] Goethes Gespräche mit Eckermann, Berlin 1955, S. 627
[3] Benjamin, W.: a. a. O., S. 42
[4] Marx, K.: Auszüge aus James Mills Buch „Elémens d'économie politique", in: Marx, K., F. Engels: Werke, Ergänzungsband, Erster Teil, Berlin 1981, S. 461
[5] Marx, K.: Ökonomisch-philosophische Manuskripte aus dem Jahre 1844, in: ebenda, S. 566
[6] Marx, K.: Grundrisse der Kritik der Politischen Ökonomie, Berlin 1953, S. 135
[7] ebenda, S. 397
[8] ebenda, S. 398
[9] ebenda, S. 154
[10] ebenda, S. 399
[11] ebenda, S. 204
[12] ebenda, S. 369
[13] ebenda
[14] ebenda, S. 370
[15] ebenda, S. 154
[16] vgl. ebenda, S. 369
[17] ebenda, S. 398

und sie war hinsichtlich der Befriedigung der Bedürfnisse selbstgenügsam, denn sie reproduzierte im wesentlichen immer dieselbe Lebensweise. Die relative Festigkeit der Beziehungen von Produzieren und Konsumieren führte zur Herausbildung von Produkttypen, deren Form einfach war, weil sie die einfachen Abläufe des Alltags zu erfüllen hatten. Das übliche Bild, das wir uns vom mittelalterlichen Handwerk machen, zeigt diese einfachen Gebrauchsgegenstände kaum, es wird vielmehr bestimmt von reich und prachtvoll geschmückten Dingen für Kirche, Adel, Hof und Patrizierhaus.

Etwa das 13. Jahrhundert betreffend, stellt Karl Friedrich Hüllmann fest: „... mit der stärkern Nachfrage nach Kleidungen, Wohnungen, Hausgeräthen, Nahrungsmitteln, stieg derjenige Kunstfleiss, der auf die gewöhnlichen Lebensbedürfnisse, auf den Absatz an den Mittelstand, gerichtet ist; und dieser kömmt, bei der Würdigung des städtischen Verkehrs, bei weitem mehr in Betracht, als die Gegenstände, die zum Wohlleben und Aufwande dienen."[18] Diese Gebrauchsgegenstände, die wir mit dem Attribut „einfach" belegen wollen und die mühevoll und sorgfältig in angemessenen und dauerhaften Materialien gefertigt wurden, hatten gleichermaßen praktischen wie ästhetischen Ansprüchen zu genügen. Sie hatten nützlich *und* schön zu sein, sonst wären sie nicht vollkommen gewesen. Diese Einheit wurde in der mittelalterlichen Ästhetik erfaßt und formuliert, zum Beispiel erläuterte Thomas von Aquin sie anhand einer Säge: Es komme darauf an, daß jeder Gegenstand die denkbar beste Beschaffenheit erhalte, doch nicht die „schlechthin beste, sondern die beste im Hinblick auf den Zweck. Und wenn mit einer solchen Verfassung ein Mangel verbunden ist, so kümmert es den Werkmeister nicht. So macht der Werkmeister eine Säge zum Sägen aus Eisen, damit sie zum Sägen geeignet ist. Er denkt nicht daran, sie aus Glas zu machen, das gewiß ein schönerer Stoff ist, weil eine derartige Schönheit dem Zweck hinderlich wäre."[19]

Eine solche Auffassung söhnte theologisch Schönheit und Nützlichkeit, Anschauung und Tätigkeit miteinander aus, brachte die neue Wertschätzung der Arbeit und die anerkannte Stellung des Handwerkers gleichermaßen zum Ausdruck; man begann, in der Arbeit „den Normalzustand des Menschen zu sehen".[20]

Das alte Handwerk stellte eine emanzipatorische Kraft dar, es war Ziel und Mittel der Umwandlung leibeigener Knechte in freie Handwerker; Handwerker, die sich die Stadt schufen als ihren geschützten Arbeits- und Lebensraum.

Die Handwerker befreiten sich von der Bindung an Feudaladel und Klerus und erweiterten zugleich die gesellschaftliche Produktivität, indem sie die „Ausbildung der menschlichen Hand etc. zur Arbeit"[21] weiterentwickelten; eine Fähigkeit, die später mit dem Siegeszug der Maschine wieder disqualifiziert werden sollte: Die Maschine „braucht nicht mehr die Hand, sondern nur noch Hände."[22]

Zur Ästhetik des Tauschwertes

Die auf das alte Handwerk gegründete naturwüchsige Sinnlichkeit verflüchtigt sich in der bürgerlichen Gesellschaft mit der Anwendung der Maschinerie, dirigiert durch das Interesse des Kapitals. Dieses Interesse hängt an nichts anderem als am Tauschwert der Dinge, ihre Materialität, ihre Sinnlichkeit werden ausgelöscht, sie existieren fortan nur noch als, wie Marx es nennt, „gespenstige Gegenständlichkeit"[23]. Alle Voraussetzungen und Erscheinungsformen der bürgerlichen Gesellschaft leiten sich daraus ab, daß die Arbeit nicht mehr primär als konkrete nützliche Arbeit, deren Zweck ist, konkrete, nützliche, sinnliche Gegenstände zu schaffen, verausgabt wird, sondern daß sie eingesetzt wird, um Tauschwert, um Wert zu produzieren. Das Gespenstische an der so hervorgebrachten Gegenständlichkeit ist, daß dieselbe abstrahiert vom konkreten Gebrauchswert und von den konkreten Formen der verausgabten Arbeit: sie ist abstrakt, allgemein, unsichtbar, anonym.

Die alte Handarbeit und ihre Erfahrungen werden abgelöst, daraus resultiert der „Verlust aller bis dahin sichtbaren Formerrungenschaften"[24], die vom Kapital betriebene Maschine ist willfährig für Beliebiges, sie „produziert in schlechtem und falschem wie in gutem und echtem Material"[25], sie kann jede Form erzeugen, ihr Arbeitstempo läßt sich maßlos steigern. Den Zauberlehrling graut es: „Herr, die Not ist groß! Die ich rief, die Geister werd ich nun nicht los." Der Überfluß droht alles zu überspülen und fortzuspülen: „Oh, du Ausgeburt der Hölle! Soll das ganze Haus ersaufen?"

Die Warenproduzenten müssen ihre Erzeugnisse gestalthaft mit immer neuen Eigenschaften ausstatten, die sie gegen die Konkurrenz siegen lassen. Die Konkurrenz ist die einzige Autorität, die der einzelne Warenproduzent anerkennt. Der Konsument aber genießt die den Waren mitgegebenen Reize wie die antiken Seefahrer den „hellen Gesang der Sirenen"[26]; seine konsumtive Freiheit läßt sich mit propagandistischem Geschick zur politischen und menschlichen Freiheit ideologisch verklären.

Warenproduktion, die sich entwickelter Maschinerie bedient, ist in der Lage, jedes Erzeugnis, das auf den Markt kommt, sogleich durch ein anderes zu verdrängen und ein riesiges Heer von Käufern immer wieder bedürftig zu machen für neue Reize, die der Gesellschaft als unentbehrliche Vielfalt und Differenzierung erscheinen. Bissig konstatierte der Wiener Richard Schaukal 1910: „Die Industrie schafft unentwegt den Unrat, darin die bürgerliche Welt behaglich sinnlos weiterwatet. Sie ‚adaptiert' eine ‚neue' Nummer, das ist alles. Und was sie an Anregungen übernimmt, wird ihr bald ähnlich gemein."[27]

Der maschinenproduzierte Unrat hatte sich im ausgehenden 19. Jahrhundert nachgerade zu einem Skandal ausgewachsen, dem in der Folge Architekten, Künstler, Gestalter, Literaten, Sozialpolitiker und auch Industrielle mit Reformprogrammen entgegenzutreten bestrebt waren. Sie deuteten den Niedergang der Produktkultur als die Kinderkrankheit des Maschinenzeitalters, der durch Appelle an die Vernunft der Produzenten und durch Aufklärung der Konsumenten beizukommen sei. Im Rahmen derartiger Bemühungen erschien zum Beispiel 1916 das „Deutsche Warenbuch", ein Katalog, in dem an handelsüblicher Massenware zusammengetragen war, was man für vorbildlich und für nachahmenswert hielt, worauf, alternativ zu dem Schund, aufzubauen sei. In einem einführenden Text wurde die hemmungslose „Novitätenhetze" verurteilt, die nur die „allgemeine Oberflächlichkeit und Sensationslust" fördere und „über dem Neuen das Schlechte vergessen" mache. Und weiter: „Die Nouveautés' oder Neuheiten sind eine ungeheure Verschwendung an Geist, Material und Arbeit, ein Verderbnis des allgemeinen Geschmackes, eine Entsittlichung der Hersteller, Kaufleute und Käufer, eine unwürdige Sinnlosigkeit, deren Bann endlich gebrochen werden muß."[28] Die „Rettung" wird gesehen in einer allmählichen Herausbildung erprobter Typen, in einem ständigen Angebot der „brauchbarsten, gediegensten und schönsten Massenware"[29]. Das Ziel sei es, technologisch und gestalthaft die

[18] Hüllmann, K. D.: Städtewesen des Mittelalters, Ersther Teil, Bonn 1825, S. 216

[19] Thomas von Aquin: Summa theologica, zitiert nach: Assunto, R.: Die Theorie des Schönen im Mittelalter, Köln 1963, S. 179

[20] Gurjewitsch, A. J.: Das Weltbild des mittelalterlichen Menschen, Dresden 1978, S. 293

[21] Marx, K.: Grundrisse der Kritik der politischen Ökonomie, a. a. O., S. 369

[22] Märten, L.: Wesen und Veränderung der Formen der Künste, Weimar 1949, S. 203

[23] Marx, K.: Das Kapital. Kritik der politischen Ökonomie, Erster Band, Berlin 1960, S. 41

[24] Märten, L.: Wesen und Veränderung der Formen der Künste, a. a. O., S. 205

[25] ebenda

[26] Homer: Odyssee, Leipzig 1960, 12. Gesang

[27] Schaukal, R.: Die Kunst-Seuche, in: Vom Geschmack. Zeitgenössische Laienpredigten über das Thema Kultur, München 1910, S. 66

[28] Popp, J.: Zur Einführung, in: Deutsches Warenbuch, München (1916), S. XXV

[29] ebenda, S. XVII

Scheinexklusivität der produzierten Gegenstände zu überwinden. Das Plädoyer für die Schaffung von Gebrauchstypen legt ästhetisch und sozial verantwortliche Lösungen nahe, Lösungen, die sich sogar noch innerhalb der Verwertungsbedingungen des Tauschwertes bewegen würden, indem gerade eine Orientierung auf den Gebrauchswert und auf die Einfachheit der Produkte als Verkaufsargument und als Kaufanreiz geschickt nutzbar sei. Doch einmal in der Logik der Warenproduktion befangen, gebietet der Tauschwert, was der Gebrauchswert darf.

Dieses Gebiet ist janusköpfig-zivilisatorisch insofern, als kapitalhörige Gestaltung mitwirkt, durch zunehmend unübersehbare Produktdifferenzierung und stilistische Moden stets neue Gebrauchswerte zu suggerieren; den dauerhaften und nützlichen, unauffälligen und einfügsamen Gebrauchsdingen bleibt nur ein punktuelles Überleben in den Nischen des hierarchischen Gesellschaftsbaues gestattet. Das Zivilisatorische besteht paradoxerweise darin, daß die „allgemeine Bereicherungssucht" unablässig die Individuen zum Geldbesitz antreibt[30]; Geld wird zum Mittel der „allgemeinen Arbeitsamkeit"[31], und es wird ganz gleichgültig, worauf diese sich richtet. Gewinnlerisch motivierte Arbeitsamkeit nimmt jede Form an, „sie ist erfinderisch im Schaffen neuer Gegenstände für das gesellschaftliche Bedürfnis."[32] Der Zweck aller Arbeit ist primär Geld, ist Reichtum in seiner allgemeinen Form. Die unterschiedlichen Produkte stehen dem Tauschwert als ein „abstraktes Chaos gegenüber"[33]. Marx faßt das immer neue Schaffen von Produkten, von immer neuen Reizen und Bedürfnissen als ein „wesentliches Zivilisationsmoment" des Kapitals auf, und er anerkennt darin dessen „historische Berechtigung" und „gegenwärtige Macht"[34].

Heute ist die „Macht des Kapitals" in der Warengestalt perfekt und entfaltet, sie dringt, wie Meurer und Vinçon es formulieren, „bis in die letzten Winkel des alltäglichen Lebens"[35], sei es infolge der weltweit nivellierenden Kultur der Blue Jeans, Coca Cola oder Hamburger oder sei es infolge einander ablösender Stile der Hochkultur; das Ergebnis ist ein ästhetischer Imperialismus, der alles Vorangegangene in den Schatten stellt.

Pioniere der Einfachheit

Die Avantgarde in Deutschland nach 1900 sah in der industriellen Serienproduktion ein Potential, das durch gestalterisches Einwirken zu humanisieren und zu kultivieren war, eine Einsicht, die sie in Widerspruch brachte zum Produktionssinn des Kapitals.

Aus den neuen technologischen Gegebenheiten, den neuen Materialien und ihrer industriellen Ver- und Bearbeitung, aber auch alternativ zum gegenständlichen und räumlichen Chaos wurde die „Einfachheit" zum zentralen und synthetisierenden Gestaltungsmotiv erhoben. Der Begriff wie die geschaffene Realität des Einfachen hatte eine wichtige Selbstverständigungs-, Verständigungs- und Argumentationsfunktion zu erfüllen. Der gestalterisch-soziale Anspruch, der damit ausgedrückt war, gab den Bestrebungen nach Nützlichkeit, Sachlichkeit, Typisierung, Materialgerechtheit die weltanschauliche und ethische Gerichtetheit. Das hieß kämpfen: für die „schmucklose Gebrauchsform"[36] und gegen die „Ornamentierwut der kunstgewerblichen Industrie"[37]; man erstrebte eine „einfache, schlichte Würde", „gediegenes Gerät"[38].

Was erreicht wurde, war ein gegenständliches Entrümpeln, war Reform, war gestaltungspraktisch eine kultivierte, konventionelle Bürgerlichkeit im

Die Abbildungen zeigen
Dinge des täglichen Gebrauchs
von heute:
Für derartige Erzeugnisse hat man
in den zwanziger Jahren den Begriff
Standardformen geprägt.
Wie ihnen unschwer anzusehen ist,
entstammen sie sowohl industrieller
als auch handwerklicher Produktion.
Von manchen wissen wir die Gestalter,
die meisten sind „anonym".
Ihre Zwecke sind zumeist prosaisch,
die Formen neutral und offen für
andere Nutzungen.

Wohnbereich. Keine Revolution also – dennoch wurden die Protagonisten, wie zum Beispiel Hermann Muthesius, Adolf Loos und Heinrich Tessenow, heftig befehdet. Das zwang zur öffentlichen Argumentation. Im Gegensatz zu Loos, der das Ornament als ein Verbrechen bezeichnete und nicht nur damit das Publikum schockierte, betrieb Heinrich Tessenow das Überzeugungswerk gelassen: „Vielleicht ist zu befürchten, wir könnten mit der fortwährenden Reinlichkeit schließlich überhaupt alles wegputzen, so daß dann ganz gewiß alles schön rein wäre. Es ist schon so, daß die Forderung, unsere gewerblichen Arbeiten möchten formal reiner sein, auch die Forderung einschließt, sie möchten formal weniger oder einfacher sein; aber soweit wir an so etwas wie an eine ideale Lebensart denken, werden wir ja wohl auch immer finden, daß dabei die größere Einfachheit für uns eine reichlich wichtige Rolle spielt; man möchte sagen: das Einfache ist nicht immer das Beste; aber das Beste ist immer einfach; im übrigen aber werden wir uns über die Einfachheit weniger gut verständigen können als über die Sauberkeit ..."[39]

Der bürgerlich-behäbigen Reformkultur bereiteten Krieg, Revolution und Nachkriegselend ein abruptes Ende. Die proletarisch-revolutionären Kämpfe und die einsetzende ökonomische Expansion der Kapitale vertreiben alle gemütvolle Erbaulichkeit: das Einfache als Programm wird radikal und zwingt zu sozialen Entscheidungen.

Die Avantgarde begreift Einfachheit als funktionales Gestaltungsmotiv, als übergreifende Kraft, die alle gestaltenden Disziplinen zur Synthese führt.

Eine erste Bestandsaufnahme dieser neu motivierten Produktgestaltung erfolgte 1924: der Deutsche Werkbund veranstaltete die Ausstellung „Die Form". In einer Begleitpublikation, überschrieben mit „Die Form ohne Ornament", definiert Wolfgang Pfleiderer: „Form ist, was keine Verzierungen hat." Er unterscheidet zwei – wie er es nennt – Formtypen der Werkkunst, „die technische und die primitive Form", die eine ist die industriell, die andere die handarbeitlich gezeugte. Ihnen wird eine entscheidende Gemeinsamkeit bescheinigt: „Beide drängen die Verzierung zurück und bei beiden hängt das zusammen mit dem Streben nach Einfachheit." Die Einfachheit der technischen Form ist eine intellektuell gewollte, ist Ambition im Namen der Zukunft, sie entspricht dem neuen „Bedürfnis nach Klarheit, Übersichtlichkeit, Sachlichkeit, Ökonomie der Mittel", die primitive Form hingegen entspringt einer noch naiven Vernunft, einem fast unbewußten Formstreben, Pfleiderer spricht in diesem Zusammenhang „von Einfalt, von Simplizität"[40].

Die Mitte der zwanziger Jahre einsetzende wirtschaftliche Rationalisierungswelle wird von der Avantgarde genutzt, Normierung, Typisierung und Standardisierung produktpraktisch und produktkulturell umzumünzen. Einfachheit wird auf das Niveau einer industriellen Ästhetik gebracht, Gropius postulierte: „einfachheit im vielfachen, knappe ausnutzung von raum, stoff, zeit und geld"[41].

Die Neuartigkeit der Situation belegen Lösungen, denen das Einfache zunächst im Gestaltausdruck des Klinisch-Hygienischen bzw. des Konstruktiv-Technischen gerät. In der Folge dann entstehen aber auch jene selbstverständlichen Formen, gestaltet unter anderem von Mart Stam, Adolf Schneck, Wilhelm Wagenfeld, Ferdinand Kramer und Hermann Gretsch, die zu Standardformen werden sollten und über viele Jahre und Jahrzehnte produziert wurden.

In der bildenden Kunst avancierte der konstruktive Abstraktionismus zum Experimentierfeld für neuartige Farb-, Form-, Material-, Kompositions- und

[30] Marx, K.: Grundrisse der Kritik der politischen Ökonomie, a. a. O., S. 135
[31] ebenda
[32] ebenda
[33] ebenda, S. 179
[34] ebenda, S. 198
[35] Meurer, B., H. Vinçon: Industrielle Ästhetik. Zur Geschichte und Theorie der Gestaltung, Gießen 1983
[36] Muthesius, H.: Die moderne Umbildung unserer ästhetischen Anschauungen, in: derselbe: Kultur und Kunst, Jena 1919, S. 64
[37] derselbe: Kultur und Kunst, in: a. a. O., S. 22
[38] ebenda, S. 32
[39] Tessenow, H.: Hausbau und dergleichen, Baden-Baden 1953
[40] Pfleiderer, W.: Die Form ohne Ornament, Werkbundausstellung 1924, Stuttgart, Berlin, Leipzig 1925, S. 3, 6, 8
[41] Gropius, W.: grundsätze der bauhaus-produktion, in: Manifeste, Manifeste 1905–1933, hrg. von Diether Schmidt, Dresden 1965, S. 360

Funktionsbeziehungen, um Gegenstand und Raum für menschliche Lebensformen nützlich und ästhetisch gestalten zu können. Diese Ästhetik brach radikal mit der auf Handarbeit gegründeten Ästhetik; sie orientierte sich an der Rationalität der industriellen Produktion. Einen ästhetischen Elan leitete der Abstraktionismus aus „Funktion, Masse, Licht, Material, Fläche, Zeit, Raum, Farbe usw." ab[42], seine Gestaltungselemente formulierte er apodiktisch:
„Bestimmtheit statt Unbestimmtheit,
Offenheit statt Geschlossenheit,
Klarheit statt Verschwommenheit,
Wahrheit statt Schönheit,
Einfachheit statt Kompliziertheit,
Verhältnis statt Form,
Synthese statt Analyse,
Logische Konstruktion statt Lyrische Konstellation,
Mechanismus statt Handwerk,
Gestaltung statt Imitation und dekorative Ornamente,
Kollektivismus statt Individualismus
usw."[43]

Das Schaffen neuer Formenwelten, das Entdecken neuer Materialien, Technologien und Konstruktionen für neuartige gestalterische Anliegen beschreibt nur einige formelle Voraussetzungen jener Bewegung, die der Begriff Funktionalismus umreißt, ihre Gestaltungsprogrammatik bestimmte sich umfassender aus den industriellen Produktionsbedingungen sowie aus gesellschaftlichen Zielstellungen. Worum es ging, war die Ökonomie in allen alltäglichen Nutzungsprozessen, was die gegenständliche Entlastung des Raumes nach sich ziehen sollte und im Motiv der Einfachheit seine gestalterische und soziale Artikulation fand. „Nichts von sentimentaler Rührsamkeit, nichts von romantischem Idyll, nichts von Traumbetäubung, ebensowenig

wie in der Dynamo- und Schalthalle des Kraftwerks, aber anders, und zwar gestaltet in Verbindung mit der Intimität des privatesten, eigensten, menschlichen Lebens; der Traum darin als Erweiterung innerer, noch nicht genügender Klarheit, das Gehäuse, die ‚vier Wände' so einfach, aber auch so wenig banal und schematisch in Farbe und Material, daß der Traum, der Gedanke der Zukunft von ihm geweitet wird und es selbst wieder weitet."[44]

Diese Programmatik, in Worte gefaßt von Bruno Taut, ist zukunftsgerichtet und optimistisch. Obgleich sie in hervorragenden Lösungen manifest geworden war – in den großen Wohnsiedlungen, in Gesellschaftsbauten und Fabriken, in Produkten für den Massenbedarf –, war man sich realer Gefährdungen gegenwärtig; die Akteure des Funktionalismus wußten sich als kleines Häuflein, als Stoßtrupp, dessen Aufgabe, wie es Oskar Schlemmer formulierte, darin bestand, „Pioniere der Einfachheit zu sein".[45]

Perspektive

Einfachheit als Motiv funktionaler Gestaltung ist die ästhetische Vermittlung kommunistischer Arbeit, wenn man diese als wieder auf den Gebrauchswert gerichtet begreift. Die Klage darüber, daß dieses Motiv noch nicht gesellschaftliche Realität besitzt, übersieht – oder ignoriert – die Macht der tradierten Warensprache. Lothar Kühne konstatiert den Fakt: „Für die Faszination der Einfachheit des Praktischen ist noch kein dauerhaftes Organ gebildet." Und er folgert: „So tritt wieder das Verklärungszeichen, das Ornament, an den Gegenstand, hebt ihn vom Reich des Praktischen wenigstens etwas ab, weil sein Subjekt dort noch nicht ganz angekommen ist."[46]

Es wäre bequem, sich auf die Gesetzmäßigkeiten des Weltlaufs zu berufen und diesen geduldig hinzunehmen, bis dem Einfachen historisch die Zeit kommt. Indem wir Gesetze erkennen, sind wir Gesetzgeber. Deshalb steht auf der Tagesordnung die Auseinandersetzung mit den Schmähungen des

[42] van Doesburg, Th.: Die Neue Architektur und ihre Folgen, in: De Stijl. Schriften und Manifeste zu einem theoretischen Konzept ästhetischer Umweltgestaltung, Leipzig und Weimar 1984, S. 189

[43] ebenda, S. 197

[44] Taut, B.: Die neue Wohnung. Die Frau als Schöpferin, Leipzig 1924, S. 95f.

[45] Oskar Schlemmer an den Meisterrat, 30. Oktober 1922, zitiert nach Hüter, K.-H.: Das Bauhaus in Weimar, Berlin 1976, S. 236

[46] Kühne, L.: Ornament – „Poesie der Erinnerung" und Ästhetik kommunistischer Praxis, in: Weimarer Beiträge 1/1977, Berlin und Weimar, S. 97

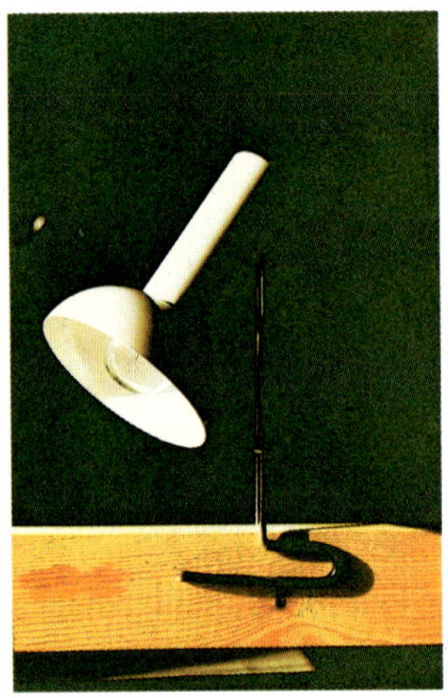

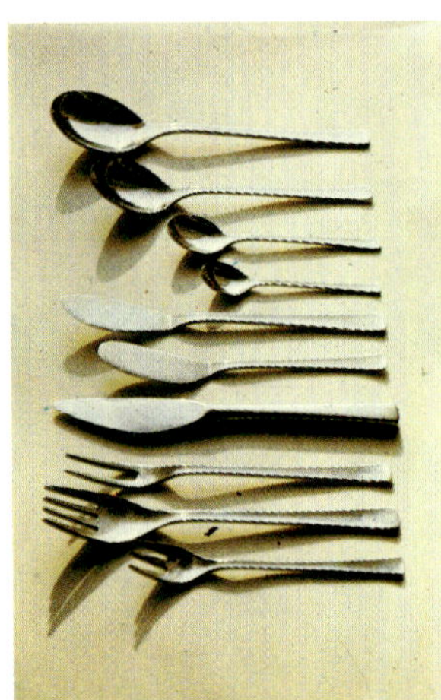

Einfachen. Diese ruhen auf vier Säulen: erstens Hierarchie, zweitens Steinzeit, drittens Askese, viertens Sprachlosigkeit.

Erstens: Einfachheit wird gestalterisch mit Dürftigkeit und sozial mit Armut identifiziert. Wer mehr hat und mehr ist im Gefüge der sozialen Hierarchie, gibt sich nicht mit Einfachem zufrieden. Er hat wie einst der Rokokoadlige „Abscheu vor dem leeren Raum"[47], der glatten Fassade, der kahlen Wand, der weißen Vase ... Demgegenüber steht das fröhliche Bekennertum einer Lebensform, die nicht bereit ist, sich an den gegenständlichen Insignien festmachen zu lassen: „... aber wir sind einfache Leute, wir essen unsere Lebkuchen unbemalt", heißt es bei Turgenjew in seinem Roman „Rudin".

Zweitens: Einfachheit als Gestaltqualität ist ein Atavismus, wird ins stammesgeschichtliche Vorfeld der Menschheit abgeschoben, etwa in die fernen Welten der Primitiven, die Kompliziertes noch nicht imstande sind zu leisten, in die Anfänge der Weltgeschichte und der Kunst. Diese Auffassung erzürnte einen Denker, der das Problem des Anfangs umfänglich philosophisch behandelte, nämlich Hegel. „Es ist ein gewöhnliches Vorurteil, daß die Kunst mit dem *Einfachen* und *Natürlichen* den Anfang gemacht habe ... das Einfache als Einfachheit des Schönen, die ideale Größe ist vielmehr ein Resultat, das erst nach mehrseitigen Vermittlungen dahin gekommen ist, das Mannigfaltige, Bunte, Verworrne, Ausschweifende, Mühselige zu überwinden und alle Vorarbeiten und Zurüstungen eben in diesem Siege zu verstecken und zu tilgen"[48]. Dies ist im dialektischen Weltverständnis formuliert, in einem Verständnis, das die Welt als sich verändernd und veränderbar begreift.

Drittens: Das härene Gewand wird suggeriert. Einfachheit ist Askese, sie verzichtet auf Lebensfreude und sinnliche Bejahung der Welt. Einfache Gegenstände verraten die Nähe zu Instrumenten asketischer Selbstkasteiung. Die Warenwelt verdeckt den Blick auf eine Welt, in der Reichtum *mehr* ist als materielles Haben, nämlich „erzeugte Universalität der Bedürfnisse, Fähigkeit, Genüsse, Produktivkräfte etc. der Individuen"[49]. Daß auch dieser Reichtum seine Poesie hat, kann man sich heute nur schwer vorstellen.

Viertens: Einfachheit ist unsinnlich, monoton, reizlos, sprachlos, ergeht sich in langweiligen Geometrismen. Dieses Denken weiß nichts von den Genüssen, die Goethe in seinem Arbeitszimmer empfunden hat.

Einfache Gegenstände sind sensationslos, sie sind leise und reden nicht ständig dazwischen. Ihre Sinnlichkeit steht erst am Anfang, sie läßt sich nicht im Schnellkurs aneignen, sie bedarf der sachlichen und zeitlichen Dimension der Epochenablösung. Uns scheint es indes aufgegeben, die Einfachheit zumindest als Motiv funktionaler Gestaltung anzuerkennen, ihre Sinnlichkeit und Gesellschaftlichkeit zu entdecken und zu entfalten.

[47] Winkelmann, J. J.: Gedanken über die Nachahmung der griechischen Werke in der Malerei und Bildhauerkunst, in: Kleine Schriften zur Geschichte der Kunst des Altertums, 1. Bd., Leipzig 1925, S. 103

[48] Hegel, G. W. F.: Ästhetik, Bd. II, Berlin und Weimar 1965, S. 9

[49] Marx, K.: Grundrisse der Kritik der politischen Ökonomie, a. a. O., S. 498

Nachwort: Bemerkungen zur Designhistoriographie

Sonderbar schauerliche Neugier, die oft die Menschen antreibt in die Gräber der Vergangenheit hinabzuschauen! Es geschieht dieses zu außerordentlichen Perioden, nach Abschluß einer Zeit, oder kurz vor einer Katastrophe.[1]

Heinrich Heine, 1797–1857

Man sieht, wie die Geschichte der *Industrie* und das gewordne *gegenständliche* Dasein der Industrie, das *aufgeschlagene* Buch der *menschlichen Wesenskräfte*, die sinnlich vorliegende menschliche *Psychologie* ist ...[2]

Karl Marx, 1818–1883

Daher ist das dialektische Denken das Organ des geschichtlichen Aufwachens. Jede Epoche träumt ja nicht nur die nächste, sondern träumend drängt sie auf das Erwachen hin. Sie trägt ihr Ende in sich und entfaltet es – wie schon Hegel erkannt hat – mit List. Mit der Erschütterung der Warenwelt beginnen wir, die Monumente der Bourgeoisie als Ruinen zu erkennen noch ehe sie zerfallen sind.[3]

Walter Benjamin, 1892–1940

Design und seine Geschichte sind einer ausholenden grenzüberschreitenden Handlungspraxis verpflichtet, denn ihr Subjekt ist der Mensch, sind menschliche Beziehungen und gesellschaftliche Verhältnisse, sind Produkte und Ereignisse, aber auch Reflexionen und Programme, in denen sich die Epochen und ihr Zusammenhang darstellen.

Designgeschichte ist nie nur gewesen, sondern immer auch werdend. Designhistoriographie, das denkende Begreifen von Designgeschichte, kann nur dann ihre Sachverhalte entdecken und erfassen, wenn sie sie vom Gängelband eines zu simplen Kausalnexus befreit und sie von fremden wie eigenen Vor-Urteilen abhebt. Designgeschichte muß ständig neu erschlossen werden: Jede Generation muß für sich klarstellen, welche Erbschaft sie anzutreten fähig und bereit ist, aber auch, welche anzutreten sie nicht umhin kommt.

Will Gegenwart produktiv in die Zukunft greifen, muß Vergangenheit *erkannt* – nicht nur bekannt – sein, muß sie als gedeutete verfügbar sein. Was aber soll aus der Undeutlichkeit des Gewesenen in die Deutlichkeit des Erkannten gebracht werden? Nicht allem ist die gleiche Liebe und Aufmerksamkeit zugebilligt worden und zuzubilligen. Das Maß für die Bewertung liegt für uns in dem, was Designgeschichte als Erfahrung leistet, geleistet hat und zu leisten imstande ist innerhalb einer auf eine menschengerechte Welt verpflichteten Bewegung.

Lassen wir uns nicht von jenen Historikern imponieren, deren Stolz in der Anzahl der ermittelten Vaterschaften von industriellen Massenerzeugnissen besteht und auch nicht von jenen Praktikern, für die Designgeschichte ein chronologisch geordnetes, über Karteikarten zugängliches Depot ist, ein Versatzstücklager von Formen und Argumenten.

Designgeschichte beginnt nicht wie aus der Pistole geschossen, der Anfang ist schwer zu fassen, und wo man ihn festmacht, richtet sich nach der Weite des Begriffs Design – darüber sollen hier nur ungefähre Verabredungen getroffen werden.

Design als neuartige Produktivkraft und als neuartigen Handlungsvollzug im Rahmen der materiellen Produktion sehen wir im ausgehenden 18. Jahrhundert in die Geschichte eintreten. Sein Akteur ist das Bürgertum, sein Promotor das Kapital, sein Agent die Maschine. Seine Geschichte ist eingebettet in die Geschichte der kapitalistischen Warenproduktion.

Die Maschinenarbeit stellt alle bisherige Arbeit in den Schatten. Arbeitsteilung und Spezialisierung beginnen in der „Allkonkurrenz" der Kapitale eine totalitäre Herrschaft. Die Konkurrenz zwingt dazu, jedes produktive Potential – eingeschlossen das, was wir hier Design nennen wollen, auch wenn von seinen historischen Formen und Vorformen die Rede ist – der Verfügbarkeit der Einzelkapitale zu unterstellen. Design übernimmt die ästhetische Gestaltdisposition der industriellen Produkte, doch in dem beschränkten Zweck, die Waren mit ästhetischen Reizen auszustatten, um der Masse der Konsumenten „neue Bedürfnisse ... anzuschwätzen" und sie „zum Konsum anzuspornen."[4]

Die Allmacht und Allgegenwart des Kapitalinteresses sicherten nicht nur der industriellen Produktion, sondern auch dem Design den geschichtlichen Aufstieg. Das heißt, die überlieferten Produkte, mit denen es Designhistoriographie zu tun hat, sind als Waren entstanden, sind im Rahmen von Verhältnissen produziert worden, die die Gesellschaftswissenschaften mit Hilfe der Kategorien der Politischen Ökonomie beschreiben, untersuchen, interpretieren. Designhistoriographie hat sich infolgedessen der Beihilfe dieser und anderer Disziplinen zu versichern.

Die Dinge bezeugen in unterschiedlicher disziplinärer Verankerung Lebensweise und Produktivkraftentwicklung, doch auch menschliche Phantasien, Hoffnungen und Ängste. In diesem Erkenntnisensemble ist es der unersetzliche Beitrag der Designhistoriographie, die ästhetischen Signaturen und Zeichen der industriellen Produkte zu analysieren, zu deuten und mit dem Heute zu konfrontieren.

Designhistoriographie steht am Anfang, ist eine junge Disziplin, die Zahl ihrer „Universal"-Geschichten ließe sich schnell dahersagen. Folglich ist ihre Situation dadurch ausgezeichnet, daß sie sich ihrer Quellen und Realien vergewissern muß und daß sie ständig in die Gesichertheit fremder Ressorts eindringt. Designhistoriographie fordert zum interdisziplinären Denken auf, ihre Universalität muß erst erkämpft und erstritten werden.

Entziffern von Hieroglyphen

Marx verdanken wir die Analyse der kapitalistischen Warenproduktion und ihrer Gesetze in der Perspektive menschlicher Emanzipation. Das Angebot gilt, und es gilt nachhaltig für das Design.

Ein Grundverhältnis, das in jedem als Ware produzierten Gegenstand materialisiert ist, ist das Verhältnis von Gebrauchswert und Tauschwert bzw. Wert. Dieses Verhältnis ist in der entfalteten kapitalistischen Warenproduktion dadurch bestimmt, daß der Tauschwert den Gebrauchswert regiert. Zweck der Produktion ist nicht der Gebrauchswert der hergestellten Erzeugnisse, sondern „direkt der Wert"[5], dieser realisiert sich aber nur durch jenen. Oder anders gesagt: Jedes Ding wird primär für den Austausch produ-

[1] Heine, Heinrich: Die romantische Schule, in: Säkularausgabe, Bd. 8, Berlin, Paris 1972, S. 115

[2] Marx, Karl: Ökonomisch-philosophische Manuskripte aus dem Jahre 1844, in: MEW Ergänzungsband, Erster Teil, Berlin 1981, S. 542

[3] Benjamin, Walter: Paris, die Hauptstadt des XIX. Jahrhunderts, in: Allegorien kultureller Erfahrung, Leipzig 1984, S. 450

[4] Marx, Karl: Grundrisse der Kritik der politischen Ökonomie (Rohentwurf), Berlin 1953, S. 198

[5] Marx, Karl: Das Kapital. Kritik der politischen Ökonomie, Erster Bd., Berlin 1960, S. 594

ziert, also auch ästhetisch formiert – und lediglich sekundär für den Gebrauch. Der Sinn allen menschlichen Produzierens verkehrt sich geschichtlich, das alte handwerkliche Produkt – die auf den Gebrauchswert gerichtete „hausbackene Naturalform"[6] der Ware – mit seinen gesicherten Merkwelten verliert sich in einer schillernden Zeichenwelt der Tauschwerte. Die industrielle Produktion schafft den Überfluß, der seinen *Absatz* fordert, die Produktion von stets neuen Bedürfnissen, sinnvollen wie unsinnigen, ist die notwendige Folge, und dies wiederum bedingt, daß die dingliche Hülle der Waren zum Werkzeug der Verführung wird und werden muß – der Verführung zum Kauf. „Schon zeigt es sich, daß die Erfindungen nicht mehr wie früher Mittel sind zur Abwehr der Not und zum Genusse; vielmehr sind die Not und der Genuß Absatzmittel für die Erfindungen. Die Ordnung der Dinge hat sich umgekehrt."[7] Es ist Gottfried Semper – ein Pionier des Designs, der Designhistoriographie und der Designtheorie –, der diese Umkehrung angesichts der Weltausstellung in London 1851 konstatiert.

Es liegt im Wesen der warenproduzierenden Verhältnisse, daß sie sich dem Bewußtsein ihrer Agenten verkehrt, verhüllt, mystifiziert darstellen, vornan das Warending, das den Schein mit sich trägt, als sei es einzig und allein entstanden, weil ein menschliches Bedürfnis – vielleicht ohne überhaupt von sich zu wissen, ja zu ahnen – sehnsüchtig nach ihm verlangte. Dieser Schein wird durch das Geschick der – wie es später begrifflich gefaßt werden wird – „warenästhetischen" Spekulation wirksam installiert.[8]

„Der Wert verwandelt ... jedes Arbeitsprodukt in eine gesellschaftliche Hieroglyphe. Später suchen die Menschen den Sinn der Hieroglyphe zu entziffern, hinter das Geheimnis ihres eignen gesellschaftlichen Produkts zu kommen, denn die Bestimmung der Gebrauchsgegenstände als Werte ist ihr gesellschaftliches Produkt so gut wie die Sprache."[9]

Es ist Sache einer marxistischen Designhistoriographie, die Warenhieroglyphen und ihre Ästhetik in ihren jeweiligen historisch konkreten Gewandungen zu entziffern, sie freizulegen, zu enträtseln, zu deuten, die hieroglyphische Redeweise zu übersetzen in die aufgeklärte und aufklärende Sprache, die Erkenntnis bewirkt. Diese Art der Betrachtung von Designgeschichte steckt noch in den Kinderschuhen, ihre Konturen beginnen sich erst abzuzeichnen. Ihr methodisches Instrumentarium ist unkonventionell, ihre Denkweise in die Sprengkraft dialektischen Philosophierens gestellt, ihr perspektivischer Sinn auf die kommunistische Gesellschaft gerichtet.

Auf den Spuren der Dinge

Designhistoriographie wandelt sich mit dem Wandel der Gegenwart. Sie bringt ihre eigene Geschichtlichkeit in das geschichtliche Begreifen ein, sie ist niemals mit einer Epoche wirklich fertig, sie erschließt stets neue Einsichten auch zu den aktuellen Grundfragen des Designs.

Sie bedient sich scheinbar abwegiger – vom Standpunkt abgrenzenden Kompetenzdenkens – Chronisten. Walter Benjamin nimmt sich Charles Baudelaire zum Kronzeugen. Dichter wie Baudelaire, so sagt Benjamin, „finden den Kehricht der Gesellschaft auf ihrer Straße"[10], sie sind durchdrungen von den Zügen des *Lumpensammlers.* Baudelaire hat ihn dargestellt, diesen deklassierten Proletarier, der alles sammelt, dessen sich der Überflußkonsument entledigt: „Hier haben wir einen Mann – er hat die Abfälle des vergangenen Tages in der Hauptstadt aufzusammeln. Alles, was die große Stadt fortwarf, alles, was sie verlor, alles, was sie verachtete, *alles, was sie zer-*

brach – er legte davon das Register an, und er sammelte es. Er kollationiert die Annalen der Ausschweifung, das Chapharnaüm des Abhubs; er sondert die Dinge, er trifft eine kluge Wahl; er verfährt wie ein Geizhals mit einem Schatz und hält sich an den Schutt, der zwischen den Kinnladen der Göttin der Industrie die Form nützlicher oder erfreulicher Sachen annehmen wird." [11] Diese Art von Designhistoriographie besitzt freilich keine Lehrstühle an Universitäten, ihre Studierstuben sind die Straßen und Plätze, die Fabriken und Warenhäuser der großen Städte. Sie beherrscht die Kunst des Sehens und entwickelt aus ihr ihre Argumente.

Kurt Tucholsky ließ 1927 ein Photo-Bilder-Buch drucken, das er „Deutschland, Deutschland ueber alles" nannte. Eindringlich versichert er: „Alle diese Bilder sprechen." [12] Zum Beispiel drei Sektgläser mit Schliff: „Sehn Sie – für solche Gläser ist in Deutschland schon viel Böses angerichtet worden. Sie glauben nicht, was Männer und Frauen tun und unterlassen, nur um aus diesen Gläsern trinken zu können" – und was erst geschieht, „wenn die sozialdemokratischen Funktionäre an den Sekt herangelassen werden ...?" Sie sind überwältigt: „daß er, Gustav Kunze, nun richtigen Sekt trinkt, von dem er so oft gelesen hat ..." [13]

Oder eine Ansammlung von Postkästen, sie verkörpern die „vollendete Unfähigkeit, ein glattes Ding dadurch schön zu machen, daß man die Dimensionen recht in Beziehung setzt", sie sind häßlich, sie *müssen* häßlich sein. „Warum eigentlich –?" Weil die Post „das Monopol der Obrigkeit hat. Weil sie ‚es nicht nötig hat' ... Weil die unendliche Wichtigtuerei der Beamten es immer erst dann zum Fortschritt kommen läßt, wenn die Technik ihn längst überholt hat ..." [14]

Oder ein Pissoire: „In der Blecharchitektur dieses Häuschens ist eine ganze Welt ... sieh diese traurigen Ornamente ... sieh die eckige Sinnlosigkeit der Konstruktion ... mürrische Zugeständnisse an irgendeinen fernen ‚Schönheitssinn' ..." [15]

Wir blättern in dem Buch und finden: vergoldete Kutschen aus alten Zeiten, Männer mit Staubschutzmasken (Messe-Neuheit), die frisch zerhackten Gesichter von Studenten (zukünftige Richter), einen reich gedeckten Tisch, ein strahlendes Schaufenster, einen Obdachlosen, einen Eingang „für Herrschaften", Vereine, Militärs, Proletarierwohnungen, Proletarierkinder, dralle Kellnerinnen mit Bierhumpen in Pose, Denkmäler, Hoheitszeichen, Baugerüste, eine preußische Staatstasse, einen Blechnapf mit der kargen Mahlzeit einer Arbeiterfamilie, den geordneten Gänsemarsch von Strafgefangenen, eine Modekönigin, eine junge Afrikanerin im Importkleid mit Hakenkreuzdessin, einen Wohnblock des Neuen Bauens, ein möbeliertes Zimmer, eine Pfandleihe ...

Alles Abgebildete wird seziert, das Wesenhafte herausgelesen – ein Schauen, das zum Denken kommt. Begreifen wir dieses Buch als ein designhistoriographisches Lesebuch, das uns *Methode* lehrt, eine Methode, die die ästhetischen Signaturen deutet, um Handeln zu bewirken.

Aufklärer und Aufklärung

Designhistoriographie hat sich spät zum Flug über den Tag aufgemacht, und das Geschäft ihrer Forschung ist mühselig und merkwürdig, jedenfalls sofern es begriffen wird als das *Entziffern* des „gewordene(n) *gegenständliche(n)* Dasein(s) der Industrie", als ein *Studium* der „sinnlich vorliegende(n) menschliche(n) *Psychologie*" [16] in ihren konkreten historischen Ausprägun-

[6] ebenda, S. 52

[7] Semper, Gottfried: Wissenschaft, Industrie und Kunst und andere Schriften über Architektur, Kunsthandwerk und Kunstunterricht, Mainz und Berlin 1968, S. 31

[8] Den Begriff der „Warenästhetik" führte Wolfgang Fritz Haug in die Theorie ein (W. F. Haug: Kritik der Warenästhetik, Frankfurt/M. 1971); Warenästhetik „bezeichnet einen aus der Warenform der Produkte entsprungenen, vom Tauschwert her funktionell bestimmten Komplex dinglicher Erscheinungen und davon bedingter sinnlicher Subjekt-Objekt-Beziehungen." (S. 10) Die Analyse dieser Erscheinungen und Beziehungen stellt Haug in den Horizont seiner historisch-sozialökonomisch fundierten, auf Marx basierenden, kulturellen Kapitalismuskritik. Das „Ästhetische der Ware" tritt im „System von Verkauf und Kauf" als ihr „Gebrauchswertversprechen" (S. 17) auf den Plan.

[9] Marx, Karl: Das Kapital, a. a. O., S. 79f.

[10] Benjamin, Walter: Das Paris des Second Empire bei Baudelaire, Berlin und Weimar 1971, S. 113

[11] ebenda, S. 114

[12] Tucholsky, Kurt: Deutschland, Deutschland ueber alles, Berlin 1967 (Faksimiledruck der Ausgabe 1929), S. 11

[13] ebenda, S. 20f.

[14] ebenda, S. 94

[15] ebenda, S. 113

[16] Marx, Karl: Ökonomisch-philosophische Manuskripte, a. a. O., S. 542

gen. Im Bereich wissenschaftlicher Forschung hatte – und das hält bis heute an – sich nie jemand so recht dafür zuständig gesehen; der Kunstgeschichte war das Gebiet zu profan und zu wenig Kunst, der Philosophie mochte es zu dinglich sein und zu wenig Philosophie, der Ökonomie zu ästhetisch und zu wenig Ökonomie usw. Und so wurden die Fakten und Realien der Designgeschichte – sofern sie nicht deren Haupt- und Staatsaktionen betrafen, zumeist achtlos fortgeworfen und vergessen. Das erleichterte den willkürlichen Umgang mit ihnen, sie wurden oftmals recht vordergründig, oberflächlich und punktuell in Anspruch genommen – als eine Art Kostümverleih für wechselnde Moden und Ausstattungen, als Ausflug in die Vergangenheit im Rahmen von Fest- und Feiertagsreden aus historischem Anlaß, als Material für die Legenden von Firmen und Firmenleistungen. Die Produktion bediente sich ihrer als kostenloses Formenreservoire, die Medien schwärmten von den attraktiven „Klassikern" und priesen die verschiedenen Stile, den „antiken" Stil, den „Jugendstil", den „Bauhaus-Stil" usw., das heißt, sie behandelten nur das, was genügend herausgehoben werden konnte – künstlerisch und eingängig und einem breiten Publikum gefällig. Zur Designhistoriographie gehört die Geschichte der Reflexionen und des öffentlichen Diskurses über die Qualität von Produkt und Umwelt, insbesondere die Geschichte einer Aufklärungsarbeit, die wir hier Designaufklärung nennen wollen.

Designaufklärung entsprang unterschiedlichen Interessen, verfolgte unterschiedliche Ziele und wurde getragen sowohl von Theoretikern als auch von Praktikern auf dem Gebiet der gestalterischen Arbeit und ihres wirtschaftlichen, kulturellen und politischen Umfeldes.

Als Aufklärer im besten Sinne des Wortes gelten uns jene Persönlichkeiten der Geschichte, die das emanzipatorische Potential von Gestaltung im Widerspruch zur Kommandosprache des Kapitals herauszuschälen sich bemühten, die sich rieben an der willfährigen Zubereitungsfunktion von Design, an einer an dieser Funktion orientierten Designideologie, die bestrebt waren, die ursächlichen Motive für die jeweils konkreten Formierungsgesetze im Bereich der Produktion zu erkunden, zu klassifizieren, Schlüsse zu ziehen, Handlungsstrategien abzuleiten und in diesem Sinne Propaganda zu betreiben. Es sind die Kritiker des affirmativen Designs, eines Designs, das sich in den herrschenden Verhältnissen gedankenlos auslebt und wohlfühlt; wir zählen zu ihnen, um nur einige zu nennen: Gottfried Semper (1808–1879), William Morris (1834–1896), Alfred Lichtwark (1852–1914), Lu Märten (1879–1970), Siegfried Kracauer (1889–1966), Walter Benjamin (1892–1940) sowie die gestalterische Avantgarde der zwanziger Jahre, aber auch Karl Marx (1818–1883) und Friedrich Engels (1820–1890), denn sie lieferten, wie wir gesehen haben, mit der Analyse des Kapitals und seiner Bewegungsgesetze den wesentlichen Ansatzpunkt zum Verständnis der Warenästhetik.

Das Motiv der Sachlichkeit

Bürgerliche Designideologie ist widersprüchlich, sie ist rational und mystifizierend; ein rationales Erkenntnisinteresse besteht da, wo Design als Produktivkraft in den Zusammenhang mit Technologie, Produktionsorganisation und Naturwissenschaften tritt, Mystifizierung und Selbsttäuschung beginnen, wo Design als Moment bürgerlichen Reichtums in der Perspektive dieser Klasse erscheint.

Die bürgerliche Klasse tritt in die Designgeschichte mit dem Argument der Sachlichkeit ein. Zu ihrem radikalsten Gestaltausdruck im Sinne von Sachlichkeit findet sie dort, wo sie Träger radikaler gesellschaftlicher Veränderungen ist – in Frankreich. Die französischen Revolutionsarchitekten entwarfen Bauten von elementarer Geometrie, Bauten in Gestalt von Kugel, Walze, Würfel, Pyramide – die Inkarnation eines an den Erkenntnissen der Mathematik und Mechanik orientierten rationalistischen Weltbildes, zugleich aber auch der Versuch, das Ideal der gesellschaftlichen und menschlichen Egalité architektonisch umzusetzen: Ein Köhlerhaus unterscheidet sich in seiner Bedeutungsaussage und der Sorgfalt des Entwurfs nicht vom Denkmal für Isaak Newton. Das meiste verblieb auf dem Papier, denn der Kühnheit der Entwürfe und ihrer Konstruktionen vermochte die Baurealität nicht zu folgen.

Das deutsche Bürgertum qualifizierte sich indessen mehr im Häuslichen und Gemäßigten als im Revolutionären und Radikalen. In der Zeit vom Sturm und Drang bis zum Biedermeier gelangt es zu schöner Schlichtheit der Lebensform und Gestaltung.

Die Zeit, da der Selbstausdruck der bürgerlichen Klasse sachlich und schlicht war, endet, sobald das Bürgertum ökonomisch und politisch den Ton angibt, in seiner Gegenstandswelt entwickelt sich sodann die Wiederbelebung von Pracht und Putz und Verschwendung, die Wiederbelebung vergangenheitlicher herrschaftlicher Formenwelten – uns heute geläufig unter dem Begriff Historismus. Der Rationalismus, dieser Wesenszug des Bürgerlichen, wird in den abgegrenzten Bereich von Soll und Haben, in den Bereich unternehmerischer – nicht gesellschaftlicher – Wirtschaftlichkeit und Sparsamkeit verwiesen. Hier schaltet und waltet er hart und mächtig mit Hilfe seiner ureigensten Schöpfung: der Maschine, hier gibt *er* den Rahmen ab für die Entfaltung *ihrer* Eigengesetzlichkeiten. „Mit dem Sieg der Maschine und der Maschinenproduktion als der Grundlage eines Kapitalismus, der mit diesem Mittel jegliches Produkt zunächst, also auch jegliche Form zunächst, ebenso beliebig nach Quantitäten steigern als rein formal nachahmen kann, ist der Kreislauf der alten Kunst- und Formvorstellungen beendet. Ein völlig verändertes Produktionsmittel schafft eine völlig veränderte Arbeitsgrundlage hinsichtlich aller Momente von Zeit, Technik, Materialgesetz und persönlichem Inhalt, der in alledem sich bewegt; vernichtet dies Charakteristikum des alten Formwesens, seine beharrende Qualität und Eigenart.

Die Maschine wird die Grenze und der Abschluß der gesamten Entwicklung, wie sie sich in allen Kulturen in bestimmtem Kreislauf abspielte."[17]

Die industrielle Produktion überstieg in Planung, Organisation und Technologie jede traditionelle handwerkliche Qualifikation; die Beherrschung der industriellen Dimension verlangte eine den einzelnen Betrieb, das einzelne Kapital weit übergreifende, generelle wissenschaftliche Durchdringung der industriellen Phasen. Ingenieurwissenschaften und Technikphilosophie institutionalisierten sich; sie lieferten dem Unternehmer und Gewerbetreibenden als kostenlose Vorleistung für den Kampf auf dem Weltmarkt das abrufbare Wissen und den qualifizierten Fachmann. Diese Spezialisten übernahmen in der ersten Hälfte des 19. Jahrhunderts im industriellen Prozeß die Führung auch bei der Festlegung der Gestaltdisposition der Produkte; die technische Vernunft regierte die ästhetische. Den „Künstlern" in der Industrie wurde lediglich die Verantwortung für die warenästhetische Hülle der Produkte des jeweiligen Unternehmens, in dem sie tätig waren, zugewiesen – die erste, noch bornierte Entfaltungsbedingung für Design.[18] Um als umfassende Produktivkraft wirksam zu werden, mußte Design über das begrenzte Verwertungsinteresse der Einzelkapitale hinauskommen, dazu aber bedurfte es

[17] Märten, Lu: Wesen und Veränderung der Formen und Künste. Resultate historisch-materialistischer Untersuchungen, Weimar 1949, S. 202

[18] Semper charakterisiert bissig das Los der angestellten Gestalter; sie seien „eine Rubrik der Specialitäten", für ihren „Brodherrn" nur „ziemlich lästige Geschmacksräthe und Formverzierer", sie haben für die „Mode des Tages" zu arbeiten, die „den Absatz der Ware garantieren muß". (G. Semper: Der Stil in den technischen und tektonischen Künsten oder praktische Ästhetik. Ein Handbuch für Techniker, Künstler und Kunstfreunde, München 1878 (2. Aufl.), S. XIII f.

übergeordneter Instanzen, bedurfte es staatlicher Designförderung, wie wir es heute nennen.

Staatliche Designförderung entsteht im Vorfeld der ersten Weltausstellung in London 1851. Der eigens für diese Ausstellung erbaute Kristallpalast übersteigt in seiner Raum-, Licht- und Materialwirkung alle bisherige Erfahrung und Sinnlichkeit, die darin zusammengestellte Totalität der Waren desgleichen. Welt wird hier und ab jetzt mit Ware identifiziert. Die *Warensprache* avanciert zur *Weltsprache*. Aber sie ist mißtönend: Die Londoner Weltausstellung offenbarte ein ästhetisches Desaster. In den maßgeblichen Ländern zog man die Konsequenzen. Zunächst in England, dann in Österreich, Deutschland, Frankreich wurden Institutionen, die sogenannten Museen für Kunst und Industrie, gebildet. Deren Aktionsprogramm war darauf gerichtet, nationale Unternehmer und Gewerbetreibende aufzuklären und zu befähigen, die Entwicklung von Wissenschaft und Technik gewinn- und absatzfördernd in neue Erzeugnisse umzusetzen und sie dabei mit einem ansprechenden Kleid zu versehen.[19]

Für ansprechend aber hielt man vor allem den ornamentalen Glanz der Vergangenheit, was also den Produzenten zur Orientierung, Anregung und Nachahmung empfohlen wurde, waren meistenteils historische kunsthandwerkliche Prachtstücke. Der produktgestalterische Historismus ist geschichtlich der erste „Maschinenstil".

Im ausgehenden 19. Jahrhundert, etwa zwanzig Jahre nach der Gründungswelle auf dem Kontinent, gerieten diese Museen in eine schwere Krise, einen Teil ihrer spezifischen Aufgaben übernahmen neue Institutionen, zum Beispiel Patent- und Musterschutzämter, Geschichts- und Kunsthandwerksmuseen. Die in industriellen Serien auf den Markt geworfenen historistischen Produkte offenbarten indessen mehr und mehr ihren nicht nur kulturellen, sondern auch wirtschaftlichen Anachronismus. Die Zeit war gekommen, ihnen den Garaus zu machen. Der aufklärerische Ruf nach einer maschinengerechten Ästhetik erschütterte endlich die auf den Historismus eingeschworenen Urteile. Designaufklärung entdeckte einen neuen Adressaten: die Masse der Käufer, die Konsumenten, auf sie richtete sich die neue Hoffnung – *sie* galt es, über ihre wahren Bedürfnisse aufzuklären, damit sie nur noch kauften – und somit Druck auf die Produzenten ausübten –, was vom zeitgemäßen Standpunkt gut war: nicht unpraktische und unnütze Staubfänger, sondern Erzeugnisse, die praktikabel, zweckmäßig, elegant und einfach ihren Dienst verrichteten. Das Argument der Sachlichkeit machte wiederum Geschichte, *sachliche* Form und *guter* Absatz sollten einander nicht ausschließen – im Gegenteil: nur das formal und funktional solide, das sich im Gebrauch bestätigende Produkt würde dauerhaften Absatz garantieren. Aufgeklärte Unternehmen schufen die Beispiele, die nun tatsächlich Schule machen sollten, das waren in Deutschland: „Peter Bruckmann & Söhne", „Linoleumwerke Ankermarke (Delmenhorst)", die „Vereinigten Werkstätten für Kunst und Handwerk München", die „Deutschen Werkstätten für Handwerkskunst Dresden" und schließlich die „Allgemeine Elektricitäts-Gesellschaft". Die „Allgemeine Elektricitäts-Gesellschaft" (AEG) richtete 1907 ein Gestaltungsbüro ein und gewann die namhaften Architekten Peter Behrens, Le Corbusier, Walter Gropius, Adolf Meyer, Ludwig Mies van der Rohe und andere als gestalterische Mitarbeiter, als Entwerfer von AEG-Arbeitsstätten und AEG-Erzeugnisse, von Siedlungen der AEG-Angestellten bis zur AEG-Geschäftsausstattung.

[19] Die Museen für Kunst und Industrie unterschieden sich von den bestehenden Kunstmuseen, Naturkundemuseen und regionalgeschichtlichen Museen dadurch, daß sie programmatisch das Ziel verfolgten, in die aktuelle Entwicklung von Handwerk und Industrie einzugreifen, indem sie zu technischen, technologischen, wirtschaftlichen und gestalterischen Fragen der Produktentwicklung Stellung nahmen. Sie kritisierten das alte Museumsziel der Vermittlung von Bildung, Genuß und Kontemplation. Das auf Wirtschaftsförderung ausgerichtete Profil wird bereits augenscheinlich, wenn man die Aktionsmittel dieser Museen in der Reihenfolge ihrer Häufigkeit Revue passieren läßt. Sie werden nach Barbara Mundt: Die deutschen Kunstgewerbemuseen im 19. Jahrhundert (München 1974, S. 68f.) dargestellt: 1. Mustersammlung; 2. Bibliothek mit Lesezimmer; 3. Vorbildersammlung; 4. ständige Ausstellung (historische Erzeugnisse), wechselnde Ausstellungen (moderne Erzeugnisse der Industrie und des Handwerks); 5. Kunstgewerbeschule; 6. „offener" Zeichensaal (Kopier- und Entwurfszeichnen); 7. Wechselausstellungen aus Fremdbesitz; 8. gewerbetechnisches Auskunftsbüro (z. T. mit Patentstelle); 9. Fachvorträge; 10. Zeichenbüro für Bestellungen; 11. Gipsfor-

In demselben Jahr finden sich deutsche Industrielle, Architekten, Künstler und Publizisten zu einer konzertierten Aktion zusammen und gründen den Deutschen Werkbund – ein Zweckverband, der die Ästhetisierung und Solidisierung der deutschen Erzeugnisse propagandistisch und aufklärerisch vorantreiben soll, der „Wertarbeit" auf seine Fahnen geschrieben hat, der den Kampf aufnimmt, wie es in einer der vielen Erklärungen von damals heißt, „gegen die ins Unangemessene gehende Albernheit der Zeit, ein Versuch, das im höheren Sinne Selbstverständliche zu legitimieren und in die alltäglichen Dinge wieder jene einfache menschliche Qualität zu bringen, die ohne weiteres klassisch wirkt."[20]

Der Sache nach ist diese Gründung ein entscheidender Akt der Einverleibung des Designs in die Machtbefugnisse des Kapitals, für die Mehrzahl ihrer Akteure aber war es eine greifbare Hoffnung auf Bändigung und Humanisierung sowohl der Produktwelt als auch der Arbeitsumwelt. Der Deutsche Werkbund schaffte einen am Ökonomischen, Sozialen und Kulturellen orientierten Verständigungsapparat der industriellen Gestaltung, einen Verständigungsapparat, der dem Stand ihrer Vergesellschaftung entsprach – dies ist eines seiner bleibenden Verdienste. Der Begriff der Sachlichkeit durchfärbte seine Argumentationspraxis und konzeptionellen Vorstellungen[21], Sachlichkeit als gemeinsamer Nenner von Zweckhaftigkeit, Qualität, Materialgerechtheit, Typisierung und Standardisierung der industriellen Erzeugnisse.

Mit dem 1916 publizierten „Deutschen Warenbuch" – ein „bilderreiches Preisverzeichnis der brauchbarsten, gediegensten und schönsten Massenware der Gegenwart"[22] – erreichte der Deutsche Werkbund die Stufe breitenaufklärerischer Wirkung.

Das Streben nach einer vom Ballast der Geschichte und ihrer gestalterischen Versatzstücke gereinigten, auf der Grundlage gesellschaftlich manifestierter Vernünftigkeit errichteten Produktkultur mündete in den zwanziger Jahren in die funktionalistische Bewegung des Neuen Bauens und Neuen Gestaltens.

Der funktionalistische Sinn

Sachlichkeit als Losungswort schließt ein, daß die *Funktion* der zu erzeugenden Produkte den Ausgangspunkt für ihre Formfindung bildet. Dies scheint ein einsichtiger und für den Entwurf von Gebrauchsgütern unentbehrlicher Grundsatz zu sein, ein Grundsatz, der kaum der Hervorhebung bedürfen sollte. Er verlor aber seine Selbstverständlichkeit mit dem Aufschwung der kapitalistischen Industrieproduktion, mit dem Sieg des Tauschwerts über den Gebrauchswert. In diesem Sieg liegt der Verlust des ehemals vorhandenen, spontanen Sinns für das praktische Gebrauchen der Dinge beschlossen, aber auch die Ahnungslosigkeit um diesen Verlust: „Nichts scheint heute schwerer, als den einfachsten Bedürfnissen des Lebens Achtung zu verschaffen."[23]

Das Verhältnis von Tauschwert und Gebrauchswert vergegenständlicht sich in einer Warengestalt, deren Form und Funktion gleichermaßen warenästhetisch deformiert sind. Das Bemühen, der Funktion – und damit auch der Form – zu ihrem Recht zu verhelfen, durchzieht als eine gestalterische Orientierung die Geschichte des Designs. Wir bezeichnen diese Orientierung heute als „Funktionalismus". Die gesellschaftliche Situation hat dem Funktionalismus frühreife Fronarbeit abverlangt und ihm kaum die Genugtuung eines bleibenden Sieges, wie partiell auch immer, vergönnt. Sein wesentlichster Zug war nicht, wie entstellend interpretiert wird, das Vertreten

merei, Galvanisieranstalt; 12. Wanderausstellung aus eigenen Beständen; 13. Preisausschreiben für Kunsthandwerker; 14. Ausstellungen von Schülerarbeiten der angeschlossenen Gewerbeschule.

20 Scheffler, Karl: Gute und schlechte Arbeiten im Schnellbahngewerbe, in: Jahrbuch des Deutschen Werkbundes 1914, Jena 1914, S. 42f.

21 Im Vorfeld des Deutschen Werkbundes liegt die „III. Deutsche Kunstgewerbe-Ausstellung" in Dresden, 1906; in dem umfangreichen Katalog „Das deutsche Kunstgewerbe 1906" legen programmatische Beiträge die neuen Gestaltungsbestrebungen dar. Hans Poelzig zum Beispiel, dessen Denken die Sachlichkeit als zentrale Gestaltungsaufgabe einkreist, schreibt: *„Die neue Bewegung trägt das Banner der Sachlichkeit gegen überkommene, inhaltlos gewordene Bildungen, die zum Schema erstarrten.*
Eine Sachlichkeit in der Architektur ist nur auf Grund einer gesunden Konstruktion und einer daraus entwickelten Formensprache möglich." (S. 19)

22 Popp, Josef: Deutsches Warenbuch. Kriegsausgabe, München (1916), S. XVII

23 Giedion, Siegfried: Raum, Zeit, Architektur. Die Entstehung einer neuen Tradition, Ravensburg 1964, S. 7

einer stilistischen Gestaltungsmaxime – hier waren die Auffassungen weniger homogen als jene Interpreten wissen oder wissen wollen – sein wesentlichster Zug war, daß alle Vorstellungen von einer neuen Produktkultur, einer neuen Architektur in Vorstellungen verankert waren von einer *neuen Welt*, von einer neuen Gesellschaft. Die Funktionalisten dachten so, wie Tucholsky von Karl Valentin sagt: Sie dachten links.

Der gestalterische Funktionalismus läßt sich weder auf das schmale Zeitbrett der zwanziger Jahre nageln noch sich fachborniert eingrenzen. Sein Denkeinsatz korrespondiert mit jedem funktionalistischen Denken; seine Denktradition steigt philosophisch zur Renaissance zurück und ist eingebunden in die Herausbildung des neuzeitlichen, rationalistischen Weltbildes. Seine Ahnherrn sind Philosophen, Mathematiker und Naturwissenschaftler; sein sozialer Impetus ist auf „eine menschengemäße Welt und einen weltgemäßen Menschen"[24] gerichtet. Der Philosoph Heinrich Rombach nannte den Funktionalismus eine „Grundorientierung des Menschen zur Welt, die allem Verhalten vorausliegt und darum auch noch den Unterschied von Theorie und Praxis, Erkennen und Handeln übergreift", dies sei der Grund dafür, „daß der Funktionalismus in allen Lebensbereichen sich ausbreitet ..."[25]

Wem die Ehre der Einführung des Begriffs „Funktionalismus" in das Gebiet der Gestaltung gebührt, ist ungeklärt und für die Sache selbst kaum von Belang, doch von Belang ist, wo und wie man sich des funktionalistischen Denkansatzes auch im verbalen Bekenntnis näherte.[26] Eine frühe Anwendung finden wir bei dem Kunsttheoretiker und Publizisten Oskar Bie. Im Zusammenhang mit einer Betrachtung des neuerrichteten Berliner Kaufhauses Wertheim setzt er „Funktionalismus" gegen das konservative „Akzentgefühl". Im weiteren heißt es: „Wir sollen so etwas wie Ingenieure des Lebens werden, alle Arbeiter mit dem Glauben an die Arbeit. Unser Kompaß zeigt dorthin, hier bildet sich der Boden einer neuen Kultur. Es ist die Erziehung zur Unsentimentalität, zum Funktionalismus."[27]

Als Bezeichnung für eine bestimmte Gestaltungsprogrammatik und Gestaltungspraxis hat sich der Begriff erst in den letzten vier Jahrzehnten festgesetzt, ebenso die Bezeichnung „Funktionalisten", womit – im heutigen Kontext zunehmend pejorativ – jene Avantgardisten der zwanziger Jahre im Bereich von Architektur, Produktgestaltung und Gebrauchsgrafik gemeint sind, die bekennerhaft den Gebrauch, den Zweck, die Funktion der Produkte und Bauten in ihrer sozialverantwortlichen Gerichtetheit zum Ausgangspunkt aller Entwurfsarbeit machten.

Ihnen wird heute *„Geschichtslosigkeit"* vorgeworfen, man bezichtigt sie eines radikalen Bruchs mit allen kulturellen Traditionen. Dabei bedient man sich ihrer eigenen Bekenntnisse wie zum Beispiel des exemplarischen Satzes von Hannes Meyer: „Die rückhaltlose Bejahung der Jetztzeit führt zur rücksichtslosen Verleugnung der Vergangenheit."[28] Der Satz entstammt einem Aufsatz von 1926 mit der programmatischen Überschrift: „Die neue Welt". Der Text ist durchdrungen von Fortschrittsoptimismus, es findet sich aber darin auch eine Wendung, da von der *drückenden „Last" des „Wissens um das Vergangene"*[29] gesprochen wird. Und das ist es: Die Geschichte mit ihren vergegenständlichten Resultaten liegt wie ein Alp auf der Gegenwart. „Wir hausen", schrieb 1928 der Architekt Adolf Rading, „in alten Städten, die unseren Lebensbedürfnissen in keiner Weise entsprechen, und flicken in kümmerlicher Weise daran herum, um nur einigermaßen Lebensmöglichkeiten zu haben. Wenn es möglich wäre, in den vielen deutschen Städten, die

[24] Rombach, Heinrich: Substanz, System, Struktur. Die Ontologie des Funktionalismus und der philosophische Hintergrund der modernen Wissenschaft, Freiburg/München 1965, Bd. 2, S. 528

[25] ebenda, Bd. 1, S. 44

[26] Dem Begriff „Funktionalismus" geht zeitlich voraus die konstitutive Einführung des Begriffs „Funktion" in die Gestaltungstheorie. Der Begriff verweist auf das Nordamerika der vierziger Jahre des vorigen Jahrhunderts. Es ist der Bildhauer und Theoretiker Horatio Greennough, der die Schönheit der amerikanischen Klipperschiffe preist, der erklärt, daß die amerikanischen Trabrennwagen und das Yankee-Farmhaus dem Geist Athens näher stünden als jene griechischen „Tempel", hinter deren Fassaden sich Banken ausbreiteten. Er formuliert das „Prinzip der Anpassung der Formen an die Funktionen". In einem Brief an Ralph Waldo Emerson skizzierte er sein ästhetisches Credo: „Hier meine Theorie der Baukunst: eine wissenschaftliche Angleichung von Raum und Form an die Funktionen und an die Lage des Bauwerks; eine Betonung der Einzelzüge; proportioniert zu ihrer gradmäßigen Bedeutung für die Funktion; Farbe und Ornament nach streng organischen Gesetzen gewählt, angeordnet und variiert, wobei für jede Wahl ein bestimmter Grund vorliegen muß; völlige und sofortige Abschaffung allen Scheins und aller Täuschung." (zit. nach: van Wyck Brooks: Die Blüte Neuenglands, München 1948, S. 413f., 504) – Das ist der Boden für die vielzitierte Formulierung, die Louis Sullivan, ein Landsmann von Greenough, etwa 50 Jahre später gibt: „Form folgt auf Funktion, Funktion schafft Form."

ihre ganze Vergangenheit aus weit zurückliegender Zeit herleiten, einmal die ganze abgehetzte, zermürbte, kranke und verdorbene Bevölkerung aus ihren Elendslöchern und muffigen Winkeln herauszutreiben, und ans Licht zu ziehen, wenn diese arme, verhungerte, geschlagene und zertretene Masse in Reih und Glied als unübersehbare, schicksalsgebundene Armee stehen würde, dann würde man vermutlich auf all die Traditionswerte pfeifen, mit deren Zerstörung die Beseitigung unserer Städte verbunden ist. Man würde den Glanz dieser Lokale, Büros, Theater und öffentlichen Gebäude als nicht mehr erträglich empfinden und nur den einen Wunsch haben, unter diese Entwicklung, so wie sie geworden ist, einen Strich zu machen, ganz neue Städte, die wirklich die Ansprüche des Lebens erfüllen, neben die alten zu setzen oder auf deren Trümmern zu erbauen."[30]

In den zwanziger Jahren konnten die historisierenden Absurditäten der Gründerzeit nicht mehr, wie noch in der vorangegangenen aufklärerischen Kritik, grimmig verlacht werden, das *soziale und kulturelle Elend*, das sich hinter den „Palastfronten schäbigster Art"[31] verbarg und das diese sogar zur Voraussetzung hatten, forderte zur Frage nach Ursachen und Abhilfe auf, Ursachen wollte man beseitigen, Abhilfe bringen. Man erahnte, erriet oder war sich gewiß, daß, wie es Alexander Schwab in seinem „Buch vom Bauen" formulierte, der „entscheidende historische Kampf begonnen hat und zur endgültigen Auseinandersetzung drängt: Großkapital und Sozialismus."[32]

Das Geschichtsverhalten der Funktionalisten wurde gesteuert von ihrer „Arbeit an der Zukunft"[33], der Bruch mit dem Kontinuum der bisherigen Bewegung eröffnete ihnen ein *neues* historisches Interesse: das Interesse an der Frage, *welche Perspektive* in dem Vergangenen keimhaft begründet liegt. Die Frage führt zu einem Traditionsbezug, der jenseits der geweihten Heerstraße der Hochstile liegt, zum einfachen Gebrauchsgerät, zum schlichten Hausbau des Volkes. Bruno Taut verwies auf das „Haus des kleinen Mannes", das „ohne alle Kinkerlitzchen, ohne jede Spur von ‚Kulturarbeit' die klare, saubere Hausform zeigt ..."[34], und an anderer Stelle zitiert er einen Spruch von 1465: „Wer da bauet an der Straße, muß die Leute reden lassen."[35]

Um in solchen Hinweisen ihr Vermächtnis zu finden, muß Designhistoriographie nicht danach fragen, ob *alle* Funktionalisten so dachten – es genügt, daß in diesen Gedanken der Stachel des Unerledigten und Unaufgearbeiteten steckt.

Hein Köster

[27] Bie, Oskar: Alfred Messel, in: Reise um die Kunst, Berlin 1910, S. 188

[28] Meyer, Hannes: Die neue Welt (1926), in: Bauen und Gesellschaft. Schriften, Briefe, Projekte, Dresden 1980, S. 29

[29] ebenda

[30] Rading, Adolf: Die Typenbildung und ihre städtebaulichen Folgerungen, in: Probleme des Bauens. Der Wohnbau, hrg. v. Fritz Block, Potsdam 1928, S. 73

[31] ebenda, S. 57

[32] Sigrist, Albert (Alexander Schwab): Das Buch vom Bauen, Berlin 1930, S. 74

[33] Taut, Bruno: Das Architektur-Programm (1918), in: Arbeitsrat für Kunst Berlin 1918–1921. Ausstellung und Dokumentation, Berlin (West) 1980, S. 86

[34] Taut, Bruno: Bauen – der neue Wohnbau (1927), in: Bruno Taut. 1880–1938, Berlin (West) 1980, S. 213

[35] Taut, Bruno: Ein Wohnhaus, Stuttgart 1927, S. 115

Quellenverzeichnis

Hirdina, Karin
Der Funktionalismus und seine Kritiker
form+zweck 3/1975, Seite 9
Fritzsche, Eva
Design für die Unidad Popular
form+zweck 4/1975, Seite 4
Chan-Magomedow, Selim O.
WChUTEMAS/WChUTEIN: Die „Metfak"
form+zweck 6/1976 (1. Bauhausheft), Seite 44
(Die ersten sowjetischen Diplom-Formgestalter)
Schädlich, Christian
Das Bauhaus in Dessau
form+zweck 6/1976 (1. Bauhausheft), Seite 2
Schnaidt, Claude
Hannes Meyer und das Bauhaus
form+zweck 6/1976 (1. Bauhausheft), Seite 33
Lamarová, Milena
Tschechischer Kubismus
form+zweck 3/1977, Seite 36
Šlapeta, Vladimír
Das Bauhaus und die tschechische Avantgarde
form+zweck 2/1978, Seite 36
Krečič, Peter
Die zwanziger und dreißiger Jahre in Slowenien
form+zweck 5/1978, Seite 27
(Von der Kunst zur Architektur. Die zwanziger und dreißiger Jahre in Slowenien)
Selmanagić, Selman
„Machen Sie eine Scheuerleiste!"
form+zweck 3/1979 (2. Bauhausheft), Seite 67
(Selman Selmanagić über das Bauhaus)
Chan-Magomedow, Selim O.
WChUTEMAS/WChUTEIN: die „Derfak"
form+zweck 3/1980, Seite 43
(Ausbildung an den WChUTEMAS)
Kramer, Ferdinand
Funktionelles Wohnen
form+zweck 4/1980, Seite 34
(Funktionelles Wohnen. Aufgaben)
Kramer, Ferdinand und Lore
Wohnerfahrungen
form+zweck 4/1980, Seite 39
(Funktionelles Wohnen. Erfahrungen)
Frederiksen, Erik Ellegaard
Ein Verehrer des Elementaren
form+zweck 6/1980, Seite 8
Schütte-Lihotzky, Margarete
Volkswohnbau in Wien
form+zweck 2/1981, Seite 38
(Volkswohnbau)
Hüter, Karl-Heinz
Sprache des Neuen Bauens
form+zweck 3/1981, Seite 21
(Architektursprache. Semiotik des Neuen Bauens)
van Onck, Andries
Bürotiere
form+zweck 3/1981, Seite 7
(Gestalten als semiotischer Prozeß)
Kapfinger, Otto; Adolf Krischanitz
Wiener Stadtbahn: Pavillons und Brücken
form+zweck 5/1981, Seite 44
Junghanns, Kurt
Arbeitermöbel: Funktion gegen Repräsentation
form+zweck 6/1981, Seite 29
(Funktion gegen Repräsentation)
Köpplová, Barbara
Lobenswerthe Produkte
form+zweck 6/1981, Seite 14
Ernyey, Gyula
Der Ungarische Werkbund
form+zweck 1/1982, Seite 16
Pogány, Gábor
Versuch über ein Glas
form+zweck 1/1982, Seite 40
Preisich, Gábor
Neues Bauen in Ungarn
form+zweck 1/1982, Seite 43
Frateili, Enzo
Das Schicksal des Funktionalen
form+zweck 2/1982, Seite 18
(Stile gegen Funktionalität?)
Lüder, Dagmar
Das nackte Gerüst
form+zweck 3/1982, Seite 30
Köster, Hein
Alfred Lichtwark
form+zweck 5/1982, Seite 3
Grönwald, Bernd und Marlis
Das Haus am Horn
form+zweck 2/1983 (3. Bauhausheft), Seite 18
(Haus am Horn – Experiment für die Serie)
Hüter, Karl-Heinz
Neues Bauen in Magdeburg
form+zweck 2/1983 (3. Bauhausheft), Seite 25
Slawow, Iwan
Der Funktionalismus in Bulgarien
form+zweck 2/1983 (3. Bauhausheft), Seite 44
Bräuning, Steffen; Rudolf Horn
Dokumentation eines Fachbereichs
form+zweck 3/1983, Seite 15
Friemert, Chup
Zweimal Kristallpalast
form+zweck 5/1983, Seite 8
Köster, Hein
Mut und Mühe für das Neue
form+zweck 6/1983, Seite 7
Lüder, Dagmar
Auf der Suche nach der Vermittlung
form+zweck 6/1983, Seite 13
Köster, Hein
Nur echt mit Siegel
form+zweck 1/1984, Seite 28
Lüder, Dagmar
Die weibliche Linie
form+zweck 2/1984, Seite 37
Schütte-Lihotzky, Margarete
Die Wohnung für die alleinstehende berufstätige Frau
form+zweck 2/1984, Seite 33
Korrek, Norbert
Die Hochschule für Gestaltung Ulm
form+zweck 6/1984, Seite 39
Lüder, Dagmar
Tafelgeräte und neues Leben
form+zweck 6/1984, Seite 3
Köster, Hein
Sinn und Sinnlichkeit des Einfachen
form+zweck 3/1985, Seite 11

Die Beiträge sind in der Reihenfolge ihres Erscheinens aufgeführt. Bei Abweichung der Überschrift gegenüber der in form+zweck ist diese in Klammern dazugesetzt.

Personenregister

Fotonachweis

Franziska Adebahr, Berlin: S. 330, Abb. 4; S. 332, Abb. 11; S. 335, Abb. 22, 23 (4)
AIF, Berlin: S. 277, Abb. 27 (1)
Aldo Ballo, Milano: S. 340, Abb. 10; S. 343 (2)
Gabriele Bleifuß, Berlin: S. 352–356 (20)
Christian Borchert, Berlin: S. 142, Abb. 12, S. 186 (2)
Christian Brachwitz, Berlin: S. 290–292 (3)
Marion Brauer/AIF: S. 185 (1)
Ludwig Daume, Leipzig: S. 158/159 (2)
Deutsche Fotothek Dresden: S. 138, Abb. 3; S. 147, Abb. 21 (2)
Roland Dreßler, Weimar: S. 375 (1)
Georg Eckelt, Berlin: S. 184; S. 275, Abb. 23; S. 285/286; S. 287, Abb. 24, 26, 29; S. 321; S. 325, Abb. 13; S. 326; S. 330, Abb. 5; S. 331, Abb. 7; S. 332, Abb. 12; S. 333; S. 334, Abb. 16, 19, 20; S. 335, Abb. 24; S. 349 (25)
Alberto Fioravanti, Milano: S. 339, Abb. 8; S. 341, Abb. 12 (2)
Ezio Frea, Milano: S. 345, Abb. 19 (1)
Karl-August Harnisch, Halle: S. 276, Abb. 25; S. 277, Abb. 26; S. 278, Abb. 29; S. 279 (4)
Bernd Heyden: S. 331, Abb. 8 (1)
Hochbauamt der Stadt Magdeburg, Lichtbildstelle: S. 104–115; S. 116, Abb. 19/20; S. 117–127; S. 130–133 (43)
Hein Köster, Berlin: S. 378–382 (22)
Margherita Krischanitz, Wien: S. 59–62 (5)
Christel Lehmann, Berlin: S. 323, Abb. 4/5; S. 324, Abb. 6/7; S. 325, Abb. 11/12 (6)
Géza Molnár, Budapest: S. 350/351 (3)
Erich Müller, Neuzelle: S. 330, Abb. 6 (1)
Ulrich Rödiger, Berlin: S. 287, Abb. 27/28; S. 288, Abb. 30–33 (6)
Maria Steinfeldt, Berlin: S. 331, Abb. 9 (1)
Gabriel Urbánek, Prag: S. 70; S. 72; Abb. 6; S. 73 (4)
Friedrich Weimer, Dresden: S. 273, Abb. 18/19; S. 274; S. 275, Abb. 22; S. 276, Abb. 24 (6)
Ulrich Wüst, Berlin: S. 161; S. 293/294/(5)

Titelentwürfe form+zweck S. 12/13
Lothar Schelhorn (5/1975); Dietrich Otte (2/1977); Gabriele Bleifuß (2/1982); Christine Koch (3/1985)

ISBN 3-364-00141-3

VEB Verlag der Kunst Dresden
Veröffentlicht 1989 unter
Lizenz-Nr. 413-455/16/89
des Ministeriums für Kultur
der Deutschen Demokratischen Republik

Lichtsatz: INTERDRUCK
Graphischer Großbetrieb Leipzig
Druck und Reproduktion:
Graphischer Betrieb Jütte
Gesamtgestaltung: Gabriele Bleifuß
Printed in the German Democratic
Republic
LSV 8100 EDV 500 756 4
05800